中国近代史学文献丛刊
王 东 李孝迁 主编

中国史学史未刊讲义四种

陈功甫 卫聚贤 陆懋德 董允辉 撰

王 传 编校

上海古籍出版社

上海高校服务国家重大战略出版工程

丛刊缘起

学术的发展离不开新史料、新视野和新方法,而新史料则尤为关键。就史学而言,世人尝谓无史料便无史学。王国维曾说:"古来新学问之起,大都由于新发现。"无独有偶,陈寅恪亦以为"一时代之学术,必有其新材料与新问题",取用此材料,以研求问题,则为此时代学术之新潮流;顺此潮流者,谓之预流,否则谓之未入流。王、陈二氏所言,实为至论。抚今追昔,中国史学之发达,每每与新史料的发现有着内在联系。举凡学术领域之开拓、学术热点之生成,乃至学术风气之转移、研究方法之创新,往往均缘起于新史料之发现。职是之故,丛刊之编辑,即旨在为中国近代史学史学科向纵深推进,提供丰富的史料支持。

当下的数字化技术为发掘新史料提供了捷径。晚近以来大量文献数据库的推陈出新,中西文报刊图书资料的影印和数字化,各地图书馆、档案馆开放程度的提高,近代学人文集、书信、日记不断影印整理出版,凡此种种,都注定这个时代将是一个史料大发现的时代。我们有幸处在一个图书资讯极度发达的年代,当不负时代赋予我们的绝好机遇,做出更好的研究业绩。

以往研究中国近代史学,大多关注史家生平及其著作,所用材料以正式出版的书籍和期刊文献为主,研究主题和视野均有很大的局限。如果放宽学术视野,把史学作为整个社会、政治、思潮的有机组成部分,互相联络,那么研究中国近代史学所凭借的资料将甚为丰富,且对其也有更为立体动态的观察,而不仅就史论史。令人遗憾的是,近代史学文献资料尚未有系统全面的搜集和整理,从而成为学科发展的瓶颈之一。适值数字化时代,我们有志于从事这项为人作嫁衣裳的事业,推出《中国近代史学文献丛刊》,计划陆续出版各种文献资料,以飨学界同仁。

丛刊收录文献的原则：其一"详人所略，略人所详"，丛刊以发掘新史料为主，尤其是中西文报刊以及档案资料；其二"应有尽有，应无尽无"，丛刊并非常见文献的大杂烩，在文献搜集的广度和深度上，力求涸泽而渔，为研究者提供一份全新的资料，使之具有长久的学术价值。我们立志让丛刊成为相关研究者的案头必备。

这项资料整理工作，涉及面极广，非凭一手一足之力，亦非一朝一夕之功，便可期而成，必待众缘，发挥集体作业的优势，方能集腋成裘，形成规模。华东师范大学历史学系，在史学理论与史学史研究领域有着长久深厚的学术传统，素为海内外所共识。我们有责任，也有雄心和耐心为本学科的发展贡献绵薄之力。在当下的学术评价机制中，这些努力或许不被认可，然为学术自身计，不较一时得失，同仁仍勉力为之。

欢迎学界同道的批评！

目 录

丛刊缘起 / 1
前言 / 1

中国史学史/陈功甫

第一章 唐虞三代之史学 / 3
    第一节 《尚书》及《逸周书》/ 3
    第二节 《春秋》/ 5
    第三节 《左传》及《国语》/ 7

第二章 两汉时代之史学 / 11
    第一节 司马迁《史记》/ 11
    第二节 班固《汉书》/ 16
    第三节 两汉之编年史及别史 / 19

第三章 两晋之史学 / 22
    第一节 陈寿《三国志》/ 22
    第二节 晋代诸家后书之编纂 / 24
    第三节 晋代之编年及杂体史 / 25

第四章 南北朝之史学 / 27
    第一节 范氏《后汉书》/ 27
    第二节 沈氏《宋书》/ 29
    第三节 萧氏《齐书》/ 31
    第四节 魏氏《魏书》/ 33
    第五节 南北朝之杂体史 / 35

第五章 唐之史学 / 37

第一节 《晋书》之撰述 / 37

第二节 《梁书》及《陈书》/ 40

第三节 李氏《北齐书》/ 43

第四节 令狐氏《周书》/ 45

第五节 《隋书》/ 46

第六节 李氏《南北史》/ 47

第七节 唐代之杂体史及刘氏《史通》/ 50

第六章 五代之史学 / 53

第七章 宋之史学 / 56

第一节 薛氏《五代史》/ 56

第二节 欧、宋《新唐书》/ 58

第三节 欧阳氏《新五代史》/ 62

第四节 宋代之编年史（一）/ 64

第五节 宋代之编年史（二）/ 67

第六节 袁氏之《纪事本末》/ 69

第七节 宋代之杂史 / 71

第八章 元之史学 / 74

第一节 托克托《宋史》/ 74

第二节 《辽史》/ 78

第三节 《金史》/ 80

第四节 元之编年史及其余 / 83

第九章 明之史学 / 86

第一节 宋濂王祎之《元史》/ 86

第二节 明之编年史 / 89

第三节 明之纪事本末 / 91

第四节 明代诸杂史 / 92

第十章 清之史学 / 95

第一节 清初《明史》之纂辑 / 95

第二节　清之编年史 / 98
第三节　清之纪事本末 / 100
第四节　清之史学专著（上）/ 103
第五节　清之史学专著（下）/ 105

中国史学史讲义 / 卫聚贤

中国史学史 / 111
　　定义 / 111
　　历史的起源及演进 / 111
　　史学的分类及目录 / 132
　　正史及史目 / 146
　　历代的史官 / 178
　　历代的史学家 / 183

中国史学史 / 陆懋德

第一章　历史的起源 / 193
第二章　上古的史料 / 200
第三章　周末的史学 / 207
第四章　两汉的史学 / 214
第五章　魏晋的史学 / 223
第六章　南北朝的史学 / 231
第七章　隋唐的史学 / 239
第八章　宋元明的史学 / 249
第九章　清代的史学 / 263

中国史学史初稿 / 董允辉

引　言 / 283
第一编　史官　黄帝—孔子以前 / 285
第一章　黄帝史官 / 285

第二章　夏殷史官 / 287

第三章　周史官 / 289

第二编　史家　孔子—清乾嘉前 / 299

第一章　孔子《尚书》《春秋》/ 299

第二章　左丘明《左传》《国语》/ 302

第三章　司马迁《史记》/ 305

第四章　班固《汉书》　附荀悦《汉纪》/ 313

第五章　后汉书各家 / 318

第六章　陈寿《三国志》　附裴松之注 / 323

第七章　《晋书》十八家 / 326

第八章　范晔《后汉书》　附刘昭注 / 332

第九章　五胡十六国史 / 336

第十章　南北朝史 / 339

第十一章　李延寿《南北史》/ 348

第十二章　唐官书 / 349

第十三章　三史之注释 / 356

第十四章　杜佑《通典》/ 360

第十五章　宋官书 / 362

第十六章　宋八派 / 370

第十七章　南北宋名家之野史 / 389

第十八章　王徐二氏四《会要》/ 395

第十九章　宋人治外国史 / 397

第二十章　金遗民之留心故国文献 / 399

第二十一章　元人之留心本朝掌故 / 401

第二十二章　元官书 / 404

第二十三章　马端临《文献通考》/ 406

第二十四章　明官书 / 408

第二十五章　薛王严之补续《通鉴》/ 411

第二十六章　明人之改编宋史 / 414

第二十七章　陈邦瞻《宋元纪事本末》/ 417

第二十八章　明朝之野史 / 418

第二十九章　明清鼎革时之史料 / 421

第三十章　清官书 / 426

第三十一章　马、李、顾等之纂上古史 / 436

第三十二章　邵、李、沈等之改作旧史 / 439

第三十三章　《通鉴》及《纪事本末》之补作 / 442

第三十四章　吴朱等之治旧史 / 445

第三十五章　毕氏幕中诸儒之纂辑 / 455

第三编　史学之成立及其发展 / 462

第一章　刘知幾《史通》/ 462

第二章　郑樵《通志》/ 464

第三章　章学诚《文史通义》/ 466

第四编　最近中国史学之趋势　清乾嘉后—民国 / 470

第一章　乾嘉以后学者校勘考证 / 470

第二章　史料纂述之风气 / 487

第三章　上古史之研究 / 491

第四章　民族精神之发扬 / 493

前　言

中国史学发展历史久远，作为对史学进行反思的"史学史"意识早已产生。不过作为一门专史出现却是晚近之事。1926年至1927年之交，梁启超在《中国历史研究法补编》明确提出中国"史学史的做法"，谓中国史学史最少可从史官、史家、史学的成立及发展以及最近的史学的趋势四方面入手，学界因之将梁氏视为中国史学史学科之奠基者。梁氏所规划的史学史做法，影响深远，时人编撰史学史著作多以为指南。与梁氏同时代的朱希祖，对中国史学史发展亦贡献卓著，惜乎既存研究限于讨论其《中国史学通论》，对朱门弟子之史学史成绩鲜少论及。自梁、朱二氏之后，中国史学史作为一门年轻学科，虽有起伏，尚稳定发展，其中所凭借之学术资源为何，早期作品有何特点，皆为笔者编校此书时萦绕脑中的问题。以下结合四种史学史讲义分别言之，识见未周，识者批评。

首先从陈功甫《中国史学史》谈起[①]。是书为陈氏1920年自北大史学门毕业后，在广东高等师范学校讲授"中国史学史"课程时所编讲义，铅印，无标点，版心有"广东高等师范学校讲义"、"大马站播文印刷场承印"、"广州丁卜图书印刷织造社承刊"、"广州市永汉北光东书局承印"等字样，凡81页，未署印刷年月。广东高等师范学校1912年由国立两广优级师范学堂改办而成。1924年1月，广东高等师范学校复与广东法科大学、广东农业专门学校合并成立国立广东大学。[②] 据此判断，陈著应出版于1920年至1924年间。笔者目力所及，此为国内最早

---

① 陈功甫(1890—1942)，又名敬懋，字功甫，以字行。浙江平阳(今苍南县)人。1917年入北京大学史学门学习，1920毕业后，先后任教于广东高等师范学校、广东大学、中山大学。
② 黄义祥：《中山大学史稿》，中山大学出版社1999年版，第6页。

以"中国史学史"命名的讲义。

广东高等师范学校改名广东大学后,陈功甫继续为文科讲授中国史学史,并在该讲义基础上,修订出版《中国史学述略》,署名"平阳陈功甫编",铅印本,版心印有"国立广东大学文科"、"广州市西湖街留香斋印务局承印"字样,凡73页,未署印刷年月。广东大学于1926年8月更名为国立中山大学,则是书当印于1924年1月至1926年8月间。比较而言,两书篇章结构除第一章"唐虞三代之史学"改为"上古之史学"外,其他篇章安排完全一致,分十章概述上古至清之史学,在表述上,则后者更为简净。在中大任教期间,陈氏在史学系除继续讲授中国史学史外,兼授中国历史研究法,并与傅斯年、顾颉刚、沈刚伯等合开"史学导课"课,其主讲清代史学、《史记》《通典》等研究专题。①

陈氏能于梁启超提出"史学史的做法"前撰成专门讲义,主要得益于乃师朱希祖的影响。陈在北大读书期间,朱希祖首次在课堂上讲授中国史学概论,"述中国各种史体发展之大概"②,该课名曰史学概论,实与史学史并无二致,且该课程在其他高校开设时也曾更名为中国史学史,讲述中国史学之起源、派别及历史哲学等问题。1932年朱希祖南下移席中大史学系,继续讲授中国史学概论和《史通》研究等课程,直至1934年离开。在此期间,陈功甫在北大的同班同学萧鸣籁也任职于中大史学系,陈则时任广州市立第二中学校长,师徒三人在广州交从密切。③ 朱希祖离职后,萧鸣籁为中大文科研究所史学专业研究生讲授中国史学史专题④,并编有《中国史学史讲义》⑤。中大曾将史学史作为研究生入学考试专门课目,这在当时颇为罕见,足见中国史学史在中大受重视之程度。⑥

据朱希祖的另一位弟子朱杰勤回忆,他在投考中大文科研究所研

---

① 《文史科各系及高师毕业考试办法》,《国立中山大学日报》1927年5月25日,第2版;《文科教员任课表》,《国立中山大学日报》1927年9月24日,第2、3版。
② 朱希祖:《中国史学通论序》,独立出版社1943年版,第1页。
③ 朱希祖:《朱希祖日记》(上),中华书局2012年版,第174—250页。
④ 《研究院第三次院务会议》,《国立中山大学日报》1935年11月29日,第4、5版。
⑤ 萧鸣籁:《中国史学史讲义》,无出版年月。
⑥ 《国立中山大学研究院年报》1936年6月,第3、70页;《国立中山大学研究院年报》1937年6月,第5页。

究生时,以一篇《史汉优劣论》得主考官朱希祖赏识,被录取为研究生。后来朱杰勤著有《中国史学研究》一稿,不幸遗失,部分内容发表在广州《书林》杂志。① 1961 年,朱杰勤在暨南大学讲授中国史学史课程,根据教学需要,撰成《中国古代史学史》一稿。另外,朱希祖的女婿罗香林在清华大学读书期间,也为朱希祖讲授的中国史学概论吸引,认为该讲稿新见迭出,发前人所未发,并最终在 1943 年促成《中国史学通论》的付梓。此后,罗氏也编有《中国史学史》,惜编者未见其全,不过从两人关系来看,罗氏之中国史学史撰述受朱之影响,毋庸置疑。

卫聚贤《中国史学史讲义》是其供职上海持志书院所编授课讲稿②,成书于 1932 年至 1933 年间,系铅印,凡 103 页。董允辉《中国史学史初稿》计三册③,油印本,成书于 1945 年,凡 273 页。倘若说陈功甫《中国史学史》受朱希祖的影响最深,则卫、董之作明显受到梁启超的影响。在章节安排上,卫著虽未具体分章,但所列史的定义、历史的起源及演进、史学的分类及位置、正史及史目、历代的史官、历代的史家等六大类,正是对梁氏所设想"史学史做法"的初步实践。总体而言,是书内容偏简;董著计四编,分别为:第一编"史官",第二编"史家",第三编"史学之成立及其发展",第四编"最近中国史学之趋势",完全沿袭梁氏之说。从内容上看,剪裁失当、繁杂冗沓为其最大弊病,且缺乏问题意识,鲜有精到之论。

据董氏同乡好友夏鼐所述,《中国史学史初稿》杀青后,曾请夏鼐过目,以作商榷之用。其后,董氏或亲函致其师陈垣请求援引,④或委托

---

① 朱杰勤:《朱杰勤自述》,高增德编《世纪学人自述》卷 4,北京十月文艺出版社 2000 年版,第 389 页。
② 卫聚贤(1899—1989),字怀彬,号介山、耀德、卫大法师,又曾化名鲁智深、韦大痴子等。山西万全(今万荣)人。1926 年入清华国学研究院,师从王国维、梁启超。毕业后曾任教于上海暨南大学、中国公学、西南联大等校。1928 年任南京古物保存所所长,曾任国民政府教育部编审。1950 年离开大陆,任香港珠海、联合、联大、光夏、远东、华夏等书院教授,香港大学东方文化研究院研究员,台湾辅仁大学教授。著有《中国考古小史》《中国考古学史》《山西票号》《历史统计学》《中国的帮会》等。
③ 董允辉(1902—1981),字朴垞,号敬庵。温州瑞安人。1922 年瑞安中学毕业后,考入浙江省公立工业专门学校。1930 年入燕京大学国学研究所,师从陈垣、张尔田、顾颉刚,毕业后任教于杭州高级中学。另著有《中国正史编纂法》(正中书局 1936 年版)。
④ 董允辉:《致陈垣》,陈智超编注《陈垣来往书信集》,上海古籍出版社 1990 年版,第 601 页。刘乃和:《陈垣年谱》,北京师范大学出版社 2002 年版,第 105 页。

夏鼐将书稿转交给陈垣，希望借此机会能让陈垣帮忙介绍一份研究工作。1947年10月13日《夏鼐日记》云："谈及董允辉君之事，陈先生颇惋惜其乡音太重，语言不通，无法为之介绍教书工作，谓其文笔颇佳，读书用功，人亦忠厚，惟其著作如《中国史学史》之类，多为讲义式，而非专门著作，又无法介绍其做研究工作云云。"①

陆懋德《中国史学史》讲义共76页②，系铅印，版心印"中国史学史"和"国立北平师范大学"字样。作者以时为序，首述中国史学之起源，次及中国历代史学之变迁，并讨论著名史学家学术之修养及其著述之经过，至于各家史书之内容及体裁组织，亦附带评论。与同时期史学史著作相似，陆著亦受梁启超的影响。值得指出的是，在阐述史学发展历程时，作者并未简单罗列现象，在叙述诸时代史家的具体情况前，概述其时史学的整体状况，析论其变化之因。陆懋德国学根基甚佳，早年留学美国，熟谙西方史学，注重中西史学比较，则为陆著最大特色。

自朱希祖、梁启超倡导中国史学史的著述教学，梁氏虽有"史学史做法"可供取资，然仅述其大旨，时有"语焉不详"之议。③ 自梁氏之后，国内很长时间内并未出现一部中国史学史力作。随着高校史学系纷纷设立中国史学史课程，缺乏适合教材，教员多自编讲义以供教学参考，而彼此之间缺乏交流。若金毓黻撰写《中国史学史》，苦于"无可依傍"，只能"以意为之"，虽闻卫聚贤有同名著作出版，然寻未得见。董允辉也有同样的尴尬。1945年其闻国内有姚名达与郭斌佳有志编辑中国史学史，故有意在姚、郭之前成书，殊不知姚氏1942年即已去世。在董氏之前，魏应麒、王玉璋、金毓黻等著史学史已公开出版，学界亦有回应，董氏却浑然不知。

上述四种中国史学史讲义，多非正式出版物，仅在小范围内流传，

---

① 夏鼐：《夏鼐日记》卷4，华东师范大学出版社2011年版，第148页。
② 陆懋德(1888—1961)，字咏沂。山东历城人。1911年考入清华学堂，后在美国取得教育学学士和政治学硕士学位。1926年筹办清华学校历史系，担任系主任，兼任哲学系讲师。1927年任北平师范大学历史系教授、系主任，同时在北京大学女子师范学院和辅仁大学、燕京大学、北京大学教授考古学和中国上古史等。1937年随北平师范大学西迁，历任西安临时大学、西北联合大学、西北大学历史系教授、系主任等。著有《周秦哲学史》《中国上古史》《中国史学史》《中国文化史》以及《史学方法大纲》等。
③ 金毓黻：《静晤室日记》卷96，辽沈书社1993年版，第4103页。

于学界影响有限,此类讲义为我们全面认识史学史的学科发展,提供了弥足珍贵的一手文献。椎轮为大辂之始,对于学科发展而言,虽为初创之作,而其筚路蓝缕之功未可抹杀。

最后,对于编校原则略作说明。本书整理,以保持原貌为原则,明显讹误之处,径为改正。讲义引文错误,大多核对原文径改。需要特别说明的是,董允辉《中国史学史初稿》部分章节本有注释,因原稿文字太小,油印不清,难以辨认,只得割爱。因编者学识有限,文稿中不足之处,概由本人承担。

王 传
丙申年秋于樱桃河畔

中国史学史

陈功甫

第一章　唐虞三代之史学

第一节　《尚书》及《逸周书》

晋卫恒云：昔在黄帝，创制造物。有沮诵、苍颉者，始造书契，以代结绳。文字既兴，然后有史。苍颉、沮诵，即为黄帝史官，可证焉。《周官》外史掌三皇五帝之书，楚左史倚相能读《三坟》《五典》。学者多以伏羲、神农、黄帝及少昊、颛顼、高辛、唐虞之书当之。然《尚书》独载尧以来，司马迁谓百家言黄帝，其言不雅驯，荐绅先生难言之。孔子所传《宰予问五帝德》，亦云黄帝尚矣。先生难言，则是黄帝以前及颛顼、高辛之书，在孔子时，或已不见矣。尧遭洪水，怀山襄陵，其时《坟》《典》，必多荡灭，外史所掌，倚相所读，盖或得诸传闻，或出于追记，未可知也。故论中国之史学，必自《尚书》始。

《班书·艺文志》曰：《易》曰河出图，洛出书，圣人则之。故书之所起远矣，至孔子纂焉，上断于尧，下讫于秦，凡百篇，而为之序，言其作意。秦燔书禁学，济南伏生独壁藏之。汉兴亡失，求得二十九篇，以教齐鲁之间。讫孝宣世，有欧阳、大小夏侯氏立于学官。《古文尚书》者，出孔子壁中。武帝末，鲁恭王坏孔子宅，欲以广其宫，而得《古文尚书》及《礼记》《论语》《孝经》，凡数十篇，皆古字也。孔安国悉得其书，以考二十九篇，得多十六篇。安国献之，遭巫蛊事，未列于学官。又曰：《书》者，古之号令，号令于众，其言不立具，则听受施行者不晓。刘知幾本之，故《史通·六家》篇曰：《书》之所主，所以宣王道之正义，发话言于臣下。故其所载，多典、谟、训、诰、誓、命之文。至如尧舜二《典》，直叙人事；《禹贡》一篇，惟言地理；《洪范》总述灾祥，《顾命》都陈丧礼，兹亦为例不纯者也。刘氏以《尚书》为纪言之史,故有兹论。实则《尚书》所包,厥体甚广,《尧典》《皋陶谟》开本纪、列传之先,《禹贡》为后史书志之祖。余若《洪范》之言五行,《吕刑》之言刑法,亦为书志之流。《金縢》启纪事本末之体,《顾命》承礼经仪注之法。斯皆史法之渊薮,叙事之模楷。其包罗宏富,岂一体所能限哉？至若"五誓"、"五诰"、《文侯之命》,以及《盘庚》《高宗肜日》《西伯戡黎》《微子》《梓材》《多士》《无逸》《君奭》《多方》《立政》诸篇,大都事言并叙,文语杂陈。盖古人事见于言,言以为事,固未尝分事言为二物者也。

陈栎《书集传纂疏》序曰："《书》载帝王之治,而治本于道,道本于心。道安在？曰在中；心安在？曰在敬。揖让放伐制度详略等,事虽不同,而同于中；钦恭寅祗慎畏等,字虽不同,而同于敬。求道于心之敬,求治于道之中。详说反约,《书》之大旨,不外是矣。"程去华谓《书》之所载,唐虞三代,圣君贤相,抚世酬物,殊时殊事,而可蔽以一言者,其在于允执厥中乎？是中也,随事而有,圣贤之于是中也,当事而存,是故尧舜之禅受,尧舜之执中也；禹之传子,禹之执中也；汤武之放伐,汤武之执中也；伊尹之相太甲,周公之辅成王,伊周之执中也。亲如瞽瞍而不克谐以孝,则非人子之中；顽如有苗而不诞敷文德,则非格远人之中；君如纣而不去不囚不死,则非微子、箕子、比干之中；水土不平,亳不迁,洛不作,则非拯民定业之中。其他如访箕子以传道,诛三监以安周,训夏赎刑,攘戎悔过,凡修身任贤,奉天畏民,保治遵法,纳忠辅德,因革废置,宽严久速,迹虽差殊,理实一致,无非随时顺理,因事处宜,各当其可,各适其宜而已。故尧之授舜,舜之授禹,自执中之外,无他语。而汤武诸君所以相与继天立极,与其诸臣所以扶世立教,大抵皆以此中相传,而易地皆然者也。以是观之,则知《书》之要,而唐虞三代之宏纲要旨,虽不中不远矣。

《尚书》百篇,而《周书》为篇四十,其存者尚二十篇,周代文章,焕乎称盛,不特此也。《七略》所载,尚有《周书》七十一篇,今所存者,尚有五十九篇。其书上自文武,下终灵景,称引是书者则如荀息之引《武称》,狼瞫之引《大匡》,魏绛之引《程典》,皆在孔子前,下至墨子、商韩,亦咸有论述,其非出于汲冢可知。至于上采《商书》《殷祝》,下附晋史之辞,斯亦与《洪范》《秦誓》同类,不碍其名《周书》也。观夫《武穆》一篇,则以"曰若稽古"冠首,有"钦哉钦哉"之文,与《虞夏》书相近。《周月》《时训》熙绩厘工,具敬授民时之道。《官人》《谥法》,原始要终,皆知人则哲之方,此则羲和、皋陶之遗意也。至于《职方》之言地理,《尝麦》之言刑法,皆与《禹贡》《吕刑》相类。《克殷》为纪事本末之体,《王会》为礼经仪注之流,亦与《金滕》《顾命》相契。以及《商誓》《作洛》为誓诰之遗。《文酌》《大武》有《洪范》之则。总《周书》之文,大致不越《尚书》。故姜仲文氏之序《周书》谓《文传》《和寤》《大聚》《度邑》《时训》《官人》《王会》《职方》诸篇,其陈典常,垂法戒,辨析几微,铨叙名物,有非叔季之主、浅闻之士所能仿佛者。盖文武周公所为政教号令,概见此书,固不徒以事与辞胜而已也。

第二节 《春秋》

古代史策,《尚书》而外,厥惟《春秋》。春秋者,古史记之通称也。孔子曰:疏通知远,《书》教也。属辞比事,《春秋》之教也。庄子曰:《春秋》经世,先王之志。墨子曰:吾见百国《春秋》,皆非谓今之《春秋》也。又考之往古,有夏殷《春秋》,有晋《春秋》,《国语》晋羊舌肸习于《春秋》,悼公使傅其太子。楚庄王使申叔时傅太子教之《春秋》,《左传》韩宣子适鲁,见鲁《春秋》曰:周礼尽在鲁矣,皆其证也。逮孔子应聘不遇,自卫返鲁,乃与左丘明观书于太史氏,因鲁《史记》而作《春秋》,据行事,仍人道,就败以明罚,因兴以立功,假日月而定历数,藉朝聘而正礼乐,微婉其说,隐晦其文,为不刊之言,著将来之法,故能弥历千载,而其书独行焉。

孔子何为而作《春秋》乎?孟子曰:世衰道微,邪说暴行有作,臣弑其君者有之,子弑其父者有之。孔子惧,作《春秋》,《春秋》天子之事也。是故孔子曰:知我者,其惟《春秋》乎!罪我者,其为《春秋》乎!昔者,禹抑洪水而天下平,周公兼夷狄驱猛兽而百姓宁,孔子成《春秋》而乱臣贼子惧。太史公曰:"余闻董生曰:'周道衰废,孔子为司寇,诸侯害之,大夫壅之。孔子知言之不用,道之不行也,是非二百四十二年之中,以为天下仪表。'子曰：'我欲载之空言，不如见之于行事之深切著明也。'夫《春秋》，上明三王之道，下辨人事之纪，别嫌疑，明是非，定犹豫，善善恶恶，贤贤贱不肖，存亡国，继绝世，补敝起废，王道之大者也。"旨哉言乎。

《春秋》之作，与前史异撰者有二。观乎《尚书》之文，年月疏阔，《甘誓》一篇，禹、启、太康，说者不一，莫能证明。《泰誓》上系纪元于文王，《金縢》直书克商二年，随文泛说，不以一王践阼为统。迨乎周公、穆王之世，史官徒纪大事，书其誓命，盖亦未有编年。史法草苴，后世读之者，往往昧其源流，瞀厥因果。至《春秋》则以事系日，以日系月，编年之法，因以大备。此其所以异者一也。《尚书》记大事，书誓命旁及典礼，至周而经典大备。至于善善而颂美，恶恶而讽刺，以达民情，以通民志者，胥在于《诗》，而史不任也。迨王迹既熄，小雅尽废。政教号令，不行诸侯。四夷交侵，中国寝微。于是《春秋》以作，尊王室，攘夷狄，褒善贬恶，不屈于王公之尊，不畏于吴楚之威，伸礼法以抑权势，遏乱贼以正人伦。盖自董狐、齐太史以来，柄政之权奸，天子不能谁何者，史官得而口诛笔罚之。至孔子作《春秋》，而匹夫之清议，乃得与王者同权。此其所以异者二也。是古史演进之明验矣。

《春秋》义例，说者不一，而要莫大夫尊王。盖尊王之义设，而后是是非非，昭明而不舛，此《春秋》所由作也。晋杜预载晋汲冢得古书科斗文字，其《纪年》篇，有周襄王会诸侯于河阳之文，即《春秋》狩于河阳之书，观此，则尊王之辞，信为孔子特笔也。是以王加正月，首明大训。前未有言天王，而法天之号，自《春秋》始；前未有称京师，而众大之名，自《春秋》设。皆圣人定尊卑，正君臣，复建人纪之本也。自平讫敬，十有三王，王室之事，录于经者，九十有二。而下笔之际，情不忘王。欲其政平国治，而无下堂厌尊之失，则书京城，书王室；欲其无臣召君，无君避臣之事，则书狩，书居；欲其修贡赋聘问之节，惟礼是守，则书来聘；欲其奔走列国，而无慢上之患，则书朝王，书如京师。皆欲因其不正而返之于正，以致于本原者也。

然《春秋》于王，亦有褒贬之例也。王者无上，故加天字而称天王，言如天也。而有不书天者三：桓公弑隐自立，而王不讨之，至庄元年，反使荣叔来锡桓公命,故不称天,一也;文公以僖公妾母成风用夫人礼,而王不加责,反令荣叔归含且赗,故去天字,二也;其年三月,葬小君成风,王又使召伯来会葬,亦去天字,三也(荣叔归含及召伯会葬事,均见文五年经)。王者无上,无以褒之,故庄六年书王人子突救卫,褒子突则王美自见,此亦《春秋》褒贬之微意也。

《春秋》又有内中国而外夷狄之义。孔子有言:"微管仲吾其被发左衽矣",盖亦诗人"戎狄是膺,荆舒是惩"之志也。然《春秋》大一统,政教号令,恶夫纷歧,故诸侯纯用夷礼者,以国称之,荆吴徐越之类是也(案诸侯杀其臣,亦皆书国,言以国法诛之,则不在此例);杂用夷礼者,以人称之,如桓十五年书邾人牟人葛人来朝是也(案称人之例甚多,未可一概论也);诸侯有夷狄之行者,亦以狄书之,如成二年书郑伐许,僖二十七年书楚人围宋是也。

《春秋》书弑君者三十六,亡国五十二,盖深著乱臣贼子之恶,而显覆邦绝祀之罪也。故凡公子篡、大夫弑,必书名以志罪。如文元年书楚世子商臣弑其君頵,桓二年书宋督弑其君与夷,皆其例也。君无道则称国以弑,或称人以弑。如成十八年书晋弑其君州蒲。文十六年书宋人弑其君杵臼,皆其例也。至于灭国之书,例亦各有不同,其直书灭者,罪来灭者甚于见灭者,而灭其同姓之国为尤甚。如僖二十五年书卫侯毁灭邢是。有两罪之者,则既书灭,又书其君奔。如庄十年书齐师灭谭,谭子奔莒;僖五年书楚人灭弦,弦子奔黄是。盖既罪灭者,而又责见灭者之不死社稷也。或有自取灭亡者,则直书亡,不书灭之者。如僖十九年书梁亡是。然则《春秋》之文,其字简而严,其情平而允,可以见其一斑矣。至若即辞以见意,变文以示义,因上而见下,前目而后凡,皆存简易之故,则犹其余事也。

第三节 《左传》及《国语》

《春秋》有《左氏》《公羊》《穀梁》三传(汉初尚有邹氏、夹氏与三传并行,其后二家俱废)。《左传》为左丘明所传,刘向、刘歆、桓谭、班固等皆主其说。至唐赵匡始谓左氏非丘明。宋元诸儒相继并起,王安石有《春秋解》一卷，证左氏非丘明者十一事，今未见其书，不知何据。至朱子谓"虞不腊矣"为秦人之语，叶梦得谓纪事终于知伯，当为六国时人，似为近理。然考《史记·秦本纪》称惠文君十二年初腊，张守节《正义》称惠文王始效中国为之，明古有腊祭，秦至是始用，非至是始创也。经止获麟，而弟子续至孔子卒。传载知伯之亡，殆亦后人所续，《史记·司马相如传》中有扬雄之语，不能执是一事，而指司马迁为后汉人也，则载及知伯之说，亦似乎不足疑矣。故兹特依班书《艺文志》例，系之于丘明焉。

左丘明，鲁之太史也。孔子作《春秋》，与左丘明乘如周，观书于周史，归而修《春秋》之经，周制，诸侯史官皆自周出，其史记亦藏周室。墨子称周、燕、宋、齐各有《春秋》，又称百国《春秋》，皆是物也。孔子之作《春秋》，寄文于鲁，其实主道齐桓、晋文五霸之事。五霸之事，散在本国乘载，非鲁《春秋》所能具。左丘明好恶与圣人同，故能博征诸书，贯穿其文，为《春秋经》作传。杜预称左丘明受经于仲尼，以为经者不刊之书也。故传或先经以始事，或后经以终义，或依经以辨理，或错经以合异。随义而发，其例之所重，旧史遗文，略不尽举，非圣人所修之要故也。身为国史，躬览载籍，必广记而备言之。其文缓，其旨远，将令学者原始要终，寻其枝叶，究其所穷也。其发凡以言例，皆经国之常制，周公之垂法，史书之旧章，仲尼从而修之，以成一经之通体。其微显阐幽，裁成义类者，皆据旧例而发义，指行事以正褒贬，诸称书、不书、先书、故书、不言、不称、书曰之类，皆所以起新旧、发大义，谓之变例。然亦有史所不书，即以为义者。此盖《春秋》新意，故传不言凡，曲而畅之也，其经无义例，因行事而言，则传直言其归趣而已，非例也。故发传之体有三，而为例之情有五：一曰微而显，二曰志而晦，三曰婉而成章，四曰尽而不污，五曰惩恶而劝善。推此五体，以寻经传，触类而长之，附于二百四十二年行事，王道之正，人伦之纪，备矣。

班书谓孔子初作《春秋》，有所褒讳贬损，不可书见，口授弟子，弟子退而异言。左丘明恐弟子各安其意，以失其真，故论本事而作传，明夫子不以空言说经也。《春秋》所贬损大人当世君臣有威权势力，其事实皆形于传，是以隐其书而不宣，所以免时难也。及末世口说流行，故有《公羊》《穀梁》《邹》《夹》之传，四家之中，惟《公羊》《穀梁》得立于学官焉。夫三传之争,造端汉世,各持一说,互相排斥,善《左氏》者则非《公羊》,党《公羊》者则非《左》《榖》。有均取其善者,则谓《左氏》善于礼,《公羊》善于谶,《榖梁》善于经;有均指其失者,则曰《左氏》失之诬,《榖梁》失之短,《公羊》失之俗。实则三传各有所长,亦各有所短,郑渔仲论之详矣。《公》《榖》之文,多设为问答之体,颇与《丧服传》相同,惟为后出,是以不论,而存其梗概焉。

古史编年之法,至《左传》而大备,而国别为史,则始于《国语》。《国语》作者,后儒颇持异论,然《汉书·艺文志》春秋类,有《国语》二十一篇(韦昭注本,《隋志》作二十二卷,《唐志》作二十一卷,今书篇次,与《汉志》同,盖历代诸儒析简并篇,互有损益,不足疑也),注为左丘明著。《太史公自序》亦曰"左丘失明,厥有《国语》",则是出于丘明无疑矣。韦昭《国语解序》谓:丘明因圣言以摅意,托王义以流藻,以其明识高远,雅思未尽,故复采录前世穆王以来,下讫鲁悼知伯之诛,邦国成败,嘉言善语,阴阳律吕,天时人事,逆顺之数,以为《国语》。其文不主于经,故曰外传(李巽岩谓丘明将传《春秋》,乃先采集列国之史,国别为语,旋猎其英华,作《春秋传》,而先所采集之史,草稿俱存,时人共传习之,号曰《国语》,殆非丘明本志也。其立说与诸家异),所以包罗天地,采测祸福,起幽发微,章表善恶者,昭然甚明,实与经艺并陈,非特诸子之伦也。厥后刘知幾亦推重之,谓其文以方内传,或重出而小异,然自古名儒贾逵、王肃、虞翻、韦昭之徒,并申以注释,治其章句,抑亦六经之流,三传之亚也。惟柳子厚谓其说多诬淫,不概于圣,作《非国语》六十七篇。然自宋代诸儒,多非议之。盖自东汉《左传》渐布,名儒多归《左氏》,及杜元凯精研训诂,木铎天下,《国语》亦从而大行,兼以魏晋间名儒后先为之注释,故能与经籍并行于世焉。

太史公《十二诸侯年表》,称丘明曰:鲁君子,据传中议论所自题也。观《左传》《国语》称"君子曰"甚多。如《左传》隐三年周郑交恶,则称君子曰:"信不由中质无益也。"《国语·晋语》君以骊姬为夫人,则称君子曰"知难本矣",皆是。后儒有以为系刘歆所窜入,不知《韩非子·说难四》第三十九,已引《左传》桓十七年文,并引"君子曰"之例,可以破其谬矣。

昔扬雄之著《法言》也，称《左氏》曰"品藻"，韦昭之叙《国语》也，亦称之曰"雅丽"。厥后刘氏《史通·六家》篇叙述史之源流，则以《左传》为编年之祖，《国语》为国别之宗。其分析史法，可谓精矣。要而言之，《左传》多叙记之文，原始要终，巨细毕见；《国语》多议论之文，其所记注，大都为语而发，简而不系。此孙盛、习凿齿、司马光辈，所以皆能酌其余润，而流藻百世也。

第二章 两汉时代之史学

第一节 司马迁《史记》

汉代作史,首有陆贾《楚汉春秋》,厥后司马谈、司马迁父子继起,学术文章,颇为西汉冠,所以"厥协《六经》异传,整齐百家杂语"者也。

司马谈,冯翊夏阳人也。周程伯休父之后,当周宣王时,为司马氏,世典周史,惠襄之间,去周适晋,至错乃适秦。将兵伐蜀,为蜀郡守,七世而生谈。谈为太史公,仕于建元、元封之间,愍学者不达其意而师悖,乃论六家要旨,而折衷于道家。元封元年,武帝始建汉家之封,谈留滞周南,不得与从事,发愤且卒,而子迁适使反,见父于河洛之间。谈乃执其手而泣曰:"予先,周室之太史也。自上世尝显功名于虞夏,典天官事。后世中衰,绝于予乎?汝复为太史,则续吾祖矣。""自获麟以来,四百有余岁,而诸侯相兼,史记放绝。今汉兴,海内一统,明主贤君忠臣死义之士,余为太史而弗论载,废天下之史文,余甚惧焉,汝其念哉!"迁俯首流涕曰:"小子不敏,请悉论先人所次旧闻,弗敢阙。"卒三岁,而迁为太史令(钱大昕云据《正义》本令当为公),紬史记石室金匮之书,论次其文。及遭李陵之祸,幽于缧绁。乃喟然而叹曰:"是余之罪也夫!身毁不用矣。"退而深惟曰:"夫《诗》《书》隐约者,欲遂其志之思也。昔西伯拘羑里,演《周易》;孔子厄陈蔡,作《春秋》;屈原放逐,著《离骚》;左丘失明,厥有《国语》;孙子膑脚,而论兵法;不韦迁蜀,世传《吕览》;韩非囚秦,《说难》《孤愤》,《诗》三百篇,大抵圣贤发愤之所为也。"此人皆意有所郁结,不得通其道也,故述往事,思来者。于是卒述黄帝以来,至太初而讫,百三十篇。十篇有录无书,迁既死后,其书稍出。宣帝时外孙平通侯杨恽祖述其书,遂宣布焉。

　　司马迁作《史记》,当时壶遂比之《春秋》。夫《春秋》为编年史所自始,而《史记》则合编年、纪事而为一(如十二本纪、十表,则义取编年;八书、三十世家、七十列传,则义取纪事)。本纪以序帝王,世家以记侯国,十表以系时事,八书以详制度,列传以志人物,使累代君臣、政治、人事、天时,总汇于一编之中,后世史家,率不能出其范围也。何乔新谓史迁上起轩辕,下终汉武,作《史记》百三十篇。扬子云称其辨而不华,质而不俚。其文直,其事核,不虚美,不隐恶,故谓之实录。如叙游侠之谈,而论六国之势,则土地、甲兵以至车骑、积粟之差,可谓辨矣,而莫不各当其实,是辨而不华也。叙货殖之资,而比封侯之家,则枣栗、漆竹以至籍藁、鲐鮆之数,可谓质矣,而莫不各饰以文,是质而不俚也。上自黄帝,下讫汉武,首尾三千余年,论著才五十万言,非文之直乎?纪帝王则本《诗》《书》,世列国则据《左氏》,言秦兼诸侯则采《战国策》,言汉定天下则述《楚汉春秋》,非事之核乎?伯夷古之贤人,则冠之于传首;晏婴善与人交,则愿为之执鞭,其不虚美可知。陈平之谋略,而不讳其受金;张汤之荐贤,而不略其忌酷,其不隐恶可见。此史迁之所以为良史欤?

　　刘氏《史通·本纪》篇曰:"天子为本纪,诸侯为世家,斯诚偿矣。但区域既定,而疆理不分,遂令后之学者罕详其义。姬自后稷至于西伯,嬴自伯翳至于庄襄,爵乃诸侯,而名隶本纪。若以西伯、庄襄以上,别作周秦世家,持殷纣以对武王,拔秦始以承周赧,使帝王传授,昭然有别,岂不善乎?必以西伯以前,其事简约,别加一目,不足成篇,则伯翳以至庄襄,其书先成一卷,而不共世家等列,辄与本纪同篇,此尤可怪。"子玄之说,盖因十二本纪中,有秦本纪,又有秦始皇本纪,以为周自武王以前,应别为周世家,立周武王至赧王本纪,秦本纪应称世家。如子玄说,则周秦世家,必当厕于周武、秦始之前,而后可。否则一代之事不相接,史体不如是也。且周秦两代,已成帝业,非若吴、齐、鲁、燕诸侯国等,则世家之名,不可以加于周秦,又史例为之。是故子玄之说,不足从矣。子玄又谓:项羽僭盗而死,未得成君。假使羽窃帝名,正可抑同群盗,况其名曰西楚,号止霸王者乎?霸王者即当时诸侯,诸侯而称本纪。求名责实,再三乖谬。盖谓项羽不应称本纪耳,不知史迁之为项羽作纪,实关于编年之法。若无项纪,事何由续?故其《自序》曰:"秦失其道,豪杰并扰,项梁业之,子羽接之。"则其为羽立纪,义显然矣。班固降项羽为列传,由其以尊汉为事,与通史之例不同。子玄拾固义,不加分别,发为斯论。唐宋以来,史家多附和之,惟罗泌《路史》云:"或曰:'项籍与高帝同时而王,胡为而著之纪?'曰:'是所以为编年也。方秦之亡也,籍既自立,割汉中以王高祖,而又挟义帝以令诸侯。汉中之地,非为偏也。而高祖之王,又出于籍。籍方分封诸侯,而高祖固出其下。是天下之势在于籍也,乌乎而不纪之!故必待天下之一,而后纪还于汉。是编年法也。'"得史迁为羽作纪之意矣。观史迁作《吕后本纪》,益知其所以纪项羽,实关于通史编年之法。罗泌谓惠帝死,孝文未立,吕后为政者八年,令不纪之,则将屹然中绝其统耶。诚知言哉。

郑渔仲《通志》谓《史记》一书,功在十表。而《史通·表历》篇云:"得之不为益,失之不为损,用使读者莫不先看本纪,越至世家,表在其间,缄而不视。"是未知表之为用耳。赵翼曰:《史记》作"十表,与纪传相出入。凡列侯、将相、三公、九卿功名表著者,既为立传。此外大臣无功无过者,传之不胜传,而又不容尽没,则于表载之"。作史体裁,莫大于是。然如赵氏论,则史迁之用意,犹有未尽。盖十表中,分世表、年表、月表。《三代世表》曰:"孔子因史文,次《春秋》,纪元年,正时日月,盖其详哉。至于序《尚书》则略,无年月。或颇有,然多阙,不可录。""余读牒,记黄帝以来,皆有年数,……古文咸不同,乖异。""夫子之弗论次年月,岂虚哉!"观史迁言,则其编年之慎,于共和以前,年历不可信者,则括之以世。自共和以后,年历有可考者,方纪之以年。至于秦楚之际,天下未定,参错变易,不可以年纪者,则列之以月。编年之法,迁书备矣。又观《三代世表》,终于共和;《十二诸侯年表》,则以共和起元,而终于周敬王;《六国年表》,起元王以继敬王,至秦二世而终,接以秦楚之际;《月表》则起二世,历义帝,而终于汉高;次编《汉兴以来诸侯王年表》,遂始于汉高元年。其编年之法,寓于各表中。联属而下,篇第相贯,非后之史家所能有也。是故作表者,以最简之文,而能记事之详。读表者,于最简之文,而能得事之详,此渔仲所以有"纪传为易,表志为难"之语也。

赵翼谓史迁八书以纪朝章国典，《汉书》因之，作十志。《律历志》则本于《律书》《历书》也；《礼乐志》则本于《礼书》《乐书》也；《食货志》则本于《平准书》也；《郊祀志》则本于《封禅书》也；《天文志》则本于《天官书》也；《沟洫志》则本于《河渠书》也。此外又增《刑法》《五行》《地理》《艺文》四志。其后律历、礼乐、天文、地理、刑法，历代史皆不能无。今案：仿《史记·礼书》而有志者，则有《晋书》《宋书》《齐书》《魏书》《隋书》《旧唐书》、薛《五代史》《宋史》《辽史》《金史》《明史》等；并礼乐为一志者，则有《汉书》《唐书》《元史》等。仿《史记·律书》而有志者，则有《宋书》；仿《史记·历书》而有志者，则有《宋书》《旧唐书》《唐书》、薛《五代史》《辽史》《金史》《明史》等；并《律历书》为一志者，则有《汉书》《晋书》《魏书》《隋书》《宋史》等；仿《史记·天官书》而有志者，则有《汉书》《晋书》《宋书》《齐书》《魏书》《隋书》《旧唐书》《唐书》、薛《五代史》《五代史》（改曰《司天考》）《宋史》《金史》《元史》《明史》等；仿《史记·封禅书》而有志者，则有《汉书》（改曰郊祀）《元史》（祭祀）等，仿《史记·河渠书》而有志者，则有《汉书》（沟洫）《宋史》《金史》《元史》《明史》等；仿《史记·平准书》而有志者，则有《汉书》（食货）《晋书》《魏书》《隋书》《旧唐书》《唐书》、薛《五代史》《宋史》《辽史》《金史》《元史》《明史》等。盖自迁作八书，后世正史，虽或沿或革，而大体举莫能外矣。

《史记》三十世家，其中为后世所议者，为《孔子世家》《陈涉世家》二篇。太史公曰："孔子布衣，传十余世。"此史迁为孔子立世家之意。故自伯鱼以降，至于驩，皆有世次可考，非独以表尊崇之义也。而王安石云"仲尼之才，帝王可也，何特公侯？仲尼之道，世天下可也，何特世其家？处之世家，仲尼之道不从而大；置之列传，仲尼之道不从而小。而迁自乱其例"。云云。是殆未知史迁意也。若夫《陈涉世家》，则自班彪讥迁进涉，其后《索隐》及《史通》皆非之。《史通》谓涉起群盗，称王数月而死，无世可传，无家可宅，当降为列传。然观《秦楚月表》，称初作难，发于陈涉；虐戾灭秦，自项氏；拨乱诛暴，平定海内，卒践帝祚，成于汉家。由是观之，则史迁以涉侪于项羽、汉高之列。羽立本纪，为编年所关。至于涉乃亡秦首事之人，胡可降之列传？又观《陈涉世家》所书，自涉立为王后，即称之曰陈王；又曰"其所置遣王侯将相竟亡秦"，高祖时为涉置守冢三十家砀,至今血食。云云。夫曰至今血食,胡可谓其无世可传,无家可宅? 然则涉称世家,盖亦无可议者矣。

迁书列传虽为后史所因,而究与后史不同。后史断代为书,或限于时代,或拘于朝代。限于时代,则先后不能合传;拘于朝代,则古近不能同编。若迁书之列传乃通史之列传,非断代史之列传,故与后史异撰。如《管晏列传》《老子韩非列传》《孟子荀卿列传》《鲁仲连邹阳列传》《屈原贾生列传》。或殊古近,或分先后,而迁书并列之,此则断代列传所无者。又如二人行事,首尾相随,则以一传兼书,包括令尽。如《廉颇蔺相如列传》《张耳陈余列传》,皆以合体成编,相参并录,此则史迁特例也。至于名行可崇,功业在世,而因于篇章,不另立传,则寄之他篇,以彰厥迹。若周初之散宜生,厉宣间之芮良夫、召虎、仲山甫,皆据《诗》《书》所称一二大端,载于本纪。其后班固师其意,是故"商山四皓"列于王吉传首,而召平附见于萧何,纪信附见于项羽,皆同斯例者也。

本纪、世家、列传、书、表五体,世多以为子长所创,实则皆本之《世本》。《汉书·艺文志》:《世本》十五篇,原注古史官记黄帝以来讫春秋时诸侯大夫。刘向亦云:《世本》古史官明于古事者所记,录黄帝以来帝王诸侯及卿大夫系谥名号,凡十五篇。见王应麟《汉书艺文志补注》。案《左襄二十一年传》正义引《世本》记文,《史记索隐》《路史注》引《世本》纪文。"记"、"纪"音同,即《史记》本纪之所本也。《左桓三年传》正义引《世本》世家文,襄十一年、二十一年、定元年传正义皆引此篇。言诸侯世代谥号,即《史记》世家之所本也;《史记·魏世家》索隐引《世本》传文,述卿大夫世代谥号,此《史记》列传之所本也。至书表渊源,亦略有可寻。考《世本》有《作篇》,记占验、饮食、礼乐、兵农、车服、图书、器用、艺术之原,即《史记》八书所本,亦为后世诸志之祖。又有《居篇》记帝王都邑,亦为后世《地理志》所仿,惟篇目稍异耳。又桓谭《新论》曰:太史公三代世表,旁行斜上,并效《周谱》。《隋书·经籍志》,《世本·王侯大夫谱》二卷。是《世本》中有谱。史迁采《世本》为史,并效其体,乃变谱之名而为表,况表谱为一音之转,表即谱也,此《史记》表之所由本也。刘氏《史通》列《史记》为六家之一,而不推原于《世本》,其学疏矣。

又以迁书因《鲁史》旧名，目之《史记》。自是，汉世史官所续，皆以《史记》为名，迄乎东京著书，犹称《汉记》。案迁书名称，以《艺文志》为是，《志》云：《太史公》百三十篇，冯商所续《太史公》七篇。然则汉儒本称名《太史公》，不名《史记》，此亦刘氏之疏也。

第二节　班固《汉书》

　　司马迁之著《史记》也，太初以后，阙而不录，其后扬雄、刘歆、褚少孙之徒，颇或缀集时事，然多鄙俗，不足以踵继其书。及班彪乃继采前史遗事，傍贯异闻，作《后传》数十篇。彪字叔皮，扶风安陵人也。祖况，成帝时为越骑校尉。父稚，哀帝时为广平太守。彪性沉重好古，年二十余，更始败，三辅大乱，彪避难依隗嚣于天水，后复避地河西。窦融以为从事，深敬待之，接以师友之道。彪乃为融画策事汉，总河西以拒隗嚣。及融征还京师，光武问曰："所上章奏，谁与参之？"融以从事班彪对，帝因召令入见。彪既才高，而好述作，遂专心史籍之间，而作《后传》，并斟酌前史，而讥正其得失。厥后其子固修《汉书》，多取本焉。

　　固，字孟坚。年九岁，能属文，诵诗赋。及长，遂博贯载籍，九流百家之言，无不穷究。所学无常师，不为章句，举大义而已。父彪卒，固归乡里，以彪所续前史未详，乃潜研精思，欲就其业。既而有人上书告固私改作国史者，有诏下郡，收固系京兆狱，尽取其家书。固弟超，恐固为郡所核考，不能自明，乃驰诣阙上书。得召见，具言固所著述意，而郡亦上其书，明帝甚奇之。召诣校书部，除兰台令史，与前睢阳令陈宗、长陵令尹敏、司隶从事孟异，共成《世祖本纪》。迁为郎，典校秘书。固又撰功臣、平林、新市、公孙述事，作列传、载记二十八篇，奏之。帝复使踵成前所著书。固以为汉绍尧运，以建帝业，至于六世，史臣乃追述功德，私作本纪，编于百王之末，厕于秦、项之列。太初以后，阙而不录。故探撰前记，缀集所闻，以为《汉书》。起元高祖，终于孝平、王莽之诛，十有二世，二百三十年。总其行事，傍贯五经，上下洽通，为春秋考纪、表、志、传，凡百篇。固自永平中始受诏，潜研精思二十余年，至章帝建初中乃成。然其八表及天文志未就，而固已卒。和帝又诏其妹昭，就东观藏书阁,踵成之。《汉书》始出,多未能通,马融伏于阁下,从昭受读。后又诏融兄续继昭成之,而始成完书。益知编订史事之难,固未可率尔命笔也。

班氏《汉书》,历世宝传,咸无异论,惟《南史·刘之遴传》称鄱阳嗣王范得班固所撰《汉书》真本献东宫,皇太子令之遴等参校异同,之遴录其异状数十事。然一经考证,语多纰缪。颜师古注本,冠以指例六条,历述诸家,而不及之遴所说,则在当时,已灼知其伪矣。至固作是书有受金之讥,然《文心雕龙·史传》篇称征贿鬻笔之愆,公理辨之究矣。是必无其事也。又有窃据父书之谤,然如韦贤、翟方进、元后三传,俱称司徒掾班彪曰。颜师古注,发例于《韦贤传》,曰《汉书》诸赞,皆固所为。其有叔皮先论述者,固亦显,以示后人。而或谓固窃盗父名,观此可以免矣。是亦无其事也,世之过诋固者,其亦可自返矣。

陈文烛《汉书评林》序曰:古今著作如孟坚者,何幸哉。叔皮缀之于前,大家续之于后。陈宗、尹敏、孟异之徒,交相左右,受诏于永平中。为郎,典秘书,优游兰台,尽发其石渠天禄之藏,上下二百余年,积思二十余载,文赡而事详,可谓比董狐、史马之长,而兼长卿、子云之丽矣。王宗沐亦谓:班固父子,相继缵续,作为《汉书》,自天文、舆图、物产、兵食、刑法、科制,烦夥俱备,治乱端末,宛在指掌。孔子于夏殷,以文献不足为叹。则西汉之典章,号为完备,足以师示后代者,谓非固之书是赖欤。观二子之言,足以知班书之可贵矣。然古今评者,率多扬马而抑班。张世伟著《班马优劣》谓:迁叙三千年事,五十万言,固叙二百四十年事,八十万言,是班不如马也。岂知《太史公书》,上起黄帝,下尽宗周,年代虽存,事迹殊略,至于战国以下,始渐臻明备,其间最详者,唯汉兴七十载而已。古今不同,亦势使然,又乌能执此一端,而定其孰优劣哉?

《史》《汉》繁简之故,不仅是也。马迁、班固才各不同,故著述之精神亦异。赵氏翼谓:迁喜叙事,至于经术之文,干济之策,多不收入,故其文简;固则于文字之有关于学问、有系于政务者,必一一载之,故其卷帙较多。今以《汉书》各传与《史记》比对,多有《史记》所无而《汉书》增载者。如《贾谊传》,则载其《治安策》。《晁错传》,则载其《教太子》一疏，《言兵事》一疏，《募民徙塞下》等疏，《贤良策》一道。《路温舒传》，则载其《尚德缓刑疏》。《贾山传》，载其《至言》。《邹阳传》，载其《谏吴王濞邪谋书》。《韩安国传》，载其与王恢论伐匈奴事，恢主用兵，安国主和亲，反覆辩论，凡十余番。《公孙弘传》，则载其《贤良策》，并待诏时上疏一道，帝答诏一道。凡此皆有关治道之文，《史记》所不录，而为班书所增载者。至若《韦玄成传》，载其宗庙议礼之文，原本经义，可为后世法。《匡衡传》载其所上封事，及元帝时论教化之原，成帝时论燕私之累，亦皆名言至论，有关于国计君德者，固不能以繁冗为孟坚病也。

　　班书虽断代为书，而于合传之例，亦多具别识心裁，不失史迁屈、贾合传之本意。如杨王孙为武帝时人，胡建昭帝时人，朱云元帝时人，梅福成帝时人，云敞平帝时人，为一列传。盖五人者，皆不得其中，然其用意，则皆可取。胡建为军正丞，不上请而擅斩御史，然其意在于明军法也；朱云以区区口舌，请斩师傅，然其意在于去佞臣也；梅福以疏远小人，而言及于骨肉、权臣之间，然其意在于尊王室也；云敞犯死救师，虽非中道，然忠义所激耳，稍近其中。故《叙传》云：王孙裸葬，建乃斩将，云廷讦禹，福逾刺凤，是谓狂狷，敞近其衷。言此五人，皆狂狷不得中，敞独近于中耳。此其所以为一列传也。

　　班书记事，有本传不载，而见于他传者。成帝立赵飞燕为后，刘辅直谏，囚之掖庭，左将军辛庆忌，右将军廉褒，光禄勋师丹，太中大夫谷永，俱上书谏，得减死罪一等，论为鬼薪，终于家；朱云请尚方剑斩张禹。上怒，将杀之，左将军辛庆忌，叩头流血，上意乃解。此二事，庆忌本传不载，而见刘辅、朱云传。武帝时兒宽有重罪系按，韩说谏曰："前吾丘寿王死，陛下至今恨之。今杀宽，后将复大恨矣。"上感其言，遂贳宽，后用之，位至御史大夫。御史大夫未有及宽者也。此事《兒宽传》不载，而见《刘向传》。破羌将军武贤，在军中与中郎将卬宴语，卬道："车骑将军张安世，始尝不快上，上欲诛之，卬家将军以为安世本持橐簪笔事武帝数十年，见谓忠谨，宜全度之。安世用是得免。"此事《安世传》不载，而见《赵充国传》。凡此彼此互见之例，班书中见之甚多，尤非浅闻之士，一得之见，所能望其肩背焉。

　　《汉书》十志，为《史记》八书所未及者，以《地理》《艺文》二志最为完善。夫史迁周游广览，非不能作地理志者，必待班氏而始创前例，则后人之法，恒密于前人也。班书为断代之史，其地理则上溯《禹贡》《周官》，后儒或引以为病，不知孟坚作此，固以明前人作史所未有也。秦人分海内为四十郡，惜萧何收图籍后，未能撰秦地志，以贻后世。汉北拓朔方，南并岭粤，东收乐浪，西辟敦煌，广九州为十三部，固能详考郡县建置之始，户口多寡之数，凡秦政旧迹，王莽新名，皆胪列靡遗。而名山大川，亦附见于注文焉。候国领县，亦从兹例。西汉之世，去战国未远，各国遗民，畛域未化，犹有自成风气者。故班氏附论于篇末，盖欲混同各国之旧俗，俾言郡国利病者可考也。固之作此，可谓特识过人矣。《艺文志》之作，则以汉自武帝建藏书之策，成帝时颇散亡，使谒者陈农求遗书于天下，诏刘向校经传诸子诗赋，任宏校兵书，尹咸校数术，李柱国校方技。每一书已，向辄条其篇目，撮其意旨，录而奏之。向卒，哀帝复使子歆继其事。歆于是总群书而奏其《七略》，故有《辑略》，有《六艺略》，有《诸子略》，有《诗赋略》，有《兵书略》，有《术数略》，有《方技略》，孟坚删其要为《汉书·艺文志》。三代之旧籍，再见于秦火之后者，咸赖此编以存其目焉，顾不伟欤？

第三节　两汉之编年史及别史

汉代史家，迁、固而外，首推荀悦。悦，字仲豫，俭之子也。年十二，能说《春秋》，家贫无书，每之人间，所见篇牍，一览多能诵记，好著述。灵帝时阉宦用权，士多退身穷处，悦乃托疾隐居，从弟或特称敬焉。献帝好文学，悦与彧及少府孔融侍讲禁中，旦夕谈论，累迁秘书监侍中。时政归曹氏，天子恭己而已，悦志在献替，而谋无所用，乃作《申鉴》五篇，其所论辩，通见政体，既成而奏之，帝善焉。帝好典籍，常以班固《汉书》文烦难省，乃令悦依《左氏传》体，以为《汉纪》三十篇，诏尚书给笔札，辞约事详，论辩多美，盖汉代编年史之名著也。

刘氏《史通·六家》篇以荀悦《汉纪》为左传家之首。其《二体》篇，称班固设纪传以区分，使其历然可观，纲纪有别。荀悦厌其迂阔，又依《左氏》成书，剪截班史，篇才三十，历代褒之，有逾本传。然即荀、班二体,角力争先,欲废其一,固亦难矣。其推崇之意,从可概见。故唐人试士,以悦纪与《史》《汉》为一科。马氏《通考》载宋李焘跋曰:"悦为此纪,固不出班书,然亦时有所删润。而谏大夫王仁、侍中王闳奏疏,班书皆无之。"又称:司马光编《资治通鉴》书太上皇崩葬,及五凤郊泰畤之月,皆舍班而从荀。王铚作《两汉纪》后序(《后汉纪》三十卷,晋袁宏撰,详后章),亦称"荀袁二纪",于朝廷纪纲、礼乐刑政、治乱成败,忠邪是非之际,指陈论著,每致意焉。反覆辨达,明白条畅,启告当代,而垂训无穷。是宋人亦甚重其书也。惟顾氏《日知录·史法》篇谓:"荀氏《汉纪》改纪表志传为编年,其叙事处,索然无复意味,间或首尾不备,其小有不同,皆以班书为长,惟一二条可采者。"是又未免抑扬之过当矣。又谓其纪王莽事,自始建国元年,后则云:"其二年","其三年",以至"其十五年",以别于正统,而尽没其天凤、地皇之号。似病其疏略者,不知班书莽自为传,故可载其伪号,荀纪以汉系编年,故特削其纪元。斯又作史之体例,不足为悦病也。

汉代史籍之可考见者,尚有《东观汉记》。《隋书·经籍志》"《东观汉记》百四十三卷,长水校尉刘珍等撰"。然考之范书本传,珍未尝为长水校尉,且此书创始明帝,迄于灵献,盖经众人之手而成。《隋书》以珍居首,非也。刘氏《史通·正史》篇云:在汉中兴,明帝始诏班固与陈宗、尹敏、孟异之徒,共成《世祖本纪》,并撰功臣及新市、平林、公孙述事,作列传、载记二十八篇,此《汉记》之初创也。又云:安帝诏史官谒者仆射刘珍,及谏议大夫李尤,杂作纪、表、名臣、节士、儒林、外戚诸传,起自建武,讫乎永初。范书《刘珍传》,亦称邓太后诏珍与校书刘騊駼作建武以来名臣传,此《汉记》之初续也。《史通》又云:珍、尤继卒,复命侍中伏无忌,与谏议大夫黄景,作诸王、王子、功臣、恩泽侯表,南单于、西羌传,地理志。至元嘉元年,复令太中大夫边韶,大军营司马崔寔,议郎朱穆、曹寿,杂作献穆、孝崇二皇后及《顺烈皇后传》,又与议郎延笃,杂作《百官表》,孙程、蔡伦、郑众等传,凡百十四篇,号曰《汉记》。此《汉记》之再续也。又云:熹平中,光禄大夫马日磾、议郎蔡邕、杨彪、卢植,著作东观,接续纪传之可成者,而邕别作《朝会》《车服》二志,后坐事徙朔方,上书求还,续成十志。会董卓之乱,旧文散佚,及在许都,杨彪颇存注记,此《汉记》之三续也。然自唐以后,代有散佚,《隋志》所称百四十三卷,而新旧《唐书》志,则云百二十六卷,又录一卷。盖已有残脱。自章怀注范书行于世,而此书益微。北宋时仅残本四十三卷,南渡中兴后,则止存邓禹、吴汉、贾复等九传。而自元以后,九篇亦已不存,清姚之骃撰《后汉书补逸》,搜集遗亡,析为八卷。然掇拾未备,挂漏殊多,迨纪昀等纂辑《四库全书》,乃加以厘正,分为帝纪、年表、志、列传载记等,凡二十四卷。虽残珪断璧,零落不完,然亦足以资参证者也。

　　《隋书·经籍志》又有《吴越春秋》十二卷,汉赵晔撰。范书《儒林传》:晔,字长君,会稽山阴人。受《韩诗》于杜抚,究竟其术,抚卒,乃归。州补从事,不就,著《吴越春秋》。今本卷数,与《隋志》不合。而其篇目,则吴起太伯,尽夫差;越起无余,尽勾践。内吴外越,本末悉备。王伯厚谓其属辞比事,皆不与《春秋》《史记》相似,盖率尔而作,非史策之正,故谓之杂史。然其所采摭吴越轶事,往往可补《春秋》内外传及《史记》之阙,亦治史者之足资为参证之用,又乌可以处女试剑、老人化猿、公孙圣三呼三应之类,近于小说家言,而尽斥之欤!

第三章　两晋之史学

第一节　陈寿《三国志》

刘氏《史通·正史》篇云：魏史黄初、太初中，始命尚书卫觊、缪袭草创纪传，累载不成。又命侍中韦诞、应璩，秘书监王沈，大将军从事中郎阮籍，司徒右长史孙该，司隶校尉傅玄等，复共拟定。其后王沈独就其业，勒成《魏书》四十四卷。其书多为时讳，殊非实录。吴大帝之季，始命太史令丁孚、郎中项竣撰《吴书》。孚、竣俱非史才，其文不足纪录。至少帝时，更敕韦曜、周昭、薛莹、梁广、华覈访求往事，相与记述。其后曜独终其书，定为五十五卷。至晋受命，著作陈寿乃集三国史，撰为《国志》，凡六十五篇。时夏侯湛亦著《魏书》，见寿所作，便坏己草而罢。及寿卒，梁州大中正范頵表言《国志》明乎得失，辞多劝戒，有益风化，于是乃诏河南尹就家写其书焉。

陈氏《三国志》，虽与迁史、班书同为私史，能自成一家言，然其体例，则已开后世国史记载之法。盖寿修书在晋时，故于魏晋革易事，多所回护，而魏之承汉，与晋之承魏，一也。既欲为晋回护，不能不先为魏回护。如《魏纪》书天子以公领冀州牧，为丞相，为魏公，为魏王之类。一似皆出于汉帝之酬庸让德，而非曹氏之攘之者。此例一定，则齐王芳之进司马懿为丞相，高贵乡公之加司马师黄钺，加司马昭衮冕、赤舄、八命、九锡，封晋公，位相国。陈留王之封昭为晋王，冕十二旒，建天子旌旗，以及禅位于司马炎等事，自可一例叙述，不烦另改书法，此陈寿创其例于先，而后史沿之者也。至其他体例，亦有显为分别者。《魏志》称操曰"太祖"，如初书"嵩生太祖"；"太祖少机警，有权数"；"王芬、许攸、周旄等谋废灵帝，以告太祖，太祖拒之"之类是。封武平侯后，称公。如建安元年，书公征杨奉，程昱说公；二年，公到宛，张绣降；四年，公还至昌邑；五年，公将自东征备之类是。封魏王后称王。如建安二十二年，书王军居巢，天子命王设天子旌旗；二十四年，王自长安出斜谷，及王自洛阳南征羽之类是。曹丕受禅后称帝。如黄初三年，书帝弟鄢陵公彰等十一人，皆为王，及帝闻备兵东下，与权交战，连营七百余里；六年，帝为舟师东征之类是。而于吴蜀二主，则直书曰刘备，曰孙权。蜀、吴二志，凡与魏相涉者，必曰曹公，曰文帝，曰明帝。揆之公理，不能谓无失矣。又《魏书》于吴蜀二主之死与袭，皆不书。如黄初二年，不书刘备称帝；四年，不书备薨，子禅即位；太和三年，不书孙权称帝。而吴、蜀二志，则彼此互书。如《吴志》黄武二年，刘备薨于白帝；《蜀志》延熙十五年，吴主孙权薨。其于魏帝之死与袭，虽亦不书，而于本国之君之即位，必记明魏之年号。如《蜀志》后主即位，书是岁魏黄初四年也；《吴志》孙亮即位，书是岁魏嘉平四年也。凡此皆欲以魏纪年，谓正统之在魏也。正统在魏，则晋之承魏，为正统，自不待言，则尊晋之故也。后之修史者，若郑樵《通志》犹沿其例，于魏则书帝，于蜀则书主，于吴则书名，宜有以正之矣。

　　陈志于魏事虽多回护，而其剪裁斟酌，亦自有下笔不苟者。例如曹操薨，子丕袭位，袁宏《汉纪》载汉帝诏曰：魏太子丕，昔皇天授乃显考，以翼我皇家，遂攘除群凶，拓定九州，弘功茂绩，光于宇宙，早世潜神，哀悼伤切。今使持节御史大夫华歆奉策诏授丕丞相印绶、魏王玺绂，领冀州牧。而寿志略而不载。甄后之死，王沈《魏书》谓：帝玺书迎后，诣行至所，后上表称："妾自省愚陋，不任粢盛之事，加以寝疾，敢守微志。"玺书三至，而后三让，言甚恳切。时盛暑，帝欲须秋凉乃更迎后，会后疾崩于邺，帝哀痛咨嗟，策赠皇后玺绂。而寿志则书帝践阼之后，山阳公奉二女以嫔于魏，郭后、李、阴贵人并爱幸，甄失意，出怨言。帝大怒，遣使赐死，葬于邺。是其隐恶扬善之处，尚存直道之公，而非后史之专于谀刺者，所可同日语也。

　　《晋书·陈寿传》谓寿父为马谡参军，谡为诸葛亮所诛，寿父亦被髡，诸葛瞻又轻寿，故寿为亮立传谓"亮将略非所长，无应敌之才"，言

"瞻惟工书，名过其实"。然观寿《校定诸葛集表》称其立法施度，整理戎旅，工械技巧，物究其极，科教严明，赏罚必信，无恶不惩，无善不显，至于吏不容奸，人怀自励，道不拾遗，强不侵弱，风化肃然也。又《亮传》后评曰：诸葛亮之为相国也，抚百姓，示仪轨，约官职，从权制，开诚心，布公道。尽忠益时者，虽仇必赏；犯法怠慢者，虽亲必罚；服罪输诚者，虽重必释；游辞巧饰者，虽轻必戮。善无微而不赏，恶无纤而不贬。终于邦域之内，咸畏而爱之。刑政虽峻而无怨者，以其用心平而劝戒明也。其推重诸葛，可谓至矣。至于用兵不能克捷，寿亦言所与对敌，或值人杰，加众寡不侔，攻守异体，又时无名将，故使功业陵迟。且天命有归，不可以智力争也。观乎此，而知彼谓以父被髡之故，而隐寓贬斥者，非持平之论矣。

第二节　晋代诸家后书之编纂

有晋一代，颇多史才。《隋书·经籍志》有《续汉书》八十三卷，注晋秘书监司马彪撰。《晋书》彪本传：彪字绍统，高阳王睦之长子也。少笃学不倦，泰始中为秘书郎，以为汉室中兴，讫于建安，忠臣义士，亦以昭著，而时无良史，谯周虽已删除，然犹未尽，安、顺以下，亡缺者多。彪乃讨论众书，缀其所闻，起于世祖，终于孝献，编年二百，录世十二，通综上下，旁贯庶事，为纪、志、传凡八十编，号曰《续汉书》。后拜散骑侍郎。卒。

马彪《续书》，自宋时即已不传，然今本范书八志三十卷，题梁剡令刘昭补并注。陈振孙《书录解题》谓：宋乾兴初判国子监孙奭建议校勘，以昭所注彪《续汉书志》与范书合为一编。今考彪书编目，尚见于《唐书》，而《宋志》则仅载刘昭补注《后汉志》三十卷，而未及彪书。是宋时仅存其志，故移以补后书之阙耳。至于八志，体制最为明备，刘昭《后汉书注补志序》称：范氏遗书自序，应遍作诸志，《前汉》有者，悉欲备制。卷中作论，以正得失。而层台云构，所缺过乎莪桷；为山霞高，不终逾乎一篑。徒怀缱绻，理惭钩远，乃借旧志，注以补之。则八志之价值可见矣。

刘氏《史通·正史》篇称：散骑常侍华峤，删定《东观记》为《后汉书》。《晋书》峤本传谓：峤以《汉纪》烦秽，慨然有改作之意。会为台郎，典官制事，由是得遍观秘籍，遂就其绪。起于光武，讫于孝献，一百九十五年，为帝纪十二，皇后纪二，典十，列传七十，谱三，凡九十七卷。峤以皇后配天作合，前史作《外戚传》以继末编，非其义，故易《皇后纪》，以次帝纪。又改志为典，其十典未成而终。然《隋书·经籍志》所录止十七卷，盖早已残缺矣（刘氏《史通》谓华书遭晋室东徙，三惟一存）。又《隋志》所载，有谢沈《后汉书》八十五卷，袁山松《后汉书》九十五卷，亦均已遗佚。清姚之骃、汪文台先后辑佚，于谢书各得一卷，袁书姚得一卷、汪得二卷，仅此而已。虽残编片简，无从征证，然要皆有晋一代之史学专著也。

第三节　晋代之编年及杂体史

晋编年史，以袁宏《后汉纪》为最著。《晋书》宏本传：宏，字彦伯。有逸才，文章绝美。曾为《咏史》诗，是其风情所寄。少孤贫，以运租自业。谢尚时镇牛渚，甚敬重之。尚为豫州刺史，引宏参其军事。后为桓温府记室，温重其文笔，专综书记。然性强正亮直，虽被温礼遇，至于辩论，每不阿屈，故荣任不至，寻出为东阳郡而卒。撰《后汉纪》三十卷，及《竹林名士传》三卷，诗、赋、诔、表等杂文凡三百首传于世。

袁宏《纪·自序》谓：《后汉书》烦秽杂乱，聊以暇日，缀集为《后汉纪》。其所缀《汉纪》，会谢承书、司马彪书、华峤书、谢沈书，旁及诸部耆旧先贤传，凡数百卷。前史阙略，多不次序，错缪同异，谁使正之。经营八年，疲而不能定，始见张璠所撰书，其言汉末之事差详，故复采而益之，云云。案《隋书·经籍志》载璠书三十卷，今已散佚。惟《三国志注》及《后汉书注》间称引之，而取与袁纪互勘，彼此详略互异，叙次不一，核其文义，多以袁纪为长。至其体例，虽仿荀纪，然悦纪多因班固旧文，剪裁联络，袁则抉择去取，自出鉴裁，其难易迥乎不同。《史通·正史》篇称："世言汉中兴史者，惟范、袁二家。"持彦伯以配蔚宗，盖亦持平之论，而非过为推许也。

至晋代杂体之史,尚有足称述者,《隋志》"霸史类"有《华阳国志》十二卷。注：常璩撰。璩,字道将,李势时官至散骑常侍。《晋书》载劝势降桓温者,即璩。盖亦谯周之流也。志又载汉之书十卷,亦璩所撰。《唐志》尚著录,今已久佚,惟《华阳国志》存,卷数与《隋志》《旧唐志》合。《新唐志》作十三卷,疑传写误也。今观其书,前四卷述巴蜀、汉中、南中地理沿革;中五卷述公孙氏、李氏僭窃以及刘氏偏安事迹;末三卷叙益、梁、宁三州汉、晋以来士女,非专记李氏兴灭也。故刘氏《史通》又以之与盛氏《荆州记》(《隋志》地理类有《荆州记》三卷,注：宋盛弘之撰),同入地理书类。然细察其体制,风土人物,本末悉备,列之史类似亦无可非议者也。

　　吕大防《华阳国志引》谓：自汉魏以还,井田废,而王政阙。然犹时有所考察旌劝,而州都、中正之职,尚修于郡国乡间。士女之行,多见于史官。隋唐急事缓政,此制遂废而不举,潜德隐行,非野史纪述,则悉无见于时。此有志之士所为叹惜也。常《志》于一方人物,丁宁反覆,如恐有遗,虽蛮髦之民,井臼之妇,苟有可纪,皆著于书。且议论忠笃,乐道人之善,蜀记之可观,未有过于此者。王氏谟亦谓《志》本虽多采前人传记,要自具有史家三长。蜀中风气,幽昧诡怪,大异中土。道将乃独能援经据典,辨析群言,以一之乎中和,而文之以雅驯。非学识兼至,能如是乎？惜乎偏方短祚,无以展其著作之才,故不得称良史。《蜀书》既亡,《国志》亦复残缺,今本乃前明蜀人张佳允所补。其第十卷《先贤论赞》,又仅存汉中、梓潼二方士女,而巴蜀、广汉、犍为诸郡士女传皆阙焉。中间名次前后,复多倒乱。此又后人传写脱误,非本书乖驳也。

　　晋代杂史,常《志》而外,其见于《隋志·经籍志》者不一而足,然多已亡佚不传。余如皇甫谧之《高士传》,陶潜之《群辅录》,无名氏之《莲社高贤传》,葛洪之《神仙传》,王嘉之《拾遗记》,法显之《佛国记》,干宝之《搜神记》,陆翙之《邺中记》。或为传记、地理专著,或为稗官、小说一流,时虽或可据为史料,而不能称之为史,故特从略而附著其梗概焉。

第四章　南北朝之史学

第一节　范氏《后汉书》

《后汉书》与《三国志》，论时代则《后汉书》居前，而作史则《三国志》先成，且百余年。盖《后汉书》之继撰虽始于汉魏之际，然或残缺未备，或遗佚不全，至宋时，宣城太守范晔乃广集学徒，穷览载籍，删烦补略，作《后汉书》百篇。晔，字蔚宗，顺阳人。少好学，博习经史，善为文章，能隶书，晓音律。年十七，州辟主簿，不就。寻为秘书丞，迁尚书吏部郎，未几，出为宣城太守，不得志，乃删众家"后汉书"为一家之作。及范书行，而诸家之书尽废矣。

范氏《后书》继班书而为断代史，故其列传体亦多效法马班。如《史记》老子与韩非同传，屈原与贾谊同传，鲁仲连与邹阳同传，以类相从，不拘时代。班固师其遗意，故黄霸为丞相，朱邑为大司农，而皆列之循吏，以其长于治郡也。夏侯胜治《尚书》，京房治《易》，不入儒林而另为立传，与眭宏等同卷，以其皆精于占验也。范书亦仿其例，故如卓茂本在云台图像内，而以其治行卓著，与鲁恭、魏霸、刘宽等相类，故列为一卷。张纯为国初人，而以其深于经学，有类郑玄，故系之同编。余若张宗、法雄均国初人，度尚、杨璇汉末人，而亦同卷，以其皆为郡守，能讨贼也。王充国初人，王符、仲长统汉末人，而亦同卷，以其皆著书，恬于荣利也。班氏于列传之中，多并录有关世道之文。虽繁博，不以为病。范书亦因之，故于《崔寔传》载其《政论》一篇；《桓谭传》载其《陈时政》一疏；《冯衍传》载其《说廉丹》一书，《说鲍宣》一书；《王符传》载其《潜夫论》中五篇；《仲长统传》载其《乐志论》及《昌言中》二篇；《张衡传》载其

《客问》一篇,《上疏陈事》一篇,《请禁图谶》一篇;《蔡邕传》载其《释诲》一篇,《条陈所宜行者七事》,皆其例也。班书记事又有别见他传之法,而本传不复述及。范书师其意,故宦官孙程以张防诬构虞诩,上殿力争,事见《诩传》,则《程传》不复载;张俭奏劾中常侍侯览籍没其家,事见《览传》,则《俭传》不复载;俭避难投孔褒,褒弟融藏之,后事泄,褒兄弟争死,事见《融传》,则《俭传》不复载;张让矫杀何进,事见《进传》,则《让传》不复载;袁绍尽诛宦官二千余人,无少长皆死,事见《何进传》,则《绍传》不复载。凡兹详彼略此之例,皆作史之良法,而溯厥原委,殆无一而非马、班创之于先,而范氏承之于后者也。

范氏在狱中与诸甥侄书称:吾既造《后汉》,详观古今著述及评论,殆少可意者。班氏最有高名,既任情无例,不可甲乙,惟志可推耳。博赡不可及之,整理未必愧也。吾杂传论,皆有精意深旨。至于《循吏》以下及《六夷》诸序论,笔势纵放,实天下之奇作。其中合者,往往不减《过秦论》。尝共比方班氏所作,非但不愧之而已。赞自是吾文之杰思,殆无一字空设,奇变不穷,同合异体,乃不自知所以称之。此书行,固应有赏音者。自古体大而思精,未有此也。然今观范氏所撰序论,殊少特构之处。列传如邓禹、窦融、马援、班超、郭泰者,盖亦有数,况纪传史法,大致多效孟坚,而讥为任情无例,似为过当之论,宜其贻后世以夸诩之诮也。

范书叙事虽详简得宜,无复出叠见之弊,然疏漏之处亦时见之。如安帝以延光四年三月崩,阎后与其兄显定策禁中,迎立北乡侯懿即位,是年十月薨,计在帝位八阅月,应为立纪,而范书无之。盖以未逾年,未改元故耳。然殇帝在位仅九月,冲帝在位止半年,而皆为立纪,似此不应独缺也。又《刘玄传》称王莽败,唯未央宫被焚而已,其余宫馆一无所毁,更始既至,居长乐宫。《董卓传》亦言赤眉之乱,宫室、营寺焚灭无余,是时惟有高庙、京兆府舍。是未央宫当莽死时已被烧,赤眉之乱则长安为墟,并不特未央宫无存而已。及《献帝纪》称:三月乙巳车驾入长安,幸未央宫;《卓传》亦言迁天子西都,后移未央宫。三年四月,帝以疾新愈,大会未央殿,此宫已被焚于王莽之乱,何以献帝西迁又有未央以驻跸?又《顺帝纪》永和元年冬,行幸长安,赐鳏、寡、孤、独者粟,寻幸未央宫。想王莽时被焚之后，东汉诸帝又曾修葺也。然范书不载，而先则被焚，后则驻跸，似乎自相矛盾。又《吴汉传》称汉伐公孙述，进逼十余里，阻江北为营，作浮桥，使副将刘尚将万余人屯于江南，相去二十余里。帝闻而大惊，诏汉谓："贼若出兵缀公，以大众攻尚，尚破，公即败矣。"盖以其与尚相隔二十里，不及救援也。后汉引还广都，留尚拒述，具以状上，帝报曰："公还广都，甚得其宜，述必不敢略尚而击公也。若先攻尚，公从广都五十里悉步骑赴之，适当值其危，困破之必矣。"夫先以相距二十里谓不足，以相及今云五十里赴救，正可破敌，语似剌谬。盖汉先营江北，尚营江南，恐述断浮桥，则彼此不能相救耳。范书未分别言之，亦似未允。凡此简略失当之例，书中见之甚多，以语史法，似不能谓无失矣。

　　史家叙事，以记实为贵，其诡谲而不衷于正者，均在所当屏之列。范书于旧闻轶事，往往不加裁别，而遽为收入，故新奇不经之说，层见叠出。如《南蛮传》所载槃瓠衔吴将军首，高辛以女妻槃瓠之事；《西南夷传》所载夜郎女子剖竹得一男，儿及长自立为夜郎侯，以竹为姓之事；哀牢夷妇人捕鱼，水中触沉木生子男十人，及沉木后化为龙之事；以及《郭宪传》称其从驾南郊潠酒厌火；《王乔传》称其罗凫得舄、天下玉棺；《徐登传》称其本为女子所化，善为巫术。赵炳临水欲度，张盖而济；《刘根传》称其左顾而啸，亡鬼群聚；《左慈传》称其贮水钓鲈，变羊遁匿。凡此荒诞无稽之事迹，均为信史所不容，而范书悉载之于传，殊乖史体。盖其才长于文，而短于史，固已为后史导其先路矣。

第二节　沈氏《宋书》

　　沈约于齐武帝永明五年奉敕撰《宋书》，明年二月告成。古来修史之速，未有若是者。盖约书多就徐爰旧本而加以增删，与前史之撰述不同，故为力较易也。初宋文帝元嘉中著作郎何承天草创纪、传，其诸志，惟《天文》《律历》，自此外悉委之山谦之。孝武、孝建初，又敕南台侍御史苏宝生续造诸传，元嘉名臣，皆其所撰。及宝生被诛，大明六年，乃使徐爰领著作郎踵成前作。爰因何、苏所述，勒为一书，其臧质、鲁爽、王僧达诸传，皆孝武所造。然自废帝永光以后至禅让，十余年中，阙而不载。至齐永明中，乃敕约更补缀所遗，制成新史。自义熙肇号，终乎顺帝，为纪十，志三十，列传六十，凡百卷，名曰《宋书》。永明末，即行于世焉。

约《上〈宋书〉表》称：本纪、列传，缮写已毕，合志表七十卷。所撰诸志，须成续上。今《宋书》但有纪、志及传，而无表，刘氏《史通·正史篇》亦称此书纪、志、列传合百卷，不言其有表。至《隋书·经籍志》《唐书·艺文志》亦均作百卷，与今本卷数相符，或其表自唐时已佚，今本卷帙出于后人所编次欤？然已莫由详证矣。

自陈寿志三国创为回护之法，于魏罪多所隐匿。沈氏师其遗意，故于宋齐革易之际，每多忌讳之辞。如《后废帝纪》，但历叙帝无道之处，以见其必当废杀。《顺帝纪》亦但叙萧道成之功勋，进位相国，总百揆，封十郡，为齐公，备九锡之礼，位在诸王上。又进爵为齐王，增封十郡，冕十有二旒，建天子旌旗，出警入跸，乘金根车，驾六马。下又云：天禄永终，禅位于齐，帝逊位于东郊，既而迁居丹阳宫。齐王践阼，封帝为汝阴王，待以不臣之礼。建元元年，殂于丹阳宫，时年十三，谥曰顺帝，绝不见篡弑之迹。此即陈志之书，命大将军司马文王为相国，封晋公，加九锡，又增封二郡，并前满十，及天禄永终，历数在晋，诏群公卿士具仪设坛于南郊，使使者奉皇帝玺绶，禅位于晋嗣王之类也。

陈志于君主之过失，往往讳之于纪，而载之于传。如甄后之死，本纪虽不言其暴亡，而《后传》则明著其赐死之迹，即彼以见此也。沈书亦有彼此互见之例。如于齐之代宋，虽多回护，而于《明帝诸子传》，隋阳王翙、新兴王嵩，皆先书元徽四年，年六岁，下书齐受禅，以谋反赐死。自元徽四年至升明三年，齐受禅仅阅三岁，则翙等仅九岁耳，九岁之人岂能谋反？而曰以谋反赐死，则齐之戕及亡国之童稚，不言可知也。《沈攸之传》虽不敢载其"宁为王凌死，不作贾充生"之语，然犹书攸之上武陵王赞一书，以见其忠于宋室之志。《袁粲传》虽不敢载当时谚语"宁为袁粲死，不作褚渊生"之句，然传内谓齐王功高德重，天命有归，粲自以身受顾托，不欲事二姓，乃与黄回等谋攻齐王于朝堂，事泄，为齐王攻破石头，被杀，则明著其送往事居，不济则以死继之，其志节为不可及。凡此均足以证其书事之尚不至大失其实，虽回护而仍见公理也。惟于晋宋革易之际，或多用徐爰旧书，如宋武之使兵士进药掩杀王，其悖逆凶毒为自古所未有，自应明著其罪。而永初二年之书零陵王薨，帝率百僚举哀于朝堂，一依魏明帝服山阳公故事，一若零陵之寿考令终，宋武乃恩礼兼备者。夫爰作《宋书》于宋，不得不为之讳，约作《宋书》，于齐自可援事直书，乃以急于成书，遂全袭旧文，而不加以订正，不能谓无失矣。

《史》《汉》纪事，遇名行可崇，功业在世之人，而不另为立传者，则寄之他篇，以著其迹。如《史记》于散宜生、芮良夫、仲山甫等，则举其一二大端，付于本纪；班书于《王吉传》首而列商山四皓，于《萧何传》而附见召平皆其例也。《宋书》亦多用带叙之法，如《刘道规传》带叙刘遵；《何承天传》带叙谢元；《何尚之传》带叙孟颐；《谢灵运传》带叙荀雍、羊睿之、何长瑜三人，此实作史良法。盖以人各一传，则不胜其繁，不为立传，则没其事迹，于史法均无当也。惟详略之际，胥视作者善为剪裁，方不至喧宾夺主，有乖史体。而《宋书·刘义庆传》因叙义庆好延文士鲍照等，而即叙"照字明远，文辞赡逸，尝为古乐府，文甚遒丽"，而并载其《河清颂》一篇二千余字，并叙："时上（孝武帝）好为文章，自谓物莫能及，照悟其旨，为文多鄙言累句，当时咸谓照才尽，实不然也。"末又叙义庆之事，以完本传。以致一传中，义庆事转少，而鲍照事转多。此种详略失宜，宾主易置之弊，尤为史法所不取。拟之班马带叙之例，其得失又奚可以道里计哉！

《宋书》各志颇为世所非议，实则于《符瑞》《州郡》二志外，似亦未可尽訾。《符瑞》原无叙述之必要，《州郡》惟据《大康地志》及何承天、徐爰原本，于侨置创立并省分析多不详，其年月亦为疏略。余则若《礼志》合郊祀、祭祀、朝会、舆服为一门，以省支节；《乐志》详述八音、乐器及鼓吹铙歌诸乐章，以存义训，体例尚有可取。至其追述前代，晁氏《读书志》虽讥其失于断限，然孟坚《汉书》增载《地理》，上叙九州；创设《五行》，演明《洪范》，推原溯本，事有前规。且魏晋并皆短祚，宋承其后，多所因仍。详其沿革之由，以明演进之况，似亦未为大失也。

第三节　萧氏《齐书》

《齐书》虽成于萧子显，然亦有所本也。《文学·檀超传》：建元二年,初置史官,以超与骠骑记室江淹掌史职,上表立条例:开元纪号,不取宋年;封爵各详本传,无假年表;立十志;帝女应立传,以备甥舅之重;立《处士》《列女传》。诏内外详议。稍有更定,此齐时修国史体例也。又沈约亦著《齐纪》二十卷;江淹撰《齐史》十志;吴均撰《齐春秋》。今考萧氏《齐书》志传体例,与淹、超小有不同,盖本淹、超之旧,而稍加更改之。又《超传》谓:超史功未就,卒官,江淹撰成之,犹不备也,益知子显《齐书》虽本诸前人,而非尽袭旧作矣。

萧氏《齐书》、《梁书》及《南史》本传,均作六十卷,而今《齐书》只有五十九卷。刘氏《史通》、曾巩《叙录》亦云八纪、十一志、四十列传,合为五十九卷,不言其遗佚。惟章如愚《山堂考索》引《馆阁书目》称《南齐书》本六十卷,今存五十九卷,亡其一,与《梁书》《南史》本传说合。又《南史》载子显《自序》,似是据其《叙传》之词。晁氏《读书志》载其《进书表》云:"天文事秘,户口不知,不敢私载。"或原书六十卷,为子显叙传,末附以表,与李延寿《北史》例同。至唐已佚其叙传,而其表犹存。今又并其表佚之,故较本传阙一卷也。又《史通·序例》篇谓:"令升先觉,远述丘明,重立凡例,勒成《晋纪》。""史例中兴,于斯为盛。若沈《宋》之志序,萧《齐》之序录,虽皆以序名,其实例也。""子显虽文伤蹇踬,而义甚优长。"为序例之美者。今考萧书,如《良政》《高逸》《孝义》《幸臣》诸传,皆有序,而《文学传》独无,殆亦宋以后所残阙欤?

萧书叙事,虽较沈氏《宋书》为简净,如《刘善明传》所陈十一事,皆概括其语载之;《张欣泰传》所陈二十事,只载其一条;以及《孝义传》用类叙之法,均为得体。然冗杂无当之弊,亦不一而足,如齐高好用图谶,梁武崇尚释氏。故子显于《高纪》卷一引太乙、九宫占曲加附会,《高逸传》论推阐禅理语不惮烦,均失史体之正。又《高帝纪》载袁粲被诛、而并连及粲郊饮事,称粲疏放好酒,步屧郊野间道,遇一士大夫,便呼与酣饮。明日,此人谓被知顾,到门求通。粲曰"昨饮无偶,聊相邀耳",竟不与相见。此乃游谈琐事,与当时治体无关,而竟连缀之,于纪冗矣。

古来作史,或出于当时之实录,或出于后世之追书,从未有子孙为祖父作正史者,独子显为祖作本纪,为父豫章王作传。故忌讳褒扬之处,较前史为特多。其于《豫章王传》,铺张至九千余字,迥殊他传。且豫章乃高帝第二子，应入《高帝诸子传》内，与临川王映等同卷，乃以临川等为高祖十二王，编在三十五卷。而豫章则另为一卷，编在二十二，与文惠太子相次，以见豫章之不同诸子。则过于推尊其父，实于义无当也。至若《高帝本纪》，于帝使王敬则结杨玉夫等弑宋苍梧王之事，而但曰玉夫弑帝，以首与敬则，呈送高帝。其受禅于宋顺帝之处，则但载九锡文、禅位诏，绝不见篡夺之迹。斯则循前史回护之例，犹未足深为子显咎耳。

萧氏《齐书》于上述诸点外，亦间有足取者。良史之记事也，往往不加论断，而事之是非得失，均见之于叙述中，萧书亦颇有是。例如《褚渊传》先叙其在宋时，明帝在藩，与渊素以风素相善，及即位，深相委寄，事皆见从。及明帝疾驰使召渊，付以后事。帝崩，遗诏以为中书令、护军将军，与尚书令袁粲同辅幼主。而下即叙其见萧道成，识为非常人，苍梧无道，群公集议，渊谓非萧公无以了此，废立事遂定。顺帝时，沈攸之事起，粲怀贰道成，渊谓道成曰："西峤易弭，公当先备其内耳。"遂杀粲。末又叙渊子贲，恨渊失节于宋室，故不复仕于齐，以封爵让其弟蓁。全传几三千字，虽于渊之失节不置一议，而其负恩丧节处无不毕见。又如《王晏传》，先叙其在宋时，倾心与齐高帝，参密议。至齐武帝更位，位任亲重，朝夕进见，言论朝事，自豫章王嶷、尚书令王俭之下皆降意以接之。武帝崩，遗旨以尚书事付晏，令久于其职。郁林无道，明帝谋废立，晏便响应，推奉明帝即位，自谓佐命惟新，言论常非薄武帝故事，众始怪之。全传于晏之品节亦未尝加一字之贬，而是非自见，固亦能深得良史叙事之法也。

第四节　魏氏《魏书》

魏史自道武时，始令邓渊著《国记》十卷，而条例未成。太武神嘉二年，诏集诸文人崔浩、浩弟览、高谠、邓颖、晁继、范亨、黄辅等，共参著作，成《国书》三十卷。浩秉笔直书，无所忌讳，且刊石写之，以示行路，卒坐此夷三族，同作死者百余人，自是遂废史官。至文成帝和平元年，始复其职，以高允典著作，续修《国记》。孝文太和十一年，诏秘书丞李彪、著作郎崔光,改析《国记》,依纪传之体。宣武时,令邢峦追撰《孝文起居注》,既而崔鸿、王遵业补续焉。下迄孝明,事甚委悉。济阴王晖业,又撰《辨宗室录》四十卷。至齐天保二年,文宣帝敕秘书监魏收,撰集魏史,收乃与房延祐、辛元植、刁柔、裴昂之、高孝幹等,专总斟酌,以成《魏书》。辨定名称,随条甄举,又搜采亡遗,缀续后事,备一代史籍,表而上之。凡十二纪,九十二列传,合百一十卷。后又以志未成,奏成终业,许之。后传十志:《天象》四卷,《地形》三卷,《律历》二卷,《礼》四卷,《乐》一卷,《食货》一卷,《刑罚》一卷,《灵征》二卷,《官氏》一卷,《释老》一卷,凡二十卷,合于纪传,为百三十卷。收所引史官,恐其凌逼,惟取学流先相依附者,房延祐、辛元植虽夙涉朝位,并非史材。刁柔、裴昂之以儒素见知,高孝幹以左道求进,均不堪编辑。故序例论表,咸取决于收焉。《魏书》百三十卷,早有遗佚,今本为宋刘恕、范祖禹等所校定。恕等《叙录》谓魏澹更撰《魏书》九十二卷。唐时又有张太素《后魏书》一百卷,裴安时《元魏书》三十卷,今俱不传。称"魏史"者,惟以收书为主。校其亡逸不完者,凡二十九篇,各疏于逐篇之末,然其据何书以补阙,则恕等并未明言。《崇文总目》谓澹书只存纪一卷。陈氏《书录解题》引《中兴书目》,谓收书阙《太宗纪》,以魏澹书补之,志阙《天象》二卷,以张太素书补之,不知何据?是陈氏亦疑未能定也。考《太平御览·皇王部》所载,《后魏书·帝纪》多取收书,而删其烦冗之字句。惟《太宗纪》虽与今本首尾相符,其中转增多数语。收书《孝静纪》亡,后人所补,而《御览》所载《孝静纪》,与此书体例绝殊。又有西魏《孝武纪》《文帝纪》《废帝纪》《恭帝纪》。《隋书·魏澹传》谓,自道武以下及恭帝,为十二纪。刘氏《史通》谓澹以西魏为真,故文帝称纪,或澹书至宋初尚不止仅存一卷,故为补缀者所取资。至澹书亦阙,始取《北史》补之。此《崇文总目》所以有魏澹《魏史》,李延寿《北史》与收书相乱之记也。惟《天象》志二卷,为唐太宗避讳,可信为唐人之书无疑耳。收作此书,颇为世所诟骂,号为"秽史"。《北齐书》收本传谓:"修史诸人,祖宗姻戚,多被书录,饰以美言。"收初在神武时,为太常少卿,修国史得阳休之助,因谢休之曰:"无以谢德,当为卿作佳传。"休之父固,魏世为北平太守,以贪虐为中尉李平所弹获罪,载在魏《起居注》,收书则谓:"固为北平,甚有惠政,坐公事免官。"又云:"李平深相敬重。"尔朱荣于魏为贼,而收以高氏出自尔朱,且纳荣子金,故减其恶而增其善,若云:"修德义之风,则韩、彭、伊、霍,夫何足数。"时论既言收著史不平,文宣诏收于尚书省,与诸家子孙共加讨论。前后投诉者百有余人,云遗其家世职位;或云其家不见记录;或云妄有非毁。虽收皆随状答之,且帝素重收才,谤史者多获罪。然犹群口沸腾,投牒者相次焉。是收史在当时已有定论,虽以魏齐世近,著名史籍者,并有子孙,各欲显荣其父祖,一不如志,遂哗然群起,谤史之目,不无过甚之词,然细加考核,则其义例之未当,褒贬之失中,要亦时所不免,而无能为讳者矣。

收作史于齐文宣时,故纪传中,每遇神武在魏时事,多所回护。如《孝庄纪》,建义元年,称齐献武王行台于晖,与崔孝芬、刁宣等大破羊侃于瑕丘,侃奔萧衍,兖州平。二年,称献武王与上党王天穆大破邢杲于齐州之济南,杲降送京师,斩于都市。《前废帝纪》,普泰元年,称齐献武王,以尔朱逆乱,始兴义兵于信都。此数事,均不载于《北史》。又如《尔朱荣传》称:河阴之役,荣有异图,献武王及司马子如等切谏,陈不可之理,于是还奉庄帝。而《北史》则谓刘灵助劝止之,而不及欢。盖收书载其事,皆深著神武之功,即出于党齐之故也。至若孝武西迁为西魏,神武立孝敬帝为东魏,则于西魏之君臣,每多贬词,在当时已有祖齐毁魏、褒贬肆情之讥,其失史法益甚矣。

第五节　南北朝之杂体史

南北朝时之杂体史,以崔鸿《十六国春秋》为最著。《魏书》鸿本传:"鸿,字彦鸾,少好读书,博综经史,弱冠便有著述之志。见晋魏前史,皆成一家,无所措意,以刘渊、石勒、慕容儁、苻健、慕容垂、姚苌、慕容德、赫连屈子、张轨、李雄、吕光、乞伏国仁、秃发乌孤、李暠、沮渠蒙逊、冯跋等,并因世故,跨僭一方,各有国书,未有统一,乃撰为《十六国春秋》,勒成百卷,因其旧记,时亦有增损褒贬焉。"

孝庄帝永安中,崔鸿子秘书郎子元,奏其父书,谓:亡考鸿不陨家风,式缵世业,多识前载,博极群书,史才富洽,号称籍甚。年止壮立,便斐然怀著述意。正始之末，任属记言，撰缉余暇，乃刊著赵、燕、秦、夏、凉、蜀等遗载，为之赞序，褒贬评论。先朝之日，草构悉了，惟有李雄《蜀书》搜索未获，阙兹一国，迟留未成。正光三年，购访始得，讨论适讫，而先臣弃世。凡十六国，名为《春秋》，一百二卷，近代之事，最为备悉。然考之《魏书》，谓其书自正光以前，不敢显行，自后以其伯光贵重当朝，知时人未能发明其事，乃颇相传读，亦以光故，执事者遂不论之。鸿经综既广，多有违谬，至如太祖天兴二年，姚兴改号，鸿以为改在元年；太宗永兴二年，慕容超擒于广固，鸿以为事在元年；泰常二年，姚泓败于长安，而鸿亦以为灭在元年。如此之失，多未考证，是知子元所称，抑未免过扬其亲，而非尽得实之论矣。

　　崔氏《春秋》，隋唐二志并著录，宋初李昉等作《太平御览》犹称引之。至《崇文总目》始佚其名，而晁、陈诸家书目亦皆不载，是亡于北宋时也。明万历以后，此本忽出，而证以《艺文类聚》诸书所引，一一相同，且《史通·探赜》篇谓："鸿书之纪纲，皆以晋为主，亦犹班书之载吴、项必系汉年，陈志之述孙、刘，皆宗魏世。"而此本则多用晋宋年号，故世多不深究，遂得行于一时。然《魏书》载鸿子子元所奏，谓刊著遗载，为之赞序，而此本则无赞序。《史通·表历》篇谓："当晋氏播迁，南据扬越，魏宗勃起，北雄燕代，其间诸伪，十有六家，不附正朔，自相君长。崔鸿著表，颇有甄明。"而此本无表，其非崔氏原书甚明。至《汉魏丛书》所录之本，国自一录，惟列僭伪之主五十八人，益非崔书之旧，或后人采集《晋书》《北史》《册府元龟》《太平御览》等书而缀成之耳。

第五章　唐之史学

第一节　《晋书》之撰述

　　晋史之渊源甚早，陆机始撰《三祖纪》，束皙又撰《十志》，会中朝散乱，其书不存。先是历阳令王铨有著述才，每私录晋事及功臣行状，未竟而卒。子隐继之，西都事迹，多所详究。过江为著作郎，受诏撰《晋史》，为虞预所诉，坐事免官，书遂未就，乃依征西将军庾亮于武昌，由是获成《晋书》八十九卷。隐虽好述作，而辞拙才钝，除铨所修者外，率多未善。时尚书郎领国史干宝亦撰《晋纪》，其书简洁，为当时所称。南迁以后，邓粲、孙盛相次继作，至宋湘东太守何法盛始撰《晋中兴书》七十八卷。齐隐士臧荣绪又括东西二史，合成一书。唐贞观中，以前后晋史制作虽多，未能尽善，乃敕房玄龄、褚遂良等更加纂录，为十纪，二十志，七十列传，三十载记，合为百三十卷。自是言晋史者悉以此书为主焉。
　　中国史学自左氏、司马迁以来，皆自成一家言，非如后世官撰之史也。自隋开皇中，诏禁绝人间撰集国史，臧否人物，由是史之大势一变，而私家史籍遂鲜所闻，至唐修《晋书》遂成完全官史之局。《旧书·房玄龄传》：贞观四年，玄龄以尚书左仆射监修国史。十六年，进拜司空。十八年，加太子太傅仍知门下省事监修国史。如故寻与中书侍郎褚遂良受诏重撰《晋书》，于是奏取太子左庶子许敬宗、中书舍人来济、著作郎陆元仕、刘子翼、前雍州刺史令狐德棻、太子舍人李义府、薛元超、起居郎上官仪等八人，分功撰录。以臧荣绪《晋书》为主，参考诸家。时李淳风深明星历，善于著述，所修《天文》《律历》《五行》三志最可观采。又太宗自著宣、武二帝及陆机、王羲之四论，故总题"御撰"。至贞观二十年书成,凡百三十卷,诏藏于秘府焉。

唐撰《晋书》,后世颇多异辞。《旧书·房玄龄传》谓:《晋书》参考诸家,虽甚详密,然史官多是"文咏"之士,好采诡谬碎事,以广异闻;又所评论,竞为绮艳,不求笃实,由是颇为学者所讥;又晁氏《读书志》亦以诡异谬妄为《晋书》病。此实《晋书》之短,无可为讳者。然细观当时作史之人,如令狐德棻等,皆老于文学,其纪传叙事亦并爽洁老劲,非魏、宋二书可比。且其列传之编订,亦有斟酌,如陶潜已在《宋书·隐逸》之首,而潜本晋完节之臣,应入《晋史》,故仍列其传于《晋·隐逸》之内。愍怀太子妃王氏抱冤以死,而太子妃不便附入《后妃传》,则入之于《列女传》,此皆位置得当者。至各传所载表、疏、赋、颂之类,亦皆有关系,如《刘寔传》载《崇让论》,见当时营竞之风也;《裴𬱟传》载《崇有论》,见当时虚谈之习也;《刘毅传》载论九品之制有八损,《李重传》亦载论九品之害,见当时选举之弊也;《陆机传》载《辨亡论》,见孙皓之所以失国也;《豪士赋》见齐王冏之专恣也;《五等论》见当时封建之未善也。《傅玄传》载兴学校、务农桑等疏,以其切于时政也;《江统传》载《徙戎论》,明戎祸之先兆也;《皇甫谧传》载《释劝篇》,见其安于恬退也;《笃终论》见厚葬之祸也;《郭璞传》载刑狱一疏,见当时刑罚之滥也。凡此,均有关史事之文,《晋书》一一载之,得史法矣!惟《刘颂传》载其所上封事至七八千字,殊觉太冗;《元帝纪》,后叙其父恭王之妃夏侯氏通小吏牛金生帝,而《夏侯太妃传》内不载,讳其丑于传,而转著其恶于纪,亦属两失。又《文选注》引臧荣绪、王隐书,称"马敦立功孤城,死于非罪,后加赠祭",而《晋书》不为立传;《太平御览》引王隐书,谓武帝欲以郭琦为著作郎,以尚书郭彰言而止,后赵王伦篡位,又欲用琦,琦曰:"我已为武帝吏,不能复为今世吏。"终于家,盖始终亮节之士也,而《晋书》亦削而不载,揆之史法,似未免轻重失准耳。

《晋书》褒贬之失当,考证之疏舛,亦不能无可议者。如王导为元帝佐命功臣,历仕三朝,以弘厚镇物,固称贤相。然王敦之叛也,导率群从诣阙请罪,值周𫖮入见,导呼其申救,𫖮直入不顾。既见帝,备言导忠诚,帝纳其言。𫖮出,又上表明导,言甚切至。导不知救己,而甚衔之。及敦既得志,欲除𫖮,三以问导,而导不答,遂见杀,是导以虚怨排同列也；周札之被诛，其故吏诣阙讼冤，卞壸等以札于石头之役，开门延敦，以致王师败绩，追赠意有未安。导独谓札知隗、协乱政，信敦匡救，开门延之，正其忠于社稷。夫以敦之称兵，为匡救朝廷之失，可见导虽不欲敦移国祚，而欲诛刁、刘等，则其肝膈本怀，是欲以兵威排异己也。即此以观导，诚不得为纯臣矣。而导传论竟比之管仲、诸葛，谓夷吾能相小国，孔明善翊新邦，抚事论情，抑斯之类。其褒扬殊未为平允也。又如陶侃生平，惟苏峻、祖约之反，侃以不与顾命，不肯勤王，经温峤等再三邀说，始率兵东下，于大义不无可议。其他则尽心于国，老而弥笃，且能超然于权势，朝廷加以殊礼，侃固辞。而《侃传》末乃云，侃梦生八翼，飞而上天见天门，九重已登其八，惟一门不得入，因坠地，折其左翼。及都督八州，据上流，握重兵，潜有窥觊之志，每思折翼之祥，自抑而止。是直谓其素有不臣之心，因一梦而不敢也。于导则略其疵累而比之管、葛，于侃则因其一梦而厚加訾謷，以言史德，其失之也远矣。至若史实之考证，亦间多疏忽之处。《艺术传》：戴洋言："昔吴伐关羽，天雷在前，周瑜拜贺。"按瑜卒于建安十五年，而吕蒙之袭关羽乃在二十四年；瑜亡已将十年，何尚有拜贺之事引为史料？固当加以更正者也。《宣帝纪》：当司马懿为魏臣之时，无不称之为"帝"。至蜀将姜维闻辛毗来，谓诸葛亮曰："辛毗秋节而至，贼不复出矣。"所谓"贼"者，即懿也，当时在蜀人名之为"贼"。《晋书》杂采诸书，不暇详考，遂至一篇之中，帝贼互见。以及《张重华传》前云"封谢父为福禄伯"，后又云"进封福禄县伯"。《戴若思传》称其"举孝廉入洛"，陆机荐之于赵王伦，而《周顗传》则称"广陵戴若思，东南之美，举秀才入洛"。《石勒载记》前称王浚遣督护王昌及鲜卑段就六眷等部众五万余以讨勒，而后则作"段疾六眷"，《阳裕传》又作"段眷"。凡此彼此互异之记载，书中往往见之，亦其所短也。

　　自史迁于《殷周本纪》采录"吞卵生契"、"践迹生弃"之事，后史多沿其失，于称雄一世之人，遂多怪诞之辞，而尤以《晋书·载记》为特甚。如《刘元海传》称豹妻呼延氏祈子于龙门，俄有一大鱼，顶有二角，轩鳍跃鳞而至祭所，久之乃去。巫觋皆异之，曰：此嘉祥也。其夜梦旦所见鱼变为人，左手把一物，大如半鸡子，光景非常，授呼延氏曰："此是日精，服之生贵子。"自是十三月而生元海，左手文有其名，遂以名焉。《刘聪传》称聪母张夫人梦日入怀，寤而以告元海曰：此吉祥也，慎勿言。十五月而生聪，夜有白光之异。左耳有一白毫，长二尺余，甚光泽。《苻坚传》称其母苟氏尝游漳水，祈子于西门豹祠，其夜梦与神交，因而有孕。十二月而生坚，有神光自天烛其庭，背有赤文，隐起成字，曰："草付臣又土王咸阳。"臂垂过膝，目有紫光。《李雄传》称其母罗氏梦双虹自门升天，一虹中断，既而生荡。后罗氏因汲水，忽然如瘵，又梦大蛇绕其身，遂孕，有十四月而生雄。《慕容德传》称其母公孙氏梦日入脐中，昼寝而生德。皆其例也。又如《刘聪传》载平阳有陨肉，旁有哭声，聪后刘氏产一蛇一虎，各害人而走，寻之，在陨肉之旁。俄而刘氏死，乃失此肉，哭声亦止。聪子约死，一指犹暖，遂不殡。及苏，言见元海于不周山，诸王公卿死者皆在，号曰蒙珠离国。元海谓曰："东北有遮须夷国，无主，久待汝父为之，三年当来，汝且归。"既出，经猗尼渠余国，授约一皮囊，曰：为吾遗汉皇帝。既苏，果有囊，中置一方白玉，题曰"猗尼渠余国天王敬寄遮须夷国天王，岁摄提当相见"。至期，聪果死。《刘曜传》载西明门风吹折大树，经宿变人形，发长一尺，须眉长三寸，皆黄白色，亦有两脚，著裙之形，惟无目鼻，每夜有声，十日而生柯条，遂成大树，枝叶甚茂。凡此荒诞不经之记载，在稗官小说犹羞为之，而《晋书》悉加收入，尤乖史体，固无怪后人之纷纷改撰也。

第二节 《梁书》及《陈书》

《梁史》，武帝时沈约与给事中周兴嗣、步兵校尉鲍行卿、秘书监谢昊相承撰录，已有百篇。值承圣沦没，并从焚荡，庐江何之元、沛国刘璠以所闻见，究其始末，合成《梁典》三十篇，而未有纪传之作。陈祠部郎中姚察补缀未竟，然既当朝务，兼知国史，至于陈亡，其书不成。《陈史》初有顾野王、傅縡二家之作，宣帝太建初，中书郎陆琼续撰诸篇，成书四十二卷，而事伤烦杂，姚察就加删改，粗有条贯。乃江东不守，持以入关。隋文帝尝索梁陈故事，察因以所论载，每一篇成，辄奏之，而依违荏苒，竟未绝笔。唐贞观中，乃诏著作郎姚思廉撰成之。思廉，本名简，以字行,察之子也。少受《汉书》于察,尽传其业。寡嗜欲,惟一于学,未尝问家人生赀。察卒,以梁、陈二史属思廉。贞观三年,遂受诏与秘书监魏徵同撰。思廉采谢、昊诸家《梁史》续成父书。并推究陈事,删益博综顾野王所修旧史,而成《陈书》。时徵虽裁其总论,然编次笔削,则皆思廉之功。故旧本皆独系之思廉,所以不没秉笔之实也。

姚氏《梁书》,《旧唐书·经籍志》及《思廉》本传俱云五十卷,而《新唐书》则作五十六卷。今考之本书为六本纪、五十列传,实五十六篇,或《旧书》误脱"六"字故。《宋史·艺文志》、郑氏《通志》、马氏《通考》等均从《新书》之数。是书思廉本推其父意而成,每卷之后题"陈史部尚书姚察者"二十五篇,题"史臣陈吏部尚书姚察"者一篇,盖仿班书卷后题班彪之例。其专称史臣者则思廉所续纂者也。思廉既承藉家学,具有渊源。又贞观二年,先已编纂及诏入秘书省论撰之后,又越七年,其用力亦云勤笃。故叙事之简洁,文字之苍劲,实非当时诸史所能及。自六朝争尚骈俪,即叙事之文,亦多以排比为工,而《梁书》则多以散文行之。如《韦睿传》叙合肥等处之功,《昌义之传》叙钟离之战,《康绚传》叙淮堰之作,皆劲气锐笔,曲折明畅,一洗六朝芜冗之习。李氏《南史》虽称简净,然不能增损一字也。至诸传论,亦皆以散文行之。魏郑国公《梁书总论》犹用骈偶,而彼独高出于骈俪之上,则姚氏父子为不可及矣。

《梁书》文字虽甚简净,然其考证书法亦多有可议者。如《简文纪》载大宝二年四月丙子,侯景袭郢州,执刺史萧方诸,而《元帝纪》则作闰四月丙午,两卷之内日月参差。《侯景传》上云张彪起义于会稽,攻破上虞,而下云彪遣别将寇钱塘,数行之间,书法互异。《江革传》谓时尚书令"何敬容掌选序用,多非其人",革性强直,每至朝宴,恒有褒贬,以此为权势所疾。而《何敬容传》则称其守吏部尚书"铨序明审,号为称职",尤为是非矛盾,此均其彰明较著者。至若于诸王及功臣列传,多载其没后加恩饰终之诏。如《王茂传》诏曰:"旌德记勋,哲王令轨。念终追远,前典明诰。"《吕僧珍传》诏曰:"思旧笃终,前王令典。追荣加等,列代通规。"《南平王伟传》诏曰:"旌德纪功,前王令典。慎终追远,列代通规。"《孔休源传》诏曰:"慎终追远,列代通规。褒德酬庸,先王令典。"篇篇如此,殊可呕哕。盖以国史体例如是,至修入正史,自应一律删除,以免繁复之弊者也。

　　良史立传,首贵剪裁,方不至有冗芜疏略之弊,而《梁书》则间多失当者。如豫章王欢有子栋,为侯景所立,未几禅位于景。景败,元帝使人杀之。此亦当时一大事,而《梁书》无传。贞阳侯渊明陷于齐,齐人立之,入主梁祀,为陈霸先所废。齐人征还,死于途。又忠烈世子方等有子庄,敬帝时为质于齐。陈霸先将篡,湘州刺史王琳请于齐,以庄为帝,改元天启。后兵败,奔齐。此皆梁末余裔之当传者,而《梁书》亦无传。王琳当梁陈鼎革之后,犹尽心萧氏,卒以死殉,尤梁室第一忠臣,所必当立传者,而《梁书》亦无之,失史义矣。至若于《处士》之外,另立《知足》一门,其序谓:"梁有天下,小人道消,贤士大夫,相招在位,其量力守志,则当世罔闻,时或有致事告老,或有寡志少欲,国史书之,亦以为《止足传》云。"然所谓止足,不过宦成身退,稍异乎钟鸣漏尽,夜行不休者耳。传中以顾宪之政绩,自可入之《良吏传》。至若陶季直、萧眎素等,并未有出人奇节,传之不胜传也。而必仿鱼豢《魏略》、谢灵运《晋书》之例,特立斯传,悖矣。

　　思廉立传之义例,在《陈书》亦多有未安者。如为其父察立传,凡生平行事,及朝廷之优礼,名士之褒奖,无不纤屑叙入全传,几三千余字。此固出于人子欲藉国史,以表彰其父,似亦未可厚非,但传中称察陈亡入隋,开皇九年,诏授秘书丞,别敕成梁陈二代史,文帝尝指察谓群臣曰:闻姚察学行当今无比,我平陈惟得此一人。十三年,封北绛郡公。炀帝在东宫,察数蒙召见,访以文籍,即位之始,诏授太子内舍人,"车驾巡幸,恒侍从焉。"至大业二年,乃终于东都。是察初虽仕陈,实隋臣也,而竟列传于《陈书》。揆之史例,失断限矣。又如袁宪入隋后,隋授使持节、昌州诸军事、开府仪同三司、昌州刺史。开皇十四年,诏授晋王府长史。十八年卒,赠大将军,安城郡公。江总入隋后,为上开府。开皇十四年乃卒,亦均稽首新朝,历践华秩,无烦《陈书》立传也。

　　《陈书》记事,往往有以避讳之故,而尽失其实者。如衡阳王昌,本武帝子,陷于周未回,武帝崩,从子文帝即位,而昌始归,文帝使侯安都往迎之,而溺之于江。乃《陈书·文帝纪》具书衡阳王薨,《昌传》亦具言济江中流船坏,以溺薨。又《侯安都传》亦仅一书安都因请自迎昌,昌济汉而薨,绝不见有被害之迹。夫君恶之避讳,虽为前史成例,然多讳之于纪,而仍散见之于传,以存其迹。今并传而讳之,失史法矣。又如刘师知为陈武害梁敬帝,入宫,执敬帝衣,行事者加刃焉。其弑逆之罪,自不得曲为之讳,而《陈书·师知传》绝未言及。虞寄本梁臣,侯景之乱,遁迹乡里,流寓晋安,受陈宝应之知,及陈武代梁,宝应阴有异志,寄劝其臣于陈武,并称陈武曰主上,曰今上,其望风迎合之秽节,自为识者所共知,而《陈书》则专以此为寄立传,以明其卓识高品。盖察父子本与师知及寄兄荔同官于陈,及入隋,又与荔子世基、世南同仕,故于二传多所瞻徇,以一己之爱憎,伤褒贬之大义,史法、史德两失之矣。

第三节　李氏《北齐书》

《北齐史》自后主天统初,太常少卿祖孝征述献武起居,名曰《黄初传天录》,时中书侍郎陆元规,常从文宣征讨,著《皇帝实录》,惟纪行师,不载他事。武平中,史官阳休之、杜台卿、祖崇儒、崔子发等相继注记,逮于齐灭。隋秘书监王邵、内史令李德林,并少仕邺中,多识故事,各有撰述。邵著《齐志》,为编年体二十卷,复为《齐书》纪传一百卷,及《平贼记》三卷。然或文词鄙野,或不轨不物,骇人视听,大为识者所嗤鄙。德林在齐,预修国史,创《纪传书》二十七卷。隋文帝开皇初,奉诏续撰,增多《齐史》三十八篇,藏之秘府。唐太宗贞观三年,复敕德林子中书舍人百药,仍其旧录,杂采他书,踵成其业。七年,复诏魏徵为《齐史》总论,务存简正,至贞观十年,乃成。凡为本纪八、列传四十二,合五十卷。行之于世。

李氏《齐书》,大致仿范氏《后汉书》之体,卷后各系论赞。然其书自北宋以后,即已渐就散佚,故晁氏《读书志》称其残阙不完。今考其书,如《神武娄后》《文襄元后》等列传,《高祖十一王列传》《文襄六王列传》《广平公盛》《阳州公永乐》等列传,《窦泰》《尉景列传》,《薛琡》《平鉴列传》,《万俟普》《刘丰列传》,以及《李浑》《李玙》列传以下,直至《尉敬》《冯子琮》列传,凡十九卷,均无论赞。《元垣》《元斌列传》,则有赞无论。《文宣四王列传》《循吏列传》《酷吏列传》《外戚列传》《方伎列传》,凡五卷,均有论无赞。又刘氏《史通》引百药《齐书》论魏收云："若使子孙有灵,窃恐未挹高论。"又云：足以入相如之室,游尼父之门。但志存实录,好诋阴私。今《魏收传》无此语,盖是书早有遗佚。今所行本,或后人取他书以补亡,非尽当日旧帙。故书中体例,往往有彼此互相违异之处也。

《齐书》于事实之考证,亦多有疏漏者。如《神武本纪》称神武祖谧,生皇考树。然《魏书》《北史》则均作树生。考本书《杜弼传》,载相府法曹辛子炎读"署"为"树",高祖大怒曰：小人都不知避人家讳,杖之于前。弼进曰：礼,二名不偏讳,孔子言征不言在,言在不言征。子炎之罪,理或可恕。是知其必名树生,方得谓之二名也。又如《魏收列传》,称收曾祖缉,祖韶,父子建,字敬忠。然考之《魏书》,收《自序》云：汉初魏无知封高梁侯,子均,均子恢,恢子彦,彦子歆,歆子悦,字永德。悦子子建,《北史》亦同。据汉高下迄元魏,时代悬绝,而无知至收,仅历八世,误也。余者列传第十二,于《薛循义传》则云：西魏北华州刺史薛崇礼屯阳氏壁,循义以书招之,崇礼率万余人降。于《尧雄传》则称,雄弟奋,出为南汾州刺史,胡夷畏惮之,西魏行台薛崇礼,举众攻奋,与战,破之。崇礼兄弟乞降,送于相府。一卷之内,彼此不同。又《陆法和传》,称法和举州入齐,文宣以宋蒞为郢州刺史,官爵如故,蒞弟簉为散骑常侍、仪同三司、湘州刺史、义兴县公,法和与宋蒞兄弟入朝,文宣闻其奇术,虚心相见,而《文宣纪》及《慕容俨传》则均作宋蒞。一书之中,彼此互异,均其著例也。

《齐书》虽由李氏父子嬗继而成,然文章之萎靡,节目之丛脞,其史材、史学,固已远不逮古。盖以北齐立国本浅,文宣以后,纲纪废弛,兵事俶扰,既不及后魏之整饬疆圉,复不及后周之修明法度。其倚任为国者,亦鲜始终贞亮之士,均无奇功伟绩,足资史笔之发挥。观《儒林》《文苑》传叙,去其已见《魏书》及见《周书》者,寥寥数人,聊以取盈卷帙而已。刘氏著《史通》颇称王邵《齐志》、宋孝王《关东风俗传》,而于李氏书数贬其短,今宋、王之书不传,而前世学者,类综览南北二史,于此书习者尤少。故脱讹弥甚,其中有本书亡缺,而后人杂采他书,附合当日卷帙之数,割裂并系,事词不属者,又比比皆是,似又未可专归咎李氏父子耳。

第四节　令狐氏《周书》

　　《北周书》自文帝大统间，秘书丞柳虬兼领著作，直辞正色，事有可称。至隋文帝开皇中，秘书监牛弘追撰《周纪》十有八篇，略叙纪纲，仍皆抵忤。至唐太宗贞观三年，乃敕秘书丞令狐德棻与秘书郎岑文本、殿中侍御史崔仁师撰次《周史》。七年，又诏魏徵总加论定，多所损益。至贞观十年乃成。凡为本纪八，列传四十二，合五十篇，与《北齐书》同。

　　令狐氏《周书》，晁氏《读书志》称宋仁宗时，出大清楼本，合史馆秘阁本，又募天下书，而取夏竦、李巽家本下馆阁，是正其文字。其后林希、王安国上之。是北宋重校，尚不云有所散佚。今考其书，则残阙殊甚，多取《北史》以补亡。又多有所窜乱，而皆不标其所移掇者何卷，所削改者何篇，遂与德棻原书混乱莫辨。然案其文义，粗寻梗概，则二十五卷、二十六卷、三十一卷、三十二卷、三十三卷等，均传后无论。其传文多同《北史》，惟更《北史》之称"周文"者为"太祖"。至《韦孝宽传》，连书周文、周孝闵帝，则更易尚有未尽也。又如《韦孝宽传》，末删《北史》"兄夐"二字，则《韦夐传》中所云与孝宽乘马者，事无根源。《庐辨传》删其曾事节闵帝事，则传中所云及帝入关者，语不可晓，是皆率意削刊，遂成疏漏。至于遗文脱简，前后叠出，又不能悉为补缀。盖名为德棻之书，实不尽出德棻，似为移缀李延寿之书，亦不尽出延寿，特大体未改而已耳。

　　刘氏《史通·杂说》篇谓："今俗所行《周书》，是令狐德棻等所撰，其书文而不实，雅而无检，真迹甚寡，客气尤繁。寻宇文开国之初，事由苏绰，军国词令，皆准《尚书》，太祖敕朝廷他文，悉准于此。盖史臣所记，皆禀其规，柳虬之徒，从风而靡。案绰文虽去彼淫丽，存兹典实，而陷于矫枉过正之失，乖夫适俗随时之义，苟记言若是，则其谬愈多。爰及牛弘，弥尚儒雅，即其旧事，因而勒成，务累清言，罕逢佳句。而令狐不能别求他述，用广异闻，惟凭本书，重加润色，遂使周氏一代之史，多非实录。"其诋令狐也深矣。然文质因时，纪载从实，周代既文章尔雅，仿古制言，自不能易彼古文，改从俪偶。又乌得以是为史笔咎哉！

《周书》叙传之法，亦间有足取者。例如《元伟传》称太祖天纵宽仁，性罕猜忌，元氏戚属，并保全之。孝闵践阼，无替前绪。明武缵业，亦遵先志。惟简牍散亡，事多湮没，故录其名位。故太傅大司徒广陵王元欣，特进尚书令少师义阳王元子孝、尚书仆射冯翊王元季海、七兵尚书陈郡王元玄、大将军淮安王元育、梁王元俭、尚书令少保小司徒广平郡公元赞、纳言小司空荆州总管安昌郡公元则、侍中骠骑将军开府仪同三司少师韩国公元罗、吏部尚书鲁郡公元正，以及元颜子元寿、元审等，凡十三人，均附之伟传，深得史法。又如《庾信传论》，仿《宋书·谢灵运传》之体，推论六义源流，于信独致微辞。良以当时俪偶相高，故有意于矫时之弊，亦可为其不专尚虚辞之证。此皆《周书》之尚可节取者。至若宇文氏建国，仿《周礼》为六官、府兵之制，开唐一代良法，而德棻不能区为志乘，使后人有所稽考，识小遗大，则令狐之失不能讳也。

第五节　《隋书》

《隋书》自文帝开皇仁寿间，王邵纂书八十卷，多录口敕，又采迂怪不经之语，及委巷之言，以类相从，为其题目，辞义繁杂，无足称者。唐高祖武德五年，诏中书令封德彝、舍人颜师古修隋史，绵历数载，不就而罢。太宗贞观三年，乃续诏秘书监魏徵撰修，左仆射房乔总监，徵又奏于中书省置秘书内省，令前中书侍郎颜师古、给事中孔颖达、著作郎许敬宗分任其事，而徵总加撰定，其论序多徵所作。凡成帝纪五、列传五十，合五十五卷。贞观十年，诣阙上之。十五年，又诏左仆射于志宁、太史令李淳风、著作郎韦安仁、符玺郎李延寿同修《五代史志》。凡勒志十，成三十卷。高宗显庆元年，太尉长孙无忌等诣朝上进，诏藏秘阁，后又编入《隋书》，合八十五卷，其实别行，亦呼为《五代史志》焉。

《隋书》纪传，不出一手，故所记事，亦间有异同。如《高祖本纪》称，周明帝尝遣善相者赵昭视高祖，昭诡对曰："不过作柱国耳"，既而阴谓高祖曰："公当为天下君，必大诛杀而后定。善记鄙言。"而《艺术传》则作善相者来和，《高祖纪》开皇元年，以上开府、当亭县公贺若弼为楚州总管，而若弼本传，则称高祖受禅，阴有并江南之志，高颎荐若弼，高祖遂拜为吴州总管。一书之中,彼此互异,皆其例也。又如《高祖纪》称,韩擒虎入建业,获陈主叔宝,陈国平,合州三十、郡一百、县四百。而李氏《北史》则作四十州,按本书《地理志》载,陈氏荆扬之域,有州四十二,郡百有九,县四百三十八,纪谓州四十,郡百,县四百,举其大略而言,当以《北史》为是。兹亦其考证之疏略,而无可掩者也。

《隋书》之最为后人所推许者,莫如《十志》,或疑其失于断限,不知《十志》原为五史而作,故亦通括五代。其编入《隋书》者,特以隋于五史居末,非专属隋也。惟其后五史分行,《十志》遂专称《隋志》,实非其旧,乃议其兼载前代,非探本之论矣。惟其时《晋书》已行,而《律历志》《天文志》所载,间多上溯魏晋,与《晋书》略嫌复出。《五行志》体例与《律历》《天文》二志颇殊,不类李淳风手作。余若《地理志》则详载山川,以定疆域。《百官志》辨明品秩,以别差等,能补萧子显、魏收所未备。《经籍志》于经学源流,虽间有舛误,然后汉以后之艺文,多藉此为考证之资,亦不能以小疵为病也。郑氏渔仲曰"《隋志》极有伦类,而本末兼明,唯《晋志》可以无憾。迁、固以来,皆不及也!正为马、班只事虚言,不求典故实迹,所以三代纪纲,至迁八书、固十志,几于绝绪。虽其文彩洒然可嘉,求其实用,则无有也。观《隋志》所以该五代南北朝,纷然殽乱,岂易贯穿?而读其书,则了然如在目,良由当时区处,各当其才,颜、孔通古今,而明不明天文地理之序,故只令修纪传,而以"十志"付之志宁、淳风辈,所以粲然具举"也。

第六节　李氏《南北史》

唐代诸家所撰之正史,除上述外,尚有李氏之《南北史》。《唐书·李延寿传》:延寿,世居相州,贞观中累补太子典膳丞、崇贤馆学士。以修撰劳,转御史台主簿,兼直国史。初,延寿父大师,多识前世旧事,常以宋、齐、梁、陈、周、隋天下参隔,南方谓北为"索虏",北方指南为"岛夷"。其史于本国详,他国略,往往訾美失传,思所以改正,拟《春秋》编年,刊究南北事,未成而殁。延寿既素与论撰,所见益广,乃追终先志。本魏登国元年,尽隋义宁二年,作本纪十二,列传八十八,谓之《北史》。

本宋永初元年，尽陈祯明三年，作本纪十，列传七十，谓之《南史》。凡八代，合二书百八十篇，上之。其书颇有条理，删落浮辞，过本书远甚。然时人见年少位下，不甚称其书。迁符玺郎，兼修国史。卒。

李氏于南北二史。《南史》先成，而就正于令狐德棻，其乖失者，尝为改定。故宋人多称其书，删烦补阙，为近世佳史。今考其书，于本纪则删其连缀诸臣事迹，列传则多删词赋，意存简要，殊胜本书。然宋、齐、梁、陈四朝，九锡之文，符命之说，告天之词，皆沿袭虚言，无关实证，而备书简牍，陈陈相因，是芟削犹未尽也。且合累朝之书，勒为通史，发凡起例，宜归画一。而延寿于《循吏》《儒林》《隐逸传》，既递载四朝人物，而《文学》一传，乃因《宋书》不立此目，遂始于齐之邱灵鞠，岂宋无文学乎？《孝义传》搜缀湮落，以备阙文，而萧矫妻羊氏、卫敬瑜妻王氏先后互载，男女无别，将谓史不当有《列女传》乎？况《北史》谓《周书》无《文苑传》，遂取列传中之庾信、王褒入于《文苑》。则宋之谢灵运、颜之推、何承天、裴松之诸人何难移冠《文苑》之前？《北史》谓魏、隋有《列女传》，齐、周并无此篇，今又得赵氏、陈氏附备《列女》。则宛陵女子等十四人，何难取补列女之阙？书成一手，而例出两歧，尤为以矛陷盾，无可为讳者矣。

《南史》删削旧文之最多者，莫如《宋书》。例如《宋书·武帝纪》所载晋帝进爵、禅位诏策，无虑十余篇，而《南史》则只存九锡文一，禅位策一，登极告天策一，余则概从删削。《宋书·王弘传》载其辞爵一表，因旱求逊位一表，成粲与弘论彭城王不宜在外一书，弘自请彭城王入辅一疏，答诏一道，又请以相府事方全归彭城王一疏，答诏一道。其同伍犯法不罪士人，应罪奴仆一事，载弘创议一疏，江奥一议，孔默之一议，王淮之一议，谢玄一议，何尚之一议，又弘折衷一议。《徐羡之传》载其归政三表，文帝诛攸之等一诏。《谢晦传》载其起兵诉冤一疏，尚书符其罪状一道，晦檄京邑一道，再诉冤一表，被擒在道作《悲人道》一篇。至如《邓琬传》，虽无书疏，而专叙浓湖赭圻之战，至万余字，与演义小说无异。而《南史》则于此等处，概从删削。有关系者，则概括数语存之，可谓简净得体矣。惟于《王镇恶传》称武帝谋讨刘毅，镇恶以百舸前驱，扬声刘兖州上，毅以为信然，不知见袭。云云。所谓刘兖州者，何人耶？

盖是时毅有疾，求遣其从弟兖州刺史刘藩为副，故武帝伪许之，而镇恶假其号以袭之也。《宋书》所载甚明，《南史》不先叙明，遂觉兖州句突无来历，不能不谓为过求简净之失耳。

《南史》叙事之繁简，与《梁书》时有异同，而得失亦参见。例如《武帝纪》增齐明性猜忌，帝避时嫌，乘小牛车以自晦。及晚年，为侯景所制，临崩，口苦索蜜不得事。《元帝纪》增帝性情矫饰，多猜忌，毁害王铨刘之遴等事。《徐妃传》增妃不见礼于元帝及其秽行事。《昭明太子传》增丁贵嫔梦太子求地事。《南康王会理传》增其在建业，伺侯景出征，欲与刘仲礼等起兵拒景，及建安侯贲以谋告王遂被诛事。凡此《南史》所增之处，皆有关于人之善恶，事之成败，而有补于《梁书》者。至若于《武帝纪》载郢州城破，城精群泣；《元帝纪》载眇僧执炉，托生宫中；《郗皇后传》载后化龙入宫，通梦于帝；《萧业传》载刺史德政，二虎道毙等。斯皆荒诞不经之事迹，最为信史所宜屏，而《南史》特增之，左矣。

李氏《北史》之作，与《南史》迥异。《南史》悉因旧文，排纂删润，故其减字节句，每失本意。而《北史》则异是。延寿既与修《隋书》十志，又世居北方，见闻较近，参核同异，于《北史》用力独深，故叙事详密，首尾典赡。如载元韶之奸利，彭乐之勇敢，郭琰沓龙起诸人之节义，皆具见特笔，出郦道元于《酷吏》，附陆法和于《艺术》，离合编次，亦深有别裁。视《南史》之多仍旧本者，迥如两手矣。惟其以姓为类，分卷无法。《南史》既以王、谢分支，《北史》亦以崔、卢系派，故家世族，一例连书。览其姓名，则同为父子。稽其朝代，则各有君臣。参错混淆，殆难辨别。甚至长孙俭附《长孙嵩传》，薛道衡附《薛辨传》，隔越甚矣。考延寿之叙次列传，先以魏宗室诸王，次以魏臣，又次以齐宗室及齐臣，下逮周隋，莫不皆然。凡以勒一朝始末，限断分明，乃独于一二高门，自乱其例，深所未安。至于杨素父子，有关隋室兴亡，以其系出弘农，遂附见魏臣《杨敷传》后。又魏收及魏长贤诸人，本非父子兄弟，以其同为魏姓，遂合为一卷，尤为舛迕。观延寿叙例，凡累代相承者，皆谓之家传，岂知家传之体，不当施于国史哉！且南北史虽曰二书，实通为一家之著述。故延寿于《裴蕴传》云："祖之平，父忌，《南史》有传。"《王颁传》云："父僧辩，《南史》有传。"即互相贯通之旨也。乃《南史》既有《晋熙王昶传》矣，而《北史》又有《刘昶传》。《南史》既有《鄱阳王宝寅传》矣,《北史》复有《萧宝寅传》。《南史》既有《豫章王综乐良王大圜传》矣,北史复有《萧赞萧大圜传》。至朱修之、薛安都诸人,《南史》则取诸《宋书》,《北史》则取诸《魏书》,不为删并,是亦其可议之弱点也。《北史》纪传书法,亦间有可议者,如隋文之篡也。《隋书》本纪,既循照历代国史旧式,叙九锡文、禅位诏,并帝三让乃受,绝不见攘夺之迹矣。而《北史》亦一一照本钞誊,略无一语差异,只删去九锡文以省繁冗而已。文帝之杀宇文诸王也,《周书》谓诸王皆以谋执政被害,而《北史》则第书诛陈王纯,诛代王达,一似有罪而伏法者。帝即位后,封静帝为介国公,年方九岁,开皇元年殂。《周书》谓隋志也,而《北史》但书介国公薨,上举哀于朝堂,谥曰周静帝,一似善终而加以恩礼者。文帝之崩也,称帝疾甚,卧于仁寿宫,与百寮辞诀,握手歔欷,崩于大宝殿。又载遗诏一篇,一似凭几末命,寿考令终,并非遭害者。《炀帝纪》亦但书高祖崩,上即位于仁寿宫,而炀帝使张衡侍疾致毙,及矫诏即位之事,绝不见其形迹。又于《张衡传》亦不著其弑逆,但载其赐死时,自言我为人作何物事,而望久活,监刑者塞耳,促令杀之而已。惟于《宣华夫人传》,文帝以太子广无礼于夫人,欲召故太子勇,杨素急以白太子广,广遂令张衡入寝殿,令夫人及后宫侍疾者皆出,俄而帝崩。此则略露端倪于隐约之间,然亦未尝直书也。《隋书》书法承历代相沿旧例,尚不足怪,延寿自作私史,正当据事直书,垂于后世,而亦蹈前史回护之习,又何贵乎自成一家言哉。

第七节　唐代之杂体史及刘氏《史通》

唐代杂史作者颇多,而以吴兢之《贞观政要》为最著。《唐书》兢本传:兢,浚仪人。少厉志,贯知经史,方直寡谐比,惟与魏元忠、朱敬则游。荐兢才堪论撰,诏直史馆,修国史。迁右拾遗内供奉,旋改右补阙,后贬荆州刺史。历洪、舒二州刺史,入为恒王傅,虽年老衰偻,其意犹愿还史职,李林甫嫌其衰不用,年八十而卒。兢于《太宗实录》外,采其与群臣问答之语,作为《贞观政要》,用备观戒。总四十篇,《新唐书》著录十卷,均与今本合。又《旧唐书·曹确传》载,确奏"臣览贞观故事,太宗初定官品"云云，其文与此书《择官篇》第一条相同，而《唐志》所录，别无贞观故事，或即此书之别名也，然已莫由详证矣。

吴氏此书，所记太宗事迹，参以《唐书》《通鉴》，亦颇有抵牾之处。如《新唐书》载太宗作《威凤赋》赐长孙无忌，而此书则作赐房玄龄。《通鉴》载张蕴古以救李好德被诛，而此谓其与囚戏博，漏泄帝旨，事状迥异。又《通鉴》载皇甫德参上书，赐绢二十四匹，拜监察御史，而此则但作赐帛二十段。又《通鉴》载宗室诸王降封，由封德彝之奏；贞观初放宫人，由李百药之奏，而此则谓出于太宗独断，俱小有异同。史称兢叙事简核，号良史，而晚节稍疏牾。此书盖出其耄年之笔，故未能尽免疏漏。然太宗为有唐一代令主，其良法善政，嘉言美行，胪具是编，均足以资法鉴，而有裨于治道者也。

《新唐书·艺文志》杂史类，又有许嵩《建康实录》二十卷。嵩自署曰高阳，盖其郡望，其始末则不可考。是书备记六朝事迹，起吴大帝，讫陈后主，凡四百年，而以后梁附之，六朝皆都建康，故以为名。前有自序，谓："今质正传，旁采遗文，其君臣行事，事有详简，文有机要，不必备举。若土地山川，城池宫苑，各明处所，用存古迹。其异事别闻，辞不相属，则皆注记，以益见知，使周览而不烦，约而无失。"盖其义例，主于类，叙兴废大端，编年纪事，而尤加意于古迹。然于晋以前诸臣事迹，皆用实录之体，附载于薨卒条下。而宋以后，则沿本史之例，各为立传，为例未免不纯。又记载一事，往往重复抵牾。至于名号称谓，亦漫无一定，揆以史法，尤为乖谬。然引据广博，多出正史之外，后世考六朝遗事者，多引以为征。如张彦远《历代名画记》，引以证曹不兴、顾恺之、陆探微画品。郑文宝《南唐近事》，引以证元武湖。刘羲仲《通鉴问疑》载《宋书·高祖纪》，景平二年，书日食舛误，刘恕修长编，定日食在是年二月癸巳朔，皆以是书为据。盖亦唐代杂史之卓著者。余若余知古之《渚宫旧事》、裴庭裕之《东观奏记》、樊绰之《蛮书》，或为实录之体，或为载记之流，虽于史法或不能无当，然亦好古者之所宜参证也。

旧史体例，虽非一轨，而史评之作，实始《史通》，盖唐代史学界之特构也。《唐书·刘子玄传》：子玄，名知幾，以玄宗讳嫌，故以字行。年十二，父藏器为授《古文尚书》，业不进，父怒，楚督之。及闻为诸兄讲

《春秋左氏》，冒往听，退辄辨析所疑，叹曰："书如是，儿何怠。"父奇其意，许授《左氏》，逾年，遂通览群史。与兄知柔俱以善文词知名，擢进士第，调获嘉主簿，寻迁凤阁舍人，兼修国史。中宗时，擢太子率更令，后迁秘书少监。时杨再思、宗楚客、萧至忠皆领监修，子玄病长官多，意尚不一。而至忠数责论次无功，又仕偃蹇，乃求去。因为至忠言五不可，至忠得书，怅惜不许，楚客等恶其言诋切，谓诸史官曰："是子作书，欲置吾何地？"始子玄修《武后实录》，有所改正，而武三思等不听，自以为见用于时而志不遂，乃著《史通》，讥评今古。玄宗时，贬安州别驾，卒。

刘氏《史通》，成于中宗景龙四年，凡《内篇》十卷，三十九篇。《外篇》十卷，十三篇，合五十二篇。然其内篇《体统》《纰缪》《弛张》三篇，有录无书。考本传已称著《史通》内外四十九篇，则三篇之亡，在修唐书以前矣。其书内篇皆论史家体例，辨别是非；外篇则述史籍源流，及杂评古人得失，文或与内篇重出，又或抵牾。观开卷《六家》篇，首称自古帝王文籍外篇言之备矣，是先有外篇，乃撷其精华以成内篇，故删除有所未尽也。子玄于史学最深，又领史职几三十年，更历书局亦最久，其贯穿今古，洞悉利病，实非后人之所及。而性本过刚，词复有激，诋诃太甚，或悍然不顾其安，《疑古》《惑经》诸篇，其出于有所感而言者，可勿论矣。即如《六家》篇讥《尚书》为例不纯；《载言》篇讥《左氏》不遵古法；《称谓》篇谓晋康穆以下诸帝，皆当削其庙号；《言语》篇谓朱云折槛，张纲埋轮，为小辨，史不当书。此皆任意抑扬，偏驳殊甚，不能无可议者。至其条分缕析，如别黑白，一经抉摘，虽马迁、班固，几无词以自解免，斯真载笔之法家，著书之监史，非子玄其孰能之。

第六章　五代之史学

　　五代史学,以刘昫《唐书》为著,然薛欧二《史》,《刘昫传》俱不载其有功于《唐书》之处,但书其官衔监修国史而已。盖昫为相时,《唐书》适讫功,遂由昫表上,其实非昫所修也。《唐书·吴兢传》:元宗初立,以母丧去官,服除,自陈修史。睿宗崩,实录留东都,诏兢驰驿取进,始兢在长安,景龙间任史事,不得志,私撰《唐书》《唐春秋》未就。至是丐官笔札,冀得成书,诏兢就集贤殿论次。《旧书·李元纮传》亦云:左庶子吴兢旧任史官,撰《唐书》一百卷,《唐春秋》三十卷,书未成,以丁忧罢职。其后上疏请终其功,诏就集贤殿修成其书。是《旧书》之初撰,实出于吴兢也。《旧书·于休烈传》:肃宗践阼,迁休烈太常少卿,知礼仪事,兼修国史,时中原覆荡,典章殆尽,无史籍检寻,休烈奏曰:《国史》一百六卷,《开元实录》四十七卷,《起居注》及余书三千六百八十三卷,并在兴庆宫史馆,京城陷贼后,皆被焚烧,且《国史》《实录》《圣朝大典》修撰多时,今并无本。伏望下御史台推勘史馆所由,令府县招访,有人别收得《国史》《实录》,如送官司,重加购赏。若是史收得,仍赦其罪,得一部诏授官资,得一卷,赏绢十匹。数月之内,惟得一两卷,惟前修史官韦述以其家藏《国史》一百十三卷送于官,转工部侍郎,修国史。又《唐书·令狐德棻传》,德棻五世孙峘,天宝末,及进士第。遇安禄山乱,去隐南山豹林谷。杨绾微时,尝从之游,峘博学有口辩,绾为礼部侍郎,修国史,荐峘,自华原尉拜右拾遗,兼史职,迁起居舍人。撰《玄宗实录》。属《起居注》亡散,峘哀掇诏策,备一朝之遗。是《唐书》之增续,实出于韦述、于休烈、令狐峘也。昫等用为蓝本,故具有典型,观《顺宗纪论》题史臣韩愈,《宪宗纪论》题史官蒋系,尤为因仍前史之明证矣。

刘氏《旧书》既多据实录、国史，而未加订正，故回护失实之处，亦较他史为独多。其于本纪也，高宗上元二年，皇太子弘之死，由武后酖之也。而《旧书》则书皇太子弘薨于合璧宫之绮云殿。章怀太子之死于巴邱，亦武后令邱神勣迫令自杀也，而《旧书》则书庶人贤死于巴邱。杨贵妃本寿王瑁妃，度为女道士，号太真，召入宫，此开元二十八年事也。而《旧书》本纪亦不书。直至天宝四载，始书册太真杨氏为贵妃，绝不见其来自寿邸之迹。穆宗以下诸帝，多宦官所立，而《旧书》于故君纪内，尝书遗诏以某嗣位，而于新君纪内，即书某月日即位柩前，一若授受之纯得其正者。此本纪之回护也。其于列传也，如《皇后传》内，宪宗郭后，历穆、敬、文、武四代，皆居重闱之尊，诸帝孝养备至，迨宣宗即位，其母郑，本后侍儿，有宿怨，宣宗奉养遂薄，后郁郁登楼，将自陨，帝不喜，是夕后暴崩。是郭后在宣宗时，似不得其死，而《旧书》后本传仅云诸帝既极孝养，宣宗继统，后之诸子也，恩礼愈异于前朝。太中二年，崩于兴庆宫，一似全福令终，并无嫌疑之处。曹寿王母，本齐王元吉妃，太宗纳之而生明，后即以明为元吉后，而《旧书》不载。杨弘武为吏部，高宗责其授官多非才，弘武对曰："臣妻悍，此其所嘱，故不敢违。"盖以讽帝也，而《旧书·弘武传》不载。余若《褚遂良传》不载其倾陷刘洎之事，《李勣传》不载其瞻徇立武后之事，《辛云京传》不载其激变仆固怀恩之事，《田神功传》不载其先为贼将之事，《李勉传》不载其逃弃汴城之事，皆列传之回护也。夫实录国史，修于本朝，故于当日之事实，或不能不稍事回护，而正史则修于易代之后，自可援事直书，以冀保史实之真，而《旧书》则多仍国史之成法，漫不刊正，陋矣！

《唐书》旧稿，首出吴兢，厥后虽众手续增，而规模未改，故典型具在，尚有足观。至长庆以后，史失其官，无复善本，刘氏等乃自采杂说、传记，排纂成书，记录之间，每乖史法。如《文宗纪》称上好为诗，每诵杜甫《曲江行》云："江头宫殿锁千门，细柳新蒲为谁绿。"乃知天宝以前，曲江四岸，皆有行宫台殿、百司廨署。又云：户部侍郎判度支王彦威，进所撰《供军图略》，其序云云。《武宗纪》称：右庶子吕让进状，亡兄温女。太和七年，嫁左卫兵曹萧敏，生二男。开成三年，敏心疾，乖忤，因而离婚，今敏日愈，乞与臣侄女配合，从之。又云：御史台奏，据三司推勘吴湘狱,谨具逐人罪状如后,扬州都虞侯卢行立、刘群,于会昌二年五月十四日,于阿颜家吃酒,云云。凡此诗话、书序、婚状、狱词,非特与朝廷理乱无关,亦且语多支蔓,而均连缀之于纪,失史法矣。至若《夏侯孜传》只载历官所至及责让诏辞,不及一事。《朱朴传》只载其相昭宗,而不及其始末。卷一百三十二既有《杨朝晟传》,而百四十四卷复为立传。萧颖士既附见于一百二卷,而复见于百九十卷。《文苑传》宇文韶谏猎表既见于六十二卷,复见于六十四卷。蒋义《谏张茂宗尚主疏》既见于百四十一卷,复见于百四十九卷。至《舆服志》所载条议,亦多同列传之文。凡兹冗漏重复之弊,《旧书》中见之殊多,宜乎宋人有繁略不均之诮也。

第七章　宋之史学

第一节　薛氏《五代史》

有宋史学，焕乎称盛，记事之作，实繁有徒，其属于正史类者，以《新唐书》及新旧《五代史》为著。《旧五代史》，其时代虽居《新唐书》后，而成书则远在其前。初，后梁贞明中，诏李琪、张衮等撰《太祖实录》三十卷，寻以事多漏略，又诏敬翔补编，别成三十卷，名曰《大梁编遗录》，与《实录》并行。后唐明宗天成（四年）间，西川节度何瓒奏张昭有史才，尝私撰《同光实录》，又欲撰《三祖志》，并藏唐昭宗赐武皇制诰九十余篇，请以昭所撰送史馆，从之。昭以懿祖、献祖、太祖，并不践帝位，乃补为《纪年录》二十卷、《庄宗实录》三十卷，上之。及废帝清泰中，昭复成《明宗实录》三十卷以献。晋在汉前，而《晋祖实录》反成在后，周广顺间，史官贾纬等，以所撰《高祖实录》三十卷、《少帝实录》二十卷上之。汉乾祐中，监修国史苏逢吉、史官贾纬成《高祖实录》二十卷。周显德间，张昭成《太祖实录》二十卷，厥后王溥又补修《世宗实录》。是知五代诸君，各有实录，薛居正即本之以修《五代史》，故于一年之内，即能告成，而与他史之补残起废者迥异也。

薛史既尽取材于实录，故其回护之书法，亦不减于《唐书》。朱温之弑逆也，即薛史《氏叔琮》《李彦威传》，亦云二人同受太祖密旨，弑昭宗于大内，而《太祖纪》乃云七月乙丑，帝发东都，壬申至河中，八月壬寅，昭宗遇弑于大内。一若昭宗之弑，无与于温者。下又云：帝自河中引军而西，十月至洛阳，诣西内，临于梓宫前，只见于嗣君。一似太祖之能曲尽臣节者，失其质矣。郭威之代汉也，《宋史·魏仁浦传》谓，周祖得李洪义等所示,谋已密诏,召仁浦入计,仁浦劝其易诏,以尽诛将士为名,激其怒心,周祖从之。诸将怒且惧,遂长驱渡河,是威方更诏书以欺众,而薛史《隐帝纪》乃云洪义以诏示威,威召诸将至。曰:"君等当奉行诏书,断予首以报天子。"诸将争劝威入朝,威乃率众南行,似郭威本志尚能守臣节者,诬饰甚矣。至若天祐二年,唐昭宣帝卜祀天于南郊,朱温怒,以为蒋元晖等欲延唐祚,昭宣帝惧,遂改卜郊。又是岁朱温遣人告蒋元晖私侍何太后,遂杀元晖,弑太后,昭宣帝禅位,后梁封为济阴王,开平二年正月弑之。凡此均君国重事,为当时存亡攸关,当详录之,以彰厥迹,而薛史则专袭实录,不加订补,其失史法也甚矣。

薛史之回护,乃采取实录之过,与他史之有意曲笔者不同,故列传中之记载,亦多有是非不背公道者。赵延寿子廷赞,仕宋为庐延等州节度使,而《延寿传》不讳其背晋附辽求为辽太子之事。崔协子颂,仕宋为谏议大夫,而《协传》直书任圜讥其没字碑。符存审子彦卿,仕宋封魏王,而《存审传》不讳其少时犯罪以善歌得妓者救免之事。王继弘子永昌,仕宋为内诸司使,而《继弘传》载其曾为高唐英将,唐英待之甚厚,后竟杀唐英,自为留后。曰:"吾侪小人,若不因利乘便,何以得志?"尹晖子勋,仕宋为防御使,而《晖传》不讳其反戈推戴唐废帝之事,传赞并谓因倒戈而杖钺,岂义士之所为? 赵在礼、孙廷勋,仕宋历岳、蜀二州刺史,而《在礼传》载其在宋州贪暴,及移镇,民相贺曰:拔去眼中钉矣。在礼闻之怒,又乞留宋一年,每户征钱一千,号"拔钉钱"。后契丹入汴,索在礼货财,在礼不胜愤,以衣带就马枥自缢死。安审琦三子,皆仕宋为显官,而审琦妾通于隶人,遂与之通谋杀死审琦,传中亦不讳其事。凡此诸臣,或与居正同仕前朝,或其子孙与居正同官于宋,而其列传中之秽迹,初不因此而有所瞻循。此又薛史之优点,而未可尽没者也。

薛氏《旧史》自欧阳修别撰《五代史记》后,习者渐希。至金章宗泰和间,诏学官专用欧史,于是薛史遂微。元明以来,罕有援引之者。然司马光作《通鉴》,胡三省作《通鉴注》,皆专据薛史,而不取欧史。沈括、洪迈、王应麟辈,为一代博洽之士,其所著述,于薛、欧二史,亦多兼采,而未尝有所轩轾。盖修所作,皆删削旧史之文,意主断制,不肯以纪载丛碎,自贬其体,故其辞虽工,而于情事,或不能详备。居正等奉诏撰述,本在宋初,其时秉笔之臣,尚多逮事五代,见闻较近,校核史迹,往往能得当日情事之真。如薛史《王彦章传》称彦章领保銮骑士数千于东路守捉,而欧史从家传作五百人,又作画像记,极辨薛史领数千人以往之非,然考《通鉴》云:梁主命王彦章将保銮士及他兵合万人,屯兖、郓之境,又《通鉴》李嗣源败彦章于递坊镇,获将士三百人,斩首二百级,使彦章所将止于五百,恐师徒尽丧,不应尚能再战也。盖彦章忠于所事,力竭而亡,非战之罪,故欧史必欲减其兵数,非实录也。薛史《李存贤传》称汴军退,以功加检校司徒,而欧史则作击走梁兵。考吴缜《五代史记纂误》云:朱友谦、符存审、刘䣥传载,䣥讨友谦,存审救之,而䣥败,其事始末甚明,无存贤击走梁兵之事,况大将自是存审,安得隐其姓名,而存贤独有功乎?今薛书止作汴军退,似较为得实。薛史《李愚传》称:属赵凤出镇邢台,乃拜中书侍郎平章事。而欧史则作任圜罢相,乃拜愚中书侍郎、同平章事。考吴缜《纂误》云:《明宗纪》天成二年六月,任圜罢。长兴二年,李愚为平章事,自任圜罢相至此已五年矣,与愚入相年月太远,盖误赵凤为任圜也。薛《史·姚顗传》称:顗靡事容貌,任其自然,流辈未之重,惟兵部侍郎司空图深器之,以女妻焉。而欧史则作中条山处士司空图一见奇之。考《新唐书·卓行传》,司空图为户部侍郎,以疾归,昭宗在华,召为兵部侍郎,辞不赴,是图非处士也。凡此异同之点,史中往往见之,则其足为参稽之助者,正自不鲜。况欧史止述《司天》《职方》二考,而诸志俱阙,凡礼乐、职官之制度,选举、刑法之沿革,上承唐典,下开宋制者,一概无征,亦不及薛史诸志为有裨于文献。盖二书繁简,各有体裁,学识兼资,难于偏废。固未可以一偏之见,而横加非议者也。

第二节　欧、宋《新唐书》

唐代实录国史,虽甚详备,然中叶遭安禄山之乱,末造又遭黄巢、李茂贞、王行瑜、朱温等之乱,多行散失,故刘昫等之《唐书》,掇拾补葺,其事较难。至宋时文治大兴,残编故册,次第出见,于是重修《唐书》之议起。仁宗庆历五年,诏王尧臣、张方平、宋祁等刊修《唐书》,久而未就。

皇祐三年，宋祁就亳州修《唐书》。至和元年，命修撰《唐书》纪、表、志，祁撰列传，范镇、王畴、宋敏求、吕夏卿、刘羲叟等同编修。嘉祐三年，命参政曾公亮提点编修，至嘉祐五年而成，提点曾公亮上之。凡为本纪十、志五十、表十五、列传一百五十，共二百二十五卷，与《旧书》并行于世焉。

欧、宋《新书》，较《旧书》凡废传六十一，增传三百三十一，又增三志、四表，而旧史一百九十万字，新史只一百七十五万余字。故其进书上表，称其事则增于前，其文则省于旧。而刘安世《元城语录》则谓"事增文省"正《新书》之失。夫史官记录，具载《旧书》，今必欲广所未备，势必搜及小说，而至于猥杂。唐代词章，体皆详赡，今必欲减其文句，势必变为涩体，而至于诘屈。安世之言，所谓中其病源者也。况吕夏卿私撰《兵志》（见晁氏《读书志》），宋祁别撰纪志（见王得臣《麈史》），则同局且私心不满，故书甫行，而吴缜《纠谬》，即踵之而起，专以驳正《新书》之讹误，凡二十门，四百余事，虽不免有意掊击。如第二十门字书非是一条中，举《韦挺传》"牟"误"牟"，魏徵、陆贽等传，"逄"误"逄"，"耗"误"耗"，《元稹传》"暇"误"暇"等。皆历指偏旁点画之讹，以讥切修等，大都近于吹毛索瘢，然欧、宋之作《新书》，意主文章，而疏于考证，则抵牾踳驳之处，抑或在所不免耳。

《新书》既专主文字，故于事实之记载，间多可议者，而以本纪为尤甚。武德元年，唐帝追谥隋太上皇为炀帝。贞观四年，李靖破突厥，获隋萧后及炀帝孙正道。此大事也，而本纪不书。薛举寇泾州虽因秦王卧病，刘文静出战而败，然主兵者秦王也，而但书刘文静及薛举战，败绩。秦王擒窦建德，降王世充，献俘于朝，斩建德于市，流世充于蜀，本纪但书"建德伏诛"，而世充放流之事不书，则世充如何决遣乎？突利、颉利两可汗也，乃李靖擒颉利则书，突利来奔则不书。侯君集擒高昌王麹智盛则书，李靖擒吐谷浑慕容伏允则不书。体例亦不画一，此皆不能谓无失也。又《旧书·高宗纪》，乾封元年春正月戊辰朔，上祀昊天上帝于泰山，以高祖、太宗配飨，己巳升山，行封禅之礼，庚午，禅于社首。是以朔日祭天于山下，明日登封，又明日禅社首，次序甚明。而《新书》但云：正月戊辰封于泰山，庚午禅于社首，是并祭天、封山二事为一事，而系于戊辰之日，文虽简而意不贼矣。《天后纪》：光宅元年四月癸酉，迁庐陵王于房州。丁丑，又迁于均州。垂拱元年三月丙辰，迁庐陵王于房州。《中宗纪》：嗣圣元年正月，废，居于均州，又迁于房州。按《旧书》：嗣圣元年二月戊午，废皇帝为庐陵王，幽于别所。四月丁丑，迁庐陵王于均州。垂拱元年三月，迁庐陵王于房州。《中宗纪》亦同，而以四月为五月，然无先迁房州一节。疑《旧史》得之，欧公盖博采而误。《代宗纪》：上书"四月丁卯，幽皇后于别殿"，下书"六月丁亥，追废皇后张氏"。曰"追废"则后之见杀明矣，而不书其死，亦为疏略。盖唐代二百八十余年事，头绪繁多，欧公草率从事，不暇检校入细，故当日进呈时，仁宗即有《旧唐书》不可遽废之旨也。

《新书》体制，以列传较为完善，盖宋子京于列传之功，实费数十年心力，《旧史》称其奉诏修书时，出入卧内，尝以稿自随，故其编订离合，亦间有足多者。如《旧书》孔颖达、颜师古、马怀素、褚无量，皆在列传，《新书》改入《儒林》，以其深于经学也。刘太真、邵说、于邵、崔元翰、于公异、李善、李贺皆在列传，《新书》改入《文艺》，以其优于词学也。孙思邈在《方技》而改入《隐逸》，以其人品高洁，不以医见也。李淳风改入《方技》，以其明天文也。丘神勣本附其父和传后，而改入《酷吏》，以其与周兴、来俊臣等同肆毒也。祖孝孙、傅仁均无传，以孝孙明乐律，事已入《礼乐志》，仁均明历术，事已入《历志》也。杨元炎、薛季昶本在《循吏》，改与桓彦范同传，以诛二张时同事也。李齐运本蒋王恽之孙，依《新书》子孙附于父祖传之例应入恽传，乃另立专传，以其与裴延龄等同恶，故与之同卷也。甘露之变，《旧书》详于《宦官·王守澄传》内，以仇士良继其职，故合为一传，然甘露之事，究与守澄无涉，故《新书》另立《士良传》，而详其事于传内也。他如立《宗室宰相传》，见皇族之有人。立《藩将传》，见外夷之效力。韦应物、郑谷等皆有诗名，而无事迹可传，则于《文苑》序内见其姓名，谓史家逸其事故不能立传。凡此均其编订周密之深合史法者，惟中宗少子温王重茂，中宗崩，韦后立为帝。睿宗即位，退封襄王，开元中薨，追谥殇帝，《旧书》有传，《新书》既不列于帝纪，而皇子传内亦无传，似嫌缺略。长孙顺德旧在《功臣传》内，《新书》改附于《无忌传》后，然高祖手定功臣，首秦王，次裴寂、刘文静，次即顺德。今反不立专传,而列于《无忌传》后,亦似欠当。凡此均不能谓非子京之失耳。

《新书》事增文省,虽为刘安世所深讥,然其较《旧书》增益之处,亦间有深合史法,而不容尽没者。如《房玄龄传》,增帝问创业守成孰难,及帝与玄龄、魏徵论辩一节。《刘仁轨传》增仁轨平百济后,高宗遣刘仁愿代还,仁轨以百济新定,恐新兵不得力,愿再留镇守一节。《来济传》,增其谏立武后,引汉成帝以婢为后故事。《韩瑗传》,增其谏立武后,引宗周褒姒为言。《陆象先传》增玄宗初立,太平公主欲废之,召宰相议曰:"宁王长当立。"象先曰:"帝何以得立?"曰:"有一时之功。"象先曰:"立以功者,废必以罪。今不闻有罪,安得废。"《姚崇传》增玄宗欲相崇,崇先以十事邀帝;又增崇在帝前序进部吏,帝不顾,后谓高力士曰:"我任崇以大政,此小事,何必溃耶。"《宋璟传》增璟不赏郝灵佺斩默啜之功,恐启天子幸边功;又增张嘉贞为相,见璟危言切论,不觉失声叹息。《张九龄传》增武惠妃谋陷太子瑛,私使人言于九龄,九龄即奏之,帝为动色,故终九龄为相,太子得无患。《崔涣传》增涣劾奏元载怙权树党之疏。《冯盎传》增贞观中,或告盎反,帝将讨之,魏徵力保其不反,乃遣使谕盎,盎果遣子入侍。帝曰:"徵一言强于十万兵矣。"《李光弼传》增野水渡之役,光弼以计降贼将高晖、李日越二人;又增邙山之败,由鱼朝恩不听光弼言,去山险,就平地,故败。《姜公辅传》增德宗出避泾师之乱,欲往凤翔依张镒,公辅谓镒文臣,而其下皆朱泚旧部曲,军且有变,帝乃奔奉天,不数日凤翔大将李楚琳果杀镒应泚;又增帝初至奉天,闻泚欲来迎,乃诏止诸道援兵。公辅力言不可无备,乃纳兵。不数日,泚兵来犯。凡兹有关于时事政术之事迹,俱不录于《旧书》,《新书》一一增之,得其本矣。至若于《杜正伦传》增正伦初欲与城南诸杜叙同族,不许。相传城南杜固有壮气,正伦既执政,奏凿杜固以通水利,既凿,川流如血,由是南杜不振。《李贺传》增贺每日出游,使童奴背古锦囊,有得即投入。其母探知之,曰:"是儿呕出心肝乃已。"《胡证传》增裴度未显时,饮酒店,为武士所窘。证突入座上豪饮,取铁镫擘,手合其跗,谓诸人曰:"我欲为酒令,饮不釂者以此击之。"众叩头请去,度乃得免。斯则琐言碎事,无裨史迹,而子京率意增入,不及酌其轻重,则又千虑之一失矣。

第三节　欧阳氏《新五代史》

自唐人集众修史后,惟欧阳永叔之《五代史记》为私撰。永叔以薛氏《旧史》繁猥失实,乃重加修定,成本纪十二卷,列传四十五卷,考三卷,世家年谱十一卷,附录三卷,藏于家。永叔没后,朝廷闻之,始诏取其书,付国子监刊行。于是《新史》出而薛史遂微。陈氏伯修曰:"五代距今百有余年,故老遗俗,往往垂绝,无能道说者,史官秉笔之士,或文采不足以耀无穷,道学不足以继述作,使五十有余年间,废兴存亡之迹,奸臣贼子之罪,忠臣义士之节,不传于后世,来者无所考焉。惟庐陵欧阳公,慨然以自任,盖潜心累年,而后成书,其事迹实录,详于旧记,而褒贬义例,仰师《春秋》,由迁、固而来,未之有也。"于以见当时之推重矣。

欧氏《史记》,专以褒贬为主,故其书法义例,多效法《春秋》。其用兵之名,有四:两相攻曰"攻",如《梁纪》孙儒攻杨行密于扬州是也。以大加小曰"伐",如《梁纪》遣刘知俊伐岐是也。有罪曰"讨",如《唐纪》命李嗣源讨赵在礼是也。天子自往曰"征",如《周纪》东征慕容彦超是也。其攻战得地之名有二:易得曰"取",如张全义取河阳是也。难得曰"克",如庞师古克徐州是也。以身归曰"降",如冯霸杀潞将李克恭来降是也。以地归曰"附",如刘知俊叛附于岐是也。立后得其正者,曰"以某妃某夫人为皇后",如《唐明宗纪》立淑妃曹氏为皇后是也。立不以正者,曰"以某氏为皇后",如《唐庄宗纪》立刘氏为皇后是也。凡此皆先立一例,而各以事从之,褒贬自见。至其他书法,亦各有用意之处。如梁太祖、唐庄宗皆被弑,故不书葬。唐明宗考终,宜书葬矣,然以贼子从珂所葬,故亦不书。《梁纪》天雄军节度使贺德伦叛附于晋,乱首系张彦而书德伦者,责在贵者也,而德伦究不可加以首恶,而可责以不死,故书叛附于晋也。唐灭梁,敬翔自杀,翔因梁亡而自杀,可谓忠矣,不书死之而但书自杀,以梁祖之恶皆翔所为,故不以死节予之也。除官非宰相、枢密使不书,而《唐纪》书教坊使陈俊为景州刺史,内园栽接使储德源为宪州刺史者,著其授官之太滥也。《明宗纪》先书皇帝即位于柩前,继书魏王继岌薨,见其即位时君之子尚在,则其反不待辨而自明也。《汉纪》隐帝崩，即书汉亡，隐被杀后，尚有李太后临朝，及迎湘阴公赟嗣位之事，汉犹未亡也，而即书汉亡者，见太后临朝等事，皆周所假托，非汉尚有统也。此可见欧史于本纪之书法，实有一字不苟者。至于列传，亦有折衷至当者，其死节分明，如王彦章、裴约、刘仁赡等，则列之《死节传》，而宋令询、李遘、张彦卿、郑昭业等，虽皆以死殉国，而以事迹不完，不能立传，特书之本纪以表其忠。药彦稠、王思同皆以兵讨潞王从珂，为从珂所执而死，乃思同入《死事传》，而彦稠则否，以思同词义不屈，系甘心殉国者，彦稠特被执见杀，不可竟以死节予之。此亦可见欧史斟酌之至当者。盖欧公受《春秋》于胡瑗、孙复，于《春秋》之义法，造诣独深，且以私自撰述，从容编订，故其褒贬之慎，义例之严，与他史之草率从事者，殊未可以同日语也。

欧史虽文章高洁，义例谨严，然于事实之参证，则多有可议者。如《唐臣传》第十二，称安重诲知其必死，叹曰："我固当死，但恨不与国家除去潞王！"按胡三省辨此语，谓："重诲自以私憾欲杀从珂，当是时从珂未有跋扈之迹，重诲何以知其为朝廷之患！此恐是清泰篡后，人誉重诲者造此语，未可信也。"而欧史书之列传，疏矣。又如《杂传》三十三，称晋封朱友谦西平王，加守太尉，以其子令德为同州节度使，按司马氏《通鉴》止载友谦求节钺于晋王，晋王以墨制除令德忠武节度使，《考异》载《庄宗·列传》亦止云"上令幕客王正言送节旄赐之"。俱未有友谦封西平王加守太尉之事，欧史亦似失考。又《梁本纪》书朱友谦袭同州，杀其节度使程全晖，叛附于晋。《全晖传》则云，全晖奔京师，纪、传两不相符。唐庄宗被弑后，其弟存霸奔太原，据《符彦超传》则云，彦超欲留之，军士大噪，遂杀之，而《张宪传》又云，宪欲纳之，彦超不从，存霸乃见杀。彼此亦不画一，斯皆欧氏之失，而无可为讳者也。

欧史过求简净，而于史实之记载，间或失之过略。如五代之际，时君以杀为嬉，视人命如草芥，唐明宗颇有仁心，独能斟酌惨救。天成三年，京师巡检军使浑公儿，口奏有百姓二人，以竹竿习战斗之事，帝即传宣令付石敬瑭处置，敬瑭杀之。次日枢密使安重诲敷奏，方知悉是幼童为戏，下诏自咎，以为失刑，减常膳十日，以谢幽冤，罚敬瑭一月俸，浑公儿削官，杖脊，配流登州，小儿骨肉，赐绢五十匹，粟麦各百石，便令如法埋葬,仍戒诸道州府,凡有极刑,并须仔细裁遣,此事见薛氏《旧史》,而《新书》去之。《旧史》称周世宗用法太严,群臣执事,小有不举,往往置之极刑,薛氏《旧史》记载其事甚备,而欧史亦多删去。如樊爱能、何徽以用兵先溃,军法当诛,无可言者。其他如宋州巡检供奉官竹奉璘,以捕盗不获;左羽林大将军孟汉卿,以监纳取耗。刑部员外郎陈渥,以检田失实;济州马军都指挥使康俨,以桥道不谨;内供奉官孙延希,以督修永福殿而役夫有就瓦中啖饭者;密州防御副使侯希进,以不奉使者命检视夏苗;左库藏使符令光,以造军士袍襦不办;楚州防御使张顺,以隐落税钱,皆抵极刑。而其罪有不至死者,亦均宜详载之,以彰厥迹者也。

第四节　宋代之编年史(一)

　　宋代编年之史,以司马君实之《资治通鉴》为最著。君实每患迁、固以来,文字繁多,人主不能周览,乃删削冗长,举撮机要,取关国家兴衰,系生民休戚,善可为法,恶可为戒者,为《编年》一书,英宗悦之,命置局秘阁以续其作。及神宗即位,赐名《资治通鉴》,自制序授之。又许其自辟官属,借以馆阁书籍,在外听以书局自随。至元丰七年,表而上之,凡阅十九年而后毕。是书所取材者,正史之外,杂史至三百二十二种,自非掇拾残剩者可比。又助其事者,《史记》、前后《汉书》属刘攽,三国南北朝属刘恕,唐五代属范祖禹。亦皆通儒硕学,非空谈性命之流,宜其网罗宏富,体大思精,而为编年史中之特构也。

　　司马《通鉴》,其自上表谓臣之精力尽于此书。神宗亦以为贤于荀悦《汉纪》。盖其征引之繁博,体制之精密,实前此所未有也。张舜民《谢赐〈资治通鉴〉表》,谓其"上下驰骋于数千载之间,出入将随于十九年之内。其间明君良臣,箴规议论,切磨之精语。名臣循吏,方略条教,魁梧之伟功。休咎庶征之原,天人相与之际。抉摘奸宄,褒崇善良,网罗群言,囊括旧史。如海之藏珍怪、鱼龙之无数;如山之包草木、鸟兽之难名"。朱熹《通鉴室记》亦谓:"尝客崇安光化精舍,暇日新一室于门右,不置余物,独取《通鉴》数十帙列其中,焚香对之,日尽数卷。盖上下若干年之间,安危治乱之机,情伪吉凶之变,大者纲提领挈,细者缕析毫分，心目了然，无适而非吾处事之方者。"观乎此，而是书之价值可概见矣。

《通鉴》一书，其大体固无可议，然征摭既广，则检点难周，故蹉失之处，间或在所不免。洪氏《容斋续笔》谓："司马修《通鉴》，辟范梦得为官属，尝以手帖论缵述之要，大抵欲如《左氏》叙事之体。"又云："年号皆以后来者为定。如武德元年，则从正月便为唐高祖，更不称隋义宁二年。梁开平元年正月，便不称唐天祐四年。故此书用以为法，然究其所穷，颇有窒而不通之处。其意正以《春秋》定公为例，于未即位，即书正月，为其元年。然昭公以去年十二月薨，则次年之事，不得复系于昭。故定虽未立，自当追书，兼经文至简，不过一二十字，一览可以了解。若《通鉴》则不侔，隋炀帝大业十三年，便以为恭帝上，直至于下卷末，恭帝立，始改义宁，后一卷则为唐高祖。盖凡涉历三卷，而炀帝固存，方书其在江都时事。明皇后卷之首，标为肃宗至德元载，至卷之半，方书太子即位。代宗下卷云：'上方励精求治，不次用人。'乃德宗也。庄宗同光四年，便系于天成，以为明宗，而卷内书命李嗣源讨邺，至次卷首，庄宗方殂。潞王清泰三年，便标为晋高祖，而卷内书石敬瑭反，至卷末，始为晋天福。凡此之类，殊费分说。"又郑瑗《井观琐言》谓："史中凡改姓名者，当其未改，只当著旧名。"元魏初，诸臣姓皆奇复，孝文太和中，始改拓跋氏为元氏，达奚氏为奚氏，乙旃氏为叔孙氏，此类甚多。至西魏恭帝初，宇文泰废立，乃复国姓，拓跋氏九十九姓改为单者，复其旧。中原故家，多易赐番姓，《宋书·索虏传》《南齐书·魏虏传》，孝文未改姓以先，皆著其旧姓名，乃得事实。魏收《魏书》率书新姓，司马《通鉴》从之，以就简易，失其实矣。是皆君实之书法之犹不能无可议者也。

《通鉴》于事实之参证，文字之芟削，亦间有欠当者。顾氏《日知录》引吕东莱《大事记》谓："《史记》商君本传云：'不告奸者腰斩，告奸者与斩敌首同赏，匿奸者与降敌同罚。'《通鉴》削'不告奸者'一句，而以匿奸之罪，为不告奸之罪。"自当以本传为正。又谓《史记·万石君列传》："庆尝为太仆，御出，上问车中几马，庆以策数马毕，举手曰：'六马'。庆于诸子中，最为简易矣，尚犹如此。"太史公之意，谓庆虽简易，而犹敬谨，不敢率尔即对。其言"简易"，正以起下文之意也。《通鉴》去"然犹如此"一句，殊失本指。《通鉴》：汉武帝元光六年，"以卫尉韩安国为材官将军，屯渔阳"。元朔元年，"匈奴二万骑入汉，杀辽西太守，略二千余人，围韩安国壁，又入渔阳、雁门，各杀略千余人"。夫曰"围韩安国壁"，其为渔阳可知，而云"又入渔阳"，则疏矣。考《史记·匈奴传》本文则云："败渔阳太守军千余人，围汉将军安国。安国时千余骑，亦且尽。会燕救至，匈奴引去。"其文精密如此，《通鉴》改之不当。光武"自陇蜀平后，非警急，未尝复言军旅。皇太子尝问军旅之事，帝曰：'昔卫灵公问陈，孔子不对。此非尔所及。'"据《后汉书》本文，太子即明帝也。《通鉴》乃书于建武十三年，则东海王疆尚为太子，亦为未允。唐德宗贞元二年，李泌奏："自集津至三门，凿山开车道十八里，以避底柱之险。"按《旧唐书·李泌传》并无此事，而《食货志》曰："开元二十二年八月，玄宗从京兆尹裴耀卿之言，置河阴县及河阴仓，河清县柏崖仓，三门东集津仓，三门西盐仓。开三门北山十八里以避湍险。自江淮而溯鸿沟，悉纳河阴仓，自河阴送纳含嘉仓，又送纳太原仓，谓之北运。自太原仓浮于渭，以实京师。凡三年，运七百万石，省陆运之佣四十万贯。"又曰："开元二十九年，陕郡太守李齐物凿三门山以通运，辟三门巅，输岩险之地，俾负索引舰，升于安流，自齐物始也。天宝三载，韦坚代萧炅，以浐水作广运潭于望春楼之东，而藏舟焉。"是则北运始于耀卿，尚陆行十八里；河运始于齐物，则直达于长安也。下距贞元四十五年，无缘有李泌复凿三门之事。是知君实《通鉴》虽征引周密，然犹不能尽谓无失也。

司马氏《通鉴》，自以卷帙繁重，征引浩博，又略举事目，年经国纬，以备检寻，为《目录》三十卷。参考群书，评其同异，俾归一途，为《考异》三十卷，与《通鉴》相辅而行（其末年又病本书太详，《目录》太简，更著《举要历》八十卷，以适厥中）。《考异》于元丰七年，随《通鉴》同奏上，盖君实编集《通鉴》，有一事用三四出处纂成者，其间传闻异词，稗官既喜造虚言，正史亦不皆实录。君实既择可信者从之，复参考同异，别为此书，辨正谬误，以祛将来之惑。昔陈寿作《三国志》，裴松之为之注，详引诸书错互之文，折衷以归一是，其例最善。而修史之家，未有自撰一书，明所以去取之故者，有之实自君实始也。《目录》三十卷，其奏上亦与《通鉴》同时，其法以年为经，以国为纬，次第厘然，具有条理。其体全仿年表,用《史记》《汉书》旧例,而标明卷数,使知某事在某年,某年在某卷。兼用《目录》之体,则君实之创例。盖《通鉴》为编年史之总会,而此书又《通鉴》之总会矣。

第五节　宋代之编年史(二)

宋代之编年史,《通鉴》而外,尚多名著。如刘恕之《通鉴外纪》,李焘之《续资治通鉴长编》,吕祖谦之《大事记》、李心传之《建炎以来系年要录》,皆其较著者也。刘恕,字道原,皇祐元年进士也。初授巨鹿主簿,寻迁知和州、翁源二县。会司马光受诏修《通鉴》,奏以恕同知编纂,转著作郎。熙宁中,以忤王安石,乞终养于家,《通鉴外纪》乃其临没时所成也。盖修《通鉴》时恕欲与光采包羲至未命三晋为诸侯为前纪,而撮有宋一祖四宗百余年实录国史为后纪。熙宁九年,恕罹家祸,悲哀愤郁,遂中瘫痪,右肢既废,凡欲执笔,口授其子羲仲书之。且以远方不可得国书,乃绝意于《后纪》,而更《前纪》为《外纪》,以备《前纪》之稿本,凡为书十卷。十卷之中以包羲以来纪为一卷,夏、商纪合为一卷,周纪为八卷,又目录五卷。清胡克家《外纪注补序》称其"所采自经说史传、诸子百家而外,旁及谱牒、谶纬、卜筮、占验之书,不下二百余种,实足以囊括古今之事变,推明众史之同异,其叙《春秋》二百四十二年之事,亦能赅而不缛,要而不繁,自可与经传并行不悖"云。然细观其书,如周成王元年丙戌,称周公摄王之元年,越七年癸巳始称成王元年。又平王四十八年,称鲁惠公长庶子息姑娶于宋,宋女至而好公夺而自妻之。如斯之类,颇涉不经。至若齐桓观龙,熊渠射虎,兼收并蓄,亦不能谓于史法无失也。惟《目录》五卷,年经事纬,一仿司马氏《通鉴目录》之例,而于共和以后据《史记》年表编年,共和以前疑年茫昧,借日名甲子以纪之,不缕列其年数,特为审慎,深得古史传疑之意耳。

李氏《续资治通鉴长编》,各书所载卷数互有不同,马氏《通考》作百六十八卷,《宋史·艺文志》同,《四库总目》作五百二十卷,而《通考》载其进书状四篇。一在隆兴元年知荣州时,先以建隆迄开宝事十七卷上进;一在乾道四年为礼部郎时,以整齐建隆元年至治平四年五朝事迹,共一百八卷上进；一在淳熙元年知泸州时，以治平后至靖康凡二百八十卷上进；一在淳熙九年知遂宁府时，重别写呈共九百八十卷，与彼多寡迥殊。考陈氏《书录解题》，称其卷数虽如此，而册数至逾三百，盖逐卷又分子卷，或至十余，则所称九百余卷者，乃统其子卷而计之，故其数悬绝也。焘博极群书，尤究心于本朝故事，每以当时学士大夫各信所传，不考诸实录正史，纷错难信。如建隆开宝之禅授，景德庆历之盟誓，嘉祐之立子，治平之复辟，熙宁之更新，元祐之图旧，家自为说。乃踵司马氏《通鉴》之例，备采一祖八宗事迹，荟萃讨论，作为此书长编。云者以司马氏修《通鉴》时，先命其属丛目，丛目既成乃修长编，然后删之以成书。焘所上表自言未可谓之《通鉴》，止可谓之《长编》，其书虽繁芜而不嫌也。然考之周密，《癸辛杂识》称焘为此书"以木厨十枚，每厨抽替匣二十枚，每替以甲子志之，凡本年之事，有所闻必归此匣，分日月先后次第，井然有条"。则其用力之专，且久自可概见，又乌可以其采摭繁浩，时或不衷于正而并斥之哉。

吕氏《大事记》凡十二卷，又《解题》十二卷，《通释》三卷。是书自周敬王三十九年以下，采《左氏传》、历代史、《通鉴》《稽古录》等辑而广之。虽上接获麟，而书法则视太史公所录，不尽用策书凡例。《解题》者，略具本末，或附以己意，多所发明。《通释》者，经典纲要，孔孟格言，以及历代名儒大议论。祖谦初意欲起《春秋》尽于五代，会疾作，仅及汉武征和三年而止，然亦足以见其大凡矣。当时讲学之家，惟祖谦博通经传，不专言性命，所作富有根柢，此书亦具有体例，即每条下各注从某书修云云，一一具载出典，固非臆为笔削者所可及也。朱氏《语录》云："伯恭《大事记》辨司马迁、班固异同处最好。"大抵谦不敢任作书之意，故《左传》《通鉴》已载者不复载，其载者皆《左传》《通鉴》所无者耳。又云其文字解题煞有工夫，只一句要包括一段意思，是知此书在昔时已有定论矣。

李氏《长编》迄于靖康，中兴以后阙而不录。工部侍郎李心传，乃述高宗朝三十六年事迹，仿《通鉴》之例，编年系月，成《建炎以来系年要录》二百卷，与《长编》相续。其书以国史日历为主，而参之以稗官野史、家乘志状、案牍奏议、百司题名，无不胪采异同，以待后来论定。故文虽繁而不病其冗，论虽歧而不病其杂，在宋人诸野史中，最足以资考证者。《宋史》心传本传谓其志，常重川蜀而薄东南之士。然如宋人以张栻讲学之故，无不坚持门户，为其父张浚左袒，心传独能于富平之偾事，岳飞之见忌，一一据实直书。初未尝以乡曲之私，稍为回护，是则《宋史》之病是书者，殆有不尽然矣。惟其中所载秦熺、张汇诸论，是非颠倒，而并存以备参稽；又金国人名、官名、地名、音译，亦均多舛误，不能不谓为是书之失耳。

上述诸家，皆举其较著者而言，余则若胡宏之《皇王大纪》，采盘古以迄周末之事迹；熊克之《中兴小纪》，排次南渡以后之事；陈均之《宋九朝编年备要》，撮举太祖至钦宗九朝大事；刘时举之《续宋编年资治通鉴》，记高宗及宁宗诸朝始末；以及王益之之《西汉年纪》，无名氏之《靖康要录》与《两朝纲目备要》《宋季三朝政要》等，犹更仆难数，虽或繁浩而少所征信，或疏略而多所抵牾，或简略而无补于参稽，或脱遗而有待于补订，然亦可以考见有宋一代著述之盛矣。

第六节　袁氏之《纪事本末》

唐刘知幾作《史通》叙述史例，首列六家，总归二体。自汉以来，不过纪传、编年两法乘除互用而已。然纪传之法，或一事而复见数篇，宾主莫辨；编年之法，或一事而隔越数卷，首尾难稽，均史学之憾事也。宋工部侍郎袁枢乃自出新意，因司马氏《通鉴》旧文，为之区别门目，以类排纂，每事各详起讫，自为标题，每篇各编年月，自为首尾，命曰《通鉴纪事本末》。起于三家之分晋，终于周世宗之征淮南，包括千余年事迹，经纬明晰，节目详具，前后始末，一览了然。由是中国之史学界，遂开一新纪元。王氏《玉海》称淳熙三年，参政龚茂良言枢所编《纪事》，有益见闻，诏严州摹印十部，仍先以缮本上之。《宋史》枢本传亦言茂良得其书，奏于上，孝宗读而嘉叹，以赐东宫，及分赐江上诸帅，且令熟读，曰治道尽在是矣。朱子亦称其部居门目始终离合之间，又皆曲有微意，于错综温公之书，乃《国语》之流也，则其见重于世，可概见矣。

明张溥《通鉴纪事本末·序》谓：国之有史，史之有《通鉴》，《通鉴》

之有《纪事本末》,三者不可一缺也。国史因人,《通鉴》因年,《本末》因事。人非纪传不显,年非《通鉴》不序,事非《本末》不明。学者欲观历代之史,则必先观《通鉴》,既观《通鉴》,不能即知其端,则必取《纪事本末》以类究之。此袁氏之书,所以与司马同功也。《通鉴》上起战国,下终五代,凡千三百六十二年,为书二百九十四卷。袁氏通理其间,其事二百三十有九,其书卷四十有二。蛮夷窃僭,废兴存亡,无不备也。约而赅,曲而当,其亦以述兼作者乎。宋赵与篡旧《序》,亦谓《通鉴》一书,于治道最切实,神宗皇帝深所爱重,赐"资治"之嘉名,且命经筵进读,历朝宝之,永以为训。近建安袁公复作《纪事本末》,区别条流,各从其类,岂求加于《通鉴》之外哉。盖《通鉴》以编年为宗,《本末》以比事为体,编年则虽一事而岁月辽隔,比事则虽累载而脉络贯联,故读《通鉴》者,如登高山,泛巨海,未易遽睹其津涯。得《本末》而阅之,则根干枝叶,绳绳相生,不待反复他卷,而了然在目中矣。是知《本末》者,《通鉴》之户牖,而可与《通鉴》相辅而行者也。以《通鉴》为经,以《本末》为纬,则于上下今古之事迹,彼此先后之关系,自无壅隔不通之虑,谓非史学界中之特著哉?

自袁氏《本末》于编年、纪传二体外,别立一家。同时章冲遂踵其义例,成《春秋左氏传事类始末》五卷。冲,字茂深,其妻叶梦得女也。梦得深于《春秋》,故冲亦颇究心《左传》,乃取诸国事迹,排比年月,各以类从,使节目相承,首尾完具。是书虽篇帙无多,不及袁书之淹博,其有裨学者则一也。时又有徐梦莘之《三朝北盟会编》二百五十卷,亦纪事本末体。《宋史·儒林传》:梦莘嗜学博闻,恬于荣进,每念生于靖康之乱,四岁而江西阻讧,母襁负亡去得免,思究见巅末,乃网罗旧闻,会粹同异,为《三朝北盟会编》一书。自政和七年海上之盟,讫绍兴三十一年完颜亮之毙,上下四十五年。凡敕制、诰诏、国书、书疏、奏议、记序、碑志,登载靡遗。考是书凡分上中下三帙。上为政宣,二十五卷;中为靖康,七十五卷;下为炎兴,百五十卷。所引书一百二种,杂考、私书八十四种,金国诸录十种,凡百九十六种,而文集之类尚不数焉。凡宋金通和用兵之事,悉为胪载。虽其时说部糅杂,所记金人事迹,往往传闻失实,不可尽凭。又当日臣僚札奏,亦多夸张无据之词,梦莘概录全文,均未能持择，要其赡博淹通，南宋诸野史中，自李心传《系年要录》以外，未有能过之者，固不能遽以繁芜为是书病也。

第七节 宋代之杂史

宋代史籍之专著，上述而外，其属于别史杂史者，尚不一而足。如苏辙之《古史》，王偁之《东都事略》，罗泌之《路史》，叶隆礼之《契丹国志》，王禹偁之《五代史阙》，文陶岳之《五代史补》等，皆是。虽其间良楛不齐，瑜瑕互见，然亦皆足以备正史之参证者，故特依类而著其梗概焉。

苏氏《古史》六十卷，其《自序》谓：太史公始易编年之法，为纪传、世家，记五帝以来，然不得圣人之意，乃因迁之旧，始伏羲，讫秦始皇，为本纪七，世家十六，列传三十七，谓之《古史》。追录圣贤之意，以示后焉。然考其书，如于《三皇纪》增入道家者流，谓黄帝以无为为宗，其书与老子相出入，于《老子传》附以佛家之说，谓释氏视老子体道愈远，而立于世之表。昔班固论史迁之失，首在先黄老而后六经，辙所论定，又乌在其能正迁哉？惟其纠正补缀，如《史记》载尧妻舜之后，瞽叟尚欲杀舜，辙则本《尚书》谓妻舜在瞽叟允若之后；《史记》载伊尹以负鼎说汤，造父御周穆王见西王母事，辙则删之；辨《管子》之书为战国诸子所附益，于《晏子传》增入晏子处崔杼之变，知陈氏之篡与访谏数事；又据《左氏传》为柳下惠、吴季札、范文子、叔向、子产等传，以补《史记》所未及，与迁书相参考，固亦不无少补焉耳。

王偁，字季平。其父赏，绍兴中为实录修撰，偁承其家学，旁搜九朝事迹，成《东都事略》百三十卷，凡为本纪十二，世家五，列传百有五，附录八。叙事约而赅，议论亦皆持平。如康保裔不列于忠义，张方平、王拱辰不讳其瑕疵，皆具史识。熙宁之启衅，元符之绍述，尤三致意焉。《朱勔传》后，附载僧祖秀《艮岳记》，盖仿《三国志·诸葛亮传》后附载文集、目录及陈寿进表之例。虽非史法，亦足资考证。而南宋诸人，乃多不满其书，盖偁闭门著述，不入讲学之宗派，党同伐异，势所必然，未可据为定论也。

罗氏《路史》四十七卷，其《自序》谓皇甫谧之《世纪》，谯周之《史考》,张愔之《系谱》,马总之《通历》,其学浅狭,不足取信。苏辙《古史》,第发明索隐之旧,未为全书,因著是编。余论之首,释名书之义,引《尔雅》训"路"为"大",所谓《路史》,盖谓"大史"也。凡《前纪》九卷,述初三皇至阴康无怀之事;《后纪》十四卷,述太昊至夏履癸之事;《国名纪》八卷,述上古至三代诸国姓氏地理,下逮两汉之末;《发挥》六卷;《余论》十卷。皆辩难考证之文。夫皇古之事,本为茫昧,泌多采纬书,已不足据。至于《太平经》《丹壶记》之类,皆道家依托之言,乃一一据为典要,殊难免庞杂之讥。然引据浩博,文采瑰丽,而《国名纪》《发挥》《余论》,考证辩难,语多精核,亦颇有祛惑持正之论,亦未可尽以好异斥之也。

叶隆礼,号渔林,淳祐七年进士也。由建康府通判,历官秘书丞,奉诏撰次辽事,成《契丹国志》二十七卷。凡为帝纪十二,列传七,晋降表,宋辽誓书、议书一,南北朝及诸国馈贡礼物数一,杂载地理及典章制度二,行程录及诸杂记四。其书大抵取前人纪载原文,分条采摘,排比成编。穆宗以前纪传,则本之《资治通鉴》,穆宗以后纪传,则本之李焘《长编》等书。其《胡峤陷北记》,则本之欧史。《四夷附录·诸番记》及达锡伊都等传,则本之洪皓《松漠纪闻》。杂记则本之武珪《燕北杂记》。皆全袭其词,无所更改,间有节录,亦多失当。盖隆礼生南宋后,距辽亡已久,北土载籍,江左亦罕流传,仅据宋人所修史传及诸说部钞撮而成,故本末不能悉具。苏天爵谓其说多得于传闻,讥其失实,实能深中其失。且其体例参差,书法颠舛,忽而内宋,则或称辽帝,或称国主;忽而内辽,则以宋帝年号分注辽帝年号之下,亦自相矛盾。然诸家目录所载,若《辽庭须知》《使辽图钞》《北辽遗事》《契丹疆宇图》《契丹事迹》诸书,隆礼时尚未尽佚,故所录亦间有可据,或取以证《辽史》之误,或据以补纪志之阙,不无可取处耳。

王禹偁《五代史阙文》一卷。《宋史》禹偁本传:禹偁,字元之,济州巨野人。九岁能文,毕士安见而器之。太平兴国八年,擢进士,授成武主簿,徙知长洲县。端拱初,太宗闻其名,召试右拾遗,直史馆,旋拜左司谏、知制诰,寻坐贬商州团练副使。四年,召拜左正言,至道元年,拜翰林学士。真宗即位,迁秩刑部,后出知黄州。是书前有自序,不著年月,考书中周世宗遣使谕王峻一条,自注云:"使即故商州团练使罗守素也,尝与臣言以下事迹。"是在谪居商州以后。其结衔称翰林学士,则作于真宗之初也。书中凡《梁史》三事,《后唐史》七事,《晋史》一事,《汉史》二事,《周史》四事,与晁氏《读书志》所称十七事之数合。王士禛《香祖笔记》称,是书虽仅一卷,而辨正精严,足正史官之谬,如辨司空图清真大节一段,尤万古公论,所系非眇小也。如叙庄宗三矢告庙一段,文字淋漓慷慨,足为武皇父子写生,欧阳《五代史·伶官传》全用之,遂成绝调。惟以张全义为乱世贼臣,深合《春秋》之义,而欧阳不取,于全义传略无贬辞,盖即旧史以成文耳,似当以元之为定论也。其推挹之者深矣。况今考《五代史》于朱全昱、张承业、王淑妃、许王从益、周世宗、符皇后诸条,亦多采此书,又《新唐书·司空图传》即全据禹偁之说。盖当时固早以信史视之,初不能以其篇帙寥寥而忽之也。

　　陶岳,字介立,浔阳人。真宗大中祥符间,以薛氏《旧五代史》中多疏略,因取诸国窃据累朝,创业事迹,成《五代史补》五卷。凡所载梁二十一事,后唐二十事,晋二十事,汉二十事,周二十三事,都一百四事。盖亦《五代史》阙文之流也,是书虽颇近小说,然叙事首尾详具,率得其实。故欧阳永叔之《五代史记》,司马君实之《资治通鉴》多采用之。其网罗散失,裨益阙遗,要不能谓于史学无补也。惟其间如庄宗猎中年为县令所谏一条云忘其姓名,据《通鉴》则县令乃何泽。杨行密诈盲一条云首尾仅三年,考行密诈盲至杀朱三郎实不及三年之久。又王氏据福建一条,云王审知卒,弟延钧嗣,据薛史《通鉴》,延钧乃审知之子。凡此之类,书中往往见之,诚不免疏舛之诮耳。

　　宋代之杂体史,上述而外,如曹勋之《北狩见闻录》,洪皓之《松漠纪闻》、王栐之《燕翼贻谋录》,彭百川之《太平治迹统类前集》,以及无名氏之《咸淳遗事》《大金吊伐录》等,或为纪行之作,或为杂记之流,或以明鉴戒而著典章,或以备参稽而述琐事,要亦皆治史者所可取为副料之用者也。

第八章　元之史学

第一节　托克托《宋史》

有元史学远逊前代，史籍专著，殊少可观，其属于正史类者，惟托克托之宋辽金三史。然《宋史》既病繁芜，《辽史》又多缺略，揆诸前史，非其伦也。《宋史》自太平兴国三年，命修《太祖实录》，又诏军国政要，令参知政事李昉等录送史馆。真宗初，命钱若水等修《太宗实录》，寻又诏吕端、钱若水重修《太祖实录》。仁宗诏吕夷简、夏竦修《先朝国史》，王曾为提举。天圣八年书成，夷简上之。英宗命韩琦修《仁宗实录》，神宗熙宁二年上之。是年又命学士吕公著修《英宗实录》，修成后，曾公亮上之。熙宁十年，又诏修仁宗、英宗两朝史。惟《神宗实录》，凡数次改修。哲宗元祐元年，命吕大防等纂修，以司马光家藏记事为本，六年修成。七年又修《神宗史》，此第一次所修也。绍圣元年，章惇用事，请重修《神宗史》，蔡卞亦言先帝盛德大业，卓然出千古之上，而《实录》所纪，类多疑似不根，乞验索审订，重行刊定，乃诏以卞为修撰。卞专取《王安石日录》，遂尽改元祐所修，贬原修官吕大防等。三年书成，上之，此第二次所修也。徽宗时又诏修神、哲二朝实录及二朝史，皆蔡京、蔡卞司其事。高宗时以神、哲两朝史多失实，乃召范冲考定，冲为《考异》一书，明示去取，号《朱墨史》。而《哲宗实录》，又别为一书，名《辨诬录》。冲既修成，赵鼎上之，此第三次所修也。《徽宗实录》，则绍兴九年始修，十一年书成，秦桧上之。《钦宗实录》，则孝宗时蒋芾等所修，而高宗和议成，先命史馆编修《靖康建炎忠义录》，后又有魏杞等所上神、哲、徽三朝正史。陈俊卿、虞允文所上神、哲、徽、钦四朝会要，赵雄等所上神、哲、徽、钦四朝国史志，王淮等所上神、哲、徽、钦四朝列传，则皆孝、光两朝所续成也。《高宗实录》直至孝宗淳熙十五年始修，宁宗庆元三年书成，京镗等上之。嘉泰二年，陈自强等又上《高宗实录》及正史。然高宗时自有日历，绍兴二十六年，以秦桧所修日历未当，诏重修之。孝宗隆兴元年，诏修太上皇帝《圣政记》，二年书成，命进德寿宫。其孝、光、宁三朝实录，皆成于理宗时。然光宗受禅，即诏修《寿皇圣政日历》，绍熙元年书成，进于重华宫。宁宗受禅，亦诏修《太上皇圣政日历》，庆元三年书成，进于寿康宫。其后又有李心传所修高、孝、光、宁四朝国史，史嵩之所上中兴四朝国史，谢方叔所上中兴四朝志传，亦皆理宗时成书也。《理宗实录》成于度宗咸淳四年，贾似道上之，而度宗亦有《时政记》七十八册，此皆可为有宋推重史事之证也。其余士大夫所著者，尚更仆难数。高宗时汪藻尝编元符庚寅至建炎己酉三十年事迹，孝宗时李焘著《续通鉴长编》，洪迈入史馆，又修一祖八宗百七十余年事为一书，理宗端平时，又诏太学生陈均编《宋长编纲目》，淳祐中又诏以楼昉所著《中兴小传》百篇，《宋十朝纲目》并《掇要》二书，付史馆誊写，又王偁之《东都事略》，李丙之《丁未录》，徐梦莘之《三朝北盟会编》，皆收入史馆，以资参证者。是有宋一代史事，本极详备，而托克托即据之以成《宋史》，不过稍为编次已耳，故其竣事较易也。

《宋史》既尽据国史旧本，而国史又多因仍各家事状、碑铭编缀成篇，故其扬善讳恶之处，亦较他史为特甚，往往有一书中而自为抵牾者。如靖康之变，朝臣多污张邦昌伪命，高宗以邓肃在围城中目击其事，令肃陈奏，肃请分三等定罪，以待制而为伪朝执政者置一等，乃王时雍、徐秉哲、吴开、吕好问、莫俦、李回共六人，事见《邓肃传》，而《好问传》不载其从逆之事，反备书谏张邦昌毋干大位，及趣张邦昌遣使迎高宗等事。张浚一生不主和议，以复仇雪耻为志，固属正人。然李纲入相时，宋齐愈以附逆伏诛，浚为御史，劾纲以私意杀侍从，且论其买马招军之罪，事见《高宗纪》及《纲传》，浚又荐秦桧可任大事，事见《赵鼎传》。又尝与岳飞论吕祉、王德、郦琼兵事不合，飞因解兵奔丧归。浚奏其意在并兵，以去要君，遂命张宗元权其军事，事见《高宗纪》，而《张浚传》均削去不载。何铸尝与罗汝楫劾岳飞，事见《汝楫传》。又尝为秦桧劾王居正为赵鼎之党,遂夺职奉祠,事见《居正传》。又劾张九成党赵鼎,事见《九成传》。又劾廖刚与陈渊等为朋比,事见《廖刚传》。而《何铸传》均不载,反云治岳飞狱,力辩其冤,谓不当无故杀一大将,似能主持公道者。岳珂守当涂,制置茶盐,自诡兴利,横敛百出,商旅不行,国计反绌于初。又置贪刻吏,开告讦之门,以罔民而夺其财。民李士贤有稻二千石,囚之半载,事见《徐庆卿传》,而《珂传》不载。余若《李纲传》不载其与姚平仲合谋劫营之事。《韩世忠传》不载其遣兵袭攻刘光世,及逼死谏臣、刃伤弓匠之事。《胡安国传》不载其附合秦桧劾朱胜非之事。《刘一止传》不载其谏阻废修政局之事。《李显忠传》不载其与邵宏渊忿争以致宿州败绩之事。《史弥远传》不载其先诛韩侂胄然后奏帝罢官及拥立理宗之事。诸如此类,不胜枚举。盖宋人之家传、表志、行状,以及言行录、笔谈遗事之类,流传于世者甚多,要皆子弟门生所以标榜其父师者,故发扬回护,鲜符事实。宋时修国史者,即据以立传,元人修史,又不及细加参订,而悉仍其旧,固无怪乎是非失当而深乖史德也。

　　《宋史》可议之点,不仅是也,其书仅一代之史,而卷帙几盈五百,检校既已难周,又大旨以表章道学为宗,余事不复甚厝意,故舛谬不能殚数。沈世泊《宋史就正编》谓:《高宗纪》绍兴十三年八月戊戌洪皓至自燕,而《洪皓传》作七月见于内殿。《朱倬传》宣和五年登进士第,据《徽宗纪》则宣和六年策进士是为甲辰科,实非五年。此纪传之互异也。《宋准传》云:"李昉知贡举,擢准甲科,会贡士徐士廉击登闻鼓,诉昉取舍非当,太宗怒,召准覆试,后遂行殿试。"据《选举志》,则开宝六年御殿给纸笔,别赐殿试,遂为常制。是太祖时事,误作太宗。《苏舜钦传》云:"康定中河东地震,舜钦诣匦通疏。"据《五行志》则地震在宝元元年。康定止一年,无地震事。此志传之互异也。《杜太后传》云:"母范氏,生五子三女,太后居长。"而《杜审琦传》则云:"审琦,昭宪皇太后之兄,太后昆仲五人,审琦居长。"又《太后传》云:"生太祖、太宗、秦王廷美。"据《廷美传》,则其母为陈国夫人耿氏。《张浚传》云:"浚擢殿中侍御史,驾幸东南,后军统制韩世忠所部逼逐谏臣坠水死,浚奏夺世忠观察使。"据《韩世忠传》,世忠乃左军统制,非后军统制。又《滕康传》世忠以不能戢所部坐赎金,康复论世忠无赫赫功,诏降世忠一官。是奏夺世忠观察使者乃滕康，非张浚。此传文前后之互异也。夫事实之参证，为史学首务，而《宋史》乃竟于一书之内，或后先互异，或彼此抵牾，宜乎明代诸家，有纷纷改撰之举也。

元修《宋史》，宋人国史而外鲜所取材，然宋人好述东都之事，史文较详，建炎以后，稍略。理、度两朝宋人罕所纪载，故《宋史》亦不免先后不均之弊。《文苑传》止详北宋，而南宋仅载周邦彦等数人。《循吏传》则南宋更无一人，是其疏略之尤甚者。至如彭义斌自山东起义，随李全来归，即与赵范、赵葵破金兵下湾渡，掩金人于淮。后李全乱楚州，制置使郑国走死，义斌斩全使，大骂誓必报此仇。会全攻恩州，义斌即出战，败之。全求速和，义斌不许。继复拓地而北，进攻东平。严实求救于蒙古博罗罕，与之合攻义斌。义斌兵败被执，史天泽说之降，义斌厉声曰："我大宋臣也，肯为他人属耶。"遂死之。是其忠义勋绩，殊有足称，而《宋史》不为立传，仅散见其事迹于李全、贾涉、赵范、赵葵诸传中，失其本矣。又如王坚守合州最有功，《理宗本纪》称诏叙合州功，与官两转。及合州围解，又诏擢宁远节度使驻兴元，兼知合州，封清水县伯。《张珏传》亦谓珏与坚协力拒元兵，攻九月不能下。《元史·宪宗纪》亦谓帝攻合州，遣宋降人晋国宝招谕坚降，坚不应，国宝去，坚追还杀之。帝悉率诸军战城下，攻一字城，攻镇西门，攻东新门，攻奇胜门，攻护国门，皆不克。是坚之守合州，几不减张巡之守睢阳，亦竟无专传。王佐守利州，父子皆死难，《理宗纪》谓佐坚守孤垒，元使降将南永忠来说降，佐骂之，永忠流涕而去。《王翊》《张珏传》亦俱谓：元兵拔长宁，佐父子俱死。《元史·宪宗纪》，帝围长宁，守将王佐及裨将徐昕等出战，败之。帝又督军力战于望喜门，破其城，王佐死焉，又诛佐之子及徐昕等四十余人。是王佐之守长宁，亦必宜有专传，而《宋史》无之。又《元史·伯颜传》：伯颜自鄂顺流下，斩郢将赵文义、范兴。师至沙洋，遣人持黄榜及文义首入城招降，守将王虎臣、王大用焚榜斩使，有私谋出降者，虎臣杀之。伯颜又命吕文焕来招，亦不应，遂攻破其城，擒虎臣、大用，杀之。是虎臣、大用皆力守孤城抗节不屈，《宋史》皆无传，并不附见其姓名于他传中。斯亦《宋史》之疏略而无能为讳者也。

第二节 《辽史》

《辽史》自太宗会同初，诏有司编始祖奇善可汗事迹。厥后历朝，亦有监修国史之官，如刘慎行、邢抱朴、室昉、刘晟、马保忠、耶律玦等，皆以此系衔。然皆隐讳苟简，无裨史迹。至兴宗时，耶律孟简诣阙上表，谓本朝之兴，几二百年，宜有国史以垂后世，乃编耶律吓噜、乌哲、休格三传以进。兴宗始命置局编修。其时有耶律古裕、耶律庶成及萧罕嘉努实任编纂之事，乃录约尼氏以来事迹，及诸帝实录，共二十卷，上之。盖圣宗以前事，皆是时所追述也。道宗大安初，史臣又进太祖以下七帝实录。天祚乾统三年，又诏耶律俨纂太祖以下诸帝实录，共成七十卷，于是辽世事迹粗备。金熙宗皇统中，又诏耶律固、伊喇因等续修《辽史》，而卒业于萧永琪，凡本纪三十卷，志五卷，传四十卷，皇统七年上之。章宗又命党怀英、郝俣充刊修官，伊喇益、赵飒等七人为编修官，刊修《辽史》，凡民间辽时碑志及文集，悉送上官。怀英旋致仕，诏陈大任继成之。元世祖至元中，诏词臣首次《辽史》，因循未就。至顺帝至正中，乃以托克托为都总裁，张思岩、欧阳元、吕思诚、揭傒斯为总裁，共撰《辽史》，翌年告成，凡为本纪三十卷，志三十一卷，表八卷，列传四十六卷，上之。由是言《辽史》者，悉以是为本焉。

辽时实录国史虽间有足征，然辽制书禁甚严。凡国人著述，惟听刊行于境内，有传于邻境者，罪至死。故五京兵燹之后，遂至旧章散失，澌灭略尽。观袁桷修《三史议》，苏天爵《三史质疑》，知辽代史籍可备修史之资者，寥寥无几。盖所据者，惟耶律俨、陈大任二家之书。见闻既隘，又竣功于一载之内，无暇旁搜博引，潦草成编，宜其左支右诎，动乖史法。如每岁游幸，具书于本纪，而复为《游幸表》一卷。部族之分合，详见于《营卫志》，而复为《部族表》一卷。属国之贡使，亦悉载于《本纪》，而复为《属国表》一卷。义宗之奔唐，章肃之争国，亦屡见于纪、志及表，而复书于列传。文学仅六人，而分为两卷，伶官、宦官本无可纪载，而强缀三人。此其重复琐碎之弱点，殊为史法所不容。又考王氏《东都事略》，载辽太宗建国号大辽，圣宗即位，改大辽为大契丹国。道宗咸雍二年,复改国号大辽,而此书不载,是其于国号之更改尚未详也。《文献通考》称辽道宗改元寿昌,洪遵《泉志》引《北辽通书》云:"天祚即位,寿昌七年改为乾统。"而此书作"寿隆",殊不知圣宗讳"隆绪",道宗为圣宗之孙,何至纪元而犯祖讳,是其于纪元之典章多疏漏也。圣宗统和二十四年,幽皇太妃呼纽于怀州,囚夫人伊兰于南京,余党皆生瘗之。明年,赐皇太妃死于幽所。按宣和十二年,诏皇太妃领西北路乌尔古等及永熙宫军,抚定西边,以萧达林督其军事。此即皇太妃呼纽也。其后萧罕嘉努疏亦言,统和间,皇太妃出师西域,拓地既远,降附亦多。自后一部或叛,邻部讨之,使同力相制,正得御远之道。则此皇太妃之功,殊有足纪,究以何事幽死?《后妃传》内自当专立一传,乃并无其人,何也? 又圣宗统和四年,纳皇后萧氏,此后乃圣宗元配也。统和十九年,以罪降为惠妃,后虽降,而其为圣宗元配,终不可没。后系何人之女? 以何事得罪?《后妃传》内亦宜有专传,乃但以统和十九年另立之齐天皇后特立一传,而此初娶之后绝无一字及之,何也? 且既为《辽史》,则本国兴兵之事,不应自称辽兵。乃本纪贝州之战称:军校邵珂开城门纳辽兵。戚城之战称:辽军围晋别将于戚城,晋主自将救之,辽军引退,一若他国纪载。而称契丹为辽军者,宾主易置,内外失准,莫此为甚。是亦当日修史者之疏也。

　　《辽史》草率成书,故于事实之参校,亦多有可议者。顾氏《日知录》谓:《宋史·富弼传》言:"使契丹争'献纳'二字,声色俱厉。契丹主知不可夺,乃曰:'吾当自遣人议之。'复使刘六符来。弼归奏曰:'臣以死拒之,彼气折矣,可勿许也。'朝廷竟以'纳'字与之。《辽史·兴宗纪》亦云:'感富弼之言,和议始定。'而《刘六符传》则曰:'宋遣使增岁币以易十县,六符与耶律仁先使宋,定进贡名,宋难之。'六符曰:'本朝兵强将勇,人人愿从事于宋。若恣其俘获以饱所欲,与进贡字孰多? 况大兵驻燕,万一南进,何以御之? 顾小节,忘大患,悔将何及?'宋乃从之,岁币称贡。《耶律仁先传》亦同。"然与《宋史》所载迥异。书出一手,而记事两歧。揆之史法,不能谓无失矣。又欧阳氏《五代史》载,李克用先约安巴坚共攻梁,已而安巴坚背约,反遣梅老聘梁,奉表称臣,以求封册。克用大恨,临没以一矢属庄宗报仇,后果为庄宗击于望都,大败而去。而

《辽史》则以克用结好之事为约其共攻刘仁恭,而不言攻梁,以掩其背约之迹。欧史德光灭晋后,归殁于滦城,契丹人剖其腹,实以盐,载之北归,晋人谓之"帝䄍"。《辽史》并不载,但载其自悔之语,谓此行有三失:纵兵掠刍粟,一也;括私财,二也;不遣诸节度归镇,三也。而赞其如秦穆之能悔过。凡此隐恶扬善之处,盖耶律俨在辽时所修原本,而陈大任因之,至元修《辽史》又因仍陈本,不复校勘他史,而加以订正,宜其多与事实违异也。

第三节 《金史》

《金史》自太宗天会六年,诏访祖宗遗事以备国史,以完颜勖与耶律迪延掌其事,勖等采摭遗言旧事,自始祖以下十帝,综为三卷,凡部族既曰某部,又曰某水、某乡、某村以识别之。至与契丹往来,及征伐诸部,其间诈谋诡计,一无所隐,事有详略,咸得其实。熙宗皇统元年,上之。八年,勖又进《太祖实录》二十卷。世宗大定中,纥石烈良弼又先后进太宗及睿宗《实录》。大定十八年,修起居注,移剌杰上书,言:"朝廷每屏人议事,虽史官亦不与闻,无由纪录。"帝以问石琚、唐括安礼,对曰:"古者,天子置史官于左右,言动必书,所以儆戒人君,庶几有所畏也。"帝从之。朝奏屏人议事,记注官不避,自此始。章宗明昌元年,以徒单镒兼修国史,以守贞修起居注。承安三年,又以完颜匡兼修国史,匡并成《世宗实录》,上之。宣宗兴定初,诏尚书省置史馆,修《章宗实录》。哀宗正大中,告成。是皆金时实录之纂修之见于史籍者。元睿宗时,张柔从伐金,金臣崔立以汴京降,柔独入史馆,取《金史实录》,并秘府图书。至世祖中统二年,献诸朝。世祖曾敕词臣撰次三史,久而未就。顺帝至正三年,乃以托克托为都总裁,以揭傒斯、欧阳元、吕思诚等为总裁,明年书成,阿鲁图表进之。凡纪十九卷,志三十九卷,表四卷,列传七十三卷,合百三十五卷,行之于世云。

元修《金史》,于上述国史实录外,尚多所取材。《文艺传》称元好问晚年,以著作自任,以金源氏有天下,典章法制几及汉唐,国亡史作,己所当任。时《金国实录》在顺天张万户家,乃言于张,愿为撰述,既因有阻而止。乃构野史亭，著述其上，凡金源君臣遗言往行，采摭所闻，有所得辄以片纸细字为记录，至百万余言，纂修《金史》，多本其所著。又称刘祁撰《归潜志》，于金末之事，多有足征，是相承纂述，复不乏人，况托克托等进书表称张柔归《金史》于其前，王鹗辑《金事》于其后，是以纂修之命，见诸敷遗之谋，延祐申举而未遑，天历推行而弗竟。是元人之于此书，经营已久，与《宋》《辽》二史取办仓卒者不同。故其首尾完善，条例整齐，在三史中，独为最善。如载《世纪》于卷首，而列景宣帝、睿宗、显宗于《世纪补》，则酌取《魏书》之例，《历志》则采赵知微之大明历，而兼考浑象之存亡。《礼志》则掇韩企先等之《大金集礼》，而兼及杂议之品节，皆能深得史法。至若《交聘》一表，深惜宋人不知守险，不能自强，尤能切中事机，意存殷鉴，盖亦卓然有古良史遗风焉。

《金史》虽多本之元、刘二家旧本编次成书，然于史迹之详略去取，亦往往别具剪裁，非专事钞撮也。如《王若虚传》，崔立以汴城降蒙古，朝臣欲为树碑纪功，以属刘祁，祁属草后，元好问又加点窜。此事元刘二人方且深讳，而《若虚传》竟直书之，是可见修史诸臣之临文不苟，卓具别识矣。至若金初灭辽取宋，中间与宋和战不一，末年又为蒙古所灭，故用兵之事，较他朝独多，其胜败之迹，若人人铺叙，独滋繁冗。《金史》则每一大事，即于主其事之一人详叙之，而诸将之同功一体者，可以旁见侧出，故有纲有纪，条理井然。如珠赫店之战，太祖自将，则书于本纪；获取宋帝，则详于《宗翰》《宗望传》；渡江追宋高宗，则详于《宗弼传》；富平之战，则详于《宗弼》及《持嘉晖传》；和尚原之战，则详于《宗弼》及《古云传》；泾州西原之战，则详于古云及《萨里罕传》；正隆用兵，则详于《海陵本纪》及《李通传》；大定中复取淮泗，则详于《布萨忠义》《吓舍哩志宁传》；泰和中，宋兵来侵，则详于《布萨揆宗浩》《完颜纲传》；兴定中，发兵侵宋，则详于《约赫德传》；巩昌之战，则详于《博索传》；禹山之战，则详于《伊剌布哈传》；三峰山之战，则详于《完颜哈达传》。若斯之类，均就当局一二人叙其巅末，而同事诸将，自可以类相从，最得史法。又如辽将和尚、道温二人之忠于辽，宋将徐徽言之忠于宋，亦不忍没其临危不屈之烈，特用古史夹叙法，附书道温二人于《宗望传》，徐徽言于《罗索传》，使诸人千载后，犹有生气，是又深得良史褒旌忠义之遗意矣。

《金史》义例，大体虽称完善，然其间亦不无一二可议者。如前述之《世纪》《世纪补》等，固能深合史裁，然考海陵篡立，亦追尊其父宗幹为睿明皇帝，庙号德宗，后因海陵废为庶人，遂并其父追尊之帝号亦从削夺，而列于宗本等传。此固当时国史记载如是，及异代修史时，则海陵一十三年御宇，既不能不编作本纪，其追尊之父亦何妨附之《世纪补》，以从画一。况宗幹开国元勋，其功烈迥在宗峻、宗辅上。即世宗登极，亦尝改谥明肃皇帝，后因允恭之奏，始降封辽王。若以其降封，遂不入《世纪》，则海陵登极时，亦尝降封宗峻为丰王，乃一升一降，歧互若此，未免自乱其例。又张邦昌、刘豫俱受金封册，宇文虚中亦仕金，官至特进，《金史》固宜立传。吴曦叛宋降金，已册封为蜀王，其死也，又赠以太师，招魂葬之。虽曦事多在宋，然既已死金，《金史》亦宜立传，乃邦昌等三人皆有传，而曦独无之。时青虽阴受金官，而身在宋，屡以宋兵攻金。其叔时全，则仕金为同签枢密院事，屡为金侵宋。是宜传全而以青附，今反传青而附以全，亦属倒置。凡兹轻重失宜，编次无准之弊，史中往往见之，亦不能谓其无乖史体也。

《金史》于事实之记载，虽较宋、辽二史为审慎，然其谬误失实之点，亦不一而足。如《左企弓传》称辽天祚帝亡保阴山，秦晋国王耶律淳自立于燕，改元德兴。考《辽史》天祚命宰相张琳、李处温与耶律淳守燕，帝遁入夹山，命令不通，处温、企弓及虞仲文、康公弼等，立淳为帝，改元建福。未几淳死，众又立其妻德妃萧氏为皇太后，将迎立天祚次子秦王定为帝，皇太后称制，改元德兴，是淳年号建福，萧氏年号德兴也。而《金史》则以萧氏之年号，为淳之年号，失其实矣。辽天祚帝亲征，下诏有女直作过大军剪除之语，女直主聚众劙面，仰天痛哭，以激励其众，谓不若杀我一族，汝等迎降，可转祸为福。诸军皆曰：事已至此，惟有战耳，此事见于《辽史》，而《金史》不书。宋刘锜顺昌之捷，金葛王乌禄从乌珠来攻，亦大败而去。《宋史》本纪及《锜传》载之甚详，葛王即世宗也，而《世宗本纪》不叙其事。宣宗即位，乃赫舍哩呼沙呼弑卫绍王后，图克坦镒劝其迎立也。而绍、宣二纪皆不载。萨里罕被李世辅劫执，将挟以归，宋追兵至，世辅乃与折箭为誓，推下山，而《萨里罕传》不载。凡此皆仅据金之实录国史，而未暇旁考他书，故回护失实之弱点，终不绝于载记也。

第四节　元之编年史及其余

元代编年之史，以金履祥之《通鉴前编》为最著。《元史·儒学传》：履祥，字吉父，婺之兰溪人。幼而敏睿，父兄稍授之书，即能记诵。比长，益自策励，凡天文、地形、礼乐、田乘、兵谋、阴阳、律历之书靡不毕究。及壮，知向濂洛之学，事同郡王柏，从登何基之门。基则学于黄榦，而榦亲承朱熹之传者也。自是讲贯益密，造诣益邃。时宋之国事已不可为，履祥遂绝意进取，屏居金华山中，训迪后学，谆切无倦。尝谓司马文正公作《资治通鉴》，刘恕为《外纪》，以记前事，不本于经，而信百家之说，是非谬于圣人，不足以传信。自帝尧以前，不经夫子所定，固野而难质，夫子因鲁史以作《春秋》，王朝列国之事，非有玉帛之使，则鲁史不得而书，非圣人笔削之所加也。况《左氏》所记，或阙或诬，凡此类皆不得以辟经为辞。乃用邵氏《皇极经世历》，胡氏《皇王大纪》之例，损益折衷，一以《尚书》为主，下及《诗》《礼》《春秋》，旁采旧史诸子，表年系事，断自唐尧以下，接于《通鉴》之前，勒为一书二十卷，名曰《通鉴前编》。凡所引书，辄加训释，以裁正其义，多先儒所未发。既成，以授门人许谦曰："二帝三王之盛，其微言懿行，宜后王所当法，战国申商之术，其苛法乱政，亦后王所当戒，则是编不可以不著也。"观氏此言，则其著书之宗旨可概见矣。

金氏《前编》，其主旨虽在引据经典，以矫刘氏《外纪》好奇之弊，然其间弱点亦多所不免。盖履祥师事王柏，柏勇于改经，履祥亦好持新说。如释"桑土既蚕"，引后所谓桑间为证。释封十有二山浚川，谓营州当，云其山碣石，其川辽水。以《笃公刘》《七月》二篇为豳公当时之诗，非周公所追述。皆不免于臆断。至以《春秋》书尹氏卒为即与隐公同归于鲁之郑大夫尹氏，尤为附会。是其征引群籍，去取失当，亦未必遽在《外纪》上也。惟其援据颇博，其审定群说，亦间足与经训相发明，在讲学诸家中，尚可谓究心史籍，而与专事游谈者有不可同日而语耳。

元代史籍之专著，其属于别史、杂史类者，亦间有所闻，而以郝经之《续后汉书》、王鹗之《汝南遗事》、刘一清之《钱塘遗事》为较著。郝经，字伯常，其先潞州人，家世业儒。金亡，徙顺天，为守帅张柔、贾辅所知，延为上客。二家藏书皆万卷，经博览无不通，往来燕赵间。宪宗元年，世祖以皇弟开邸金莲川，召经，咨以经国安民之道，条上数十事，大悦，遂留王府，后累官至翰林侍读学士。中统二年，充国信使使宋，为贾似道所拘留，居仪真者十六年。经为人尚气节，为学务有用。及被留，思托言垂后，乃撰《续后汉书》九十卷，其大旨正陈寿帝魏之谬，即《三国志》旧文重为改编，而以裴注之异同，《通鉴》之去取，参校刊定，升昭烈为本纪，黜吴、魏为列传，其诸臣则以汉、魏、吴别之，又别为儒学、文艺、行人、义士、高士、死国、死虐、技术、狂士、叛臣、篡臣、取汉、平吴、列女、四夷诸传。复以寿书无志，作八录以补其阙，各冠以序，而终以议赞，别有义例，以申明大旨。持论颇为不苟，而亦不能无所出入。如士燮、太史慈皆委质吴廷，而入之汉臣。李密初仕汉，终仕晋，《晋书》以《陈情》一表列之孝友，而竟入之高士，则于名实为乖。又黄宪卒于汉安之世，葛洪显于晋元之朝，而皆以入此书，则时代并爽。其他汉晋诸臣以行事间涉三国而收入列传者不一而足。又八录之中，往往杂采《史记》、前后《汉书》《晋书》之文，纪载冗沓，亦皆失于断限。揆诸义例，均属未安。然经以行人被执，困苦艰辛，不肯少屈其志。故于气节之士，低徊往复，致意尤深。读其书者，可以想见其为人，不可谓非其有裨世教之作也。

王氏《汝南遗事》，凡四卷。《元史·王鹗传》：鹗字伯翼，曹州东明人。幼聪悟，日诵千余言，长工词赋。金正大元年，登进士第一，累官至左右司郎中。元世祖在藩邸，访求遗逸之士，遣使聘鹗，召讲《孝经》《书》《易》及齐家治国之道，古今事物之变，每夜分，乃罢。世祖即位，首授翰林学士承旨，制诰典章，皆所裁定。至元元年，加资善大夫。十年卒。《汝南遗事》乃其初随金哀宗在蔡州围城所作也，是书所载始天兴二年六月，迄三年正月，随日编载，有纲有目，共百有七条，皆所身亲目击之事，故记载最为详确。考《金史·哀宗本纪》及乌库哩镐、完颜仲德、张天纲等传，皆全采用之，足征其言皆实录矣。鹗身事两朝，虽于大节不能无愧，然本传载其祭哀宗时设具牲酒为位而哭，犹有惓惓故主之思，其作是书，于丧乱流离，亦但有痛悼而无怨谤，盖亦有足多者焉。

　　刘氏《钱塘遗事》，凡十卷。其书虽以钱塘为名，而实纪南宋一代之事。高、孝、光、宁四朝，所载颇略，而理、度以后叙录殊详，大抵杂采宋人说部而成，故全书体例颇不一致。然于宋末军国大政，以及贤奸进退，条分缕析，多有正史所不及者。书中大旨，以刺贾似道为多。至其第九卷全录严光大所纪"德祐丙子祈请使行程"，第十卷全载南宋科目条格故事。殆以宋之养士如此周详，而诸臣自祈请以外，一筹莫效，寓刺士大夫欤？然已未由详证矣。

第九章 明之史学

第一节 宋濂王祎之《元史》

元起漠北，初无文字，纪载殊鲜。至世祖中统三年，始敕王鹗集廷臣等商榷史事。鹗等乞以先朝事迹，录付史馆。至元元年，敕选儒士编修国史，并立翰林国史院。五年，以史天泽、贾居贞等纂修国史。成宗元贞元年，命采访先朝圣政，以备史官之纪述，付时政记于史馆，以备撰纂，又以翰林姚燧修世祖实录。七年，国史院又进太祖、太宗、定宗、睿宗、宪宗五朝实录。武宗时，诏国史院纂修顺宗、成宗实录。仁宗时纂修武宗实录，及累朝后妃、功臣传，俾、百工各上事迹。英宗时，诏修仁宗实录及后妃、功臣传。泰定帝诏修英宗、显宗实录。文宗时，又诏修英宗实录。顺宗时，又诏修累朝实录及后妃、功臣传。此皆元时撰述之分见于载记者。明克元都，得其十三朝实录。洪武二年，乃命左丞相李善长为监修前起居注，宋濂、漳州通判王祎为总裁，征山林遗逸之士汪克宽、胡翰、宋僖、陶凯等为纂修，以是年二月开局，至八月书成，而顺帝一朝史犹未备，又命儒士欧阳佑等往北平，采其遗事。明年二月还朝，诏重开史局，仍以宋濂、王祎为总裁，阅六月书成。全书凡为本纪四十七卷，志五十三卷，表六卷，列传九十七卷，合二百十卷。由是世之言《元史》者，悉以是为主焉。

明修《元史》全以实录为底本，然元代实录疏略回护，已失载笔之公。观徐一夔《致王祎书》谓：近世之论史多谓莫切于日历，日历者，史之根柢也；次则莫如起居注。元朝制度务从简便，不置日历及起居注，独中书置时政科，以一文学掾掌之，以事付史馆。及一帝崩，则国史院据所付修实录而已。《元史·奸臣传》亦云："旧史往往详于记善,略于惩恶。盖史官有所忌讳,而不敢直书故也。"是知元之实录,已不足为信史,而修《元史》者即据以成书,毋怪乎不协公论。书甫颁行,即有朱右作《拾遗》,解缙作《正误》。而缙《致董伦书》,并有"《元史》舛误,承命改修"之语。则明祖已知《元史》之未善,而有改修之命于此,可以觇全书之大概矣。

《元史》体例,间多未善,在成书时已不能无异议,后来递相考证,而纰漏弥彰。顾氏《日知录》摘其赵孟頫诸传,备书上世赠官,仍铭志之文,不知芟削;《河渠志》言耿参政;《祭祀志》言田司徒引案牍之语,失于剪裁,实能切中其短。至如《三公》《宰相》分为两表,《礼》《乐》合为一志,又分《祭祀》《舆服》为两志,列传则先及《释老》,次以《方技》,皆不合前史遗规。而删除《艺文》一志,收入列传之中,遂使无传之人所著,皆不可考,尤为乖忤。又帝纪则定宗以后,宪宗以前,阙载者三年,未必实录之中竟无一事,其为漏落显然。是皆《元史》之短,无能为讳者,惟其于《历志》则载许衡、郭守敬之《历经》、李谦之《历议》而并及庚午元历之未尝颁用者,以证其异同。《地理志》附载潘昂霄《河源考》,而取朱思本所译梵字图书分注于下。《河渠志》则北水兼及于卢沟河、御河,南水兼及于盐官海塘、龙山河道,并详其缮浚之宜,未尝不可为考古者参证之助耳。

《元史》多依元代旧本钞录成编,故扬善讳恶之私,亦多与事实相违异。如《阿尔哈雅传》历叙其戡定湖广之功,而占降民为私户,及征占城失利等事,则概不叙入。其破潭州也,则曰诸将请屠之,阿尔哈雅以数百万生灵,若杀之,非主上谕以曹彬不妄杀人之意,乃止。及其破静江,则曰阿尔哈雅以静江民易叛,不重刑之,广西诸州不服,乃悉坑之。是不屠既见其好生之德,坑之又见其止杀之威,真所谓曲为之说者。又崔彧奏阿尔哈雅掌兵民之权,子孙姻党分列权要,官吏出其门者十七八,其威权不在阿哈玛特下,宜罢职,《阿尔哈雅传》亦不载。《博果密传》土土哈求钦察之为人奴者增其军,而多取良民,中书佥省王遇改正之,土土哈遂诬奏,遇几得罪,赖博果密救之。而《土土哈传》但云,钦察之自叛所来归者及散处安西郡王部下者,俱令土土哈统之,而不言扰及平民之事。张柔从攻金蔡州，中流矢，宋将孟琪救之，挟柔以出，事见《宋史·孟琪传》，而《柔传》不载。凡此瞻循失实之记录，非明初修史诸人为之，著其善而讳其恶也。盖元时所纂功臣等传，本已如此，而修史者即全袭之，而不加以订正耳。至若泰定帝已崩，文宗以雅克特穆尔之力入京即位，仿武宗、仁宗故事，遣使迎兄明宗于漠北来继大统。明宗遂称帝于途，而立文宗为皇太子，皇太子出迎明宗于翁果察图之地。越三日，明宗崩，此固文宗及雅克特穆尔之弑逆也。乃《文宗本纪》仅书"暴崩"二字，并不著被害之迹，并称皇太子入哭尽哀，雅克特穆尔以皇后命，奉皇帝宝，授皇太子登极，竟似授受得其正者。直至《雅克特穆尔传》：宁宗崩后，皇太后召明宗长子托欢特穆尔于广西，雅克特穆尔以明宗之崩，实与逆谋，恐帝追理前事，故迟留数月不立。于是明宗被害之迹，至此始略一见。然全部《元史》只此一二语，此外纪传并无有错见其事者。《北魏书》体例，凡弑逆之事，虽本纪只书"暴崩"二字，而散见于各传者必详。而《元史》则迥异乎是，斯又不能不谓为是书之失矣。

　　《元史》于事实之参证，亦间多失当，且有一书之中，而自相歧互者。《史天泽传》谓太宗三峰山战胜后即北还，留睿宗总兵围汴。案《塔察儿传》：太宗围汴，金主以曹王讹可出质，太宗与睿宗还河北。《睿宗传》亦云：太宗北还，驻夏于官山。五月，太宗不豫，图类祷于天地，太宗疾愈，图类从之北还。是图类与太宗同北归，未尝留围汴京也。《天泽传》实误。《按塔哈传》：宋殿帅张彦与都统刘师勇袭吕城，按塔哈、辉图击之，斩彦。考《辉图传》谓：殿帅张彦、安抚刘师勇攻吕城，辉图与战，擒张殿帅。《呼喇珠传》亦谓：张殿帅攻吕城，呼喇珠与辉图生擒之。《宋史》：张彦被擒后，元人令其至常州城下招降，是彦未尝被杀也，《按塔哈传》实误。《托欢传》：进兵苏州，与宋军战，擒柳奉使。考《伯颜传》，既克常州，师至无锡，宋将作监柳，岳奉其国书，乞班师，请修岁币，是岳本奉使来也。且兵至平江，都统王邦杰、通判王矩之即以城降，并无交战之事，《托欢传》实误。至若《郑鼎传》所载从宪宗征大理事；《薛塔剌海传》所载从世祖攻钓鱼山事；《董文炳传》所载宋将张世杰兵败入海，及文炳舟小罢行事；《唆都传》所载唆都先攻下平江、嘉兴，再以舟师会伯颜于皋亭山事。亦均与他传之所载不符,一经参证,舛误立见,是亦当日修史者之疏也。

第二节 明之编年史

明代之编年史,以陈桱之《通鉴续编》,王袆之《大事记续编》,胡粹中之《元史续编》为最著。《明史·杨宪传》:桱字子经,奉化人。流寓长洲,后入明为翰林待制。桱祖著,宋时以秘书少监知台州,尝作《历代纪统》,其父泌为校官,又续有撰述,世传史学。桱以司马氏《通鉴》终于五代,其周威烈王以上虽有金履祥《前编》,而亦断自唐虞,因著《通鉴续编》二十四卷。首述盘古至高辛氏,以补金氏所未备,为第一卷。次摭契丹在唐及五代时事以志其得国之故,为第二卷。其余二十二卷,则均载宋事以继《通鉴》之后,故以"续编"为名。惟其体"大书分注,则全仿纲目之例"耳。是书于宋自太平兴国四年平北汉后,始为大书系统。郑瑗氏《井观琐言》,称其本晦翁《语录》,持论已偏。至于金承麟称末帝,为之纪年。西辽自德宗以下诸主年号,亦详为分注。虽各本史文,然承麟立仅一日,未成为君。西辽并无事迹可纪,而必缕列其间,亦不免徇名失实。盖委曲以存昺、昰二王,使承宋统。故辗转相牵,生是义例,非史法矣。然而《通鉴纲目》以后,继而作者实始于桱,而厥后续撰诸家其才识亦无以相胜,固亦未尝不可资参稽之助者也。

王氏《大事记续编》,凡七十七卷。《明史·王袆传》:袆字子充,义乌人。幼敏慧,及长,师柳贯、黄溍,遂以文章名世。太祖取婺州,召为中书省椽史,旋授江南儒学提举司校理,转同知南康府事。太祖将即位,召还,议礼。坐事忤旨,出为漳州通判。洪武二年,修《元史》,命袆与宋濂总其事。书成,拜翰林待制,后出使云南,抗节死。袆史事擅长,尝以吕祖谦《大事记》仅至征和而止,乃撰《大事记续编》,以继吕书之后。其体例悉遵其旧,惟解题即附各条之下,不别为一书,与吕氏异殊。《何乔新集》谓是书予夺褒贬多与《纲目》不合。如《纲目》以昭烈绍汉统,章武纪年,直接建安,而是书用无统之例,以汉与魏、吴并从分注。《纲目》斥武后之号,纪中宗之年,而是书以武后纪年。又李克用父子唐亡称天祐年号,以讨贼为词,名义甚正,故《纲目》纪年,先晋后梁,而是书乃先梁后晋,皆好奇之过,所言虽似颇中其失,然亦未可据为定论也。且其间考证同异,如《通鉴》载汉武仙人妖妄之言,淖方成祸水之说,以为出于《汉武故事》《飞燕外传》,而讥司马光轻信之失。纪光武帝省并十三国,以《地志》正《本纪》之误。此类考证,辨别皆为不苟。又宋庠《纪年通谱》久无传本,刘羲叟《长历》仅《通鉴目录》用以纪年,书亦散佚。是书间引及之,则其有裨于史学之考证者,正自不浅也。

陈氏《通鉴续编》,止于宋亡,厥后事迹略而不录,于是胡氏粹中乃有《元史续编》之作。粹中,名由,以字行,山阴人。永乐中,官楚府长史。是书凡十六卷,起世祖至元十三年,终顺帝至正二十八年。编年系月,大书分注,有所论断,亦随事缀载,全仿《纲目》之例。其中书法议论亦多效法宋儒,而过于刻画,动乖史法。然于文宗阴谋害兄事,独能据故老之传闻,揭史家未发之隐,深合古史惩戒之意。商辂等修《续纲目》,全取是书,并其评语亦颇采之。到明太祖起兵称王以后,《续纲目》即分注元年,斥其国号。而粹中独大书至正直至二十八年八月而止。内外之辞,未尝少紊。其持论之正,自非辂等所及。又宋末昰、昺二王不予以统,亦协其平。而郑瑗氏《井观琐言》乃谓:粹中是书,"又下于陈桱《续编》。德祐北迁,闽广继立,宋之统绪尤未绝也。乃遽抑景炎、祥兴之年于分书,非《纲目》书蜀汉、东晋之例"云,亦未免太偏矣。

有明编年之作,上述三家而外,尚不一而足。如邱濬之《世史正纲》三十二卷,本方孝孺释统之意,专明正统,起秦始皇帝二十六年,讫明洪武元年。以著世变事始之所由,于各条之下,随事附论。沈越之《嘉隆闻见记》十二卷,取世、穆两朝政绩,汇次成编,起正德十六年世宗即位,而止于隆庆六年。南轩之《通鉴纲目前编》二十五卷,起自伏羲,终于周威烈王,取金履祥《通鉴前编》,陈桱《通鉴前编外纪》,合并删削,共为一编。薛应旂之《宋元资治通鉴》,百五十七卷,以商辂等《通鉴纲目续编》为蓝本,而附益以他书,以续司马氏《资治通鉴》之后。又《宪章录》四十七卷,上起洪武,下讫正德,用编年之法,以续其所作之《宋元通鉴》。杜思之《考信编》七卷,皆载上古之事,其《原始考》始自盘古,讫于燧人。《读坟考》起自伏羲,讫于帝魁。编年纪月,记动记言,全作策书之体。

黄光升之《昭代典则》二十八卷，起元至正壬辰明太祖起兵，至穆宗隆庆二年，而止编年纪事，每条皆提纲列目。以及许诰之《通鉴纲目前编》，魏校之《经世策》，顾应祥之《人代纪要》，雷礼之《明大政记》及《明六朝索隐》，吴朴之《龙飞纪略》，薛应旂之《甲子会纪》，支大纶之《世穆两朝编年史》，谭希思之《明大政纂要》，朱国桢之《大政记》，张铨之《国史纪闻》，顾锡畴之《纲鉴正史约》，杨时伟之《春秋编年举要》等，虽或瑜不掩瑕，或得不偿失，要亦有明编年界著作之林矣。

第三节 明之纪事本末

自袁机仲就《通鉴》旧文别成《通鉴纪事本末》一书，而章茂深、徐商老相继撰述本末一体，遂为一时史学界所推重。中经元代，史学荒废，作者寥寥，至有明中叶以还，田汝成、陈邦瞻等后先继起，乃复振其遗绪。田汝成，字叔和，钱塘人。嘉靖五年进士也，初授南京刑部主事，寻召改礼部。十年，以上书言事忤旨，切责，停俸。屡迁祠祭郎中、广东佥事，谪知滁州。复擢贵州佥事，改广西右参议，分守右江。以破龙州、祥州土酋，功迁福建提学副使。汝成博学工古文，尤善叙述。历官西南，谙晓先朝遗事，乃撰《炎徼纪闻》四卷，凡十四篇。首纪王守仁征岑猛事，次纪岑璋助擒岑猛事，次纪赵楷凭、李寰事，次纪黄珑请立东宫事，次纪征大籐峡事，次纪安贵荣田琛扬辉等事。每篇各系以论，所载较史为详，前有汝成自序，称自涉《炎徼所闻》诸事，"皆起于抚绥阙状，赏罚无章"，切中明代之弊。其论田州之事，归咎于王守仁之姑息；论黄珑之事，归咎于于谦之隐忍；亦持平之议，不蹈门户之见。盖汝成尝守右江，于边地情形得诸身历，而是书即据所闻见而纪之，故切实真确，与讲学迂儒，贸贸而谈兵事者，固未可以同日而语也。

陈邦瞻，字德远，高安人。万历二十六年进士。授南京大理寺评事，历南京吏部郎中。出为浙江参政。进福建按察使，迁右布政使。改补河南，分理彰德诸府。复改左布政使，以右副都御史巡抚陕西。光宗时，擢兵部右侍郎，总督两广军务兼巡抚广东。以讨贼功，改兵部左侍郎。初，礼部侍郎冯琦欲仿袁氏《纪事本末》例，论次宋事，分类相比，以续袁氏之书,未就而没。御史刘曰梧得其遗稿,因属邦瞻增订成编。大抵本于琦者十之三,出于邦瞻者十之七。自太祖代周,讫文谢之死,凡分一百九目,于一代兴废治乱之迹,梗概略具。其书虽稍逊于袁氏之《通鉴本末》,然《宋史》繁芜,在诸史中为特甚,非若司马氏《通鉴》之本有脉络可寻,较易为力也。惟书中纪事既兼及辽金,而当时南、北分疆,未能统一专名,《宋史本末》于义例不能无乖,况《元史纪事本末》,陈氏已别有成书。是书中如《蒙古诸帝之立》《蒙古立国之制》,皆专纪。元初事迹,亦宜析归《元纪》,使其首尾相接,乃以临安未破,一概列在《宋编》,尤为失于断限。此外,因仍《宋史》之旧,舛误疏漏未及订正者亦多,所不免均不能不谓为是书之失矣。

陈氏于《宋史纪事本末》外,又撰有《元史纪事本末》四卷,凡分二十七目。其《律令之定》一条下注一"补"字,则臧懋修所增也。是书虽与宋编同出一手,然明修《元史》仅八月,而成书疏略之弊多所不免。厥后商辂等虽有《通鉴纲目续编》之作,然亦未能旁通博采,元事亦多不详。而陈氏此书即以二书为根据,故终逊《宋史》纪事之赅博。又于元明间事,皆以为应入明国史,遂于徐达破大都,顺帝驻永昌诸事,皆略而不书。揆诸史例,未见其当也。至至正末,韩林儿之死,乃廖永忠沉之瓜步。洪武中,宁王权作《通鉴博论》,已明著其事。不过以太祖尝奉其年号,为其主讳,而发其狱于永忠。乃陈氏《本末》于小明王之立一条,更讳之书"卒",未免过于曲笔。库库特穆尔自顺帝北迁之后,尚为元尽力,屡用兵以图兴复。厥后秦王樉妃即纳其女,而陈氏《本末》于诸帅之争一条,竟书库库领其余军西奔于甘肃后,不知所终,亦不免于失实。惟元代推步之法、科举学校之制,以及漕运河渠诸大政,措置极详。陈氏于此数端,纪载颇为明晰。其他治乱之迹,亦能撮举大概,揽其指要。亦未尝不足以资考证耳。

第四节 明代诸杂史

明代史学之专著,上述而外,其属于杂史别史类者实繁有徒。如权衡之《庚申外史》,宁王权之《汉唐秘史》,王世贞之《弇山堂别集》,柯维骐之《宋史新编》等，皆其较著者也。权衡，字以制，吉安人。元末兵乱，避居彰德。明初归江西，寓居临川以终。是书凡二卷，所纪皆元顺帝即位以后二十八年治乱大纲。时顺帝犹未追谥，以其庚申年生，故称之曰"庚申帝"。又《元史》亦尚未修，故别名曰《外史见闻录》。所言多与《元史》相合，其间于宫庭构煽之迹，盗贼纵横之事，皆能剖析端委，中其窍要。至于顺帝诛博啰与秀才徐思奋谋之。博啰诛，思奋不受赏，逃去。及危素为权臣草诏诸事，皆他书所不载。惟其中称"顺帝为瀛国公子"一条最为无稽。厥后袁忠彻著之于《文集》，宁王权载之于《史略》，程敏政又选忠彻之文入《明文衡》，钱谦益又引余应之诗证实宁王权之说，其端实自权氏发之。盖元之中叶，宋遗民之存者，不无故国之痛。因虞集草诏，有"托欢特穆尔非明宗之子"一语，遂附会是事，以泄其忿。明人仇视元人，又饰合而盛传之。核以实际，渺无可据。揆诸信史，其失之也远矣。

宁王权之《汉唐秘史》，凡二卷。权自号臞仙，太祖第十七子也。洪武二十四年，封逾二年，就藩大宁。数会诸王出塞，以善谋称。燕王起兵，挟之同行。为燕王草檄，约事成中分天下。永乐元年，改封南昌，已而人告权巫蛊诽谤事，无验，得已。自是日韬晦，构精庐一区，读书其间，终成祖世得无患。仁宗后，法禁稍解，屡请内迁，不克达所愿。乃日与文士相往还，托志翀举。至英宗正统十三年，始薨。是书《自序》称洪武二十九年，奉命纂辑，至辛巳六月而成，盖建文三年也。其书以刘三吾等洪武间进讲汉唐事实类次成编，故词多通俗。其诸帝论赞，皆太祖御撰。唐末系司马光论，亦奉敕载入。其大旨以后世之乱亡，皆推本于贻谋之不善，持论不为无见。而择焉弗精，委巷怪诞之谈，兼收并蓄。如高帝斩蛇、蛇后转生王莽之类，皆伪妄不足辨，说部杂载，犹或屏之，而竟以之入史，慎已。

王世贞《弇山堂别集》在明代诸杂史中为最善。世贞字元美，太仓人。生有异禀，书过目，终身不忘。举嘉靖二十六年进士，授刑部主事。世贞好为诗古文，官京师，入王宗沭、吴维岳等诗社，又与李攀龙、梁有誉等相倡和，名日益盛。屡迁员外郎、郎中。以事忤严嵩意，吏部两拟提学，皆不用，用为青州兵备副使。会父忬以罪论死系狱，世贞解官奔赴。怆死，哀号欲绝，持丧归。穆宗隆庆初，伏阙讼父冤，诏复忬官。旋迁世贞浙江右参政，山西按察使，母忧归。服除，补湖广，旋改广西右布政使，入为太仆卿。神宗万历二年，以右副都御史抚治郧阳。后改南京大理卿，为给事中杨节所劾，罢。后起南京兵部右侍郎，擢刑部尚书，卒于家。是书悉载明代典故，凡《盛事述》五卷，《异典述》十卷，《奇事述》四卷，《史乘考误》十一卷，表三十四卷，考三十六卷，凡一百卷。其自序称：“是书出，异日有裨于国史者，十不能二。耆儒掌故，取以考证，十不能三。宾幕酒筵，以资谈谑参之，十或可得四。其用如是而已。”然考其间如《史乘考误》及《诸侯王百官表》，亲征、命将、谥法、兵制、市马、中官诸考，皆能辨析精赅，有裨考证。盖明自永乐间改修《太祖实录》，诬妄尤甚。其后累朝所修实录，类皆阙漏疏芜。而民间野史又多，凭私附会，诞僻失伦，愈乖史实。世贞熟悉朝章，博通群籍，故所述类能详洽，虽征事既多，不无小误。又《盛事》《奇事》诸述，颇涉怪诞之谈，不能谓于史法无乖。然其大端可信，固不以小累而遽尽斥之也。

柯维骐《宋史新编》二百卷。其编次一仿正史，故《明史·艺文志》附之正史类。然持论既驳，义例多乖，列之别史，较为近是。《明史·文苑传》：维骐，字奇纯，莆田人。举嘉靖二年进士，授南京户部主事，未赴。辄引疾归。张孚敬用事，创新制，京朝官病满三年者概罢免。维骐亦在罢中，自是谢宾客专心读书。久之，门人日进，先后四百余人，维骐引掖靡倦。《宋史》与《辽》《金》二史旧分三史，维骐乃合之为一，以辽、金附之，而列二王于本纪，名曰《宋史新编》。隆庆初，卒于家。柯氏著是书，史称其褒贬去取，义例严整，阅二十年而始成。沈德符《敝帚轩剩语》亦称其作是书时，至于发愤自宫，以专思虑，则其撰述之精勤，自可概见矣。然托克托《宋史》，虽或病于繁芜，而于本纪终瀛国公不录二王，及辽、金两朝，各自为史，而不用岛夷、索虏互相附录之例，未尝不深合史法。盖元破临安，宋统已绝。二王崎岖海岛，建号于断樯坏橹之间，此而以帝统归之，则淳维远遁以后，武庚构乱之初，亦当序之，正统矣。他如辽起滑盐，金兴肃慎，并跨有中原故地，三史并修，未为不是。而柯氏强援蜀、汉之例，增以建炎、祥兴，又以辽、金二朝置之外国，与西夏、高丽同列，则尤过偏之见，万难为讳者也。

第十章　清之史学

第一节　清初《明史》之纂辑

明史自太祖洪武元年,命陶安兼修。国史授安,然起居注未几复以宋濂、孔希学分任。六年,学士承旨兼吏部尚书詹同请修《日历》,帝从之,命同与宋濂主其事,逾年而成,自起兵临濠至洪武六年,征伐次第,礼、乐、刑、政、群臣功过、四夷朝贡之类,共一百卷,藏之金匮,副在秘书监。惠帝建文元年修《太祖实录》以董伦、王景为总裁。成祖永乐中又诏桂彦良、邹济、胡俨、王英、李时勉、姚广孝等先后重修《太祖实录》,永乐十六年书成。仁宗洪熙初诏杨士奇、蹇义等同修《成祖实录》。宣宗宣德元年又命士奇等修仁宗及两朝实录,宣德五年告成。英宗正统元年诏修《宣宗实录》以王英、马愉等总其事,越二年乃成。其后《英宗实录》则修于宪宗时。《宪宗实录》则修于孝宗时。惟《孝宗实录》自武宗正德元年诏傅珪、崔铣等同修,三年而成。及世宗嘉靖元年又以御史卢琼言命史官正《孝宗实录》中之不当者,旋又命杨慎等修《武宗实录》。神宗万历元年诏修世、穆两朝实录,二十二年又以礼部尚书陈于陛言命词臣纂修国史,以于陛、冯琦等为副总裁,而阁臣总裁之。熹宗天启中,复先后撰修神宗、光宗《实录》,是皆明代国史实录之编纂之可考见者也。

清世祖既墟明社,以大业草创,未遑撰述。至圣祖康熙十七年,始用博学宏词诸臣分纂《明史》,叶方蔼、张玉书总裁其事,继复以汤斌、徐乾学、王鸿绪、陈廷敬、张英先后为总裁官,而诸纂修皆博学能文,论古有识。后玉书任志、书,廷敬任本纪,鸿绪任列传,至五十三年鸿绪传稿成表上之。而本纪、志、表尚未就，鸿绪又加纂辑。世宗雍正元年再表上，帝命张廷玉等为总裁。即鸿绪本选词臣再加订正，乾隆初始进呈，盖阅六十年而后讫事，古来修史未有若此之日久而功深者。且其时去前朝未远，见闻尚接，事迹原委多得其真，又经数十年参考订正，或增或损，或离或合，均得其宜，非若元末之修《宋》《辽》《金》三史，明初之修《元史》时日迫促，不暇致详，而潦草完事者，何可相提并论也。

《明史》三百三十六卷。凡本纪二十四，志七十五，表十三，列传二百二十，目录四。其体例多仿前史，间有损益，离合之处亦多具卓识别裁，有非近古诸史所能几及者。如其间诸志一从旧例，而稍变其例者二：《历志》则增以图，以勾股割圆弧矢之法为历家测算之本，非图不明也。《艺文志》惟载明人著述，而前史著录者不载。其例始于宋孝王《关东风俗传》，刘氏《史通》又反覆申明，于义为允。唐以来弗能用，今用之也。表仍旧例者四：曰《诸王》，曰《功臣》，曰《外戚》，曰《宰辅》，而创新例者一，曰《七卿》。盖明废左右丞相，政归六部，而都察院纠核百卿为任，亦重合为七，而录之可以观世变也。列传从旧例者十三，曰《循吏》，曰《儒林》，曰《文苑》，曰《忠义》，曰《孝义》，曰《隐逸》，曰《方伎》，曰《外戚》，曰《列女》，曰《宦官》，曰《佞幸》，曰《奸臣》，曰《外国》，而特创新例者三：曰《阉党》，曰《流贼》，曰《土司》。盖阉寺之祸虽汉唐以下皆有，而士大夫趋势附膻，则惟明人为最多，其流毒海内亦至酷，别为一传，所以著乱亡之源，不但示斧钺之诛也。闯、献二寇至于亡明，剿抚之失足为炯鉴，非他小丑之比，亦非割据群雄之比，故别立之。至于土司，不内不外，衅隙易萌，控驭之道与牧民殊，与御敌国又殊，故自为一类焉。凡此均其折衷至当，而与前史之割裂残剩者迥异也。

自马史、班书有合传附传彼此互见之法，后世史家多遵用之。至元修《宋史》，数人共事者必各立一传，而传中又不彼此互见，一若各为一事者，非惟卷帙益繁，亦且翻阅易眩，非史法也。而《明史》则异是，凡数十人共一事者，举一人立传，而同事者即各附一小传于此人传后，即同事者另有专传，而此一事不复详叙，但云语在某人传中。如孙承宗有传，而柳河一役，则云语在《马世龙传》中；祖宽有传，而平登州之事，则云语在《朱大典传》是也。否则，传一人而兼叙同事者。如《陈奇瑜传》

云与卢象升同破贼乌林关等处;《象升传》亦云与奇瑜同破贼乌林关等处是也。甚至熊廷弼、王化贞一主战一主守,意见不同也,而事相涉,即化贞不另传,而并入《廷弼传》内;袁崇焕、毛文龙一经略一岛帅,官职不同也,而事相涉,则文龙不另传,而并入《崇焕传》内。此皆编纂之得当者也。又如《扩廓传》附蔡子英等,《陈友定传》附靳义等,《方孝孺传》附卢原质等,以其皆抗节也。《柳升传》附崔聚等,以其皆征安南同事也。《李孜省传》附邓常恩等,以其皆以技术宠幸也。至末造殉难诸臣尤多附传之,例如《朱大典传》附王道焜等数十人,《张肯堂传》附吴钟峦等数十人,而《史可法传》既附文臣同死扬州之难者数十人,若再附武臣则篇幅太冗,乃以诸武臣尽附于《刘肇基传》,以及《忠义》《文苑》等,莫不皆然。又《孝义传》既案其尤异者各为立传,而其他曾经旌表者数十百人,则一一见其氏名于传序内。又如正德谏南巡罚跪午门杖谪者一百四十余人,嘉靖中伏阙争大礼者亦百四五十人,皆一一载其姓名。盖人各一传,则传不胜传,而概删之,则尽归泯灭,惟此法不至卷帙浩繁,而诸人名姓仍得见于正史,此正修史者之苦心也。至若《高倬传》后附书南都殉难者张捷、杨维垣、黄端伯、刘成治、吴嘉允、龚廷祥六人,而所附小传但有端伯以下四人,捷、维垣独缺,则以此二人本阉党,其事已见各列传中,不屑为之附传,此则附传中,又自有别裁,以见修史时之斟酌不苟,而深合古史惩劝之意矣。

　　《明史》体例,大体虽均甚完善,然卷帙繁重,参讨较难,故于事实之记载,亦间有足议者。如《王骥传》贵州苗蜂起围平越等城时,骥征麓川回,即命率师解围,骥屯兵辰沅不进,御史黄镐困守平越半载,募人自间道奏于朝,命总督军务侯琎大破贼,尽解诸城围,是解围者琎也,镐传则云保定伯梁珤合川湖兵救之,围始解,则解围又属梁珤矣。《琎传》则云琎进讨时,副总兵田礼已解平越围,是解围实田礼也。盖是时琎总督军务,珤为将军,皆统帅。骥镐等传但叙解围之功,则以总统为主。琎传则实叙解围之人,则不可没田礼。故特附见之也,然并未分析言之,似失史法。又祖大寿一人凡两次降清,据孙承宗、何可纲等传,崇祯四年大寿筑城大凌河,为清兵所围,粮尽力屈,大寿与诸将欲降,可纲不从,大寿杀可纲遂出降,是大寿于是时已降矣。其后大寿仍为明守锦州,至崇祯十四年为清兵所困，总督洪承畴率八大将救之，大寿尚传语云当逼以车营，勿轻战，承畴进兵大败，被围于松山，明年二月城破，承畴降，三月大寿以锦州降，事见邱民仰、杨国柱等传。是大寿先于崇祯四年已降，后仍为明守锦州，至十五年再降也，而其先降后仍复反正，固守锦州之故，则无明文，惟《邱禾嘉传》谓四年大凌之役，大寿生降请，伪逃入锦诱降其城，禾嘉在锦闻炮声，谓大寿已溃围出也，遣兵迎之，大寿入锦未得间，禾嘉寻知其纳款状，乃密奏于朝，而帝欲羁縻之，弗罪也。只此一语，略见其仍守锦州之故，然究不明晰，他传又不错见，其事亦似未允。至若《洪钟传》谓四川贼廖麻子与其党曹甫掠营山、蓬州，钟招抚之，曹甫听命麻子，忿甫背己乃杀之，是甫为麻子所杀也，而《林俊传》则云击泸州贼曹甫，指挥李荫以元日破其四营，遂擒甫，则甫系李荫擒获非麻子杀之也，一书之中互相歧互。《陈奇瑜传》先已叙明遣刘明善击斩金翅鹏，及剿永宁之后，又云分兵击斩金翅鹏，一传之内先后重复，尤是书之弱点矣。

第二节　清之编年史

清代史学专著，其属于编年类者，以徐乾学之《资治通鉴后编》，焦袁熹之《此木轩纪年略》，毕沅之《续通鉴》，及乾隆时之《御批通鉴辑览》为较著。乾学，字原一，号健庵，昆山人。康熙间进士也，累官至刑部尚书，尝命总裁《一统志》《会典》《明史》及《古文渊鉴》等书。是编以元明人续《通鉴》者，陈桱、王宗沐诸本大都年月参差，事迹脱落。薛应旂所辑虽稍见详备，而疏谬之处亦不绝于载记，不足以继司马氏《通鉴》之后。乃与鄞县万斯同、太原阎若璩、德清胡渭等排比正史，参考诸书，作为《通鉴后编》百八十四卷。其书起宋太祖建隆元年，迄元顺帝至正二十七年，凡事迹之详略先后，有应参订者，皆依司马氏例作《考异》以折衷之。其诸家议论足资阐发者，并采附各条之下，间附己意，亦依《通鉴》例，标"臣乾学曰"以别之。体裁尚见完善，而于事实记载补遗订误，亦间有前人所未及者。如《宋史·富弼传》以枢密使出判扬州，而是书据《宰辅编年录》改作河阳《余玠传》。淳祐十三年，及元人战于嘉定,而是书据家传改作"十二年"。元末寇陷淮安,本纪首尾不具,而是书从王逢《梧溪集》,定作赵国用。至正十六年张士诚陷湖州,本纪作"二月",而是书从《明实录》作"四月"。皆案文核实,信而有征。又是时乾学方领一统志局,多见宋元以来郡县旧志,故所载舆地尤为精核,有非陈王薛诸家所可比拟也。惟其时《永乐大典》尚庋藏秘府,熊克、李心传诸书皆未得窥,故于有宋一代事迹援据未能赅博。又如西夏姻戚之盛,备叙世系,庆元伪学之禁,详载谢表,无关惩劝,徒伤繁冗,不能不为是书病耳。

焦氏《此木轩纪年略》凡五卷。袁熹,字广期,江苏华亭人。康熙间举人,不赴会试,穿穴经学,工制义,诗亦戛戛独造,不傍流俗。先是王鸿绪纂集《明史》,袁熹与其事,开局月余,以持论龃龉,辞去,乃自以其意著为斯编。纪事始于帝尧,编年则始于《春秋》,撮其治乱兴亡之大端,而各系以论,亦颇考证其同异,未及卒业,仅及汉顺帝而止,其门人徐逵照袁辑剩稿,编次补成之。首卷及第三卷皆袁熹手自标识,提其纲要,二卷、四卷、五卷则逵仿袁熹之例,补为标识者也。是书叙述简明,非他家史略撮拾旧闻不冗即漏者比,而其持论之平允,事实之订正,于古史亦不无裨补。然好奇嗜博,喜取异说,又好以明人所刻《竹书纪年》为据,如威烈十四年,公孙会以廪丘叛;安王十九年,田侯剡立之类,皆执以驳《史记》,似为失考。至若《孟子》所载之曹交,本不云曹君之弟,称曹君之弟者,乃汉赵岐注,朱子偶然因之,失于详核,焦氏不考旧文,遂执之以疑《史记》,且并疑《春秋》,所见更左矣。

毕氏《续资治通鉴》凡二百二十卷。沅字纕衡,一字秋帆,镇洋人。乾隆时进士,官至湖广总督,好著书,铅椠不去手,经史、小学、金石、地理之学无不通。尝谓编年之史莫善于涑水,故有《续通鉴》之作。是书以宋、辽、金、元四朝正史为经,而参以《资治通鉴长编》《契丹国志》等书,以及各家说部文集,约百十余种,又仿《通鉴考异》之例,著有《考异》,并依胡三省分注各正文下,事必详明,语归体要,经营三十余年,延致一时轶才、达学之士参订成稿,故大体殊有足观。如宋太祖、太宗之继续,李氏《长编》存烛影斧声之说,而《东都事略》《太宗纪》则云太祖崩,奉遗诏即位,与李氏所载迥殊,此书特据《宋史·太宗纪》参酌书之;

元文宗之传位顺帝,《元史·文宗纪》但云遗诏立明宗之子,不载其临崩之言,而是书特参之《庚申外史》补载其事,均不为无见。至于纪年之法,亦往往有折衷至当者。如宋太宗之嗣位也,未逾年而改元,若依司马氏《通鉴》例,于是年春即书太平兴国,则太祖嫌于不终;若依纲目例,须于翌年春始,书太平兴国二年,则太宗嫌于无始。而是书则参用李焘、徐乾学之例,于是年十一月以前仍称开宝九年属之《太祖纪》,十二月以后,称太平兴国属之《太宗纪》,深合前史本纪之通例,宜后儒有"毕书出,而宋元明之续《通鉴》者皆可废弃"之说也。

《御批通鉴辑览》凡百十六卷,又附明唐、桂二王本末三卷。乾隆三十二年,敕词臣排辑历朝事迹,以成之者也。起自黄帝,迄于明代。编年纪载,纲目相从,目所不赅者,则别为分注于其下,而音切训诂、典故事实有关考证者,亦详列焉。盖自明正德中李东阳等撰《通鉴辑要》一书,中多褒贬失宜,纪载芜漏,不足以垂后,乃重加编订,发凡起例,以成是书。其书法悉本麟经,而加以评断,虽其间或持主观之纪录,于史法不无可议。然自明季北都沦陷,社稷已墟,福王割据江东,仅及一载,而以其有疆域可凭,特分注其年,从建炎南渡之例,唐、桂二王迹同是,晷虽黜,其国号亦别考终始,附缀书后,俾不致湮没无传,亦略有足取焉。

第三节 清之纪事本末

清代史学,远轶元明,而尤以纪事本末一体为最盛,举其著者,则有吴伟业之《绥寇纪略》,谷应泰之《明史纪事本末》,马骕之《绎史》,高士奇之《左传纪事本末》,蓝鼎元之《平台纪略》等。吴伟业,字骏公,一字梅村,太仓人。明崇祯辛未进士,官至少参事,与马士英、阮大铖不合,假归。圣祖康熙时有司力迫入都,累官国子祭酒,尤长于诗,少时才华艳发,后经丧乱,遂多悲凉之作。是书凡十二卷,专纪崇祯时流寇之乱,迄于明亡。分为十二篇,每篇后加以论断。朱彝尊《曝书亭集》称其书以三字标题,仿苏鹗《杜阳杂编》、何光远《鉴戒录》之例。盖文章全以三字标题,始于缪袭魏《铙歌词》。鹗光远遂沿以著书,伟业叙述时事亦用此例,殊不免小说纤仄之体,且其回护。杨嗣昌、左良玉亦涉恩怨之私,未为公论,然纪事尚颇近实,诚如彝尊所谓闻之于朝,虽不及见者之确切,而终胜草野传闻,可资国史纂辑之助者也。

谷应泰,字赓虞,丰润人。顺治丁亥进士,官至浙江提学佥事,性嗜博览,工文章,后益肆力经史,仿袁氏《本末》之例,纂次明代典章事迹,成《明史纪事本末》八十卷。当应泰氏成此书时,《明史》尚未刊定,无所折衷。故纪靖难时事,以惠帝逊国为事实,且历举其经由之地,谓自神乐观启行,由松陵而入滇南,西游重庆,东到天台,转入祥符,侨居西粤,中间结庵于白龙,题诗于罗永,两入荆楚之乡,三幸史彬之第,直至英宗正统五年,乃迎入西内,宫中人皆呼为老佛,以寿终葬西山。盖沿野史传闻之误,失其实矣!然其大体排比纂次详略得中,首尾秩然,于一代事迹颇为淹贯。邵廷采《思复堂集·明遗民传》称山阴张岱尝辑明一代遗事为《石匮藏书》,应泰作《纪事本末》,以五百金购请,岱慨然予之。又称明季稗史虽多,体裁未备,罕见全书,惟谈迁编年、张岱列传,两家俱有本末。应泰并撰之,以成《纪事》,则是谷氏是编取材颇备集众长,以成完本,而与专撼一书,苟简从事者迥乎不侔也。

马骕,字骢卿,一字宛斯,邹平人。顺治时进士,官灵璧知县,有善政,蠲荒除弊,流亡复集。卒于官。自谓:少习六艺之文,长诵百家之说,未能淹贯,辄复遗忘,顷于《左氏春秋》,笃嗜成癖,爱以叙事易,编年、辨例、图谱悉出新裁,雠正旧失,数易稿而成书。今复推而广之,取三代以来诸书汇集周秦以上事,撰为《绎史》。其书凡分五部:一曰《太古》,载三皇五帝事,计十篇;二曰《三代》,载夏商西周事,计二十篇;三曰《春秋》,载十二公时事,计七十篇;四曰《战国》,载春秋以后至秦亡,计五十篇;五曰《外录》,纪天官、地志、名物、制度等,计十篇。凡百六十篇,篇为一卷,仿袁氏《纪事本末》之例,每一事各立标题,详其始末,惟袁书排纂年月,镕铸成篇,此书则惟篇末论断出骕自作。其事迹皆博引古籍,排比先后,各冠本书之名,其相类之事,则随文附注,或有异同讹舛,以及依托附会者,并于条下疏通辨证,与朱彝尊《日下旧闻》义例相同。其《外录》十篇,前九篇亦荟萃诸书之文,惟第十篇《古今人表》则全用《汉书》之旧,以所括时代与《汉书》不相应,而与此书相应也。虽其疏漏抵牾,间亦不免,而搜罗繁富,词必征实,非罗泌《路史》、胡宏《皇王大纪》所可及。且史例六家，古无此式，与袁枢所撰均可谓卓然特创，自为一家之体者矣。

高士奇，字澹人，号江村，钱塘人。以国学生就试京闱不利，卖文自给，新岁为人作春帖子，自为句书之，偶为圣祖所见，旬日中三试皆第一。命供奉内廷，官至礼部侍郎。士奇深于《左氏春秋》，乃因章冲《左传事类始末》而广之，以列国事迹，分门件系，成《左传纪事本末》五十四卷。又以三代秦汉之书，经史诸子杂出繁多，其与《左氏》相表里者皆博取而附载之，谓之补逸。其与《左氏》异同迥别者并存，其说以备参伍，谓之考异。其有踳驳不伦，传闻失实者，为厘辨之，谓之辨误。其有证据明白可为典要者，别而志之，谓之考证。参以己见，聊附断语，谓之发明。凡《周》四卷，《鲁》十一卷，《齐》七卷，《晋》十一卷，《宋》三卷，《卫》四卷，《郑》四卷，《楚》四卷，《吴》三卷，《秦》二卷，《列国》一卷。目各如其卷之数，大致与章氏书相类。然冲书以十二公为记，此则以国为记，其例略殊。又冲书门目太伤繁碎，且于《左氏》原文颇多裁损，至有裂句摘字联合而成者。士奇则大事必书，而略于细至。其编目之先后，亦具有一定义例。如首王室，尊周也；次鲁，重宗国也，《春秋》之所托也；次齐晋，崇霸统也；次宋、卫、郑三国，皆为与国，其事多，且《春秋》中之枢纽也；次楚，次吴越，其国大，其事繁。后之者，黜其僭也；次秦，志其代周，且恶之也；陈、蔡、曹、许诸小国，散见于诸大国之中，微而略之也；晋楚之争霸，俱详晋事中，晋为主，楚为客也。是其先后详略之故，亦颇不苟，较之冲书，诚后来居上矣。

蓝鼎元，字玉霖，号鹿洲，漳浦人。雍正时以拔贡生授普宁知县，断狱如神，暇则与邑人士讲明正学，俗为之变，以忤监司，削籍归。先是台湾朱一贵之乱，鼎元兄廷珍时为南澳总兵官，与福建水师提督施世骠合兵进讨，七日而恢复台湾，旋擒一贵。俄世骠卒于军，其后余孽数起，廷珍悉剿抚平之，事后经画亦多出廷珍之议。鼎元在廷珍军中，乃本其所闻见为《平台纪略》一卷，叙事最悉。又所论半线一路地险兵寡，难于镇压，后分立彰化一县，竟从其说，以资控制，亦可谓有用之书，非纸上谈兵者矣。又《东征集》六卷，皆进讨时公牍书檄，虽廷珍署名，而其文则皆鼎元作，其第六卷中纪地形七篇，于山川险要言之凿凿，亦可与《平台纪略》相参证者也。

清代本末体之著述，上述诸家而外，合撰之书尚不一而足。如勒德洪等之《平定三逆方略》六十卷，温达等之《亲征朔漠方略》四十八卷，来保等之《平定金川方略》三十二卷，傅恒等之《平定准噶尔方略前编》五十四卷、《正编》八十五卷、《续编》三十三卷，阿桂等之《平定两金川方略》百五十二卷，于敏中等之《临清纪录》十六卷，以及《兰州纪略》《石峰堡纪略》《台湾纪略》等书，虽间或过于铺张，于纪载不无可议，然亦足以见一代著作之盛矣。

第四节　清之史学专著（上）

清代史学，于近古史学界能特标色彩者，厥惟考证学。盖自乾嘉以后，考证之风盛行，其影响遂及于史。自是著作者流，咸本其法，专以考证史迹，订正讹谬为职志，名编巨制，先后踵出，如赵翼之《廿二史札记》，王鸣盛之《十七史商榷》，钱大昕之《廿二史考异》，洪颐煊之《诸史考异》，皆其著者也。

赵翼，字耘崧，一字云崧，号瓯北，阳湖人。乾隆时进士，殿试第三，授编修，累官贵西道。性偶侻，才调纵横。初以内阁中书入直军机处，进奏文字，顷刻千百言。又佐两广总督李侍尧幕，台湾之平，筹画为多。告归后，主讲安定书院。诗与袁枚、蒋士铨齐名，尤精史学。自中岁即乞养归，优游林下者将三十年，无日不以著书为事。乃就各正史纪、志、表、传中，互相校勘而摘出其互相抵牾者，又如古今风会之递变，政事之屡更，有关于治乱兴衰之故者，亦随所见附著之，成《廿二史札记》三十六卷。钱大昕序是书，称其上下数千年安危治乱之几烛照数计，而持论斟酌时势，不蹈袭前人，亦不有心立异，于诸史审订曲直不掩其失，而亦乐道其长，视郑渔仲、胡明仲专以诟骂炫世者，心地且远过之。又自谓稗乘脞说间与正史歧互者，本史官弃而不采，今或据以驳正史，恐为有识者所讥。此论古特识，颜师古以后，未有能见及此者。于以见是书之为时所推重矣。

王鸣盛，字凤喈，号礼堂，又号西庄，晚号西沚，嘉定人。乾隆进士，累官内阁学士,兼礼部侍郎,左迁光禄寺卿。告归居苏州三十年,键户读书,绝不与当事交接,卒年七十有八。鸣盛长于史学,尝谓史家所记典制,有得有失,读史不必横生意见,驰骋议论,以明法戒也。但当考其典制之实,俾数千百年建置沿革了如指掌,而或宜法或宜戒,待人之自择焉可矣。其事迹则有美有恶,读史者亦不必强立文法,擅加与夺,以为褒贬也。但当考其事迹之实,俾年经事纬,部居州次,纪载之异同,见闻之离合,一一条析无疑,而若者可褒,若者可贬,听之天下之公论焉可矣。书生胸臆,每患迂愚,即使考之已详,而议论褒贬犹恐未当,况其考之未确者哉!学问之道,求于虚不如求于实。议论褒贬,皆虚文耳。作史者之所纪录,读史者之所考核,总期能得其实焉而已矣,外此又何多求邪!乃整理史业,摩研排纘,成《十七史商榷》一书,计《史记》六卷,《汉书》二十二卷,《后汉书》十卷,《三国志》四卷,《晋书》十卷,《南史》合《宋》《齐》《梁》《陈书》十二卷,《北史》合《魏》《齐》《周》《隋》》四卷,新旧《唐书》二十四卷,新旧《五代史》六卷,总九十八卷。又别论史家义例崖略,为《缀言》二卷,终焉。盖鸣盛自告归后,恒独处一室,覃思史事,既校始读,亦随读随校,购借善本,再三雠勘,又搜罗偏霸杂史,稗官野乘,山经、地志、谱牒、簿录以及诸子百家、小说笔记、诗文别集、释老异教,旁及于钟鼎尊彝之款,识山林祠庙、伽蓝、碑碣断阙之文,尽取以供左证,参伍错综,比物连类,以互相检照,而考其典制事迹之实。凡屡易稿而始定,其有裨于考史者固甚巨也。

钱大昕,字晓徵,号辛楣,又号竹汀,嘉定人。乾隆进士,累官少詹事,督学广东,丁艰归,不复出。历主钟山、娄东、紫阳书院,精研群籍,于经史文义、音韵训诂、典章制度、氏族地理、金石画像、隶篆无不洞晰疑似。通中西历算,用以读史,自太初三统诸历,尽能得其测算之法。著《廿二史考异》百卷,凡《史记》五,《汉书》四,《后汉书》三,《续汉书》二,《三国志》三,《晋书》五,《宋书》二,《南齐书》《梁书》《陈书》各一,《魏书》三,《北齐书》一,《周书》一,《隋书》二,《南史》《北史》各三,《唐书》十六,《旧唐书》四,《五代史》六,《宋史》十六,《辽史》一,《金史》二,《元史》十五。盖诸家之书文字繁多,义例纷纠。舆地则今昔异名,侨置殊所。职官则沿革迭代,冗要逐时。欲其条理贯串,了如指掌,良非易事。钱氏乃反覆校勘，以成是书。其自序谓：自通籍以后，专治史业，虽寒暑疾疢，未尝少辍，偶有所得，写于别纸。迨乞假归里，稍编次之，岁有增益，卷帙滋多。后设教钟山，讲肄之暇，复加讨论，间与前人暗合者，削而去之；或得于同学启示，则必标其姓名。是其著述之精慎已可概见。固非好古自诩者流，拾前史之片言，本烂脱之残简，而遽文致其失，妄加非议者所可比拟者矣。

洪颐煊，字筠轩，临海人。曾受业于孙星衍之门，长于经史。尝以国史成于众手，其讹舛固所不免，厥后篇帙浩繁，校刊匪易，辗转改变，讹谬滋多，乃就《史记》、两《汉》三史，间有所见，辄载入《读书丛录》中。及自粤归里，复取《三国志》，以迄《南北史》，条其异同，辨其得失，成《诸史考异》十八卷。其中凡《三国志》一卷，《晋书》二卷，《宋书》二卷，《南齐书》《梁书》《陈书》各一卷，《魏书》二卷，《北齐书》《周书》各一卷，《隋书》《北史》《南史》各二卷。程霖称其书于前人一字之谬，一句之讹，皆旁通曲引，而辨正之，洵有功于列史。盖亦考古界之名著也。

清代考史之作，上述而外著者尚多。其专考证一史者，则有惠栋之《后汉书补注》，梁玉绳之《史记志疑》《汉书人表考》，钱大昕之《汉书辨疑》《后汉书辨疑》《续汉书辨疑》，梁章钜之《三国志旁证》，周寿昌之《汉书注校补》《后汉书注补正》，杭世骏之《三国志补注》等。其考证古代别史杂史者，则有陈逢衡之《逸周书补注》，顾广圻之《国语札记》《战国策札记》，程恩泽之《国策地名考》等。要皆语必征实，证不厌详，足供治史者之一助者也。

第五节　清之史学专著（下）

自司马迁创为本纪、志、表、列传之法，后世诸史多因之，然《后汉》即有志而无表，《三国志》志表并无。以南朝言《宋》《齐》《梁》《陈》皆无表，《梁》《陈》并无志。以北朝言，《魏》《齐》《周》《隋》皆无表，《齐》《周》并无志，盖表志之微久矣。至清万斯同等出，力言志表之重要，由是斯学大兴。表之贯穿历代者，以万斯同之《历代史表》及齐召南之《历代帝王年表》为最著。斯同，字季野，号石园，鄞人。其学以慎独为主，专意古学,博通诸史,尤熟于明代掌故。康熙间荐博学鸿词科不就,后以布衣参史局,《明史稿》五百卷,皆其手定。著《历代史表》五十九卷。宗《史记》《汉书》之例,作诸王世表,外戚侯表,外戚诸王世表,将相大臣及九卿年表。宗《新唐书》之例,作方镇年表,诸镇年表。其宜者侯表,大事年表,则斯同自创之例也。其书自正史、本纪、志、传以外,参考《唐六典》《通典》《通志》《通鉴》《册府元龟》诸书,及各国杂史,次第汇载,使列朝掌故端绪厘然,于史学裨补甚巨。召南,字次风,号琼台,晚号息园。雍正时副贡,乾隆初举鸿博,授庶吉士,累官礼部侍郎,后坐事削职。召南幼称神童,书一览即记,尝仿司马光《通鉴目录》之意,成《历代帝王年表》十三篇。三代以上但列世次之大概,自秦六国以下至明洪武,皆以年序,并略识其治乱得失,使数千年间兴亡分合,一展卷而了如。胡天游称其书纵横列之,统闰别之,惟地与事,附而系之,示夫学者,简而有功,亦名著也。至若专表一史者,尚多杰作。如顾栋高之《春秋大事表》,钱大昭之《后汉书补表》,周嘉猷之《南北史表》《三国纪年表》《五代纪年表》,洪饴孙之《三国职官表》,钱大昕之《元史氏族表》,均能博稽精核,以简驭繁,取以治史,诚有事半功倍之效矣。

至于书志作者,亦后先踵起,而以洪亮吉、洪饴孙父子为尤著。亮吉,字稚存,号北江,阳湖人。少孤,资馆谷以养母,举乾隆进士,授编修,督学贵州,教士以通经服古为先。嘉庆时,以上书指斥,戍伊犁。寻赦归,自号更生居士,于书无所不窥,尤精舆地学。尝谓陈寿《三国志》有纪传而无志。然如五行、天文之类,略备沈约《宋书》,皆可不补,其尤要而不可阙者,惟地理一志。乃精心衰辑,成《补三国疆域志》二卷。其大体仿《宋书·州郡志》之例,而于扼要之地,争斗之区可考者,附见诸郡县下,参用《郡国志》例焉。其郡之未经分割者,置县次第准《郡国志》为多;或已分割及废而复置者,则先后类从《晋志》。要在有补原书,而不汩其实,其用意殊善。亮吉又以《晋史·地理志》惟详太始、太康,而永嘉以后,仅缀数语,乃复成《东晋疆域志》四卷。以《晋书》纪传为主,而旁考之他书。又以十六国疆域分合,州郡侨置,靡有一定,成《十六国疆域志》十六卷,与《东晋疆域志》相辅而行,亦均称善本焉。饴孙,字子龄,亮吉次子也。少刻苦自励,精舆地之学,著有《补梁疆域志》四卷,是书自《梁书》纪传本文外,并参之《南北史》《齐》《周》《陈》《隋》诸书,以及《元和郡县志》《太平寰宇记》《通考》《通典》等。略仿宋齐二志之例,详列魏、隋二注之文,明辨是非,分别同异,而复州详置治之所,县列因革之文,名山大川、园陵重镇靡不缀辑,诚考史者所必取资者也。此外,若钱大昭之《补续汉书艺文志》,钱仪吉之《补晋兵志》,侯康之《补三国艺文志》,倪灿之《宋史艺文志补》及《补辽金元三史艺文志》,钱大昕之《补元史艺文志》,郝懿行之《补宋史刑法志食货志》等亦皆搜罗广博,考证精详,卓然称名著焉。

虽然清代史学之发达,不仅考证表志,足备前史之遗已也,其特著者尤莫如章学诚之《文史通义》。学诚,字实斋,会稽人。幼多病,资质椎鲁。日诵方百余言,辄复病作中止。惟性耽坟籍,不甘为应举文,好为诗赋,又编纂《春秋》家言,戏为纪表志传,自命史才。至廿一二岁骎骎向长,纵览群书,于经训未见领会,而史部之书,乍接于目,便如夙所攻习然者,其中利病得失,随口能举,举而辄当。乾隆二十五年,始北游京师,旋肄业国子监,学于大兴朱筠,日与名流讨论,所学益进。乾隆四十二年,中顺天举人,明年成进士。先后主讲敬胜、莲池、文正各书院。至嘉庆六年,乃卒。著有《文史通义》一书。其论史意,如谓《尚书》一变而为左氏之《春秋》,左氏一变而为史迁之纪传,迁书一变而为班氏之断代。迁史不可为定法,固书因迁之体,而为一成之义例,遂为后世不祧之宗焉。后史失班史之意,而以纪传志表,同于科举之程式,官府之簿书,则古人著书之宗旨,不可复言。又谓以《尚书》之义,为迁史之传,则八书、三十世家不必分类,皆可仿《左氏》而统名曰"传"。或考典章制度,或叙人物终始,或究一人之行,或合同类之事,或录一时之言,或著一代之文,因事命篇,以纬本纪,则文省而事益加明,例简而义益加精,岂非文质之适宜,古今之中道欤!至于人名事类,合于本末之中,难以稽检,则别编为表以经纬之。天象地形,舆服仪器,非可本末赅之,且亦难以文字著者,别绘为图以表明之。盖通《尚书》《春秋》之本原,而拯马史、班书之流弊,其道莫过于此。凡兹所言均能发前人未发之奥。惟其论史志,谓迁、固仅采其纲领,讨论大凡,而于名物器数不求全备。自沈宋以降,讨论之旨渐微,器数之加渐广。于欧阳《新唐》之志，官府簿书，泉货注记，分门别类，惟恐不详。宋金元史，繁猥愈甚，连床叠几，难窥统要。以记载名物制度之详，谓为史志之退步，似终不免文人治史之见耳。

中国史学史讲义

卫聚贤

中国史学史

定　义

人类站在人类的立场上,讲的是为我——人类——主义(如以昆虫中分为益虫、害虫,均是对人类而言的),是以读历史为明了人类过去和现在的活动情形,以便人类将来走的途径的选择和豫备。

人类进化的阶段固然相同,但各地方因地方的气候、水土等的不同,而风俗习惯就形成特异,是以各地方的人应特别注重各地方的个别史,中国人应当注重中国史。

中国的"史"字在甲骨文上作🩺(《殷虚书契前编》卷五第三十九页),像手持简册形,又与"事"字同字同意。金文作🩺(《史父庚鼎》),而"事"字则作🩺(《毛公鼎》),与"使"字同字,这是将过去的事实刻在简册,使人明了的。不过"史"字像手持简册,已为有记载的事实,而于史前史未为列入,人类的历史,史前史较有记载的史长的多,就"史"字本谊,只限于记载,而现在加上史前史仍沿用"史"字不大适宜,最好是改为"中国人类的活动过去和现在",下边或再加一句"及其将来",这个名词才妥当。

历史的起源及演进

野蛮人未有历史的观念,只顾现在而不管过去与将来,现在蒙古人若询其祖父何名,彼常答"未曾见过,何能知道他的名子",是以历史乃为文明的产物。不过,在野蛮时代已有其萌芽,野蛮人当饱食以后,小孩子群围着一个老年的妇女，老年的妇女是将她亲身阅历的大事而有趣的故事讲给小孩子听，这种故事的讲述，即是历史的起源。但历史不是一时突有的，乃是渐变演进的，其演进的阶段如左：

一　口传

部落中的老年妇女，常将她亲身阅历的故事讲给小孩子听，经过了些时代，讲故事的人将她曾听到的和她阅历的一并讲述，积时愈久，则增加的故事愈多，而历史性愈大。《史记·秦本纪》，秦文公十三年"初有史以纪事"。那么《史记》所载秦文公以前的事，如非子牧马等，当是秦人的口传，载于《秦记》，司马迁据以纂于《秦本纪》的。

"最初之史乌乎起？当人类之渐进而形成一族属或一部落也，其族部之长老，每当游猎斗战之隙暇，或值佳辰令节，辄聚其子姓，三三五五，围炉藉草，纵谈己身或其先代所经验之恐怖，所演之武勇等等，听者则娓娓忘倦，兴会飚举，其间有格外奇特之情节可歌可泣者，则蟠镂于听众之脑中，湔拔不去，展转作谈料，历数代而未已，其事迹遂取得史的性质，所谓'十口相传为古'也，史迹之起源，罔不由是"（梁任公《中国历史研究法》）。

二　用符号记事

故事的讲述，原为取乐以助兴人的趣味，故事听的多了，在脑子中也记得熟了，遇有一个困难的事件无法解决时，忆想到故事中有与此类似的事件，是用何种方法解决的，现在不妨也拿来试用，用时有一部分有效，于是知道故事为过去人类的经验，有时可以利用其经验，不必亲身试探，因以故事为可贵。

故事既为可贵，恐其久而易忘，因用一种符号为记，即"结绳记事"，《易·系辞》："上古结绳而治，后世圣人易之以书契。"《周易正义》引郑康成注云："事大，大结其绳。事小，小结其绳。"现在台湾人尚用结绳记事（见《台湾番族原始之文化》）。秘鲁（Peru）土人曾用一种最完全的结绳方法，名为结子（Quipus）。凡人民的统计，土地的界域，各种族的图腾，兵卒的徽章，命令的宣布，刑法的制定，以及死者的墓志，莫不用此。而客至其地，亦必须带结子以为通告的符信。其法以一主绳系有一定的距离的各色小绳,于各小绳上,因事的种类,而各异其结,并以各种颜色以代表各种事项。如红色代表军事及兵卒,黄色代表黄金,白色代表银及和睦,绿色代表禾谷等。又单结代表十,双结代表二十,重结一百,二重结为二百等。古秘鲁各城中皆有专门讲结子的官吏,名为"结子官"(Quipucamayoc),此种官吏对于结子讲解的技术极为娴熟,惟须藉口语之助,始能将意思达出(见蒋善国《中国文字之原始及其构造》)。

尚有质契,亦为符号。《左传》"王叔氏不能举其契",《说文·刀部》:"券,契也。券别之书,以刀刻其旁,故曰契券。"《墨子·公孟》:"是数人之齿,而以为富。"俞樾《诸子平议》:"齿者,契之齿也。古者刻竹木以记数,其刻处如齿,故谓之齿。"《易林》所谓"符左契右,相与合齿是也"。后世苗人尚行此法,陆次云《峒溪纤志》:"木契者,刻木为符,以志事也。苗人虽有文字,不能皆习,故每有事刻木记之,以为约信之验。"

三 刻写英雄的名子

结绳刻契,往往将人名记错,事实混乱,待有了文字,始将英雄的名子刻写,不致错乱。在甲骨文上尚遗有此痕迹:

"太丁,太甲,太庚,太戊,仲丁,祖乙,祖辛,祖丁"(《观堂集林》九第十六页),此虽系王静安先生以意补,而原文为"……太甲,太庚……丁,祖乙,祖"。尚可看得出专为记其祖先名而设的。

美洲印第安人的戴克塔(Dakota)族有酋长名跑鹿,乃绘

以为其名。又有酋长名蛇穴,乃画

以为其名。墨西哥有名缠足蛇,乃绘

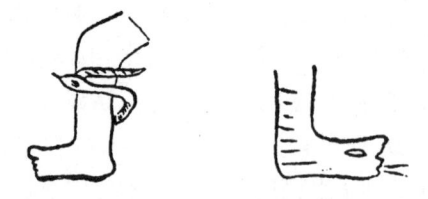

以为其名,其下的即将蛇头曲作足形,亦表示其为缠足蛇。

四 表意的图画

刻写英雄的名子,仅属一个名词,而其意义不显,进一步则有表意画,即是画须多像形及兼会意指示的像形画,连贯起来,可以明了其意义的。

上为《兕父癸鼎》文,其义即父癸曾以箭射杀大犀。犀为大兽,甚猛,其能射杀者,其人甚勇,故铸于鼎,以"遗传后世子孙"。如"唐叔射兕于徒林,殪以为大甲,以封于晋"(《国语·晋语》)。

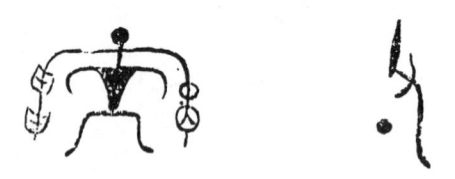

上为《荷贝父丁鼎》文,阮元释其人颈物为"贝",故名为"荷贝父丁鼎"(《积古斋钟鼎彝器款识》卷一第八页),其实此非"荷贝",乃为颈饰。其颈所饰的乃为人头。原始人类,以能多杀人为勇,故将其所杀的人头悬于颈,以表示其勇武。现在落后的民族,如台湾、南洋、非洲尚存此风。此鼎文,乃系父丁杀四人(或不止四数,因画为左右各二,以表示多意），以其头或头盖骨悬于颈中为颈饰的。

上阮元释为"酎父乙尊"(《积古斋钟鼎彝器款识》卷一第二十页），按此上一文普通以为亞形的，当系土牢，中为"醜"字，即夏氏族的鬼方，被殷人父乙掳去命为造酒，因而父丁作尊彝以为纪念。

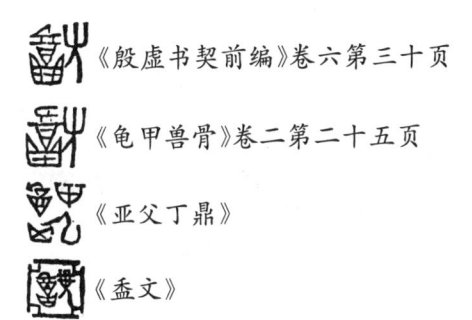

《殷虚书契前编》卷六第三十页

《龟甲兽骨》卷二第二十五页

《亚父丁鼎》

《盉文》

王静安先生在《鬼方昆夷獯狁考》(《观堂集林》十三）说"诸狄皆为隗姓……《左传》凡狄女隗氏，而见于古金文中，则皆作媿……有谓隗姓赤狄，嬉姓白狄者(《潜夫论》)"。按"隗"字的阝，"媿"字的女，当为后人所加，原来赤狄为鬼（即鬼方），白狄为酋(《国语·晋语》黄帝子十二姓中有"酋"），酋鬼合为"醜"。《左传》宣十五年晋伐赤狄潞子婴儿，数其罪有"耆酒"，是其人好酒。《墨子·天志下》"以攻罚无罪之国……不格者则系而归，大夫（丈夫）以为仆圉胥靡，妇人以为舂酒"，《说文》"酋，绎酒也。《礼》有大酋，掌酒官也"。是此为殷人俘掳夏人的妇女，囚于土牢，令其造酒。

上为南阿拉斯卡的印女族(The Inuit of Southern Alaska)猎人的墓表。第一形为舟,舟上有二人,一系死者,一系其友,舟下附有双桨。第二形为一晒鱼曝皮的架。第三形为狐。第四形为旱獭。第五形为猎夫夏日的别庄,此墓表纪猎人一生的事实,已有历史性。而印女族尚有通告,其形如左:

由左向右,第一、第三、第五、第七形,表示被通告者,其缺臂□□□□□此记载无特别关系。左方第二形,表示通告者自己,右手拊腰,指自己,左手前指,表示其所去的造酒,因而形伸臂张指,表示多意。第六形以右手拊其头,表示睡眠;左手前指,表示地点,意为须于某处宿数夜。右方第一形,以右手回指原离的地点,左臂及手作回旋形,以示指回返右手所指之处,即"来访亲友钧鉴:本室主人远出,数日即返"。

上为北美印第安人于北美苏必利尔湖(Lake Superior)石上绘一渡湖探地的记载。其图中乘马执鼓槌领队者,为狼酋长。其同行共五十一人,分载于五船上,用垂直线表示其人数。第一船系狼族主要盟主翠鸟酋长(Kishkemunazee)所乘,故上绘鸟形以为表示。三重下的三黑点,为三日在穹苍下,表示此水路行三天。龟系北美土人常用为土地的符号。此系欧人侵入美洲后,美洲土人用其马,而作探地之用。

五　用韵文将英雄的事编为诗歌

表意画虽可知其事实,但难于记忆,除另一途走于无年月的断片史外，而用韵文将英雄的故事编为诗歌，使易于读诵，因而容易记忆，此即所谓为史诗（Epic）。如：

> 厥初生民，时维姜嫄。生民如何？克禋克祀，以弗无子。履帝武敏歆，攸介攸止，载震载夙，载生载育，时维后稷。
>
> 诞弥厥月，先生如达。不坼不副，无菑无害。以赫厥灵，上帝不宁；不康禋祀，居然生子。
>
> 诞寘之隘巷，牛羊腓字之。诞寘之平林，会伐平林。诞寘之寒冰，鸟覆翼之。鸟乃去矣，后稷呱矣。实覃实訏，厥声载路。
>
> 诞实匍匐，克岐克嶷。以就口食，蓺之荏菽。荏菽旆旆，禾役穟穟。麻麦幪幪，瓜瓞唪唪。
>
> 诞后稷之穑，有相之道。茀厥丰草，种之黄茂。实方实苞，实种实褎，实发实秀，实坚实好，实颖实栗，即有邰家室。
>
> 诞降嘉种：维秬维秠，维穈维芑。恒之秬秠，是获是亩；恒之穈芑，是任是负；以归肇祀。
>
> 诞我祀如何？或舂或揄，或簸或蹂，粮之叟叟，烝之浮浮。载谋载惟，取萧祭脂，取羝以軷。载燔载烈；以兴嗣岁。
>
> 卬盛于豆，于豆于登；其香始升。上帝居歆，胡臭亶时。后稷肇祀，庶无罪悔，以迄于今。

上系《诗·大雅·生民》。此诗系将周人传说在游牧时代弃子的现象及农业的发明，乃混合为一，而名其祖为后稷，将传说变形的作为此诗。

> 芃芃黍苗，阴雨膏之。悠悠南行，召伯劳之。
> 我任我辇，我车我牛。我行既集，盖云归哉。
> 我徒我御，我师我旅。我行既集，盖云归处。
> 肃肃谢功，召伯营之。烈烈征师，召伯成之。
> 原隰既平，泉流既清。召伯有成，王心则宁。

上系《诗·小雅·黍苗》。此诗系因水利而起战争，从征的人民，叙述其事。

> 挞彼殷武，奋伐荆楚。深入其阻，裒荆之旅。有截其所，汤孙

之绪。

　　维女荆楚,居国南乡。昔有成汤,自彼氐羌,莫敢不来享,莫敢不来王,曰商是常。

　　天命多辟,设都于禹之绩。岁事来辟,勿予祸适。稼穑匪解。

　　天命降监,下民有严。不僭不滥,不敢怠遑。命于下国,封建厥福。

　　商邑翼翼,四方之极。赫赫厥声,濯濯厥灵。寿考且宁,以保我后生。

　　陟彼景山,松柏丸丸。是断是迁,方斫是虔,松桷有梴,旅楹有闲,寝成孔安。

上系《诗·商颂·殷武》。此诗系宋人为宋襄公所作。
以上所谓"诗史时代"者即此。

　　佳正月初吉丁亥,工㦵王难之子者减,罩其吉金,自作鹓钟。不帛不芈,不泺不淍,□于我灵龠,卑龢卑孚。用祈眉寿觫厘,于其皇祖皇考。若绍公寿若参寿,卑女鱻鱻韶韶。龢金捡其,登子四旁,子子孙孙,永保是尚。

上系《者减钟》铭文,据郭沫若《金文丛考》二五六页《金文韵读补遗》录入。字旁的(·)为幽宵二部合韵,(○)为阳部。

　　佳六年四月甲子,王在葊,召伯虎告曰:"余告庆"(阳部)。曰"公乎禀赉,用狱谏为伯(鱼部),又祇又成,亦我考幽伯、幽姜命"(耕部),余告庆,余以邑讯有辞:"余典勿敢对"(阳东合韵),今余既讯,有辞曰"命,今余既名,典献伯氏,则报璧珊生"(真耕合韵—讯字在真部),(奉扬朕)宗君其休,用作烈祖召公尝簋(幽部),其万年子子孙孙实,用享于宗(东冬合韵)。

上系《召伯虎簋》铭文,据《金文丛考》二方三页录入,韵已列入括弧中。

六　无年月及有年月的断片史

　　史诗固将事实记载明了,但除有明文言及为某人(以其人考其年代)外,而无明文者,多不能知其为某时代事。即假定知其为某时代,而不能确知其为某年某月,是以有年月的断片史出现。

当史诗产生时,另有不用韵文用散文记的无年月的断片史,如司马迁所见的"《秦记》,又不载日月,其文略不详"(《史记·六国年表序》)。在金文中甚多:

"楚公㝬自作宝大镈钟,子孙其永宝"(《楚公镈钟》)。

"乙公作尊鼎,子子孙孙永宝"。(《乙公鼎》)。

"遣小子韦以其友作昆吾男,王姬□鼎"(《遣小子簋》)。

"追虔夙夕邮厥死事,天子多赐追休。敢对天子覭扬,用作朕皇考尊簋。用享孝于前文人,用祈匄眉寿永命,畯臣天子,霝终。追其万年。子子孙孙永宝用"。(《追簋》)

"也曰:拜稽首,敢昭告朕吾考。令乃鹏沈子作禋于周公,宗陟二公,不敢不禋。休同公克成,绥吾考吕于显显受令。乌呼,佳考歔叉念自先王先公,乃妹克衣,告剌成功,徂吾考克渊克。沈子其静怀多公庇福。乌呼,乃沈子妹克蔑,见厌于公休。沈子肇戡狐,贮啬,作兹簋,用飨飨已公,用格多公,其凡哀乃沈子,也唯福。用水霝令,用绥公唯寿,也用怀赵我多弟子我孙,克又井学。歔父乃是子"。(《沈子簋》)。

"王曰:'封,以厥庶民暨厥臣达大家,以厥臣达王惟邦君,汝若恒越曰:我有师师、司徒、司马、司空、尹、旅。'曰:'予罔厉杀人。'亦厥君先敬劳,肆徂厥敬劳。肆往,奸宄、杀人、历人,宥;肆亦见厥君事、戕败人,宥。王启监,厥乱为民。曰:'无胥戕,无胥虐,至于敬寡,至于属妇,合由以容。'王其郊邦君越御事,厥命曷以?'引养引恬。'自古王若兹,监罔攸辟!惟曰:若稽田,既勤敷菑,惟其陈修,为厥疆畎。若作室家,既勤垣墉,惟其涂墍茨。若作梓材,既勤朴斫,惟其涂丹雘。今王惟曰:先王既勤用明德,怀为夹,庶邦享作,兄弟方来。亦既用明德,后式典集,庶邦丕享。皇天既付中国民越厥疆土于先王,肆王惟德用,和怿先后迷民,用怿先王受命。已!若兹监,惟曰欲至于万年,惟王子子孙孙永保民。"(《周书·梓材》)

无年月的断片史,以至《国语》《国策》尚如此。而有年月的断片史,在殷代已有。

"癸未，王卜贞，酒，肜日，自上甲至于多后衣，亡它自戾，在四月，佳王二祀"(《殷虚书契·前编》卷三第二十七页第七块）。

殷代的文法是日月年，即"癸未……四月……二祀"，至周则变为年月日，但亦有沿殷俗而仍为日月年的。

"唯乙巳作母乙尊鼎，万年，子子孙孙永宝用"。(《母乙鼎》)。

"佳正月吉日丁酉，郐王义楚择吉金，自作祭镐，用享于皇天，及我文考，永保台身，子孙宝"(《徐王义楚镐》)。

"佳王五十有六祀，返自西阳，楚王熊章，作曾侯乙宗彝，寘之于西阳，其永时用享，穆商商"。(《楚曾侯钟》)。

"吉日维戊，既伯既祷。田车既好，四牡孔阜。升彼大阜，从其群丑。吉日庚午，既差我马……"。(《诗·小雅·吉日》)

"六月栖栖，戎车既饬。四牡骙骙，载是常服，狎狁孔炽，我是用急。王于出征，以匡王国……"。(《诗·小雅·六月》)

"十月之交，朔日辛卯。日有食之，……"(《诗·小雅·十月之交》)。

"惟三月哉生魄，周公初基，作新大邑于东国洛……。"(《书·康诰》)

"惟二月既望，越六月乙未，王朝步自周，则至于丰。惟太保先周公相宅，越若来三月，惟丙午朏。越三日戊申，太保朝至于洛，卜宅。厥既得卜则经营。越三日庚戌，太保乃以庶殷攻位于洛纳，越五日甲寅，位成。若翼日乙卯，周公朝至于洛，则达观于新邑营。越三日丁巳，用牲于郊，牛二。越翼日戊午，乃社于新邑，牛一，羊一，豕一，越七日甲子，周公乃朝用书命庶殷！……"(《书·召诰》)。

"周公拜手稽首……戊辰，王在新邑蒸，祭岁，文王骍牛一，武王骍牛一。王命作册，逸祝册，惟告周公其后。王宾杀禋咸格，王入太室祼，王命周公后，作册逸诰，在十有二月。惟周公诞保文武受命，惟七年"(《书·洛诰》)。

"幽王三年，西周三川皆震，伯阳父曰周将亡矣……"(《国语·周语上》)。

七　编年史

史上固然有了年月了，而多写为"佳王……"，因为古代的帝王未有年号,只有谥法,而谥法乃于死后行之,故在其时只能写唯王几年,但后人不知这个王是谁,是以有年月仍等于无年月,故用编年史,编年史的好处,《史通·二体》说"系日月而为次,列岁时以相续,中国外夷,同年共世,莫不备载。其事形于目前,理尽一言,语无重出"。编年史起的很晚,在司马迁所见到的周室史料,从共和以后方可编年,故于《十二诸侯年表》从共和起。对于晋国说"晋靖侯已来,年纪可推,自唐叔至靖侯五世,无其年数"(《史记·晋世家》)。编年简史见于今的,为《春秋》,其第一条(隐公元年)是:

元年,春,王正月。三月,公及邾仪父盟于蔑。夏,五月,郑伯克段于鄢。秋,七月,天王使宰咺来归惠公仲子之赗。九月,及宋人盟于宿。冬,十有二月,祭伯来。公子益师卒。

其末一条(哀公十四年)是:

十有四年,春。西狩获麟。小邾射以句绎来奔。夏,四月,齐陈恒执其君寘于舒州。庚戌,叔还卒。五月,庚申朔,日有食之。陈宗竖出奔楚。宋向魋入于曹以叛,莒子狂卒。六月,宋向魋自曹出奔卫;宋向巢来奔。齐人弑其君壬于舒州。秋,晋赵鞅帅师伐卫。八月,辛丑,仲孙何忌卒。冬,陈宗竖自楚复入于陈,陈人杀之;陈辕买出奔楚,有星孛,饥。

《春秋》一书,虽文字简略,而事实不易明了,但年季月日,记载的已很清楚了。

《左传》较《春秋》记载的更为详细,如:

夏,五月,郑伯克段于鄢。

在《春秋》上的九个字,《左传》则为五百零二字,其文如左:

初,郑武公娶于申曰武姜,生庄公及共叔段,庄公寤生惊姜氏,故名曰寤生,遂恶之。爱共叔段,欲立之,亟请于武公,公弗许。及庄公即位,为之请制,公曰:"制,岩邑也,虢叔死焉,佗邑唯命"。请京,使居之,谓之京城大叔。祭仲曰:"都城过百雉,国之害也!先王之制,大都不过参国之一,中,五之一。小,九之一。今京不度非制也,君将不堪"。公曰:"姜氏欲之,焉辟害"。对曰:"姜氏何厌之有,不如早为之所,无使滋蔓,蔓难图也。蔓草犹不可除,况君之宠弟乎"?公曰:"多行不义,必自毙,子姑待之"。既而大叔命西鄙北鄙贰于己,公子吕曰:"国不堪贰,君将若之何?欲与大叔,臣请事之;若弗与,则请除之,无生民心"。公曰:"无庸,将自及"。大叔又收贰以为己邑,至于廪延,子封曰:"可矣,厚将得众"。公曰:"不义不昵,厚将崩"。大叔完聚,缮甲兵,具卒乘,将袭郑,夫人将启之,公闻其期,曰:"可矣"。命子封帅车二百乘以伐京,京叛大叔段,段入于鄢,公伐诸鄢,五月辛丑,大叔出奔共。(刘歆曰:"《书》曰:'郑伯克段于鄢',段不弟,故不言弟,如二君,故曰'克',称'郑伯',讥失教也,谓之郑志,不言'出奔',难之也。)遂寘姜氏于城颍而誓之曰:"不及黄泉,无相见也"。既而悔之,颍考叔为颍谷封人,闻之,有献于公,公赐之食,食舍肉,公问之,对曰:"小人有母,皆尝小人之食矣,未尝君之羹,请以遗之"。公曰:"尔有母遗,繄我独无"!颍考叔曰:"敢问何谓也"?公语之故,且告之悔。对曰:"君何患焉,若阙地及泉,隧而相见,其谁曰不然"。公从之。公入而赋:"大隧之中,其乐也融融"。姜出而赋:"大隧之外,其也乐泄泄"。遂为母子如初(以上为郑史原文,下为断语)。君子曰:"颍考叔纯孝也,爱其母施其庄公,诗曰:'孝子不匮,永锡尔类',其是之谓乎"。

按上这一段文字,其中只有"五月辛丑"四字为记月日,但未记年,今虽列在鲁隐公元年而事前的"娶于申","生庄公及共叔段","及庄公即位,为之请制","大叔命西鄙北鄙贰于己","大叔又收贰以为己邑,至于廪延",以至事后的"既而悔之","公从之",似为《郑共叔段传》体,而非编年体。其他如桓二年的:

初,晋穆侯之夫人姜氏,以条之后生太子命之曰仇,其弟以千亩之战生,命之曰成师……惠之二十四年晋始乱,故封桓叔于曲沃……惠之三十年晋潘父弑昭侯而立桓叔不克,晋人立孝侯。惠之四十五年曲沃庄伯伐翼,弑孝侯,翼人立其弟鄂侯,鄂侯生哀侯,哀侯侵陉庭之田,陉庭南鄙,启曲沃伐翼。

这是《晋·曲沃世家》的首段。是《左传》当日为非编年体,最低的限度,《左传》所根据的材料,其材料如《国语》,系分国的,有时有一段上有年月日,有时无年月日,《左传》的编者卜商,依《春秋》体而列为编年的,或者卜商所编的《左传》亦属分国为纪,至刘歆乃列为编年,其无法列入的,则窜入自造的《左传》,以便"四时俱然后成年"的。

八　体例完备的详史

《春秋》编年,史料太简,《左传》虽详,而以事系年,不为分类,则亦不便。惟《国语》为分国记事,不为编年,而此国与彼国相互的关系,则赖《年表》易于检查,司马迁作《史记》,其《十二诸侯年表》系录自《国语》的。他在《十二诸侯年表序》说:

> 表见《春秋》《国语》。

按今本《国语》为八国,《史记》名为十二国,实已十四国,而《左传》则为十二国。如此,《左传》原为分国,司马迁采《左传》(《春秋》)《国语》的二书,合为十四诸侯年表,仍用《左传》的原名为"十二诸侯年表"。是年表在战国时已产生。此外如《谍记》(《史记·三代世表序》引),《春秋历谱谍》(《史记·十二诸侯年表序》引),《周谱》(《梁书·刘杳传》引桓谭《新论》所云),均在司马迁之前。

《世本》一书,不知系何人作,其书至宋时已散亡(清钱大昭、孙冯翼、洪饴孙、秦嘉谟、茆泮林、张树均有辑本,以茆、张二辑本为精确)。但据各家所征引,知其内容有:

　　《本纪·帝系》　记帝王事,为后世《本纪》所本。

　　《世家》及《姓氏篇》　记诸侯及士大夫的系谱,为后世《世家》所本。

　　《传》　记名人事状,为后世《列传》所本。

　　《谱》　系年表之数,亦后世《表》之所本。

　　《作篇》　记各事物的起源,为《史记》的《八书》,及后世诸志所本。

　　《居篇》　记帝王都邑,为后世《地理志》所本。

《世本》已系分类记载，较《左传》《国语》为进步。至汉武帝建元元封之间，司马谈为太史令，其子司马迁于元封三年继其父谈为太史令，乃受谈遗命作《史记》，至天汉三年遭李陵祸受刑后，乃专力著作。

司马迁仿《禹本纪》(《史记·大宛传赞》引)及《世本》中的《本纪》，作本纪十二篇，其在汉以前的为《五帝本纪》《夏本纪》《殷本纪》《周本纪》《秦本纪》《始皇本纪》《项羽本纪》。在汉的为《高帝本纪》《吕太后本纪》《孝文本纪》《孝景本纪》。其在当时的为《今上本纪》(即《汉武帝本纪》)。

仿《左传》《国语》的《十二诸侯》年表及《世本》的《谱》，并《谍记》《春秋历谱谍》《周谱》等作表十，而《三代世表》《十二诸侯年表》《六国年表》《秦楚之际月表》《汉兴以来诸侯年表》，由上古至其本身时，用五个表列其大事。至《高祖功臣侯者年表》《惠景间侯者年表》《建元以来侯者年表》《王子侯者年表》《汉兴以来将相名臣年表》，已属分类为表。

仿荀卿《礼论》作《礼书》，仿《礼记·乐记》作《乐书》，仿《兵书》作《律书》，仿《尚书》的《禹贡》作《河渠书》，仿《甘石星经》为《历书》《天官书》，据汉武行封禅事，作《封禅书》，采当时的制度作《平准书》，所谓八书，虽各有所取，大抵以《世本》的作篇为本。

仿《世本》的《世家》，而作世家三十篇，由春秋至战国有吴、齐、鲁、燕、蔡、陈、杞、卫、宋、晋、楚、越、郑、赵、魏、韩、田、齐各国的《世家》。又列孔子陈涉为《世家》，至汉则有《外戚》《楚元王》《荆燕》《齐悼惠王》《萧相国》《曹相国》《留侯》《陈丞相》《绛侯》《梁孝王》《五宗》《三王》世家。

仿《世本》的《传》而为列传，共七十篇，其以种类标题者九，名《循吏》《儒林》《酷吏》《游侠》《滑稽》《日者》《龟策》《货殖》，后附《自序》一篇。

列传中有专记边地民族的六篇，为《匈奴》《南越》《东越》《朝鲜》《西南夷》《大宛》。

《史通·二体》篇评云："《史记》者，纪以包举大端，传以委曲细事，表以谱列年爵，志以总括遗漏。"

至后汉明帝时，班固编《汉书》，"以为唐虞三代，世有典籍，史迁所记，乃以汉氏继于百王之末，非其宜也，故断自汉高祖，终于孝平王莽之诛"，乃为断代史，后世各史以此为法。

九　纪事本末史

史为断代,在原编者限于其材料,若通观古今,则非通史不可。故"梁武帝以迁固而下,断代为书,于是上起三皇,下讫梁代,撰为《通史》一编,欲以包罗众史"(《文史通义·释通》),是以杜佑《通典》,郑樵《通志》,司马光《资治通鉴》,裴潾《太和通选》,罗泌《路史》,熊克《九朝通略》,以至《文献通考》等相继而出。

通史虽可通观古今,但事类繁多,非分类叙述,不便观览,故宋袁枢创"纪事本末"一体,兹录各家批评此体之文于左:

《四库书目·纪事本末类叙》云:"古之史策,编年而已,周以前无异轨也。司马迁作《史记》,遂有纪传一体,唐以前亦无异轨也。至宋袁枢以《通鉴》旧文,每事为篇,各排比其次第,而详叙其始终,命曰'纪事本末',史遂又此一体。"

《文史通义·书教》:"司马《通鉴》病纪传之分,而合之以编年。袁枢《纪事本末》又病《通鉴》之合,而分之以事类。按'本末'之为体也,因事名篇,不为常格,非深知古今大体,天下经纶,不能网罗隐括,无遗无滥。文省于纪传,事豁于编年,决断去取,体圆用神,斯真《尚书》之遗也。在袁氏初无其意,且其学亦未足与此,书亦不尽合于所称,故历代著录诸家,次其书于杂史,自属纂录之家,便览之耳。但即其成法,沉思冥案,加以神明变化,则古史之原,隐然可见,书有作者甚浅,而观者甚深,此类是也。"

闵萃祥《汇刊七种纪事本末序》:"古者记事之书,左氏、司马尚矣。左氏以事系年,创编年之始例。司马氏变为纪传,则又以事系人,为体虽殊,而记事一也,后之史家,未有能出其范围者。顾古之为史,事简而易明,后世多务,记载弥繁,综一年之所聚,萃一人之所为,累纸盈寸,起讫未穷。且年不一事,事不一人,端绪既繁,引申非易。学者欲求一事之本末,原始而要终,则编年者患其前后隔越,纪传者患其彼此错陈,自非博观强识,融会于中,有未易明其条理者矣。袁氏枢有见于此,乃作《通鉴纪事本末》,揭事为题,聚类而条分,首尾详备,巨细无遗,一变编年纪传之例,而实会其通,诚记事之别格,而史学之捷径也。继是而作者,则有陈氏邦瞻之宋、元《纪事本末》，谷氏应泰之《明史纪事本末》，高氏士奇之《左传纪事本末》，杨氏荣之《三藩纪事本末》，张氏鉴之《西夏纪事本末》。于是乎上下古今，举编年纪传所有，莫不提纲挈领灿然大备"。

纪事本末犹现在的分类史，如政治史、法律史、学术史、文学史、史学史等。而与纪事本末类似的，有"三通"、"九通"。唐人杜佑作《通典》，宋人郑樵作《通志》，元人马端临作《文献通考》（简称《通考》），是为"三通"。《通典》分食货、选举、职官、礼、乐、兵刑、州郡、边防共八门。《通志》分为二十略，并有传纪年表等。《通考》分为二十四门，而无纪传年表。清乾隆时敕编《续通典》《续通志》《续文献通考》，继又编《清通典》（即《皇朝通典》）、《清通志》（即《皇朝通志》）、《清通考》（即《皇朝文献通考》），清乾隆时编了六通，连前三通，共为九通。清光绪时景藻作《清续文献通考》（原名《皇朝续文献通考》），从乾隆至光绪末年，共三百二十卷，连前九通，共为十通。

纪事本末与十通，均系分类纂辑的体，合之成一部全史，分之则成若干部分类史，而与现在所谓政治史、文学史、哲学史等同。

现在学校中的历史教科书，除上古将神话作为正史及仍以帝王的观点叙述外，其编的方法，为断代的分类总合的通史。我在教部编审处审查教科书时，对各书局的历史教科书都不满意，但不能不择其较优者，予以审定。及至二十一年春我在山西省立国民师范学校授历史，乃编约十万字的一部《新中国史》为教科书，兹将其目录列左：

历史的概念
　　社会演变的阶段
　　　氏族社会——国家的形成——封建社会——民主政体
　　生活演变的阶段
　　　渔猎时代——游牧时代——农业时代——工业时代
　　工具演变的阶段
　　　石器时代——铜器时代——铁器时代——钢器时代
　　中国的民族
　　　人类的起源——中国民族的来源——中原民族外殖及边地民族内侵——边地民族向外发展及帝国主义侵略

人类的意识
　　　信仰与宗教——学术——艺术

　　教科书中已有分类的,但为断代的叙述。学校中对于历史课程每周排二小时,以一个朝代的事需数小时方可授完。如宗教一类,在汉代中讲到佛教的输入,又讲了其他,隔了数星期,方讲到三国及六朝的佛教,学生因为课程多了,早将汉代的佛教忘了。这是因为教科书不是分类的编,故不能作有系统的讲,学生得不到一贯的精神。故仿纪事本末体,而编此《新中国史》。但分类叙述,又患其彼此分离,不能发生相互的关系,故于《新中国史》首列一表,并有一类《历史的概念》以为贯串。

　　现在大学教育制度,如能变更,为总合教授制,即将其列为一学期的课程,每周数小时,分开教授的,将其时间总合在一起教授,如一学期为十八周,每周三小时,共为五十四小时,则总合在一周零三天内,将此一学期应授的课程授完,即学生将任何课程暂为放开,专上这一门课程,每日上此课程六小时,至按时间上完,再上别的课。如此学生对于某一门课程,则得到有系统的观念。现在的教授以每周要授十二小时课,十二小时约为四门,一个人能有四门特长,很不容易。若用此制授课,教授专研究一门,此月在此校,再月往彼校,一门愈讲愈精。此学制与学校教授学生均有益,其详另为讨论,因此为"纪事本末",而联想及此,故为附录。

十　史学的研究

　　A　材料的排比

　　中国旧有的史,可说是一种史料,而不能目之为史,这种史料不用索隐的方法索出,其材料埋没在杂乱的故纸中,其现象不能明显,但所谓通史及纪事本末,均站在他个人的立场上编辑,合乎其主观者则用其史料,不合乎其主观者则弃其史料,在另一个立场人看,总是不满意的。是以有材料排比的类书出。

　　材料的排比,始于魏的《皇览》,梁的《修文殿御览》,其书均不存。今所存者,官家的书,有唐代的《艺文类聚》一百卷,宋代的《太平御览》一千卷,清代的《古今图书集成》及《渊鉴类函》四百五十卷。私人的书,有唐代虞世南的《北堂书抄》一百六十卷,及白居易的《六帖》,与宋代孔传的《后六帖》,后人合刊名为《白孔六帖》一百卷,宋代祝穆的《事文类聚》,及唐仲友的《帝王经世》图谱十六卷,清代马骕的《绎史》一百六十卷。此种材料的排比书,在《四库全书总目》(卷一百三十五)列为子部类书类。

B 疑古

书疑:书疑始于孟子的疑《武成》(《孟子·尽心下》),而《汉书·艺文志》班固的自注,于《力牧》《神农》下言为伪托,《大禹》《务成子》下指其为后世语。唐人柳宗元曾著文辩《文子》《鹖冠子》等书之伪。宋人朱熹、叶水心均尝考订伪书,当时又有《周氏涉笔》一书(今已佚,但《文献通考》中引之),内亦时辩伪书。清初阎若璩著《古文尚书疏证》,辩《古文尚书》是伪造的,举证一百二十八条。同时姚际恒著《古今伪书考》,凡疑伪书几及百种。一精一博,自是对于古书求真辨伪的风气大盛。

事疑:《吕氏春秋·察传》已为疑事之端;东汉王充的《论衡》,对于古事不近情理的,多为疑虑;隋人王劭著《汉书记》,多考订古史所载事实本身的矛盾和错误。清大名崔东壁著《考信录》,对于三代古史,可疑的悉辩而弃之,剩为信史。近代顾颉刚著《古史辨》,更较崔东壁更进一步,给传误的上古史一个总清算(详见《古史辨》第二集里的《辨伪学史》)。

C 补证

金石学自宋以来,甚为发达,有欧阳修的《集古录》,赵明诚的《金石录》,薛尚功的《钟鼎彝器款识》,吕大临的《考古图》,清至乾隆而后大盛,如阮元的《积古斋钟鼎款识》,吴荣光的《筠清馆金文》,吴式芬的《攈古录》,徐同柏的《从古堂款识学》,吴大澂的《恒轩所见所藏吉金录》,端方的《陶斋吉金录》,冯云鹏的《金石索》,罗振玉的《集古遗文》。以至甲骨文出土,罗振玉的《殷虚书契考识》等,均以校勘古书上的错字,改正古书中的误事,并将古书上遗漏的加以补充(详见《中国考古小史》商务本)。

D 讨论

讨论史学的本身的问题,旧曰"史评",新名"历史研究法"。旧日的史评,则有唐刘知幾的《史通》,共二十卷分内外两篇。《内篇》论史家体例,辨别是非。《外篇》述史籍源流,杂评古人得失。刘知幾于唐中宗时官为秘书监,与萧至忠、宗楚客等,争论史事不合,而著此《史通》。至清章学诚著《文史通义》并《章氏遗书》,其中对于过去历史的批评,及他个人对于历史作法,言之甚详。中国过去对于历史的方法学有研究的,为刘知幾、章学诚二人。

近代对于历史作专门研究的,梁任公有《中国历史研究法》,其书成于民国十一年,共为六章,为"史之意义及其范围,过去中国史学界,史之改造,说史料,史料之搜集与鉴别,史迹之论次"。民国十五年在清华研究院又讲《中国历史研究法》,由同学周传儒、姚名达二君笔记,分为总论、分论两类,总论为三章,即"史的目的,史家的四长,五种专史概论"。分论又分为五。分论一共七章,为"人的专史总说,人的专史的对相,做传的方法,合传及做法,年谱及其做法,专传的做法",第七章缺。分论二为"事的专史"。分论三为"文物的专史",共为五章,即"文物专史总说,政治专史及其做法,经济专史及其做法,文化专史及其做法,文物专史做法总说"。分论为四"地方的专史",分论五为"断代的专史",均缺。其名为《中国历史研究法补编》。

何炳松亦有《历史研究法》,系民国十六年编,分为绪论、博采、办伪、知人、考证与著述、明义、断事、编比、著作、结论十章。

E　史前史及文化史的编著

中国旧史,开首为天地开辟,继为三皇五帝,将神话作为信史,均不足取,兹录其新近的著述于左:

王桐龄的《中国史》,约百万字,共四册,分《序论》《本论》。《序论》分为定义、种族、地理。《本论》第一期为传说,第二期则为唐虞三代,仍将神话加入,不过较旧日的史为长,其中表为其特点。

郭沫若的《中国古代社会研究》,其首为"导论",即"中国社会之历史的发展阶段",以西周以前为原始共产社会,殷代为中国历史之开幕时期,其下第一篇为"周易",第二篇为"诗书",第三篇为"卜辞",第四篇为"周金"。只根据分类的材料加以说明,未成为有系统的叙述,并且将殷以前石器时代等之文化未为叙入。但能根据卜辞金文的材料,而采用唯物史观的理论叙述古史,为前者所无。

陆懋德的《中国上古史》,除第一为《概论》外,则为地势之变迁,民种之来源,历史以前之状况,洪水时代之传闻,夏代列王之传闻,殷民族之崛起等,间亦叙述旧石器、新石器时代事,并采用甲骨金文,为旧日讲上古史的仅有者。

文化史的编著,柳翼谋有《中国文化史》,材料甚为丰富。杨东莼的《文化史纲》,已采用新的方法,并为分类的叙述,较有系统。

F　年代学

年代学(Chronologies)是治史学的重要工具,他的功用是在将种种不同的纪元排在一起,使研究历史或读史的人,要考索此一种纪元的某年月日等于别一种纪元为某时,或欲知道某一种纪元有多少长久的时候,可于此一检而得。至于考订历史上的古历,划分史期,从地层探讨洪荒的时代,也都是"年代学"范围里面的事,而是年代学者的工作。

《史记》里的《十二诸侯年表》《六国表》,已开排比年代之始。虽然表中尚附载史事,但并不居重要的位置。刘知幾《史通》云:"当春秋战国之时,天下无主,群雄错峙,各自年世,若申之以表,以统其时,则诸国分年,一时尽见。"就是将《十二诸侯年表》《六国表》的好处说出来了。

中国在汉武帝时改用了"太初历",以后计算时日,不与古历符合,遇着古书记载日月盈昃之事,必另用古历推算,方得准确,所以晋杜预于注《左传》之外,又著《春秋长历》一书,专推年月。因为《春秋经》所记的天变事情很多,倘不用古历推算,时日必致错误。

《吴志·韦曜传》:孙皓收曜付狱,曜因狱吏上辞曰:"昔见世间有《古历注》,其所纪载,既多虚无,在书籍者,亦复错谬,囚寻按传记,考合异同,采摭耳目所及,以作《洞纪》,起自庖牺,至于秦汉,凡为三卷;当起黄武以来,别作一卷,事尚未成。"

《南史·隐逸传》:陶弘景,字通明,秣陵人。明五行、星算、地理、医术,著《帝代年历》,"推知汉熹平三年丁丑冬至,加时在日中,而天实以乙亥冬至,加时在夜半,凡差三十八刻,是汉历后天二日十二刻也"。《洞纪》和《帝代年历》都合是中国年代学上的重要著作,但今都不存。

清道光中武进李兆洛著《纪元编》,将上古迄清年代,按次横列。其分割的时候，则各国纵列，旁及安南、日本的纪元，再将各种年号用韵母编成索引一卷。清末罗振玉又将《纪元编》增订。

自中国和欧洲交通以来，西历引用频繁，势必将两种纪元列表方便查考(指民国以前未改公历的时候)。清光绪三十年南汇张璜著《欧亚纪元合表》一书，就是应付此种需要的。他考订至精，除中西纪元对照外，于交趾、日本、百济、高句丽、新罗、匈奴、庞特勒、南诏、回鹘、鞑靼等纪元都根据历史考核，录于一编，极便检查。

一向编纪元书的，都以年为单位，但不同的纪元，在岁终接笋之时，常相差若干日，故此纪元到下年正月了，而彼纪元仍在上年末月，若要得真确相等的时候，非以日为单位不可。民国十五年陈垣编的《中西回史日历》在北平出版，就应了这个要求。他自序中举的实例极好，录在下面，以明"日历比较"的重要，及中国年代学之进步：

> 民国纪元以前，中西历法不同。西历岁首，恒在中历岁暮，少者差二十余日，多为差五十余日。今普通年表，多只为中西年之比照，而月日阙焉。据此计年，中西历恒有一岁之差异。例如陆九渊之卒，在宋绍熙三年，据普通年表为西历之一一九二年，本无误也。然九渊之卒在十二月十四日，以西历纪为之，当一一九三年一月十八日。又如施闰章之生，在明万历四十六年，据普通年表则为西历之一六一八年，亦无误也。然闰章之生在十一月二十一日，以西历纪之，当为一六一九年一月六日。反之，泰西名人之生卒在岁一二月者，以中历纪之，恒为前一年之十二月。苟欲实事求是，非有精密之中西长历为工具不可。

> 西历如此，回历尤甚。中西历每年鳞接之际，虽时有一年之误计，然积年尚大体无异。回历则以不置闰月之故，岁首无定，积三十二三年，即与中西历差一年；积百年即与中西历差三年。例如《明史·历志》谓"回回历起西域阿喇必年，下至洪武甲子七百八十六年"，本无误也。然按中历上推七八六年，谓其历元为'隋开皇己未'，则大误。若按回历上推七八六年，则实为唐武德五年壬午。盖积七百八十六年，回历与中西历已生二十三年之差异，不有中回长历，何以释《明史》之误耶？

史学的分类及目录

中国目录学的分类，大抵分为"经、史、子、集"四种，实际"经"应包括在史（史学）、子（哲学）、集（文学）中，不过经在中国的学术界占很大的地位，故目录家为便于稽查起见，将经另列一门。至于史，不惟包括经、子、集，而一切的现象均为史，如：

1. 凡有文字的记载均为史；
2. 凡经过人工制造的器物，无论露在地面或埋没土中，均为史；
3. 凡口头传说（传说为事实反映）的故事神话，均为史；
4. 凡落后民族的举动，及已进化民族存留遗俗的动作，均为史。

以上系就人类史而言，若出乎人类以外的，则为：

5. 凡有先后可列，层次可比，阶段可寻，均为史。

如此，则史学当不能另列一类。但此，就广义言之。若就狭意言之，而便于在目录中稽查起见，史学应独立列为一类。兹将史学的分类，叙述于左：

一　史学附在别类

中国之有目录学，自西汉末年刘向所编的《别录》，其子刘歆所编的《七略》始。《汉书·艺文志》："成帝时以书颇散亡，使谒者陈农求遗书于天下，诏光禄大夫刘向校经传、诸子、诗赋，步兵校尉任宏校兵书，太史令尹咸校数术，侍医李柱国校方技（按此分为一经侍，二诸子，三诗赋，四兵书，五数术，六方技共六种）向辄条其篇目，撮其指意，录而奏之……"此书在北宋时佚亡，清洪颐煊及马国翰有辑本。

《汉书·艺文志》："会向卒，哀帝复使向子侍中奉车都尉歆，卒父业。歆于是总群书而奏其《七略》，故有《辑略》（师古曰：'辑与集同，谓诸书之总要'，似向少此一类），有《六艺略》，有《诸子略》，有《诗赋略》，有《兵书略》，有《术数略》，有《方技略》……"此书亦亡于宋代，洪颐煊、马国翰均有辑本。

而《别录》《七略》均不存,现所存的惟《汉书》的《艺文志》。班固在《艺文志序》云:"今删其要,以备篇籍",是《艺文志》仍依《七略》的原形,不过稍有变更。而《艺文志》为《六艺》《诸子》《诗赋》《兵书》《数术》《方技》六种,与《别录》同,而少于《七略》之《辑略》。每一种中又分为若干类。史无专类,将《议奏》《国语》《新国语》《世本》《战国策》《奏事》《楚汉春秋》《太史公》,冯商所续《太史公》《太古以来年纪》《汉著记》《汉大年纪》十二种五百一十八篇,附于《六艺略》的《春秋家》内。他若《苍颉传》附于《六艺略》的《小学家》,《高祖传》《孝文传》附于《诸子略》的《儒家》,《周考》《青史子》附于《小说家》,是史在西汉尚未独立成部,附于别类中。

二　史学独立成部

晋秘书监荀勖因魏秘书郎郑默的《中经》,"更著《新簿》,分为四部,总指群书,一曰甲部,纪六艺及小学等书;二曰乙部,有古诸子家,近世子家,兵书兵家,术数;三曰丙部,有史记,旧事,皇览簿,杂事;四曰丁部,有诗赋,图赞,汲冢书"(《隋书·经籍志序》),是为史学独立成部之始。

《隋书·经籍志序》云:"东晋之初,渐更鸠聚,著作郎李充以荀勖旧簿校之,但以甲乙次。"论者以为"以史记为乙部,于是史书之部次始定"(傅振伦《中国史籍分类之沿革及其得失》,《图书馆学季刊》四卷三四合期,四〇一页)。但此只有"以甲乙为次"一句,或者其书(《晋元帝书目》)为甲乙两部,如魏秘书丞卢昶"撰甲乙新录"(《北史·孙惠蔚传》)。至王俭《七志》据《隋书·经籍志序》云:"一曰经典志,纪六艺、小学、史记、杂传;二曰诸子志,记今古诸子;三曰文翰志,纪诗赋;四曰军书志,纪兵书;五曰阴阳志,纪阴阳图纬;六曰术艺志,纪方技;七曰图谱志,纪地域及图书。其道佛附见,合九条。"此与《汉书·艺文志》同,将史附于经内,其次则为子集,而与荀勖的《新簿》以史列为第三不同。而梁阮孝绪的《七录》,据《隋书·经籍志序》云:"一曰经典录,纪六艺;二曰纪传录,纪史传;三曰子兵录,纪子书、兵书;四曰文集录,纪诗赋;五曰技术录,纪数术;六曰佛录,七曰道录。"《七录》除去五曰技术录,六曰佛录,七曰道录外,所余的一曰经典录,二曰纪传录,三曰子兵录,四曰文集录,则成为经史子集。至隋时于东都观文殿以"东屋藏甲乙,西屋藏丙丁"(《隋书·经籍志序》)。是隋时书分为四部,但四部是否以经史子集为序,则不得知。至唐贞观中长孙无忌等撰《隋书》,魏徵主编《经籍志》,现存于《隋书》中,分为四部,而以经史子集为序,梁任公先生以为"其分四部……本荀勖,移史部于子部之前,则本阮孝绪。经史子集为甲乙丙丁四部,遂成千余年来簿录不刊之程式"(《图书大辞典·簿录之部·隋书经籍志》条下——《图书馆学季刊》四卷第三第四合期三三六页)。是中国目录以经史子集分部,自《隋书·经籍志》始。

三　史学的分目

目录之有分目,《汉书·艺文志》已如此,如六艺分为易、书、诗、礼、乐、春秋、论语、孝经、小学九家。诸子分为儒、道、阴阳、法、名、墨、纵横、杂、农、小说十家。诗赋分屈原赋、陆贾赋、孙卿赋、杂赋、歌诗五家(实应为三家)。兵书分为权谋、形势、阴阳、技巧四家。数术分为天文、历谱、五行、蓍龟、杂占、形法六家。方技分为医经、经方、房中、神仙四家。而史学附在春秋家内。

梁阮孝绪《七录》,南宋时尤袤《遂初堂书目》尚著录,今已佚。惟于《广弘明集》中存其序目,其序论《纪传录》云:"刘(刘歆)、王(王俭)并以众史合于《春秋》,刘氏之世,史书甚寡,附见《春秋》,诚得其例。今众家记传,倍于经典,犹从此志,实为繁芜。且《七略》诗赋,不从六艺诗部,盖由其书既多,所以别为一略。今依拟斯例,分出众史,序《记传录》,为内篇第二。"其分目是:史、注历、旧事、职官、仪典、法制、伪史、杂传、鬼神、土地、谱状、簿录。

《隋书·经籍书》史部末云"班固以《史记》附《春秋》,今开其事类,凡三十种(当为十三种),别为史部",其十三种之目,始次:正史、古史、杂史、霸史、起居注、旧事、职官、仪注、刑法、杂传、地理、谱系、簿录。

《旧唐书·经籍志序》云:"乙部为史,其类十有三:一曰正史,以纪纪传表志;二曰古史,以纪编年系事;三曰杂史,以纪异体杂纪;四曰霸史,以纪伪朝(对立国)国史;五曰起居注,以纪人君言动;六曰旧事,以纪朝廷政令;七曰职官,以纪班序品秩;八曰仪注,以纪吉凶行事;九曰刑法，以纪律令格式；十曰杂传，以纪先圣人物；十一曰地理，以纪山川郡国；十二曰谱系，以纪世族继序；十三曰略录，以纪史策条目。"

《新唐书·艺文志》序："乙部史录，其类十三：一曰正史类，二曰编年类，三曰伪史类，四曰杂史类，五曰起居注，六曰故事类，七曰职官类，八曰杂传记类，九曰仪注类，十曰刑法类，十一曰目录类，十二曰谱牒类，十三曰地理类。"

《宋史·艺文志》云："史类十有三：一曰正史类，二曰编年类，三曰别史类，四曰史钞类，五曰故事类，六曰职官类，七曰传记类，八曰仪注类，九曰刑法类，十曰目录类，十一曰谱牒类，十二曰地理类，十三曰霸史类。"

《明史·艺文志》："史类十：一曰正史类，二曰杂史类，三曰史钞类，四曰故事类，五曰职官类，六曰仪注类，七曰刑法类，八曰传记类，九曰地理类，十曰谱牒类。"

清《四库总目·史部总叙》云："古来著录，于正史之外，兼收博采，列目分编，今总括群书，分十五类。首曰正史，大纲也。次曰编年，曰别史，曰杂史，曰诏令奏议，曰传记，曰史钞，曰载记，皆参考纪传者也。曰时令，曰地理，曰职官，曰政书，曰目录，皆参考诸志者也。曰史评，参考论赞者也。旧有谱牒一门，然自唐以后，谱学殆绝，玉牒既不颁于外，家乘亦不上于官，徒存虚目，故从删焉"。

私人所撰的目录，现在宋人王尧臣的《崇文总目》分十三目，为正史、编年、实录、杂史、伪史、职官、仪注、刑法、地理、民族、岁时、传记、目录。宋晁公武的《郡斋读书志》亦十三目，为正史、编年、实录、杂史，伪史、史评、职官、仪注、刑法、地理、传记、谱牒、目录。宋陈振孙的《直斋书录解题》分十六目，为正史、别史、编年、起居注、诏令、伪史、杂史、典故、职官、礼注、时令、传记、法令、谱牒、目录、地理。宋郑樵《通志》的《艺文略》亦十三目，为正史、编年、霸史、杂史、起居注、故事、职官、刑法、传记、地理、谱系、食货、目录。

明人焦竑所撰的《国史经籍志》，分十五目，为正史、编年、霸史、杂史、起居注、故事、职官、时令、食货、仪注、法令、传纪、地理、谱系、簿录。

清卢文弨补《宋史·艺文志》："史之类十有八，一曰国史类，二曰正史类,三曰通史类,四曰编年类,五曰杂史类,六曰霸史类,七曰史学类,八曰史抄类,九曰故事类,十曰职官类,十一曰时令类,十二曰食货类,十三曰仪注类,十四曰政刑类,十五曰传记类,十六曰地理类,十七曰谱牒类,十八曰簿录类"。而所补的《辽金元艺文志》则分十六目,为国史、正史、编年、杂史、霸史、史学、史钞、故事、职官、食货、仪注、政刑、传记、地理、谱牒、簿录。钱大昕所补的《元史·艺文志》为十四目:"史类十有四,曰正史,曰实录,曰编年,曰编史,曰古史,曰史钞,曰故事,曰职官,曰仪注,曰刑法,曰传记,曰谱牒,曰簿录,曰地理。"张之洞的《书目答问》分十四类,为正史、编年、纪事本末、古史、别史、杂史、载记、传记、诏令奏议、地理、政书、谱录、金石、史评。

据上史部的分类,少者为十(《明史·艺文志》),多者为十八(《补宋史·艺文志》),其间以十三目为多(《隋志》《旧唐志》《新唐志》《宋志》《崇文目》《郡斋书志》《通志·艺文略》),兹录郑鹤声的《正录诸目·同异分合表》于左:

正录诸目同异分合表

史项\目	史志四家				官撰一	史志补撰三家			官撰一	私撰五家				
	隋志	两唐志	宋志	明志	四库书目	卢宋志	卢金元志	钱元志	崇文书目	郡斋书志	直斋解题	郑通志	焦经籍志	书目答问
1	正史	正史	正史	(兼编年)正史	正史	正史	正史	正史	正史	正史	正史	正史	正史	正史
2					(兼编年)通史									
3	古史	编年	(兼实录)编年	附正史	编年	编年	编年	编年	编年	编年	编年	编年	编年	编年
4			附编年		纪事本末									纪事本末
5					别史					别史	别史			别史

续　表

史项目\史目	史志四家				官撰一	史志补撰三家			官撰一	私撰五家				
	隋志	两唐志	宋志	明志	四库书目	卢宋志	卢金元志	钱元志	崇文书目	郡斋书志	直斋解题	郑通志	焦经籍志	书目答问
6	杂史	(兼史抄)杂史		杂史	杂史	杂史	杂史	杂史	杂史	杂史	杂史	杂史	杂史	杂史
7	霸史	伪史	霸史		载记	霸史	霸史	古史	伪史	伪史	伪史	霸史	霸史	载记
8					诏令奏议						诏令			诏令奏议
9	起居注	起居注	附编年			国史	实录	实录	实录	起居注	起居注	起居注		
10	旧事	故事	故事	故事		故事	故事	故事		典故	故事	故事		
11	职官	职官	职官	职官		职官	职官	职官	职官	职官	职官	职官	职官	
12	仪注	仪注	仪注	仪注	政书	仪注	仪注	仪注	仪注	礼法		仪注		政书
13	刑法	刑法	刑法	刑法			刑法	刑法		刑法	法令	刑法	法令	
14	杂传	杂传	传记	传记	传记	传记	传记	传记	传记	传记	传记	传记	传记	传记
15					时令	时令			岁时		时令		时令	
16						食货	食货				食货		食货	
17	地理	地理	地理	地理	地理	地理	地理	地理	地理	地理	地理	地理	地理	地理
18	谱系	谱牒	谱牒	谱牒		谱牒	谱牒	氏族	谱牒	谱牒	谱牒	谱系	谱系	(兼目录)谱录
19	簿录	目录	目录		目录	簿录	簿录	簿录	目录	书目	目录	目录	簿录	(兼谱录)金石
20					史评	史评	史学	史学		史评				史评
21			(兼史评)史钞	(兼史评)史钞	史钞	史钞	史钞	史钞	史钞					

《通志·艺文略》史部分目中又有细目,如正史下分史记、汉、后汉、三国、晋、宋、齐、梁、陈、后魏、北齐、后周、隋、唐、通史十五门。如《史记》一门下列《史记》《史记音》《史记音义》《史记义林》《史记索隐》《史记地名》《史记名臣疏》《史要》等二十部一千一百九十五卷。《汉书》则为四十三部,八百零二卷。

据上,分类愈细,其编目愈精。但此均为旧日的史料分类法,其为新编史的分类应为两种:

(一)通史

(二)分类史

所谓通史者,即将其事由古至今整个全部叙述。如叙述全世界的为世界史,叙述一部分的如东洋史、欧洲史等,叙述一国的如中国史、日本史、英国史等,叙述一省的则有通志,叙述一县的则有县志,叙述一族的则有家谱,叙述一人的则有年谱。

所谓分类史,即将其事由古至今一部分的叙述,如史学史,经学史,哲学史,文学史,法律史,政治史,宗教史,艺术史,科学史等,凡被人类注意有现象可述,前后能排列,可成为一类的,均为分类史。

史学的分类,总括为史料及史学二部,兹列其系统表于左:

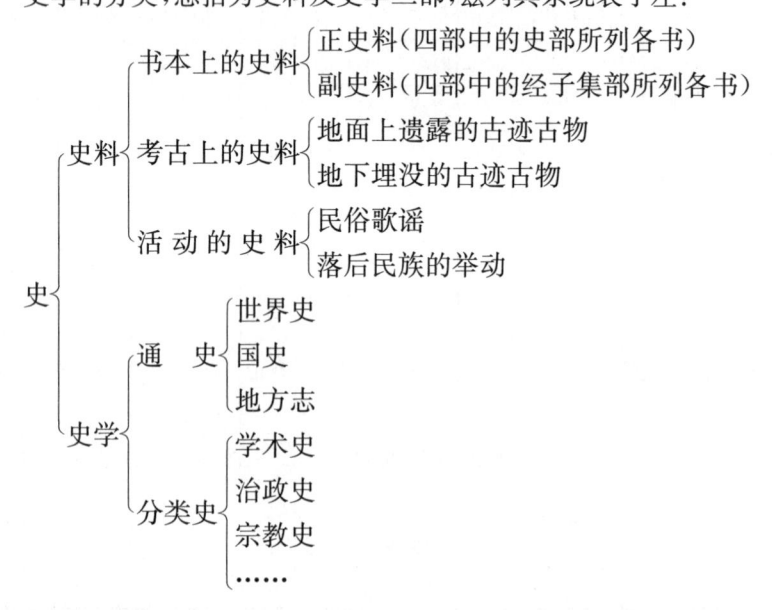

```
       ┌ 书本上的史料 ┬ 正史料(四部中的史部所列各书)
       │             └ 副史料(四部中的经子集部所列各书)
   ┌史料┤ 考古上的史料 ┬ 地面上遗露的古迹古物
   │   │             └ 地下埋没的古迹古物
   │   └ 活动的史料 ┬ 民俗歌谣
史 ┤                └ 落后民族的举动
   │   ┌ 通 史 ┬ 世界史
   │   │      │ 国史
   │   │      └ 地方志
   └史学┤
       │      ┌ 学术史
       └ 分类史┤ 治政史
              │ 宗教史
              └ ……
```

四　分类史的史料

分类史的史料，即将分类史的史料为之分类，为便于研究学术，而知其线索的。同学杨鸿烈在暨大所授《中国之历史及历史家》的讲义，第一章导言中有分类史的史料分类，兹抄于左：

地方志，在东汉有赵岐的《三辅决录》。魏杨元凤的《桂阳记》等，吴徐整的《豫章旧志》等，蜀谯周的《益州志》等。晋喻归的《西河记》等。宋孔稚圭的《会稽记》等。齐王僧虔的《吴郡地理志》。唐李泰的《括地志》，李吉甫的《元和郡县志》，段公路的《北户录》，莫休符的《桂林风土记》，樊绰的《蛮书》，到了宋代作者竟不下二百余人。元代也有潜说友的《临安志》，李好文的《长安志图》，徐硕的《至元嘉禾志》，冯复京的《大德昌国洲图志》，袁榴的《延祐四明志》，于钦的《齐乘》，张铉的《至大金陵新志》。明王鏊的《姑苏志》，康海的《武功县志》，韩邦靖的《朝邑县志》，姚虞的《领海舆图》，谢肇淛的《滇略》，董斯张的《吴兴备志》等，次等的作家尤多。清代有官修的《大清一统志》，御撰的《钦定满洲源流考》，私作的如章学诚的《和州志》《水清县志》《亳州志》《湖北通志》等，义例最佳，为方志最进步的著作。此外如谢启昆的《广西通志》，阮元的《云南通志》等数家极负盛名。民国新修县志，据陈训正说不下七十余种，著名的如钱淦等撰的《宝山志》，陈氏的《定海县志》，缪小山的民国《江阴县志》等。

传记，在西汉有刘向的《列女传》，东汉有光武的《京兆耆旧传》，刘珍的《中兴以下名臣列士传》等。魏明帝的《海内先贤传》，吴谢承的《会稽先贤传》等，蜀陈术的《益都耆旧杂传记》等。晋陈寿的《益都耆旧传》，皇甫谧的《高士传》，宋袁淑的《真隐传》，师觉授的《孝子传》等。梁萧绎的《孝德传》《忠臣传》《丹阳尹传》《怀旧志》《全德传》，刘劭的《幼童传》，钟岏的《良吏传》等。北齐刘昼的《高才不遇传》，唐慧立的《大慈恩寺三藏法师传》等。赵宋的传记尤多，不胜枚举。辽无名氏的《七贤传》，王鼎的《焚椒录》。元吴师道的《敬乡录》，苏天爵的《元朝名臣事略》。明代较好的作家如杨时伟的《诸葛忠武书》，宋濂的《浦阳人物志》，欧大任的《百越先贤志》，王世贞的《嘉靖以来首辅录》，廖道南的

《殿阁词林记》，别的从略。清代有钱林的《文献征存录》，钱仪吉的《碑传集》，缪荃孙的《续碑传集》，李垣的《国朝耆献类征初编》，朱孔彰的《中兴名臣事略》，此外族谱年谱尤繁。民国有支伟成的《清代朴学大师列传》，施淑仪的《清代闺阁诗人征略》，梁任公的《陶渊明传》，胡适之的《章实斋年谱》，杨鸿烈的《大思想家袁枚评传》《苏曼殊传》等。

国别史，在西汉有陆贾的《楚汉春秋》，东汉有赵晔的《吴越春秋》，袁康的《越绝书》，吴士燮的关于交阯的记载，康泰的吴时《外国传》。晋环济的《吴纪》，张勃的《吴录》，常璩的《汉之书》《华阳国志》，陈寿的《三国志》。南朝宋裴景仁的《秦记》。赵宋叶隆礼的《契丹国志》，彭大雅、徐霆的《黑鞑事略》，孟珙的《蒙鞑备录》，郭允蹈的《蜀鉴》。元黎崱的《安南志略》。明杨学可的《明氏实录》，郑麟趾的《高丽史》，顾应祥的《南诏事略》，杨慎的《滇载记》，阮元声的《南诏野史》，李文凤的《越峤书》，黄洪宪的《朝鲜国纪》，刘文进的《韩氏事迹》，董越的《朝鲜赋》等。清黄遵宪的《日本国志》，王树枬的《欧洲列国战事本末》，魏源的《海国图志》，王勋的《译史纲目》等。民国王桐龄的《东洋史》，傅运森的《东亚各国史》等。

文化史，在西汉有刘向的《别录》，刘歆的《七略》，已有规模，到了晋荀勖的《中经》，齐王俭的《七志》，梁阮孝绪的《七录》，以后便慢慢的成为目录学了。唐杜佑的《通典》，包括典章文物制度，范围很广，实在算得中古产生的一部大文化史。宋代郑樵的《通志》，气魄尤为伟大。元马端临又有《文献通考》，能补杜佑之所不及。明代只有董说的《七国考》，清代御撰的有《续通典》《续文献通考》《皇朝通志》《皇朝通典》《皇朝文献通考》，私撰的有徐德源等人。民国梁任公已成《中国文化史》的一部分。

法制史，在东汉有王隆的《汉官篇》，应劭的《汉官仪》，蔡质的《汉职仪》。魏荀攸、卫觊的《魏官仪》等。吴丁孚的《汉官仪式选用》。晋傅畅的《晋公卿礼秩政事》，荀绰的《百官表注》。唐张九龄、李林甫等的《唐六典》，李肇的《翰林志》。宋徐天麟的《西汉会要》《东汉会要》，王应麟的《汉制考》，王溥的《唐会要》《五代会要》，李攸的《宋朝事实》，元王士点、商企翁的《秘书监志》，任栻的《太常沿革》，刘孟保的《南台备要》。明有御撰的《明会典》《礼部志稿》，私作的有王世贞的《弇山别集》，徐石麟的《官爵志》，郑汝璧的《明功臣封爵考》等。清有御撰的《钦定历代职官表》《清会典》《国子监志》，私作的有万斯同《历代宰辅汇考》，袁定远《历代铨选志》等。民国有高一涵的《中国御史制度的沿革》《中国内阁制度的沿革》，江庸的《五十年来中国之法制》，吴宗慈的《中华民国宪法史》，张嘉霖的《新德国社会民主政象记》，杨鸿烈的《中国法律发达史》等。

教育史，在明有冯梦祯的《历代贡举志》，刘应乎的《元婚礼贡举考》，张朝瑞的《明贡举考》。民国有郭秉文的《中国教育制度史》，王凤喈的《中国教育史大纲》，姜琦的《西洋教育史大纲》等。

财政史，在宋有著作者不明的一卷《邦计汇编》，元有官修的《大元海运记》二卷，杨宏的《漕运通志》，邵宝的《漕政举要录》，傅浚的《铁冶治》，汪砢玉的《古今蹉略》，朱廷立的《盐政志》，马麟的《淮关志》，胡彦的《茶马类考》等。民国有胡钧的《中国财政史》，贾士毅的《民国财政史》，徐沧水的《内国公债史》，黄序鹓的《海关通志》等。

钱币史，在宋有洪遵的《泉志》。元有武祺的《宝钞通考》。明胡我琨《钱通》，罗汝茅的《明通宝义》。清有御撰的《钦定钱录》，私作的有王锡棨的《泉货汇考》，唐与昆的《制钱通考》。梁任公的《中国古代币材考》，张家骧的《中华币制史》，章宗元的《中国泉币沿革》等。

交通史，在民国有张鸿藻的《中国铁路现势纪要》，曾鲲化的《中国铁路史》，叶恭绰的《五十年来中国之交通》，王倬的《交通史》等。

军政史，在宋有陈傅良的《历代兵制》，钱文子的《补汉兵志》。明杨时乔的《马政纪》，顾煜的《射书》，侯继国的《两浙兵制》。清代御撰的有《八旗通志》，私作的有张泰交《历代车战叙略》，薛熙的《练阅火器阵纪》。民国有蒋方震的《中国五十年来军事变迁史》，丁文江的《民国军事近纪》，钱桐的《五十年来之世界军备》等。

政党史，在宋有樵叟的《庆元党禁》。明蒋平阶的《东林始末》，海瑞的《元祐党人碑考》，王绍徽的《东林点将录》，魏应嘉的《夥坏封疆录》，无名氏的《东林籍贯》《东林同志录》《东林朋党录》《天监录》《盗柄东林夥》等。清徐宾的《历代党鉴》，陈鼎的《东林列传》。民国有王桐龄的《历代党争史》，谢彬的《民国政党史》等。

外交史，在宋有徐梦莘的《三朝北盟会编》。元刘郁的《西使记》。明倪谦的《朝鲜纪事》，李实的《出使录》，高拱的《伏戎纪事》，郭世霖的《使琉球录》，张迪的《日本东来朝贡考》，陈诚的《使西域记》，钱溥的《使交录》。清何秋涛的《朔方备乘》，祁韵士的《藩部要略》，王之春的《国朝柔远记》。民国有刘彦的《帝国主义压迫中国史》，蒋恭晟的《国耻史》，谢彬的《西藏交涉》《中俄关系略史》，曾友豪的《中国外交史》，周鲠生的《近代欧洲外交史》等。

学术史，在宋有朱熹的《伊洛渊源录》。明冯从吾的《元儒考略》，谢铎的《伊洛渊源续录》，宋端仪的《考亭渊源录》，金贲亨的《台学源流》，程曈的《新安学系录》，杨应诏的《闽学源流》，朱衡的《道南源委录》，周汝登的《圣学宗传》，过庭训的《圣学嫡派》，刘鳞长的《浙学宗传》，直到黄宗羲的《明儒学案》《宋元学案》，规模方始宏大。清有万斯同的《儒林宗派》，李清馥的《闽中理学渊源考》，汤斌的《洛学编》，耿介的《中州道学编》，张夏的《洛闽源流录》，熊赐履的《学统》，王心敬的《关学编》，江藩的《汉学师承记》《宋学渊源记》，皮锡瑞的《经学历史》。民国蔡元培的《中国伦理学史》，谢无量的《中国哲学史》，胡适的《中国哲学史大纲》，梁任公的《先秦政治思想史》《中国近三百年学术小史》，蒋方震的《欧洲文艺复兴史》等。

宗教史，在西汉有刘向的《列仙传》，晋葛洪的《神仙传》。梁释宝唱的《名僧传》，慧皎的《高僧传》。唐释道宣的《续高僧传》，释智昇的《开元释教录》，李冲昭的《南岳小录》。五代杜光庭的《道教灵验记》《神仙感遇传》《神仙感应传》，不著撰人姓氏的《仙苑编珠》《疑仙传》。宋释赞宁的《宋高僧传》，释惠洪的《僧宝传》，释普济的《五灯会元》，僧志磐的《佛祖统纪》，元敬、元复的《武林西湖高僧事略》。元释觉岸的《释氏稽古略》，释念常的《佛祖通载》，元明善的《龙虎山志》，张雨的《元品录》，李道谦的《终南山祖庭仙真内传》等。明朱棣的《神僧传》，释如惺的《大明高僧传》。清释自融的《南宋元明僧宝传》，释本果的《正宏集》，薛大训的《列仙通纪》。民国吕澂的《印度佛教史略》，陈垣的《也里可温考》《摩尼教入中国考》《开封一赐乐业教考》等。

文学史，在晋有张隐的《文士传》，挚虞的《文章志》《文章流别集》。

宋刘彧的《江左以来文章志》，傅亮的《续文章志》。梁钟嵘的《诗品》，刘勰的《文心雕龙·时序编》，沈约的《宋世文章志》。金元好问的《中州集》。元辛文房的《唐才子传》。明王兆云的《明词林人物考》，陈鸣鹤的《东越文苑》。清有御撰的《全唐诗》《全金诗》《四朝诗》，私作的有钱谦益的《列朝诗集》，王昶的《湖海诗文传》，叶燮的《原诗》，林传甲的《中国文学史》。民国有谢无量的《中国大文学史》《中国妇女文学史》，顾实的《中国文学史大纲》，刘师培的《中国古文学史讲义》，胡适的《白话文学史》，周作人的《欧洲文文学史》，郑振铎的《文学大纲》，周树人的《中国小说史略》，谢六逸的《西洋小说发达史》，王国维的《宋元戏曲史》，许家庆的《西洋演剧史》，刘毓盘的《词史》，陈钟凡的《中国文学批评史》等。

报纸史，在民国有戈公振的《中国报学史》，秦理齐的《中国报纸进化小史》，熊少豪的《五十年来北方报纸之事略》等。

书画史，在南齐有谢赫的《古画品录》。梁庚肩吾的《画品》，陈姚最的《续画品》。唐张彦远的《历代名画记》，朱景元的《唐朝名画录》，张怀瓘的《书断》。宋郭若卢的《图画见闻志》，邓椿的《画继》，刘道醇的《五代名画补遗》《宋朝名画评》，米芾的《画史》《书史》，黄休复的《益州名画录》，陈思的《书小史》，董史的《书录》，和不著撰人姓氏的《宣和书谱》。元夏文彦的《图绘宝鉴》，盛熙明的《法书考》，郑构的《衍极》。明陶宗仪、朱谋垔的《书史会要》，刘璋的《明书画史》，周瑛的《书纂》，王穉登的《吴郡丹青志》，释莲儒的《画禅》，沈与文的《画志》。清有御撰的《佩文斋书画谱》，私著的有王毓贤的《绘事备要》，冯武的《书法正传》，厉鹗的《南宋院画录》等。民国有陈师曾的《中国绘学史》，胜固的《中国美术小史》，郭沫若的《西洋美术史提要》等。

音乐史，在唐有南卓的《羯鼓录》，段安节的《乐府杂录》。宋朱长文的《琴史》。元熊朋来的《瑟谱》。明林有麟的《青莲舫琴雅》，杨抡的《太古遗音》。清有御撰的《律吕正议》，私作的有江藩的《乐县考》，凌廷堪的《燕乐考原》等。民国有王光祈的《欧洲音乐进化论》等。

雕刻史，在元有吾丘衍的《学古编》。明何通的《印史》。清朱象贤的《印典》，叶昌炽的《语石》。民国孙毓修的《中国雕版源流考》等。

建筑史在汉有《三辅黄图》。在宋有李诫的《营造法式》。元王士点的《禁扁》,沙克什的《河防通义》(应列在水利的)。在明有《鲁班经》等。

工业史,在梁有陶弘景的《古今刀剑录》。陈虞荔的《鼎录》。宋唐积的《歙州砚谱》,高似孙的《砚笺》,米芾的《砚史》,李孝美的《墨谱》,晁贯之的《墨经》,苏易简的《文房四谱》。元陆友的《墨史》。明麻三衡的《墨志》,沈啓的《南船纪》,张问之的《造砖图说》,官修的《宣德鼎彝谱》,朱琰的《陶说》。民国有许衍灼的《中国工艺沿革史略》,陈家锟的《中国工业史》,杨铨的《五十年来中国之工业》,穆湘玥的《中国棉织业发达史》,牛载坤的《五十年来中国之毛业》,孔祥鹅的《汽机发达简明史》,厉汝燕的《世界航空之进化》,丁文江的《五十年来中国之矿业》等。

农业史,在北齐有贾思勰的《齐民要术》。唐陆羽的《茶经》。宋陈敬的《香谱》,熊蕃的《宣和北苑贡茶录》,王灼的《糖霜谱》,朱翼中的《北山酒经》。元鲁明善的《农桑衣食撮要》,王祯的《农书》,和斯辉的《饮膳正要》。明徐光启的《农政全书》,周嘉胄的《香乘》,夏树芳的《茶董》,万邦宁的《茗史》,冯时化的《酒史》,薛凤翔的《牡丹史》等。民国有邹秉文的《五十年来之世界农业》,葛敬中的《五十年来中国农业史》,张援的《大中华农业史》等。

水利史,在明有谢肇淛的《北河纪》。民国有张慰西、李协的《五十年来中国之水利》等。

商业史,在明有张燮的《东西洋考》。清江上蹇叟的《中西记事》,吴大澂的《权衡度量实验考》,民国叶连柏的《美国工商业发达史》,陈灿、王孝通、陈家锟、聂其杰、陈重民等的《中国商业史》,周葆銮的《世界商业史新编》等。

风俗史,在东汉有光武的《南阳风俗传》,圈称的《陈留风俗传》,赵宁的《乡俗记》,卢植的《冀州风土记》等。晋周处的《阳羡风土记》。梁宗懔的《荆楚岁时记》。宋孟元老的《东京梦华录》,吴自牧的《梦梁录》,周密的《武林旧事》,耐得翁的《都城纪胜》,赵汝适的《诸蕃志》,徐兢的《宣和奉使高丽图经》,朱辅的《溪蛮丛笑》,周去非的《岭外答问》。元费著的《岁华纪丽谱》,高德基的《平江纪事》,周远观的《真腊风土记》,汪大渊的《岛夷志略》。明曹学佺的《蜀中广记》，萧大亨的《夷俗记》，钱古训的《百夷传》，巩珍的《西洋番国志》，黄省曾的《西洋朝贡典录》。清顾炎武《日知录》的一部分，王树枬的《新疆礼俗志》，张亮采的《中国风俗史》。民国有陈顾远的《中国古代婚姻史》，胡韫玉的《中华全国风俗志》等。

杨鸿烈君分为方志史、传记史、国别史、文化史、法制史、教育史、财政史、钱币史、交通史、军政史、政党史、外交史、学术史、宗教史、文学史、报纸史、书画史、音乐史、雕刻史、建筑史、工业史、农业史、水利史、商业史、风俗史二十五种。欲作分类史，应根据此类的分类史料。

五　史部的位置

史部在现存的《隋书·经籍志》以至《旧唐书·经籍志》《新唐书·艺文志》《宋史·艺文志》《明史·艺文志》，清《四库书目》都独立成部的，而史部与其经部、子部、集部及各时代的史部比较，由史书的多寡，而知史部的位置高下，兹列其五史目录统计表于左：

书别＼种目别		经	史	子	集
隋书经籍志	部	六二七	八一七	八五三	五五四
	卷	五三七一	一三二六四	六四三七	六六二二
旧唐书经籍志	部	五七五	八四〇	七五三	八九二
	卷	六二四一	一七九四六	一五六三七	一二〇二八
新唐书艺文志	部	五九七	八五七	九六七	八五六
	卷	六一四五	一六八七四	一七一五二	一一九二三
宋史艺文志	部	一三〇四	二一四七	三九九九	一八二四
	卷	一三六〇八	四三一〇九	二八二九〇	二三六〇四
明史艺文志	部	八四九	一九七〇	九七〇	一三九八
	卷	八七四六	二四五七五	三九二一一	二九九六六
清四库书目	部	六八八	五六〇	八九七	一八〇八
	卷	一〇五九二	二一三九四	一七一九一	二六七二四

据上表横比,史的卷数在《隋书志》占第一,《旧唐志》亦占第一,《新唐志》则降为第二,《宋志》则又升为第一,《明志》则降为第三,《清目》则为第二;六目中史占第一者三,占第二者二,占第三者一,没有降到第四的,而平均数仍居第一。纵较,隋时史部有一千三百余卷,唐时则有一千六七百卷,宋时则四万三千余卷,明时则降为二万四千余卷,清时则降为二万一千余卷。由纵的横的两面观察,史学在宋以前很发达,至宋而极,宋以后又见衰落。至近代而史学又兴,兹据南京国学图书馆《第五年刊》(表格第四页),列有五年以来《阅览书类人数统计表》,节录于左:

书类 年度	经	史	子	集	志	丛	杂志	墨迹
十六年	89	239	350	315	91	62	84	27
十七年	270	861	714	643	181	252	314	134
十八年	357	720	592	610	153	154	282	97
十九年	293	851	640	981	170	151	377	418
二十年	242	861	712	734	240	182	391	140

据上表,除丛、杂志、墨迹为混合外,而志多列在史类,该表已为分开。就分开的经史子集,除十九年度集部超过史部外,余皆较史部为少,是最近人之阅书,多趋向于史学方面。

杨家骆编《中国图书年鉴》,统计民国六年至二十年的新出版物,以社会科学占第一位,文学第二位,史地第三位,计史地新书有一千五百种,五千四百册。

据书业界人云,二十一年度,书类的消售,以史类暂占高位,可知最近中国人对于史学暂为注重。

经子集,多为空泛,史学注重事实,能注重事实,而渐进至于刻苦的自然科学途径,诚为中国学术日见进步的表显。

正史及史目

所谓正史,即《史记》《汉书》《后汉书》《三国志》《晋书》《宋书》《南齐书》《梁书》《陈书》《魏书》《北齐书》《周书》《隋书》《南史》《北史》《旧唐书》《新唐书》《旧五代史》《新五代史》《宋史》《辽史》《金史》《元史》《明史》。清《四库书目·史部·正史类叙》云："正史之名，见于《隋志》，至宋而定著十有七。明刊监版，合《宋》《辽》《金》《元》四史为二十有一。皇上钦定《明史》，又诏增《旧唐书》为二十三。近搜罗四库，薛居正《旧五代史》，得裒集成编，钦禀睿裁，与欧阳修书并列为二十有四"。此即所谓二十四史。柯劭忞著《新元史》，赵尔巽编《清史稿》，合计共二十六种。但除去重复的《北史》《南史》《新唐书》《新五代史》《新元史》外，每一朝代一种，共得二十一种。若以重复计，历代对于正史所著者不止一种，如《隋书·经籍志·正史》类列有刘珍的《东观汉记》一百四十三卷，谢承的《后汉书》一百三十卷，薛莹的《后汉记》六十五卷，司马彪的《续汉书》八十三卷，华峤的《后汉书》十七卷，谢沈的《后汉书》八十五卷，张莹的《后汉南记》四十五卷，袁山松的《后汉书》九十五卷，乃与现列为正史的范晔《后汉书》一百二十五卷并列。清《四库书目》将汉荀悦所撰的《汉纪》三十卷，晋袁宏所撰的《后汉纪》三十卷，列在编年类，而在《正史》类叙云："凡未经宸断者，则悉不滥登。盖正史体尊，义与经配，非悬诸令典，莫取私增。"正史之取舍，有他的立场，不见得列为正史的就好，不列为正史的就坏。但未列为正史的，多为亡佚，即存的而因版本不如正史之广，故就所列的正史，分言于左：

一 《史记》

书　名　《史记》

历史的书在古有两种名称，编年为"春秋"，如孔子所编的鲁《春秋》。后以不编年的也称"春秋"，如《晏子春秋》《吕氏春秋》等。不编年的为"史记"，《逸周书》有《史记解》，司马迁在《史记》中称古书为"史记"者，共有八处。《周本纪》："太史伯阳读史记。"《十二诸侯年表》："孔子西观周室，论史记旧闻。"又云："鲁君子左丘明因孔子史记，具论其语，成《左氏春秋》。"《六国年表》："秦既得意，烧天下诗书，诸侯史记尤甚。"又云："史记藏独周室以故灭。"《天官书》："余观史记行事。"《孔子世家》："乃因鲁史记作《春秋》。"《太史公自序》："䌷史记石室金匮之书。"

《汉书·五行志》以《国语》名为《史记》。至司马迁的《史记》，一名《太史公》(《汉书·艺文志》)，一名《太史公记》(《汉书·杨恽传》)，一名《太史记》(《风俗通》)，而《自序》则称为《太史公书》,《汉书·宣元六王传》,《后汉书·班彪传略论》,《论衡·超奇、案书、对作》因之。《三国志·魏志·王肃传》载魏明帝问王肃曰："司马迁以受刑之故，内怀隐切，著《史记》非贬孝武，令人切齿"。始名为《史记》。《隋书·经籍志》以后其《史记》之名乃定。

编　　者　　汉司马迁。

司马氏之先为周室的太史，汉时住于龙门(陕西韩城县)，至武帝建元元封之间，司马谈为太史令，其子名迁字子长，于元封三年继谈为太史令。天汉二年李陵降匈奴，司马迁乃被累受宫刑，乃编《史记》，至武帝末年死，死时《史记》尚有十篇未成，后为褚少孙等所补。《史记》至迁死后"其书稍出，宣帝时迁外孙平通侯杨恽祖述其书，遂宣布焉"(《汉书·司马迁传》)。《汉书》卷六十二有《司马迁传》。

总　　数　　一百三十篇。

分类数　　本纪十二，表十，书八，世家三十，列传七十。

起　　止　　上起黄帝，下至汉武帝时。

注　　家　　南朝宋裴骃《集解》，唐司马贞《索隐》，张守节《正义》。

二　《汉书》

书　　名　　《汉书》

《汉书·叙传》云："探篡前记，缀辑所闻，以述《汉书》"。是《汉书》之名为班固自定。而梁武帝的《金楼子·聚书篇》："又使孔昂写得《前汉》《后汉》《史记》《三国志》"。是《前汉》之名至六朝始有。

编　　者　　汉班固。

班固字孟坚，扶风安陵(陕西咸阳县)人，其父班彪曾著《汉书》未成，彪死固在家著《汉书》，官庭乃下之狱，其弟班超上书，汉明帝乃以班固为兰台令史，使著《汉书》。至和帝时以窦宪事下狱死。章帝命班固之妹班昭及同郡马续续成《汉书》。《后汉书》卷七十有《班彪传附班固传》。

总　　数　　一百篇　　后人分为一百二十卷。

分类数　　纪十二，表八、志十，列传七十。

起　　止　　自汉高祖至王莽之死。为断代史。

注　　家　　唐颜师古注。

三 《后汉书》

书　　名　　《后汉书》

范晔《狱中与甥侄书》："既造《后汉》，转得统绪"，是《后汉书》之名，系范晔自命。

编　　者　　宋范晔。

范晔字蔚宗，南朝宋时顺阳（河南淅川县）人，为宣城太守，广集学徒，将各家所作的《后汉书》，删烦补略，而作《后汉书》，后以罪被杀。其十志未成。《宋书》卷六十九有《范晔传》。

总　　数　　九十篇。

分类数　　帝纪十，列传八十。梁刘昭取司马彪《续汉书》八志注为三十卷，合为一百二十卷。

起　　止　　自汉光武至汉献帝。

注　　家　　唐章怀太子李贤注。

四 《三国志》

书　　名　　《三国志》

《晋书·陈寿传》："范頵表曰'陈寿作《三国志》'。"是《三国志》为陈寿自定其名。

编　　者　　晋陈寿

陈寿字承祚，巴郡安汉（四川南充县）人，三国时为蜀观阁令史，后为晋著作郎，撰魏、吴、蜀《三国志》，后死于家。由范頵上表于朝，乃诏洛阳令就家写其书。《晋书》卷八十二有《陈寿传》。

总　　数　　六十五篇

分类数　　《魏志》三十卷，《蜀志》十五卷，《吴志》二十卷。

起　　止　　《魏志》起曹操，至陈留王奂。《蜀志》起刘焉、刘璋二牧，至后主禅。《吴志》起孙坚、孙策，至孙皓。

  注 家 宋裴松之注。

  南朝宋文帝以陈寿《三国志》太简略，命裴松之为之注，裴松之乃用一百四十余种书，注《三国志》，多于《三国志》本文数倍。

五 《晋书》

  书 名 《晋书》

  晋及六朝时撰《晋书》者甚多，其著名者，有虞预、谢沈、束晳、谢灵运、萧子云诸人。唐贞观时官修之《晋书》仍名《晋书》，而《史通·正史》篇则名之曰《新晋书》。

  编 者 唐房玄龄等。

  《旧唐书·房玄龄传》：贞观十八年，玄龄与褚遂良受诏重撰《晋书》，于是奏请许敬宗、来济、陆元仕、刘子翼、令狐德棻、李义府、薛元超、上官仪等八人分功撰录，以臧荣绪《晋书》为主。李淳风修《天文》《律历》《五行》三志，最可观。太宗自著宣、武、陆机、王羲之四论，于是总题曰"御撰"，凡一百三十卷。按《新唐书·艺文志》作《晋书》者，尚有崔行功、辛丘驭、刘行之、杨仁卿、李延寿、张文恭、敬播、李安期、李怀俨、赵宏智共二十一人。

  总 数 一百三十卷。

  分类数 帝纪十，志二十，列传七十，载记三十。

  起 止 起司马懿，至东晋恭帝，系包二晋。

  注 家

六 《宋书》

  书 名 《宋书》

  《宋书》沈约《自序》云："何承天始撰《宋书》。"是《宋书》取何承天之名。

  编 者 梁沈约。

  沈约字休文，吴兴武康（浙江武康县）人，梁时为建昌县侯，所著关于史书的，有《晋书》一百十卷，《宋书》百卷，《齐纪》二十卷，《高祖纪》十四卷。《梁书》卷十三有《沈约传》。

总　　数　　一百卷。
分类数　　帝纪十,志三十,列传六十。
起　　止　　起宋武帝刘裕,至顺帝。
注　　家

七　《南齐书》

书　　名　　《南齐书》

《梁书·萧子显传》:"著《齐书》六十卷。"是原名《齐书》。《山堂考索》引《馆阁书目》云:"《南齐书》六十卷。"是宋时以与《北齐书》对称而改为《南齐书》的。

编　　者　　梁萧子显。

萧子显字景阳,与梁为宗室,著有《后汉书》一百卷,《齐书》六十卷,《普通北伐记》五卷,《贵俭传》三十卷。《梁书》三十五《萧子恪传附子显传》。

总　　数　　五十九卷　原为六十卷,亡一卷。
分类数　　纪八,志十一,列传四十。
起　　止　　起南齐高帝萧道成,至和帝融。
注　　家

八　《梁书》

书　　名　　《梁书》

《新唐书·姚思廉传》:"察在陈尝修梁陈二史未就,死以属思廉……唐……诏与魏徵共撰《梁》《陈书》。"是原名《梁史》,后名《梁书》。

编　　者　　唐姚思廉等。

《新唐书·姚思廉传》:"诏与魏徵共撰《梁》《陈书》,思廉采谢昊、顾野王等诸家言,推究总括,为梁陈二家史,以卒父业。"斯书非一人著。姚思廉事详后《陈书》条。

总　　数　　五十六卷。
分类数　　本纪六,列传五十。
起　　止　　起梁武帝萧衍,至敬帝方智。
注　　家

九 《陈书》

书　名　《陈书》

《陈书·姚察传》："察所撰《梁》《陈史》虽未毕功……临亡之时，仍以体例诫约子思廉，博访撰续。"《新唐书·姚察传》："与魏徵共撰《梁》《陈书》"。是先名《陈史》，后名《陈书》。

编　者　唐姚思廉。

《陈书·姚察传》："察所撰《梁》《陈史》……其《中序》论及《纪传》有所阙者，临亡之时，仍以体例诫约子思廉，博访撰续。"《新唐书·姚思廉传》："诏与魏徵共撰《梁》《陈书》，思廉采谢炅、顾野王等诸家言，推究综括为梁陈二家史，以卒父业。"《旧唐书·姚思廉传》："诏与秘书监魏徵同撰梁陈二《史》，思廉又采谢炅等诸家《梁史》，续成父书。并推究陈事，删益博综顾野王所修旧史，撰成《梁书》五十卷，《陈书》三十卷。魏徵虽裁其总论，其编次笔削，皆思廉之功也。"是《陈书》先由姚察撰，姚思廉继成其书。姚思廉名简，以字行，由吴兴迁京兆万年（陕西临潼县）。《旧唐书》卷三十七、《新唐书》卷一百零二均有传。

总　数　三十六卷。

分类数　纪六，列传三十。

起　止　起陈高祖霸先，至后主叔宝。

注　家

十 《南史》

书　名　《南史》

《旧唐书·李延寿传》："谓之《南北史》，凡一百八十卷。"《新唐书·李延寿传》："谓之《南史》。"是原名为《南史》。

编　者　唐李延寿。

李延寿相州（河南安阳县）人，《旧唐书·李延寿传》："延寿又尝删补宋、齐、梁、陈及魏、齐、周、隋等八代史，谓之《南北史》，凡一百八十卷，颇行于代"。《旧唐书》卷七十三，《新唐书》卷一百零二均有传。

总　数　八十卷。

分类数　　本纪十,列传七十。

起　止　　起宋永初元年(宋武帝年号),至陈祯明三年(陈后主年号),包括宋、齐、梁、陈四代。

注　家

十一　《魏书》

书　名　　《魏书》

《北齐书·魏收传》:"二年诏撰《魏史》……收曰:臣愿得直笔东观,早成《魏书》……合一百三十卷。"是原定为《魏史》,魏收名为《魏书》。

编　者　　齐魏收。

魏收字伯起,巨鹿下曲阳(河北晋县)人,《史通·正史》:"齐天保二年,敕秘书监魏收博采旧闻,勒成一史,又命刁柔、辛元直、房廷祐、睦仲让(《魏收传》作睦元让)、裴昂之、高孝幹等助其编次。"是《魏书》为七人所作,而其他六人非史才(见《史通·正史》及《魏收传》),魏收总其成。《北齐书》卷三十七有传。

总　数　　一百三十卷。

分类数　　帝纪十二,列传九十二,志十。共二十九篇。

起　止　　起自成帝毛(道武帝前二十七世,约在周代),至孝静帝善见。

首列《序纪》,自黄帝叙至成帝而为列举,以至成帝后十五世始祖神元帝始为编年。至道武帝始另为列《纪》。魏自孝武分为东魏、西魏,而《魏书》孝武帝(《魏书》作出帝)继为孝静帝,于西魏未为叙入。

注　家

十二　《北齐书》

书　名　　《北齐书》

《旧唐书·李百药传》:"撰《齐书》。"是原名《齐书》,而晁公武《读书志》及陈振孙《书录解题》均题为"《北齐书》",是加"北"字以与南朝萧齐的"《齐书》"为别。

编　者　　唐李百药。

李百药字重规,定州安平(河北安平县)人。《旧唐书·李百药传》:"贞观元年召拜中书舍人……受诏修定五礼及律令,撰《齐书》……十年以撰《齐史》成。"《史通·正史》:"李在齐预修国史。创纪传书二十七卷,至开皇初,奉诏续撰,增多《齐书》三十八篇……皇家贞观初,敕其子中书舍人百药,仍其旧录,杂采它书,演为五十卷。"《旧唐书·令狐德棻传》:唐高祖曾诏魏徵修《齐书》,今《北齐书》有"魏徵总而论之曰……"是魏徵曾参修《北齐书》一部分。李百药在《旧唐书》卷七十二,《新唐书》卷一百零二均有传。

　　总　　数　　五十卷。
　　分类数　　本纪八,列传四十二。
　　起　　止　　起齐神武高欢,至幼主恒。
　　注　　家

十三　《周书》

　　书　　名　　《周书》

《旧唐书·令狐德棻传》:"诏……秘书丞令狐德棻、太史令庾俭可修《周史》"。《史通·正史》:"隋开皇中秘书监牛弘追撰《周纪》十有八篇……皇家贞观初,敕秘书丞令狐德棻、秘书郎岑文本共加修缉,定为《周书》五十卷。"是原名《周纪》《周史》,后名《周书》。

　　编　　者　　唐令狐德棻。

令狐德棻,宜州华原(陕西耀县)人。《旧唐书·令狐德棻传》:"德棻尝从容言于高祖曰:'窃见近代已来,多无正史,梁、陈及齐犹有文籍,至周隋遭大业杂乱多有遗阙……并请修之'。高祖然其奏,下诏曰:'……中书令萧瑀,给事中王敬业,著作郎殷闻礼,可修《魏史》。侍中陈叔达,秘书丞令狐德棻,太史令庾俭,可修《周史》。兼中书令封德彝,中书舍人颜师古,可修《隋史》。大理卿崔善为,中书舍人孔绍安,太子洗马萧德言,可修《梁史》。太子詹事裴矩,兼吏部郎祖孝孙,前秘书丞魏徵,可修《齐史》。秘书监窦琎,给事中欧阳询,秦王文学姚思廉,可修《陈史》……'瑀等受诏,历数年竟不能就,而罢。贞观三年,太宗复敕修撰,乃令德棻与秘书郎岑文本修《周史》,中书舍人李百药修《齐史》,著作郎姚思廉修《梁》

《陈史》，秘书监魏徵修《隋史》，尚书左仆射房玄龄总监诸代史。众议以《魏史》既有魏收、魏彦二家，已为详备，遂不复修。德棻又奏引殿中侍御史崔仁师佐修《周史》"。是令狐德棻本牛弘《周纪》，与岑文本、崔仁师三人合修《周书》。

总　数　　五十卷

分类数　　本纪八，列传四十二。

起　止　　起周武帝宇文泰，至静帝衍。

注　家

十四　《北史》

书　名　　《北史》

《北史·序传》："凡十六载，始宋，凡八代，为《北史》《南史》二书，合一百八十卷……起魏登国元年，尽隋义宁二年，凡三代，二百四十四年……为本纪十二卷，列传八十八卷，谓之《北史》。"是原名为《北史》。

编　者　　唐李延寿。

见前《南史》编者条下。而《北史》末附的《序传》，系李延寿自叙其事，较《唐书·李延寿传》详。

总　数　　一百卷

分类数　　本纪十二，列传八十八。

《北史》于魏孝武帝后列文帝、废帝、恭帝三世，至恭帝三年为周所代，是《北史》补《魏书》之缺。

起　止　　起魏登国元年（魏道武帝年号），至隋义宁二年（隋恭帝年号），历魏、齐、周三代。

注　家

十五　《隋书》

书　名　　《隋书》

《旧唐书·令狐德棻传》："敕……魏徵修《隋史》"。《北史·序传》："十七年，尚书右射仆褚遂良时以谏议大夫奉敕修《隋书》十志"。是原名《隋史》，后名《隋书》。

编　　者　　唐魏徵等。

《旧唐书·令狐德棻传》："敕……秘书监魏徵修《隋史》"。《魏徵传》："有诏遣令狐德棻、岑本文撰《周史》，孔颖达、许敬宗撰《隋史》，姚思廉撰《梁》《陈史》，李百药撰《齐史》。徵受诏总加撰定，多所损益，务存简正。《隋史》序论，皆徵所作，《梁》《陈》《齐》各为总论，时称良史"。《孔颖达传》："又与魏徵撰成《隋史》"。《令狐德棻传》高祖诏："兼中书令封德彝，中书舍人颜师古，可修《隋史》"。《史通·正史》："自王家贞观初，敕中书侍郎颜师古，给事中孔颖达，共撰成《隋书》五十五卷，与新撰《周收》，并行于时。初太宗以梁、陈及齐、周、隋氏，并未有书，乃命学士分修事具于上，仍使秘书监魏徵总知其务，凡有赞论，徵多预焉。以始贞观三年创造，至十八年方就，合为《五代纪事》，并目录凡二百五十二卷，书成下于史阁。唯有十志，断为三十卷，寻拟续奏，未有其文，又诏左仆射于志宁、太史令李淳风、著作郎韦安仁、符玺郎李延寿同撰。其先撰史人，唯令狐德棻重预其事。太宗崩后，刊勒始成，其篇第虽编入《隋书》，其实别行，系呼为《五代史志》。"《北史·序传》："十七年尚书右仆射褚遂良时以谏议大夫奉敕修《隋书》十志。"据上《隋书》系魏徵、孔颖达、许敬宗、封德彝、颜师古五人共撰《隋书》，而《隋书》的十志乃为褚遂良、于志宁、李淳风、韦安仁、李延寿、令狐德棻六人所撰。但今本《隋书》每志前有长孙无忌等撰字样，是连长孙无忌共七人。

总　　数　　八十五卷。

分类数　　帝纪五，列传五十，志三十。

起　　止　　起隋文帝至恭帝，而十志则起北齐及梁，但亦有溯至魏晋与《晋志》重复的。

注　　家

十六　《旧唐书》

书　　名　　《旧唐书》

《新五代史·贾纬传》："与修《唐书》。"《宋史·艺文志》有刘昫《唐书》二百卷，晁公武《郡斋读书志》亦称《唐书》，而郑樵《通志·艺文略》

则称《旧唐书》。是原名《唐书》，至宋欧阳修、宋祁的《新唐书》出，始名此《唐书》为《旧唐书》。

编　者　　五代刘昫等。

《旧五代史·晋纪》："天福六年，诏户部侍郎张昭远、起居郎贾纬、秘书少监赵熙、吏部郎中郑受益、左司员外郎李为光等，同修《唐史》，仍以宰臣赵莹监修……贾纬丁忧去官，请以刑部侍郎吕琦、侍御史尹拙同与编修。"而现存《旧唐书》每卷首有"后晋司空同中书门下平章事刘昫"字样，是《旧唐书》原为张昭远、贾纬、赵熙、郑受益、李为光、吕琦、尹拙等七人编修，赵莹监修，至书成时赵莹去职，刘昫为宰，署其名而上之，故《五代史·刘昫传》无修《唐书》事。

总　数　　二百卷。

分类数　　纪本二十，志三十，列传一百五十。

起　止　　起高祖，至哀帝。

注　家

十七　《新唐书》

书　名　　《新唐书》

《宋史·吕夏卿传》："编修《唐书》……又通谱学，创为世系诸表，于《新唐书》最有功云。"是原名《唐书》，后对旧有的《唐书》而名《新唐书》，而旧有的《唐书》，遂名为《旧唐书》。

编　者　　宋欧阳修、宋祁等。

《宋史·欧阳修传》："其群皆怨怒，潜之出知同州，帝纳吴充言而止，迁翰林学士，俾修《唐书》。"《宋祁传》："祁奉诏修《唐书》十余年，出入外内，尝以稿自随，为《列传》百五十卷"。《新唐书》首曾公亮《进新唐书表》：欧阳修、宋祁、范镇、王畴、宋敏求、吕夏卿、刘义叟"共加删定，凡十有七年，成二百二十五卷。"是《新唐书》之修共八九人。

总　数　　二百二十卷。

分类数　　本纪十，志五十，表十五，列传一百五十。

起　止　　起高祖至哀皇帝。

注　家

十八 《旧五代史》

书　名　《旧五代史》

《宋史·太祖本纪》：开宝六年"诏修《五代史》。"《薛居正传》："监修《五代史》。"《通志·艺文略》仍称《五代史》。是原名为《五代史》，至欧阳修的《新五代史》出，遂名此为《旧五代史》。

编　者　宋　薛居正等。

《宋史·薛居正传》："开宝五年……兼门下侍郎监修国史，又监修《五代史》，逾年毕，锡以器币。六年拜门下侍郎平章事。"《沈伦传》："继宗以其父曾任集贤殿学士，及监修国史之职……至于集贤国史，皆宰相兼领之。"是薛居正以宰臣监修。

《旧五代史》自金章宗朝不立学官，乃为失散，至清《四库全书》以《永乐大典》本录出。钱大昕撰《邵晋涵墓志铭》："先生在四库馆时，见《永乐大典》载有薛居正《五代史记》，乃会粹编次，其阙者以《册府元龟》诸书补之，由是薛史复传。"

总　数　一百五十卷。

分类数　《梁书》二十四，《唐书》五十，《晋书》二十四，《汉书》十一，《周书》二十二，《世袭列传》二，《僭伪列传》三，《外国列传》二，志十二。又以类分，纪六十一，志十二，传七十七。

起　止　起梁太祖，至周恭帝。

注　家　清王际华、嵇璜同校。

十九 《新五代史》

书　名　《新五代史》

《宋史·欧阳修传》："奉诏修《唐书》志表，撰《五代史记》。"《通志·艺文略》亦称《五代史记》，是原名《五代史记》，至陈振孙《书录解题》则称《新五代史》。

编　者　宋欧阳修。

欧阳修字永叔，庐陵（江西吉安县）人。《宋史·欧阳修传》："自撰《五代史记》，法严词约，多取《春秋》遗旨。"《宋史》三百十九卷有传。

  总　　数　　七十四卷。

  分类数　　本纪十二,列传四十五,考三,世家十,十国世家年谱一,四部附录三。

  起　　止　　起梁太祖,至周恭帝,包括梁、唐、晋、汉、周五代。

  注　　家　　宋徐无党,清彭元瑞。

二十　《宋史》

  书　　名　　《宋史》

《元史·托克托传》:"以义例未定,或欲以宋为世纪,辽、金为载纪;或以辽立国在宋先,欲以辽、金为《北史》,宋太祖至靖康为《宋史》,建炎以后为《南宋史》,各持论不决。至顺帝,诏宋、辽、金各为一史。"是至元顺帝始名为《宋史》。

  编　　者　　元脱脱等。

《元史·顺帝纪》:至正三年三月,诏修辽、金、宋三史,以中书右丞相脱脱为都总裁官。铁木儿、塔识、张起岩、欧阳玄、吕思诚、揭傒斯为总裁官。五年十月辛未,辽、金、宋三史成,左丞相阿鲁图进之。原修者六七人,而张起岩、欧阳玄、吕思诚为中国人,当修《宋史》。

  总　　数　　四百九十六。

  分类数　　本纪四十七,志一百六十二,表三十二,列传二百五十五。

  起　　止　　起宋太祖,至瀛国公,包括北宋、南宋二代。

  注　　家

二十一　《辽史》

  书　　名　　《辽史》

《辽史》首列元脱脱进《辽史表》:"分撰《辽史》。"是原名即为《辽史》。

  编　　者　　元脱脱等。

《辽史》首列《修史官员》:都总裁脱脱、总裁官陆尔达世、贺惟一、张起岩、欧阳玄、吕思诚、揭傒斯、纂修官廉惠山海牙、王沂、徐昺、陈绎曾。是编《辽史》者，共十一人。尚有提调官伯彦等十四人。

  总 数 一百一十六卷。

  分类数 本纪三十，志三十二，表八，列传四十五，国语解一。

  起 止 起辽太祖，至天祚。

  注 家

二十二 《金史》

  书 名 《金史》

《金史》首列阿鲁图进《金史》表："于时张柔归《金史》于其先，王鹗辑金事于在后。"是原名《金史》。

  编 者 元阿鲁图等。

《金史》首列《修史官员》，领三史事为阿鲁图，别儿怯不花，都总裁脱脱，总裁官帖睦、尔达世、贺惟一、张起岩、欧阳玄、揭傒斯、李好文、杨宗瑞、王沂，纂修官沙剌班、王理、伯彦、赵时敏、费著、商企翁共十七人。并有提调官伯颜等二十人。《新元史·惠宗本纪》："至正三年三月诏修辽、金、宋三史。四年三月中书右丞相脱脱等表进《辽史》一百一十六卷。十一月中书右丞相阿鲁图表进《金史》一百三十七卷，五年十月辛未阿鲁图表进《宋史》四百九十六卷，至是三史告成。"

  总 数 一百三十五卷。

  分类数 本纪十九，志三十九，表四，列传七十三。

  起 止 首列《世纪》，追述金之先祖。次为《太祖本纪》，以至哀宗。

  注 家

二十三 《元史》

  书 名 《元史》

《元史》首列《纂修元史凡例》云："今修《元史》。"是原名《元史》。

  编 者 明宋濂等。

《元史》首列李善长进《元史》表，其编修者为宋濂、王祎、汪克宽、胡翰、宋僖、陶凯、陈基、赵埙、曾鲁、赵汸、张文海、徐尊生、黄篪、傅恕、王锜、傅著、谢徽、高启共十八人。顾炎武《日知录》元史条引宋濂序:"洪武元年十二月诏修《元史》,臣濂、臣祎总裁。二年二月丙寅开局,八月癸酉书成,纪三十七卷,志五十三卷,表十八卷,传六十三卷。顺帝时无实录可征,因未得完书。上复诏议曹遣使行天下,其涉于史事者,令郡县上之。三年二月乙丑开局,七月丁亥书成。纪十卷,志五卷,表二卷,传三十六卷。凡前书有所未备,颇补定之。"是以宋濂、王祎为总裁。

  总 数 二百十卷。
  分类数 本纪四十七,志五十八,表八,列传九十七。
  起 止 起太祖至顺帝。
  注 家

二十四 《新元史》

  书 名 《新元史》

原书以为有旧日的《元史》,乃名此书为《新元史》,但旧日的《元史》尚未名为《旧元史》。

  编 者 柯劭忞。

柯劭忞,山东胶县人,曾为清国史馆纂修,现其人尚在。

《元史》错误太多,清邵远平曾著《元史类编》四十二卷,钱大昕曾修《元史艺文志》《氏族表》,魏源著《元史新编》九十五卷,洪钧著《元史译文证补》,屠寄作《蒙兀儿史记》,为之参考,并采《元朝秘史》《国朝典章》及说部文集等,而成《新元史》。于民国年完成,以大总统令,加入正史。

  总 数 二百五十七卷。
  分类数 本纪二十六,表七,志七十,列传一百五十四。
  起 止 于《本纪》前列《序纪》,以叙元之先世,次元太祖,至顺帝后昭宗。
  注 家

二十五 《明史》

  书 名 《明史》

《明史》首列张廷玉进《明史》表:"惟兹《明史》,职在儒世。"是原名

《明史》。

　　编　者　　清　张廷玉等。

《明史》首列云:"乾隆四年七月二十五日奉旨开列在事诸臣职名。"监理允禄,总裁张廷玉、朱轼、蒋廷锡、徐元梦、鄂尔奇、吴襄、留保、胡煦、觉罗逢泰,纂修孙嘉淦、乔世臣、汪由敦、杨椿、郑江等二十五人,又提调九人,收掌十二人,缮写四十二人,校对三十七人,监造九人,共一百四十四人。《四库简明书目》以"经始于康熙十八年,雍正二年诏诸臣续葳其事,至乾隆四年告成"。

　　总　数　　三百三十二卷。

　　分类数　　本纪二十四,志七十五,表十三,列传二百二十。

　　起　止　　起太祖,至庄烈帝。

　　注　家

　　附　　《清史稿》

原名为《清史稿》。此书有以孙中山革命为不当,故国民政府禁止发行,因与正史体例同,故附录于此。

　　编　者　　赵尔巽等。

赵尔巽系汉军正蓝旗人(《大清缙绅全书》)。据《清史稿》首列"《清史稿》发刊缀言",书为民国十六年八月二日。又列清史馆职名,赵尔巽为馆长,有总纂、纂修、协修、提调、校勘、收掌,前后共八十余人。

　　总　数　　五百三十六卷,分订一百三十一册。

　　分类数　　本纪二十五卷,志一百四十二卷,表五十三卷,列传三百十六卷。

　　起　止　　起清太祖,至宣统。

　　注　家

史目

史目在前分类数中,亦有大概,但不将细目汇列,不足以观察其现象。兹依清洪亮吉的《史目表》,另为分类,冠以现在的名称,列表于左:

书名\种类	皇帝	皇帝的太太	皇帝女
史 记	本纪	吕后本纪	外戚传　元后传
汉 书	纪	高后纪	后纪
后汉书	纪		魏后妃　蜀妃　吴妃嫔
三国志	纪		后妃传
晋 书	纪		后妃传
宋 书	纪		皇后传
齐 书	本纪		皇后传
梁 书	本纪		皇后传
陈 书	本纪		后妃传
魏 书	序纪 纪		后妃传
北齐书	纪		皇后传
周 书	纪		后妃传
南 史	本纪		后妃传
北 史	本纪		后妃传
隋 书	纪		后妃传
旧唐书	本纪	则天皇后纪	后妃传	公主传
新唐书	本纪	则天顺圣武皇后纪	后妃传
旧五代史	纪		后妃传
新五代史	本纪		家人传
宋 史	本纪		后妃传	公主传
辽 史	本纪		后妃传	公主表
金 史	世纪本纪		后妃传
元 史	本纪		皇后传　后妃传
明 史	本纪		后妃传

续　表

种类 书名	皇帝的子孙兄弟及其本家
史　记	建元以来王子侯者年表　楚元王荆燕　齐惠王　梁孝王　五宗三王世家
汉　书	诸侯王表　王子侯表　荆燕吴楚　王传高五王淮南衡山济北文三王景十三王武五子宣元六王传
后汉书	宗室四王三侯传　光武十王明帝八王章帝七王和帝一王传
三国志	诸夏侯曹传　吴宗室传　武文世　王公传　蜀二主子　吴主五子传
晋　书	宗室传　宣五文六王愍怀太子遹　八王武十三王元四王简文三王传
宋　书	宗室传　武三王二王文九王五王　孝武十四王明四王传
齐　书	宗室传　文惠太子豫章文献王高祖十二王武帝十七王文二王明七王传
梁　书	长沙永阳衡阴桂阳四嗣王传　昭明哀愍怀三太子世祖五王高祖三王太宗十一王世祖二子传
陈　书	宗室传　衡阳南康二王世祖九王高宗二十九王后主诸子传
魏　书	神元平文诸帝子孙昭成孙传　道武七王明元六王大武五王景穆十二王文成五王献文六王孝文五王传
北齐书	赵郡清河二王广平等七王公传　高祖十一王文襄六王文宣四王孝昭六王武成十二王传
周　书	邵惠公颢等传　晋荡公护传　齐炀王宪传　文闵明武宣诸子传
南　史	宋齐梁陈诸宗室传　宋齐梁陈诸帝诸子传
北　史	魏齐周诸宗室传　魏齐周室诸王传
隋　书	河间王宏滕穆王瓚等传　文四子炀三子传
旧唐书	宗室传　高祖列宗诸子传
新唐书	宗室世系表宗世传高祖二十二子太宗九王三宗诸子十一宗诸子传
旧五代史	宗室传
新五代史	家人传　义儿传
宋　史	宗室世系表　宗室传
辽　史	皇子表　皇族表　宗室传　部族表
金　史	宗室表
元　史	诸王表　宗室世系表
明　史	诸王表　宗室十五王传　诸王传

续 表

书名\种类	皇帝的亲戚	皇帝的差人	朝内的大臣	诸　侯
史　记	外戚世家		汉兴以来将相名臣年表	汉兴以来诸侯王表　惠景间侯者年表　建元以来侯者年表
汉　书	外戚恩泽侯表		百官公卿表	异姓诸侯王表
后汉书	外戚传	宦者传		
三国志				
晋　书	外戚传			
宋　书				
齐　书				
梁　书				
陈　书				
魏　书	外戚传	阉官传		
北齐书	外戚传			
周　书				
南　史				
北　史	外戚传			方镇表　方镇传
隋　书	外戚传			
旧唐书	外戚传	宦官传		
新唐书	外戚传	宦官传	宰相表宰相世系表	
旧五代史				
新五代史		宦官传		
宋　史	外戚传	宦官传	宰辅表	
辽　史	外戚表	宦官传		
金　史	世戚传	宦者传		
元　史		宦者传	三公表宰相表	
明　史	外戚表外戚传	宦者传　阉党传	宰辅表七卿表	

续　表

书名＼种类	功　臣	良　官
史　记	高祖功臣年表	循吏列传
汉　书	高惠祖后孝文功臣表　景武昭宣元成哀功臣表	循吏传
后汉书		循吏传
三国志		
晋　书		良吏传
宋　书		良吏传
齐　书		良吏传
梁　书		良吏传
陈　书		
魏　书		良吏传
北齐书		循吏传
周　书		
南　史		良吏传
北　史		循吏传
隋　书		循吏传
旧唐书		良吏传
新唐书		循吏传
旧五代史		
新五代史		
宋　史		循吏传
辽　史		循吏传
金　史		循吏传
元　史		循吏传
明　史	功臣表	循吏传

续　表

书名＼种类	贪　官	亲信的	背　叛　的
史　记	酷吏列传	佞幸列传	
汉　书	酷吏传	佞幸传	王莽传
后汉书	酷吏传		
三国志			王凌等五人传　诸葛恪等五人传
晋　书			王敦十五人传
宋　书		恩幸传	二凶传
齐　书		幸臣传	
梁　书			豫章王综四人及侯景传
陈　书			
魏　书	酷吏传	恩幸传	
北齐书	酷吏传	恩幸传	
周　书			
南　史		恩幸传	贼臣传
北　史	酷吏传	恩幸传	
隋　书	酷吏传		宇文化及王充传
旧唐书	酷吏传		安禄山等九人传
新唐书	酷吏传		叛臣传　逆臣传　奸臣传
旧五代史			
新五代史			杂　传
宋　史		佞幸传	叛臣传　奸臣传
辽　史			逆臣传　奸臣传
金　史	酷吏传	佞幸传	叛臣传　逆臣传
元　史			叛臣传　逆臣传　奸臣传
明　史		佞幸传	叛臣传　流贼传　奸臣传

续　表

种类 书名	党派	无党派	在野者	好　　人		
史　记			游侠列			
汉　书			游侠传			
后汉书	党锢传	独行传	逸民传			列女传
三国志						
晋　书			隐逸传	孝友传	忠义传	列女传
宋　书			隐逸传	孝义传		
齐　书			高逸传	孝义传		
梁　书		止足传	处士传	孝行传		
陈　书				孝行传		
魏　书			逸士传	孝感传	节义传	列女传
北齐书						
周　书				孝义传		
南　史			隐逸传	孝义传		
北　史			隐逸传	孝行传	节义传	列女传
隋　书			隐逸传	孝义传	诚节传	列女传
旧唐书		卓行传	隐逸传	孝友传	忠义传	列女传
新唐书			隐逸传	孝友传	忠义传	列女传
旧五代史						
新五代史		一行传			死节传	
宋　史		卓行传	隐逸传	孝义传	忠义传	列女传
辽　史		卓行传				列女传
金　史				孝友传	忠义传	列女传
元　史				孝友传	忠义传	列女传
明　史	阉党传		隐逸传	孝义传	忠义传	列女传

续 表

书名\种类	学　派	技　术
史　记	孔子世家弟子传　儒林列传	扁鹊仓公列传　日者传　龟策列传
汉　书	儒林传	
后汉书	儒林传	方术传
三国志		方伎传
晋　书	儒林传	艺术传
宋　书		
齐　书		
梁　书	儒林传	
陈　书	儒林传	
魏　书		术艺传
北齐书	释老志　儒林传	方技传
周　书	儒林传	艺术传
南　史	儒林传	
北　史	儒林传	艺术传
隋　书	儒林传	艺术传
旧唐书	儒林传	方伎传
新唐书	儒学传	方伎传
旧五代史		
新五代史		伶官传
宋　史	道学传　儒林传	方伎传
辽　史		方伎传　伶官传
金　史		方伎传
元　史	释老传　儒学传	方伎传
明　史	儒林传	方伎传

续　表

书名＼种类	文艺	经济	水利	法律
史　记		货殖列传　平准书	河渠书	
汉　书		货殖传　食货志	沟洫志	刑法志
后汉书	文苑传			
三国志				
晋　书	文苑传	食货志		刑法志
宋　书				
齐　书	文学传			
梁　书	文学传			
陈　书	文学传			
魏　书	文苑传	食货志		刑罚志
北齐书	文苑传			
周　书				
南　史	文学传			
北　史	文苑传			
隋　书	文学传	食货志		刑法志
旧唐书	文苑传	食货志		刑法志
新唐书	文艺传	食货志		刑法志
旧五代史		食货志		刑法志
新五代史				
宋　史	文苑传	食货志	河渠志	刑法志
辽　史	文学传	食货志		刑法志
金　史	文艺传	食货志	河渠志	刑志
元　史		食货志	河渠志	刑法志
明　史	文苑传	食货志	河渠志	刑法志

续 表

种类\书名	军　队	礼　乐	律　历
史　记		礼书　乐书	律书　历书
汉　书		礼仪志	律历志
后汉书		礼仪志	律历志
三国志			
晋　书		礼志　乐志	律历志
宋　书		礼志　乐志	律历志
齐　书		礼志　乐志	
梁　书			
陈　书			
魏　书		礼志　乐志	律历志
北齐书			
周　书			
南　史			
北　史			
隋　书		礼仪志　音乐志	律历志
旧唐书		礼仪志　音乐志	历志
新唐书	兵志　仪卫志	礼乐志	历志
旧五代史		礼志　乐志	历志
新五代史			
宋　史	兵志　仪卫志	礼志　乐志	律历志
辽　史	营卫志　兵卫志　仪卫志	礼志　乐志	历象志
金　史	兵志　仪卫志	礼志　乐志	历志
元　史	兵志　仪卫志	礼乐志	历志
明　史	兵志　仪卫志	礼志　乐志	历志

续　表

种类 书名	天文	祭祀	五行	祥瑞	官职	选举	车服
史　记	天官书	封禅书					
汉　书	天文志	郊祀志	五行志				
后汉书	天文志	祭祀志	五行志		百官志		舆服志
三国志							
晋　书	天文志		五行志		职官志		舆服志
宋　书	天文志		五行志	符瑞志	百官志		
齐　书	天文志		五行志	祥瑞志	百官志		舆服志
梁　书							
陈　书							
魏　书	天象志			灵征志	官氏志		
北齐书							
周　书							
南　史							
北　史							
隋　书	天文志		五行志		百官志		
旧唐书	天文志		五行志		职官志		舆服志
新唐书	天文志		五行志		百官志	选举志	车服志
旧五代史	天文志		五行志			选举志	
新五代史	司天考						
宋　史	天文志		五行志		职官志	选举志	舆服志
辽　史					百官志		
金　史	天文志		五行志		百官志	选举志	舆服志
元　史	天文志	祭祀志	五行志		百官志	选举志	舆服志
明　史	天文志		五行志		职官志	选举志	舆服志

续　表

书名＼种类	地理	目录	刺客	记非本朝的人
史　记			刺客列传	
汉　书	地理志	艺文志		陈胜项籍等七人传
后汉书	郡国志			刘元刘盆子王昌隗嚣等传
三国志				董卓吕布公孙瓒等十六人传
晋　书	地理志			
宋　书	州郡志			
齐　书	州郡志			
梁　书				
陈　书				
魏　书	地形志			
北齐书				
周　书				
南　史				
北　史				
隋　书	地理志	经籍志		
旧唐书	地理志	经籍志		李密等二十五人传
新唐书	地理志	艺文志		李密等十八人传
旧五代史	郡县志			
新五代史				职方考十国世家年谱
宋　史	地理志	艺文志		
辽　史	地理志			周三臣传
金　史	地理志			属国表
元　史	地理志			
明　史	地理志	艺文志		郭子兴等九人传

续　表

书名＼种类	记出本朝代以外的事	边地民族及外国
史　记	五帝至项羽本纪三代至秦楚表吴至陈涉世家	匈奴传
汉　书	古今人表	匈奴传
后汉书		南匈奴乌桓鲜卑传
三国志	刘二牧传	乌丸鲜卑传
晋　书		北狄传
宋　书		索虏鲜卑吐谷浑传
齐　书		魏虏传
梁　书		西北诸戎传
陈　书	序纪	
魏　书		
北齐书		
周　书		
南　史		北狄传
北　史		四夷传
隋　书		北狄传
旧唐书		突厥吐蕃传北狄传
新唐书		北狄传突厥吐蕃传
旧五代史		
新五代史		吐蕃传
宋　史	世表	
辽　史		
金　史		
元　史		
明　史		鞑靼瓦剌朵颜传

续　表

书名＼种类	边地民族及外国	
史　记	南越传　西南夷传	东越传
汉　书	南粤传　西南夷部	闽粤传
后汉书	南蛮传　西南夷传	
三国志		
晋　书	南蛮传	
宋　书	夷蛮传	
齐　书	蛮传	
梁　书	海南夷传	
陈　书		
魏　书	岛夷传	
北齐书		
周　书		
南　史	海南诸国传　西南蛮传	
北　史		
隋　书	南蛮传	
旧唐书	南蛮传	
新唐书	南蛮传　南诏传	
旧五代史	昆明部落占城牂柯蛮传	
新五代史		
宋　史	交阯真腊占城大理蛮夷传	流求等五国传
辽　史		
金　史		
元　史	安南占城传暹罗爪哇传缅传	瑠求三屿等传
明　史	安南传占城等三十二国传	日本传琉球等十一国传

续　表

书名＼种类	边　地　民　族　及　外　国			
史　记	朝鲜列传	大宛传		
汉　书	朝鲜传	西域传		
后汉书	东夷传		西羌传	
三国志	东夷传			
晋　书	东夷传	西夷传		载记
宋　书			氐胡传	
齐　书	东南邦传	芮芮虏传	河南氐羌传	
梁　书	东夷传			
陈　书				
魏　书				
北齐书				
周　书	高丽百济传	岩昌诸国传		
南　史	东夷传	西域传	西戎传	
北　史				
隋　书	东夷传	西域传		
旧唐书	东夷传	西戎传	回纥传	
新唐书	东夷传	西域传	回纥回鹘沙陀传	
旧五代史	高丽三鞑靼新罗传		回纥党项于阗传	
新五代史				世袭传
宋　史	高丽传	天竺九国传	西夏传	
辽　史	高丽传		西夏传	
金　史	高丽传		西夏传	
元　史	高丽耽罗传			
明　史	朝鲜传	西域诸国传		

续　表

种类 书名	边地民族及外国		作　者	作者的论断语
史　记			自序	太史公曰
汉　书			叙传	赞曰
后汉书			序赞	论曰　赞曰
三国志				评曰
晋　书			序例	史臣曰　赞曰
宋　书			自序	史臣曰
齐　书			序例	史臣曰　赞曰
梁　书				陈吏部尚书姚察曰
陈　书			序传	史臣曰
魏　书				史臣曰
北齐书			序例	史臣曰　赞曰
周　书				史臣曰
南　史			序传	论曰
北　史				论曰
隋　书				史臣曰
旧唐书				史臣曰　赞曰
新唐书				赞曰
旧五代史	僭伪传			史臣曰
新五代史				呜呼
宋　史		国语解		论曰
辽　史		国语解		赞曰　论曰
金　史				赞曰
元　史				
明　史				赞曰

中国史学史讲义　177

历代的史官

中国历史进化至书写英雄的名子时，已设史官，但此史官，并非专设，而由巫兼。因巫掌祭，故连带的保存过去的英雄名子，并书写当时的英雄名子，后则并记其事实，再后则另设史官为之，在甲骨文上已有"大史"而为专史了。

（一）殷周的史官

（甲）相传的史官

黄帝时已有史官：

《拾遗记》："黄帝……置四史以主图籍。"

夏商已有太史、内史：

《吕氏春秋·先识览》："夏太史令终古出其图法，执而泣之，夏桀迷惑，暴乱愈甚。太史令终古乃出奔如商……殷内史向挚见纣之愈乱迷惑也，于是载其图法，出亡之周。"

按：黄帝乃北方的风吹黄土成层后，人类离开熊洞，在黄土层中凿穴自住，后人乃传为黄帝有熊氏，此为新石器时代；而新石器时代陶片上只有花纹，尚无文字。按夏代亦为新石器时代，是黄帝之史及夏太史终古，均为传说。

（乙）甲骨文中有大史及卿史

求令

其唯　　（《殷虚书契前编》卷五第三十九页第八块）

大史

燎令

按：此块共四行，每行二字，其第二字下当有残缺，故其文不能读。但"大史"二字连文，可知其时已有大史了，而甲骨文又有"卿史"（《殷虚书契前编》卷二第二十三页及卷四第二十一页），及"御史"（《殷虚书契前编》卷四第二十八页），王静安先生《释史》以为"大小官名，及职事之名，多由史出"（《观堂集林》卷六），是甲骨文时代，已有

"大史"官了。

（丙）金文中有史及大史与内史

《颂鼎》："王呼史虢生册命颂。"

《师奎父鼎》："王呼史驹册命师奎父。"

《师毛父敦》："大史册命，锡赤市。"

《趩尊》："王呼内史册命趩。"

《免盉》："王在周，命作册内史锡免卤"。

《剌鼎》："王呼作命内史册命剌。"

《师兑敦》："王呼内史尹册命师兑。"

王静安先生《释史》以金文例证金文，说"作册即内史之明证……作册尹氏，皆《周礼》内之职"。此外如《师瞻敦》《虎敦》《吴敦》《扬敦》《利敦》等，均有内史册命之文，是古代史官除作记录及保管史料外，兼为册封的专使。

（丁）西周时的史官

《书·洛诰》："王命作册，逸祝册。"

《立政》："太史……周公若曰太史……。"

《顾命》："丁卯，命作册度。"

王静安先生《释史》："孙氏诒让《周官正义》，始云'尹逸'盖为内史，以其所掌职事言之，谓之作册'。始以作册为内史之异名，余以古书器物证之，孙说是也。"是《洛诰》《顾命》为内史，而《立政》为太史，是西周时有太史、内史二官。

（戊）东周时的史官

西周时的史官，是中央政府（周室）所设，至列国之设史官，多在周平王时，如：鲁之有史，系史角之往。

《吕氏春秋·当染》："鲁惠公使宰让请郊庙之礼于天子，桓王（当系平王，因桓王与惠公不当代）使史角往，惠公止之。"

晋有史由于辛有之二子：

《左传》昭十五年："辛有之二子董之，晋于是乎有董史。"

晋史官董狐尚称直笔：

《左传》宣二年："太史书曰'赵盾弑其君'，以示于朝。"

秦在周平王时始有史：

《史记·秦本纪》："文公……十三年初有史以纪事。"

齐有史官死不曲书：

《左传》襄二十五年："太史书曰：'崔杼弑其君'，崔子杀之。其弟嗣书，而死者二人，其弟又书，乃舍之，南史氏闻太史尽死，执简以往，闻既书矣，乃还。"

郑有史官执盟书名：

《左传》昭元年："郑伯及其大夫盟……使太史书其名。"

战国时齐史为孟尝君作速记：

《史记·孟尝君传》："孟尝君待客坐语，屏风后常有侍史主记君所与客语。"

晋史见晋乱奔周：

《吕氏春秋·先识》："晋太史屠黍见晋之乱也……以其图法归周。"

周史使虢使晋，至战国奔秦。

《国语·周语上》："有神降于莘，王问于内史过曰……内史过从至虢。"

《国语·周语上》："襄王使邵公过及内史过赐晋惠公命……使太宰文公及内史兴赐晋文公命"。

《史记·秦本纪》："孝公生。十一年，周太史儋见献公。"

（二）秦汉至隋唐的史官

唐刘知幾《史通》有《史官》一篇，记自上古至唐的史官，除上古将神话述入在前另为叙述外，兹依《史官》之文，而录其秦至唐关于史官者于左：

至秦有天下，太史令胡母敬作《博学章》……

汉兴之世，武帝又置太史公，位在丞相上，以司马谈为之。汉法，天下计书先上太史，副上丞相。叙事如《春秋》。及谈卒，子迁嗣。迁卒，宣帝以其官为令，行太史公文书而已……

当王莽代汉，改置柱下五史，秩如御史。听事，侍傍记迹言行……

汉氏中兴，明帝以班固为兰台令史，诏撰《光武本纪》及诸列传、载记。……自章、和已后,图籍盛于东观。凡撰《汉记》,相继在乎其中,而都为著作,竟无它称。

当魏太和中,始置著作郎,职隶中书,其官即周之左史也。

晋元康初,又职隶秘书,著作郎一人,谓之大著作,专掌史任,又置佐著作郎八人。宋齐以来,以"佐"名施于"作"下(即著作佐郎)……

陈寿评云"蜀不置史官"者,得非厚诬诸葛乎(《史通》考证蜀有史官)……

吴归命侯时,有左右二国史之职,薛莹为其左,华覈为其右。又周处自左国史迁东观令……

伪汉嘉平初(刘聪年号),公师彧以太中大夫领左国史,撰其国君臣纪传。

前凉张骏时,刘庆迁儒林郎、中常侍,在东苑撰其国书。

蜀李与西凉二朝记事,委之门下。

南凉主乌孤初定霸基,欲造国纪,以其参军郭韶为国纪祭酒,使撰录时事。

自余伪主,多置著作官,若前赵之和苞,后燕之董统是也。

元魏初称制,即有史臣,杂取他官,不恒厥职。……其后始于秘书置著作局,正郎二人,佐郎四人。……别置修史局,其职有六人……

高齐及周,迄于隋氏,其史官以大臣统领者,谓之监修。国史自领则近循魏代,远效江南……

唯周建六官,改著作郎之正郎为上士,佐郎为下士……

暨皇家(唐)之建国也,乃别置史馆……

元魏置起居令史,每行幸宴会,则在御左右,记录帝言及宾客酬对。后别置修起居注二人,多以余官兼掌。

至隋,以吏部散官及校书、正字闲于述注者修之,纳言监领其事。炀帝以为古有内史、外史,今既有著作,宜立起居。遂置起居舍人二员,职隶中书省……

皇家因之,又加置起居郎二员,职与舍人同。每天子临轩,侍立于玉阶之下,郎居其左,舍人居其右。人主有命,则逼阶延首而听之,退而编录,以为起居注。龙朔中改名左史、右史。

(三) 宋及清的史官

(甲) 宋代的史官

宋代史馆的地址，据《宋史·职官志二》直秘阁"国初以史馆、昭文馆、集贤院为三馆，皆寓崇文院"。是在崇文院的。

《职官志四》秘书省"四史实录院：初绍兴三年，诏置国史院，重修神宗、哲宗实录，以从官充修撰，四年置史馆，及检讨校勘各一员，五年置修撰官二员，勘校官无定员，是时国史、实录皆寓史馆，未有置此废彼之分。九年修徽宗实录……二十八年实录书成，诏修三朝正史，修置国史院，以宰臣监修，侍从官兼同修，余官充编修……淳熙四年罢实院，专置史院。十五年罢史院，复开实录院……嘉泰二年复开国史院，自是国史与实录院并置矣"。是宋代有国史院与实录院之设。

(乙) 辽代的史官

《辽史·百官志三》："国史院：监修国史，圣宗统和九年见监修国史室昉。史馆学士：景宗保宁八年，见史馆学士，史馆修撰：刘辉大安末为史馆修撰，修国史：耶律玦重熙初修国史。"《辽史》关于史官制度，记载的太为简略。

(丙) 金代的史官

《金代·百官志一》："国史院（先尝以谏官兼其职，明昌元年诏谏官不得兼）。监修国史：掌监修国史事；修国史：掌修国史判院事；同修国史二员；编修官正八品，女直、汉人各四员，检阅官从九品。修《辽史》刊修官一员，编修官三员。"

(丁) 元代的史官

《元史》对元代的国史院略有记载，而对于史官制度则不详，《元史·百官志三》："翰林兼国史院，至元元年始置秩正三品……二十年省并集贤院为翰林国史集贤院……二十二年复分立集贤院……延祐元年别置回回国子监学……蒙古翰林院……至元年始立新字（蒙古字）学士于国史院。"

(戊) 明代的史官

《明史·职官二》："翰林院……史官自洪武十四年置修撰三人，编修检讨各四人……嘉靖八年复定讲读修撰各三人,编修检讨各六人……崇祯七年又考选推官知县为编修检讨。"

（巳）清代的史官

清代的史官制度,据《大清会典》卷七十翰林院詹事府条云:"国史馆总裁(特简无定员),掌修国史,定国史之体,一曰本纪,二曰传,三曰志,四曰表,皆撰而进御。提纲,满洲二人,汉二人,掌章奏文移,治其吏役。总纂,满洲四人,汉六人,纂修,满洲十有二人,汉二十有二人,分掌司纂之事。校对,满洲八人,汉八人。"

又《清史稿·职官志二》云:"国史馆总裁,掌修国史。清文总校一人。提调,满洲蒙古汉各二人。总纂,满洲四人,蒙古二人,汉六人,纂修协修无定员。校对,满蒙汉俱各八人。光绪间增置笔削十人。"

（庚）民国时的史官

民国亦设史馆,后乃裁去。国民政府成立后,未为设立。

历代的史学家

古代史为巫掌,后则史与巫分开,史则忠于记载,如齐史书崔杼弑君,晋史书赵盾弑君,均不畏其死与权势,而忠于其职。其后史家以博记广闻为善,如楚史左史倚相"能读《三坟》《五典》《八索》《九丘》"而为"良史"(《左传》昭十二)。晋瞽史之记"唐叔之世,将如商数——商之飨国,三十一王"(《国语·晋语》)。至于对史已有研究,而能成为有组织之史,则为春秋末年。兹分言于左:

（甲）春秋战国的史学家

A 孔子的《春秋》

《春秋》一书乃系鲁史官所记,孔子在鲁设教,用其材料,并为补充改编,为其课程中之一,其弟子卜商传其书于魏,孟子至梁得悉其事,始为表白。子夏学生吴起又传于楚,楚人庄周乃以孔子系采取老子的史料而作的,其书现散在《左传》《公羊传》《穀梁传》中。

B 卜子夏、吴起的《左传》

子夏长于史学,在孔门受其《春秋》及鲁史稿,后居魏受魏文侯的优待,据晋室的史料,采取传闻而作《春秋》(《左传》)。其学生吴起由西河至楚,又加入楚史。吴起为卫左氏人,因名《左氏春秋》。吴起传其学,至西汉末年刘歆以《公羊》《穀梁》太空洞,乃提倡《左氏》,时人以不传《春秋》反对,刘歆乃窜入传《春秋》之文,名为《春秋左氏传》,班固名为《左氏传》,杜预名为《左传》,其书现存。

C 左丘明的《国语》

左丘明为齐人,与孔子同时,后以罪奔楚,其子左史倚相为楚史,其孙左人郢为孔子弟子,以及左人郢的子孙分编《国语》,其中《周语》《楚语》先成,《吴语》《齐语》次之,《鲁语》《晋语》系根据《左传》史料而修改的,《越语》《郑语》为后成。书系分国记事,注重言论,略于事实,与《左传》相反,而与《国策》相合,其书尚存。

D 《竹书纪年》

魏襄王好古,乃招集学者编纂古书,除《穆天子传》《琐语》等外,有《纪年》一书,上自禹下魏襄王二十年,依《春秋》体,而为简略的编年史。书成为其殉葬物,至晋时盗发其墓,得其竹简,晋官庭乃命束皙、荀勖等为之校理,以今文写出。其书后亡,明人又伪造,王静安先生有辑古本。

(乙) 秦汉及三国的史学家

A 《世本》

汉初有亡名者,作有《世本》一书,至宋时散佚,据各书所征引,知其内容篇目,为司马迁作《史记》之所本。有《帝系·世家》及《氏姓》篇,乃叙王侯及各贵族之系谱;有《传》,乃记名人事状;有《谱》,乃年表之属;有《居》篇,乃记王侯国邑的宅都;有《作》篇,乃记事物的起源。而不以政治为中心与文化史略同。清钱大昭等有辑本,而以茆泮林、张澍所辑为佳。

B 《战国策》

苏秦、张仪倡纵横之说,《汉志》有《苏子》三十一篇,《张子》十篇,蒯通又辑战国遗事,分为长短两篇,共八十一首,合苏、张之纵横,为《纵横长短书》。刘向依《国策》分国记事之体,将纵横长短四篇,分列为国纪,《汉志》列《新国语》五十四篇即此。其书刘向定名为《战国策》,故《汉志》又列《国战策》三十三篇。

C 司马迁的《史记》

汉武帝置太史公,命司马谈为之,司马谈据《左传》《国语》《世本》《战国策》《楚汉春秋》(陆贾撰,亡于南宋),并汉时各处所上计书,及亲参与封禅事的见闻,欲著《史记》,未成而卒。其子司马迁继为太史令,又据子书文集,折衷于儒经,并到各处探访遗事,记起黄帝至汉武,十二本纪,十表,八书,三十世家,七十二列传。迁卒,其外孙杨恽表显其书,而褚少孙、冯商等多补续其书。今其书存,列为正史第一。

D 班固的汉书

后汉班彪据刘向、刘歆、冯商、卫衡、扬雄、史岑、梁审、肆仁、晋冯、段肃、金丹、冯衍、韦融、萧奋、刘恂等所补续《史记》以后之书,欲编《汉书》,未成而卒。班彪子班固在家续作,汉庭以其私作下狱,后舍,令成《汉书》,班固乃自汉高祖至王莽为纪,为断代史。经二十余年,至建初中始成表及《纪传》,而党与窦宪故下狱死,其十志未成,汉章帝命其妹班昭续成之。其书尚存,列为正史。

E 其他

汉明帝命班固为兰台令史,与陈宗、尹敏、孟冀等,共成《光武本纪》,后为郎典校秘书,复撰后汉事,作列传,载纪二十八篇。其后刘珍、刘毅、刘陶、伏无忌等,相次著述,谓之《东观汉记》(《四库》有辑本二十四卷)。汉献帝命荀悦仿《春秋左传》体,为《汉纪》三十卷(现存)。

此外如汉武帝时有《禁中起居注》,后汉明德马后撰《明帝起居注》。西汉末刘向撰《列女传》,东汉初袁康撰的《越绝书》,赵晔撰的《吴越春秋》,吴谢承所撰《后汉书》一百三十卷,魏鱼豢撰《魏略》三十八卷,皆史学之名著。

(丙) 两晋南北朝的史学家

晋谯周以《史记》于周秦以上,多采杂书,乃作《古史考》二十五篇。韦昭作《洞纪》,自庖羲至汉献帝。皇甫谧作《帝王世纪》,起三皇尽汉魏,均为古史之著。

司马彪以汉末割据,著《九州春秋》,常璩以其曾据有蜀地者,作《华阳国志》。

至于《后汉书》之作,司马彪有《续汉书》,华峤有《后汉书》,谢沈有《后汉书》及《外传》,袁山松有《后汉书》,张莹有《后汉南纪》,刘义庆有《后汉书》。晋时亦有此七家著作,其后至宋范晔,常召集学徒,据此等书,而作《后汉书》一百三十卷,今列于正史。但范书诸志未成,而范晔被杀,后世多有补作《后汉书》的表志。

《三国志》之作,在晋时王沈作《魏书》,韦昭作《吴书》,王隐作《蜀记》,而蜀人陈寿仕晋作《三国志》,今列入正史。但有以陈寿仕蜀不遂,而恶及刘氏,故以魏为正统(习凿齿《汉晋春秋》以蜀为正统),又求丁氏之米不成,而不为仪、廙立传的传说。《三国志》至宋文帝时以其太简,乃命裴松之注。裴松之据一百四十余种书,注入书中,多于原文数倍。

晋代对于史学有一大贡献,即太康中汲县人发掘魏襄王墓,得有《纪年》《穆天子传》《逸周书》等。晋庭诏荀勖、和峤、束晳等释写为今文,惜今只存《穆天子传》《逸周书》二种。

晋王铨多录晋事,其子王隐于东晋为著作郎。撰《晋书》八十九卷。干宝撰《晋纪》,起宣至愍。何法盛撰《晋中兴书》,梁庾铣撰《东晋新书》,齐臧荣绪合《东晋》《西晋》二书著为《晋书》,为唐人修《晋书》之所本。

宋谢灵运、徐爰,梁沈约均撰《宋书》,而今惟沈约的《宋书》列为正史。梁刘陟、沈约撰《齐纪》,江淹撰《齐史》,而萧子显所撰之《南齐书》五十九卷传,今列入正史。

陈年不久,史学甚少,而阴僧仁撰《梁撮要》三十卷,顾野王、傅縡撰文武二帝纪,为姚察撰《陈书》所据。

北朝文化不高,史家亦少,唯魏之崔鸿作《十六国春秋》,始景明至正始,而缺蜀书,求十五年,得于江南,乃补成其书,共一百另二卷。魏收于北齐天保中受诏撰《魏书》,魏收追叙魏先祖二十八帝,下终孝静,共一百三十卷。但既不载西魏,又诋齐氏,时有"秽史"之号,而今列入正史中。

(丁) 隋唐及五代的史学

隋代甚短,史学无闻,唐代自高祖时命诸臣编纂前史,太宗因之,其各主编者：

姚思廉撰《梁书》及《陈书》,先是姚思廉父姚察在陈纂《陈》《梁史》,陈亡入隋,继其事未毕,唐以姚思廉续其事,而魏徵独著其总论。

李百药撰《北齐书》,李百药父李德林,在齐尝撰著纪传,唐以李百药续成其书。

令狐德棻、岑文本、崔仁师、陈叔达等撰《周书》,而《周书》在周有柳枝,隋有牛洪,各有撰次,德棻因之成《周书》。

《隋书》,初诏颜师古、孔颖达修述,魏徵总其事,序论皆魏徵作,志则由长孙无忌等作。因时修《五代史志》,而以《隋书》居末,故其五代的志列入《隋书》,今竟称为《隋志》,已失其实。

唐以何法盛等十八家《晋史》未善,乃诏房乔、褚遂良、许敬宗等再加撰修,乃据臧荣绪《晋书》而增损之,后又命李谆风、李义府、李延寿等分撰其书。

李延寿以宋、齐、梁、陈与后魏、齐、周诸史,南北分隔,各为诋毁,乃依司马迁体,总序八代,北起魏尽隋,凡二百四十二年,为《北史》。南起宋尽陈,凡百七十年为《南史》。

唐代编史者虽多,而能具史家识见的,惟为刘知幾。刘知幾历仕中宗、玄宗,曾著《史通》,以前代史书,评其善恶,分内外篇,而于史学上大有补益。

至于记制度文物的沿革,则有杜佑的《通典》。是书凡二百篇,分食货、选举、官职、礼乐、刑法、州郡、边防八门,分类叙述,有条不紊,三十六年成书,为史学中创举。

(戊) 宋元时的史学

宋元史学,纪传体为《唐书》及《五代史》。五代石晋时,刘昫因韦述旧史撰修《唐书》。宋时命宋祁、欧阳修更修《唐书》,名《新唐书》,刘昫之《唐书》名《旧唐书》。宋开宝中，诏修梁、唐、晋、汉、周书，以卢多逊、扈蒙、张澹、李昉、刘兼、李穆、李九龄同修，宰相薛居正监修，是为《五代史》。欧阳修又私撰《五代史》，宋庭取以付国子监刊行，是为《新五代史》，而以《薛史》为《旧五代史》。

宋代编年体史书，以司马光所著的《资治通鉴》为首。光奉敕与刘攽、刘恕、范祖禹等合纂，先为搜集材料（其稿盈两屋）而为《长编》，继作《考异》以为分类，乃编成书，后附索隐，名为目录，甚合科学方法，历十九年而成，起战国至五代，共二百四十卷。朱熹《通鉴纲目》，有纲有目，阅览则易。李焘的《续通鉴长编》，李心传的《编年要鉴》，皆为编年史。

纪事本末的体例，始于袁枢的《通鉴纪事本末》。凡一题中，将其源流悉为叙述，故前后明了，易于通晓，为史学上一大进步，共四十二卷。章冲乃因之作《左传事类始末》，徐梦莘作《三朝北盟会编》。

郑樵扩充杜佑《通典》而为《通志》，马贵与更作《文献通考》，于历代制度文物，无所不包。他如王应麟的《玉海》，亦广征博引，有益史学。而罗泌《路史》，乃集神话于古史中，但其材料尚博。

元顺帝时命托克托（亦名托托）等修宋、辽、金三史。《宋史》自相矛盾处甚多，南渡以后，尤病猥杂。

（巳）明清的史学

明初宋濂、王祎奉敕编《元史》，仅用三百三十一日，成书二百十卷，成书既如此之速，对于蒙古风俗语言又未深知，故列传重复，氏族错乱，故有《新元史》之作。

柯维骐病《宋史》芜杂，著《宋史新编》二百卷，但多不注意其书。

编年体的历史，有薛应旂的《宋元通鉴》。纪事本末体的历史，有陈邦瞻的《宋史纪事本末》《元史纪事本末》。而明人尚空谈，不注重史学，故明代史学未有成绩可观。

清康熙时诏张廷玉等修《明史》，根据王鸿绪的《明史稿》，至乾隆时书成，其书尚称善史。

编年体史，徐乾学有《资治通鉴后编》，毕沅有《续资治通鉴》。纪事本末体史，谷应泰有《明朝纪事本末》。马骕有《绎史》，集上古至周末的事迹，列原书于前，后加以论断，为初研究上古史者所适用。赵翼的《廿二史札记》及《陔余丛考》，其考证议论，有益于史学甚多。王鸣盛的《十七史商榷》，亦颇重要。

他如魏源的《圣武记》，蒋良骐的《东华录》，王先谦修辑的《十一朝东华录》，李元度的《国朝先正事略》，以至《续通典》，《续通志》，《续通考》，及《皇朝通典》，《皇朝通志》，《皇朝文献通考》，均有补于史学。

张之洞督粤时，建广雅书院，其《广雅丛书》中所收之史学为多，分为正史类，考证辨说注疏校勘之属，补志补表之属，总考之属，表谱之属，别史及记载，礼书及编年，古史，地理，共为八类九十三种，一千七百五十卷，而经为二十六种，二百五十卷，小学十一种，七十六卷，杂著十七种，一百三十二卷，集部七种，十六卷，经集合为四百七十四卷，与史学较，相差四倍，是《广雅丛书》注重于史学。上海文澜书局于光绪二十八年据此三十七种，又加四种，共四十一种，用石印印为《史学丛书》。

(庚) 民国的史学家

民国的年代未久，而史学能成家的尚未有，兹就已成书的，略举于左：

史学常识的，则有罗元鲲的《史学概要》，徐敬修的《史学常识》，范文澜的《正史考略》等，曹聚仁的《史学ABC》。

史学研究的，则有梁启超的《中国历史研究法》及《补编》，何炳松的《历史研究法》及《通史新义》等。

史学目录，则有郑鹤声的《中国史部目录学》。

通史的，则有王桐龄的《中国史》，李泰棻的《中国史纲》，缪凤林的《中国通史纲要》。

断代史的，则有陆懋德的《中国上古史》，杨筠如的《中国史》，郭沫若的《中国古代社会之研究》，萧一山的《清代通史》，高博彦的《中国近百年史纲要》等。

文化史的，则有柳诒徵的《中国文化史》，杨东莼的《中国文化史纲》。

社会史的，则有邓初民的《社会史纲》，熊得山的《中国社会史研究》，周谷城的《中国社会之变化》，陶希圣的《中国社会史的分析》等。

革命史的，则有冯自由的《中华民国开国前革命史》，陈少白的《兴中会革命史要》，拉狄克的《中国革命运动史》，龙山的《中国农民战争的史的研究》等。

经济史的，则有吴贯因的《中国经济史概论》，李达的《中国产业革命概况》，陈灿的《中国商业史》，武堉幹的《中国国际贸易史》，张家驹的《中华货币史》，许衍灼的《中国工艺沿革史略》。

哲学史的，则有胡适的《中国哲学史大纲》，冯友兰的《中国哲学史》，谢无量的《中国哲学史》，钟泰的《中国哲学史》，蔡元培的《中国伦理学史》，蒋维乔的《中国近三百年哲学史》。

文学史的，则有胡适的《白话文学史》，郑振铎的《中国文学史》，谢无量的《中国大文学史》，胡怀琛的《中国文学史纲要》，陆侃如的《中国文学史简编》，梁乙真的《中国妇女文学史纲》，赵景深的《中国文学小史》，陆侃如、冯沅君合著的《中国诗史》，鲁迅的《中国小说史略》等。

妇女的，则有陈东原的《中国妇女生活史》，姚舜生的《中国妇女大事年表》。

宗教的，则有蒋维乔的《中国佛教史》，恒演和尚的《西藏佛教略记》。

法制的，则有程树德的《九朝律考》，杨鸣玉的《中国法律发达史》。

政治的，则有陶希圣的《中国政治思想史》。

交通的，则有王倬的《交通史》、张星烺的《中外交通史料》，曾鲲化的《中国铁路史》，交通部编的《交通部特殊教育沿革史》及《中国邮政史》。

书籍的，则有叶德辉的《书林清话》《书林余话》，陈彬龢的《中国书史》。

其他如各大学中设立史学系，及设立史学研究所，并出版史学杂志，以及商务计画出的《中国历史丛书》（计划出一百二十一种，现出五种），均为现代史学重要的建设。

中国史学史

陆懋德

第一章　历史的起源

各种科学皆有历史的研究　近世西方各种科学,日趋细密,故每门科学各有历史的研究。如科学有科学史,文学有文学史,哲学有哲学史,医学有医学史等皆是。所谓历史的研究者,即谓取某种科学之经历,而研究其自古到今之起源、变迁及结果。此亦因现代科学进步太速,变化太骤,非作为历史的研究,即不能知其已往的经历。所谓已往的经历,自然必须用历史表现。各种科学如此,史学亦无不如此。**史学史之范围**　所谓史学史者,在西语谓之"历史之历史",此即叙述自古来之历史的成绩,凡历史家之作史的方法艺术,及其演进发展的程序,皆在讨论之内。唐人刘知幾《史通》内有《正史》篇,即其史学史之雏形,惜此外在吾国尚无独立著作。在欧美此类著作亦发达甚晚,且尚少佳作。美人 J. T. Shotwell 谓"史学史必待科学的历史批评出现,而后能引起历史家之注意"(Shotwell, Introduction to the History of History, p.1)。盖前人皆视史学为文学的一支,而不知其为独立的科学,故将史学讨论附在文学史内,而于史学本身则甚少作为独立的统系研究。直至最近始为人所注意。

史的起源　世界各民族凡有文字者,即有记载,凡有记载者,即有史记,故多数人以为历史起于有记载,而记载起于有文字。然史之为物,其最初之功用为记忆已过之人事,使之不至遗忘而已。如此,则知非但见于文字记载者谓之史,即在未有文字记载以前,而父传子、子传孙之口说故事,亦是史之性质。今之野蛮民族,无文字,无记载,而其人民对于本族已往之经历,皆能保存甚久,此即由于父老口传的方法。由是言之,在上古时代中,其书本的史虽发见甚晚,而其口传的史则存在甚早。《说文解字》所谓十口相传为古者,亦是此意。

结绳及书契 《易·系辞》称"上古结绳而治,后世圣人易之以书契"。结绳之法,即是最古之记事法,其详虽不可知,而郑玄《易》注以为大事用大结,小事用小结,此其功用当与史记无异。今美洲土人尚有结绳之俗,如人与人交易,则用绳作结,以记其货物之数(W. J. Haffman, *Beginning of writing*, p. 136—138),此可谓古说之实证。所谓书契者,其意盖指二种记事方法。書字从聿,聿即古之笔,所以为写字之用;契字从㓞,㓞即古之刀,所以为刻字之用。清末地下发现之殷代甲骨文,是用刀刻,晋初地下发现之周代竹简书,是用聿写。大约上古聿先用刀刻,其后又知用聿写,皆所以为记事之用。用刀者谓之契,故契字从刀;用聿者谓之书,故書字从聿。然二者之兴,自在文字发明以后。文字之始,与图画无异,吾国谓之象形字,其初盖只刻画为某人某事之形,所以便人记忆,此亦是史的性质。周秦人尚无纸,其作字或用竹简,或用绢帛,故古人以竹帛并称。帛书已无可考。地下发现之竹简书是用漆书,见《晋书·束皙传》。其简长二尺四寸,每简四十字,见《晋书·荀勖传》。

古文字之起原 吾国文字之始,《吕氏春秋·勿躬》篇以为苍颉所造。而苍颉相传为黄帝时人,黄帝又相传为五千年前人。所谓黄帝、苍颉者,其人虽不可考,而中国文字始于五千年前,似当可信。吾国三代以上之最古文字虽未发现,宋人所称之夏代文字虽不可信,而河南安阳县地下发现之殷虚甲骨文字,其时代已在三千数百年前。考甲骨文字之构造,已甚复杂,故知吾国文字之起始,又当远在殷虚甲骨以前。凡任何民族之文字,皆由逐渐演进而成,不能谓始于某时,亦不能谓始于某人。既有文字,其最初之用,即在记事,此即史之起原。《说文》曰:"史,记事者也。"由此而知史之天职为记事。**古书之变迁** 吾国最古之记载曰"书",至周末尚用此名词,汉人始尊称之为"尚书",又尊称之为"书经",而古人只称之曰"书"。此因上古只有此一书,故直称之曰"书",而此书即是最古之史。犹如希伯来最古之书曰 Bible,其字义即是书,与吾国之书同义。孔壁中发现之《古文尚书》,皆用竹简,故称册,或称篇,秦汉人作书始用帛,故称卷,均见《汉书·艺文志》。汉以后用纸,而仍作卷子,故仍称卷,宋人始改为本子,故称叶,见欧阳修《归田录》。

三皇五帝之书　《左传》昭二年称楚人左史倚相"能读《三坟》《五典》《八索》《九丘》"。究竟所谓《三坟》《五典》者,为何时代之记载,后人已无从考定。《尚书》伪孔传序谓"伏牺、神农、黄帝之书谓之《三坟》,少昊、颛顼、高辛、唐虞之书谓之《五典》",此皆魏晋人穿凿之谈,毫不可信。其他如许行为神农之言,列子引黄帝之书,又皆周末人依托之词,亦不可信。《周礼·春官》称"外史掌三皇五帝之书",果如此说,则三皇五帝之时竟有记载传于后世。郑玄《周礼注》,亦以为三皇五帝之书即是《三坟》《五典》,实则毫无他证。余考《周礼》之成书,亦不能早于周末,是其所谓三皇五帝之书者,亦只可以周末人之传说视之,未必有可信之价值。**上古神话多不传**　陈澧《东塾读书记》卷四谓:"所谓三皇五帝之书者,乃后世说三皇五帝之事,非三皇五帝所作之书。"此言甚是。又考上古迷信甚深,其记载自必充满神话,即西语所谓 myth 者是。然关于神话之上古记载,在现存周秦古书内,已不可见。如康回倾地,应龙画河,仅见《楚辞》《天问》。共工触山,女娲补天,仅见于汉人《淮南子》。盘古氏出,开天辟地,仅见于六朝人述异记。此或古无此说,或古有此说而已亡失,皆不可定。洪水之说,大约由巴比仑传来,除见于《尧典》外,亦见于《诗·商颂》《孟子》《尸子》等书。

上古帝王世系　《孔子家语》及《大戴礼记》有《五帝德》及《帝系》等篇,此如埃及、巴比仑之古帝王世谱。如其可信,当为上古最重要之史料。然《孔子家语》《大戴礼记》皆出于汉儒编辑,其所记五帝世系,不但不能证明为孔子以前之记载,且不能证明为孔子时代之记载。《史记·五帝本纪》曰:"孔子所传宰予问五帝德,及帝系姓,章矣,儒者或不传。"又曰:"百家言黄帝,其文不雅驯,荐绅先生难言之。"据此可知关于五帝之记载,即汉初人亦不敢言,何况五帝以前之三皇?更由是而知上文所谓"三皇五帝之书"者,或上古本无此物。后世如唐人司马贞作《三皇本纪》,汉人司马迁作《五帝本纪》,皆是根据后人传说,编辑而成,无能证其为出于上古同时代之材料。司马迁所见之《世本》,亦非古书,而刘知幾《史通·正史》篇以为"秦汉间好事者为之",其说颇是。《汉书·艺文志》有《太古以来年纪》二篇,《古帝王年谱》五卷,今皆不传,盖亦秦汉间人作品。

《尚书》的篇数 前已言吾国最古之史曰书,即是《尚书》。东汉人称《尚书》原有千篇,记黄帝之孙帝槐以来,见王充《论衡·正说》篇,此为根据《书纬》之说,无有可信之价值,扬子《法言·问神》篇称"古之说《书》者序以百"。《汉书·艺文志》称"《书》之所起远矣,至孔子纂焉,上断于尧,下讫于秦,凡百篇"。上文所谓古《尚书》千篇者(《尚书正义》卷一引《书纬》同),绝不足信,而所谓古《尚书》百篇者,或是汉以前之旧文。所谓记黄帝以来者,亦不足信,而所谓断自唐尧者,当是汉以前之旧观。惜此书遭秦火之后,至汉初仅存二十九篇(据《史记·儒林传》),已不足百篇之数。《尚书》即是最古之史书,后人虽尊之曰经,而实则是史。孔子、孟子所读之古史,即是此书。

《尚书》首二篇之时代 《尚书》即是吾国最古之史,其书内记载唐尧以来,既如上文所言。然其首二篇号称《尧典》《舜典》者,是否真为尧舜同时代之记载,抑或为后人追述之记载,又不可不辨明之。前人盖以为《尧典》《舜典》真是尧舜同时代之著作,并以为非但尧舜为圣人,即作书之人亦是圣人之徒(见曾巩《南齐书序》)。故二千年来皆尊之为经,而不敢怀疑。然此二篇清儒刘逢禄定为夏史官所修(见刘氏《尚书今古文集解》卷一)。魏源定为周史官所修(见魏氏《书古微》卷一)。其说不同。今考《尧典》《舜典》开端即称"曰若稽古",则其出于后人编辑,显而易见。故清儒赵翼已定为后代追述之词(见赵氏《陔余丛考》卷一)。由是而知《尚书》首二篇《尧典》《舜典》,决非尧、舜时代著作。

《尧典》《舜典》文字不古 前已言《尧典》《舜典》,皆非尧舜时代著作。若就其文中之字法句法观之,又觉其浅显易读,且不似夏商时代之著作。即如谓其为周初著作,亦不相似,大约为周末人所修。然《孟子·滕文公》篇引《书》曰"洚水警予",古音读洚如洪,洚水即是洪水。此句之"洚水警予",当是古本《尧典》中尧述当时遭洪水之难而言。今本《尧典》中竟无此语,然则今本《尧典》尚不得谓为全是孟子时所见之《尧典》。宋人邵博《闻见后录》卷十已谓《尧典》中舜一岁而巡四岳为可疑,此当为后人疑《尧典》之始。至西历一八九五年法人 E. Chavanne

始言"《尧典》之记载,皆表现周代习惯"(见所译《史记》Vol.Ⅰ.P. Cxl)。大约《尧典》当是周末人所述。又《尧典》中所记之天文,近时东西学者研究者颇多,然至今尚无确定之结论。又考殷墟甲骨文及西周钟鼎文,多有十三月之名词。此即左传文元年所谓"归余于终"。此因上古皆以十二月为年,于闰年则多加一月于岁终,故称十三月,而不称闰月,上古埃及、巴比仑并同此俗。尧典中已有闰月之名词,亦足证其非古。

《虞书》佚篇　《书》序称"帝厘下土方,设居方,别生分类,作《汩作》《九共》《槁饫》"。据此可知《尧典》《舜典》之外,尚有此数篇。今按此数篇在汉初已亡,故不在《今文尚书》之内,而其篇目尚见于《书》序中,计有《汩作》一篇,《九共》九篇,《槁饫》一篇,共计十一篇。此皆前人以为尧舜时代记载者,而其文已亡,今亦无能辨其真伪。伏生《尚书大传·虞夏传》述其意,以为《九共》诸侯来朝,各述其土地所生美恶,人民好恶,并述其佚文曰:"予辩下土,使民平平,使民无敖"。据此可见此数篇之文字,亦与《尧典》《舜典》无异。《尧典》《舜典》不可信,则此数篇亦不可信。又据《书》序,《尧典》《舜典》原是二篇,汉初传本只有《尧典》,并无《舜典》。清儒刘逢禄《书序述闻》以为异序同篇,亦无他证。魏晋人伪《孔传》又将《尧典》下半篇分出另为一篇,谓之《舜典》,尤为不合古意。

上古逸史　《汉书·艺文志》著录《神农》二十篇,《蚩尤》二篇,《黄帝铭》六篇,《黄帝君臣》十篇,黄帝之相《力牧》二十二篇,黄帝之史《孔甲》二十六篇,今皆不存。凡此或皆记述上古名人言行,亦是史的性质。然诸书实皆周末人依托,班固已多疑之,是无可信之价值。《尧典》《舜典》以外之古书,如是而已。此外《易经》后附《系辞》一篇,内述伏羲、神农、黄帝、尧、舜之制作,亦是上古史料之一。《史记·孔子世家》以《系辞》为孔子所作,然宋人欧阳修已疑之,见所作《易童子问》。考晋初汲郡魏哀王墓中发现之竹简《易经》无后附《系辞》,见晋人杜预《春秋经传集解》后序,由此而知《系辞》一篇,为古本所无。《系辞》内屡引"子曰"云云,当是孔门后学所记。如是则《系辞》内之上古史料,亦与周秦诸子之价值无异。

金石铭刻 《吕氏春秋·求人》篇称古人"功绩著于金石",金当指铜制钟鼎彝器而言,石当指石刻碑碣图像而言。铜器之兴,或当在石刻之后。考商周铜器现存于世者尚多有之,而商周以前者已不可见。若云三代以前之石刻,尤为吾国所未闻。吾以为吾国上古遗事,当有石刻图记,如在埃及、巴比仑之所见者,然至今尚未发现。旧说称古者封泰山、禅梁父者,七十有二君,管仲观之,不能尽记(见《史记·封禅书》)。此或在泰山上有石刻记名,而后世已不可见,今泰山上有"没字碑",或是上古石刻之剥落者,然已无能证明。现存埃及上古石刻,以 Palermo Stone 为最古,此为记述帝王世系之残石块,其刻石的时代已在四千年前,吾国所存古刻尚无及此者。

史官的起原 旧说又称史官之起原甚早,黄帝之史有孔甲(《汉书·艺文志》),有仓颉(《说文》原序),又有沮诵(《风俗通·姓氏篇》),等名。刘知幾《史通·史官建置》篇即据此谓"史官之作肇自黄帝"。不知已上诸人,皆是后世传说,并无确证。即其人之有无,尚不可知,更何论乎彼等是史官,或非史官。英人斯宾塞尔 H. Spencer 始主张上古之史官出于祭司(见所著 Principles of sociology, Vol. II, p. 35, 242)。余考埃及第一古史家 Manetho 原为上古祭司(J. H. Breasted, History of Egypt, p. 13, 14),此可为斯宾塞尔之言之左证。中国之史官,最初原为赞助君主祝告天地鬼神之职,其事尚可于《周书》《洛告》《金縢》等篇见之。《说文》解"史"字云"从手执中",此义不甚明了。清儒吴大澂解"史"字作象手执简册之形(《说文古籀补》卷三),此说甚是。由此而知奉册祝告,乃史官之初职。《汉书·艺文志》称"左史记言,右史记事,言为《尚书》,事为《春秋》",此说是自《礼记·玉藻》"言则左史书之,行则右史书之",推演而出,自是后起之说。

史官册祝 前言史官出于祭司,在上古迷信神权之社会,其地位甚为重要。《尚书·金縢》篇有"史乃册祝"之语,盖古者国有大事,必须祝告天地鬼神,事前事后,均当有之。其祝告之词,必书于简册。祝告之前,由史官书之,祝告之时,由史官读之,祝告之后,又由史官收此简册而保存之。《曲礼》称"史载笔",此即谓史官掌记事之职。《左传》昭二年称晋韩起"观书于太史氏",此即谓史官掌收藏之事。此因在上古社会中能识字作文读文者不多，故必赖此专门职业之史官。史官之家，亦即是收藏世代简册之府。此类简册收藏既多，即是史料，加以编定，即是史记。旧说称夏有太史终古，商有大史向挚（均见《吕氏春秋·先识览》）。前既证明史官出于祭司，则其起始又当远在夏商以前。汉太史公《史记自序》自称"文史星历，近乎卜祝之间"，观此而知史官与祭司之关系，至代汉尚然。祭司之职，在野蛮社会中已有之，且其职位甚为重要，则史官起原之早，可想而知。

参考书

皮锡瑞《今文尚书考证》卷三十《书序考证》 《易·系辞》 《书》（《尧典》《舜典》） 《大戴礼》（《五帝德》篇、《帝系》篇） 《史记》（《自序》及《五帝本纪》） 刘知幾《史通》（《史官建置》篇） 章学诚《文史通义》（《史释》篇） 龚自珍《定盦文集》卷一《尊史》篇、金鹗《求古录札记》卷十 《书册制度考》 王国维《观堂集林》卷六《释史》

第二章　上古的史料

《虞书》古称《夏书》　周末以前,即所谓夏商至周初,虽无史学可言,而已有可供研究之史料。《尚书》伪《孔传》标《虞书》为首,即指《尧典》《舜典》等篇,已见前章。然伏生《尚书大传》,及马融、郑玄《尚书》传注,均标名《虞夏书》。是诸人皆疑《虞书》不能独立,而与《夏书》混合,此或诸人已疑《虞书》为夏代史官所修之故。**《尚书》或以夏代为始**　又考《墨子·明鬼》篇,称《尚书》以《夏书》为首,而《左传》所引今在《虞书》之词句,皆称"《夏书》曰"云云。由此而知古本《尚书》或竟以《夏书》为首,与汉初人传本不同。然汉人尚混称《虞夏书》,又与魏晋人分称《虞书》《夏书》者不同。所谓《虞书》者,大约《汉书》以前尚无此名词。晋初汲郡魏哀王墓中发现之《竹书纪年》,亦以夏代为始(详见杜预《春秋经传集解》后序)。由此可见,上古史册之记载大约自夏代而详,而所谓夏代以前之《虞书》,皆为后人所追叙无疑。又考夏代之古迹古物,至今尚未发现,究竟有无此代,自是另一问题。《尚书》既以夏书为始,则《尚书》所代表之年代,即自夏初至周初,即所谓"三王时代",亦可称"尚书时代"。

《大禹谟》篇周末尚存　伪《孔传》以《大禹谟》篇列在《虞书》,而《左传》僖二十四年引《夏书》曰"地平天成"。襄二十一年引《夏书》曰"念兹在兹"。文七年引《夏书》曰"戒之用休"。庄八年引《夏书》曰"皋陶迈种德"。今此诸句皆在《大禹谟》内,由此而知古本《大禹谟》当列在《夏书》之内。然古本《大禹谟》在汉初已亡,其后孔壁中所发现之古文《大禹谟》(《书》疏引郑注书序),不久亦亡,此实古史上之最大损失。伪《孔传》又以《皋陶谟》篇列在《虞书》,实则此篇所记,多为禹与皋陶问答之词。**《皋陶》《益稷》二篇问题** 上文言《大禹谟》当列在《夏书》,则《皋陶谟》亦当列在《夏书》,更无问题。汉初《今文尚书》已有《皋陶谟》篇。而伪《古文尚书》又有《益稷》篇,实则《益稷》篇乃自《皋陶谟》篇之后半篇割裂而成。《史记·夏本纪》引此文完全通为一篇,此可证明汉初传本之《尚书》只有《皋陶谟》篇而无《益稷》篇。清代经学家亦主此说,详见丁晏《尚书余论》。汉初《今文尚书》原无《益稷》篇,而孔壁后出之《古文尚书》只有《弃稷》篇,见《书》疏引马、郑说,然不久亦亡。益与弃明是二人,不可混而为一。

《夏书》六篇 前已言《夏书》内之《大禹谟》《皋陶谟》以外(伪《古文》分《皋陶谟》为《皋陶》《益稷》二篇),尚有《禹贡》《甘誓》《五子之歌》《胤征》四篇,合前共为六篇。然《大禹谟》《五子之歌》《胤征》久已亡失,故汉初人所见之《今文尚书》,只有《皋陶谟》《禹贡》《甘誓》三篇,此为仅有之《夏书》,亦即为仅存之夏代史册。《大禹谟》《皋陶谟》二篇皆记二人之言论,《禹贡》记禹王平治水土之事。《甘誓》记后启征伐有扈之事。今考《皋陶谟》《甘誓》二篇之词句,皆浅显平易,绝不似东周以前作品,其为后人追述,或后人补作,殆无可疑。且《皋陶谟》篇末与《尧典》篇末有重复相同之字句,《甘誓》篇末与《汤誓》篇末有重复相同之字句,尤不似上古者作。

《禹贡》地理不实 《禹贡》虽记九州山川,历代尊为万古不刊之经典,而清初人阎若璩已疑其与现在地理不同(详见《潜邱札记》卷三),由此而知其决非当时作品。今本《禹贡》既详记夏代贡法,而《孟子》论贡法,不引《禹贡》,可见今本《禹贡》尚非周末人所见之《禹贡》。又《禹贡》九州与《周礼》《吕氏春秋》略同,则其成书当与此二书同时。今本《大禹谟》《五子之歌》《胤征》三篇,又皆为魏晋人所造之伪《古文尚书》,尤不可信。**《胤征》篇内的日食** 今本《胤征》篇虽不可信,而在上古史上关系重大。此因篇中记有季秋月朔日食之事,为中国第一次日食之见于记载者,此为上古史内考定年代之最要证据。西人以为此日食当在西历纪元前二一五五年十月十二日(M. Granet, *Chinese Civilization*, p.56)。果如此说,即可断定《胤征》篇为距今四千年前之史料。古本《胤征》篇内容如何,虽不可知,而据《左传》昭十七年所引《夏书》"辰不集于房"一语观之,似周末人所见之《夏书》实有日食之记载,此可谓中国日食之第一次见于史册者。若论及见于古物上之夏代文字,至今尚未发现。宋人薛尚功《钟鼎彝器款识》卷一所言夏钟、夏带钩上之文字,不可信。世传湖南衡山之岣嵝碑,明人杨慎有释文,谓为"禹碑",而顾炎武《金石文字记》卷一谓为"字奇而不法,韵奇而不古",绝非夏人之遗。孙诒让《名原序》谓为"上古苗民遗迹"。

夏文字未发现 《尚书》内之《夏书》,既不似当时作品,而古物上之夏代文字亦未发现,由此即可断定夏代同时代之记载,现已无存。**《禹本纪》及《山海经》** 此外《史记·大宛传》所引《禹本纪》《山海经》二书,相传均是上古作品。今《禹本纪》已亡,而《山海经》尚存。《禹本纪》盖亦周末作品,当为后来正史中本纪之始,为太史公所取法。考《山海经》在《汉书·艺文志》作十三篇,今尚存。王充《论衡·别通》篇称"禹主行水,益主记异物,以所闻见作《山海经》"。《隋书·经籍志》亦称此书"相传为夏禹所记"。考《列子·汤问》篇称"大禹行而见之,伯益知而名之,夷坚闻而志之"。此或为《论衡》《隋书》之言所本,然《列子》书内实未举出《山海经》之名。且《列子》亦是伪书,不可据以考古。**古地理书** 今考《山海经》内尚有秦汉地名,故清代《四库全书提要》定为"周秦间人所述,而又为后来好异者附益之"。然记古地理之书,《禹贡》之外,此为最古。且《禹贡》之成书时代,既不能早于周末,则《山海经》之成书时代,亦不能远在其后。《汉书·艺文志》有《大禹》三十七篇,颜师古注以俞为古禹字,班固原注谓"传言禹所作,其文似后世",盖亦后人之依托者,今已亡。

现在《商书》篇名 《商书》在《尚书》内者共有三十篇,书序及《史记·殷本纪》均详载其目。此数十篇虽未必全是商人真本,然不可不谓为上古时代最为丰富之史料。如果诸篇皆存,则商代史事固已灿然可观。然诸篇大多数皆亡,实皆上古史上之最大损失。汉初传本之《今文尚书》,只有《汤誓》《盘庚》《高宗肜日》《西伯戡黎》《微子》,共计五篇,今尚存在。其后孔壁后所得《古文尚书》尚有《汤诰》《咸有一德》《典宝》《伊训》《肆命》《原命》,凡六篇,见《书》疏引郑注,然不久亦亡。**亡失篇名** 此外伪《古文尚书》又有《仲虺之告》《汤诰》《伊训》《太甲》《咸有一德》《说命》，凡六篇，又皆是魏晋人伪造。《左传》成六年引《洪范》篇语，作《商书》曰云云。今本《洪范》在《周书》内，或周人所见之《洪范》列在《商书》内。

《商书》可信者四篇　前言现存之《商书》，只有《汤誓》《盘庚》《高宗肜日》《西伯戡黎》《微子》，共五篇。余考《汤誓》词句，甚为平易，颇似后世文字，且末语又与《夏书》内之《甘誓》末句相同，疑皆是后人追述。其余四篇文字艰古难读，似非后人所能伪造。《盘庚》分上中下三篇，记盘庚迁殷之事，《高宗肜日》篇记祖己训王之词，《西伯戡黎》篇记祖伊谏纣之语，《微子》篇记微子与纣论殷将灭亡之状况。商代大事见于书者，如此而已。**《商颂》的时代**　此外《诗经》内有《商颂》五篇，亦商代史料所在。《毛诗》序及郑玄《诗谱》均以《商颂》为商代作品，王国维说《商颂》以为西周中叶作品，皆无确证。实则《商颂》为东周宋大夫追美殷先王而作（见《史记·宋世家》）。汉初齐、鲁、韩三家《诗》说及扬子《法言》并同。《国语》虽有"正考父校商之名颂十二篇于周太氏"之语，然春秋时人多称宋为商，已见《左传》。

殷墟甲骨文字　前清光绪初年，河南安阳县西五里小屯地下发现龟甲兽骨刻字甚多，皆是商代王室占卜之词。刘鹗始影印为书册，孙诒让始解析其字句。其刻词虽多为占卜之用，而当时之人名、地名，及商代列王之田猎、祭祀、征伐、游幸，及一代之典章制度，多可由此考见。其有不是卜词，而作记事之用者，尤是史册之起始。此为真确商代遗物，经多数学者研究，已得证实，此可谓商代最可宝贵之史料。**商代新得史料**　罗振玉据之作《殷虚书契考释》，内分都邑、帝王、人名、地名、文字、卜词、礼制，凡七篇。王国维又据之作《殷先公先王考》及《续考》，凡二篇，此皆与商代史料有重要关系。近时研究此项卜词者，虽不乏人，而不能认识之字句尚多。安阳即古殷墟所在，每岁经土人随意发掘出土甲骨卜词不少。近年中央研究院已在此正式发掘，并分期印行报告书，将来所得之商代史料，必日有增益。商代史之补修，将必取材于此。

《周书》篇目　《尚书》内之《周书》，据《书》序原有二十八篇，不可谓不详。汉初传本之今文《周书》，只存《牧誓》《洪范》《金縢》《大诰》《康诰》《酒诰》《梓材》《召诰》《洛诰》《多士》《无逸》《君奭》《多方》《立政》《顾命》《康王之诰》《吕刑》《文侯之命》《费誓》《秦誓》，共二十篇，凡此诸篇，除《牧誓》《洪范》《金縢》，尚有问题外，其余似皆周人遗文，且大半数为西周遗文。**《牧誓》《洪范》可疑**　考其字法句法，艰奥难读，非后人所能伪造。惟《牧誓》《洪范》二篇文字平易，或是后人追述，不类周初作品。然《史记》所录《周书》皆只录其平易者，而《大诰》《洛诰》等艰奥难读之篇，皆不选录，未知何意。《金縢》后半篇又是后人窜入之文，非本篇原文所有，详见孙星衍《嘉谷堂集》卷一《尚书错简考》。**《费誓》篇名不同**　"费誓"《史记·鲁世家》作"肸誓"，许、郑古文作"鮮誓"，唐人始改为"费誓"。孔壁发现之古文《武成》《旅獒》《冏命》，及后得之《泰誓》，皆先后亡失，至今不传。此外伪《古文尚书》又有《泰誓》《武成》《旅獒》《微子之命》《蔡仲之命》《周官》《君陈》《毕命》《君牙》《冏命》等篇，皆是魏晋人伪造，不可信。

　　《泰誓》篇的问题　《周书》内问题最多者，为《泰誓》《武成》二篇，皆纪武王伐殷、克殷之大事，然汉初伏生所传是否有《泰誓》，久为难解之问题。余考《史记·儒林传》，汉初伏生所授之《今文尚书》，共廿九篇。又考汉初《今文》是分《顾命》及《康王之诰》为二篇，有《史记·周本纪》为证，其中不数《泰誓》，已足廿九篇之数。然汉以前古本确有此篇，故《左传》《国语》《孟子》《荀子》皆有引《泰誓》之语。不过伏生所传之《今文》，已无此篇。汉刘歆与太常博士书曰"太誓后得"，此谓《泰誓》之发现，已在伏生二十九篇之后，然至迟又必在汉武帝以前，故董仲舒、司马迁均有引《泰誓》之文。《书序》疏引刘向《别录》谓"武帝末，民有得《泰誓》于壁内者"，此"武帝"末三字当作"武帝初"为是。此后得之《泰誓》虽为时人引用，而实非真本。故马融曰"《太誓》后得，按其文，似若浅陋"（见《书》疏引马融《书传》序）。此见后得之《太誓》原非真本，盖是汉初人之伪作。汉时此本后得，未列于学官，故未久亦亡。今存之《泰誓》，又是魏晋人伪《古文》之《泰誓》。**《武成》篇的问题**　伏生所传《今文》二十九篇原无《武成》，后在孔壁中得《古文尚书》十六篇，内有《武成》（见《书》疏引郑注书序）。此当是周人真本，汉代学者多见此篇，故《汉书·律历志》引其一段，而武王克殷之月日，仅由此段考见。惜此篇又亡于东汉建武之际（见《书》疏引郑注）。今存之《武成》，又是伪《古文》之《武成》，毫不可信。此二篇包括武王克商之大事及年月日，为周初史料中最重要之文字，惜皆亡，此实上古史中之最大损失。

周初的史诗 《诗经》内之篇章，皆为周代史料所在。其《周颂》《大雅》《小雅》所咏，包括太王至幽王之时代，所存史料极为丰富。此不但可称史料，且可谓之史诗。此类史诗，西语谓之 Epic，如希腊初期之 Homer 诗篇，甚为显著。在世界各民族中，史诗皆先于史记，此为历史家所共认。《大雅》诸篇记周代民族之起原，及后稷之居邰，公刘之迁豳，古公之迁岐，文王之伐崇，武王之伐纣，此皆极可宝贵之史料。《小雅》诸篇记宣王之中兴，厉王之失道，幽王之乱亡，所述之详细，皆为任何古史所不及。总之，以上诸诗之记事，皆较任何古史为详，其写成亦较任何古史为早。且其中有周公、召公、尹吉甫、芮良父之著作，其在历史上之价值，自可想见。**《周诗》内之日食** 至其关于上古年月者，有《小雅·十月之交》一篇，记十月辛卯朔之日蚀。唐人以历法推之，谓在周幽王六年十月一日（见《新唐书·历志》）。西人以历法推之，谓在西历纪元前七七六年八月二十九日（F. Hirth, *Ancient History of China*, p.147）。此为西周时代第一次可以考定之年月日，在古史上极为重要。此外如《汉书·律历志》所言克商之年，《史记·十二诸侯年表》所谓共和元年，皆无确证。或疑《周诗》词句平易，未必是周初人著作。然韵文便于记诵，故觉其平易，如宣王诗篇与地下发现宣王时代之虢季子白盘铭，其词句皆极相似，即此可证《周诗》之非伪。

周初的史官 《吕氏春秋·先识览》有"夏太史"、"商太史"、"周太史"之称。夏代是否有太史，虽无他证，而商有太史，已见甲骨文中（见罗振玉《殷虚书契前编》卷五第三十九页）。至于周有太史之职，已无可疑，而其最初之史官，即是史佚。《左传》《国语》屡引其名言，盖即周初之著名太史名佚者。据《史记》及《书》序虽知《周书》诸篇为太公、周公、召公等所作，而实则诸篇当出于史官之记载。**史佚为最古的作家** 《周书·洛诰》篇称"王命作册，逸祝册"。又称"作册，逸诰"。郑玄以为"逸"即史佚（见《书》疏引郑注），其说甚是。又《逸周书·克殷解》称"尹佚筴祝"，此"尹佚"亦当是史佚。考《论语》中之"夷逸"，汉石经作"夷佚"，此见"逸"、"佚"二字古人通用。史佚既为周初著名太史，则《周书》内各篇当是史佚之著作，亦无可疑。然则《周书》各篇虽未列作者之名，而其作者之人，尚可推想而定。至《洛诰》篇为史佚所记，已有本文为证。尹佚有书二篇，汉时尚存（见《汉书·艺文志》），此即上文所引《逸周书·克殷解》内之"尹佚"，亦即《左传》成四年所引之"史佚"，亦即《尚书·洛诰》篇所言之"逸"。上古的史学自然出于史官，而非私人所能想望。周初尚有太史辛甲，《左传》襄四年引其所作《虞箴》，《汉书·艺文志》以为纣臣而周封之，有书二十九篇，今亡。

地下发现钟鼎　　《周书》以外之西周史料，多见于地下发现之钟鼎彝器，其铭文多者往往足抵《周书》一篇。周俗凡有大功，或受锡命，必造钟鼎及铭词，以为纪念，故内存史料甚多。不过周时诸王不用年号，死后方有谥号，而生名又须避讳，故造器者于时王纪年遂无词可称。**铭词多是史料所在**　　后人于周器时代之推定，只可以铭文中之词句及事实为之证明。如盂鼎铭文二百九十余字，末著"惟王廿又三祀"，小盂鼎铭文三百余字，末著"惟王廿又五祀"，均为成王时器。毛公鼎铭文四百九十余字，散氏盘铭文三百余字，克鼎铭文二百八十余字，䛒鼎铭文四百余字，虢季子白盘铭文九十余字，鄦惠鼎铭文九十余字，颂鼎、颂敦、颂壶铭文各百余字，诸器皆为西周遗物，其铭文一篇与《尚书》一篇同重，而盂鼎之关系伐鬼方，虢盘之关系伐玁狁，尤为重要史料所在。

参考书

阎若璩《古文尚书疏证》　　孙星衍《尚书马郑注》卷首《尚书篇目考》　　孙星衍《嘉谷堂集》卷一《尚书错简考》□□皮锡瑞《今文尚书考证》卷三十，又《书经通论》《诗经通论》　　魏源《诗古微》《书古微》　　王先谦《尚书孔传参证》卷三十三至三十六　　罗振玉《殷虚书契考释》　　王国维《周金文考释》　　郭沫若《卜辞通纂》《卜辞通释》　　郭沫若《两周金文辞大系》

第三章　周末的史学

正式史记之始　春秋战国为吾国各种学术发展之时代，亦为史学发展之时代。前乎此期之史书，只有《尚书》一种，已见前章。然《尚书》每事为篇，如官府之纪录，如故事之档案，若以严格之眼光论之，只可谓之史料，不可谓之历史。**《春秋》为国史之始**　至西周亡，东周初，即入于春秋时代，而史学即发生一大变化。盖是时文化日进，不但王室有正式史记，即列国诸侯亦莫不有正式史记。旧称"秦文公十三年初有史以纪事"（见《史记·秦本纪》）。秦文公即当东周初年，秦国文化在各国为后进，秦既在此时有史，则他国久已有史可知。《孟子·离娄》篇称"晋之乘，楚之梼杌，鲁之春秋，其实一也"，此皆各国史记之名。《晋语》称"羊舌肸习于春秋"，《楚语》称"教之春秋而为之耸善而抑恶"。《墨子·明鬼》篇亦有"周春秋"、"宋春秋"、"齐春秋"之称，此见周末各国之史多称"春秋"。杜预《春秋经传集解》序曰，"记事者以事系日，以日系月，以月系时，以时系年，年有四时，故错举以为所记之名"。"春秋"之命义，即是如此。《春秋》即是编年的史，编年之名词已见《史通·正史》篇，此盖为上古国史之正体。《春秋》必备具年月时日以记事，此为编年史之始。自有正式史册，即可供人研究参考，而私人史学即始于此。

《鲁春秋》即鲁史　《汲冢琐语》有"夏殷春秋"之名，见《史通·六家》篇所引。此或为周末人依托，不可尽信。《左传》昭二年称韩献子聘于鲁"观书于太史氏，见《易象》与《鲁春秋》"，此当是孔子世以前之《鲁春秋》。《鲁春秋》即是《鲁史记》，故汉人称"孔子因史记作《春秋》"，见《史记·孔子世家》。**孔子作《春秋》之神话**　关于孔子作《春秋》之事，汉人记载皆参以神秘的意味。《史记·儒林传》称"西狩获麟，孔子曰：

'吾道穷矣。'乃因史记作《春秋》，以当王法"。《说苑·贵德》篇称"孔子睹麟而泣，哀道不行，于是退而作《春秋》，明素王之道，以示后人"，又《至公》篇称"孔子退修《春秋》"，"精和圣制，上通于天，而麟至"。何休《公羊解诂》卷十二又有得麟之后，天下血书鲁端门，明日飞为赤鸟，化为白书，有作图制法之状，故孔子作拨乱之法等语（《公羊传》谓《春秋》为拨乱世之书）。此皆谓孔子作《春秋》与鲁人获麟有关，且有神秘的意味。其见于周人记载者，只有《孟子·滕文公》篇"孔子作《春秋》"，"孔子成《春秋》"数语，并无如汉人神秘之说。《吕氏春秋·求人》篇"观于《春秋》，自隐公至哀公十有二世"，此见战国时人所见之《春秋》与今本正同。《荀子·劝学》篇称"《春秋》之微也"，此亦似指孔子之《春秋》而言。西人亦用中西日食相同证《春秋》可信（见 E. H. Parker, *Ancient China Simplified*, p.27），此见《春秋》当是鲁人孔子著作。**作《春秋》之预备** 《左传》疏卷一引《严氏春秋》称"孔子将修《春秋》，与左丘明乘而如周，观书于周史"。《公羊》疏引闵因叙称孔子作《春秋》"使子夏等十四人求周记，得百二十国宝书"。《史记·十二诸侯年表》曰"孔子明王道，西观周室，论史记旧闻，兴于鲁，而治《春秋》，约其文词，去其烦重，以制义法，王道备，人事浃"。此数语尚为不失真相。《公羊传》疏引《演孔图》称"孔子修《春秋》，九月而成"，未知信否。

　　作《春秋》之深义 孔子作《春秋》，其目的如何，后人已不可详，而《史记·自序》以为"当一王之法"，《说苑·贵德》篇以为"明素王之道"，此则近于政治史观。作史而以政治的眼光判断各种问题，此自为上古史学中一大进步。《史记·自序》称"《春秋》上明三王之道，下辨人事之纪，别嫌疑，明是非，定犹豫，善善恶恶，贤贤贱不肖，存亡国，继绝世，补敝起废"。**法律及道德的批评** 又称"孔子知言之不用，道之不行也，是非二百四十二年之中，以为天下仪表，贬天子，退诸侯，讨大夫，以达王事而已矣"。此近于法律的批评。《说苑·至公》篇称"孔子修《春秋》，采毫毛之善，贬纤芥之恶"。《春秋繁露·王道》篇称"孔子明得失，差贵贱，反王道之本，讥天王以致太平，刺恶讥微，不遗小大，善无细而不举，恶无细而不去，进善诛恶，绝诸本而已"。此近于道德的批评。此虽皆汉人推测之词，而《孟子·滕文公》篇，亦言"《春秋》者，天子之事也"。

又称孔子曰"其事则齐桓晋文,其文则史,其义则丘窃取之矣"。是孔子作《春秋》,确有一层政治哲学的深义,非泛泛作史者之比。

《春秋》之书法　《春秋》既以孔子之政治思想为主,而所谓"别嫌疑,明是非,定犹豫,善善恶恶贤贤贱不肖"者,亦自是一般修史者应用之方法。不过《春秋》中如隐公被弑,而书公薨;如晋侯召王,而书王狩;如宋之盟,楚人先晋,而书晋人先楚。此类皆非据事直书之义,后人观之,不能得其真象。此或因在当时社会情形之中,有不得不然之故。是时原有"为尊者讳,为亲者讳,为贵者讳,为中国讳"种种之限制。孔子既不能据事直书,故只得寓褒贬于文字之内,后人谓之"书法",遂为修史者开一新路。**文武之道为标准**　《汉书·儒林传》称"孔子因《鲁春秋》,举十二公行事,绳以文武之道,成一王法"。此谓孔子以文武之道为书法之标准,其说颇是。书法既以文字为褒贬,然一有抄写错误,则真义不可得见,故王安石讥春秋为"断烂朝报"。前引《公羊》疏称孔子作《春秋》,得百二十国宝书,此皆出于汉人夸大之词,不可信,实则所据者即鲁国之旧史,已见《史记·孔子世家》。《春秋》所以始于鲁隐公者,自古异说纷如聚讼,余谓鲁史大约以隐公为始,故《春秋》亦不能不以隐公为始。

《左传》之起源　《春秋》之体例,重在"书法",已见上文。其字句甚简,非读者所能了解,然此实是周人国史之正体,后之《秦记》及《竹书纪年》,皆同此体。在传记事甚详,而实是私人著作。《史记·十二诸侯年表》序称"孔子作《春秋》,七十子之徒口受其传指,为有所刺讥褒讳挹损之文辞,不可以书见也。鲁君子左丘明惧弟子人人异端,各安其意,失其真,故因孔子史记,具论其语,成《左氏春秋》"。此为《史记》所言《左氏传》之起始。此又见左氏本非太史,而《汉书·艺文志》作《左氏传》三十卷"鲁太史左丘明作",盖不可信。**《左传》在西汉晚期始行于世**　西汉之初,皇室图书馆已有此书,故司马迁已见《左传》。不过当时尚未通行,至西汉之末,刘歆好之,始行于世(见《汉书·楚元王传》)。班固称张仓、贾谊治《左氏春秋》(见《汉书》各本传),此盖东汉人思想如此,不见于西汉人记载,不可信。左丘明之名,已见《论语》,他无可考。《经典释文·叙录》引刘向《别录》,称左丘明授曾申,曾申授吴起等语,在古书皆无确证,亦不可信。《左传》虽依《春秋》为传,然其逐年记事,贯串首尾,叙述甚详,读之于二百年之各国大事,了然在目,与《春秋》之仅标题目者不同,此又为吾国史学上一大进步。

《左传》的真伪问题 《左传》之问题甚多,因此书在汉初未列学官,未通行天下之故。《汉书·楚元王传》称此书"古文旧书,藏在秘府"。司马迁身为太史,盖在秘府见之,而多数学者皆未之见。汉博士谓《左氏》不传《春秋》(见《汉书·楚元王传》)。晋人王接谓《左氏》不主为经发(见《晋书》本传)。此皆谓《左氏》乃独立之史书,非为解说《春秋》而设。宋人林黄中谓《左氏传》内"君子曰"是刘歆之辞(见《朱子语类》卷八十三)。清人刘逢禄谓《左传》内"书曰"为刘歆所增(见所作《左氏春秋考证》)。清人姚鼐谓《左传》为吴起所附会(见所作《左传补注序》)。至康有为遂谓《左传》为刘歆所伪造(见所作《新学伪经考》)。凡此诸说皆是提出意见,而无确证。**《左传》非全伪** 近时瑞典人 B. Karlgren 用字法、句法之比较,而证明《左传》为先秦作品(见所著 On the authenticity and the Nature of the Tsochuan),其言颇是。又按晋初汲冢发现古书,内有抄集《左传》事者,见杜预《左传集解·后序》,此《左传》为先秦古书之一证。又为《韩非子》《吕氏春秋》所记史事与《左传》同,而《左传》所记楚成王、徐义楚之名,与地下发现之钟鼎文同,此又《左传》为先秦古书之证。《左传》之记事,似非后人所能伪造,而其文内之解说批评多为后人增加,理当有之。康有为又谓古无《左传》,而《左传》实为刘歆由《国语》内分化而出,见所作《新学伪经考》,近人多从其说。然"左氏春秋"之名,已见《史记十二诸侯年表序》,此足以证康氏之妄说。

《国语》之作者 《史记·自序》称"左丘失明,厥有《国语》"。《汉书·艺文志》称"《国语》二十一篇,左丘明著"。是汉人均以此书为左丘明作。此书记周、鲁、齐、晋、郑、楚、吴、越,各国大事,以国为别,而不标明年月,又为史学上开一新例。《汉书·艺文志》又有新《国语》五十四篇,云刘向所分,今亡。然今本之《齐语》多似抄自《管子》,而《吴语》《越语》,尤不似周代文字,大约后人附加者甚多。**古本《国语》** 考晋初汲冢发现《国语》三篇,记晋楚之事,见《晋书·束皙传》,此见《国语》内晋楚数篇确为先秦古书。或原书只有三篇,而后人增加为二十一篇,亦未可知。其《齐语》《郑语》《吴语》《越语》,是后人文笔,甚为明显。今存《国语》二十一篇,为三国时吴人韦昭注,是否为左丘明原本,抑为刘向分本,已无可考。后人因《左传》《国语》为左丘明一人所作,而体例不同,故称《左传》为《春秋》内传,而称《国语》为《春秋》外传,此名称已见韦昭《国语·序》及刘知幾《史通·六家》篇。《国语》之叙事,似不及《左传》之简要,然体例各有不同,可并称为史学上二大著作,其成书时代当已远在孔子之后。《汉书·楚元王传》称"《春秋左氏》丘明所修",《史记·自序》称"左丘失明,厥有《国语》",世人因谓左氏与左丘氏疑是二人。然司马迁《报任少卿书》称"左丘明无目"。《太平御览》六百一引《史记》作"左丘明失明",由是当知为一人,姓左而名丘明,而非二人。

《战国策》之定名 继《国语》之后者,为《战国策》,其体例与《国语》无异。此书本名《国策》,或曰《国事》,或曰《短长》,或曰《事语》,或曰《修书》,汉刘向始定为《战国策》三十三篇(详见刘向《战国策》序)。此书至北宋仅存十一篇(见《崇文总目》)。曾巩又求之士大夫家,补辑为三十三篇(见曾巩《战国策目录序》)。三国时蜀人李权向秦宓借《战国策》,而秦宓不与(见《蜀志·秦宓传》),可见此书在汉时传本甚少。此书不知撰者姓名,刘向以为战国游士为之。书内以国为别,略如《国语》,内分有东周、西周、秦、楚、齐、韩、赵、魏、燕、宋、卫、中山等国,战国二百余年之大事,仅见于此。**古本已亡** 此书虽详于辩说,而其记事之文,亦简洁明快,非后人所及。《燕策》内荆轲刺秦王一篇,与《史记》文同,清人方苞以为原文已亡,而后人反取《史记》补之(见方氏《望溪文集》卷一),此说甚精,恐书中类此甚多。又书中各篇抄取《吕览》《韩非》之书者尚多,盖皆曾巩为之。原书为后汉人高诱注,甚为详博,今存者不及十之二三。东晋人孔衍又删《国策》为《春秋后语》十卷,所记者七国(见《史通·六家》篇),今亡。清末甘肃敦煌石室中发现此书,是唐人写本,颇足为校勘《战国策》之用,惜已流入英国。

《竹书纪年》为魏国国史 《竹书纪年》为晋初汲冢中发现古书之一。此冢《晋书·束皙传》以为魏襄王墓,实则为魏哀王墓。见杜预《左传集解·后序》。原书凡十三篇,纪夏以来,至周幽王,接之三家分晋,仍述魏事，至魏哀王二十年而止，盖即魏国之史书（均见《晋书·束晳传》，及杜预《左传集解·后序》）。此书自夏迄周，用编年体，实为通史之最古者，其体有如《春秋》，文字甚简，杜预以为"推此足见古者国史策书之常"。此书原用夏历（见《隋书·经籍志》），今本用周历，与《春秋》同，故知其非古本。《晋书·束晳传》言此书起自夏代，而《史记·魏世家》集解引和峤云纪年起自黄帝。束晳、和峤同为晋人，而其说不同。然证以晋初人杜预之说，则以起自夏代为是，而起自黄帝者，乃后人所增益，不可信。**古本已亡** 此书屡经窜乱，故宋人所见之本，又与古本不同，见宋黄伯思《东观余论》。此书尽亡于南宋，而今本《竹书纪年》二卷，盖是明人伪造。清代《四库全书提要》已疑其与古本不合，崔述《考古续说》卷二亦定其为后人伪作，至王国维作《今本竹书纪年疏证》，始为之查出作伪原证，而推翻之。今本《竹书纪年》盖亡于南宋，而南宋以前人书中引用纪年者当是古本。清人朱右曾始抄辑诸书为《汲冢纪年存真》一卷，王国维又广之，为《古本竹书纪年辑校》一卷，此皆取材于南宋以前人书内所引之《纪年》。此虽可见古本《竹书》之真象，而所存已不及十一。

《穆天王传》为传记体之始 汲冢古书尚有《穆天子传》五篇，言周穆王游行四海，见西王母事，末附穆王美人盛姬死事（均见《晋书·束晳传》）。《左传》昭十二年称"穆王欲肆其心，周行天下，将必皆有车辙马迹"，可与此书印证。此书今尚存，但不似西周文字，盖亦周末人记述，或小说之流。晋人郭璞为之注，以便读者。此书又为个人传记及旅行记之最古者，亦史家之一体。**《逸周书》非汲冢《周书》** 又有《逸周书》者，今尚存。《隋书·经籍志》《唐书·艺文志》皆谓之为汲冢《周书》，宋人晁公武《郡斋读书志》从之。实则《晋书·束晳传》所载汲冢发现之《周书》，与此书篇数不合。然则此书与汲冢无关，此书共七十篇，序一篇，盖即《汉书·艺文志》所载之《周书》七十一篇，《史通·六家》篇以此书"与《尚书》相类，即孔氏约刊之外"，《艺文志》以此书为《周史记》，颜师古注以此书为"君子所删百篇之余"。实则此书所记虽多为西周大事，每事为篇而不类西周文字，尤不似《尚书》文字，盖亦周末人作品。宋陈振孙《书录解题》谓为"战国后人为之"，不为无理。然今考《左传》《战国策》中所引《周志》《周书》之语，多在此《逸周书》内，则此书之写成,又当在战国以前。又考《史记·周本纪》所述武王杀纣悬首,及受命祭天之典礼,皆在此书内,是司马迁曾得见此书。此书文字脱伪难读,旧有晋人孔晁注十卷,清人陈逢衡、朱右曾、刘师培均有补注,而以孙诒让《周书斠补》四卷为精。

各国史记皆亡 《史记·六国表序》曰:"秦既得意,烧天下诗书,诸侯史记尤甚,为其有所讥刺也。《诗》《书》所以复见者,多藏人家,而史记独藏周室,以故灭,惜哉惜哉!独有《秦记》,又不载日月,其文略不具"。此见周末各国均有史记,而"史记"之名词,已见《逸周书·史记解》,及《吕氏春秋·察传》篇,此可证明司马迁所谓"诸侯史记"者,周末必为书甚多,而可惜皆为秦火所烧。**《秦记》为秦国国史** 所谓"秦记"者,盖即秦国之史记,今此书亦亡。《史记·六国表》既称"因《秦记》",吾人只可由《六国表》而知《秦记》之概略。上文言《秦记》既"不载日月",而又"文略不具",则其体例又与《春秋》少异,此可见秦国国史之体裁。然则《春秋》《秦记》《竹书纪年》,记事虽简,当是周末各国国史之常体,而《左传》《国语》《国策》,记事虽详,却是当时私家记述之创格。**《世本》非周人记载** 《汉书·艺文志》称《世本》十五篇"古史官记黄帝以来,讫春秋时诸侯大夫"。司马迁作《史记》,多采用此书,见《汉书》本传。此书之作者姓名不详,北齐人颜之推《颜氏家训》以为左丘明所作,殊无确证。《史通·正史》篇以为"楚汉间好事者为之",大致不误。大约此书出于周末,而秦汉人增续者亦不少。内分数类各为一篇,其见于宋以前人所引者,大约有帝系、纪、王侯谱、大夫谱、世家、传、氏姓、居、作、谥法等篇。此书唐时尚存,《唐书·艺文志》作四卷,盖亡于北宋。清儒有补辑本,雷学淇辑为二卷,较严。秦嘉谟辑为十卷,较滥。

参考书

《史记·十二诸侯年表序》《六国表序》 刘向《战国策序》 曾巩《战国策目录序》 韦昭《国语序》 杜预《春秋经传集解·后序》 刘知幾《史通·申左》篇 《晋书·束晳传》《荀勖传》 刘逢禄《左氏春秋考证》 俞正燮《癸巳类稿》卷二《左丘明作〈左传〉论》 崔述《考古续说》卷二、《竹书纪年辨伪》 王国维《古本竹书纪年辑校》《今本竹书纪年疏证》

第四章　两汉的史学

汉人传书为最大贡献　汉人于史学有重要之贡献,第一即为《尚书》之传授的问题。《尚书》为吾国最古之史,已见前章。扬雄《法言·问神》篇称"古之《尚书》序以百",序即次序之序,此即谓古本《尚书》原次以百篇。《史记·孔子世家》所谓"孔子序《书》"(序即编定次序),《汉书·艺文志》所谓"孔子纂《书》",虽皆无他证,而《尚书》原有百篇,当为可信。**伏生授《尚书》二十九篇**　遭秦焚书坑儒,《尚书》久亡,而汉初能以《尚书》教人者,最初只有济南人伏生。考《史记》《汉书》中皆未言伏生名字,《史记·儒林传》集解引张晏说,谓伏生名胜,并谓见伏氏碑。又考《后汉书·伏湛传》称其"九世祖名胜,字子贱,所谓济南伏生者也"。然则伏生是名胜而字子贱。考伏、宓二字古通用,故汉碑谓伏生为孔门弟子宓子贱之后(详见《颜氏家训·书证》篇)。然祖孙何以同字,则不可解。《史记·儒林传》称"伏生济南人故为秦博士,孝文帝时,求能治《尚书》者,天下无有,乃闻伏生能治,欲召之,是时伏生年九十余,老不能行,乃使晁错往受之。秦时焚书,伏生壁藏之,汉定,求其书,独得二十九篇,即以教于齐鲁之间"。**今文古文之分**　其后此二十九篇立于学官,当然以今字写之,此即后人所谓《今文尚书》。《汉书·艺文志》称"武帝末,鲁恭王坏孔子宅,以广其宫,而得《古文尚书》。孔安国悉得其书,以考二十九篇,多十六篇。安国献之,遭巫蛊事,未列于学官"。其后此十六篇皆不传,未能以今写之,此即后人所谓《古文尚书》。《史记·儒林传》又称"孔氏有《古文尚书》,而安国以今文读之",《汉书·儒林传》引此文作"以今文字读之",此即古文今文之名所自始。今文古文篇目不同,已见前章。又据《汉书·儒林传》师古注引卫宏《定古文尚书序》称"伏生老不能正言,言不可晓,使其女传言教晁错",伏生之女有传书之功,惜其名不传。

二十九篇与二十八篇之异 前言《尚书》共二十九篇,见于《史记》《汉书》并同。盖伏生以《书》内《顾命》与《康王之诰》分为二篇,汉初人大抵如此,有《史记·周本纪》为证。且当时人以二十九篇为法北斗及二十八宿,见王充《论衡·正说》篇。然汉人亦有称二十八篇者,《史记·儒林传》索隐引孔藏与孔安国书曰"闻《尚书》二十八篇,取象二十八宿"。此即将《顾命》与《康王之诰》合为一篇,故由二十九改为二十八。然索隐所引之孔藏语,是否可信,亦尚待研究。《尚书》本只名"书",孔颖达《正义》谓《尚书》乃伏生所加,又谓郑玄书赞称孔子尊而命之曰《尚书》,"尚者,上也,重之若天书然"。当则"尚"字究竟是何人所加,其说不同,后又尊之为经,曰"书经",此见汉人重视此书之甚。**伏生《大传》及伪《孔传》** 伏生有《尚书大传》四十一篇,亡于宋末,清陈寿祺辑为《尚书大传》定本四卷。然《汉书·艺文志》在《书》传四十一篇之下,未言明为伏生作,而《晋书·五行志》称宓生创纪《大传》,《宋书·五行志》称伏生创纪大传,"伏""宓"二字古通用,故《隋书·经籍志》及《经典释文》均言《尚书大传》为伏生作。据《玉海》载《中兴馆阁书目》所引郑玄《尚书大传·序》,称《大传》伏氏弟子欧阳生所作,当为可信。孔安国作《书传》,始见《隋书·经籍志》,而在汉人著作中毫无他证。今之《尚书·孔安国传》,乃魏晋人伪造,详见下章。汉人治《尚书》,用力甚深,有欧阳、大小夏侯之章句,今皆不存。

汉人传布《春秋》及三传之功 汉人于传布《尚书》之外,又有传布《春秋》及三传之功,此皆在史学上为重要之贡献。《后汉书·陈元传》称"在丘明至贤,亲受孔子,《公羊》《穀梁》传闻于后世"。此所谓左氏亲受孔子者,虽无他证,而公、穀二氏传闻于后世者,似是可信。**"三传"之发现时代** 旧说称公羊、穀梁皆受《春秋》于子夏(见《公羊》疏引戴宏说,及《经典释文·序录》引应劭说),而在西汉人著作内实无此说,皆不可信。《汉书·艺文志》只言公羊子齐人,穀梁子鲁人,亦未著其时代。《经典释文·叙录》引桓谭《新论》,称公羊名高,穀梁名赤。何休《公羊解诂》卷三称《公羊传》"至汉初始著于竹帛"。《穀梁传》之写定,当又在其后。然则二书皆是汉初著作,或久有口说,而汉初人始写定为书。《左氏》之成书时代甚早,已见前章。公、穀二氏之书,记事皆不如《左氏》之详,而亦存一部分春秋史事,遂与《左传》鼎足而立,号称《春秋三传》。公、穀之书在《左氏》未通行之前,皆盛行于时,且立于学官。《史记·儒林传》称"汉兴言《春秋》于齐鲁则胡毋生,于赵则董仲舒",然二人所治皆是《公羊春秋》,故《公羊》先列学官,而《穀梁》后列学官。汉初传授《公羊》者为齐人胡毋生,传授《穀梁》者为瑕丘人(今山东滋阳称西)江生(均见《史记·儒林传》)。《左氏传》初藏于秘府,及刘歆见而好之,请立于学官,遂传布于世(见《汉书·楚元王传》)。此见《春秋》及《三传》,亦自汉人传布于世。

陆贾《楚汉春秋》 汉人除传布《尚书》《春秋》之外,在史学上之著作,亦雄视千古。《汉书·司马迁传》曰:"汉兴伐秦定天下,有《楚汉春秋》。"《汉书·艺文志》称"《楚汉春秋》九篇,陆贾所记"。然《史记》《汉书》本传均言陆贾有《新语》十二篇,而不言其有《春秋》。据《史记》本传,陆贾楚人,以客从高祖定天下,有口辩,官至大中大夫。《后汉书·班彪传》称"陆贾记录时功,作《楚汉春秋》"。此书当是记述楚汉时事,为汉初第一部史书,惜今不存。而《史通·六家》篇称此书"有篇第,无日月",由此可知其书虽名《春秋》,而体仿《国语》。《史记·项羽本纪》正义引《楚汉春秋》载虞姬之歌曰:"汉兵已略地,四面楚歌声。大王意气尽,贱妾何聊生。"此可补《史记》之遗。宋人《太平御览》卷百九十八亦引此书,可知其亡于宋末。

司马迁之创作 汉人在史学上之创造,即为司马迁之《史记》。《史记·自序》称"迁生龙门",龙门山在汉夏阳县北(见《汉书·地理志》),即今陕西韩城县地。《史记》《汉书》均不言迁之字,惟扬雄《法言·寡见》篇以为字子长。司马迁继其父司马谈为太史令,自称"悉论先人旧闻",作十二本纪,八书,十表,三十世家,七十列传,凡百三十篇。本纪以记帝王,八书以记典制,十表以记年代,世家、列传以记功臣名人言行,此前人未有之体裁,为史学上开一新格。此书上起黄帝,下至汉武,实为当时一大著作。此书原称《太史公》百三十篇(见《汉书·艺文志》),亦称《太史公记》(见《汉书·杨恽传》),亦称《太史公书》(见《后汉书·班彪传》），后简称《史记》，亦见《班彪传》。**编年、纪传二体** 汉以前之史只有编年体，以《春秋》为祖，至此始有纪传体，以《史记》为祖。编年、纪传二名词，在《史通·六家》篇内已常用之。又《史通·二体》篇以为编年、纪传"二者各有其美"，"后来作者不出二途"。盖编年体明于大事之时代，纪传体详于名人之言行。《隋书·李德林传》称"史者编年也"，故所谓史者未有年代的性质，而编年体当为国史之正体，鲁有《春秋》，魏有《纪年》，秦有《秦记》，皆可为证，详见前章。**所谓正史** 《史记》虽世称纪传体，而其十二本纪仍用编年体。《隋书·经籍志》始立正史一门，并以纪传体为正史，而以编年体为在正史之外，后人从之，至清代修《四库书目》依然守而不改，皆是不合古义。

作《史记》之材料 《史记·自序》自称"年十岁则诵古文，二十而南游江淮，上会稽。探禹穴，窥九疑，浮于沅湘，北涉汶泗，讲业齐鲁之都，观孔子之遗风"，此见其幼年之学历。又称"汉兴百年之间，天下遗闻古事，靡不毕集太史公，太史公仍父子相续纂其职"，此见作书时所有之预备。《汉书·司马迁传》称"迁据《左氏》《国语》，采《世本》《战国策》。述《楚汉春秋》，接其后事，讫于大汉"，此见其作书时所据之材料。迁《报任少卿书》称"欲以究天人之际，通古今之变，成一家之言"，此见其作书时所具之志愿。迁既世为太史，自当有充足之学力及材料，而《西京杂记》卷下称"迁年十三使乘传行天下，求古诸侯《史记》"，未必可信。**受刑以成《史记》** 迁受其父谈之遗命，以作《史记》，后遭李陵之祸，幽于累绁，家贫财赂不足以自赎，遂甘受腐刑，其所以委曲求全不死者，即为作《史记》未成之故。迁《报任少卿书》所谓"草创未就，适会此祸，惜其不成，是以就极刑而无愠色"，即指此事而言。《史记·自序》称此书"藏之名山副在京师"，盖只有二本。宣帝时东平王上书求此书，而朝臣议以为不可以与诸侯（见《汉书·东平王传》），此见当时此书之难得。后汉王允谓"武帝不杀司马迁，遂作谤书，传于后世"（见《后汉书·蔡邕传》）。实即《史记》内亦未有专谤武帝之语，且《武帝本纪》乃褚少孙补作。王鸣盛《十七史商榷》并录出《史记》赞美武帝之语不少。

补《史记》及删《史记》 《汉书·司马迁传》称迁书十篇缺，有录无书。师古注引张晏说，以为亡《景纪》《武纪》、《礼书》《乐书》《兵书》、《汉将相年表》、《三王世家》、《日者》《龟策》及《傅靳列传》，凡十篇。元成之间，褚少孙补作《武帝本纪》《三王世家》及《日者传》《龟策传》。然《史记·司马相如传》引扬雄《法言》，《公孙弘传》引平帝时事，又当是后人所附加。赵翼《廿二史札记》卷二谓褚氏所补不止十篇，其言诚是。《史记·自序》集解引后汉人卫宏称迁作《景帝本纪》，极言其短，及武帝过，武帝怒而削去之。《后汉书·杨终传》称终受诏删《史记》，为十余万言。如此又知《史记》为后所删削者不少。**班固之评语** 班固论之曰："采经摭传，甚多疏略，或有抵牾。"又称其"是非颇缪于圣人。论大道，则先黄老而后六经；序游侠，则退处士而进奸雄；述货殖，则崇势力而羞贫贱。此其所蔽也。"又称"自扬雄、刘向博极群书，皆称迁有良史之才，服其善序事理，辨而不华，质而不俚，其文直，其事核，不虚美，不隐善，故谓之实录"。按固此论多本班彪（见《汉书·迁传》及《后汉书·彪传》）。

《史记》体例有所本 《史记》之体既为前世所无，不得不谓为汉人之创作。然旧有《禹本纪》及《穆天子传》（见前第二、第三章）均为汉以前作品，此当为《史记》纪传体所自始。其年表之作，出于古之谱谍，世家之名，亦是前人所有，并见《史记·六国表序》及《卫世家赞》。纪传、世家之名原为《世本》旧体，详见前章。《吕氏春秋》有十二纪、八览、六论，而《史记》之十二纪、八书、十表、三十世家、七十列传，亦或取法于此。然自司马迁之纪传体出，遂为史学开一新路，而后来所谓正史，均守其途径。**刘知幾之评语** 刘知幾《史通·二体》篇论之曰："《史记》者，纪以包举大端，传以委曲细事，表以谱列年爵，志以总括遗漏，逮于天文地理，国典朝章，显隐必该，洪纤靡失，此其所以长也。若乃同为一事，分在数篇，断续相杂，前后屡出，于《高纪》则云语在《项传》，于《项传》则云事具《高纪》，又编次同类，不求年月，遂使汉之贾谊，将楚屈原同列，鲁之曹沫与燕荆轲并编，此其所以短也。"此论甚是，要之纪传之体，有短有长，此不过诸史之一体，而后人列之于正史，奉之为国史之正体，皆是错误之见。

班彪续《史记》 汉人之史学巨制，能与《史记》抗衡者，即为班固之《汉书》，而《汉书》本身之历史，亦甚复杂。司马迁之《史记》，止于武帝时事，其后有刘向、刘歆、冯商、扬雄、晋冯、段肃、刘恂等相次撰续，迄于哀帝、平帝间犹名《史记》(见《史通·正史》篇)。东汉司徒掾安陆人(今陕西咸阳县境内)班彪,字叔皮,继采前史遗事,旁贯异闻作《后传》数十篇。**班固改为《汉书》** 其子固,字孟坚,以为汉绍尧运,以建帝业,不宜编于百王之末,故探撰前记,缀集所闻,以为《汉书》,起之高祖,终乎王莽之诛,综其行事,上下通洽,为纪、表、志、传百篇。潜精积思,二十余年,乃成(均见《后汉书·彪固》本传)。此见班彪之书原欲以续《史记》,后因班固与其父意见不同,欲独尊汉统,而另著《汉书》,乃脱离《史记》而独立,此见班固颇有不依附前人之精神。本传又称"彪性沉重好古,才高而好述作,数应三公之命辄去,遂专心史籍之间"。又称"固九岁能属文诵诗赋,及长遂博贯载籍九流百家之言无不穷究"。二人之学养,于此可见。**女子续成《汉书》** 《后汉书·列女传》又称"固著《汉书》,其八表及天文志未及竟而卒,帝诏妹昭踵成之"。又称"《汉书》始出,多未能通者,马融伏于阁下,从昭受读,又诏融兄续继昭成之"。此又见固之书亦未完成,而有后人补足者不少。《隋书·经籍志》称固《书》"十志竟不能就,固卒后,始命曹大家(即班昭)续成之"。《史通·正史》篇又以为"固死于狱,书颇乱,其妹昭奉诏校叙"。此皆与《后汉书》所说不同,究竟孰是孰非,后人难以断定。宋郑樵《通志·序》谓《汉书》"自高祖至武帝六世,尽窃迁书,自昭帝至平帝六世,资于贾逵、刘歆","出固之胸中者,古今人表耳",此说未免轻视孟坚太甚。班昭以女子能续成《汉书》,其史学程度之高可知,昭有诗赋及《女诫》数篇,载《后汉书》本传及《文选》。

《史记》《汉书》不同之点 迁固二人之著书,皆是续其父未竟之业,而其事不同。盖古人非史官不能修史,班彪卒于徐令,本非史官,及卒,其子固果以私改国史下狱,明帝奇其书,始除兰台令史,典校秘书,并使终成(前所著书,均见《后汉书》本传),此见班氏作史之不易。至于迁固二人之书,亦有不同。盖迁之书欲以通古今之变,固之书欲以备一代之事,自《汉书》之体出,而《史记》之体亡,故后之视为正史者,皆宗法《汉书》。然则《汉书》之外形虽似《史记》,而其内容则大异于《史记》。《汉书》分为十二本纪、十志、八表、七十列传,凡百篇。其纪传虽步趋《史记》,而较为细密,其十志则贯串故事,远在八书之上。**刘知幾、郑樵之**

评语 然班氏既断代为书，而又作《古今人表》，后人多不满意，此为自乱其例。刘知幾《史通·六家》篇曰"《汉书》究西都之首末，穷刘氏之废兴，包举一代，撰成一书，言皆精练，事皆该密，故学者讨寻，易为其功"。《后汉书·班固传》称"固之序事，不激诡，不抑抗，赡而不秽，详而有体"。此皆称其叙述之美，而不知其特点在断代为书，以自别于《史记》。班氏突过前人之处，即在于此。然郑樵《通志·总序》谓"班彪续迁《书》，自孝武至于后汉，欲令后人续己，如己之续迁，既无衍文，又无绝续"。"自班固以断代为史，无复相因之义，会通之道自此失矣"。其说亦甚精卓。

东汉人所续之《汉记》 班固《汉书》虽止于前汉之亡，而对于后汉之事，亦有著作。初固曾受诏与陈宗、尹敏、孟异共成《世祖本纪》。固又撰《功臣列传》二十八篇，其后刘珍、李尤、边韶、崔骃、延笃皆著作《东观》（犹言在东观著作）（均见《后汉书》各本传）。此即继续《汉书》以后之工作。诸人所著之书，原名《汉记》（见《后汉书·伏湛传》）。**《东观汉记》** 其后卢植、杨彪、蔡邕均补《续汉记》（见《后汉书·卢植传》）。此记虽非全书，而大约自光武至桓、灵之事实略具。后世称之为《东观汉记》，《隋书·经籍志》作一百四十卷，《唐书·艺文志》作一百二十六卷。由晋至唐，世人以《史记》《汉书》《汉记》为三史，自唐章怀太子注《后汉书》行世，而《汉记》始废。宋人邵博《闻见后录》称神宗时得《汉记》四十三卷，是由高丽国所献，陈振孙《书录解题》称所见《东观汉记》只有九卷，盖至宋时已残缺不全，元明人多未见之。清初四库馆臣始从《永乐六典》及他书所引者录出而重编之，只成二十四卷。内分帝纪三卷，年表一卷，志一卷，列传十七卷，载记一卷，佚文一卷。书虽残缺，而可证后汉史事者不少。要之此书为东汉多数良史氏之遗文，其亡佚不可不谓史学上之损失。此书非始于刘珍，已见上文，而《隋书·经籍志》称为刘珍等撰，亦误。又按此书即踵班固《汉书》之后，体例略同。

蔡邕续《汉史》未成 后汉末之史学大家，名重一时者，当推蔡邕。邕字伯喈，陈留人（今河南陈留县）。《后汉书》本传称邕"性笃孝，少博学，好词章数术天文"。邕既以文学知名，而太傅胡广又以所有旧事与之，见本传注引邕别传，故以汉史自任。又据本传，邕虽与卢植、杨彪、马日䃅著作《东观》，而邕已撰《灵纪》及《十意》，又补列传四十二篇。后遭董卓之乱，被王允收付廷尉，邕陈词谢，乞黥首刖足，继成《汉史》。王允不听，遂死狱中，其书亦湮没不存。初太尉马日䃅谓王允曰："伯喈（邕字）旷世逸才，多识汉事，当续成后史，为一代大典"。及邕死，搢绅诸儒莫不流涕。郑玄闻而叹曰："汉世之事，谁与正之？"据此可知邕既负史学之重名，并有修史之志愿，后因身死书亡，此实为后汉史学上一大损失。**邕书《石经》为古史刻石之始**　本传又称邕"经学深奥"，灵帝熹平四年，邕"奏求正定六经文字，乃自书册于碑，使工镌刻，立于大学门外"，此即后人所谓《熹平石经》。内有《尚书》及《公羊传》，古史之刻本传世者，以此为始。又邕有文集传世，称《中郎集》，凡十四卷，内有碑状之文不少，如《胡太尉碑》《陈仲弓碑》《郭林宗碑》，皆为世传诵，亦其史笔所在。《后汉书·郭太传》称邕谓卢植曰："吾为碑铭多矣，皆有惭德，惟郭有道无愧色耳。"宋人王应麟《困学纪闻》卷十二因此讥邕"若继成《汉史》，岂有南董之笔"，亦是正论。

荀悦《汉纪》　汉人在史学上之创造，即为《史记》《汉书》及《东观汉记》，皆是国史的性质，并限于纪传体一类。至东汉末而有荀悦《汉纪》，于是又由纪传而改为编年。《后汉书》本传称"献帝以《汉书》文烦难省，乃命荀悦依《左氏传》体，为《汉纪》三十卷，辞约事详，论辨多美"。此书实是改《汉书》为编年，以便读者，其书虽名纪，而其体实仿《左传》。又据本传，"悦颍阴人（今河南许县），年十二能说《春秋》，家贫无书，每之人间，所见篇牍，一览多能诵记。性沈静，尤好著述，仕至秘书监侍中。时政移曹氏，悦志在献替，而谋无所用，乃作《申鉴》五篇"。此书尚存，乃政治家言，与《汉纪》同传于世。

汉人所辑古史　两汉人所辑古史尚多，如前汉人刘向有《说苑》《新序》《列女传》，虽是杂抄古事，而为考史者所不废。后汉又有《吴越春秋》及《越绝书》，则近于小说之流。《吴越春秋》为赵煜作，已见《后汉书·儒林传》。考《隋书·经籍志》《唐书·艺文志》，皆称其书为十二卷，今本十卷，已非原书。此书虽名"春秋"，而略仿《国语》《史记》，且多附会之谈。《越绝书》十五卷，亦作十六卷。《隋书·经籍志》谓为子贡作，《崇文总目》谓为子胥作，皆无根据。又《崇文总目》作《越绝书》二十五篇,今只存二十篇。今考书末《叙外传》有云:"以去为姓,得衣乃成。厥名有米,覆之以庚。禹来东征,死葬其疆。"又书内《吴地传》称句践徙琅琊至建安二十八年,凡五百六十七年。据此则作者为后汉人,而其姓名当为会稽袁康。其体例略同《吴越春秋》,然作者不著真姓名,而代以隐语,以滋后人之惑,此亦古人好奇之过。此二子以后汉之人,记周末之事,其叙述既与经传诸子不同,而又不说明其材料之所出,殊难见信于人。此二书实汉人之小说,后人误为古史读之。然后代史学家多循其体例,不知其失,不可不辨。《越绝书》卷十一有"神农之时,以石为兵,禹穴之时,以铜为兵,当今之时,以铁为兵"等语。此与西人所谓石器时代,铜器时代,铁器时代之说正合,此必是先秦古说,非东汉人所能及。

参考书

《史记·儒林传》及《自序》 《汉书·司马迁传》《儒林传》《叙传》 《后汉书·儒林传》《班彪传》《班固传》《蔡邕传》《班昭传》《荀悦传》 《蔡邕中郎集》 《经典释文》内《尚书》及《春秋》叙录 《汉书·艺文志》 《史通·正史》篇《六家》篇 梁玉绳《史记志疑》 钱大昕《廿二史考异》卷一至卷八 赵翼《廿二史札记》卷一卷二 王鸣盛《十七史商榷》卷一至卷二十八 洪亮吉《四史发伏》卷二至卷六

第五章　魏晋的史学

前代史学不重考证　王通《中说》讥"迁、固而下,陈事者乱而无绪",然两汉以后之史书,亦非全无佳著。魏晋间虽无甚创作,然有谯周、司马彪考证古史之著作,为前此史学家所不及。盖前人作史,仅知转抄史料,而于鉴别史料,考证史料之工作,未知注意,此亦是时代的关系使然。司马迁虽自称"折衷于六艺"(见《史记·五帝本纪》),而杂采传记小说多未考证。其他西汉学者虽标榜"实事求是"(见《汉书·河间王传》),而多是墨守师说,亦不知考证。**魏晋人之考证**　至后汉王充作《论衡》,内有《书虚》《儒虚》等篇,多考证早事。其后应劭作《风俗通》,为考证礼俗之书,蔡邕作《独断》,为考证典制之书。自此以后,考证之学渐为世重。三国分立,各国之记载,彼此不同,于是愈引起比较参稽之兴趣。魏正始年中,立石经于大学,以古文、篆、隶三体文字写出经文,相传为邯郸淳所书(见《魏书·江式传》)。晋太康年间,汲郡古冢发现竹简古书,与经传大异(见《晋书·束皙传》)。由是比较文字、考订异同之学,日益发展。自谯周出,始据经典以纠正《史记》之谬误。司马彪出,始据《竹书》以纠正谯周之谬误。西人所谓历史的考证学(Historical Criticism)在中国当以为始,惜二人之书皆亡,不可不谓为史学上一大损失。

谯周作《古史考》　余考谯周之学,盖出于秦宓。周字允南,广安人(今四川广安县),宓字子勑,绵竹人(今四川绵竹县),同仕蜀。《蜀志·秦宓传》称"宓见《帝系》之文,五帝皆同一族,宓辨其不然"。"谯周少时数行咨访,录其言"。《帝系》之文(见《大戴礼·帝系》篇),即《史记·五帝本纪》所本。秦宓能见其不然,在当时不可不谓为特识。谯周既数行咨访,则其纠正《史记》之方法,大约即受秦宓之影响,惜周所访所录者后皆不传。《晋书·司马彪传》称"谯周以司马迁《史记》书周秦以上,或采俗语百家之言,不专据正经,于是《古史考》二十五篇,皆凭旧典以计迁之谬误"。周之说如谓契与弃皆非帝喾之子,及论玄鸟生商、姜嫄生弃之事,谓殷周之始祖皆以父微,故不著名(《史记索隐》卷三卷四引)。又谓巢父夏常居巢,与许由为一人而非二人(《困学纪闻》卷十二引)。又引《左传》证《史记·陈世家》陈佗与五父为一人而非二人(《史记索隐》卷三十六引)。举此数条,即可见其富于考证之精神,在唐宋以前为不可多得之著作。《史通·正史》篇称谯周之书"与《史记》并行",可见唐以前此书之势力。**司马彪、皇甫谧之考证** 其后晋人司马彪又"以周为未尽善,乃条《古史考》中百二十二事为不当,多据《汲冢纪年》之义"(见《晋书》本传)。彪是晋之宗室,字绍统,仕至秘书丞,其考证之学又精于谯周,惜所条举者今皆不传。谯氏《古史考》亡于北宋,前清章宗源有辑本一卷。继《古史考》而起者,有晋人皇甫谧《帝王世纪》十卷,上起三皇,下尽汉魏(见《隋书·经籍志》)。谧字士安,朝歌人(今河南淇县),隐居不仕。其书亦主考证,而杂抄众说,多欠精确,且多同《尚书》伪孔传,故后人疑其为伪造《古文尚书》之一人。其书久亡,前清宋翔凤有辑本十卷。谧之书,好多抄众书,而不知追求根据,其中如尧都平阳,舜都蒲坂,禹都安邑之类,皆不见于古书,而后人多宗其说。

晋初发现《竹书》古文 前言晋初人发现《汲冢竹书》,引起历史考证之学,此是史学上一大贡献。据《晋书·束皙传》,太康二年,汲郡人不准盗发魏襄王墓,或言安厘王冢(杜预《左传集解·后序》以为魏哀王),得竹书数十车,其要者如《纪年》十三篇,记夏以来至魏安厘王二十年,盖魏之史书。又有《易经》二篇,《公孙段》二篇,《名》三篇,《易繇》二篇,《国语》三篇,《师春》一篇,《书》《左传》《卜筮》《琐语》十一篇,《缴书》二篇,《大历》二篇。《梁丘藏》一篇,先叙魏之世数,次言丘藏金玉事。《穆天子传》五篇,言周穆王游行四海。《图诗》一篇,画赞之属。又《杂书》十九篇,《周食田法》《周书》《论楚事》《周穆王美人盛姬死事》)。大凡七十五篇。此可谓上古史册之最大发现,故当时晋武帝命束皙、王接、荀勖、和峤等校缀次第,而以今文写之。今诸书皆亡,惟《穆天子传》尚存,并有晋人郭璞注。**汲冢之影响与考证** 原本《竹书纪年》已为后人散乱,考《纪年》起自夏代(见《晋书·束皙传》),而宋人本起自尧舜(见黄伯思《东观余论》卷上),明人本起自黄帝(即今通行本),皆与古本不合。此书及《琐语》所记上古史事,多与旧说不同,故能引起考证之兴趣。此书初出时,杜预即据之以证《左氏传》(见《左传集解·后序》),司马彪又据之以正《古史考》(见《晋书·彪传》)。《纪年》在史学上影响之大如此,惜今本已非原文(详见前清朱右曾《汲冢纪年存真》,及王国维《今本竹书纪年疏证》)。

魏蜀吴三国史书皆亡 三国时魏吴皆有史官(见《隋书·经籍志》),惟蜀"国不置史,行事多遗"(见《蜀志》卷三),故当时所有之史书,以魏人、吴人所作者为多,而蜀人独少。魏自文帝黄初中,命卫觊、缪袭、草创纪传,后至王沈成其业,为《魏书》四十四卷。吴自大帝末,命丁孚,项峻撰《吴书》,后至韦昭成其业,为《吴书》五十五卷(均见《史通·正史》篇)。同时有鱼豢《魏略》,孙盛《魏氏春秋》,张勃《吴录》,吴冲《吴历》,谯周《蜀本纪》,王隐《蜀记》(均见裴松之《三国志》注)。今诸书皆亡,惟存陈寿所著之《三国志》。《三国志》内分《魏志》《吴志》《蜀志》,共四十五卷,时人称寿"善叙事,有良史之才"。又称其"明乎得失,有益风化"。时夏侯湛方著《魏书》,见陈氏所作,便坏己书而罢。张华亦深善之,谓寿曰"当以《晋书》相付"(此均见《晋书》本传),可见其极为时人推重。寿字承祚,安汉人(今四川南充县北),蜀亡,仕晋为著作郎。

陈寿不满诸葛亮 陈氏书当时亦称实录(见《晋书·王沈传》)。其书以魏为正统,故用帝纪,吴蜀之主皆用列传。然宋人司马光作《资治通鉴》,亦以魏为正统,此不得谓为陈氏病。陈氏本蜀人,而其书中于诸葛亮之武功多无记述,并谓"应变将略非其所长",又称其为"管萧之亚匹"。今只据陈氏书考之,则亮之武功诚不足道。然习凿齿亦晋人,而作《汉晋春秋》,称司马宣王"畏蜀如虎",又称"死诸葛走生仲达"(见《蜀志·诸葛亮传》裴注所引),是必有所据而言,故后人多据此谓陈氏书所述不实。**诸葛亮事多湮没** 《史通·曲笔》篇称"蜀老犹存,知葛亮之多枉"。宋人王应麟《困学纪闻》卷十三亦谓"武侯事迹湮没多矣"。凡此诸说,亦非无因。考《魏书·毛修之传》称"蜀中长老言寿曾为亮门下书佐,被挞百下"。《晋书·陈寿传》亦称"寿父为马谡参军,谡为诸葛亮所诛,寿父亦被髡"。后人疑陈氏书之不实,多祖此说。晋人郭冲作《诸葛亮隐没五事》一卷,即所以补陈氏书之缺。然冲书虽亡,而其五事具见《三国志》裴松之注,亦无甚奇功可称。《晋书·陈寿传》又称或云寿谓丁仪之子曰:"可觅千斛米见与,当为尊公作佳传。"据此则寿之不见信于人,原非无故。**陈氏书简,裴氏注详**　寿之书颇得体要,文笔高简有法,惟因力求简洁,且无表志,所遗漏者自不在少。其后南朝宋文帝病其简略,乃命裴松之兼采诸书,补其缺漏,由是言《三国志》者以裴注为宗。赵翼《廿二史札记》卷六数其注中所引用之书,共五十余种,并详列其书目。宋人惠洪《冷斋夜话》卷五,称"王荆公恨欧阳公不修《三国志》而修《五代史》",然欧阳氏之文,终非陈氏之比,使修其书,必不能胜过陈氏。

《续汉书》皆不传　前章言汉末人续《汉书》者皆未成书,至三国时始有吴人谢承《后汉书》一百三十卷。晋人续《汉书》者甚多,如薛莹《后汉记》,司马彪《续汉书》,谢沈《后汉书》,华峤《后汉书》,袁山松《后汉书》,张莹《后汉南记》(均见《隋书·经籍志》),今皆不存。据《史通·正史》篇所述,司马彪《续汉书》,为纪、志、传,凡八十篇。华峤书原名《汉后书》(《隋志》误作《后汉书》),为帝纪十二,后纪二,典十,谱三,列传七十,总九十七篇,其十典未成。据此可知此二书在唐时尚存。峤字叔骏,高唐人(今山东县名),仕至秘书监,《晋书》本传称其"博闻多识有良史之志",张华见其书称为"文质事核,有迁固之规"。彪乃晋之宗室,字绍统,仕至秘书丞,所作《续汉书》"通综上下,旁贯庶事",彪少"笃学不倦,然好色薄行,故不得为嗣,由此博览群籍,终其缀集之务"(见《晋书》本传)。**司马彪之"八志"及《九州春秋》**　今其全书已亡,而其八志因附于宋人范晔《后汉书》中而存,不可不谓为不幸中之大幸。此八志贯串故事,考证详该,足以上并班固十志,而补范书之缺(范书详见下章)。彪曾据《竹书纪年》以纠正古史,已见上文,惜其说不传。彪又有《九州春秋》十卷,记汉末事(见《隋书·经籍志》),而《晋书》本传不载,今其书亦亡。裴松之《三国志注》引其文不少,叙述有法,文词可观。

伪造上古史　东晋时代在史学上又有重要问题,即为伪《古文尚书》及伪孔安国《尚书》传之发现。据《史记》《汉书》，汉初《尚书》只有今文二十九篇，后由孔壁又得《古文尚书》多十六篇，不久亦亡，且汉人书中均无孔安国作《书传》之事，均已详于前章。至东晋之初，忽有《古文尚书》及孔安国传出现，其事甚奇。考其发现之经过，及传授之源流，皆不明了。其所谓"孔安国自序"，言定为五十八篇，并序凡五十九篇，悉上送官，藏之书府，并承诏作传等语，皆与汉人记载不合。此所谓古文，比汉初今文多二十五篇，如果皆真，诚可为上古史之最大发现。**伪《古文尚书》二十五篇**　所谓二十五篇者，即《大禹谟》《五子之歌》《胤征》《仲虺之诰》《汤诰》《伊训》《太甲》(上、中、下)《咸有一德》《说命》(上、中、下)《泰誓》(上、中、下)《武成》《微子之命》《旅獒》《蔡仲之命》《周官》《君陈》《毕命》《君牙》《冏命》，共二十五篇。考《隋书·经籍志》称东晋豫章太守梅赜始得孔安国之《尚书传》，奏之。时又阙《舜典》一篇，齐建武中，姚方兴得其书奏上。按姚氏实将《尧典》下半篇分为《舜典》(见《经典释文·叙录》)。据此，则《古文尚书孔传》出于梅赜。**伪古文之关系人**　所谓《古文尚书》，即指上文所言之二十五篇，所谓《孔传》，即指上文所言孔安国传(传即后世之注)。然明人梅鷟作《尚书考异》，谓晋人皇甫谧伪造《古文尚书》，前清丁晏作《尚书余论》，谓魏人王肃伪造孔传，二说虽无确证，亦各有相当的理由。献《尚书》孔传之梅赜，除上文所引《隋志》以外，不见于他书。惟宋人刘庆义《世说新语·方正门》有梅颐，并见梁人刘孝标《世说新语》注引晋诸公赞，颐亦为豫章太守，当与赜为一人。赜不以文学见称，或孔传是他人伪作，而赜献之于朝而已。**伪孔传**　究竟此《古文尚书》及孔传，为何人伪造，已难决定，而其绝非周人传本，或汉人传本，则无可疑。然此书自东晋至清初，千余年来，列在学官，均奉为孔氏真本，遂使上古史册蒙重大伪误。直至清初阎若璩作《古文尚书疏证》，始揭出作伪之种种根据，而后成为问题，并经清皇室《四库全书》著录及承认而后，此千年疑案乃定(见清人《四库全书提要》卷十二)。

袁宏《后汉纪》　继荀悦《汉纪》而起(见前章)之编年体，初有魏张璠《后汉纪》三十卷，次有晋袁宏《后汉纪》三十卷(均见《隋书·经籍志》)。张璠，魏人，其事不可考，其书久亡，惟《三国志注》《后汉书注》所引者尚存。袁宏字彦伯，阳夏人（今河南太康县），仕至东阳太守。《晋书》本传称其"少孤贫，以运租自业，有逸才，文章绝美"，曾为桓温记室，不为所屈。据宏书《自序》，言其作《后汉纪》时，曾"会集诸书数百卷，经营八年，疲而不能定"，后"见张璠书言汉末之事差详，故复探而益之"。是宏书原本璠书，而加以增益，而至今则宏书存而璠书亡。今荀悦、袁宏二书既存，前后汉之编年史可称完备。悦取材于班固，宏取材于张璠，并及他书，此其不同。宏又有《三国名臣赞》，今存。又《竹林名士传》三卷，今亡。此外如孙盛《魏氏春秋》二十卷，孔舒元《汉魏春秋》九卷，习凿齿《汉晋春秋》四十七卷，此皆晋人著作，今皆不存。孔氏已不可考，孙、习二氏号称良史，《晋书》均有传。《三国志》裴注引三氏之文甚多，颇见直笔。**习凿齿《汉晋春秋》** 凿齿字彦威，襄阳人，仕至荥阳太守，以脚疾废。"少有志气，博学洽闻，以文笔著称"。是时"桓温觊觎非望，乃著《汉晋春秋》以裁正之"。其书不帝魏而帝蜀，汉亡而接之以晋，并著论一篇，以明不帝魏之义。谓晋德"惭于有周"，而魏道"异于殷商"，不帝魏"乃所以尊晋"（具见《晋书》本传）。又其书为司马氏弑高贵乡公，及死诸葛走生仲达等事，皆直言无隐（见《史通·直书》篇）。习氏品格甚高，后征为史官，不就。是时释道安负天下重名，习氏曾见道安，有"四海习凿齿，弥天释道安"之语（见《世说新语》），其自负如此。习氏书已亡，前清汤球辑为三卷。孙盛尚有《晋阳秋》（见下文）。

晋人作晋史皆亡 晋人对于晋史之著作甚多。其见于《隋书·经籍志》者，有王隐《晋书》八十六卷，虞预《晋书》二十六卷，何法盛《晋中兴书》七十八卷，均列在纪传类。又有陆机《晋纪》四卷，干宝《晋纪》二十六卷，曹嘉之《晋纪》十卷，邓粲《晋纪》十一卷，孙盛《晋阳秋》三十二卷，均列在编年类。今诸书皆亡，内容不可得而详。考《晋书·王隐传》称"隐虽好著述，而文词鄙拙，其书次第可观者，皆其父铨所撰，文体混漫者，隐之作也"。是隐书多因父作。**晋人书多剽窃** 《南史·徐广传》称郗绍作《晋中兴书》，以示何法盛。法盛曰："卿名位贵达，不复俟此延誉，我寒士无闻，宜以为惠。"绍不与，后法盛窃之，绍无兼本，遂行何书。是法盛书全窃绍作。《晋书·王隐传》又称"虞预私撰《晋书》，而生长东南，不知中朝事，数访于王隐，并借隐所著书窃写之，所闻渐广，是后更疾隐,形于言色"。是预书又多窃隐书。凡此诸书皆久亡,故不备述。

孙盛《晋阳秋》 前言王隐、陆机、虞预之书,《史通·直书》篇均有贬词,谓其不能直书,惟孙盛《晋阳秋》"词直而理正",干宝《晋纪》"直而能婉",二书咸称良史(见《晋书》各本传)。孙盛字安国,太原中都人(今山西平遥县),仕至秘书监,《传》称盛"笃学不倦,自少至老,手不释卷。著《晋阳秋》,词直而理正"。桓温见之,怒谓盛子曰:"枋头诚为失利,何至如尊君所说,若此史遂行,自是关君门户事。"其子拜谢,请盛删改之,至号泣稽颡,不听。诸子窃改之,盛乃写定两本,寄于慕容儁,盛盖欲藏其书于辽东,惜其书终归泯灭。然见于《三国志注》所引者,颇多佳文,尚可见其直笔。《史通·采撰》篇称盛述《阳秋》,"梁益旧事,访诸故老",此又见材料之所自。**干宝《晋纪》** 干宝字令升,新蔡人(今河南新蔡县)。《晋书》本传称宝"少勤学,博览书记",以才器召为著作郎,领国史,著《晋纪》二十卷,"其书简略,直而能婉"。今《晋纪》虽亡失,而《昭明文选》载其《晋纪·总论》一篇,叙述晋室兴亡之理,洞见本原,非良史氏大手笔不易办此。宋人王应麟《困学纪闻》卷十四谓"干宝论晋之创业立本,固异于先代,后之作史者不能为此言也,可谓直矣"。二人之书皆亡,前清汤球辑为《晋阳秋》三卷,《晋纪》一卷。按晋简文太后名春,故晋人讳春,由是而知孙盛之《晋阳秋》,即《晋春秋》。干宝之"干",后人多误为"于"。宋人罗大经《鹤林玉露》卷三称杨诚斋尝与同舍谈于宝。一吏曰:"'干'字非'于'字"。诚斋喜曰:"此吾一字之师"。诚斋尚有此失,何况余子。干宝又作《搜神记》二十卷,记述鬼神灵异,时人称为"鬼之董狐"(见《晋书》本传),今存。

传记著作 正史之外,有为一人或一类人作传单行者,亦史家之一体。汉末此类著作颇多,有《董卓别传》《蔡邕别传》《郑玄别传》(具见《后汉书》李贤注)。魏晋时有《曹瞒传》《魏武故事》《献帝纪》《献帝春秋》《献帝起居注》《山阳公载记》(具见《三国志·裴松之注》)。又有《吕布本事》一卷,《大司马陶公故事》三卷(见《隋书·经籍志》)。**《高士传》《列仙传》** 其为一类人作传者,有虞溥《江表传》(见《晋书》本传),王粲《汉末英雄记》八卷,陈寿《益都耆旧传》十四卷,张方《楚国先贤传》十二卷,习凿齿《襄阳耆旧记》五卷,嵇康《高士传》三卷,皇甫谧《高士传》六卷,张隐《文士传》五十卷,葛洪《列仙传》十卷等(皆见《隋书·经籍志》)。今多亡失,惟皇甫谧、葛洪之书尚存。此二书,不过掇拾子史,无甚可观。洪书多据传闻,尤多附会,至谓许由、巢父晋时尚存,彼所目睹,尤为荒诞。三国时人传记,以《江表传》《英雄记》二书为详,裴松之《三国志注》引其说甚多,惜二书久亡。清初陕西鄠杜民家有其书,官府取之,民惧,乃焚其书(见前清王士禛《居易录》卷七),千年古史毁于一旦,惜哉。传记所以叙述一人或一类人之言行,汉晋之际,此种著作甚盛,为后来所不及。**起居注** 起居注之体,所以记帝王之行事,汉武帝、明帝《起居注》,隋唐时已亡,惟有《献帝起居注》尚存,晋代各帝各有起居注,皆见《隋书·经籍志》。

参考书

《三国志·秦宓传》《谯周传》 《晋书·陈寿》《陆机》《司马彪》《王隐》《孙盛》《习凿齿》《袁宏》《干宝》《皇甫谧传》 《文选》卷四十九 干宝《晋纪总论》 《晋书·束晳传》《荀勖传》 《隋书·经籍志》 《史通·正史》篇、《六家》篇 阎若璩《古文尚书疏证》 王先谦《尚书孔传参证》 孙星衍《外集》卷一《竹书纪年考》 又卷三《古史考序》 钱大昕《廿二史考异》卷十五至十七 赵翼《廿二史札记》卷六卷七 洪亮吉《四史发伏》卷九卷十 王鸣盛《十七史商榷》卷三十九至四十二

第六章　南北朝的史学

南北分立史书杂乱　自晋迁江左，中国分为南北，于是各国史书亦呈纷杂之象。曾巩《南齐书序》曰："宋、齐、梁、陈、魏、周之书，盖无以议为也"。盖讥其不足道，总计此期之初，有五胡十六国之史事。及分为南北朝对立，南有宋、齐、梁、陈之史事，是为南朝。北有北魏、北齐、北周之史事，是为北朝。是时北人称南为"岛夷"，南人称北为"索虏"（见《新唐书·李延寿传》），南北交相讥骂，消息不通，而史事愈显杂乱。其实南北分峙，记载不同，作史正可参稽同异，作为实录，于本国虽有忌讳，而于他国则不难考信。惜当时之作者，皆未足以语此。**南北著作不同**　《隋书·儒林传序》称"南人约简，得其英华，北学深芜，穷其枝叶"。皆以史学著作言之，南人以华藻见称，北人以质实见称。盖此期南朝文化远过北朝，故南人之史，存者尚多，而北人之作，只存魏收之"秽史"。然此期之史学著作，只知因袭前人旧法，少有创作。求其独立一格，以别于魏晋以来之著作者，惟有魏崔鸿《十六国春秋》，梁武帝萧衍《通史》，而南朝范晔《后汉书》亦可上配班固而无甚愧色。

范晔《后汉书》　前章已言汉末人续《汉书》者皆未完成，至魏晋人所作之《后汉书》，已有七种之多，今皆不存。现存者惟有宋人范晔《后汉书》九十卷，内分帝纪十卷，列传八十卷。晔字蔚宗，顺阳人（今河南淅川县东），官至宣城太守，太子詹事。《宋书》本传称晔"少好学，博涉经史，善为文章"。**自负奇作**　又称晔自称"既造后汉，转得统绪"，"以比班固，博赡可不及之，整理未必愧也"。又自称"吾杂传论，皆有精意深旨，既有裁制，故约其词句，至于《循吏》以下，及《六夷》诸序论，笔势纵放，实天下之奇作"。又自称所作之赞"自是吾文之杰思，殆无一字空设,奇变不穷,同合异部,乃自不知所以称之,此书行,故应有赏音者"。此虽其自负之语,然其书中序论,类多文章优美,意识深长,非他史所及。本传又载晔自称"既造后汉,欲遍作诸志"。《宋书·谢俨传》称初"晔以十志托谢俨搜撰,垂毕,遇晔败,悉蜡以覆车"。盖有志而未成。亦缺表。**《后汉书》内之八志** 今本《后汉书》内八志,乃是晋人司马彪所作《续汉书》中之志,已见前章。北宋孙奭始建议合之(见陈振孙《书录解题》)。后人引其文者,多称《后汉书》某志,而没彪之名,此实大误。司马氏之《续汉书》虽亡,而其八志反因附于范氏书中而保存至今,此亦事理之不能预料者。**范晔之被诬枉** 范氏后以预闻逆谋,不以上闻,伏诛。临刑赋诗曰"虽无稽生琴,庶同夏侯色"(具见本传)。当时皆坐以悖逆之罪,而前清陈澧《东塾集》末附《申范》一篇,证明范氏被人诬枉,其说颇详。千古冤狱至此平反,亦一快事(先是,王鸣盛已谓范氏不反,陈氏特证明之)。

《后汉书》之取材 范氏《后汉书》造成在诸家之后,有所因袭,故成书较易。《文献通考·经籍考》以为后人作"后汉史者已有七家,范氏乃删取众书,成一家之言"。所谓七家,即前章所言之谢承、薛莹、华峤、谢沈、张莹、司马彪、袁山松(见《隋书·经籍志》)。前清汪文台辑七家佚文,有张璠而无张莹,非是。今七家皆亡,已无能考其同异,故不能见范氏取去之得失。**新增之类传** 此书体例一如班氏,而编制较为整齐,惟增加《文苑》《方术》《党锢》《逸民》《独行》《列女》等传,为前史所无。《文苑》所以表章文艺,《方术》所以提倡技能,《逸民》所以尊崇高节,《独行》所以表章狂狷,《党锢传》所以揭示人民与政治之关系,《列女传》所以表明妇女在社会之地位,其孤诣独识皆非前史所及。**对于党锢之同情** 范氏作《党锢传》,甚为详备,其序一篇已用一千六百余言,内称三君、八俊、八顾、八及、八厨之流,或"刻石立碑,共为部党",或"品核公卿,裁量执政",或"危言深论,不隐豪强",于是"自公卿以下莫不畏其贬议"。东汉末年士林主持清议之势力,只可由此一传见之。其《儒林传论》亦称"权强之臣,息其窥盗之谋,豪俊之夫,屈于鄙生之议"。其《左雄传论》又称"往车虽折,而来轸方遒,所以倾而未颠,决而未溃,岂非仁人君子心力之为乎"。此见范氏甚赞成汉末党人之政治活动,其本人之被罪,当亦有类此之原因。《宋书》本传所谓"以狂悖诛"者,自是片面之词。前清陈澧作《申范》篇,谓"三代以下学术风俗,莫如后汉,赖有范书以传之"。范氏论文"当以意主,以文传意",又自谓"耻作文士文"(亦见《宋书》本传)。

五胡之史需要 晋人自作之晋史,已见前章,而皆非完书。其后齐人臧荣绪始括东西晋为一书,作纪、录、志、传,一百二十卷(见《齐书》本传),然其书亦亡。梁人刘孝绰博悉晋代故事,时称"皮里晋书"(见《梁书》本传),然其书未成。盖晋史之内容,应包括五胡十六国之史。此因西晋之时,中国北部、西部已为五胡十六国所割据,此即前凉,后凉,南凉,北凉,西凉,前赵,后赵,前燕,后燕,南燕,北燕,前秦,后秦,西秦,成汉,夏,在当时各有史书,《隋书·经籍志》《唐书·艺文志》尚载其目,今皆亡,不必叙述。此十六国实为最扰乱之史期,虽各有记载,而草率错误特甚。非有一总合记载,殆不可了解。《魏书》本传称鸿"少好读书,博综经史"。又称鸿"弱冠便有著述之志,见刘渊、石勒等并因世故,跨僭一方,各有国书,未有统一,乃撰为《十六国春秋》,勒成百卷"。鸿,鄃人(今山东平原县),字彦鸾,仕至散骑常侍,典起居注。《史通·正史》篇称其书"考核众家,辨其同异,除烦补阙"。《魏书》本传称其书"经综既广,多不考正"。此二说不同,而今其书亡,亦无能判定。本传又称鸿"家贫禄薄,惟任孤力,至于纸尽,书写所资,每不周接",此见其著作之苦。《史通·正史》篇又称鸿自"永明之初求诸国逸史,至正始元年,独阙蜀事,推求十有五年,始于江东购获,乃增其篇目,勒为一百二卷"。此见其搜求之勤。此为总十六国之兴亡为一书,可谓北朝之巨制。此书用纪传体(见《史通·正史》篇)。又十六国各国纪年不同,最为纷乱,而此书之纪年,以晋为主(见《史通·探赜》篇)。故有提纲振领之便,而五胡十六国之纷乱,得此书始可读。**原本已亡** 此书已见于隋唐二志,至宋人《崇文总目》始佚其名,陈振孙《书录解题》及晁公武《郡斋读书志》亦不载,盖此书亡于北宋。清初《四库》著录百卷之本,乃是明人伪撰,《汉魏丛书》附刻十六卷之本,乃是摭诸类书,均已详于《四库提要》卷六十六。清人汤球又辑为《十六国春秋辑补》一百卷,此虽卷数仍旧,而所存亦不及十一。然皆注明出处,较明人伪本为优。

南朝诸史 南朝有宋齐梁陈之书,见于《隋书·经籍志》著录者,已有七八种之多。今存者只有沈约《宋书》百卷,及萧子显《齐书》六十卷(今缺一卷),均列在正史。作《宋书》者,先有何承天、裴松之、徐爰(见《宋书》各本传),然皆未完成。至齐时沈约始成《宋书》,为纪十,志三十,列传六十。作齐书者先有江淹、沈约、吴均(见《梁书》各本传),亦均未完备。至梁时萧子显始成《齐书》,为纪八,志十一,列传四十。**沈约《宋书》、萧子显《齐书》** 沈约字休文,武康人(今浙江武康县),官至侍中。《梁书》本传称约自幼"流寓孤贫,笃志好学,昼夜不倦,遂博通群籍,能属文"。"历仕三代,该悉旧章,博物洽闻,当世取则"。萧子显字景阳,兰陵人(今江苏武进县西北),齐之宗室,仕梁至吴兴太守。《梁书》本传称子显"幼聪慧,好学,工属文"。清赵翼《陔余丛考》讥沈约历仕宋齐梁三朝,故于宋齐易代之际,莫敢直笔,宋王应麟《困学纪闻》讥萧子显以齐宗室仕梁而作齐史,虚美隐恶,不能直笔。《宋书》之志,多追述魏、蜀、吴之典故,适足以补陈寿《三国志》之缺。**江淹《十志》** 《史通·正史》篇引江淹言"史之所难,无出于志",故先著《十志》以见才。江氏负当时文学重名,今《齐书》内之志,当本江氏旧物。**带叙法、类叙法** 沈、萧二氏皆负文学之名,故其书内,叙事虽多冗杂,而序论颇见文彩。又考宋齐二书列传中,多附他人之事实及其履历。赵翼《陔余丛考》卷六谓此为"带叙法"及"类叙法",故立传少而所遗不多。此为修史之善法,清人修《明史》多用此法,故文简而事详。**裴松之《三国志注》** 裴松之字世期,闻喜人(今山西闻喜县),仕至中散大夫。《宋书》本传称松之"八岁学通《论语》《毛诗》,博览坟籍"。又称宋文帝使注《三国志》,既成,帝善之曰:"此为不朽矣。"此注采书数十种,以补陈寿之缺漏,并附以考正异同,虽非"成一家言",而为史学界开一新路。

江淹修史条例 江淹字文通,考城人(今河南考城县)官至散骑常侍。《梁书》本传称淹"少孤贫好学,沉静少交游"。《南史》本传称"齐置史官,淹与檀超共掌其任,所为条例,并为王俭所驳,其言不行"。又考《齐书·檀超传》载其条例,为立十志,曰《律历》《礼乐》《天文》《郊祀》《刑法》《艺文》《朝会》《衣服》《州郡》《百官》,此外不立《年表》,并增《帝女》《处士》二传,诏内外详议。王俭议增《食货》及《五行》,而删《朝会》

及《帝女传》。此见江氏条例实无特异之点，反不如王俭之议。**江淹《齐史》**《南史·江淹传》称"淹任性文雅，不以著述在怀，所撰十三篇，竟无次序"。又称淹梦郭璞索还五色笔，"时人谓之才尽"。其实江氏长于文学，而不长于史学，故所修《齐史》无甚可观。《南史》本传所谓十三篇者，即《齐史》十三卷，隋时已亡（见《隋书·经籍志》）。然淹有《铜剑赞序》一篇，载在文集之末，内述上古用铜造器之说，此可谓吾国人了解铜器时代之始。

北朝诸史 北朝有魏齐周之书，《隋书·经籍志》著录四种。今只存魏收《魏书》百三十卷，列在正史。先是魏太武帝时，命崔浩修成《国书》三十卷。**崔浩《国书》** 浩字伯渊，武城人（今山东武城县），官至太常卿。《魏书》本传称浩"少好文学，博览经史"。又称浩"纤妍白晳如美妇人，而性敏达，长于谋计，常自比张良，谓己稽古过之"。《史通·正史》篇称其书"务从实录，无隐所恶"。《魏书》本传称"左右忌浩正直，共排毁之"。《北史》本传称此书既成，有"谄事浩者请立石铭载国史，以彰直笔。浩书国事备而不典，而石铭显在衢路，北人忿毒，构浩于帝，帝怒诛浩"。浩坐此夷三族，同死者百二十八人，并废史官，此可谓当时一大史狱。后又命高允等续修，迄未完成，直至魏收而始成书。

魏收《魏书》 魏收字伯起，巨鹿人（今河北巨鹿县），仕魏及北齐，位至尚书右仆射。《北齐书·魏收传》称收"少好习骑射，后折节读书，以文华显"。收在魏，已受命修国史，及仕齐，仍受命修《魏史》，成纪、传、志，一百三十卷。《北齐书》本传谓之《魏书》，《隋书·经籍志》谓之《后魏书》。收有文才，献诗有"尺书征建业，折简召长安"之句，时人壮之。所作《魏书》，凡四易稿，而芜杂特甚。**所谓秽史**《史通·正史》篇称"收诣齐氏，于魏室多不平，既党北朝，又诬江左，性憎胜己，喜念旧恶，迁怒所至，毁及高曾"。《北齐书》本传亦称当时"众口喧然，号称'秽史'"，当时前后列诉者百余人，因收撰尚书令杨遵彦家传甚美，是以深被党援，诸讼史者皆获重罚。然同时亦被诸家子弟投诉，并受齐帝诘责。收生前虽未得罪，而死后人发其冢，弃骨于外（具见本传）。千古修史之笑话，无过于此。据本传，收为史官，人多饷以饮食，当时诸贵语及收，多问"颇相饷否"，因共相大笑。本传又称"收所引史官，恐其凌逼，惟取学流先相依附者"。又称收每言"何物小子,敢共魏收作色,举之则使上天,按之则使入地"。收之猖狂如此,千载而下,他家书尽亡,收书岿然独存,而唐人李延寿《北史》尚称其书"追踪迁、固",则不可解。

高允论史内天文 高允字伯恭,勃海人(今山东青州府),仕至尚书散骑常侍。《魏书》本传称允"性好文学,担笈负书,千里就业,博通经史"。初崔浩与允共修《魏史》,浩方考校汉元以来日月薄蚀,五星行度,并识前史之失,别为《魏历》以示允。允曰:"天文、历数不可空论。汉元年冬十月五星聚于东井,此乃历数之浅。今讥汉史,而不觉此谬,恐后人讥今,犹今之讥古。"浩曰:"所谓云何?"允曰:"按《星传》金木二星常附日而行,冬十月,日在尾箕,昏没于申南,而东井方出于寅北,二星因何背日而行?是史官欲神其事,不复推之于理。"浩曰:"欲为变者何所不可?独不疑三星之聚,而怪二星之来?"允曰:"此不可以空言争,宜更审之。"后岁余,浩谓允曰:"先所论者本不注心,及更考究,果如君语,以前三月聚于东井,非十月也。"又浩之被收,帝召允曰:"国书皆崔浩作否?"允曰:"臣与同作,臣多于浩。"帝大怒。时太子为之解曰:"天威严重,允迷乱失次耳。臣向备问,皆云浩作。"允曰:"臣谬参著作,今已分死,不敢虚妄。"帝嘉其直,宥之(具见《魏书·高允传》)。浩之服善,与允务实,皆足为史家模范。

通史之需要 史书原有通史一体,初不在乎用纪传或用编年。司马迁之《史记》虽为纪传,而实为自黄帝至秦汉之通史。自班固断代为书,魏晋史学家翕然宗之,于是只有断代史,而无通史。虽能详一代之兴亡,而不能见古今之会通。且当时断代史众多,不可胜读,欲求一书以尽古今之变者,竟无其书,故通史之作极为需要。梁武帝始作《通史》,可谓知会通之要,故人事之需。尝曰"此书若成,众史可废"(见《梁书·萧子显传》)。**梁武帝《通史》之内容** 武帝萧衍,字叔达,南兰陵人(今江苏武进县西北)。其书固非自己一人著作,然武帝实总其成而创其例,《通史》虽不能替众史,然不可不谓为当时之革新著作。此书《梁书·武帝纪》作六百卷,《隋书·经籍志》作四百八十卷,《史通·六家》篇作五百二十卷。《史通·六家》篇称武帝"敕其群臣,上自太初,下终齐室,撰成《通史》。自秦以上,皆以《史记》为本,而别采他说以广异闻。

至两汉以还,则全录当时纪传,而上下旁通,臭味相依。又吴、蜀二主皆入《世家》,五胡及拓跋氏列于《夷狄传》。大抵其体皆如《史记》,其所为异者,惟无《表》而已"。今《通史》虽亡,而其内容由此可以概见。是时梁室藏书十四万卷(见《梁书·元帝纪》),此书之取材,必甚宏富。**刘知幾批评《通史》**《史通·六家》篇又讥其失曰:"疆宇辽阔,年月遐长,而分以纪传,散以书表,每论家国一政,而胡越相悬,叙君臣一时,而参商是隔。"此即谓纪传之体不适于通史,自此以后,作通史者竟不能再用纪传之体,其原因在此,此书卷帙既多,又用纪传体,故不便多数读者,而引起世人对于需要通史之注意,其功自不可没。又此书内之本纪、世家皆吴均作(见《梁书·吴均传》)。其赞、序皆武帝作(见《梁书·武帝纪》)。宋郑樵作《通志·艺文略》,特立通史一门,以列此书,可知此书至北宋尚存,而为时所重。此书盖亡于北宋之末,甚为可惜。

地理书 自班固《汉书》立《地理志》。于其时州郡县山河险夷,及风俗户口,各有记载,而尚未有著为专书。自晋以来,始有类此之地理专书。《隋书·经籍志》称晋时挚虞依《禹贡》《周官》作《畿服经》,于国邑、山陵、水泉、乡亭、城郭、道里、土田,民物、风俗,先贤、旧好,靡不具悉,凡一百七十卷,今亡。又称齐时陆澄聚一百六十家之说,编而为部,谓之《地理书》。梁时任昉又增陆澄之书八十四家,谓之《地理记》。陈时顾野王又抄众家之言,作《舆地志》。足见在此期内,地志之书甚为注意,惜各书今皆不存。**《水经注》** 今存者为魏郦道元《水经注》四十卷,**《洛阳伽蓝记》** 魏杨衒之《洛阳伽蓝记》五卷,一详于江河,一详于建筑,均尚存。**《佛国记》** 又此期西僧来华,及华僧赴西者不少。有释智猛《游行外国传》一卷,释法显《佛国记》一卷。今法显之书尚存,英法德人译注此书者已有数家,为研究古代西域及印度地理不可不读之书。

氏族谱 自魏行九品中正之法,乡举里选以门第为尚,故氏族之谱为世所重。《隋书·经籍志》称晋世挚虞作《族姓昭穆记》十卷,齐梁之间其书转广。后魏迁洛阳,八氏十姓,咸出帝族,又有三十六族,则诸国之从魏者。其中国士人则第其门阀,有四海大姓、郡姓、州姓、县姓等。及周太祖入关,诸姓子孙有功者,并令为其宗长,仍撰《谱录》,记其所承,惜诸书皆亡。考魏收《魏书》列传于传中人之子孙,皆附缀于后,连篇累牍，令人望而生厌。而魏收之意以为中原夷乱，谱牒遗亡，是以具书支派。然赵翼《陔余丛考》谓"传中诸人子孙，多与收同时，收特以此周旋耳"。

参考书

《宋书·自序》《宋书·范晔传》《梁书·武帝纪》《沈约传》《江淹传》《萧子显传》《吴均传》《齐书·檀超传》《魏书·崔浩传》《高允传》《崔鸿传》《北齐书·魏收传》《宋书·裴松之传》《隋书·经籍志》《史通·正史》篇、《杂说》篇（上）　曾巩《南齐书序》　陈澧《东塾集》卷末《申范》篇　王鸣盛《十七史商榷》卷五十三、卷六十五　赵翼《廿二史札记》卷九、卷十三，《陔余丛考》卷六、卷七　钱大昕《廿二史考异》卷二十三至三十

第七章　隋唐的史学

南北各史重修之需要　隋唐时代于史书无他创作，然当时在南北初次统一之后，甚感觉改造晋、宋、齐、梁、陈及北魏、北齐、北周诸史之必要。《北史·序传》称"北朝自魏以还，南朝从宋以降，运行迭变，时俗污隆，代有载笔，人多好事，考之篇目，史牒不少，互陈闻见，同异甚多"。盖晋以来南北分立，各国记述，对于本国，则充满忌讳，对于他国，则肆意辱骂，故当时史册难称实录。实则隋唐时人正可利用各邦不同之公私记载，互相参证，以成良史。其记载愈纷杂，则考证愈便利，故此时实为改造诸史之最好的机会。然当时修史诸臣，实未能利用机会。盖诸臣本非史家，多是词人（据《史通·论赞》篇）。又因仍旧史，是非随意（据《史通·杂说》篇），虽有许多原料而不肯利用，殊为可惜。**隋唐注意修史**　隋初统一南北，修史未成，至唐高祖时，令狐德棻始建议修史，《新唐书》卷一〇二赞之曰："天下初定，德棻首发其议，而后唐之文物粲然，诚知治之左。"隋唐初期对于史册之注意，于此可见。其结果则修成正史五部，不可不谓为工作伟大。

隋修诸史　隋文帝时，有重修魏、齐、梁、陈诸史之议，隋文帝命姚察修《梁》《陈史》，命李德林修《齐史》，命魏澹修《魏史》（均见《隋书》各本传）。《齐》《梁》《陈》三史未成，《魏史》成而复失，甚为可惜。《隋书·魏澹传》称"高祖以魏收所撰书褒贬失实，诏澹别成《魏史》，自道武下及恭帝，为十二纪，七十八传，别为史论及例一卷，并目录，合九十二卷"。**魏澹《魏书》**　澹字彦深，巨鹿人（今属河北省），年十五而孤，"专精好学，博涉经史，善属文，词采赡逸"，仕至著作郎，太子学士（均见《隋书》本传）。其书已亡，而其史例一篇，共五条，皆足正前史之失，今存于本传内。据《史通·正史》篇,与澹同修《魏史》者,尚有颜之推、辛德源,并称其书"矫正收失",《隋书》本传亦称其书"甚为简要"。然则澹之《魏史》(亦名《魏书》),当远在魏收之上,而其书竟亡。唐初重修各史,"众议以《魏史》既有魏收、魏澹二家,已为详备,遂不复修"(见《旧唐书·令狐德棻传》)。至今澹书亡,而收书存,又非唐人所料。

唐修诸史 唐人修史之举,本于唐高祖采纳令狐德棻之议。高祖虽诏修诸史,未就而罢。太宗复敕修撰,始成各书(均见《旧唐书·令狐德棻传》)。唐初所修诸史,以《晋书》为先,而房玄龄、褚遂良二人总其成。**房玄龄、褚遂良领修《晋书》** 房氏名乔,字玄龄,以字行,临淄人(今山东临淄县),为十八学士之首,官至尚书左仆射。褚氏字善登,钱塘人(今浙江钱塘县),官至黄门侍郎。玄龄"幼警敏,贯综坟籍,善属文书",遂良"博涉文史,工楷隶",(均见《新唐书》各本传)。《旧唐书·房玄龄传》称"贞观十八年,玄龄与褚遂良受诏重撰《晋书》,于是取许敬宗、来济、陆元士、刘子翼、令狐德棻、李义府、薛元超、上官仪等八人,分功撰录"。而《令狐德棻传》称"当时同修,一十八人,并推德棻为首,其体制多取决焉",与此不同。**《晋书》的批评** 房、褚二氏本以大臣领修,故别招文士任撰述。今十八家《晋史》及《十六国春秋》皆亡。吾人已不能考见房氏书去取之得失。《旧唐书·玄龄传》又称其书"以臧荣绪《晋书》为主,参考诸家,甚为详洽。然史官多是文咏之士,好采诡谬碎事,以广异闻,又所评论竞为绮艳,不求笃实,由是颇为学者所议"。又称其《天文》《律历》《五行》三志为李淳风所修,其宣、武二帝及陆机、王羲之四论,为太宗自著,于是总题御撰。《史通·论赞》篇称"唐修《晋史》,作者皆词人,远弃史班,近宗徐庾"。《杂说》篇称《晋史》所采多小书,若《语林》《世说》《搜神记》《幽明录》,而曹、干二《记》,孙、檀二《阳秋》,皆不之取。

前清钱大昕《十驾斋养新余录》卷中摘其地志错误甚多,谓其"纪传之文无有与志相应者"。此书为帝纪十,志二十,列传七十,载记三十,凡百三十卷。其载记一门为独创之体,所以述五胡十六国之史事,大约即取材崔鸿《十六国春秋》。据《史通·正史》篇,《晋书》内有叙例目录,合为百三十二卷,惜今缺此二卷。宋刘义庆著《世说新语》三卷,梁刘孝标为之注。此书虽似小说,而内存魏晋人士有趣味之遗言遗事甚多,唐修《晋书》,多采《世说》,虽为时人所讥,而为本书增加趣味不少。

令狐德棻建议修史 唐修诸史,在唐高祖时,本诏修齐、梁、陈、魏、周、隋各史(见《旧唐书·令狐德棻传》)。太宗时始加修《晋书》,而旧有的沈约《宋书》,萧子显《齐书》,魏收《魏书》,唐人皆未及修改。兹将唐人所修诸史列下。**姚思廉《梁》《陈》二书** 姚思廉所修之《梁书》,为帝纪六,列传五十,凡五十六卷。又所修之《陈书》,为帝纪六,列传三十,凡三十六卷。二书皆是续其父姚察之旧作。**李百药《北齐书》** 李百药所修之《北齐书》,为帝纪八,列传四十二,凡五十卷,亦是续其父李德林之著作。**令狐德棻《周书》** 令狐德棻所修之《周书》,为帝纪八,列传四十二,凡五十卷。《旧唐书·德棻传》称崔仁师佐修《周史》,《岑文本传》称文本同撰《周史》,其史论出文本。**魏徵《隋书》** 魏徵所修之《隋书》为帝纪五,列传五十五,凡六十卷。同修《隋书》者,有颜师古(见《史通·正史》篇)。此外尚有孔颖达、许敬宗,而序论多出于徵(见《旧唐书·魏徵传》)。姚思廉,《旧唐书》作字简之,《新唐书》作名简,以字行,万年人(今陕西长安县),官至散骑常侍。李百药字重规,安平人(今河北安平县),官至礼部侍郎。令狐德棻(无字),华原人(今陕西耀县),官至崇贤馆学士。魏徵字玄成,曲城人(今河北大名境),官至知门下省事太子太师(据《新唐书》各本传)。思廉少受《汉书》于察,尽传其业。百药七岁能属文。德棻博贯文史。徵贯通书术。其可考者如此。

五家史批评 上文所言之《梁》《陈》《齐》《周》《隋》五书,皆唐初所修之官书,当时谓之"五家史"(见《新唐书·令狐德棻传》)。此五家史既是受诏重修,自比唐以前之旧有的记载为整齐简洁。然旧有记载今皆不存,现已无从为之比较得失。惟比诸书后多残缺,后人又用《南北史》以补充之,殊足混乱是非。《史通·杂说》篇称"皇家修五代史,馆中坠稿犹存,皆因彼旧事,定为新史,观其朱墨所图,铅黄所拂,犹有可识者,或以实为虚,以非为是",此见当时之真相。**魏徵监修《五代纪传》**《史通·正史》篇又称初修五书之时"使秘书监魏徵总知其务,凡有赞论,徵多预焉。始以贞观三年创造,至十八年方就,合为五代纪传,并目录,凡二百五十二卷"。《旧唐书·魏徵传》称徵"受诏总加撰定,多所损益,务存简正。《隋史·序论》皆徵所作,《梁》《陈》《齐》各为总论,时称良史"。徵字玄成,曲城人(今河北大名境),官至知门下省事太子太师。《旧唐书》本传称徵"少孤贫落拓,有大志,不事生业,好读书,多所通涉"。徵在唐初大臣中,文学政事兼优,故诸史之成,多得魏氏之力。《史通·正史》篇又称"唯有十志为三十卷,寻拟续奏,未有其文,又诏于志宁、李淳风、韦安仁、李延寿同撰。其先撰人唯令狐德棻重预其事。太宗崩后,刊勒始成。其篇第虽入《隋书》,其实别行,俗呼为《五代史志》"。据《旧唐书·李淳风传》,其天文、律历、五行三志,皆淳风所作,余不可考。**长孙无忌监修《五代史志》** 又据《旧唐书·长孙无忌传》,无忌后受诏监修诸志。无忌字辅机,洛阳人,官至太子太师。《新唐书》本传称其"性通悟,博涉经史"。今十志虽列入隋书内,而实备梁、陈、齐、周、隋五朝之典制,为诸史中最简要之著述。

由此观之,唐初所修之《梁》《陈》《齐》《周》《隋》五书,再加以唐以前旧有的《宋书》《魏书》《齐书》,则南北朝诸史皆备。**李延寿《南北史》** 此后又有李延寿之《南史》《北史》,益臻完善。延寿(无字)相州人(今河南安阳县),官至崇文馆学士。清初刘献庭《广阳杂记》卷一称王昆绳谓"史乃官名,不可以名书",此言甚是。故两汉、晋、宋等史,皆称书不称史,而司马迁《史记》者,乃谓太史氏所记。其个人著书称史者,自李氏《南北史》始。《旧唐书·李延寿传》称"延寿删补宋、齐、梁、陈及魏、齐等八代史,谓之《南北史》"。《新唐书·李延寿传》称"延寿父太师多识前世旧事,常以宋、齐、梁、陈、齐、周、隋天下参隔,南方谓北为索虏,北方指南为岛夷,其史于本国详,他国略,往往訾美失传,思所以改正,拟《春秋》编年,刊究南北事。未成而殁。延寿既数与撰述,所见益广,乃追述先志,作《南北史》"。**《南北史》批评** 其《北史》为帝纪十二,列传八十八,凡百卷。《南史》为帝纪十,列传七十,凡八十卷。惟李氏未能作志,不可不谓为最大缺点。其实《宋书》有沈约之志,《齐书》有江淹之志(均见前章),而梁、陈、齐、周、隋又有长孙无忌监修之五朝十志(已见上文),未知李氏何以不采取入书。李氏之书既成于官修诸史以后,自然易于整理。《新唐书》本传称其书"颇有条理,删落酿辞,过本书远甚,时人见年少位下,不甚称其书"。隋已统一南北,李氏仍列之《北史》,未知何故,而钱大昕《十驾斋养新余录》卷中谓此为"议例正大"。宋人王应麟《困学纪闻》卷十三引朱熹谓"《南北史》凡《通鉴》不取者皆小说"。王鸣盛《十七史商榷》卷五十三讥其书"增改无多,而其所以自表异者则有两法,一曰删削,二曰迁移"。此书之删削迁移,虽未必悉当,然因其卷帙简少,遂通行一时,而《宋》《齐》《梁》《陈》《魏》《齐》《周》《隋》等书,几乎无人过问。今《宋》《齐》《梁》《陈》《魏》《齐》《周》《隋》等书列传有与《南北史》完全相同者,皆是原书已亡,而后人反取《南北史》以补充之,故文字不异。

许嵩《建康实录》 在李氏《南史》《北史》之后,又有许嵩《建康实录》二十卷。许氏自署高阳人(今河北高阳县),大约生在唐玄宗以后,其他已不可考。此所谓建康者,即今之南京。三国时,吴孙权始建都于此,定名建业。东晋亦定都于此,改名建康。其后历宋、齐、梁、陈均都此不改。总计吴、晋、宋、齐、梁、陈凡六代,皆以此为都城,此即六朝兴亡所在之地。李氏书既详八代之事,此而事又记六朝之事,似无甚意义。王鸣盛《十七史商榷》谓其"手笔体裁又不如李氏远甚"。**书中多存六朝遗文古迹** 然其中尚有可称者,即唐以前,长江以北,如魏、齐、周即所谓北朝者,中原人士皆以外族目之,而代表真正中原文化者,即此定都建康之六朝。许氏之书,只以此六朝为主,盖犹是"内诸夏而外夷狄"之古义。至其书或用编年,或用纪传,于义例殊多未协。然引据广博,多为正史所无,至今为考证六朝故事者所不能废。其自序称"今质正传,旁采遗文",又称"若土地、山川、城池、宫苑,各明处所,用存古迹"。此见价值之所在,于考古为大。又其书内有自作小注,备记异闻,亦记载之创体。

刘知幾始言史学方法 前述唐人所修诸史,不过整理旧文,并无特著之成绩。后有刘知幾出,遂著史学方法之专书,为前人所未及。知幾字子元,彭城人(今江苏铜山县),三为史官。《新唐书·刘知幾传》称知幾年十二,父为授《古文尚书》,业不进,后授《左氏》,逾年,遂通览群史。**才学识三长** 又称郑惟忠尝问知幾曰:"自古文士多而史才少,何耶?"对曰,"史有三长,才、学、识。世罕兼之,故史才少。夫有学无才,犹愚贾操金,不能货殖。有才无学,犹巧匠无楩楠斧斤,不能成室。善恶必书,使骄主、贼臣知惧,此为无可加者"。**修国史不成** 刘氏三为史官,而所修国史皆不就,然亦有特殊之原因,具详其《上监修国史萧至忠书》中,内言修史有五不可:(一)史官人数太多;(二)史官采询不广;《三》权门贵族可畏;(四)监修官意见不一;(五)监修官务相推避(其书甚长,具载《旧唐书》本传)。此书中所言皆切中后世官修史书之通病,而官书之不能完善其故即在此,刘氏虽未作史,而能著《史通》内外篇传于世,为吾国言史学方法之祖。

《史通》内外篇 《新唐书·刘知幾传》称知幾作《史通》凡四十九篇,徐坚读之,叹曰:"为史者宜置此篇座右也。"今此书共二十卷,分内外篇各十卷。考《汉书·司马迁传》称王莽时代封迁后为史通子,刘氏书之命名,盖本于此。内篇详于讨论体例,外篇详于审查材料,诚可谓史学之巨著。然读者宜先读外篇,以得其考证方法,次读内篇,以得其叙述方法。其外篇中之《疑古》《惑经》《暗惑》《杂说》等篇,初学读之,足以开发心思,养成判断的精神,实为治史学之基础。《史通》内多批评前人之著作,而刘氏自己三为史官,未成一史,故《新唐书》本传讥其"工于诃人,而拙于用己",亦非苛论。

史法 《史通》之内,以批评旧史为多,故《新唐书》本传称其为"讥评前人"而作。今观其书除批评之外,实未能标出条文的方法,使人易于明了,此亦时代的关系使然。大抵其所主张之方法,均可于各篇内求之。**史料 史体 考证** 如《采撰》篇主张作史之材料,当据"当代雅言",而讥嵇康《高士传》好聚寓言,皇甫谧《帝王纪》多采图谶。其《六家》篇论体裁,定《史记》《汉书》为纪传体,《春秋》《左传》为编年体。《二体》篇(即纪传、编年)谓"后来作者不出二途"。又《疑古》篇记其疑《尚书》之可议者十条。《惑经》篇记其惑《春秋》之可议者五则。《暗惑》篇记其非难诸史之不明者十二说。《杂说》篇又记其辨证群书之可疑者凡数十种。或讨论材料之得失,或辨别材料之真伪,其识见之超越,在当时诚非他人之所及。凡此皆属于历史的考证学,为研究史料者之指导。**重事不重文** 又《鉴识》篇称:"史之叙事也,当辩而不华,质而不俚,其文直,其事核,若斯而已可矣。必令同文举之含异,等公幹之有逸,如子云之含章,类长卿之飞藻,此乃绮扬绣合,雕章缛彩,欲称实录,其可得乎?"此见作史当重文直事核,不当以词藻为重。**书有五难** 又《模拟》篇引袁山松之言曰:"书之为难也有五。烦而不整,一难也。俗而不典,二难也。书不实录,三难也。赏罚不中,四难也。文不胜质,五难也。"凡此五难,亦作史者所当避。

　　刘氏之考证,高出唐人之上,而其方法在取证于当时记载,而不取证于后人记载,尤合乎近时西人之说。**刘知幾的考证法** 《旧唐书》本传称刘氏谓古人不朝服乘马,或举秘阁所藏《梁武帝南郊图》内有危冠乘马者以难之,而刘氏定此图"是后人所为,非当时所撰"。刘氏又谓"张僧繇画群公祖二疏,而兵士着芒屩,阎立本画明妃入匈奴,而妇人着帷帽。芒屩出于水乡,非京华所有,帷帽创于隋代,非汉官所作,岂可假此二画以为故实"。此即谓凡取某种材料作为证据,必先注意其时的关系,与地的关系,如时与地均不适合,则不得取证。**材料内之时与地的价值** 此见刘氏之考证古事,必用"当时所撰"之材料,而不用"后人所为"之图籍,此与《史通·采撰》篇所谓"当代雅言",其主张正同。此与近世德国史学派论调,完全相合,此为最谨严之考证方法,惜中国史学家多不达此义。《新唐书》本传且删减刘氏此论,失其要旨所在,尤为可惜。

　　吴兢修国史 刘知幾与吴兢同时,兢(无字),浚仪人(今河南开封县),官至邺郡太守。《新唐书》本传称其"少厉志,贯知经史。"兢与知幾同修《则天实录》三十卷,及《唐书》八十卷(见《史通·正史》篇)。然《新唐书·刘知幾传》称刘氏"内负有所未尽,乃委国史于吴兢",《吴兢传》亦称《武后实录》"兢实书之,其草故在"。此二传所言,均与《史通》不同。盖刘氏虽与修国史,而未有所成,故有"五不可"之说,已见上文。此见所谓实录及国史者,刘氏之工作甚少,而吴氏之工作甚多,惜其书皆亡。后人所作之《旧唐书》,其前半部大多数取材于吴氏,已为史学家所同认。吴氏叙事简核,号称良史,又好直说,称"今董狐"。修实录,书张说事不少假借,后说为相,屡以情请改。辞曰:"徇公之请,何为实录"(并见《新唐书》本传)。**《贞观政要》** 吴氏又作《贞观政要》十卷,此书久称名著而不见新旧《唐书》本传。然《魏谟传》称文宗读吴兢《贞观政要》,则知吴氏著此书本传遗漏。此书所以备帝王观览之用,今尚存。

贞观治绩，千古传颂，吴氏书叙其君臣论政，及其政治之原因，昭然若揭，亦为唐初政治史之佳作。此书每事为篇，各具首尾，已开后人纪事本末体裁之始。兢又删《梁》《齐》《周》史各十卷，《陈史》五卷，《隋史》二十卷（均见《旧唐书》本传），今皆亡。

韩愈、柳宗元之史才 唐时文学大家以韩愈、柳宗元为最著，此二人在史学上均有一场辩论，极有研究之价值。韩氏字退之，《旧唐书》谓为昌黎人，《新唐书》谓为邓州南阳人，宋人邵博《闻见后录》卷八谓韩氏为河内修武人，（今河南县名）非邓州人。柳氏字子厚，河东人（今山西永济县）。韩氏官至吏部侍郎，柳氏官至柳州刺史。古人以作史为文学家应尽之责任，二人既皆以古文倡导一时，故常以修史自命。《柳集》卷三十一载柳氏与韩氏书所谓"与退之期为史，志甚壮"，即指此而言。韩氏《答崔立之书》有曰："若都不可得（指文武仕宦），犹将耕于宽闲之野，钓于寂寞之滨，求国家之遗事，考贤人哲士之终始，作唐之一经，垂之于无穷，诛奸谀于既死，发潜德之幽光"。是时韩氏穷居不得志，本有作"唐经"之志，此书若成，必有可观。**韩愈惧作史受祸** 其后韩氏果居史职，乃又不肯作史（详见《答刘秀才书》）。此实因得志之后，懒于著作之故，而反假托有种种重要理由，如孔子作《春秋》，不遇而死，齐太史兄弟几尽，左丘明失明，司马迁刑诛，班固瘐死，陈寿被废，王隐谤退死家，习凿齿无一足，崔浩、范晔赤诛，魏收夭绝，宋孝王诛死，吴兢不闻身贵等事，并断定"为史者，不有人祸，则有天刑，岂可不畏惧而轻为之"？此外尚有二种理由：（一）为"圣君贤相相踵"，"岂一人能纪而传之"；（一）为"传闻不同，憎爱不同"，"于今何所承受承信"，其所持之理由不过如此。

柳宗元驳韩愈 柳氏见其书，乃取而驳之，《柳集》卷三十一载其《答韩氏论史官书》，大意谓孔子不遇而死，乃其时暗，诸侯不能用，虽不作《春秋》，犹不遇而死。左丘明以疾盲目，出于不幸。司马迁触天子怒，班固不检下，崔浩沽直，范晔悖乱，皆非中道，虽不为史，其族亦赤。末谓"凡居其位，思直其道。道苟直，虽死不可回也。如回之，莫若亟去位"。又曰："退之之恐，惟在不直，不得中道，刑祸非所恐也。"此为柳氏驳倒韩氏"人祸天刑"之说，词严义正，其理由甚为充足。至韩氏所谓

"圣君贤相相踵",及"传闻不同,爱憎不同"二种理由,柳氏亦驳之曰:"退之但以所闻知,孜孜不敢怠,同职者,后来者,亦各以所闻知,孜孜不敢怠,则庶几不坠。"又曰:"今学如退之,词如退之,好言论如退之,慷慨自为正直如退之,犹所云如是,则唐之史述,其卒无可托乎?明天子,贤宰相,得史才如此,而又不果,甚可痛哉!"唐人李翱《与皇甫湜书》谓"唐继周汉,而史官叙事曾不如范晔、陈寿"。李氏为韩氏门人,而其意中似亦不满于韩氏。**柳宗元废锢未能作史** 柳氏既深惜韩氏不肯作史,而柳氏自己又因"孤囚废锢,连遭瘴疠",不能有为,此实史学上一大损失。

韩愈《平淮西碑》 柳氏称韩氏有"史才",既如上所云。今观韩氏虽未尝作史,而其文集中所载如《平淮西碑》,叙述裴度、李愬破蔡州之功,实是记述上之典重文字。其叙事用笔,宛如《尚书》,后世史学家虽有史才、史识,亦虽学其史笔,然时人多不知其佳,嫉者甚至谤之于朝,卒毁其碑,而命段文昌改作一篇勒石。其后姚铉编《唐文粹》,乃不录韩碑,而录段氏之改作。知言之难,有如此者。唐时李商隐独作《韩碑诗》称之曰:"点窜《尧典》《舜典》字,涂改《清庙》《生民》诗","愿书万本诵万遍,口角流沫右手胝"。宋时苏轼亦有诗咏之曰:"淮西功德冠吾唐,吏部文章日月光。千载断碑人脍炙,不知世有段文昌。"推崇之至如此,可谓韩氏知己。又《韩集》中墓志、墓碑及传状之文甚多,其字句之谨严,文笔之生动,皆非后人所及,此亦其史笔所在。**《顺宗实录》** 韩氏又有《顺宗实录》五卷,传于世,此为韩氏所作惟一之史书。《昌黎集》卷二十八载其《进实录表》曰:"忠良奸佞,莫不备书,苟关于时,无所不录。"惜此书为官书体例所限,其才学无可表见,故其书不为后人所重。然《旧唐书·路随传》称韩氏"撰《顺宗实录》,书禁中事甚切直,宦竖不喜,訾其非实"。此见韩氏不仅能作史,且能直笔。前清章学诚《丙辰札记》谓韩氏"非良史才",殊非确论。韩氏所作当时名人墓碑、墓志之文甚多,皆其史笔所在,而其生活之资亦出于此。**谀墓之文** 宋人张淏《云谷杂记》卷二称韩氏作《平淮西碑》,韩宏寄绢五百匹。刘禹锡《祭韩愈文》曰:"公鼎侯碑,志隧表阡,一字之价,辇金如山。"其作文之滥,得金之多,由此可见。唐人李肇《国史补》称刘叉持韩愈金数斤去,曰"此谀墓中人得耳。"愈不能止。韩氏虽因作碑志得金不少,而亦蒙"谀墓"之讥。

刘秩《政典》、杜佑《通典》 历代政典之研究，亦史学工作之一，而自汉至隋，尚无统系的著作。唐宰相杜佑作《通典》二百卷，实为此类著作之首。杜氏名佑，字君卿，万年人（今陕西长安县），官至司徒。《新唐书》本传称佑"嗜学，虽贵犹夜分读书。先是，刘秩摭百家，侔周六官法，为《政典》三十五篇，房琯称才过刘向。佑以为未尽，因广其阙，参益新礼为二百篇，自号《通典》，奏之"。今刘氏《政典》已亡，惟杜氏《通典》尚存。是书凡九门，其自序曰："既富而教，故先食货。行教化在设官，任官在审才，审才在精于选举，故选举、职官次焉。人才得而治以理，乃兴礼乐，故次礼次乐。教化隳则用刑罚，故次兵，次刑。设州郡分领，故次州郡，而终之以边防。"**朱子推崇《通典》**《朱子语类》卷八十四称"《通典》好一般书"，又称"《通典》亦自好设一科"。《语类》卷九十二又讥范蜀公、司马温公"只《通典》未尝看"，又称"不知当时诸公何故皆不看"。此见此书在南宋以前，尚不为学者所重。又考此书之门类，李翰《通典序》以为八门，佑进书、表以为九门，其不同如此。是书自黄帝至唐之天宝，数千年制度因革，灿然大具，虽时有谬误，而不可不谓为史学上一大创作。《旧唐书》本传称其书"博而能约"，是为知言。其后宋人之《通考》《通志》，皆踵此书而成（详见下章）。

参考书

《陈书·姚察传》《隋书·李德林传》《魏澹传》《旧唐书》房玄龄、魏徵、令狐德棻、李百药、姚思廉、刘知幾等传 《新唐书》李延寿、吴兢、韩愈、杜佑等传 《隋书·经籍志》《新唐书·艺文志》《史通·自序》《正史》篇、《杂说》篇中 《韩愈外集》卷二《答刘秀才论史书》《柳宗元文集》卷三十一《与韩退之论史官书》 王鸣盛《十七史商榷》卷二十九至六十八 钱大昕《廿二史考异》卷十八至二十二，又卷二十五至二十七，又卷三十三至四十 赵翼《廿二史札记》卷四至十五 赵翼《陔余丛考》卷六至卷九

第八章　宋元明的史学

所谓正史　前代史学著作之体例，自汉初至唐末，实际上皆互相因袭，无甚变动。盖自司马迁、班固以后，均以纪传体之断代史为正史，即有用编年体者，亦多以断代为限，如前第六章所言之前后《汉纪》即是此类。《隋书·经籍志》始立正史一门，刘知幾《史通》亦有《正史》一篇。然所谓"正史"者，皆是陈陈相因之纪传体。**通史最感缺乏**　虽梁武帝之《通史》，亦不出纪传之体。即有用编年体者，而亦限于断代之史。由是而谓两汉以后之史学并无创作，亦无不可。譬如编年体之通史在此千余年内最为需要，而亦最为缺乏。王应麟《困学纪闻》卷十四称唐人"萧颖士欲依鲁史编年，作《历代通典》"。《旧唐书·裴光庭传》称"光庭等撰《续春秋传》，上表请以经为御撰，而光庭等依左氏之体为之作传"。赵翼《陔余丛考》十五以为"此及温公《通鉴》所本，并开朱子《纲目》之体例"。萧、裴二氏之书虽有此议，而皆未尝成书。此见自唐以来，世人已感觉"通史"之需要，而正史日多，人事日繁，实为其重要原因。**宋人之创作**　如此则《通鉴》及《纲目》之体例，不能不归功于宋人，而纪事本末之体例，尤为宋人所特创。盖《通鉴》之体，既较正史为简要，而纪事本末之体，又较《通鉴》为简要。由是可见宋人在史学上之贡献，远过前代。其中如司马光、李心传之注意考证，尤非前人所及。辽、金、元、明人之史学著作，又不过步趋宋人，无他创作，且成绩又不逮宋人。

刘昫《旧唐书》　宋初之需要，首为重修《唐书》及《五代史》。《唐书》原为五代时晋人刘昫等受诏所修，为纪传表志，共二百卷。昫字耀远，归义人（今河北雄县西北），仕晋至司空太子太保。《旧五代史》本传仅称昫监修国史，而不言作《唐书》。然昫作《唐书》，已见宋人王溥《五代会要》。晌书前后颇有不同，盖前部分根据唐人吴兢所修之《唐史》（见前章），故详赅有法。后部分无善本可据，故杂乱缺略。又如杨朝晟、萧士且一人而有二传，尤不可解。**宋祁、欧阳修《新唐书》** 宋人于是有重修《唐书》之事，而修书者为宋祁、欧阳修，监修者为曾公亮。书成，为纪传、表、志二百二十五卷。公亮字明仲，晋江人（今福建晋江县），官至户部尚书，同中书门下平章事。祁字子京，雍丘人（今河南杞县），官至工部尚书。修字永叔，庐陵人（今江西庐陵县），官至参知政事。据宋人陈振孙《书录解题》，《唐书》之列传为祁所作，纪表志为修所作。公亮不长于文，故以宋祁、欧阳修二人分主其事。祁"能文善议论，以文学显"；修"幼敏悟过人，读书辄成诵，好古嗜学"（均见《宋史》各本传）。此书既成，谓之《唐书》，其《进书表》自称"文省于前，事增于旧"。后人称此为《新唐书》，于是称刘氏之书为《旧唐书》。**新旧《唐书》批评** 二书之比较的批评，散见王鸣盛《十七史商榷》，赵翼《廿二史札记》及《陔余丛考》等书。若以大体言之，《旧唐书》前半部、后半部不同，已见上文，而《新书》之整齐详赡，实在《旧书》之上。然《新书》之字句有艰涩难解者颇多，则是求简之过。当时刘安世《元城语录》谓"事增文省，正《新书》之失"，此言亦极有理。宋人周密《癸辛杂识后集》谓"欧公修《唐书》，作《武后纪》，依前汉例也"。除此之外，无他创例。

宋欧修史故事 宋人魏泰《东轩笔录》卷十五称宋祁好游宴，"晚年知成都府，带《唐书》于本任刊修，每宴罢，盥漱毕，开寝门，垂帘，燃二椽烛，媵婢夹侍，和墨伸纸，远近观者知尚书修《唐书》矣，望之如神仙焉"。其为时人所称羡如此。然宋氏长于字学，欧氏长于文章，《新书》既出二人，其文体自不一律。宋人高似孙《纬略》称韩魏公以书出两手，又命欧阳公修归一体。欧阳公叹曰"宋公于我为前辈，所见不同，讵能如己意"，竟不易一字。顾炎武《日知录》卷二十六谓"《新唐书》志欧阳永叔作，颇有裁断，文亦明达，而列传出宋子京手，则简而不明"。是时欧宋同负文学重名，而欧氏之文，实远在宋氏之上。如使欧氏重修一遍，改全书为一体，自必远胜原文。

薛居正《旧五代史》 《五代史》之成书，乃在《新唐书》之前，今其书题薛居正等撰。居正字子平，浚仪人（今河南开封县），仕宋至昭文馆大学士进位司空。《宋史》本传称居正"少好学，有大志，为文落笔不能自休"。据宋人晁公武《郡斋读书志》，宋初开宝中，诏修梁、唐、晋、汉、周书。卢多逊、扈蒙、张澹、李昉、刘兼、李穆、李九龄同修，宰相薛居正监修。为纪、传、志一百五十卷，目录二卷。此书多据列朝帝王实录及范质《五代通录》（今皆亡），故事迹较详。**欧阳修《新五代史》** 据陈振逊《书录解题》，欧阳修"以薛书繁猥失实，删为七十四卷，藏于家"。又据邵博《闻见后录》卷十五，"南宋始颁新五代于学官"。今按其书褒贬祖《春秋》，叙述宗《史记》，序论甚佳，不愧良史。虽其文章优美简洁，见称于世，而事迹多不详。且其书只有考二篇，而无表志，亦不可解。同时司马光作《资治通鉴》，于五代时事据薛《书》而不据欧《书》。王楙《野客丛书》卷末称欧公作五代史，"自谓有善善恶恶之意"。苏轼曰："韩通无传，何得为善善恶恶。"公默然。钱大昕《十驾斋养新录》卷六谓欧书"契丹立晋，此学《春秋》之卫人立晋。然《春秋》之晋乃人名，而五代之晋乃石敬瑭"。此又好学《春秋》之过。此书原名《五代史记》，后人乃称欧书为《新五代史》，而称薛书为《旧五代史》。**新旧《五代史》批评** 盖薛书为官修之书，而欧书为私修之史，薛书以事实详赡见称，欧书以叙述简洁见称。欧书文胜于质，薛书则质胜于文，而自南宋以来，欧书存而薛书亡，此实宋人所不及料。清人始于《永乐大典》内抄辑薛书佚文，以复其旧，此亦史学上极费力之工作。清室修《四库全书》仍存新旧二书，并列于正史。

欧阳修碑志之文 苏轼序《欧阳公文集》，称其"记事似司马迁"，而章学诚《书唐书纠谬后》，谓"欧公为当代文宗，而史学非所深造"。平心论之，欧氏长于叙事，除《新唐》《新五代》二史外，所作名人碑志尚多，处处见其史笔。欧氏《江邻几文集序》所谓"余窃不自揆，少习为铭章，因得论次当世贤士大夫功行，自明道、景祐以来，名卿巨公往往见于全文"。其文集内碑志凡数十篇，无不篇篇可诵，此皆史笔所在。**论正史之体裁** 邵博《闻见后录》卷十五称欧氏谓《旧五代史》"盖是进本，务要卷多，今若便为正史，尽合删削，存其大者。细小之事虽有可纪，非干大体，自可存之于小说，不足以累正史"。欧氏所作之史，虽不无可议，而此段言论所见者大，又非后世史学家所及。

所谓十七史 《唐书》《五代史》既成,于是始有"十七史"之名(据宋人周密《志雅堂杂钞》卷下)。宋人所谓"十七史"者,即《史记》《汉书》《后汉书》《三国志》《晋书》《宋书》《齐书》《梁书》《陈书》《后魏书》《北齐书》《后周书》《隋书》《南史》《北史》《唐书》《五代史》,凡十七部。此所谓《后魏书》《后周书》者,即前章所谓《魏书》《周书》。北宋所用者,为《新唐书》《旧五代史》,至南宋而《新五代史》颁于学官(见邵博《闻见后录》卷十五),于是《旧五代史》始废。

吴缜《新唐书纠谬》《五代史纂误》 《新唐书》初成即有吴缜《新唐书纠谬》二十卷行于世。缜字廷珍,成都人(今四川成都县),仕至朝散郎知蜀州。章学诚《唐书纠谬书后》,谓吴氏"贯串全书,用心精密"。据宋人王明清《挥麈录》,欧阳修重修《唐书》时,吴缜尝因范镇请预官属之末,修以其年少轻佻拒之,"及《新唐书》成,缜乃指摘瑕疵为纠谬"。欧氏书谬误之点自不在少,吴氏之指摘,亦有切要之处。**批评** 然吴氏如能取欧书所据之史料底本参考比较,而指出欧书去取之失当,则于史学上之贡献甚大。惜其不但不能尽取旧存史料加以比较,最奇者并刘氏《旧唐书》亦不参考,而只就欧氏本书文字上多所指摘。今欧书所据之原料皆亡,后人虽欲纠谬,亦不可得。吴氏时诸书俱存,大可利用之以为比较参正。余独惜其不知纠谬之方法,而失此最大机会。钱大昕《文集》卷二十八摘吴氏自己之纠十余条,尚其小焉者。吴氏又有《五代史记纂误》,今只存三卷,亦为指摘欧阳氏《五代史记》而作,其方法之不合亦同。凡批评前人,当注意于大者远者。王应麟《困学纪闻》卷十四称欧公《五代史》不为韩通立传,刘原父讥之曰"如此是第二等文字"。必如是而后使欧氏俯首。

司马光《资治通鉴》 若论宋人于史学上之创作,当为司马光之《资治通鉴》,共二百九十四卷。前言通史之作,久感需要,自唐人萧颖士、裴光庭均有计划而未成书,至北宋神宗时始有《通鉴》。光陕州夏县人(今山西夏县),字君实,官至尚书左仆射。《宋史》本传称光"生七岁,凛然如成人,闻讲《左氏春秋》爱之,自是手不释卷,至不知饥渴寒暑"。司马氏之书为受诏而作,凡十九年而成,宋人高似孙《纬略》称此书所采者正史之外,共计一百二十二种。其进书表自称"精力尽于此书"。赵翼

《陔余丛考》谓"《通鉴》仿《左氏》",今按《左氏传》终于春秋之末,《通鉴》始于战国之初,然则《通鉴》不但仿《左传》,且是续《左传》,此为中国第一次编成之编年的历代通史,实为前人未有之巨制。晁公武《郡斋读书志》称司马氏奉诏许自辟官属,借以馆阁书籍,在外听以书局自随。**分纂之人物** 《文献通考·经籍考》称此书分修者自周末至后汉为刘攽,三国至隋为刘恕,唐五代为范祖禹,皆一时史学专家。又称光修此书,"自课三日删一卷",又称"洛阳有《资治通鉴》草稿盈两屋,讫无一字草书"。《通鉴》手稿清初尚存一册,"皆极端楷"(见王士祯《居易录》卷三十三)。司马氏修书之勤且专,由此可见。**所谓资治** 此书名"资治"者,因所载政治得失特详,取其有裨于治道。顾炎武《日知录》卷二十六称此书"所记兵法甚详,凡亡国之臣,盗贼之佐,苟有一策,亦具录之",按此亦宗法左氏之体。总计此书以古今治乱兴衰为主,故详于行政谋国用兵之道,此实政治史之正轨。

此书由周末至五代,而以编年体贯串之,使千余年历史演进之迹了然在目,可谓特出之巨制。朱熹《跋通鉴纪事本末》,称之曰:"伟哉书乎!自汉以来,未始有也。"**批评** 然《文献通考·经籍考》载司马氏自称"吾此书惟王胜之能读一遍,余人不能数卷,已欠伸思睡矣"。盖此书本为帝王浏览而作,故于帝王大臣之事甚详,且卷帙太繁,故当时读者不多,而其为古今史学上一大著作,无人能否认。此书虽标榜资治,而宋人洪迈《容斋续笔》(卷四)摘其中无关治乱可省者尚多。又如采及《李邺侯家传》,而不录姚崇《十事说》,皆不可解。**《通鉴考异》** 司马氏之功,尚有为他人所不及者,即在其《考异》三十卷。据高似孙《纬略》,司马氏作《通鉴》"有一事用三四出处纂成者",虽前人作史,亦多如此,而前人于所采用史料,皆不说明出处,且不说明去取之理由。时代既移,史料多亡,后人既不能知其原料之由来,又不能知其去取之经过。此实史学上之损失,而亦作史者之缺点。司马氏之《考异》,即说明所用史料之异同,及去取之标准,此实为吾国史学上一大进步,而为宋以前人所未知之工作。

李焘《续通鉴长编》、王偁《东都事略》 司马光之书,至五代而止,继司马氏之后,专记北宋史事者,有南宋人李焘。焘字仁父,丹棱人(今四川丹棱县),官至敷文阁学士,著《续资治通鉴长编》五百二十卷。其书凡历四十年而成。其进书表自称"宁失之繁,毋失之略"。宋人周密《癸辛杂识》后集称李氏为《长编》时,"作木厨十枚,每厨作抽替匣二十枚,每替以甲子志之。凡本年之事,有所闻,必归此匣,分日月先后次第之,井然有条,真可为法"。李氏著书之方法,由此可见。与此书相并者,为王偁《东都事略》一百三十卷。偁字季平,眉州人,仕至直秘阁。宋人称汴京为东京,故此书专记北宋之事,为本纪十二,世家五,列传一百五,此书虽不及李氏书之详,而颇为简要。《癸辛杂识》前集又称"《长编》既成,有诏临安给笔札,就其家缮录以进。韩彦古阴戒书吏传录,每一板酬千钱"。其为当时重视如此。此书是续《通鉴》而未成之稿本,书中亦附以考异,与司马光之方法同。司马光作《通鉴》,先为长编,焘谦不敢续《通鉴》,故言"续长编"。此书久亡,清初徐乾学始得之于泰兴季氏,后又由《永乐大典》抄出,始成此本,然仍不全。

李心传《建炎以来系年要录》及《杂记》 宋人注意历史考证学者,尤推李心传。心传字微之,井研人(今四川井研县),官至礼部侍郎。《宋史》本传称心传"有史才,通故实",李氏所著《建炎以来系年要录》二百卷,《建炎以来朝野杂记》四十卷。一以记国事得失,一以记典章制度。皆搜罗丰富,考证精确,为前人所不及。其书以国史为主,而兼采小说野史、家传碑志,并附著来原,辨别异同,为研究南宋初期史事最佳之书。《系年要录》记国事得失,《朝野杂记》详典礼制度,次其不同。李氏精于考证,故其书去取不苟。**《旧闻证误》的方法** 李氏又著《旧闻证误》一书。其书皆根据正确记载,以辨证私家传述之谬误,此为历史考证之专书。其辨证多根据国史或公文内之年月先后,及爵里异同,乘隙捣空,使谬误者无所置口,尤能示人以历史考证之有效的方法。《四库全书提要》卷八十七称此书"决疑定舛,于史学深为有裨"。譬如《涑水记闻》称真宗既与契丹和亲,李文靖公谓王文正公曰"恐人主侈心生耳"。李氏以国史考之,契丹和亲之时,李文靖病死已久。又如《东轩笔录》称王沂公廷试第一,刘子仪为学士,戏之曰:"状元试三场,一生吃着不尽。"李氏以国史考之,子仪为学士,远在沂公执政之后。李氏之考证方法,多如此类。《系年要录》久亡(见《文献通考·经籍考》),明初始得其遗本,录入《永乐大典》,清人始自《永乐大典》抄出,虽卷数仍旧,而亦非全书。又著《读史考》十二卷(见《宋史》本传),今亡。《旧闻证误》原为十五卷(见《宋史·艺文志》),惜其书亦亡,此不可不谓为史学上之重大损失。清人亦自《永乐大典》内辑出四卷,于原书已不及什一。

朱熹《通鉴纲目》 司马氏《通鉴》既仿《左传》,故每年直叙大事,不加标题。朱熹乃删减《通鉴》而修《纲目》五十九卷。每事标目,盖所以仿《春秋》。熹字元晦,婺源人(今安徽婺源县),官至秘阁修撰。《宋史》本传称"熹之学既博求之经传,后遍交当世有识之士,其为学大抵穷理以致其知,反躬以践其实,而以居敬为主"。朱氏《答刘子澄书》自称所修《纲目》曰:"仪例精密,上下千有余年,乱臣贼子真无所匿其形"。其自负之大,于此可见。然孔子之《春秋》不过包括二百余年之史事,而朱氏乃取千余年之史事,而以《春秋》笔法标其目,并欲以一字之褒贬,定千古之是非,其谬误自必不少。**批评** 南宋末年人周密《齐东野语》卷十三已指出《纲目》误书数事。前清赵翼《陔余丛考》卷十五摘出《纲目》之谬误甚多,然尚不止此。假如朱氏之意,原欲删节《通鉴》,标出要目,以便初学,非不可取。如欲仿《春秋》以示褒贬,则千余年史事,决非一人之力所能做到。朱氏《与林择之书》曰:"《通鉴》功夫浩博,甚悔始谋之太锐,今甚费心力,然业已为之,不容中辍。"又《答蔡季通书》曰:"《纲目》竟无心力劳顿得,恐为弃井矣。"此亦见其自知之明。后人尊朱者妄拟之圣经之列,固不足信,而为朱氏回护者,因谓《纲目》为朱氏门人赵师渊所编,亦无确证。然自有此体,元明清人均有续作,惜皆无足观。

袁枢《通鉴纪事本末》 宋人洪迈《容斋四笔》卷十四称"自崇宁(徽宗)以来,时相不许士大夫读史"。然南宋之史学,甚有可观。在上文所言二李之外,尚有独创之体裁,为纪事本末。唐人吴兢《贞观政要》虽似此体之始,而此名称确为前代史学家所未知,而实为史学上所需要之体裁。自唐人刘知幾《史通·二体》篇标出编年、纪传二体,谓"后之作者,不出二途"。由周至唐,本无他说。然编年、纪传二体,虽能次年代之先后,详一人之终始,而于某事之本末,往往不能贯串。至宋而有袁枢《通鉴纪事本末》四十二卷,章冲《春秋左传事类始末》五卷,于是始有纪事本末之体。枢字机仲,建安人(今福建建安县),官至工部侍郎。冲字茂深,浦城人(今福建浦城县)章惇之孙,知台州。其书皆每事为篇,各比其先后,而详其终始,使读者于同一时间而能得某事之起源、经过及结局,此诚能救编年、纪传之失。袁章二氏皆宋孝宗时人,关于纪事本末之体,孰为创始,孰为模效,后人不易断定。据王应麟《玉海》,袁氏书成于淳熙丙申,又据章氏书《自序》,章氏书刊于淳熙己巳,相去九年,由此而可断定袁氏创于前,章氏袭于后。**袁枢修国史书法不隐** 《宋史·袁枢传》称孝宗读其书而嘉叹,以赐东宫及江上诸帅,曰"治道尽在是矣"。又称枢尝分修国史,章惇以其同里,请文饰其传。枢曰:"子厚(惇之字)为相,负国欺君。吾书法不隐,宁负乡人,不可负天下后世公议"。其守正不可如此。

徐梦莘《三朝北盟会编》 北宋之末,对金外交,和战不定,因应失宜,终至汴京失陷,二帝被掳,实有研究之价值。至南宋而有徐梦莘《三朝北盟会编》二百五十卷,此为外交史之祖。梦莘字商老,临江人(今四川忠县),官至知宾州。《宋史》本传称梦莘"幼慧,耽嗜经史,下至稗官小说,寓目成诵。"又称梦莘"恬于荣进,每念生于靖康之乱,四岁而江西阻讧,母褓负亡去得免,思究见颠末,乃网罗旧闻,会粹异同,为《三朝北盟会编》"。此见徐氏著书,尚有探求外交失败之真相,以期唤醒世人之意,惜时人读之亦不觉悟。**阐明宋外交之失败** 其书本为宋金二国之交涉史,体如纪事本末,自徽钦二宗至高宗,凡宋金二国之和议经过,无不备具。所引当时宋金记载及公私文件至一百九十余种,其书虽不免芜杂,而详赡可称。最可注意者,其书中采及金国诸录十余种,此为中国人著书参考外邦记载之始。凡研究外交和战得失之真相,不能只信本国文件,必须取敌国记载而比较参证,而后真相乃见。徐氏能见及此,已前人不可及。不过徐氏未必能通女真文字,而所采金人书十余种,仍嫌不足,至朝鲜人之记载,亦未参考。

宋人所修之古史 宋人所修古史不少,苏辙作《古史》六十卷,辙字子由,眉山人(今四川眉山县),官至门下侍郎。其书自伏羲至嬴秦,为本纪七,世家十六,列传三十七。其意为根据经传诸子,以纠正司马迁《史记》之谬误,而实为袭《史记》,虽略有增减,而无新得材料。此外有吕祖谦《大事纪》十二卷,所以记春秋以后至汉初之史事。刘恕《通鉴外纪》十卷，金履祥《通鉴前编》十八卷，所以补《资治通鉴》周秦以前之史事。罗泌《路史》四十七卷，所以述三皇五帝、夏商周之史事。罗氏书虽嫌芜杂，内有发挥六卷，余论十卷，皆考证辨难之文，其用力又在苏、吕、金、刘四家之上。凡补修古史，必须辨正前人之错误，及根据后人新发现之材料。宋人无此能力，故在古史上之成绩不多。**宋人所修之唐史**
　　宋人熟悉唐事者不少，如《宋史·孙甫传》称甫著《唐史》七十五卷，每言当时治乱，若身履其间，而听者了如目见。时人言"终日读史，不如一听孙甫"。其《唐史·自序》称"据实录与书，兼采诸家著录，参验不差，足以传信者，修而《唐史记》"。《宋史·范祖禹传》称祖著《唐鉴》十三卷，深明唐三百年治乱，学者称之，目为"唐鉴公"。内有论三百六篇。今孙书已亡，而范书尚存。周宓《齐东野语》卷十三称王皡著《唐余录》，内有纪、志、传，列韩通于《忠义传》，又仿裴松之注，博采诸说，附见下方。尹洙著《五代春秋》二卷，用编年体。今尹书存而王书亡。

　　所谓"三通"　　唐人《通典》为政治制度专史，已见上章，至宋人又有《通志》《通考》二书，于是始有三通之名词。然《通志》《通考》二书，其性质各异。**郑樵《通志》、马端临《文献通考》**　　郑樵《通志》二百卷，实为纪传体之通史，内分纪、传、谱、略。樵字渔仲，莆田人（今福建莆田县），官至枢密院编修。《宋史》本传称樵"好著书，不为文章，游名山大川，搜奇访古，遇藏书家，必借留读尽乃去"。其《通志》内之纪传即因仍前史，加以删削，谱即前史之表，略即前史之志。其纪、传、谱皆无可观，惟略为精华所在，然疏谬亦多。其略分二十，曰《氏族》，曰《六书》，曰《七音》，曰《天文》，曰《地理》，曰《都邑》，曰《礼》，曰《谥》，曰《器服》，曰《乐》，曰《职官》，曰《选举》，曰《刑法》，曰《食货》，曰《艺文》，曰《校雠》，曰《图谱》，曰《金石》，曰《灾祥》，曰《草木昆虫》。马端临卒于元初，字贵与，乐平人（今山西平定县东），隐居不仕，作《文献通考》三百四十八卷。其书在续《通典》，故详于宋代典制，为目凡二十四，曰《田赋》，曰《钱币》，曰《户口》，曰《职役》，曰《征榷》，曰《市籴》，曰《土贡》，曰《国用》，曰《选举》，曰《学校》，曰《职官》，曰《郊祀》，曰《宗庙》，曰《王礼》，曰《乐》，曰《兵》，曰《刑》，曰《经籍》，曰《帝系》，曰《封建》，曰《象纬》，曰《物异》，曰《舆地》，曰《四裔》。在书详赡整理，有《通志·二十略》之上。自此以后，"三通"并称，为典章制度之渊海。

会要 宋人所作叙述典制之书，尚有会要一体，然此体实起自唐人。唐苏冕尝次高祖至德宗之事，为《会要》四十卷，后有杨绍复又次德宗至宗武之事，为《续会要》四十卷，宣宗以下未完。周初王溥乃就其书而修补之，为《唐会要》一百卷，又作《五代会要》三十卷，南宋徐天麟作《西汉会要》七十卷，《东汉会要》四十卷。溥字齐物，祁人（今山西祁县），官至司空同平章事。天麟字仲祥，临江人（今四川忠县）官至知英德府事。天麟学有渊源，《宋史》本传谓为徐梦莘之从子。晁公武《郡斋读书志》谓为梦莘之子。考同时人楼钥《攻媿集》内《西汉会要序》，则《宋史》之说不误。此类著作，皆是采取旧史内朝章大典，分门比次，虽只有排比之工，而亦自成一体。宋时言典制之官书本称"会要"，宋人李心传《旧闻证误》卷一曾引之，此又在王、徐二书之前。**年谱、方志、言行录** 宋人于以上著作之外，又有年谱类，方志类，及言行录类，亦为前人所无。年谱如胡仔《孔子编年》五卷，洪兴祖《韩子年谱》五卷，赵子栎《杜工部年谱》一卷，文安礼《柳先生年谱》一卷，地方志如宋敏求《长安志》二十卷，王象之《舆地纪胜》二百卷，言行录如朱熹《名臣言行录前集》十卷，《后集》十四卷，《伊洛渊源录》十五卷，皆称佳著。其他专述当时杂事者为书甚多，不具论。

辽、金史书 辽、金人史书传世者甚少，如《契丹国志》十七卷，乃宋人叶隆礼著。隆礼字渔林，嘉兴人（今浙江嘉兴县），官至秘书丞。《大金国志》四十卷，乃宋人宇文懋昭著（据其进书表是金人而降宋）。懋昭（无字），自署淮西归正人，官至承事郎。二书皆用纪传体叙述君臣事迹，亦附记典章制度。钱曾《读书敏求记》称叶氏而讥宇文氏，其实二书亦在伯仲之列，得失相似。而其皆据中国人之汉文著作，并非采取辽、金人之原文材料，则正相同，此均非作史之正法。二书于石晋降表、齐楚册文、南朝誓书，皆别录为卷，颇资后人参考。**托克托修《宋》《辽》《金史》** 至元顺帝而有修宋、辽、金三《史》之议，总其事者为丞相托克托（亦作脱脱），共成《宋史》四百九十六卷，《辽史》一百十六卷，《金史》一百三十五卷。《元史》本传称脱脱字大用，好"记古人嘉言善行"，又尝劝顺帝"留心圣学"，此蒙古人之知书者。**批评** 大抵此三史中以《宋史》

最为芜杂，而以《辽史》最为疏略。此因宋人之记载太多，而辽人之著述太少之故。王士祯《池北偶谈》卷十三称"汉人仕辽者甚多，而《辽史》内汉人列传者甚少"，此即《辽史》缺略之证。《金史》根据金人元好问之旧稿，故最为修洁。元人陶宗仪《辍耕录》卷三称"至正二年，奉命纂修三史，越二年春进《辽史》，冬进《金史》，明年进《宋史》"。赵翼《陔余丛考》载谓此三史"自至正三年三月开局，五年十月告成，以如许卷帙，成于二三年之间，宜其疏漏芜杂"。《金史·忠义传》序曰："圣元诏修《宋》《辽》《金史》，史臣议凡例，前代之臣忠于所事者，请书之无讳，朝庭从之"。此犹见蒙古帝之质直，非他朝可比。

《宋史》详于事实 有宋一代，虽断外之武力甚弱，而经史、哲学、艺术、诗文、考古之成绩，均为前代所不及。且当时史学家之多，亦过于前代。独惜元修《宋史》，事实虽详而甚为芜杂，几使人读之欲睡。大抵修《宋史》诸人只采实录国史，而于同时人之文集笔记，皆未能参稽互证，甚至于王偁、李焘、李心传之专书，亦未及搜寻参考，宜其有冗而不核之弊。辽金二族皆未统一中国，不当自成一史，故《宋史》之体例已有可议。**杨维桢《正统辨》** 陶宗仪《辍耕录》卷三称至正中修《宋》《辽》《金史》，杨维桢进《正统辨》，欲以《宋史》为主，而附以《辽》《金》，谓"辽金不得正统"，请"挈大宋之编年，包辽金之记载"。此实是正当之体裁，惜当时未见采用。赵翼《廿二史札记》卷二十三摘《宋史》与《辽》《金》二史不合之处甚多。钱大昕《十驾斋养新录》卷七又称"《宋史》南渡七朝，不如前九朝之完善，宁宗以后四朝，又不如高、孝、光三朝之详，盖由史臣迫于期限，草草收局之故"。《宋史》材料太多，而成书太速，前已言之。明嘉靖中廷议重修《宋史》未成（见《明史·严嵩传》）。今存宋人记载尚多，故前清黄宗羲、邵晋涵皆有重修《宋史》之意，惜皆未成书。

宋金史料之保存 《宋史·董文炳传》称宋亡时，文炳随元师在临安，以为"国可灭，史不可灭"，遂以宋史馆诸记注尽归于元。此见宋史料之不亡，乃文炳之力。《金史·元好问传》称"好问以金源氏国亡史作，已所当任"，乃构亭于家，著作其上，因名曰《野史》。采摭所闻有所得，辄以寸纸细字为纪录，至百余万言。此见金史料之不亡，乃好问之力。好问字裕之，号遗山，金秀容人（今山西忻县），《金史》本传称其"七岁能诗,年十四,从郝晋卿学,淹贯经传百家,六年而业成"。官至员外郎,金亡隐居不仕,专以记述金代史迹为己任。董氏武人,仅能保存史料,固不逮元氏能自著述,故论及此时之史学家,自当以元氏为首。二人之祖父皆出于宋,而一流于元,一沦于金。董氏之随元灭宋,固为不知大义,而元氏之不知悼宋,只知哀金,亦岂为知本之士。元氏《秋望赋》曰:"飞鸟而望故乡,嫠妇而忧公室。岂有夷坟墓而剪桑梓,视若越肥而秦瘠。"其《雪香亭杂咏》曰:"暮云楼阁古今情,地老天荒恨未平。白发累臣几人在,就中愁杀庾兰成。"又:"落日春山一片愁,大河东去不还流。若为长得熙春在,时上高层望宋州"。此皆元氏哀金之词。元氏又谓"金有天下,典章法度,几及汉唐"(见《金史》本传),此则颂金太过,非良史氏所宜有。元氏之史稿以外,其《文集》中碑传之文,仍存金人史料不少。**刘祁之《归潜志》** 金人刘祁自北还,以"归潜"二字榜其室。《金史》本传称祁"甚有文名,值金末丧乱,作《归潜志》以记金事"。祁字京叔,浑源人,著《归潜志》十卷,内有金末诸人小传及杂事,亦为修《金史》者所取材。

托克托《宋史》之主张 《元史·托克托传》称托克托奉敕修宋辽金三史,欲以宋为世纪,而以辽金为载记。托克托以蒙古丞相而能见及此,甚可敬异,盖欲仿《晋书》以"五胡"为"载记"之例。辽金二邦皆未能统一中国,而当时宋统未绝,理当以宋为正,而以辽金为附,此为修《宋史》之最好的体例。如用其说,则《宋史》当比现存者为整洁,此正合中国人"内诸夏而外夷狄"之义,惜当时未用此议。《晋书》所立之"载记",其例固佳,独惜"载记"之名词,仍无意义,尚须改正。**揭傒斯总修三史** 又按当时参预修宋辽金三史者,尚有揭傒斯。字曼硕,当州人(今江西丰城县),官至侍讲学士。《元史》本传称傒斯"幼贫,读书尤刻苦,昼夜不少懈,由是贯通百氏,早有文名"。又称揭氏为修史之总裁官,丞相(即托克托)问"修史以何为本"?对曰"有学问文章而不知史事者,不可与,有学问文章,知史事,而心术不正者,不可与"。又与僚属言"欲求作史之法,须求作史之意,古人作史虽小善必录,小恶必书,不然,何以示劝惩"?本传又称傒斯修史"毅然以笔削自任,凡政事得失,人材贤否,一律以是非之公。至于物论之不齐,必反复辩以归于至当而后止"。又称偰斯修史"留宿史馆,朝夕不敢休,因得寒疾七日卒"。揭氏在元末负文学重望,而又勤于史职如此,然三史成绩竟如是之不佳,甚不可解。揭氏论史才,于刘知幾才、学、识三者之外,又提出"心术"二字,此为他人所未及知。揭氏为元代文学大家,其《文集》中碑传之文颇多,亦一代史料所在。

宋濂《元史》 明人虽能驱逐蒙古,恢复中原,而在史学上无甚贡献。明人之第一工作,即为修《元史》,总其事者为宋濂,共成《元史》二百十卷。《明史》本传称濂"幼英敏强记","自少至老未尝一日去书卷"。濂字景濂,浦江人(今四川浦江县)官至翰林学士。据《明史·宋濂传》,洪武二年诏修《元史》,命宋濂充总裁官,是年八月书成。明年二月,仍命续修,六越月再成,赐金帛。**批评** 然则此书修成甚速,故疏漏舛误甚多。《四库全书提要》称元人载籍存者不下一二百种,因讥"明人不能裒合众说,参定异同"。钱大昕《十驾斋养新录》卷九称"宋氏词华之士,征辟诸子,皆起自草野,不谙掌故","一旦入书局,随手捃撦,无不差谬"。如《元史·外国传》乃宋禧所作,《静志居诗话》载禧寄宋濂诗曰:"修史与末议,乏才愧群贤,强述《外国传》,荒疏仅成篇。"《元史》之荒疏不可胜数,固不仅《外国传》而然。元人史料,见于俄文、法文、蒙古文、波斯文、印度文者尚多,如仅取料于中国人之汉文记载,断难足用。钱大昕《文集》卷十三《答问十》谓修《元史》者"于蒙古语言文字素未谙习,开口便错",然须知仅习蒙文尚不足用。修史诸人于《元秘史》尚未见,何况其他。元人之蒙古帝国,包括俄国、波斯、印度及欧洲东部,实自古未有之局,而《元史》仅详于中国一部分之史事,亦不足称《元史》。

陈邦瞻宋、元《纪事本末》 明人陈邦瞻作《宋史纪事本末》二十六卷,《元史纪事本末》四卷,皆踵宋人袁枢《通鉴纪事本末》之例(见上文),在明人著作中尚有条理。邦瞻字德远,高安人(今江西高安县),官至兵部侍郎。此二书所用材料,不出宋、元二史,亦未能订正谬误,只可为读宋、元二史者之一助。初礼部侍郎冯琦《续通鉴纪事本末》属稿未成,陈氏得其遗稿,故于宋事颇有可观。惟《元史纪事本末》记述太略,甚至于顺帝北走亦不叙列,实不可解。**柯维骐《宋史新编》** 明人柯维骐,字奇纯,莆田人,著《宋史新编》二百卷,以宋为正,辽、金、西夏为附,盖欲以改正《宋史》。钱大昕《文集》卷二十八有此书之跋,讥柯氏"见闻未广,有史才而无史学"。又元明人多未见李焘、李心传之书(见上文),故所作《续通鉴续纲目》等书,皆浅陋不足取。

参考书

《旧五代史·刘昫传》 《宋史·薛居正传》《宋祁传》《欧阳修传》《司马光传》《朱熹传》《袁枢传》 《范祖禹传》 《金史·元好问传》《元史·托克托传》《揭傒斯传》《明史·宋濂传》《陈邦瞻传》 郑樵《通志·总序》 马端临《文献通考·总序》 王鸣盛《十七史商榷》卷六十九至九十八 赵翼《廿二史札记》卷十六至三十、《陔余丛考》卷十至十三 钱大昕《廿二史考异》卷四十一至七十

第九章　清代的史学

史学受汉学影响　吾国史学之工作，至前清而发生极大变化，此即因清初忽然发达一种汉学，而史学遂大受汉学之重大影响。江藩《汉学师承记》卷一称"经术一坏于东西晋之清谈，再坏于南北宋之道学，元明以来，此道益晦，本朝三惠之学（惠周惕、惠士奇、惠栋）盛于吴中，江永、戴震诸君继起于歙，从此汉学昌明"。诚然，清代之学术，除汉学以外，亦无其他成绩可言。**经学即史学**　汉学家固以治经为主，然古经内除《论语》《孟子》在汉人视为传记外，余如《尚书》《春秋》及《三传》，皆是古之史籍。其他如《三礼》为典章制度所在，《易》《诗》亦为社会史料所在。由是而知汉学家所谓经学，固无一而不与史学有关。**汉学家之科学方法**　若以现代眼光论之，真正两汉学者只知谨遵师说，墨守故训，其著述既不谨严，亦不精确。不过《汉书·河间献王传》标出"实事求是"四字，却能示人以治学的态度，而由此即发生一种富于考证的精神。清代汉学家，首能本此精神，以治群经，故于辨别真伪，校勘错误，搜求证据诸工作，皆有相当之成绩。凡此等工作，固皆史学所必需，更由治经以推之治史，故其在史学上之成绩亦为前代所不及。宋人之考证，非无成绩可观，而终不若清人考证之近于科学方法。此因西洋天算之学，已于明末输入中国，而清代汉学家多通天算，故能由此而得"科学方法"，为前人所未知。汉人"实事求是"之说，不见重于前朝，而收效于清代者，其故在此。

阎若璩《古文尚书疏证》　清初学者于史学上第一工作，即为推翻东晋以来之伪史。此即指《尚书》今文二十九篇以外之古文二十五篇，原为魏晋人伪造，而千余年来久已奉为真正古史。自宋人吴棫，元人吴澄，明人梅鷟，虽皆觉此二十五篇之可疑，而均未能指出证据。《尚书》既为中国第一部古史，并包括尧、舜、禹、汤、文武、周公之时代，既是真伪混合，则治史学者即第一步感其研究之困难。清初阎若璩以终身之力，作《古文尚书疏证》八卷，而伪古文之问题乃定。阎氏字百诗，太原人，康熙十七年召试博学鸿词，不第，隐居不仕。钱大昕作《阎先生传》称其"研究经史，深造自得"，"平生长于考证，遇有疑义，反后穷究，必得其解而后已"，"年二十，读《尚书》古文二十五篇，即疑其伪，沉潜三十余年，乃尽得其症结所在"。**推翻《古文尚书》**《四库全书提要》卷十二称阎氏"引经据古，一一陈其矛盾之故，古文之伪乃大明"。阎氏之书，乃是列叙一种辨伪的方法。所列其共一百二十八条，皆能证明伪古文抄袭他书之痕迹，如断狱者已得左证，使作伪者无所置辩。黄宗羲为其书作序，称其书"可以解史传连环之结"。同时萧山毛奇龄又作《古文尚书冤词》八卷，意在为伪古文辩护。然毛氏虽巧词善辩，而终不能夺阎氏之根据确实。故清皇室《四库》虽同著录二书，而其提要则右阎氏而贬毛氏。其后至乾嘉时代而有吴县惠栋作《古文尚书考》二卷，金坛段玉裁作《古文尚书撰异》三十三卷，阳湖孙星衍作《尚书今古文注疏》三十卷，嘉定王鸣盛作《尚书后案》三十卷，均宗阎氏之说，而千载难解之伪古文问题，乃完全解决，此实为上古史中一大变化。**疏证方法之影响** 又阎氏所用之疏证方法，实为前人所未知。其法在能看出伪史抄袭他书之痕迹，而再查出抄袭他书原来文句之真相，至于伪史文体思想之时代性的不合，尤加注意。此如断狱者已得真凭实证，而作伪者自无所置辩。此实开判断伪史之新路，而为前人所未有之方法。其后仁和孙志祖之推倒伪《孔子家语》，海宁王国维之推倒伪《竹书纪年》，皆用其方法。

马骕《绎史》 与阎氏同时而同治古史，并赞成阎氏推翻伪《古文尚书》之说者为马骕，字宛斯，山东邹平县人，顺治四年进士，官至灵璧县知县。江藩《汉学师承记》卷一称马氏"颖敏强记，于书无不精研，而尤癖《左氏春秋》"。马氏作《左传事纬》十二卷，又广之而为《绎史》一百六十卷。马氏精于夏商周之史事，时人称为"马三代"。康熙帝四十四年，命大学士张玉书以白金二百两购其刻板入内府，其为时人推重如此。

材料丰富 《左传事纬》是由编年改为纪事本末,尚不费力。及其扩充为《绎史》,亦用纪事本末体,上起太古,下终秦亡,凡旧有的书本材料,无不包罗在内。马氏在当时固不知发掘地下器物,用为古史头等材料,而于书本材料中,亦多未能精加考证,此其所短。然其搜罗之丰富,实非前人所及。其自序称"积思十年",又称"经传子史文献攸存者,靡不毕载",在旧时作古史之方法,已可谓能尽搜集史料之责任。

黄宗羲修《宋史》未成 明末遗老在清初笃志经史之学,以开一代之风气者,当推黄宗羲、顾炎武二人。黄氏字太冲,浙江余姚人。顾氏字宁人,江苏昆山人。明亡后,皆屡征不起,并奔走四方,参加明遗民恢复故国的运动。黄氏曾乞师日本,顾氏曾十谒明陵,其系念宗国如此。及事不成,始以著书传世。黄氏家有《明十三朝实录》,顾氏亦娴于明代故事,然当时大臣荐二人同修《明史》,仍皆力辞不就。黄氏有志修《宋史》《明史》,皆未成书。所著有《宏光纪年》《龙武纪年》《永历纪年》《鲁纪年》《郑成功传》各一卷,皆南明史料所在。其文集内所作明人碑传之文甚多,亦其史笔所在。**顾炎武《天下郡国利病书》** 顾氏著《天下郡国利病书》一百二十卷,以国计民生为主,又著《历代帝王宅京记》二十卷,以都城建置为主,又著《肇域志》一百卷,以山川险要为主。每出行,必以二骡二马载书自随,所至必呼老兵退卒问其曲折,与所闻不合,即发书检勘,其精勤如此。二氏虽不愿入史局,而当时修《明史》者,遇有大事,必咨之,故二氏文集内皆有论修《明史》之书札。《明史·历志》曾请黄氏修正,世多知之。江藩《汉学师承记》卷八谓"二君以瑰异之质。负经世之才,思见用于当世"。然则经史之学,尚是二氏之余绪。**严衍《通鉴补》** 明末遗老又有严衍,字永思,浙江嘉定人,读司马氏《资治通鉴》,好之,至忘寝食。又病其缺漏,乃引正史,他书以补之,作《资治通鉴补》二百九十四卷。钱大昕《严先生传》称其人"于史学实事求是,不肯妄下雌黄,其有所辨证,皆确乎不可易",其推重如此。

万斯同之《明史稿》 清初在明末遗民中,有志作《明史》者颇多。惟因当时文字之禁甚严,故记明清之间大事者,动辄得祸。康熙初年,浙江庄氏《明史》之狱,牵连被戮者凡数百人。即刻工刷匠,亦皆不免。有史稿者皆人人自危,自动焚毁。惟万斯同被征入史局,得成《明史稿》

五百卷。万氏字季野，浙江鄞县人，康熙十七年，诏征博学鸿词，不就，而请以布衣入史局。《明史稿》之成，即在此时。**万斯同论史学**　钱大昕作《万先生传》，称万氏"专意在学，博通诸史，尤熟于明代掌故，自洪武至天启实录，皆能谙诵"。又称万氏论史谓"俗之愉久矣，好恶因心，而毁誉随之"。"非论其世，知其人，而具见其表里，则吾以为信，而人受其枉者多矣"。又谓"少馆于某氏，其家有列朝实录，读而详识之。长游四方，就故家长老求遗书，考问往事，旁及郡志邑乘、杂家传纪，靡不网罗参伍，而要以实录为指归。盖实录者，直载其事者与言，而无所增饰，因其世以考其事，核其言。而平心察之，则其人之本末，十得八九矣。然言之发或有所由，事之端或有所起，而其流或有所激，则非他书不能具也。凡实录之难详者，吾以他书证之。他书之诬滥者，吾以所得于实录者裁之。虽不敢谓其可信，而是非之枉于人者鲜矣。"此论甚精，而其重视实录，仍有可议。譬如明太祖杀人甚多，而《洪武实录》皆不载，余可类推。魏源《书明史稿后》，引杨椿之语，谓袁崇焕、左良玉、李自成传，原稿皆二巨册。据此可知万氏《明史稿》原文甚详。万氏精研史学，熟悉明事，其全稿之价值，必远在官修《明史》之上。**《明史稿》之亡失**　惜乎官修《明史》刊成，而万氏之稿不存。钱大昕《万先生传》，谓乾隆初"刊定《明史》，以王公鸿绪《史稿》为本，而增损之。王氏稿大半出先生手"。实则王氏之稿，乃窃取万氏，而加以窜乱变更，决非本来面目如是。魏源《书明史稿后》谓王氏"攘善盗名"，盖非苛论。王士禛《居易录》卷十三称，太仓周［瓒］熟史事，有《明史稿》，今亦不存。太仓吴伟业亦熟明事，著《绥寇纪略》十二卷，专述明末流寇之乱，今存。

王夫之史论　明末遗老之重要著作，尚有关于史论之学者，不可不知。王夫之，字而农，湖南衡阳人，隐居石船山，亦前明遗老之一。著《春秋世论》十卷，《读通鉴论》三十卷，《宋论》十五卷。其批评史事多能贯穿古今，独具卓见，其眼光虽有时代的关系，而仍不失为史评之佳著。王氏于明亡后，志图恢复，见不可为，故退论历代史事以见其志。其书不为时人所知，至道光年间始有刻本。曾国藩序其遗书，称为"明体达用"之学。西国言史学，共有考证及解释二种工作，考证所以决定事迹之虚实，解释所以说明事实变化之原因结果。吾国史学家重视考证而轻视解释,原不完备。王氏之论,乃用政治哲学的眼光,以解释二千余年治乱兴亡之原因结果,在吾国实为不可多得之书。其书上自春秋下至宋末,惜后之人未能赓续。

王鸿绪《明史稿》 清初在史学界所感觉之重要问题,即为《明史》。当时前明遗老甚多,如钱谦益、顾炎武、黄宗羲、戴名世、刘献庭等,均有修《明史》之志,惜其书多未成。惟万斯同有《明史稿》五百卷,已见上文。世称万氏请以布衣入史局,而据钱大昕《万先生传》,则万氏力辞史局,而就馆于总裁大臣家中。后王鸿绪得其书,加以变乱,成《横云山人史稿》,用以进呈清帝。王氏字季友,甘肃华亭县人,官至户部尚书,监修《明史》。王氏在康熙五十三年进呈列传二百五卷,雍正元年又进呈纪传、志、表三百十卷,均有进呈疏可证。魏源《书明史稿后》谓其"攘善盗名",盖已无甚价值。**张廷玉等修《明史》** 先是康熙十八年,诏修《明史》,并召试彭孙遹等五十人入馆纂修。雍正二年,又诏诸臣续修,张廷玉为总裁。张氏字衡臣,安徽桐城县人,官至大学士。至乾隆四年始成书。为纪、传、表、志凡三百三十六卷。钱大昕《十驾斋养新录》卷九称张玉书任表、志,王鸿绪任列传,陈廷敬任本纪。又称其"议论平允,考稽详核"。章学诚《乙卯札记》称《明史·刑法志》为姜西溟作,《历志》为汤斌作。此外分修者多一时名士,故整齐简洁,不失为一代良史。赵翼《陔余丛考》卷十四称此书"事多而文省,最为简洁,其法之尤善者,莫如附书"。"各从其类,一一附书,既不没其人,又不伤于冗,此史学剪裁之法"。**批评** 然书内多是直陈事迹,如官样文字,虽近质直,而足令读者思睡。又于明清之间,多所忌讳,自不待言。清宫发现之汪景祺《西征随笔》称"修《明史》者皆博学鸿词科人,总裁以纪传、志、表令诸公阄分之"。如此则当时分配工作之苟且,可以想见。当时参修《明史》者,既多一时名士,故其讨论义例,颇有精理名言。**《明史例案》** 近人吴兴刘承幹辑为《明史例案》九卷,内有顾炎武、万斯同、黄宗羲、徐乾学、毛奇龄、全祖望、王鸿绪、陆陇其、朱彝尊、汤斌、潘耒、汪琬、方苞诸人之文论,读之于一时史学思想,名人主张,及政府修史义例,皆可考见。

所谓"二十四史" 前章已言宋人始有"十七史"之名称。此因宋时仍以薛氏《五代史》为正史,至南宋始加入欧阳《五代史》,而薛氏《五代史》废,故仍是十七史。至《宋》《辽》《金》《元》四史成书,已有二十一部正史,故至明人始有"二十一史"之名称。至清初又加以《明史》,于是始有二十二史之名称。至乾隆时代,又加入薛氏《五代史》、刘氏《唐书》,谓之《旧五代史》《旧唐书》,收入《四库正史类》,于是二十四史之名称始定,蔚然为世界大观。

谷应泰《明史纪事本末》 当《明史》未成以前,已有谷应泰之《明史纪事本末》,凡八十卷,其书卷帙既少,以事名篇,故清初谈明代故事者多喜读之。应泰字赓虞,河北丰润县人,顺治四年进士,官至浙江提学佥事。其书既成于《明史》之前,故所述明事与《明史》多有异同,尤可备参考之用。**著书人的问题** 又考清初人邵廷采《思复堂集》有《明遗民传》一篇,据称"明季稗史虽多,体裁未备,罕见全书,惟谈迁《编年》,张岱《列传》,两家具有本末,谷氏并采之,以成纪事"。廷采跋此书曰:"山阴张岱尝辑明一代遗事为《石匮藏书》,谷氏作《纪事本末》,以五百金购得之"。此见谷氏之书,亦有所本,惟既以私人著书,而皆未能说明所用史料出处,此其所短。盖谈、张二氏既未注明材料之来源,故谷氏只得转抄二氏,而不明其出处。谷氏书每篇末各有总论,以骈偶行文,词句典雅,隶事亲切,亦颇有文学兴味。孙志祖《读书脞录》卷三引姚际恒之说,谓"此书本海昌士人所作,亡后为某以计取,攘为己书。其事后总论一篇,乃募杭人陆圻作,每篇酬以十金"。此书是否为谷氏自作,今已难辨,然就书论书,不失为可读之明史善本。

顾栋高《春秋大事表》 清代研究上古史者,除《尚书》外,以春秋时代之成绩为优。如乾隆年间顾栋高《春秋大事表》五十卷,尤为著名。顾氏字震沧,江苏无锡县人。康熙六十年进士,官至国子监祭酒。其书取二百余年政治制度,及国事变迁,均分为表,使读者一目了然,可谓史学上之创作。又每表冠以序,附以论,亦多精确之批评。此体例实出于司马迁,而顾氏加以扩张,举所有春秋时代之史迹,一一归纳之于表,于读史最为便利,惜后人尚无仿效其法以治他史者。**高士奇《左传纪事本末》** 与顾氏同时者,又有高士奇《左传纪事本末》五十三卷,亦是研究春秋史事之佳著。高氏字澹人,浙江钱塘县人,官至礼部侍郎。章氏《春秋事类始末》已见前章,马氏《左传事纬》已见上文。高氏之书,虽与之相似，而高氏能于《左传》之外附以周秦诸子内之史料，比较异同，是其所长。**后起之纪事本末** 宋明人所作《通鉴》及宋、元《纪事本末》，及清初人《明史纪事本末》均已见前，又加以高氏《左传纪事本末》，至清代晚期又有乌程人张鉴《西夏纪事本末》三十六卷，萍乡人李有棠《辽史纪事本末》四十二卷、《金史纪事本末》五十二卷，皆能步趋前人，由是由周末至明末之纪事本末皆备。张书有图表，李书有考异，其作法似较宋明人进步。

毕沅《续资治通鉴》 自宋人司马光《资治通鉴》出书，而有编年的通史，于是读史者得一极大便利。然其书只至唐末五代为止，其后为元人陈桱，明人薛应旂，续此书者，皆疏陋不足数。至清乾隆初徐乾学作《资治通鉴后编》一百八十四卷，即续宋元二代之事。此书虽有万斯同、阎若璩参与编纂，而皆因未见南宋二李之书，故材料既不丰富，考证亦不精确。至乾隆末，始有毕沅《续资治通鉴》二百二十卷，而后宋元二代之事可观。毕氏字秋帆，江苏太仓县人，乾隆二十五年进士，官至兵部尚书，湖广总督。钱大昕《毕公墓志铭》称毕氏"少颖悟，性好著书，虽官至极品，铅椠未尝去手"。又称其作《续通鉴》，"乃博稽群书，考证正史，手自裁定"。其书凡四易稿，历二十年而成。毕氏既为当时经史考古名家，而又有余姚邵晋涵，会稽章学诚，二人为之助理（见章氏文集内《邵与桐传》及《代致钱竹汀书》），并有嘉定钱大昕为之参校（见钱氏《十驾斋养新录》卷九），故其书淹贯详核，远过前人。且其书内附考异，说明材料之来源，及去取之标准，亦与司马氏之例相合。**批评** 惟其书颇欠剪裁又缺论断，是其所短。**夏燮《明通鉴》** 毕氏书至元末为止，其后有陈鹤《明纪》六十卷，夏燮《明通鉴》九十卷，皆所以续毕氏之书。陈氏字鹤龄，元和人，官至工部主事。夏氏字嗛父，当涂人，曾为曾文正幕宾，官至永新县知县。夏氏之书，成书远在陈氏之后，且夏氏书附有考异，别有考证，其详博过于陈氏。俞樾《春在堂随笔》卷三称陈氏之书"体裁明密，抉择谨严"，然关于史料及考证，仍不及夏氏书之完备。通鉴之学，自司马光为始，及毕氏、夏氏之书出，而后宋、元、明三朝之事始备。夏氏又著《中西纪事》十卷，述中西通商及和战之故事，为外交史之始。

孙奇逢《理学宗传》 黄宗羲、全祖望宋元明《学案》 学术思想史为前代所无，然宋朱熹《伊洛渊源录》已开其端。至清初而有孙奇逢《理学宗传》及黄宗羲宋元明《学案》，并为学术史之大观。孙氏字启泰，河北容城人。黄氏字太冲，浙江余姚人。皆明末遗老，隐居不仕。孙氏作《理学宗传》二十卷，其书以表章历代真儒为主，并说明其学术思想。程、朱、陆、王兼收并取，不偏一派，是其所长。黄氏作宋元明《学案》，其体裁是先述诸儒之本传，次列其著作内之主要学说，并附以批评，其范围较孙氏之书为博大。黄氏先成《明儒学案》六十二卷，又作宋元《儒学案》，未成而卒。其后全祖望补之，而成宋元《儒学案》一百卷，斯可谓学术史之巨制。全氏字谢山，浙江鄞县人，乾隆元年举博学鸿词，官至翰林院庶吉士。黄氏偏于主观，故其书以理学家为限，而于理学家中又偏于陆王学派。全氏颇主客观，不但不偏主一派，亦且不偏主理学，此其所长。**后起之学术史** 后起之学史，如甘泉江藩作清朝《汉学师承记》八卷，及《宋学渊源记》三卷，善化唐鉴作清朝《学案小识》十五卷，皆清代学术史之可观者。然江氏偏于惠、戴之学，唐氏偏于程朱一派，皆为主观所限，此其所短。其后为一人作学术史者，如遵义郑珍作《郑学录》，桐城戴望作《颜氏学记》，一述郑康成之学术，一述颜习斋之思想，均称佳作。宝应王懋竑《朱子年谱》四卷，详于学术思想之演变，亦是学史之类。

  钱大昕之历史考证学 前述清代史学著作，其成绩虽有可观，然终未超出前代之窠臼。至钱大昕出，而后史学工作发生极大变化。钱氏为历史考证学家之代表，而其所以能超过前代之考证学家者，实因其能应用各种方面之智识，以得出精确之结果。西方所谓"客观派的史学"，在中国当以钱氏为始。钱氏字晓徵，一字辛楣，浙江嘉定县人，乾隆十九年进士，官至詹事府少詹事。钱氏作《汉书正误序》，自称"年二十二，受业于虞山王艮斋先生，诲以读书当自经史始"。"余之从事史学，由先生进之也"。阮元《十驾斋养新录序》称"诸儒或言道德，或言经济，或言史学，或言天算，或言地理，或言文字音韵，或言金石诗文"，惟钱氏"能兼其成"。前清《国史儒林传》称钱氏"于古文爵里事实年齿，了为指掌，古人贤奸是非疑似难明者，典章制度昔人不能明断者，皆有确见"。**《廿二史考异》** 著有《廿二史考异》一百卷，于诸史文字之异同，体例之优劣，记述之虚实，皆能抵其隙而捣其瑕，于读史之助甚大。又著《十驾斋养新录》《潜研堂文集》，内多考史之文。

重修元史　钱氏尝讥《元史》"成书之速，文字之劣陋"，又讥"修《元史》者皆草野腐儒，不谙掌故"（均见所著《十驾斋养新录》卷九），故搜集元人诗文集、小说笔记、金石碑版甚多，欲以重修《元史》。段玉裁序《潜研堂文集》称钱氏"生平于《元史》用功最深，惜全书手稿未定"。考钱氏虽预备重修《元史》，而不但未定手稿，实则未能成书。故其子所作行述，亦未言及成稿若干。惟郑文焯《清朝未刊遗书目》内有钱氏《元史稿》百卷，恐不可信。钱氏《潜研堂文集》卷十三讥明人修《元史》者"于蒙古语言文字素未谙习，开口便错"，所讥诚是。然蒙古史料除蒙古文外，尚有波斯文、土耳其文、俄文、法文之记载，则又非钱氏所知。**手稿未定**　钱氏《十驾斋养新录》卷九讥明人修《元史》者"未见《元秘史》"。其实蒙古史料为钱氏未知者尚多，钱氏有《元氏史族表》三卷，《补元史艺文志》四卷，盖即《元史稿》之一部分。

论治史及作史　钱氏之《元史》虽未成书，而其关于史学之言论，则为研究史学切所当奉为指导。《廿二史考异》卷四十谓"史家先通官制，次精舆地，次辨氏族，否则涉笔便误"，此指治史之方法而言。《十驾斋养新录》卷十三谓"史家记事，惟在不虚美，不隐恶，据事直书，是非自见，若各出新意，掉弄一两字以为褒贬，是治丝而棼之也"，此指作史之方法而言。钱氏讥明人修《元史》者于"蒙古语言文字素未谙习"（见《潜研堂文集》卷十三）。又主张"博采金石文字以考证经史"（见瞿中溶《潜研堂金石文字目录跋》）。由此而知钱氏如生于今日，必知语言学、考古学在史学上之重要。

王鸣盛《十七史商榷》　与钱氏同县同时，而同治历史考证学者，又有王鸣盛，著《十七史商榷》一百卷。王氏字凤喈，浙江嘉定县人，乾隆十九年进士，官至光禄寺卿。江藩《汉学师承记》卷三称《十七史商榷》"主于校勘文字，补正脱伪，审事迹之虚实，辨纪传之异同，最详于舆地职官、典章制度"，其范围较钱氏《廿二史考异》尤为广大。其自序称"予束发好谈史学，将仕，辍史而治经，经既竣，乃重理史业"。**论读史之法**　又称"读史者但当考其典制之实，俾数千百年建置沿革，了如指掌，而或宜法，或宜戒，待人之自择可矣"。"考其事迹之实，俾年经事纬，部居州次，纪载之异同，见闻之离合，一一条析无疑，而若者可褒，若者可贬，听之天下之公论可矣"。其态度之主于客观，由此可见。其书虽只限于十七部正史，而所用参考比较之书甚多。

赵翼《廿二史札记》 同时又有赵翼，字耘松，江苏阳湖县人，乾隆三十六年进士，仕至贵西兵备道，著有《廿二史札记》三十六卷，亦是历史考证之书。此书虽不及《十七史商榷》之渊博，而近于《礼记》所谓"属词比事"之学。此书之做法，大抵只就二十二史内之本文，互相比较，而观其异同及会通。其缺点在未能利用二十二史以外之记载，以为参考。盖其目的不仅在乎考史，而亦在乎致用。其自序称"历代史书，事显而义浅"，"爰取为日课，有所得，辄札记别纸，积久遂多"，"至古今风会之递变，政事之屡更，有关于治乱兴衰之故者，亦随所见附著之"。此见其著书之本意。**钱大昕序其书** 钱大昕序其书，称赵氏"硕学淹贯，通达古今"。又称其书"议论之和平，识见之宏远，洵儒者有体用之学"。"于诸史审订曲直，不掩其失，而亦乐道其长"。其书之价值，由此可见。赵氏又著《陔余丛考》四十卷，亦是读书笔记之类，而其内亦多考史之文。

顾祖禹《读史方舆纪要》 清初人顾祖禹，江苏无锡人，隐居不仕，好远游，足迹遍中国，著《读史方舆纪要》一百三十卷。江藩《汉学师承记》卷一称其书"凡承袭伪谬，皆一一驳正，详于山川险要，及古今战守之迹。读其书，可以不出户牖，而周知天下之形势"。顾氏著此书，不只根据书本，而能多凭目验，在当时诚为切于实用之书。**洪亮吉之史地学** 后治史地之学者，洪亮吉，字稚存，江苏阳湖人，乾隆五十五年进士，官至国史馆纂修。江藩《汉学师承记》卷四称洪氏"深于史学，而尤精地理沿革所在"。毕沅修《宋元通鉴》，曾延洪氏参与其事。洪氏著有《左传诂》二十卷，专宗汉人旧说。又作《补三国疆域志》二卷，《东晋疆域志》四卷，《十六国疆域志》十六卷，《乾隆府厅州县图志》五十卷，皆为世所称。清末宜都杨守敬著《历代地理沿革》五十卷，言历史的地理之书，以此为最著。

章学诚《文史通义》 清代善言史学方法者，首推章学诚，所著有《文史通义》内外篇共八卷。学诚，字实斋，浙江会稽县人。其书虽非专言史学,而自唐人刘知幾以后,讨论史学者仅有此书。此书共分内外篇,其《内》篇只有一少部分讨论史学,其余多部分讨论文学。其《外》篇又皆讨论修地方志之序例。章氏生于乾嘉之际,即生于汉学极盛之时代。然章氏能不受其束缚,故不专研究考证训诂之琐碎,而从事文史大义之讨论。**史德** 其《史德》篇主张于刘知幾"才、学、识"三者之外,"必知史德,德者何,谓著书之心术也"。此虽可补唐人刘知幾之不及,而与前章所引元人揭傒斯之说正同。**史注** 其《史注》篇主张著书必须注明材料来源,此则为前人所未论及。其略曰:"在官修书,惟冀塞责,私门著述,苟饰浮名,或剽窃成书,或因陋就简,使其术稍黠,皆可愚一时之耳目,而著作之道亦衰。诚得自注以标所去取,则见闻之广狭,功力之疏密,心术之诚伪,灼然可见于开卷之顷"。**史料必注出处** 盖古代正史皆是官书,故不注出所引之史料,所以示言论之统一。然私家著述,则必须注明出处,以示取信。后之著述书者不明此义,往往修史成书,而不注出材料之来源,欲求见信于人,殆不可能。章氏指出此理,诚为卓识,然此却是受当时汉学家法之影响。汉学派之著作家,凡引用书籍,固无不详注出处,此其所长。惜乎后之史学家对于章氏之说,依然不肯遵守。近时西方著作,必须注明引用书篇章页数,而每篇或每书之末,又必须详列参考书目,较章氏之说尤为精密。

通史六便、二长、三弊 章氏推重通史,以为通史有六便:曰免重复,曰均类例,曰便铨配,曰平是非,曰去抵牾,曰详邻事。又以为通史有二长,曰具剪裁,曰立家法。又以为通史有三弊:曰无短长,曰仍原题,曰忘标目。其说颇详具载《文史通义·释通》篇。然近世西人所谓通史者,实为世界或一国民族发展之研究,欲以考见自古至今文化进步之结果及趋势,此又非章氏所能知。然章氏之意,虽重通史,而仍以纪传体为主,而不知通史适于编年体而不适于纪传体,前于第七章已详论之。统观章氏所论,多偏重史书之体裁义例。大抵以宗法古贤,免除鄙陋为主。然未有提出新兴的思想及新开的路径,以示后学。盖章氏之史学虽精,而仍未能超过汉唐以来之旧有的义法。**地方志序例** 章氏自己未著史书,而所修地方志数种,简洁典雅,为世所称。章氏所论作地方志之序例甚精,具载《文史通义》内,而所作如《湖北通志》《和州志》

《亳州志》皆残缺不全，惟永清、天门二县志尚传于世。世之言方志学者，均奉章氏为指归。

崔述《考信录》 崔述亦生在乾嘉之际，而其所主张研究史学之方法，却与当时之人大异，故在当时不为世人所重。述字武承，直隶大名人，乾隆二十七年举人，官至福建罗源县知县。其主张以为凡事必考而后信，乃作《考信录》三十二卷，自上古至周初皆具，惟自春秋以下未成。其《考信录·提要》卷下引谚曰"打破沙锅纹到底"。此即假借字音以明凡事必须问到底，不可随意放过，此即崔氏考史之精神所在。**辨伪** 其自序称"周末游说诸侯者，恐人之讥己，则伪撰圣贤之事以自解说。其他权谋术数之学，欲欺世以取重，亦多托之于古圣人，而真伪遂并行于世"。"晋宋以降，复有庸妄之徒伪造古书"。此言治古史必先辨伪。**宗经** 又曰"不以传注杂于经，不以诸子百家杂于经传"。比言治古史必先宗经。又曰"欲考唐虞三代之事，是非必折衷于孔孟，而真伪必取信于《诗》《书》"。"于是历考其事，汇而编之，以经为主，传注之与经合者则著之，不合者则辨之。而异端小说不经之言，咸辟其谬而删削之"。此即崔氏作《考信录》之方法。此见崔氏治古史"以经为主"，而又类此百家传注之说，合于经则信，不合于经则不信，其廓清芜杂虚伪之功，实为前人所不及。经书固是上古史之原料，而其中亦有不可取信者颇多，则非崔氏所能知。

求伪史演化之层次　廓清古史之有效的方法 崔氏之于上古史，既以辨伪宗经为主，故尤表现大刀阔斧之精神。盖中国上古史内如三皇五帝之说，皆由后人附会推演而成，逐渐增益，不可究诘，非有人为之删刈析别，则不能见其真相。崔氏《考信录提要》卷上有曰："大抵古人多贵精，后人多尚博。世益古，则其取舍益慎。世益晚，则其采择益杂。故孔子序《书》，断自唐虞，而司马迁作《史记》，乃始于黄帝。近世以来，所作纲目、前编等书，乃始于庖羲氏或天皇氏，甚至有始于开辟之初盘古氏。"《易》《春秋传》始颇言羲农，盖皆得之传闻，或为后人追记。及《国语》《大戴记》，遂以铺张上古为事。司马迁作《史记》，遂托始于黄帝，谯周《古史考》，皇甫谧《帝王世纪》，又推而上之，及燧人、包羲。至《三五历》《皇王大纪》，且有始于天皇氏、盘古氏者矣。于是邪说诐词，杂陈混列，世代族系，紊乱庞杂"。此见崔氏之考正古史，不但必取信于经，且能比类各书叙述，而求其逐渐演化之层次。其方法如剥竹笋，以层层剥削，至见最终之所在为止。其书中皆首列正经，次正传，次百家诸子，即其所列，比而观之，则伪史虚说逐渐演化之层次，历历可见，而三皇五帝神功圣德之夸说，不攻自破，此为廓清古史之最有效的方法。

崔氏方法在史学上之影响 崔氏所用治古史的方法，是在层层剥削，先去百家，次去传记，剥至经书为止，故其自序曰"不以传注杂于经，不以诸子百家杂于经传"，此方法足可使古史革命。惜其书成而无刊布，幸有门弟子陈履和竭毕生之力，为之刊印，始行于世。然当时多不信其说，故世人未得其方法之益。直至民国初年，其书始大行于世，遂在史学上发生极大变化。前乎崔氏者，有马骕《绎史》，采集虽博，而无鉴别。后乎崔氏者，有林春溥《古史纪年》，考证虽勤，而不精确。要之清代治上古史之成绩，终以崔氏之方法为最精确。崔氏之逐层辨诘，以去伪而求信，实能改变二千年来古史家传统的思想，而走入建设信史的正路。**崔氏方法之误点** 崔氏之方法，固足以廓清古史之虚伪，而其误处则以为后人所知必不能多于前人，故《考信录·提要》卷上曰："古人所见者经而已，后人则自诸子百家，汉唐小说，所不览者。自《庄》《列》《管》《韩》《吕览》《说苑》诸书出，而经之漏者多矣。自三国、隋唐、汉晋演义传奇小说出，而史之漏者多矣"。"彼古人者，诚不料后人之学之博之至于如此也"。此意谓后人所知必不能多于前人，其说不可从。近时西国治古史者，必须注重地下发掘之材料，而后人所知往往远过于前人。崔氏不达此义，故只知在书本中推求已知之材料，而不知在地面下尚有新出之材料，故其于上古史料，只能减少而不能增加，此自是为时代所限。

魏源《圣武记》及《海国图志》 前清自道光以后，国势日衰。治史学者乃一变乾嘉年间校勘考证之习，而趋向于经世致用之途，于是有近代史及外国史之研究。开此风气者为魏源，字默深，湖南邵阳人，道光二年举人，官至内阁中书。魏氏久居北京，熟于清代掌故，并留心经世致用之学。愤当时废弛武备，乃著《圣武记》十四卷，以表清代列帝之武功。又恨国人不知外情，乃著《海国图志》六十卷，以述海外各邦之局势。私人记述当代帝王大政及外洋立国状况者,此为当时第一著作。然魏氏在当时,未能多见清宫档案,又未习学外国语言,故《圣武记》《海国图志》二书,皆有材料不备之讥。且以私人作本朝史,而不列所用材料之出处,亦难以取信于世。魏氏又著《书古微》《诗古微》,虽不免武断之嫌,而确是留心"微言大义"之学,与乾嘉诸儒迥异。**《元史新编》** 先是明人莆田柯维骐,字奇纯,著《宋史新编》二百卷。魏氏效之,又著《元史新编》二百十卷。此二书除删并旧史原文外,新增之材料有限,同不为世所重视。

李元度《先正事略》 清代多忌讳,凡记述本朝史事,动遭文字之祸。故当时之史学家,皆以考证古代史为限,而于近代之事,不敢动笔。前所言魏氏《圣武记》,虽是记述清代列帝之书,而实是歌颂功德之作,故其自序称"用敢拜手稽首作《圣武记》"。继其后者,为李元度《先正事略》八十卷。李氏字次卿,平江人,曾为曾国藩幕僚。此书只限于名臣名儒,而一代之盛衰可见。其序谓"采书较多,未暇注明所出,然实无一字无来历"。然以私人记述本朝故事,而不注明材料出处,并不附列参考书目,欲以见信于人,殆不可能。章学诚早已详论此义,已见上文,魏李二氏不知采用,则不可解。

今文学派之《春秋》说 清儒所谓汉学者,原有今文古文之分,此即西汉经说与东汉经说之分。实则西汉经说久亡,故乾嘉诸儒所治多为东汉经说。然自道光以后,又厌东汉而好西汉,于是古文学衰,而今文学盛。其影响于史学者,则为《春秋》问题。盖因《左传》为古文学时,而《公羊传》为今文学,是时既弃古文而重今文,于是治《春秋》者弃《左传》而奉《公羊》。前所言之魏源,作《公羊古义》,今不见传本。继之者,有武进庄存与作《春秋正辞》十三卷,阳湖刘逢禄作《公羊释例》十卷,句容陈立作《公羊义疏》七十六卷,仁和龚自珍作《定盦文集》十卷,亦多公羊家言。**合乎历史解释之义** 凡此诸书多用归纳法研究,欲就西汉经说以求孔子拨乱反正之微言大义,不可不谓为合乎历史解释之著作。**不信《左传》《周礼》** 然奉《公羊》者,则攻击《左传》,故刘逢禄又作《左氏春秋考证》二卷,主张《左传》为刘歆伪造。其实《左传》之真伪问题并不易解决,已详于前第三章。至清末而有南海康有为,亦治《公羊春秋》,

著《新学伪经考》，推衍刘逢禄之说，而以为《左传》《周礼》皆是刘歆所伪作。其说虽新颖，而无确证，故不为多数人所信用。平心论之，《左传》《周礼》虽不知究为何人所著，而其至晚亦当为周末遗文，则似可信，不可一笔抹杀。康氏又作《春秋董氏学》，惟在推演董仲舒之说，以求合《春秋》之真义，尚有可取。

《春秋》公羊学之盛行 由此而知前清晚期之今文学家多治《春秋》，于《春秋》则治《公羊》。盖因今文公羊家说有"新周故宋王鲁"及"以春秋当新王"，并有"制法改制"及"拨乱反正"之义（均见《春秋繁露·三代改制质文》篇及《史记·自序》）。故诸家之于《公羊春秋》，不重列国事实，而重微言大义。其初原欲援《公羊》之义例，以求改革之实施，而救中国之衰敝，是即欲以史学见之实用。**历史解释与国民意识**考西方言史学者原有考证及解释（Criticism and interpretation）二种工作。考证偏于求真，解释趋于致用。前言清末诸家之于《公羊春秋》，则纯用解释的一种方法，而其结果则成为"春秋经世"之学。其急于用世者，尤以上文所言之魏源、龚自珍、康有为为最。然彼等终能利用历史解释，以造成一种新思想。清末所谓"戊戌政变"，及其后所谓"变法维新"，实皆由《春秋》公羊学家所催促而成。此见历史解释在国民意识，与社会趋向，有极大之影响。

清代之宋史研究 清代欲重修《宋史》者，首为黄宗羲，已见上文。黄氏所搜集宋人史料甚多，惜未能成书。其后与黄同县而同欲重修《宋史》者，为邵晋涵，字二云。钱大昕《十驾斋养新余录》卷中称邵氏"精于史学，尝有志改修《宋史》，拟作《南宋事略》，以续王偁《东都事略》，篇目悉依王氏之例"。惜邵氏虽有此志，亦未成书。《宋史》成于元人之手，最为芜杂。且李焘、李心传之书，元人多未见，至清代始发现于世，则清人之改修《宋史》，必能过于前人。上引钱氏书中又谓修《宋史》"当自南渡始"，此说亦不可从。实则北宋史料见于李焘之书者甚见，颇可作为修改之助。

清代之元史研究 清代欲重修《元史》者，道为清初人元和邵远平，作《元史类编》四十二卷，甚为简陋。其后如钱大昕属稿而未成书，魏源成书而未完备（均见上文）。实则蒙古帝国除中国外，尚包括四大汗国，而旧《元史》只述及关于中国之部。至于未入中国以前之史料，及关于中国以外其他各部之史料，多在蒙古文、波斯文、土耳其文及英文、法文内，此固非钱魏二氏所知。**洪钧、屠寄之书** 至前清光绪初年，吴县人洪钧，字文卿，作《元史译文证补》三十卷。光绪末年，武进人屠寄，字敬山，作《蒙兀儿史》七十卷，皆知译用西文史料，以补中文史料之不足。在中国史学中，可为发生极大变化。然二人皆不通西文，故对于西文史料之裁定，甚感困难。大约洪氏是在欧洲雇人抄，屠氏是由日文间接抄译，皆是随意摘抄，并是未定的稿本。**柯劭忞《新元史》** 又有胶县人柯劭忞，字凤孙，自清末从事重修《元史》，用力三十余年，至民国初年，成《新元史》二百五十七卷。**西文的蒙古史料** 柯氏用力虽勤，而所用之西文材料，仍不出洪、屠二氏之译本。此亦因本人不通西文，故未能备用西文材料。上文所言蒙古帝国，除中国以外，尚有包阿窝台汗国、察合台汗国、钦察汗国、伊儿汗国，其地包括中亚细亚、波斯、及东俄罗斯，其重要史料多见于法人 D. Hosson、英人 Howorth、土人 Hammer、俄人 Erdmann、波斯人 Rashid、法人 Croxi、奥人 Wolff 之著作。柯氏尚见洪氏、屠氏之书，而洪氏、屠氏所抄译者，亦不及十分之一，本非全本。总之三氏皆不能多用国外史料，故所得之成绩不能令人满意。闻柯氏书原有《考异》数十卷，所以说明材料之来源及去取之本义，惜刻书者未及刊布，故至今不知其何所取材。由此可知《元史》之学，有待于后人完成者尚多。

结论：清代史学成绩 清代诸儒既受汉学之训练，故于史学上校勘考证之成绩，皆为前代所不及。又于修成《明史》，改造《元史》外，并能修成《宋元通鉴》《明通鉴》。又能修成《续通典》《续通志》《续通考》及《清通典》《清通志》《清通考》，合前人之《通典》《通志》《通考》，谓之"九通"，其成绩实可惊异。关于史学方法者，如章学诚之讨论史例，崔述之考辨史料，其识见亦皆突过前人。其他关于各地方志及名人年谱，佳著甚多，至不可胜数。然总计清代史学家仍是长于考史，而不长于作史，故于片段的史书考证，皆足超越前人，而于整个史事整理，则多不能成书，或成书而不及前代。至于西人所谓科学的史学的方法，及用考古学语言学以搜求史料，并用经济学、政治学以解释史事，尚为清儒所不及知。凡此皆有待于西方学说之输入,直至民国成立以后,始发生史学改造之思想。

参考书

黄宗羲《古文尚书疏证·序》 刘承幹《明史例案》 阮元《国史儒林传》《文苑传》 章学诚《文史通义》内外篇、补编,《校雠通义》《方志略例》 崔述《考信录自序》及《考信录提要》卷上、卷下 江藩《汉学师承记》 赵翼《廿二史札记》卷三十一至三十六 赵翼《陔余丛考》卷十四 钱大昕《潜研堂文集》卷三十八《严衍》阎若璩《万斯同传》 王鸣盛《十七史商榷自序》 李元度《先正事略》《名儒传》《文苑传》 梁启超《清代学术概论》

中国史学史初稿

董允辉

引　言

　　自清初朱彝尊氏编纂《经义考》，将历朝学者所著经学专书分类注其存佚，稽其事迹，录其序跋及诸家评语，俨然一若经学之史也。继而，谢启昆又著有《小学考》，所以补朱氏之所未逮。独于史学，以书籍浩繁，竟无人肯为之。虽至中叶，专家如章学诚实斋，曾拟作《史籍考》，积草稿已数百卷，但终未成就而罢。于以知兹事体大，所为颇不易矣。

　　民国十八九年时，予赴北平，研究国学于燕大，固亦欲继章氏遗志，以纂成之。于是费数月之力，遍抄诸史中艺文或经籍二志所载史学书，数量实多。复以类从，综合观察，始得明其书之演变。后又读近人梁启超所作《中国历史研究法补编》，与夫何炳松所译《西洋史学史》，俱怪无人肯编《中国史学史》。又于此二书注间，得知其门弟子姚君名达，郭君斌佳，皆有志编辑，而尤以姚君为最热心云。予年来为著《中国正史编纂法》(已由正中书局出版)，搜集材料，检书至数十种，乃得见其他批评史籍之语极夥。遂不嫌疏陋，钩乙迻抄，积之亦富。但急欲先姚、郭二君而成书，俾观我中国史学演进之迹究属何如。故冒然握管，简略而叙之。

　　盖此书范围甚阔大。若依章氏"六经皆史"之说为之，则举凡中国所有书籍，皆在其中，且于子集内，有可作史料观者，无不俱是。然此种分法，未免失之繁琐。兹编所述，特取旧日所谓史部中之正史、编年、别史、杂史、史评诸类，各顺年代，叙其作家事迹，著书经过，藉明当时学术之风气耳。

　　又史书之体制，亦有区别。其自出心裁，著成一史者，谓之创作；其据某史而加诠注者，则曰研究。至创作之中，又分为仿作、补作、改作三类；研究之中，又分为解释音义、补存遗佚、校勘错舛、纠正讹谬四类。但后人治史，或专用一体，或数体互用，未尝固定。要之，本书则偏重"史家"、"史学家"之叙述。其对"史官"，只略考诸古书所记而已。若史官能兼史家者，仍详述之也。

　　当予书将成，偶阅王君古鲁"最近日人研究中国学术之一斑"，其间言及文学博士内藤湖南方著《支那史学史》，由是益促予之意焉。顾以抗战军兴，东西播迁，生活莫定，此业遂辍。迄乎今兹，胜利已获，还居故庐，重理旧稿，得四大编为：（一）史官，（二）史家，（三）史学之成立及发展，（四）最近史学之趋势，亦梁氏启超生前所拟目也。役既竣，谨举编书缘起，内容取材，以质正于海内宏博者。

民国三十四年八月中旬朴垞识。

第一编　史官　黄帝—孔子以前

第一章　黄帝史官

第一节　仓　颉

　　仓颉为黄帝史官，许慎《说文叙》云："古者庖牺氏之王天下也，仰则观象于天，俯则观法于地，视鸟兽之文，与地之宜，近取诸身，远取诸物，于是始作《易》八卦，以垂宪象。及神农氏，结绳为治，而统其事。庶业其繁，饰伪萌生。黄帝之史仓颉，见鸟兽蹄迒之迹，知分理之可相别异也，初造书契。百官以乂，万品以察……仓颉之初作书，盖依类象形，故谓之文，其后形声相益，即谓之字。文者物象之本，字者言孳乳而寖多也。著于竹帛，谓之书，书者如也。以迄五帝三王之世，改易殊体，封于泰山者，七十有二代，靡有同焉。"

　　后世俱以仓颉为始制文字之祖，则其所掌之重在纪录，由此可知矣。盖楔形之卦画，既不足以成书；而职守所关，又不容缺焉弗议。如是文字作而史书之肇始因之。说本章欷《中国通史》。《传》称《三坟》《五典》《八索》《九丘》，殆皆仓颉以降史官纪录也欤？

第二节　沮　诵

　　沮诵亦为黄帝史官，《史通》云："昔轩辕氏受命，仓颉、沮诵，实居其职"。所谓"黄帝之世，仓颉为左史，沮诵为右史"是也。盖由此二人，始制文字，以代结绳，遂有纪录。卫恒《四体书势》云："昔在黄帝，创制造物,有沮诵、仓颉者,始作书契,以代结绳,盖睹鸟迹,以兴思也。"

又《汉·献纪》沮儁注引《风俗通》曰:"沮,姓也。黄帝史官沮诵之后。"可知沮诵之为史官,或有据焉。

第三节 孔 甲

孔甲或谓系黄帝史官,见《七略》。《归云集》云:"孔甲,黄帝主书史之臣,执青纂记,言动惟实。"清浦起龙注《史通》引。故汉班固有言曰:"古之王者,世有史官,君举必书。左史记言,右史记事。"按事即指行动而言也。但《史通》云:"孔甲尹逸,名重夏殷。"《外篇·史官建置》,下同。则孔甲又为夏之史官矣。

第二章　夏殷史官

第一节　终　　古

终古为夏太史，见桀惑乱，载其图法，出奔商。见《史通》引。即本《吕览·先识》篇所云："凡国之亡也，有道者必先去，夏太史终古，出其图法，执而泣之。夏桀迷惑愈甚，乃出奔如商。"

第二节　向　　挚

向挚为殷太史，见纣迷乱，载其图法，出奔周。见《史通》引。即本《吕览·先识》所云："殷内史向挚，见纣之愈乱迷惑也，于是载其图法，出亡之周。"

按所谓太史、内史，其名虽殊，职则一也。详篇末附录。

第三节　尹　　逸

尹逸为殷史官，盖据《史通》所述云："孔甲尹逸，名重夏殷。"但《史记·周本纪》，逸作佚，故云：武王已，乃出，复军。其明日，除道、修社及商纣宫。及期，百夫荷罕旗以先驱。武王弟叔振铎奉陈常车。周公旦把大钺，毕公把小钺，以夹武王。散宜生、太颠、闳夭皆执剑以卫武王。既入，立于社南大卒之左，左右毕从。毛叔郑奉明水，卫康叔封布兹，召公奭赞采，师尚父牵牲，尹佚策祝，曰："殷之末孙季纣，殄废先王明德，侮蔑神祇，不祀，昏暴商邑百姓，其章显闻于天皇上帝。"于是武王再拜稽首曰:"膺更大命,革殷,受天明命。"武王又再拜稽首,乃出。又云成王与叔虞戏,削桐叶为珪,以与叔虞,曰"以此封君",史佚因请择日立叔虞,成王曰:"吾与之戏耳。"史佚曰:"天子无戏言,言则史书之,礼成之,乐歌之。"于是遂封叔虞于唐,《左传》亦作史佚,故云。

《僖十五年传》:秦伯伐晋,战于韩原,获晋侯以归。子桑曰:归之,而质其大子,必得其成,晋未可灭,而杀其君,只以成恶。且史佚有言曰:"无始祸,无怙乱,无重怒。重怒难任,陵人不祥。"乃许晋平。

按杜预注:史佚,周武王时太史,名佚。又见《周书·世俘》篇与《周语》上。殆殷末周初时人欤?而《新书》亦云:"史佚常立于天子后,故成王中立听政,而四圣维之,是以虑无失计,而举无过事。"又按:太史之职,宜知日月之时节,先王之讳与国之大忌,风雨雷电之责,皆天官事也。书同上书。

第三章 周史官

第一节 辛 甲

辛甲为周初太史，《史记·周本纪》云："西伯曰文王，遵后稷、公刘之业，则古公、王季之法。笃仁，敬老，慈少，礼下贤者，日中不暇食以待士，士以此多归之。伯夷、叔齐在孤竹，闻西伯善养老，盍往归之。太颠、闳夭、散宜生、鬻子、辛甲大夫之徒皆往归之。"

按《汉志·诸子略》道家，《辛甲》二十九篇，颜师古注云："纣臣，七十五谏而去，周封之。"又见《左·襄四年传》《晋语》及《韩非·说林》。

第二节 史 籀

籀为周宣王太史，故亦称史籀。《说文叙》曰："黄帝之史仓颉，见鸟兽蹄迒之迹，知分理之可相别异也，初造书契。……及宣王太史籀，著《大篆》十五篇，与古文或异。"

第三节 伯 阳

伯阳为周太史，《史记·周本纪》云：幽王得褒姒，爱之，欲废申后，并去太子宜臼，以褒姒为后，以伯服为太子，周太史伯阳读史记，曰："周亡矣……"当幽王三年，竟废申后及太子，以褒姒为后，伯服为太子。太史伯阳曰："祸成矣，无可奈何！"

按：伯阳一曰伯阳甫，疑是一人。

第四节 史 伯

史伯为周太史，《郑语》曰：桓公为司徒，其得周众与东土之人，问于史伯曰："王室多故（注：史伯，周太史），余惧及焉，其何所可以逃死？"史伯对曰："王室将卑，戎狄必昌，不可逼也。"《史记》又曰：为司徒一岁，幽王以褒后故王室治多邪，诸侯或畔之，于是桓公问太史伯曰：王室多故，予安逃死乎？太史伯对曰：独洛之东土，河济之南可居。公从之。

第五节 周 任

周任为周太史。《论语》：孔子曰："周任有言曰：陈力就列，不能者止。"又《左隐六年传》：周任有言，曰："为国家者，见恶如农夫之务去草焉，芟夷蕴崇之，绝其本根，勿使能殖，则善者信矣。"

按二书之注，马融曰：周任，古之良史；杜预曰：周任，周大夫。

第六节 内 史 过

过为周内史，故称内史过，其见于《周语》上，曰：（惠王）十五年，有神降于莘。王问于内史过（注：内史，周大夫，过其名也。掌爵禄废置，及策命诸侯孤卿大夫也），曰：是何故，固有之乎？对曰：有之。

《左庄三十二年传》：秋七月，有神降于莘，惠王问诸内史过曰："是何故也？"（注：内史过，周大夫）对曰："国之将兴，明神降之，监其德也；将亡，神又降之，观其恶也。故有得神以兴，亦有以亡，虞、夏、商、周皆有之。"王曰："若之何？"对曰："以其物享焉，其至之日，亦其物也。"王从之，内史过往，闻虢请命，反曰："虢必亡矣，虐而请于神，神居莘六月。"

《左僖十一年传》："天王使召武公、内史过赐晋侯命。受玉惰。过归，告王曰：晋侯其无后乎？王赐之命，而惰于受瑞，先自弃也已，其何继之有？礼，国之干也。敬，礼之舆也。不敬则礼不行，礼不行则上下昏，何以长世？"

第七节 叔　　兴

叔兴，亦称内史叔兴，事迹见《周语》上，与左僖十六，二十八年《传》所述。《周语》上云：襄王使太宰文公及内史兴，赐晋文公命（注：内史兴，周内史叔兴也），上卿逆于境，晋侯郊劳。馆诸宗庙，馈九牢，设庭燎。及期，命于武宫，设桑主，布几筵。太宰莅之。晋侯端委以入。太宰以王命命冕服。内史赞之，三命而后即冕服。既毕，宾、飨、赠、饯如公命侯伯之礼，而加之以宴好。内史兴归，以告王曰："晋不可不善也，其君必霸。逆王命敬，奉礼义成。"

《左僖十六年传》：春，陨石于宋，五。陨星也，六鹢退飞过宋都，风也。周内史叔兴聘于宋，宋襄公问焉，曰："是何祥也？吉凶焉在？"对曰："今兹鲁多大丧，明年，齐有乱，君将得诸侯而不终。"退而告人曰："君失问，是阴阳之事，非吉凶所生也。吉凶由人，吾不敢逆君故也。"

又《僖二十八年传》：己酉，王享醴，命晋侯宥。王命尹氏及王子虎、内史叔兴父策命晋侯为侯伯，赐之大辂之服，戎辂之服，彤弓一，彤矢百，旅弓矢千，秬鬯一卣，虎贲三百人。曰："王谓叔父，敬服王命，以绥四国，纠逖王慝。"晋侯三辞，从命，曰："重耳敢再拜稽首，奉扬天子之丕显休命。"受策以出，出入三觐。

第八节 叔　　服

叔服，周襄王时之内史，叔氏，服字也。《左文元年传》：春，王使内史叔服来会葬，公孙敖闻其能相人也，见其二子焉。叔服曰：谷也食子，难也收子。谷也丰下，必有后于鲁国。又《成元年传》：春，晋侯使瑕嘉平戎于王，刘康公徼戎，将遂伐之。叔服曰："背盟而欺大国，此必败。背盟不祥，欺大国不义，神人弗助，将何以胜？"不听，遂伐茅戎。三月癸未，败绩于徐吾氏（注云：叔服，周内史）。

按内史于《周礼》为中大夫。又以上过、叔兴、叔服皆襄王时史官也。

第九节 太史儋

儋本为周太史，《史记·老子传》：自孔子死之后，百二十九年，而《史记》周太史儋见秦献公曰："始秦与周合而离，离五百岁而复合，合七十岁而霸王者出焉。"或曰儋即老子，或曰非也，世莫知其然否。

按《汉志·诸子略》道家叙曰：道家者流，盖出于史官。历记成败、存亡、祸福古今之道。盖自黄帝立史官以来，史氏世守其绪。下至周末，老子为柱下史，爰播黄帝书于民间也。

第十节 史大弢

史大弢与孔子同时，弢一作䟐，事迹载《庄子·则阳》篇，云仲尼问于大史大弢、伯常骞、狶韦曰（注，大弢三人，史官名）："夫卫灵公饮酒湛乐，不听国家之政，田猎毕弋，不应诸侯之际，其所以为灵公者何耶？"大弢曰："是因是也。"伯常骞曰："夫灵公有妻三人，同滥而浴。史鰌奉御而进所，搏币而扶翼。其慢若彼之甚也，见贤人，若此其肃也，是其所以为灵公也。"狶韦曰："夫灵公也死，卜葬于故墓，不吉；卜葬于沙丘，而吉。掘之数仞，得石椁焉，洗而视之，有铭曰：'不冯其子'，灵公夺而里之。夫灵公之为灵公也久矣。之二人，何足以识之？"

第十一节 齐北史氏、南史氏

齐北史氏、南史氏，皆为崔杼弑君事，直书不畏诛，以彰其罪。《左襄二十五年传》：辛巳，景公与大夫及莒子盟。大史书曰："崔杼弑其君。"崔子杀之，其弟嗣书，而死者二人。其弟又书，乃舍之。南史氏闻大史尽死，执简以往。闻既书矣，乃还（注：《传》言齐有直史，崔杼之罪所以闻）。

第十二节 鲁太史氏

鲁太史事，见《左昭二年传》云：春，晋侯使韩宣子来聘，且告为政而来见,礼也。观书于太史氏,见《易象》与鲁《春秋》,曰:"周礼尽在鲁矣!"(注:《易象》,上下经之象辞;鲁《春秋》,史记之策书。疏《定四年传》称分鲁公以备物典策,所言典策,则史官书策之法,若发凡言例,皆是周公制之)

按鲁太史犹有左丘明,事迹详下《左传》与《国语》节。

第十三节　虢　史　嚚

史嚚与周内史过同时,《晋语》二曰:"虢公梦在庙,有神人面、白毛、虎爪、执钺,立于西隅。公惧而走。神曰:无走。帝命曰:使晋袭于尔门。"公拜稽首。觉,召史嚚占之(注,史嚚,虢太史也)。对曰:"如君之言,则蓐收也。天之刑神也。天事官成。"公使囚之。且使国人贺梦。

《左庄三十二年传》:秋七月,有神降于莘,惠王问诸内史过。内史过往,闻虢请命,反曰:"虢必亡矣,虐而听于神,神居莘六月,虢公使祝应、宗区、史嚚享焉。神赐之土田。"史嚚曰:"虢其亡乎?吾闻之:国将兴,听于民;将亡,听于神。神,聪明正直而壹者也。依人而行,虢多凉德,其何土之能得?"

第十四节　郑　太　史

郑太史,《左传》不载其名。《昭元年》云:郑为游楚乱故,六月丁巳,郑伯及其大夫,盟于公孙段氏。罕虎、公孙侨、公孙段、印段、游吉、驷带私盟于闺门之外,实薰隧。公孙黑强与于盟,使太史书其名,且曰七子。子产弗讨。

第十五节　晋　史　赵

史赵,晋大夫,悼公时人。《左襄三十年传》云:二月癸未,晋悼夫人食舆人之城杞者。绛县人或年长矣,无子,而往,与于食。有与疑年,使之年。曰:"臣小人也,不知纪年。臣生之岁,正月甲子朔,四百有四十五甲子矣。其季于今,三之一也。"吏走问诸朝。师旷曰:"鲁叔、仲惠伯会郤成子于承匡之岁也。是岁也,狄伐鲁。叔孙庄叔于是乎败狄于咸,获长狄侨如,及虺也、豹也,而皆以名其子,七十三年矣。"史赵曰:"亥有二首六身(注曰,史赵,晋太史),下二如身,是其日数也。"士文伯曰:"然则二万二千六百有六旬也。"

第十六节 晋 史 墨

史墨,《左昭二十九年传》作蔡墨及蔡史墨。《注》谓蔡墨晋太史,蔡史墨即蔡墨。其本文曰:秋,龙见于绛郊,魏献子问于蔡墨曰:"吾闻之,虫莫知于龙,以其不生得也,谓之知,得乎?"对曰:"人实不知,非龙实知。……龙水物也,水官弃矣,故龙不生得。"冬,晋赵鞅、荀寅帅师城汝滨,遂赋晋国,一鼓铁,以铸刑鼎,著范宣子所为刑书焉。蔡史墨曰:"范氏、中行氏其亡乎?中行寅为下卿,而干上令,擅作刑器,以为国法,是法奸也。又加范氏焉,易之,亡也。其及赵氏,赵孟与焉,然不得已。若德,可以免。"

第十七节 晋 董 狐

董狐,孔子所称为古之良史也。《左宣二年传》云:乙丑,赵穿攻灵公于桃园,宣子未出山而复。宣子即赵盾。太史书曰:"赵盾弑其君",以示于朝。宣子曰:"不然。"对曰:"子为正卿,亡不越竟,反不讨贼,非子而谁?"宣子曰:"乌呼!《诗》曰:'我之怀矣,自诒伊慼。'其我之谓矣。"孔子曰:"董狐,古之良史也,书法不隐。赵宣子,古之良大夫也。为法受恶。惜也!越竟乃免。"《史记》同。

第十八节 晋 孙 伯 黡

孙伯黡,晋太史,司典籍,得姓为籍氏者。《左昭十五年传》云:"晋荀跞如周，籍谈为介。"王曰："诸侯皆有以镇抚王室，晋独无有，何也？"籍谈对曰："晋居深山，戎狄之与邻，而远于王室，拜戎不暇，其何以献器？"王曰："叔氏而怨诸乎？唐叔，成王之母弟也，其反无分乎？且昔而高祖孙伯黡，司晋之典籍，故曰籍氏。及辛有之二子董，之晋，于是乎有董史。女，司典之后也，何故忘之？"籍谈不能对。宾出，王曰："籍父其无后乎？数典而忘其祖。"

按：董氏为周太史辛有之子。之晋，有董史。至因，迎文公于河。《晋语》注：因，晋大夫，周太史辛有之后。

第十九节　晋　屠　黍

屠黍，晋太史。《史通》引《吕氏春秋》曰：晋太史屠黍见晋之乱，亦以其图法归周。

第二十节　楚　倚　相

倚相为楚左史，事迹见《左昭十二年传》及《楚语》上。《左传》云："楚王出，复语，左史倚相趋过。"（注：倚相，楚史名）王曰："是良史也！子善视之。是能读《三坟》《五典》《八索》《九丘》。"（注：皆古书名）又《楚语》云：左史倚相廷见申公子亹。子亹不出，左史谤之。举伯以告，子亹怒而出，曰："女无亦谓我老耄而舍我，而又谤我！"左史倚相曰："唯子老耄，故欲见以交儆子。若子方壮，能经营百事，倚相将奔走承序，于是不给，而何暇得见？"乃骤见左史。

第二十一节　楚　史　皇

史皇事迹，见《左定四年传》云：冬，蔡侯吴子唐侯伐楚，舍舟于淮汭，自豫章与楚夹汉。史皇谓子常：楚人恶子而好司马（注：史皇，楚大夫）。若司马毁吴舟于淮，塞城口而入，是独克吴也。子必速战。不然，不免。乃济汉而陈。子常奔郑，史皇以其乘广死。

第二十二节　秦赵御史

秦赵二主渑池交会,各命其御史书某年某月,鼓瑟鼓缶,此则《春秋》君举必书之义也。见《史通》。《史记·廉蔺传》又云：赵王与秦王会渑池,秦王酒酣,请赵王鼓瑟。秦御史前书曰：某年月日,秦王令赵王鼓瑟。蔺相如奉盆缶秦王。秦王怿,为一击缶。相如言赵御史书曰：某年月日,秦王为赵王击缶。

按以上皆诸侯之国史官,其著书正如《孟子》所称晋之《乘》,楚之《梼杌》,鲁之《春秋》,墨子所称周之《春秋》,宋之《春秋》,又称百国《春秋》。《史记·六国表》亦云：秦焚书,"诸侯史记尤甚"。《秦始皇本纪》："臣请史官非秦纪,皆烧之。"可见其时各国设史官,记载国事甚盛。不宁唯是,即卿大夫之家亦然,如下。

第二十三节　齐田文侍史

孟尝君田文,齐之一公子耳。每坐对宾客,侍史记于屏风。见《史通》。《史记·孟尝君传》亦云：孟尝君待客坐语,屏风后,常有侍史,主记君所与客语。

按：以上为卿大夫家之侍史。晋太康三年,汲郡发掘晋襄王冢,得《春秋》书,记载黄帝以来事实。自晋未列为诸侯前,以周纪年；自魏未为诸侯前,以晋纪年；自魏为诸侯,以迄襄王,于魏纪年,而且称襄王为今王。当时人故称《竹书纪年》。最近经海宁王静安国维辑校,定为魏史官所记云。

第二十四节　晋赵鞅直臣周舍

周舍为晋大夫之臣,执简书过。《史通》云：降及战国,史氏无废。盖赵鞅,晋之一大夫耳,有直臣书过,操简笔于门下。《说苑》又云：昔周舍事赵简子，立于门三日，简子问之，舍曰："愿为谔谔之臣，墨笔操牍，司君之过而书之。日有记也，月有效，岁有得也。"简子说。

要之，此书所述，仍采刘氏知幾主张，而以《尚书》《春秋》始，盖一为记言，一为记事，且各经孔子删订。孔子虽非史官，若论我国正式史家，亦当推奉孔子焉。此说近人余杭章太炎炳麟亦主之，其言曰："余以为经即古文，孔子即史家祖。"见《自述学术次序》。

附载《周礼》史官职掌

大史 掌建邦之六典，以逆邦国之治。掌法，以逆官府之治。掌则，以逆都鄙之治（注：太史，日官也。《春秋传》曰：天子有日官，诸侯有日御。日官居卿，以底日，礼也）。凡辨法者考焉，不信者刑之。凡邦国都鄙及万民之有约剂者藏焉，以贰六官。六官之所登，若约剂乱，则辟法，不信者刑之。正岁年以序事，颁之于官府及都鄙。颁告朔于邦国。闰月，诏王居门终月。大祭祀，与执事卜日，戒及宿之日，与群执事读礼书而协事。祭之日，执书以次位常，辨事者考焉，不信者诛之。大会同朝觐，以书协礼事。及将币之日，执书以诏王。大师，抱天时，与大史同车（注：史官主知天道。故《国语》曰：吾非瞽史，焉知天道。《春秋传》曰：楚有云如乘赤乌，夹日以飞。楚子使问诸周太史（太史主天道）。大迁国，抱法以前（注：法，司空营国之法也）。大丧，执法以莅劝防。遣之日，读诔（注：遣谓祖庙之庭，大奠将行时也），凡丧事考焉。小丧，赐谥。凡射事，饰中舍算，执其礼事。

小史 掌邦国之志，奠系世，辨昭穆。若有事，则诏王之忌讳（注：志，谓记也。《春秋传》所谓《周志》，《国语》所谓《郑书》之属是也。史书主书，故韩宣子聘于鲁，观书太史氏。疏：志者记也。诸侯国内所有纪录之事，皆掌之）。大祭祀，读礼法，史以书叙昭穆之俎簋。大丧、大宾客、大会同、大军旅、佐大史。凡国事之用礼法者，掌其小事。卿大夫之丧，赐谥读诔。

内史 掌王之八枋之法，以诏王治。一曰爵，二曰禄，三曰废，四曰置，五曰杀，六曰生，七曰予，八曰夺。执国法，及国令之贰，以考政事，以逆会计。掌叙事之法,受纳访,以诏王听治,凡命诸侯及孤卿大夫,则策命之(注:《春秋传》曰:王命内史兴父,策命晋侯为侯伯。策谓简策,书王命。其文曰:"王谓叔父,敬服王命,以绥四国,纠逖王慝。"晋侯三辞,从命,受策以书)。凡四方之事书,内史读之(疏:诸侯凡事有书,奏曰于王,内史读示王)。王制禄,则赞为之,以方出之。(注:以方版书而出之)。赏赐亦如之。内史掌书王命,遂贰之(注:副写藏之)。

外史 掌书外令,掌四方之志(注:志,记也。谓若鲁之《春秋》,晋之《乘》,楚之《梼杌》。疏:孟子又名《春秋》者,谓四时之书,春为阳之首,秋为阴之先,故举春秋以包四时也。云晋之乘者,春秋为出军之法,甸方八里,出长杀一乘,故名《春秋》为《乘》也。云楚谓之《梼杌》者,梼杌谓恶兽,《春秋》者直史,不避君之善恶,事同梼杌,故谓《春秋》为《梼杌》也。皆是国异,而史异名也),掌三皇五帝之书,掌达书名于四方,(注谓若《尧典》《禹贡》,达此名使知之,或曰:古曰名,今曰字,使四方知书之文字,得能读之)。若以书使于四方,则书其令。

御史 掌邦国都鄙及万民之治令,以赞冢宰。凡治者受法令焉。掌赞书(注:若今《尚书》作诏令),凡数从政者。

第二编　史家　孔子—清乾嘉前

第一章　孔子《尚书》《春秋》

第一节　《尚书》

孔子春秋时鲁国人，事迹详《史记·孔子世家》。其于《尚书》，究有若何密切关系耶？据刘氏《史通》云：孔子曾观书周室，得虞、夏、商、周四代之典，乃删取其善者，定为《尚书》百篇。尚者，上也，所记皆上古事。如尧舜二《典》，直序人事；《禹贡》一篇，唯言地理；《洪范》总述灾祥；《顾命》都陈丧乱；其余诰、谟、训、誓之文，莫不宣王道之正义，发话言于臣下，始自唐尧，下终秦穆，孔子各为之序，言其作意也。当秦皇焚书令下，孔子子孙，藏此书于夫子旧堂中，其说有三：

《家语》谓孔腾字子襄，畏秦法而藏之；《汉纪》谓孔鲋所藏；《隋志》谓孔子末孙惠藏之。直至汉兴，旁求儒雅，闻故秦博士伏生，年九十余，能传斯业；遂诏太常，使掌故晁错往受《尚书》，伏生口授之，才得二十九篇。一说再由其女笔记之。以后鲁恭王在山东坏孔子宅，又得原书于壁中，但其字迹与篇数均不同，乃惹起汉儒今古之派之争辩，此在经学范围，当作别论。唯自来治史者，俱推是书为史家之祖，观《史通》所定史体六家，首《尚书》，斯其证也。

至章学诚氏为《书教》上中下三篇，则尽诋世儒不察，而以《尚书》分属记言，《春秋》分属记事为失。其言曰："《尚书》典谟之篇，记事而言亦具焉，未尝分为二物也。刘知幾以二《典》《贡》《范》诸篇之错出，转讥《尚书》义例之不纯，毋乃因后世之空言，而疑古人之实事乎？"见《文史通义》卷一。如此，则知章氏谓不必设为记言之书，以其无定法，而难继也。然原夫子叙述此书之意，何非取其疏通知远，足以垂教于后世耳。

第二节 《春秋》

其次称为孔子所乎订者，曰《春秋》。若问孔子为何而作《春秋》？我可援《史记·自序》、太史公与上大夫壶遂之辩论以答。其言云：上大夫壶遂曰："昔孔子为何作《春秋》哉？"太史公曰："余闻董生曰，服虔曰：仲舒也。周道废，孔子为鲁司寇，诸侯害之，大夫壅之。孔子知时之不用，道之不行也，是非二百四十二年之中，以为天下仪表，贬诸侯，讨大夫，以达王事而已矣。"又《孟子·滕文公下》亦有纪载，其文曰："世衰道微，邪说暴行有作，臣弑其君者有之，子弑其父者有之，孔子惧，作《春秋》。《春秋》，天子之事也，是故孔子曰：'知我者其惟《春秋》乎？罪我者其惟《春秋》乎？'孔子《春秋》成，而乱臣贼子惧。"由此以观，辄知孔子之作《春秋》，盖感当时时势之不良，与夫自己学说之不行，不得已乃退而著书。故其言曰："我欲载之空言，不如见之于行事之深切著明也。"实则孔子并非史官，所以彼之作史，全以私人资格为之耳。

然当未作史之前，为采集材料，乃与子夏等十四人，西观书周室，求周史记，得百二十国宝书。见孔颖达《公羊注疏》。归来后，遂因鲁史而作《春秋》。九月经立。上记隐，下至哀之获麟。约其文词，去其烦重，以制义法，王道备，人事浃。见《史记·十二诸侯年表序》。以授游夏之徒，不能赞一词。见《史记·孔子世家》。统计其中所叙弑君之事三十六，亡国之事五十二，至于诸侯奔走，不得保其社稷者，更不可胜数矣。此书文字，共成数万，其旨约有数千，关于万物之聚散，皆在其中。

惟有一事，久悬未能决，即作史时间之怀疑，究系获麟绝笔，抑感麟而作？据《春秋序》云："先儒以为制作三年，文成致麟。"然《公羊传》则云："经止获麟。"二说遂不相同。今予引《史通·探赜》篇所论，以折衷之，曰："昔夫子之刊鲁史，学者以为感麟而作，按子思有言，吾祖厄于陈蔡，始作《春秋》。……义包微婉，因攫莓而创词，时逢西狩，乃泣麟而绝笔。传者徒知其一，而未知其二，以为自反袂拭面，称吾道穷，然后追论五始,定名三叛。此岂非独学无友,孤陋寡闻之所致耶?"

再论此书之取名,何故谓之《春秋》? 据杜元凯《春秋序》之大意,是以事系日,以日系月,言春以包夏,举秋以兼冬,年有四时,故错举以为所记之名也。又据康有为《新学伪经考》云:"古者载事之史,皆名《春秋》,其来甚久。"孔子既著《春秋》,而同时人左丘明乃受经而作传也。

第二章　左丘明《左传》《国语》

第一节　《左传》

左丘明，人皆知为著《左传》《国语》之史家。但历代学者则时相争辩，以谓作《左传》之左丘明，与孔子同时与否，实足疑焉。因《史记》中只云"左丘失明，厥有《国语》"，而不及"明"字与撰《左传》。又言"左氏为六国时人"。因《传》有记韩、魏、智伯之事及赵襄子之事，遂据此而论曰："使丘明与孔子同时，不应孔子既没七十有八年之后，丘明犹能著书。"见郑樵《六经奥论》。清刘逢禄亦云："左氏以良史之才，博闻多识本末，尝求附于《春秋》之义。后人增设条例，推衍事实，强以为传《春秋》。……左氏后于圣人，未能尽见列国宝书，又未闻口授微言大义。惟取所见载籍，如晋《乘》、楚《梼杌》等，相错编年为之本，不必比附夫子之经。"见《左氏春秋考证》。凡此诸说，姑置勿论，意其间未免有为后人所窜乱者矣。然专从《孔子家语》《汉书·艺文志》《史通》几处证明，则可定为一人，并且与孔子同时也。《史通》云："当周室微弱，诸侯力争，孔子应聘不遇，自卫而归，乃与鲁君子左丘明，观书于太史氏，因鲁《史记》，而作《春秋》。上遵周公遗制，下明将来之法，自隐及哀，十二公行事。经成以授弟子，弟子退而异言。丘明恐失其真，故论本事而为传，明夫子不以空言说经也。"见《正史》篇。《汉志》大旨亦如此，其原文云："丘明与孔子观鲁《史记》，而作《春秋》，有所贬损，事形于《传》；惧罹时难，故隐其书。"而《孔子家语》复云："孔子将修《春秋》，与左丘明乘，如周，观书于周史。归而修《春秋》之经，丘明为之《传》，共为表里。"见《观周》篇。故后之刘歆极言《左氏传》之与《春秋》，实互相发明，如舍传则经无以得明也。因曰："左丘明好恶与圣人同，亲见夫子。而公公羊高。谷谷梁赤。在七十子之后，传闻之与亲见，其详略不同也。"桓谭《新论》云："《左氏传》于经，犹衣之表里。"近儒章太炎及其高足黄季刚二先生皆已故。所主张，俱同于此。可参阅章之《春秋左传读叙录》后章，与黄之《三传平议》。以上暂将左氏之人与作品，约略说之。今再谈当时著书之经过焉。

据《史通·采撰》篇所载："丘明受经立传，广包诸国。盖当时有周《志》、晋《乘》、郑《书》、楚《梼杌》等篇，遂聚而编之，混成一录。向使专凭鲁《策》，独询孔氏，何以能殚见洽闻，若斯之博也。"由此观之，乃知左氏作史，所凭史料，不只单解经旨而已，并搜采别国史料，所谓辑其本事，互相证明，以为之传。所以梁启超任公称："中国有组织体的史著，自《左传》始。"并推左氏为真正史家开山祖云。此因左氏能"自出心裁，描写史迹，带有很浓厚的文学性质"。用梁氏原句。在《中国历史研究法》中又见及任公评左氏书之特点有三："第一，不以一国为中心点，而将当时数个主要的文化国，平均叙述；第二，其叙述不局于政治，常涉及全社会之各方面；第三，其叙事有系统，有组织，令人读之有味。"此三特点，以前史家俱未尝有之，晋干令升宝作《史议》，历诋诸家，而独归美《左传》，殆此故欤？《史议》云："丘明能以三十卷之约，括囊二百四十年之事，靡有孑遗。斯盖立言之高标，著作之良模也。"见《史通·烦省》篇引。

第二节 《国语》

继述《国语》。夫《国语》为左氏作传之副产物，或亦著书时所汇之材料底本也。《史通·六家》云："《国语》家者，其先亦出于左丘明，既为《春秋内传》，又稽其逸文，纂为别说，分周、鲁、齐、晋、郑、楚、吴、越八国事，起自周穆王，终于鲁悼公，别为《春秋外传国语》，合为二十篇。"又《正史》云："左氏既配经作传，又撰诸异同，号曰《外传国语》二十一篇，斯盖采书志等文，非唯鲁之《史记》而已。"清俞樾云："孔子作《春秋》，左氏有搜罗采辑之功，其所采取不尽者，别为外传，即今《国语》是矣。"见《湖楼笔谈》。以上为作传副产物之说也。但司马公谓："左氏欲传《春秋》，先作《国语》，《国语》之文，不及《传》之精也。"此非材料底本之说乎？

然亦有人谓《国语》非丘明作，于是宋叶少蕴、王安石、朱熹、郑樵诸家，起而附和之。兹取王应麟《困学纪闻》所引以证之。叶少蕴云：古有左氏、左丘氏，太史公称左丘失明，厥有《国语》，见《汉书》本传。今《春秋传》作左氏，而《国语》为左丘氏，则不得为一家，文体亦自不同，其非一家书明甚。左氏王荆公以为六国时人。盖左史之后，以官为氏者。朱文公谓左氏乃左史倚相之后，故其书说楚事甚详。郑渔仲云：左氏世为楚史。按此诸说，则左氏本人有疑问焉。

　　又《国语》称《春秋外传》，宋庠谓始于韦昭。当昭注《国语》，作《解叙》云："孔子发愤于旧史，垂法于素王，左丘明因圣言以摅意，托王义以流藻。其明识高远，雅思未尽，故复采录前世穆王以来，下迄鲁悼、智伯之诛，以为《国语》。其文不主于经，故号曰《外传》。"见《困学纪闻》卷六引。但后经洪颐煊所考订，则云非始于昭。颐煊初据《隋志》，后据《汉志》，故断其非韦昭也。然康氏有为又考得今所传《国语》，亦非原本，实由刘歆改窜而成。其《周语》《晋语》《郑语》多《春秋》前事，《鲁语》则大半敬委一妇人语，《齐语》则全取《管子·小匡》篇，《吴语》《楚语》同。盖为《左传》之残余，彼歆特补缀之耳。说详《新学伪经考》中。

第三章　司马迁《史记》

第一节　《史记》　附《世本》《战国策》《楚汉春秋》

司马迁，字子长，左冯翊夏阳人，其事迹详于《自序》中。近人海宁王国维已故。又为之编《太史公系年要略》一书，若取而阅之，则益了然矣。但予今再据各方史料，作简略之叙述焉。

在《汉书》卷六十二《司马迁传》中——其实此传亦取《自序》及《报任安书》二文相合而成——更得证明司马氏世世为史官，直至其父谈，为太史公。太史公即以作《六家要旨》称于世者。其时太史公之地位极尊贵，犹在丞相上，凡天下计书，先上太史公，副上丞相。唯太史公为一有职无权之官，所司皆系文史星历之事，近乎卜祝之间，平时天子以倡优畜之而已。武帝始立，封于泰山，而谈不得俱去，预从事，于是发愤，自怨艾。适子迁自西征巴蜀、昆明还报命，见父于河洛之间，谈乃执迁手，相对泣，勖以继志著史而殁。殁三岁，迁为太史令，先紬史记石室金匮之书，五年而当太初元年，迁遂开始撰述，网罗天下放失旧闻，王迹所兴，原始察终，见盛观衰，论考之行事。略三代，录秦、汉，上记轩辕，下至汉武。著十二本纪，十表，八书，三十世家，七十列传，"凡百三十篇，五十二万六千五百字，为《太史公书》……藏之名山，副在京师。"用《史记》原文。

迁虽身为史官，而其书实系私撰。书将成，偏遭李陵之祸，下于蚕室，受极刑，为废人，所谓"草创未就，适会此祸，惜其不成，是以受极刑，而无愠色。"见《报任安书》。即指此事而言也。今据清赵翼所考订云："迁之作书，共经二十余年而后成。"见《廿二史札记》。示东方朔。桓谭说。逮死后，其书稍出，宣帝时，外孙平通侯杨恽祖述其书，遂宣布于世云。

至称《史记》,盖始于《隋志》。观《汉志》只曰《太史公书》百三十篇,且列入《六艺略》"《春秋》家",不啻自名一子也。其实古之史,皆名史记,《六国年表序》曰:"秦烧天下诗书,诸侯史记尤甚,独有秦记,其文略不具。"又《十二诸侯年表序》云:"鲁君子左丘明,因孔子史记,成《左氏春秋》。"是孔子所修,亦名史记也。太史公本《秦记》以成书,名曰《史记》,盖因乎古也。说本俞樾。

再言迁之所以作此书也,既为职掌所在,受父激励;并欲继承孔子之志,故极表扬《春秋》,而以五百年之大责任,加诸己身也。其言曰:"先人有云,自周公卒,五百岁而有孔子,孔子至于今五百岁,有能绍明世,正《易传》,继《春秋》,本《诗》《书》《礼》《乐》之际,意在斯乎?意在斯乎!!小子何敢让焉?"迨后书成,果不独我辈治史者认为绝作,奉为圭臬。即彼研究文学之人,亦推赞效法之,至于数千年而不衰,所以当时如刘向、扬雄博极群书,皆称迁有良史之材,并服其"善序事理,辨而不华,质而不俚。文直事核,不虚美,不隐恶,故谓之实录。"见班固《汉书·迁传赞》。唐刘子玄亦称曰:"观子长之叙事也,自周以往,言所不该,其文润略,无复体统。洎秦汉已下,条贯有伦,则焕炳可观,有足称者。"见《史通·叙事》篇。

须知迁之成就,实非偶然。据康氏有为所言:"察迁之学,得于六艺至深。父谈既受《易》于杨何,迁又问《书》于孔安国,问《春秋》于董生,讲业于齐鲁之都,观孔子之遗风,乡射邹峄。"见《新学伪经考》卷二。而董生为善《公羊》学者,故迁尝取《公羊春秋》之义,以辨文家质家之同异。论定人物,多寓文与而质不与之意,皆公羊氏之法也。又引"六经"之文,间易以训诂,皆本西汉诸儒之旧说。见邵二云《史记提要》及《南江文钞》。由此可知迁于孔门,渊源至近。乃至宋时,有唐庚子西者,诋太史公敢乱道,盖据班固之论,未免深文。是以清冯钝吟驳之云:"太史公千古一人,'乱道'二字,出口一何容易。子长考信六艺,奉之以著书,造次必称仲尼,一味抹煞,概云乱道,何耶?"见何义门《读书记》注。虽然,唐氏之言,固无足取,即大儒如叶适水心,亦不满《史记》,谓"以迁所记五帝三代考之,尧、舜以前固绝远,而夏商残缺无可证,虽孔子亦云,独周享国最长,去汉未久,迁极力收拾,然亦不过《诗》《书》《国语》所记而已,他盖不能有所增益也。是则古史法止于此矣。"见《习学记言》。是何不明迁编书之旨耶？若依章学诚引治迁书者之言，则知史公作记，每篇各有旨意，其词云："司马迁著百三十篇，本纪十二，法十二月也；八书，法八风；十表，法十干；三十世家，法一月三十日；七十列传，法七十二候。"见《文史通议·匡谬》篇。

然而班固谓其书缺失十篇，有录无书。张晏注《汉书》，便以谓："迁殁以后，亡《景纪》《武纪》《礼书》《乐书》《兵书》《汉兴以来将相年表》《日者列传》《三王世家》《龟策列传》《傅靳列传》。"至于《景》《武》二纪之亡缺，较有理由在。因迁遭陵祸，忍辱著书。于不平事，多借以发舒，以自鸣其郁抑。据卫宏《汉旧仪注》云："司马迁极言景帝与武帝之短，武帝怒而削去。"又据洪迈《容斋随笔》云："司马迁作《史记》，于《封禅书》中，述武帝神仙、鬼社、方士之事甚备。故王允讥为谤书。"元成之间，褚先生补缺，作《武帝纪》《三王世家》《龟策》《日者列传》，言词鄙陋，非迁本意也。复有刘向、歆父子，及冯商、卫衡、扬雄、史岑、梁审、肆仁、晋冯、段肃、金丹、冯衍、韦融、萧奋、刘恂等，以别职来知史务，相次撰续也。见《史通·正史》篇。不过褚补尚存，余均亡失耳。详褚少孙节。

再论其书所本。我据《汉书·迁传赞》中一段及刘知幾之言而知之。赞语云："孔子因《鲁史记》作《春秋》，左丘明论辑其本事，为之《传》。又纂异同，为《国语》。又有《世本》，录黄帝以来，至春秋时帝王、公侯、卿大夫祖世所出。春秋之后，七国并争，秦兼诸侯，有《战国策》。汉兴伐秦，定天下，有《楚汉春秋》。故司马迁据《左氏》《国语》，采《世本》《战国策》，述《楚汉春秋》，接其后事，讫于大汉。"见王鸣盛《十七史商榷》引。但观知幾所述，然后知马迁作史，不仅凭藉书本，并实地考查，询问家人，如云："炎汉之世，四海一家，马迁乘传，求自古遗文，而州郡上计，皆先集太史，若斯之备也。"见《史通·探赜》篇。又云："观夫子长之撰《史记》也，殷周以往，采彼家人。"见《采撰》篇。逮后，章学诚亦有所云："（上略）是故文献未集，则搜罗咨访，不易为功。观史迁之东渐南浮，则非心知其意，不能迹也。此则未及著文之先事也。"见《文史通义补》。要之，学者著书，实非易事，有史迁之才，能出入周秦，牢笼战国，并览四海名山大川，始成此不朽之作也。

附 史迁所本之书,除《左氏》《国语》,前章已述外,今再附言《世本》《国策》《楚汉春秋》三书之大概

(一) 世本

先言《世本》。此书为十五篇。据刘向云:"古史官明于古事者所记,录黄帝以来,帝王诸侯及卿大夫系谥名号。"逮后马迁作《史记》,亦凭藉之。但晋皇甫谧误读《汉书·司马迁传赞》,便云"《世本》系左丘明所作",其说奇甚。自皇甫氏一误,顾后世仍有沿其误者,如清章宗源作《隋书经籍志考证》,亦以为言。不过唐刘子玄谓:"楚汉之际,有好事者,录自古帝王公侯卿大夫之世,终乎秦末,号曰《世本》。"见《史通·正史》篇。已稍有不同之传说矣。又有阎若璩作《孟子考》,亦论《世本》不足尽信。王鸣盛则谓"阎说甚确,然有当论者,刘向浑言古史官所记,究不知何时,以意揣之,既讫于《春秋》,自出春秋时人。而玩刘向与班固说,则此书亦有世无其本。但迁既采此书,则意者《夏商本纪》间书各王在位年数,并共和以至平王四十九年,甲子纪年,皆得之《世本》。而共和以前,则断无纪年也"。见《蛾术编》。

其书唐时具在,故《五经正义》《史记索隐》《后汉书注》,往往引之。宋代犹存,皆散见于《路史·国名记》《通志·氏族略》《姓氏急就篇》,与夫《御览》《广韵》诸书,可以考焉。迮鹤寿语。但姚氏范姜坞。据《新唐书·高祖纪赞》云:"考于《世本》,夏、商、周皆出黄帝,则欧阳永叔尝见《世本》,至朱子时方失传云。"

今有所谓《世本辑本》者,为清人孙冯翼、雷学淇、张澍、秦嘉谟辈所辑。其内容篇目,据诸书所征引,有《帝系》,有《世家》,有《传》,有《谱》,有《氏姓篇》,有《居篇》,有《作篇》。《帝系》《世家》及《氏姓篇》,叙王侯及各贵族之系谱也。《传》者记名人事状也。《谱》者年表之属,史注所谓旁行斜上之《周谱》也。《居篇》则记各事物之起原焉。见梁启超《中国历史研究法》。

(二) 战国策

次言《战国策》。此书内容为录东西周、秦、齐、燕、楚、三晋、宋、卫、

中山，合十二国事，分成三十三卷。盖其时君德浅薄，为之谋策者，不得不因势而为资，据时而为说。故其谋扶急持倾，为一切之权，虽不可以临国教化兵革，亦救急之势也。皆高才秀士，度时君之所能行，出奇策异智，转危为安，运亡为存。亦可喜，皆可观。见刘向《战国策序》。故其中多寓言，不必尽求以事实。谭献谓："《国策》论事多双照，使左右无间隙，是以彼我之怀俱尽。"见《复堂日记》卷五。其书定名，初皆不一，据刘向《叙录》所述云：所校中秘《战国策》书，臣向因国别者，略以时次之，得三十三篇。中书本号，或曰国策，或曰国事，或曰短长，或曰事语，或曰修书，或曰长书。臣向以为战国时游士策谋，宜为《战国策》，继《春秋》后，讫楚汉之起，二百四十五年间之事，皆定以杀青书。而班固乃取其后名而书之。见《史记索隐》。

今残，有高诱注本，清姚姜坞云："按《战国策》世无完书，疑后人多取他书，如《韩非》《吕览》《韩诗外传》之类，以羼补之，非其真也。"又云："高诱注亦复漏略。"俱见《援鹑堂笔记》卷五十。要之《国策》一书，多记当时策士智谋，然时有奇谋诡计，一时未用，而著书之士，爱不能割，假使主臣问难，以快其意，如苏子之于薛公，及楚太子事，其明征也。见章学诚《文史通义》卷四《匡谬》。逮后马迁即据此作史焉。

（三）楚汉春秋

又其次言《楚汉春秋》。此书为楚人陆贾所著。贾以客从汉高祖定天下，名为有口辩士，居左右，常使诸侯。及高祖时，中国初定，尉他平南越，因王之。高祖使陆贾赐尉他印，为南越王。陆贾至，进说他，令称臣，奉汉约，归报，高祖大悦，拜贾为太中大夫。

陆生时时前说称《诗》《书》，高祖骂之曰："乃公居马上而得天下，安事《诗》《书》？"陆生曰："居马上得之，宁可以马上治之乎？且汤武逆取，而以顺守之，文武并用，长久之术也。昔者吴王夫差、智伯极武而亡；秦任刑法不变，卒灭赵氏。向使秦已并天下，行仁义，法先圣，陛下安得而有之？"高帝不怿，而有惭色，乃谓陆生曰："试为我著秦所以失天下，吾所以得之者何，及古成败之国。"陆生乃粗述存亡之征，凡著十二篇，每奏一篇，高帝未尝不称善，左右呼万岁，号其书曰《新语》。节录《史记》本传。

太史公曰："余读陆生《新语》书十二篇，固当世之辩士。"但《汉志·六艺略》"春秋类"中，载《楚汉春秋》九篇，陆贾所记。而迁传赞亦云："汉兴伐秦定天下，有《楚汉春秋》，接其后事，迄于大汉，其言秦汉详矣。"可知其编《史记》，此书实为所据材料之一也。然至南宋，书遂亡佚，说本沈氏钦韩，见近人顾实《汉志讲疏》所引。故北宋人高似孙尚有言云："太史公作《史记》，最采《楚汉春秋》，意其论著瑰杰弘演，必有以合乎轨辙者。今得《楚汉春秋》读之，不见其奇，盖太史公所采，亦以汉初之事，未有记载，故有取于此乎？"见《史略》卷二。可以征实矣。

第二节　褚少孙补《史记》

褚少孙，沛人。宣帝时，为博士，事大儒王式，受《诗经》，故号先生，续《太史公书》。见《孝武纪》注引《褚顗家传》。然考其所续，仅《武纪》一篇而已；至世称"十篇有录无书"，俱为少孙所补。据赵翼考证，其所补不止十篇，尚有增入于其他文尾者，又有就史迁原文而增改者，却各有其理在。今予将王氏鸣盛所考得之一段文节录于下，其实张晏亦据小司马贞《索隐》而云然。文曰："《景纪》取班书补之。《武纪》专取《封禅书》。《礼书》取荀卿《礼论》。《乐书》取《礼乐记》。《兵书》亡，不补，略述律而言兵，遂分历，述而次之。《三王世家》空取其策文，以续此篇。《日者》不能记诸国之同异，而论司马季主，《龟策》直太卜所得占龟兆杂说，而无笔削功。"王氏驳之云："今考《景纪》现存，是迁原文，不知张晏何以言迁复后亡，且此记文及赞，皆与《汉书·景纪》绝不同，又不知《索隐》何为言以班书补之？其《武纪》则为褚少孙所补。《礼书》《乐书》，虽取荀卿《礼记》，其实亦是子长之笔，非后人所补，不知张晏何以云亡？《兵书》即是《律书》，见存，而张晏何以云亡？《汉兴以来将相年表》，惟太初以后，后人所补，其前仍是子长笔，何以云亡？《日者》《龟策》二篇，惟末段各另附褚先生言，其原文仍出子长笔，不知张晏何以云亡？《三王世家》直列三王封策书，而不置一词，其赞语、文词烂然可观，亦是子长笔，何以云亡？褚先生特附益史料于各篇中，如赘疣耳。"见《十七史商榷》。盖多抄录旧文,不必自作,皆鄙琐无谓,或冗复混目,是以张裕钊廉卿。惜之曰:"褚少孙生当西京之盛,文采冠绝古今。而其补《史记》,乃卑陋鄙浅,多可哂者,殆非人意所及。"见《濂亭文集》。

但俞樾独称其人有气节,不辱师傅为难得。其言曰:"褚先生补《史记》,张晏已讥其鄙俚,然其人亦未易轻。考《汉书·儒林传》,褚少孙与张幼君、唐长宾并受《诗》于王吉,由是《鲁诗》有张、唐、褚氏之学。是固有功于经学者矣。元成间,王氏向盛,少孙补《建元以来侯者年表》于阳平侯王稚君云。初元以来,方盛贵用事,游宦求官于京师者,多得其力,未闻其有知略广宜于国家也。此可见少孙虽与同时,而不屑依附,乃真不辱其师傅者,以视楼君卿、谷子云之徒,犹腐鼠也。论者以旗亭之论,谓其附霍大将军,冤矣!"见《湖楼笔谈》卷三。

第三节　冯商续《太史公书》

冯商,字子高,见班彪《别录》。长安人。见班固《目录》。然师古曰,《七略》云:"商阳陵人,治《易》,事五鹿充宗,后事刘向,能属文。与孟柳俱待诏,颇序列传,未卒,病死。"所谓"颇序列传",即指续《太史公书》,盖在成帝时,待诏金门,受诏续之,仅十余篇耳。见韦昭《汉书注》。而《汉志》则谓:"冯商所续《太史公》七篇。"清钱大昕为考《史记》中所称"太史公曰",曰:"此犹后世史书称史臣曰尔。"并指此七篇,即为东方朔所署名。见《潜研堂集》卷三十三。因迁书成后,以示朔,朔题其名曰"太史公"。其百三十篇,十篇有录无书,于是商受诏续之,沿用原称。仅及七篇,未卒业,病死,亦即谓未续完十篇之数也。

第四节　其余续《史记》者

按《史记》一书,《太史公自序》称:凡百三十篇,五十二万六千五百字,本自完具。唯班固所见,已云"十篇有录无书。"见《汉志》与《迁传》。且自太初以后,阙而不录,于是好事之徒,缀辑时事,踵继其书。据刘知幾所考云:"迁殁之后,刘向、向之子歆,及诸好事者,若冯商、卫衡、扬雄、史岑、梁审、肆仁、晋冯、段肃、金丹、冯衍、韦融、萧奋、刘恂等，相次撰续。"见《史通·正史》篇。但皆以别职来知史务也。迄乎肃宗之时，杨终受诏删《太史公书》为十余万言。见《后汉书》本传。

关于《史记》书，在当时，外间流传绝少。《汉书·东平思王传》云："当成帝时，东平王宇以叔父之尊上疏求《太史公书》，朝廷不与。"可以证明矣。至清康有为氏因疑今所传《史记》非迁本书，而为刘歆所窜改，说详《新学伪经考》。

第四章　班固《汉书》　附荀悦《汉纪》

第一节　班彪《后传》

班彪,字叔皮,扶风人。年二十,适当王莽之败,刘秀即位于冀州,天下云扰,彪乃著《王命论》,以劝隗嚣早降。曾举茂才,为徐令,以病去官,后数应三公之召。其才甚高,并好述作,遂专心于史籍之间。尝鉴司马迁所撰《史记》,自太初以下,阙而不录;顾后来一班好事者,如扬雄、刘歆、汤城卫、褚少孙、史孝山等,颇或缀集时事,然多鄙俗,不足以踵继其书,彪由是继采前史遗事,傍贯异同,作《后传》数十篇。见《后汉书》本传。

彪尝讥评前史之失,其言曰:"司马迁据《左氏》《周语》,采《世本》《战国策》,述《楚汉春秋》,接其后事,迄于大汉。其言秦汉详矣,至于采经摭传,分散数家之事,甚多疏略,或有抵牾。亦其涉猎者广博,上下数千载间,斯亦勤矣。又其是非颇谬于圣人。论大道,则先黄老而后六经。序游侠,则退处士而进奸雄。述货殖,则崇势利而羞贱贫。此其所蔽也。"见《汉书·司马迁传赞》。故自为记,慎核其事,整齐其文。后为子固所据,编为《汉书》也。然亦有谓固盗窃父书,而没名不著,所著只《翟方进》《韦元成》《元后传》而已。其不言可考者,元、成二纪外,皆阙如,如《司马迁传赞》复多采叔皮之论,而略不及之,说本姚氏姜坞。见《援鹑堂笔记》卷二十四。但观《韦元成传赞》,师古注云:"《汉书》诸赞,皆固所为,其有叔皮论述者,固亦具显,以示后人。而或者谓固盗窃父名,观此可以免矣。"

按《南史·刘之遴传》云:"彪事,古本《汉书》自有传,今本多冠于固传前。"而《四库总目提要》则评或人以自为一传,列于西汉为失断限。

其理由谓彪生光武之世,为徐令,实为东汉人,宜附于《叙传》。且固书起元高祖,终于孝平王莽之诛也。

第二节　班固《汉书》

固字孟坚,彪之子也。年九岁,能属文,诵诗赋,长复博观载籍,对于九流百家之言,无不穷究。性宽和容众,不以才能高人,诸儒以此慕之。如《后书注》引谢承书云:固年十三,王充见之,拊其背,谓彪曰:"此儿必记汉事。"彪卒后,固果能以彪所续前史未详,乃潜精研思,欲就其业。但无史官资格,故人有上书显宗,告固私改作国史,有诏下郡收固,系京兆狱,尽取其家书。先是,同郡人苏朗伪言图谶事,下狱死,固弟超,恐固为郡所核考,不能自明,万驰诣阙上书,召见,具言固所著述意。而郡亦上其书,显宗甚奇之。召诣校书郎,除兰台令史。见《汉书》本传。遂与前睢阳令陈宗,长陵令尹敏,司隶从事孟异,异一作冀。同著作东观,合撰《世祖本纪》,及诸列传载记,奏上显宗,显宗乃复使终前所著书。固以为"汉绍尧运,以建帝业,至于六世,史臣指司马迁。乃追述功德,私作本纪,编于百王之末,厕于秦项之列。太初以后,阙而不录,故采撰前纪,缀集所闻,以为《汉书》。起元高祖,终于孝平、王莽之诛,十有二世,二百三十年。综其行事,傍贯五经,上下洽通,为春秋考纪、表、志、传凡百篇。"见书同上按此百篇之中,计为纪十二,表八,志十,列传七十。所谓春秋考纪,即帝纪之意,盖考核时事,具四时以立言,为《春秋》之经也。

再考固著书取材,与成书年岁,据本传及赵翼《廿二史札记》所载而知之者,则本传谓:"固自永平中始受诏,潜精积思二十余年,至建初中乃成。当世甚重其书,学者莫不讽诵焉。"而《廿二史札记》谓:"《汉书》武帝以前,纪、传、表多用《史记》文,其所撰述,不过昭、宣、元、成、哀、平、王莽七朝之君臣事迹;且有史迁创例于前,宜其成之易易。乃考其始末,凡经四人手,阅三四十年,始成完书,然后知其审订之密也。"又知固书虽粗成,然"八表"及《天文志》尚未就,而固已卒,妹昭奉诏,就东观藏书阁踵成之。

第三节　班昭续成兄书

固妹昭,曹世叔妻大家也。事迹详刘向《列女传》及《后书·列女传》篇。性好文学,能属词,当固著书未竟而卒时,奉诏就东观校叙。《文史通义·妇学》篇云:"昔者班氏《汉书》未成而卒,诏其女弟曹昭躬就东观,踵而成之。"又因《汉书》初出,多未能通,于是公卿大臣多执贽请业于昭,如大儒马融伏于阁下,从受《汉书》自读。后又诏融兄续,继昭成之。由是总核固书,先有伊父彪草创,后经妹昭及马续补全,故云经四人手而后成也。

第四节　关于班书之评论

《汉书》成后,当时人张衡、卢植、马日䃅、杨彪、蔡邕、韩说等,各有辩论与补正。张衡论史云:"王莽本传但应载篡事而已,至于编年月,纪灾祥,宜为《元后本纪》。又更始居位,人无异望,光武初为其将,然后即真,宜以更始之号,建于元武之前。"见《十七史商榷》引。尤于《古今人表》一文,每为后人所讥,如唐刘知幾云:"异哉!班氏之《人表》也,区别九品,网罗千载,论世则异时,语姓则他族。……且其书,上自庖牺,下躬嬴氏,不言汉事,而编入《汉书》。……不知翦截,何断而为限乎?"见《史通·表历》篇。至清钱大昕则谓此表表章正学,有功名教,识见复非寻常所能及。其词曰:"观其列孔子于上圣,颜、闵、子思、孟、荀于大贤,孔子弟子列上等者三十余人,而老、墨、庄、列诸家降居中等,孔子谱系具列表中,俨然以统绪属之。……古贤具此特识,故能卓然为史家之宗。徒以文章雄夸,百代推之,犹浅浅为丈夫矣。"见《潜研堂集》卷二十八。以上二项为史裁不满人意处。至于史文叙述,晋人张辅评之云:"世称司马迁、班固之才优劣,多以班为胜。余以为史迁叙三千年事,五十万言,班固叙二百年事,八十万言,烦省不敌,固不如迁,必矣。"见《名士优劣论》。而顾亭林亦评之曰:"《汉书》之文,其袭《史记》者,必不如《史记》。古人所以词必己出,未有勦说雷同,而能成一家言者也。"又云:"班孟坚为《书》,束于成格,而不得变化。其删《史记》,致失意味,寥落不堪读矣。"俱见《日知录》。此皆言其劣点也。唯钱氏则极称之,以谓:"《汉书》刊《史记》之文,以从整齐,后代史家之例,皆由此出。《史记》一家之书;《汉书》一代之史。班氏父子虽采旧闻,别创新意,青出于蓝,固有之矣。"见《潜研堂集》卷二十八。

又于史体,得二人相反批评。一为唐刘知幾在《史通》中,极称固有史识,谓"其包举一代,撰成一书,言皆精练,事甚该密,学者寻讨,易为其功。"见《六家》篇。一为宋郑樵在《通志》中,极诋之,以谓"善学司马迁者,莫如班彪。彪续迁书,自孝武至于后汉,欲令后人续己,如己之续迁,既无衍文,又无绝绪。……固为彪之子……不能传其业。……断代为史,无复相因之义。……会通之道,自此失矣。"见《总序》。但近人梁启超始作调和之语云:"迁、固两体之区别,在历史观念上,尤有绝大之意义焉。《史记》以社会全体为史的中枢,故不失为国民的历史;《汉书》以下,则以帝室为史的中枢,自是由史而变为帝王家谱矣。"见《中国历史研究法》。此言甚平允。

虽然,固作是书,亦有受金之谤,刘知幾《史通》尚述之。而刘勰《文心雕龙·史传》篇曰:"征贿鬻笔之愆,公理辨之究矣,是无其事也。"又固作《马迁传》时,于《赞》中论迁曰:"迁博物洽闻,而不能以知自全,既陷极刑,幽而发愤。"谁知自己结局,亦复如此。固为窦宪党羽之关系,见恶于地方官。初洛阳令种兢尝行,固奴醉,骂令。令怒,畏宪不敢发,心衔之。逮宪失势,固免官,令因假事诬固,捕系狱中而死。所以范晔论之,以谓"徒伤迁不能以智免刑,然亦身陷大戮。智及之,而不能守之,此古人目睫之论也。"见《后汉书·固传》。信哉!

由上所述,而于固之著书,自出心裁,当无疑义。顾在晋世,有葛稚川洪则云:洪家有刘子骏书百卷,"先父向,传之歆,欲撰《汉书》,杂录汉事,未及而亡。"试以此记考校班固所作,殆是全取刘书,少有异同耳。见《西京杂记》卷末。乃启后人不信《汉书》为固作之端。唐刘子玄亦谓:"刘歆续《太史公书》。"见《史通·正史》篇。按即作《汉书》也。由是康有为氏信之,谓:"葛洪去汉不远,犹见《汉书》旧本,乃知《汉书》实出于歆。"又云:"孟坚作史,全采歆书,文字异者,仅二万余,其入歆之坎陷深矣。推其所由,则亦在校中秘书也。"俱见《新学伪经考》。所言诞妄,姑备一说耳。

附　荀悦《汉纪》

荀悦，字仲豫，祖父淑，父俭，从弟彧，生长名门，学有渊源。年十二，能说《春秋》，性沉静，美姿容，尤好著述。初辟镇东将军曹操府，盖始进即依曹氏，而彧又为曹谋主。见《后书·荀淑传》。建安元年，上自巡省许昌，以镇万国；外命元辅，征讨不庭，内齐七政，元亮圣业，综练典籍，兼览传记。其三年，诏给事中秘书监荀悦抄撰《汉书》，略举其要。悦于是约集旧书，通比其事，例系年月，凡在《汉书》者，大略粗举，而求详悉，势有所不能也。凡所引之事，删略其文，为三十卷，数十余万言，省约易习，无妨本书，有便于用。见《自序》。在《史通·正史》篇亦云："初，汉献帝以固书文烦难省，乃诏侍中荀悦，依《左氏传》体，删为《汉纪》三十篇。命秘书给笔札，词约事详，论辨多美，凡经五六年乃就。其言简要，亦与纪传并行。"又《六家》篇云："汉代史书，以迁、固为主，而纪传互出，表、志相重，于文为烦，颇难周览。至孝献帝始命荀悦撮其书为编年体，依《左传》，著《汉纪》三十篇。"今观其书，系专取班书，别加诠次而论断之，外无所增。正如梁启超氏之言"善抄书者，可以成创作也。"但王鸣盛谓："与班书亦有小小立异处，在悦似当各有所据，往往班书因传刻脱误，藉此得校改者有之。"见《十七史商榷》。此体既开，后代多有摹仿之者，其命名内容，大致皆同焉。

清谭献云："仲豫通《春秋》，《申鉴》之作，粹然儒者，《汉纪》裁割《汉书》，一以治要为立言宗旨，所以陈黼座、正史裁，著论称之；唯好简之过，未免失班书旨趣耳。"见《复堂日记》。俞樾亦云："荀悦《汉纪》，改纪表志传为编年，与《汉书》小有异同处，要皆不及班书。"见《湖楼笔谈》卷四。故顾氏亭林早有劝勉读者，"仿裴松之《三国志注》之体，取其不同者，注于班书之下"之议，可参考《日知录》。如能行之，实为史家之一助焉。

第五章　后汉书各家

辉按：嘉平中，马日磾、蔡邕、杨彪、卢植又续《汉记》。至吴谢承作《汉书》，司马彪作《续汉书》，华峤、谢沈、袁山松又作《后汉书》，往往皆因《汉纪》之旧为之。

第一节　刘珍《东观记》

刘珍，字秋孙，永初中，邓太后诏珍与刘騊駼、马融，校定东观百家；又诏与騊駼作《建武以来名臣传》。见《后书·文苑传》。其故由于前班固在显宗朝，所撰《世祖本纪》、功臣列传，载记有未周详，所以安帝再命彼辈著作东观，撰集《汉记》也。其时犹有李尤亦参与其间，观《史通·正史》篇所述："汉安帝又诏史官谒者仆射刘珍，及谏议大夫李尤，杂作记、表，名臣、节士、儒林、外戚诸传，起自建武，讫乎永初，事业垂竟，而珍、尤继卒。"于此并知珍之著述尚未完毕云。

按李尤字伯仁，和帝时，召诣东观，拜兰台令史，事迹亦详《后书·文苑传》。其后又有卢植、蔡邕、马日磾等，皆尝补续《汉记》。今复取邕事，略述之于下节。

第二节　蔡邕《后汉记》

蔡邕，字伯喈，陈留圉人。少博学，师事太傅胡广，好辞章、数术、天文，妙操音律，以善鼓琴，天子征，不赴。闲居玩古，不交当世。建宁以后，召拜郎中，校书东观，与卢植、韩说等撰补《后汉记》。会遭事流离，不及得成。固徙朔方，上书自陈，奏其所著《十意》。

按《邕别传》云："臣自在布衣，常以为《汉书》十志下尽王莽而止，光武以来，唯记纪传，无续志者。臣所事师故太傅胡广，知臣颇识其门户，略以所有旧事与臣。……臣欲删定者一，所当接续者四，前志所无，臣欲著者五。分别首目，并书章左，唯陛下留神。"会董卓作乱，大驾西迁。史臣废弃，旧文散佚。见《史通·正史》篇。但卓闻邕高名，强辟之。邕不得已来署。三日内，迁官至尚书，后为侍中。及卓被诛，邕在司徒王允坐，殊不意言之而叹，有动于色。允怒，收付廷尉治罪。当时邕陈谢乞黥首刖足，继成《汉史》，士大夫多矜救之，不能得。太尉马日磾驰往，谓允曰："伯喈旷世逸才，多识汉事，当续成后史，为一代大典；且忠孝素著，而所坐无名，诛之无乃失人望乎？"允曰："昔武帝不杀司马迁，使作谤书，流于后世。方今国祚中衰，神器不固，不可令佞臣执笔在幼主左右，既无益圣德，复使吾党蒙其讪议。"日磾退而告人曰："王公其不长世乎？善人，国之纪也；制作，国之典也。灭纪废典，其能久乎？"邕遂死狱中。允悔欲止，而不及。北海郑玄闻而叹曰："汉世之事，谁与正之。"其撰集汉事，未见录，以继后史。适作《灵纪》及《十意》，又补诸列传四十二篇，因李傕之乱，湮没多不存。见《后汉》本传。所谓《十意》，经王氏鸣盛考定，为《律历意》第一，《礼意》第二，《乐意》第三，《郊祀意》第四，《天文意》第五，《车服意》第六，以下脱落四句，若以司马彪《志》较之，概犹有"五行"、"郡国"、"百官"三种云。见《十七史商榷》。

第三节　谢承《后汉书》

谢承，三国吴人，《吴志》无传，惟在《妃嫔传》中提及系吴主权谢夫人弟耳。为吴武林太守，对于江左京洛事甚悉云。然依《隋志》记载："谢承字伟平，山阴人。"见姚范《援鹑堂笔记》卷二十八引。其所著书，亦只云："有《后汉书》一百三十卷，更无别著。"并见《史通》论赞、模拟、烦省篇。但至宋复佚，故不载于《宋志》及《文献通考》也。入清，阎若璩云："常熟钱尚书谦益言内府尚有吴谢承《后汉书》，其友曾裔云及见之，后为方少师取去。

问之其后人，不可得。阳曲傅征君山自言其家有此书，为永乐时雕本。"初，邰阳《大全碑》出，曾以谢《书》考证，多所裨益，大胜范书，以寇乱亡失，惜哉！全太史谢山曰："斯言，吾未之敢信。而阎征君言曾见之于太原，为明永乐间刻本，信或有之，必伪书也。"又曰："傅青主非妄言者，即有之，亦是伪书。"俱见《鲒埼亭后集》卷四十二。其为伪书可知矣。后孙志祖见乡先辈姚荃园之骃撰《后汉书补遗》，中有谢书，恨其阙略，广为搜辑，得五卷，视姚本多几倍。见《读书脞录》。故今日坊间尚传有此书之辑本云。

第四节　司马彪《续汉书》

司马彪，字绍统，高阳王睦之长子，出后宣帝弟敏。初拜骑都尉。泰始中，为秘书郎，转丞。

专精学习，博览群书，以汉氏中兴，讫于建安。忠臣义士，亦以昭著，而时无良史，记述烦杂。谯周虽已删除，然犹未尽。安顺以下，亡缺者多。彪乃讨论众书，缀其所闻，起于世祖，终于孝献，编年二百，录世十二，通综上下，旁贯庶事，为纪志传凡八十篇，号曰《续汉书》。见《晋书》本传。但书今亡阙，只有《志》三十卷存。卷，即篇也。后来梁刘昭取以补范晔《后汉书》，昭且为之作注。彼范氏非不作志，因未成而诛，死后为谢俨取其稿，蜡以覆车，故唯存纪传耳。见《十七史商榷》。清李慈铭曰："《后汉书》中'八志'，乃晋司马彪《续汉书志》，自来多误为范氏作。国朝朱氏彝尊、钱氏大昕、纪氏昀、王氏鸣盛、洪氏颐煊、赵氏翼皆辨正之。"见《越缦堂日记补》，说详"范晔"与"刘昭"节。

复据《史通·六家》篇所记，知彪并作《九州春秋》一书，其文云："当汉氏失驭，英雄角力，司马彪又录其行事，因为《九州春秋》，州为一篇，合成九卷。寻其体统，亦近代之《国语》也。"并见《隋志》，唯作十九卷耳。宋时，陈振孙亦云："彪记汉末州郡之乱，司、冀、徐、兖、青、荆、扬、凉、益、幽，凡盗贼僭叛皆记之。"见《直斋书录解题》。彪生平极推服班孟坚，其作志，首地理以记天下郡县本末及山水奇异风俗所由至。洪颐煊云，载《晓读书斋初录》中。

第五节　华峤《汉后书》

华峤,字叔骏,平原高唐人。祖父歆,清德高行,为魏太尉。父表,为太常卿。兄廙,为太子少傅。峤才学深博,少有令闻。文帝为大将军,辟为掾属,补尚书郎。更拜散骑常侍,典中书著作,领国子博士。元康初,以峤博闻多识,属书典实,转秘书监。

初峤以《汉纪》烦秽,慨然有改作之意。会为台郎,典官制事,得遍观秘籍。遂就其绪,为纪、典、传、谱,凡九十七卷,改名《汉后书》。文质事实,有迁固之规。以上俱见《晋书·华表传》。按《史通·正史》篇述其内容,为帝纪十二,皇后纪二,典十,列传七十,谱三,总九十七篇。其"十典"竟不成而卒,少子畅踵成之。畅并草《魏晋纪传》,与著作郎张载等俱在史官。

又当此书奏上后,遭永嘉丧乱,经籍遗没,峤书存者三十余卷。见《十七史商榷》。但其价值不减班书,据《史通·序例》篇称之云:"峤言词简质,叙致温雅,味其宗旨,亦孟坚之亚欤?"清章宗源谓"蔚宗撰史,实本华峤,故易外戚为后纪,而《肃宗纪论》《二十八将论》《桓谭冯衍传论》《袁安传论》《刘赵淳于江刘周赵传序》《班彪传论》,章怀并注为华峤之辞"云。见《隋书经籍志考证》卷上。

第六节　谢沈、张璠《后汉书》

谢沈,字行思,会稽山阴人。博学多识,在虞预之右。何充引为参军,以母老去职。康帝即位,以太学博士征。丁母忧,服阕,除尚书度支郎,迁著作郎。沈有史才,先著《后汉书》百卷,《隋志》作八十五卷。后又撰《晋书》三十余卷。

张璠事迹,据《魏志》卷三《少帝纪》注云:"张璠,晋之令史,撰《后汉记》,虽似未成,辞藻可观。盖张纪依《左传》以为的准焉。"《郡斋读书记》曰:"东京史籍,惟璠纪差详。"然袁宏作《后汉纪》,尝依为蓝本,以其叙汉末事特详故。宏《自序》云暇日"缀会《汉纪》、谢承书、司马彪书、华峤书、谢沈书、《汉山阳公记》《汉灵献起居注》《汉名臣奏》,旁及诸郡耆旧先贤传,凡数百卷,多不次叙。……始见张璠所撰书,其言汉末之事差详,故复探而益之。"

第七节　袁宏《后汉纪》

袁宏,字彦伯,父勖,临汝令。谢尚镇牛渚,引宏参军事,后出为东阳郡。见《晋书·文苑传》。少有逸才,文章绝美,曾为《咏史诗》,是其风情所寄。见《新晋书》。其与谢尚相识,即由下一段文字缘之故。按《史通·点烦》篇云:"谢尚时镇牛渚,秋夜乘月,率尔与左右微服泛江,会宏在舫中,讽其所作《咏史诗》,咏声既清,词又清丽,遂驻听久之,遣问焉。答曰:是袁临汝郎诵诗,即其咏史之作也。尚倾率有胜致,即迎升舟,与之谈论,申旦不寐。自此,名誉日茂。"于此可见彼于史学,颇有素养,故能于后日仿荀纪,而将汉氏《后书》,抄撮改编,以成《后汉记》三十卷,至今尚流传于世云。

王鸣盛曰:"晋东阳太守袁宏《后汉纪》三十卷,其著述体例及论断,全仿荀悦《前汉纪》为之,但悦书在班之后,全取班书宜也;宏书则在范书之前,然亦皆范书所有,范所无者甚少,何耶?"见《十七史商榷》。此因宏书所据之本,即后范书之所采摭也。其《自序》述著书之动机云:"予尝读《后汉书》,烦秽杂乱,睡而不能竟也。聊以暇日,撰集为《后汉记》。"其所缀会谢承书等数百卷。互见"张璠"节。"前史阙略,多不次叙,错谬同异,谁使正之,经营八年,疲而不能定。始见张璠所撰书,其言汉末事差详,故复探而益之"。据此,则知宏书之所取材矣。

其叙述,清谭献则谓胜于荀仲豫远甚,《复堂日记》卷七云:"阅袁宏《后汉纪》,文有气势,殆过仲豫。荀氏生东京末造,文法即于平夷。奉诏修书,故温然而不敢放。袁氏所见群书,今不可悉考,采撷既广,出以自运,又不似荀之不出班书,一醇一肆,义法自殊耳。"

第六章　陈寿《三国志》 附裴松之注

陈寿,字承祚,巴西安汉人。少师同郡谯周,仕蜀,为馆阁令史。及蜀平,司空张华爱其才,举为孝廉,除著作,乃集三国史,撰为《国志》,凡六十五卷。见《晋书》本传。夏侯湛时亦著《魏书》,见寿所作,便坏己草而罢。及寿卒,梁州大中正范頵表曰:"《国志》明乎得失,词多劝诫,有益风化,愿垂采录。"于是诏下河南尹,就家写其书。见《史通·正史》篇。

但书出,即为人所诋訾,谓寿当著书时,向丁仪、丁廙之子索米千斛,不与,竟不为立传。又寿父为马谡参军,谡为诸葛亮所诛,寿父亦坐髡。故寿为《亮传》,谓"将略非长,无应敌之才"。二事俱载《晋书》本传,历朝学者,多有评议,兹据王氏鸣盛已集诸家所说驳之云:因《晋书》好引杂说,故多芜秽,对寿此举,未必属实。至索米一节,只有周柳虬、唐刘知幾、刘元济三人信之耳。清朱彝尊、杭世骏,便辨其诬,谓仪、廙事迹简略,何当更立专传乎?况仪、廙为陈思王羽翼,是夺嫡之罪,仪、廙为大;又毛玠、徐奕、何夔之流,皆鲠臣硕辅,仪等交构其恶,疏斥之,然则二人盖巧佞之尤,安得为立佳传乎?寿之所书,无不实在,而寿之用心,实为忠厚,此其一。至于街亭之败,寿直书马谡违亮节度,为张郃所破,初未尝以私隙咎亮。至谓亮将略非长,则张俨、袁准之伦皆然,非寿一人之私言也,此其二。朱、杭所论,最为平允。见《十七史商榷》。

实则寿极推重亮,于其传末,特载文集目录篇第,并书所表于后,其称颂盖不遗余力矣。说详钱大昕《潜研堂集》中。然不独对亮而已,即于蜀之人物,甄录皆详:试观杨戏《季汉辅臣赞》,承祚既采之,又从而注之。若魏之臣僚,则芟汰多矣。即此亦可证寿有尊蜀之意也。

隋内史李德林曾著论称:"陈寿蜀人,其撰《国志》,党蜀而抑魏,刊之国史，以为格言。"顾唐刘知幾评曰："寿评魏事，皆依违无所措言。于汉事，抑其所长，考其所短。……故称曹美，虚说刘非。"俱见《史通·探赜》篇此因寿本蜀人，国亡归晋，故国之思，人所同具，不足为怪，且以时势必然所致。盖寿撰《志》于晋武受禅之初，晋受魏禅，魏之见废，蜀已破亡，安得不尊魏。所以翟晴江云："陈寿《三国志》，纪魏而传蜀，时也。"见梁章钜《退庵随笔》引。何焯亦云："承祚身入晋室，奉命修史。彼自谓三禅相承，同符舜禹，不得不以魏为正。见《义门读书记》。然若推其用心，则隐然寓帝蜀之旨焉。且以蜀两朝不立史官，故于蜀事记载更详，如群臣称述谶纬，及登坛告天之文，魏吴皆不书，而特书于蜀。立后、立太子、诸王之策，魏吴皆不书，而特书于蜀，是其证也。后儒不察，遂谓寿之著书，以正统予魏，岂非冤乎？

至其叙事精核谨严，不失良史之才，世间早有定评。唯清李慈铭则讥之曰："承祚固称良史，然其意务简洁，故裁制有余，文采不足。当时人物，不减秦汉之际，乃子长作《史记》，声色百倍，承祚此书，暗然无华。"见《越缦堂日记补》。故谓寿因力求文词简洁，以致史事多遗，是正有待于后之裴松之作注也。

附　裴松之《三国志注》

裴松之，字世期，河东闻喜人。八岁，学通《论语》《毛诗》，博览群籍，立身简素。年二十，拜殿中将军。高祖北伐，领司州刺史，以松之为州主簿，转治中从事史。既克洛阳，高祖敕之曰："裴松之廊庙之才，不宜久尸边务。"召为太子洗马。旋征为国子博士，转中书侍中。见《宋书》本传。宋文帝以陈寿《国志》载事伤于简略，乃命松之兼采众书，补注其阙。见《史通·正史》篇。

按松之所引书，凡五十余种，一洗凡汉晋间群书百余种，除前面所述关于汉末三国时代各家著作，此时俱存，以资参考外，犹有"杂史"、"地理"等类之书，如《高士传》《耆旧传》《别传》《姓氏谱》《神仙》《列异》《博物》之记，赵氏翼《廿二史札记》中，已为考定。因引书皆注出书名，其采辑亦云博矣。但今各书流传者，尚不及什一，故裴注更增考证之价值云。

当裴氏注书成时，奏进，帝览而善之，曰："此可谓不朽矣！"其《表》云："寿书诠次可观，然失在略，时有所脱漏。臣奉旨寻详，务在周悉。其寿所不载，而事宜存录者，罔不毕收。或同说一事，而辞有乖杂；或出事本异，疑不能判者，盖皆抄内，以备异同。"此为松之作注大旨之所在。其有讹谬乖违者，松之则又出己意，为之辨正，附于注内，是谓得史法之正也。《四库总目提要》云："宋元嘉中，裴松之受诏为注，所注杂引诸书，亦时下己意。综其大致，约有六端：一曰引诸家之论，以辨是非；一曰参诸书之说，以核讹异；一曰传所有之事，详其委曲；一曰传所无之事，补其阙佚；一曰传所有之人，详其生平；一曰传所无之人，附以同类。"此注书本为得史法之正，但刘知几极不赞成之，盖彼以史学批评家眼光，原欲推倒此类注释史家也。其言曰："有好事之子，思广异闻。而才短力微，不能自达，庶凭骥尾，千里绝群。遂乃掇众史之异辞，补前史之所阙。"对裴注亦谓："松之集注《国志》，以广承祚所遗。而喜聚异同，不加刊定，恣其击难，坐长烦芜。"并见《史通·补注》篇。叶适亦云："近世有谓《三国志》当更修定者，盖见注所载，尚有诸书。不知寿已尽取而为书矣。注之所载，皆寿书之弃余也。"见《习学记言》卷二十八。其实松之自己早认此等工作，"直如蜜蜂兼采，甘苦不分，难以味同萍实矣"。见松之上表。子玄又诋之曰："裴注征书甚富，而择言不精。富，则骛博者尚之；不精，则识大者病之。"又云："松之所论者，其事甚末；兼复文理非工。"并见《史通·杂说中》。然此种评论，俱无损于松之，李慈铭曰："裴松之博采异同，而多所折衷。在诸史注中为最善，注家亦绝少此体。"见《越缦堂日记补》。此评实称公允云。子骃，能承家学，著《史记集解》。

第七章 《晋书》十八家

辉按：晋史十八家，隋唐二志正史部凡八家，其撰人则王隐、虞预、朱凤、何法盛、谢灵运、臧荣绪、萧子云、萧子显也。编年部凡十一家，其撰人则陆机、干宝、曹嘉之、习凿齿、邓粲、张盛、刘谦之、王韶之、徐广、檀道鸾、郭季产也。据《志》盖十九家，岂缘习氏书独主汉斥魏，以为异议，遂废不用欤？见《史通·正史》篇注。今仅述其十二家耳。

第一节 王隐《晋书》虞预附见

王隐，字虚叔，陈郡陈县人。父铨，少好学，有著述之志，每私录晋事，及功臣行状，未就而卒。隐博学多闻，受父遗业，西都旧事，多所请究。大兴初，元帝召隐为著作郎，令撰晋史。时著作郎虞预私撰《晋书》，而生长东南，不知中朝事，数访于隐，并借隐所著书，盗写之。后更疾隐，形于言色，隐竟以谤归。

按：预字叔宁，《晋书》自有传。隐自免官后，家贫无资，书未遂就，乃依征西将军庾亮于武昌镇。亮给其纸笔，由是获成，凡为《晋书》八十九卷。成康六年，始诣阙奏上。隐虽好述作，而辞拙才钝。其书编次有序者，皆铨所修；章句混漫者，系隐所作。并见《晋书》本传及《史通·正史》篇。

所谓"章句混漫"，即指隐所撰书，乃专访州闾旧事，委巷琐言，聚而编之，目为鬼神传录。其事非要，其语不经，异乎三史之所书，五经之所载也。见《史通·书事》篇。然则此书之优劣可知矣。

第二节 束皙《晋书》

束皙,字广微,阳平元城人,汉太子太傅疎广之后也。王莽末,广曾孙孟达避难,自东海徙居沙鹿山南,因去疏之足,遂改姓焉。皙博学多闻,少游国学,张华召皙为掾,转佐著作郎,撰《晋书》,帝纪十志,迁转博士,著作如故。其书值中朝丧乱而亡。

初,太康二年,汲郡人不准盗发魏襄王墓,或言安釐王冢,得竹书数十车,其《纪年》十三篇,记夏以来,至周幽王为犬戎所灭。以事接之三家分晋,仍述魏事,至安釐王之二十年。盖魏国之史书,大略与《春秋》皆多相应。详《晋书》本传。

第三节 陆机《晋纪》

陆机,字士衡,吴郡。祖逊,父抗。太康末,与弟云俱入洛。成都王颖劳谦下士,机委身焉。宦人孟玖谮机于颖,遂遇害。所著文章二百余篇。见《晋书》本传。

按:传不言作《晋纪》,而隋唐二《志》并有陆机《晋纪》四卷,入编年类。即《史通》正史本纪二篇中,亦皆有说及机撰《三祖纪事》。《正史》云:"京洛时,著作郎陆机始撰《三祖纪》,会中朝丧乱,其事不存。"《本纪》云:"陆机《晋书》,列纪三祖,直序其事,竟不编年。"可见其书刘氏之时,犹知其体例矣。

第四节 干宝《晋纪》

干宝,字令升。祖统,吴奋武将军。宝以才器,召为著作郎,领国史,著《晋纪》,自宣帝迄愍帝,五十三年,凡二十卷。其书简略,直而能婉。见《晋书》本传。

按:干宝每误作"于宝",明杨诚斋尝与同舍谈于宝,一吏曰:"干字非于。"验书果然。诚斋喜曰:"此吾一字之师也。"见浦注《史通》引《鹤林玉露》。

又《史通·载言》篇云："昔干宝议撰《晋史》，以为宜准丘明，其臣下委曲，仍为谱注，于时议者，莫不宗之。"可知当时体例亦经人共议定，但自《新晋书》出，此书遂废焉。

刘知幾尝称之曰："昔夫子修经，始发凡例，左氏立传，显其区域。科条一辨，彪炳可观。降及战国，迄乎有晋，年逾五百，史不乏才。虽其体屡变，而斯文终绝。唯令升先觉，远述丘明，重立凡例，勒成《晋纪》。"见《史通·序例》篇。盖以宝能仿《左氏》为编年体之史故也。

第五节　习凿齿《汉晋春秋》

习凿齿，字彦威，襄阳人，博学洽闻，以文笔著，为荥阳太守。此时桓温觊觎非望，凿齿在郡，著《汉晋春秋》五十四卷，以裁正之。书起汉光武，终晋愍帝。其言三国时，蜀以宗室为正，魏虽受汉禅，晋尚为篡逆。至文帝平蜀，乃为汉亡，而晋始兴焉。见《晋书》本传。观此，可知凿齿之著书，含有深意也。

后以脚疾，废居里巷。及襄阳陷于苻坚，坚素闻其名，召见，大悦，赐遗甚厚。俄仍以废襄阳，寻以襄、邓反正，朝廷欲征凿齿，使典国史，会卒，不果。

唐刘知幾评之曰："习凿齿之撰《汉晋春秋》，以魏为伪国者，此盖定邪正之道，明顺逆之理耳。而檀道鸾称其当桓氏执政，故撰此书，欲以绝彼瞻乌，防兹逐鹿。"即习氏自亦著论云："若以魏有代王之德，则不足有清乱之功。"见刘孝标《世说注》宋朱文公熹谓："《晋史》自帝蒐，后贤盍更张，然晋人已有此论。"见《困学纪闻》卷十三即指习凿齿作《汉晋春秋》，而以蜀汉为正也。

第六节　邓粲《元明纪》

邓粲，长沙人，大司农骞之子，少以高洁名，不应州郡辟命。会荆州刺史桓冲卑辞厚礼，辟为别驾，乃应召，名由此减，后以疾求去。粲以父有忠信言，而世无知者，乃著《元明纪》。见《晋书》本传。

按：元明谓晋中兴初，中宗元帝、肃宗明帝。见《史通·序例》篇注。《文心雕龙·史传》篇云："《春秋》经传，举例发凡，自《史》《汉》以下，莫有准的。至邓粲《晋纪》，始立条例。又撮略汉魏，宪章殷周，虽湘州曲学，亦有心典谟，及安国立例，乃邓氏之规焉。"

第七节　孙盛《晋阳秋》

孙盛，字安国，太原人。十岁，避难渡江。及长，善言名理，补长沙太守，迁秘书监，著《魏氏春秋》《晋阳秋》各三十卷。见《晋书》本传。当其著述之时，为梁、益旧事，访诸故老。见《史通·采撰》篇。书成后，桓温见之，嫌其词直而理正，因谓盛子曰："枋头诚为失利，何至乃如尊君所说，若此史行，自是关君门户事。"其子遽拜谢，谓请删之。时盛年老还家，性方严，有轨宪。诸子号泣，请为百口切计。盛大怒，诸子遂窃改之。盛写两定本，寄于慕容儁。大元中，孝武博采异闻，始于辽东得之，以相考校，多有不同，书遂两行。见《晋书》本传。所以《史通·直笔》篇云："孙盛不平，窃撰辽东之本，以兹避祸，幸获两全。"盖即指此而言也。

但裴松之世期每讥孙盛录曹公平素之语，而全作夫差亡灭之词。虽言似《春秋》，而事殊乖越者矣。见《史通·言语》篇。松之又谓："孙盛制书，多用《左氏》，以易旧文，后之学者，将何取信哉？且魏武方以天下励志，而用夫差分死之言，尤非其类。"见《魏武纪》注。

要之，其书与孔衍《汉魏尚书》等，同受刘知幾之评曰："好奇厌俗，习旧捐新，虽得稽古之宜，未达从时之义也。"见《题目》篇。

第八节　徐广《晋纪》

徐广，字行思，一字野民，东莞姑幕人。宋中散大夫邈之弟，世好学，至广尤精深，百家数术，无不研究。义熙初，为著作郎，奉敕撰国史，勒成《晋纪》凡四十六卷，表上之，因乞解史任，不许，迁秘书监。晋亡，归，卒于家。

广又作《史记音义》十二卷，刘伯庄评之曰："徐中散《音训》，亦有泛说,余本异同,故称一本,自是别记异文,了非解释史义,而裴氏并引为注,稍似繁杂。"见《史略》卷一。然则裴骃《史记集解》本此而作也。

第九节　檀道鸾《续晋阳秋》

檀道鸾,字万安,超之叔父也。国子博士,永嘉太守,撰《续晋阳秋》。见《南史·文学·檀超传》。此书词烦而寡要,因"道鸾不揆浅才,好出奇语,所谓欲益反损,求妍反媸者矣。"见《史通·杂说中》。高似孙《史略》卷二云:"习凿齿、孙盛、檀道鸾作《魏晋春秋》,意义闳达,辞采清隽,斯亦一代之奇著。……阳秋者,避晋太后家讳,故曰阳秋。"

第十节　王韶之《晋安帝阳秋》

王韶之,字休泰,琅邪临沂人也。父伟之,有志尚,泰元隆安时事,小大悉录,韶之因此私撰《晋安帝阳秋》。既成,时人谓宜居史职,即除著作佐郎,使续后事,讫义熙九年。善叙事,辞论可观,为后世佳史。见《宋书》本传。

第十一节　何法盛《晋中兴书》

何法盛,《宋书》无传,故不得详其邑里、字号,唯于《南史·徐广传》中有说及法盛之事而已。然甚隽永,即谓法盛此书,非出自撰。先是,其友郗绍作毕《晋中兴书》,以示法盛,法盛曰:"卿名位贵达,不复俟此延誉,我寒士无闻,宜以为惠。"绍不与。书在斋内,后法盛诣绍,绍不在,直入窃之。绍无兼本,世遂行何书。顾刘知幾作《史通》时,犹不知之,亦以此书为法盛所撰,其《正史》篇云:"至宋,湘东太守何法盛始撰《晋中兴书》,勒成一家,首尾该备。"而《表历》篇又云:"至法盛书载中兴,改表为注,名目虽巧,芜累亦多。"《鉴识》篇复云:"法盛《中兴》,荒庄少气。"盖未留志《南史》所叙矣。

书凡七十八卷,起东晋,故称《中兴书》。但其名目,与诸史异:本纪曰典,表曰注,志曰说,列传曰录,论曰述,见刘氏《史通》。钱大昕云:

"李善注《文选》，引何法盛《琅邪王录》《陈郡谢录》《济阴卞录》，此类甚多，即《晋中兴书》中之一篇也。李延寿《南北史》，以祖孙父子族属，合为一篇，盖取法盛例矣。"见《十驾斋养新余录》。其书之善，居东晋诸史之最焉。

第十二节　臧荣绪《晋书》

臧荣绪，东莞莒人。纯笃好学，隐居京口，教授南徐州。尝括东西晋为一书，纪录志传，百一十卷。司徒褚渊少时，曾命驾寻之。建元中，启太祖曰："荣绪朱方隐者，……蓬庐守志，漏湿是安，灌蔬终老。……撰《晋史》十帙。赞论虽无逸才，亦足弥纶一代。臣岁时往京口，早与之遇。近报其取书，始方送出，庶得备录渠阁，采异甄善。"上答曰："公所送臧荣绪者，吾甚志之。其有史翰，欲令入天禄，甚佳。"

王鸣盛云："梁沈约亦作《晋书》百一十卷，……沈约在臧荣绪之后，卷数又同，谅不过润色臧书，亡失犹未足深惜。若荣绪既勒成司马氏一代事迹，各体具备，卷帙繁富，谅有可观。即以垂世，有何不可？乃唐……修《晋书》，……号其书为太宗御撰，而荣绪之书竟废，吾为荣绪愤之。"又云："欲求晋史全书，自当以荣绪为正，惜其为唐人所压，遂致失传也。"俱见《十七史商榷》。

第八章　范晔《后汉书》 附刘昭注

范晔，字蔚宗，顺阳人。曾祖汪，祖宁，父泰，世擅儒宗。蔚宗亦博涉经史，善为文章，明音律。惟性轻躁不谨，耻作文士。初为彭城王义康冠军参军，迁尚书郎，左迁宣城太守，终以狂悖，助孔熙先谋叛受诛。此为一段莫白奇冤，仅据沈约《宋书》之记载而妄信之。虽《南史》曾将此事删去，终难解后人之惑也。今予读王鸣盛凤喈《十七史商榷》有"范蔚宗以谋反诛"一节之辨难，与陈澧兰甫《东塾读书记》中"申范"一篇之讨论，始明其被诛，实含许多枉屈之情云。两家大意，俱证范氏虽愚，必不出此也。

至于晔著《后汉书》，据《史通·正史》篇所述，谓："晔广集学徒，穷览旧籍，删烦补略，作《后汉书》，凡十纪、十志、八十列传，合为百篇。会晔以罪被诛，其十志亦未就而死。"但据《宋书·谢俨传》则谓："十志托俨，搜撰垂毕，遇晔败，悉蜡以覆车，宋文帝令丹阳尹徐湛之就俨寻求，已不复得，一代以为恨。"并见洪迈《容斋随笔》、洪颐煊《读书丛录》。所以后来刘昭取彪志以补之注，故陈振孙云："晔本书未尝有志，刘昭所注乃司马彪《续汉书》之八志尔。"见朱彝尊《曝书亭集》卷四十五引。至章怀太子注范史，即因此志，非蔚宗书，故不注。今附范书纪后以传。其实亦违体例，姚范云："按八志既非范氏之书，又无章怀之注，常次于列传之后，不当次范书卷第。"见《援鹑堂笔记》卷二十七。

此书之善，由晔自评语，可以知之。当其被幽在狱中时，与书诸甥侄云：吾"既造《后汉》，……详观古今著述及评论，殆少可意者。班氏最有高名，既任情无例，不可甲乙辨，……唯志可推耳。博赡可不及之，整理未必愧也。"又云："尝共比方班氏所作，非但不愧之而已。"又云："吾杂传论,皆有精意深旨。既有裁味,故约其词句。至于《循吏》以下诸序论,笔势纵放,实天下之奇作。其中合者,往往不减《过秦论》。"又云:"赞自是吾文之杰思,殆无一字空设。……此书行,故应有赏音者。自古体大而思精,未有此也。"其自负既如此,后之人每讥之,如宋洪迈云:"晔之高自夸诩如此,至以谓过班固,固岂可过哉?晔所著序论,了无可取。列传……亦有数也。人苦不自知,可发千载一笑。"见《容斋随笔》卷十五。高似孙云:"晔之言张诩如此,自谓过班固。观其所著序论,如邓禹、窦融、马援、班超、郭泰诸篇,略具气象,然亦何能企固万一耶?"见《史略》卷二。

但称诵之者仍不乏人,即由其所增诸传,皆有深意在故也。清邵二云曰:"东汉尚气节,此书创为《独行》《党锢》《逸民》三传,表彰幽隐,搜罗殆尽。"又云:"范氏所增《文苑》《列女》诸传,诸史相沿,莫能刊削。盖时风众势,日趋于文;而闺门为风教所系,当备书于简策,故有创而不废也。"又云:"《儒林》考传经源流,能补《前书》所未备。范氏承其祖宁之绪论,深有慨于汉学之盛衰。关于教化,推其终始,三致意焉。"并见《江南文钞》。王鸣盛云:"范书创《党锢》《独行》《逸民》等传,正所以表死节,褒正直,而叙杀身成仁之为美也。"见《十七史商榷》。李慈铭云:"自汉以后,蔚宗最为良史,删繁举要,多得其宜。其《论赞》剖别贤否,指陈得夫,皆有特见,远过马、班、陈寿,余不足论矣。予尤爱者,其中如《儒林传》论,《左雄》《周举》《黄琼》《黄琬传》论,《陈蕃传》论,《窦武》《何进传》论,皆推明儒术气节之足以维持天下,反复唱叹,可歌可泣,令人百读不厌,真奇作也。"见《越缦堂日记补》。

范晔之所以有此成就,幸述史于汉造国二百年后,由有诸家旧书可资参考也。然东汉虽有著纪,而当时风俗之质,则不如前汉,而所载多溢词。又胡广、蔡邕,竟不能成书,故一代典章,终以放失。范晔类次齐整,用律精深。其序论欲于班固之上,增华积靡,缕贴绮绣,以就篇帙。而自谓"笔势纵放,实天下之奇作"。盖宋齐以来,文字自应如此,不足怪也。说本叶适,见《习学记言》卷二十六。

附　刘昭《后汉书注》

刘昭,字宣卿,平原高原人。幼清警,善属文,外兄江淹早称赏之。天监初，起家朝请，为临川王记室。伯父彤先集众家《晋书》，注干宝《晋纪》，为四十卷。至昭集《后汉》同异，以注范晔《后汉》，一百八十卷，世称博悉。见《南史·文学》本传。因范书中无志，昭即以晋人司马彪《续汉书志》补入，以附于后。其后纪传孤行，而志不显，至宋乾兴初，判国子监孙奭始建议合之，而不著其为彪也。为此，遂起后人之争辨焉。

但在唐时，章怀太子贤注范书，亦因其本，改其注矣。见《书录解题》。其于志仍用昭注者，实以昭之所注，颇有可观也。然而刘知幾则大以为否，《史通·补注》篇有一段记载云："窃惟范晔之删《后汉》也，简而且周，疏而不漏，盖云备矣。而刘昭采其所捐，以为补注，言尽非要，事皆不急；譬夫人有吐果之核，弃药之滓，而愚者乃重加掇拾，洁以登荐，持此为工，多见其无识也。"清王鸣盛尚称刘注曰："知幾称蔚宗之美甚确，至其诋斥刘昭，恐未必然。大约唐初人有此一种议论，所以李贤辈有志改撰，昭注遂遭废去大半。就如知幾之言，则昭注似裴松之之于陈寿。松之虽少裁断，其博亦有可取。"见《十七史商榷》。由此以观，则刘昭之作，在注家言之，实列上乘，惜也不传。

邵晋涵二云作《四库总目提要》，对此书则云："刘昭注尤谙悉于累朝掌故，荟萃群说，为之折衷。盖能承六朝诸儒群经义疏之学，而通之于史，以求实用，亦可见其学之条贯矣。"见《南江文钞》。

总之，关于注志，则如钱氏大昕之说为得，其言曰："章怀本但注范书，以志系司马书，故仍昭之旧注，不为更易。"且注志较注列传为难，故避难而就易也。洪颐煊云："李贤注范书，大率本于昭，而八志全用昭注，故题昭名以别之。"见《读书丛录》。

至于"注补"二字，后人亦有所研究。据昭注《补志序》云："乃借旧志，注以补之，分为三十卷，以合范史。"是昭未尝注司马彪全书，唯取八志，以合于范史。后人又改刘昭之"注补"，为"补并注"，故或有疑志为范氏作者；又有疑为刘氏所补，而兼注者，皆谬改之失也。卢抱经文弨则谓："当云注补，不当云补注也。"然宣卿志注，自补绍统，则抱经之言，核而非妄矣。见《援鹑堂笔记》卷二十七。

再其书之合范史，亦有二说：其一为本于昭之《自序后汉志注》云：

"范志全阙,乃借司马《续书》八志,注以补之,以合范史。"是合司马志于范书,乃始于昭。其一,即上述至宋时,孙奭、余靖禀请合编于范书中,钱氏大昕、纪氏昀均主此说也。

第九章　五胡十六国史

第一节　和苞等伪史

晋自永嘉之乱,皇纲失统,九州君长,据有中原。腥羶之风,薰浸河洛,其间或奉正朔,或窃名位,人自为国,蠡聚棋分,国有其臣,各思记载。录其厘疆树长之自,详其立事用人之经,亦足以待考稽,知本末也。但书多失传,作者事迹,其于治史,亦甚简略,无从考证。今仅据《史通·正史》篇所述,迻录全文,以见梗概耳。其文曰：

前赵刘聪时,领左国史公师彧撰《高祖刘渊。本纪》及《功臣传》二十人,甚得良史之体。凌修谮其讪谤先帝,聪怒而诛之。刘曜时,平舆子和苞撰《汉赵记》十篇,事止当年,不终曜灭。

后赵石勒,命其臣徐光、宗历、傅畅、郑愔等撰《上党国记》《起居注》《赵书》。其后又令王兰、陈宴、程阴、徐机等相次撰述,至石虎,并令刊削,使勒功业不传。其后燕太傅长史田融,宋尚书库部郎郭仲产,北中郎参军王度追撰二石事,集为《邺都记》《赵记》等书。

前燕有《起居注》,杜辅诠录以为《燕纪》。

后燕建兴元年,董统受诏草创后书,著本纪,并佐命功臣王公列传,合三十卷。慕容垂称其叙事富赡,足成一家之言。但褒述过美,有惭董史之直,其后申秀、范亨各取前后二燕合成一史。

南燕有赵郡王景晖,尝事德、超,南燕二主名。撰二主起居注。超亡,仕于冯氏,官至中书令,仍撰《南燕录》六卷。

蜀初号曰成,后改称汉,李势散骑常侍常璩撰《汉书》十卷。后入晋秘阁,改为《蜀李书》。璩又撰《华阳国志》,具载李氏兴灭。

前凉张骏十五年,命其西曹边浏集内外事以付秀才索绥,作《凉国春秋》五十卷。又张重华护军参军刘庆在东菀,专修国史二十余年,著《凉记》十二卷。建康太守索晖、从事中郎刘昞又各著《凉书》。

前秦_{符坚}。史官,初有赵渊、车敬、梁熙、韦谭相继著述,符坚尝取而观之,见苟太后幸李威事,怒而焚灭其本。后著作郎董谊追录旧语,十不一存。及宋武帝入关,曾访秦国事,又命梁州刺史吉翰问诸仇池,并无所获。先是,秦秘书郎赵整参撰国史,值秦灭,隐于商洛山,著书不辍。有冯翊车频助其经费。整卒,翰乃启频纂成其书。以元嘉元年起,至二十八年方罢,定为三卷。而年月失次,首尾不伦。河东裴景仁又正其讹僻,删为《秦纪》十一篇。

后秦_{姚弋仲}。扶风马僧虔、河东卫隆景并著《秦史》。及姚氏之灭,残缺者多。泓从弟和都仕魏为左民尚书,又追撰《秦纪》十卷。

夏_{赫连勃勃}。天水赵思群、北地张渊,于真兴、_{勃勃元}。承光昌元。之世并受命著其国书。及统万_{夏城}。之亡,多见焚烧。

西凉_{李暠}。与西秦_{乞伏国仁}。其史或当代所书,或他邦所录,段龟龙记吕氏,_{后凉}。宗钦记沮渠氏,_{北凉}。失名记秃发氏,_{南凉}。韩钦宗记冯氏,_{北燕}。唯有三者可知,自余不详谁作。

按《史通》此节所列人氏,与于史事者四十二人,不与史事者一人。其人皆史职所系,非纯为史学家也,故略之。至魏世,有崔鸿者出,能集其大成,为《十六国春秋》一书,至今犹流传人间,事迹详下节中。

第二节　崔鸿《十六国春秋》

崔鸿,字彦鸾,北魏东清河人。祖旷,从慕容德南渡河,居青州之时水。慕容氏灭,仕刘义隆,为乐陵太守。父灵廷,刘骏龙骧将军,长广太守。鸿弱冠时,给事黄门侍郎,便有著述之志。见刘、_{元海}。石勒等,并因世故,跨僭一方,国未有统一,乃撰《十六国春秋》百卷。见《魏书》本传。

其书"考核众家,辨其同异,除烦补阙,错综纲纪,易其国书曰

'录',主纪曰'传',都谓之《十六国春秋》。鸿始以景明之初,求诸国逸史。逮正始元年,鸠集稽备,而犹阙蜀事,不果成书。推求十有五年,始于江东购获,乃增其篇目,勒为一百二卷。鸿殁后,永安中,其子子元缮写奏上,请藏秘阁,由是伪史宣布,大行于时"。并见《史通·正史》篇。

此书叙述,对伪国方言,尽变华语,并妄益文彩,未免失实。又对江东僭晋,刘、萧之书,不录一字,齐文襄恨之。见《北史·崔亮传》。意鸿自以为世仕江左,情私南国,故不欲悉伪之也。刘知幾云:"观鸿书之纪纲,皆以晋为主,亦犹班书之记吴、项,必系汉年,陈志之述孙、刘,皆宗魏世。"著书之旨,从此明矣。

崔书,隋唐二《志》俱有记载,《宋志》则无之。盖当五代及宋初而亡,故晁说之称司马温公所考《十六国春秋》已非鸿全书,但至明,乃有屠侨孙为之,非原本也。见《十七史商榷》。兹复考温公作《通鉴》时荟萃诸书,其记南北朝事,除晋宋诸正史外,以崔氏《十六国春秋》、萧氏《三十国春秋》为多。但晁说之述温公语,谓:"当日所见,疑非原本。"而鄱阳马氏《通考·经籍考》中,不列是书,则在宋时已鲜传者。乃有明中叶以来,居然有雕本百卷行世。一二好学者,以其久没不见,视为拱璧。若以愚观之,则直近人撮拾成书,驾托崔氏,并非宋时所有也。且温公《通鉴考异》引鸿《年表》,则当时《年表》必尚未失,而今本并无之。又本传称鸿书皆有《赞》《序》《评论》,在《通鉴》亦多引之。今本但取《通鉴》所引,附注传尾,尚得非赝本乎？说本全氏,并见《鲒埼亭集》卷十一。

第十章　南北朝史

第一节　宋　　史

(一) 徐爰《宋书》

徐爰,字长玉,南琅邪开阳人也。本名瑗,后以与傅亮父同名,改为爰。元嘉中,使著作郎何承天草创国史,承天撰纪传,止于武帝功臣。其诸志,惟《天文》《律历》,此外悉委山谦之。谦之亡,诏苏宝生续撰。见《廿二史札记》。按:宝生本寒门,有文艺之美,所撰及于元嘉诸臣。后坐知高阁反不启闻而被诛。见沈约《宋书·王僧达传》。六年,又以爰领著作,使终其业。

爰虽因前作,而专为一家之书。当时为商量体例,廷臣争辩,终从爰议。其《宋书·恩幸传》云爰书"起元义熙,为王业之始。载序宣力,为功臣之断"。于是内外博议,或谓宜以义熙元年为断,或谓宜以元兴三年为断。诏曰:"项籍、圣公,编录二汉,前史已有成例。《桓玄传》宜在宋典,余如爰议。"故"此书只起义熙,迄大明;自永光以来,仍阙不补"。见《直斋书录解题》。

且其中"臧质、鲁爽、王僧达诸传,又皆孝武自造。叙事多虚,难以取信。"见《史通·正史》篇。但以后"沈约作《宋书》,大部取材于此而增删之,故成书极速云"。见《廿二史札记》。然有一事,颇堪讨论,即"徐爰本为儒者,又修《宋书》,仕至显位,考其生平敭历内外,无大过恶。沈约乃入之《恩幸传》,此必约一人之私见也。盖约撰《宋书》,忌爰在前,有意污贬,曲成大罪,正与魏收强以郦道元入《酷吏》相似。"见《十七史商榷》。

（二）沈约《宋书》

沈约，字休文，吴兴人。其先世大抵多非良善。高祖警，敬事妖人杜子恭。祖林子，父璞，皆逆党。"约生十三而孤，少颇好学，昼夜不释卷。母恐其以劳生疾，常遣灭油灭火；而昼之所读，夜辄诵之。遂博通群籍，善属文"。见近人某君《沈约年谱》。尝以晋氏一代竟无全书，年二十许，便有撰述之意。见《宋书·自序》。

齐武帝五年春，约被敕撰《宋书》，至六年二月，纪传毕功，表上之。见《自序》。按：《宋书》自何承天、山谦之、苏宝生、徐爰迭加撰述，起义熙，讫大明，已自成书。约仅续成承光至禅让十余年事，删去桓元等十三传而已。故其书，一年便成也。见《廿二史札记》。所谓禅让十余年，考《史通·正史》篇所述，知为昇明三年时也。为纪十，志三十，列传六十，合百卷，名曰《宋书》。永明末，其书始出于世。

然中间亦有为妄人所谬补。据《十七史商榷》所考得，如《宋书》第五十九卷，有《张畅传》，此是沈约原本。其前四十六卷，先有《畅传》，则后世妄人谬取《南史》搀入者。又《南史》于各帝，皆称谥法，《宋书》称庙号，然亦间有称谥法者，例亦未能画一，知为妄人所改，而非约之原文也。

刘知幾谓："沈氏著书，好诬先代。于晋则故造奇说，在宋则多出谤言。"见《史通·采撰》篇。又云："隐侯《宋书》多妄，萧武知而勿尤。"见《曲笔》篇。约历数朝，暮年犹预修梁史。武帝命与给事中周兴嗣、步兵校尉鲍行卿、秘书监谢昊相承撰录，已有百篇。值承圣元帝。沦没，并从焚荡。约又作《齐纪》二十篇。

章学诚评云："世传沈休文与齐明帝赌征栗典，故少三事，退为后言，以明己之出于让，是非不好胜者也。其著《宋书》，虽不敢希踪班、马，而文辞典雅，颇具别裁，抑亦范氏之亚匹也。"见《文史通义》。而谭献亦云："休文文体清邕，虽未澹雅，亦是斐然。其于合传，各有意义，同福共祸，关国盛衰，详略之故，不愧良史。其大兵刑，辄以始末，备之一传，余文互见，端绪秩然。可谓隐密有条理。不克尚友孟坚，固已抗手蔚宗矣。"见《复堂日记》卷七。

(三) 裴子野《宋略》

裴子野,字幾原,河东闻喜人。曾祖松之,为注《三国志》者;祖骃,为集解《史记》者。至子野,四世中生三史家焉。子野少孤好学,善属文。初,松之宋元嘉中受诏续修何承天《宋史》,未及成而卒,子野常欲继成先业。及齐永明末,沈约所撰《宋书》既行,子野更删撰为《宋略》二十卷,其叙事评论多善。约见而叹曰:"吾弗逮也!"见《南史》本传。由是,"世之言《宋史》者,以裴略为上,沈书次之。"见《史通·正史》篇。其实,当时沈约之称裴略,概为谦词,非沈书不如裴氏之佳也。

天监中,友人范缜,会迁国子博士,乃《上表》曰:"子野幼禀至人之行,长厉国士之风,且家传素业,世习儒史。苑囿经籍,游息文艺。著《宋略》二十卷,弥纶首尾,勒成一代,属词比事,有足观者。"出为诸暨令。兰陵萧琛、北地傅昭、汝南周舍咸称重之。至是,吏部尚书徐勉言之于高祖,以为著作郎,掌国史。见《梁书》本传。

此书刘知幾在《杂说》中,又讥其录文章未尽善美,其言云:"裴幾原删略《宋史》,定为二十篇,芟烦摄要,实有其力。而所录文章,颇伤芜秽也。"

第二节 齐 史

(一) 江淹《齐史》

江淹,字文通,济阳考城人。少孤贫,好学沈静,少交游,以文章显,起家南齐从事。建元初,为建安王记室,参掌诏册,并典国史。见《梁书》本传。当江淹始受诏著述,即以为史之所难,无出于志;故先著十志,以见其才。见《史通·正史》篇。夫志之难为,宋郑樵有说曰:"志者,宪章之所系,非老于典故者不能为也。"见《通志序》。

又考淹著《齐纪》,系与司徒左长史檀超共订条例,为王俭所驳,谓"所撰十三篇,竟无次序。"早亡失,惟《齐史》十志,尚流传于世耳。见《隋书·经籍志》。

按志名律历、礼乐、天文、五行、郊祀、刑法、艺文,依班固;朝会、舆服,依蔡邕、司马彪;州郡依徐爰;百官依范蔚宗。见《隋志考证》。

（二）萧子显《齐书》

萧子显，字景阳，兰陵人。本齐高帝之孙，豫章王嶷之子，子恪之弟也。幼聪慧，伟容貌，身长八尺，好学，工属文。尝采众家《后汉》，考正同异，为一家之书。梁天监中，为太尉录事，启撰《齐史》，书成表奏之，诏付秘阁。起昇平之年，尽永元之代。为纪八，志十一，列传四十，合成五十九篇。刘氏《史通》及曾巩《叙录》所述，卷数同。但《梁书》本传谓"所著《齐书》六十卷"，今《齐书》只有五十九卷。盖子显欲仿沈约作《自序》一卷，附于后，未成，或成而未列入耶？见《廿二史札记》。而《四库总目提要》又谓："原书六十卷，为子显《叙录》，末附以《进书表》，与李延寿《北史》例同。至唐已佚其《叙传》，而其《表》至宋犹存。今又并其《表》佚之，故较本传阙一卷也。"

高祖雅爱子显才，尝从容谓子显曰："我造《通史》，此书若成，众史可废。"子显对曰："仲尼赞《易》道，黜《八索》，述《职方》，除《九丘》。圣制符同，复在兹日。"时以为名对。三年以本官领国子博士。子显所著《后汉书》一百卷，《齐书》六十卷。见《梁书》本传。

纪昀云："子显《序例》，虽文伤蹇踬，而义甚优长，为序例之美者。"又云："自李延寿之史盛行，此书诵习者鲜，日就讹脱。"俱见《四库总目提要》。又云："是书虽多冗杂，然如纪建元创业诸君，载沈攸之书于《张敬儿传》，述颜灵宝语于《王敬则传》，直书无隐，尚不失是非之公。"见《退庵随笔》引。

但在宋时，曾巩、赵若、孙觉、尹洙、苏洵诸公校正馆书，则尝论《齐史》，谓"子显之于斯文，喜自驰骋，其更改破析，刻雕藻缋之变尤多，而其文益下，岂夫材固不可强而有耶？"见《史略》卷二。

（三）吴均《齐春秋》、梁武帝《通史》附见

吴均，字叔庠，吴兴故鄣人也。文体清拔，好事者或效之，谓为"吴均体"。见《梁书》本传。梁天监中，为朝奉请，启撰《齐史》，乞给《起居注》并《群臣行状》，有诏："齐氏故事，布在流俗，闻见既多，可自搜访之。"均遂撰《齐春秋》三十篇。其书称梁帝为齐明佐命，帝恶其实，诏燔之，然其私本竟行。见《史通·正史》篇。均免职，寻召撰《通史》。

按通史之编纂，由于梁武帝。武帝以迁固而下，断代为书，于是上起三皇，下迄梁代，撰为《通史》一编，欲以包罗众史。史籍标"通"，此滥觞也。见《文史通义·释通》。然任其职者，则有二说焉。据《史通·六家》篇云："梁武帝又敕其群臣，上自太初，下终齐室，撰成《通史》六百二十卷。其书自秦以上，皆以《史记》为本，而别采他说，以广异闻。至两汉已还，则全录当时纪传。而上下通达，臭味相依。又吴蜀二主，皆入世家；五胡及拓跋氏，列于《夷狄传》；大抵其体皆如《史记》，其所为异者，唯无表而已。"据《梁书》本传云："均撰《齐史》成，高祖以其书不实，焚之。寻使撰《通史》，起三皇，迄齐代。均草本纪、世家，功已毕，唯列传未就，卒。"可知其书之出于众手，或均一人，俱成问题矣。

惜书已散亡，无从考证。惟依《梁书·武帝纪》注云："大清二年，《通史》成，躬制赞序，凡六百卷。天情睿敏，下笔成章。"并可推想其书体例，由梁主拟定，故以吴蜀列为世家也。

第三节　梁、陈史

（一）何之元、刘璠《梁典》

何之元，庐江人。锐精著述，以为梁氏肇自武皇，终于敬帝，其兴亡盛衰之迹，足以垂鉴戒，定褒贬。究其终始，起齐永元元年，迄于王琳遇获，七十五年行事，草创为三十卷，号曰《梁典》。而《史通·正史》篇云："庐江何之元，沛国刘璠，以所闻见，究其始末，合撰《梁典》三十篇。而纪传之书，未有其作。"按《陈书》二人传，各言撰《梁典》三十卷，隋唐二《志》，亦皆分载二典。顾《史通》以为合撰，则《梁典》只一书耳。足证二《志》之歧出。

刘璠，字宝义，沛国人。世祖初，掌纶诰，与庐江何之元各以所闻见，究其始末，合撰《梁典》三十篇。而纪传之书，未有其作。见《史通》正史、题目篇。子祥，字休徵，缮定其书。按《周书·刘璠传》云："璠所著《梁典》，未及刊定，卒。"但临终谓休徵曰："能成我志，其此书乎？休徵治定缮写，勒成一家，行于世。"而《北史》璠等传论曰：梁氏据有江东，五十余载，挟策纪事，盖亦多人。刘璠学思通博，有著述之誉。虽传信传疑，颇有详略，而属词比事，为一家之言也。

(二) 顾、傅、陆等《陈史》

顾野王，字希冯，吴郡人。后主在东宫，除太子率更令。寻领大著作，掌国史，知梁史事。撰《国史要略》一百卷，《国史纪传》二百卷，未就而卒。但《史通·正史》篇云："《陈史》初有吴郡顾野王，北地傅縡，各为撰史学士。其武、文二帝纪，即顾傅所修。"而《唐志》云："顾野王《陈书》三卷。"

傅縡，字宜事，北地人。梁太清末，携母南奔。俄丁母忧，在兵乱之中，居丧礼，哀毁骨立。世祖召为撰史学士。见《陈书》本传。《唐志》云："傅縡《陈书》三卷。"

陆琼，字伯玉，有至性，从祖襄叹曰："此儿必荷门基，所谓一不为少。"领大著作。见《陈书》本传。《隋志》云："《陈书》四十二卷，讫宣帝，陈吏部尚书陆琼撰。"《史通·正史》篇云："太建初，中书郎陆琼续撰诸篇，事伤繁杂。"三氏所作，后归姚察删改之，察子思廉完成之，详"姚思廉"节。

第四节 元 魏 史

(一) 崔浩等《元魏书》

初，太祖诏尚书郎邓渊著《国纪》，未成。逮于太宗，废而不述。神䴥二年，诏集诸文士撰录。浩及弟览、高谠、邓颖、晁继、范亨、黄辅等，共参著作，叙成《国书》三十卷。又特命浩总监史任。但浩述国事，无隐所恶，务从实录。书成，刊石写之，以示行路。浩坐此夷三族，同作死者五十八人，自是遂废史官。见《史通·正史》篇。

至文成帝和平元年，始复其职。而以高允典著作，修《国记》。允年已九十，手目俱衰。时有校书郎刘模，长于缉缀，乃令执笔，而口占授之。如是者五六岁，所成篇卷，模有力焉。见同上。

按当浩之被收也，允直中书省。太祖召见，问曰："国书皆崔浩作否？"允对曰："臣与浩同作，臣多于浩。"世祖大怒，而允对不屈。世祖感之，许为贞臣，宥其罪。见《魏书·允传》。

(二) 魏收《魏书》

魏收，字伯起，小字佛助，巨鹿人。与温子昇、邢子才齐誉，世号三才。齐天保三年，敕收博采旧闻，勒成一史；又命刁柔、辛元植、房延祐、睦仲让、裴昂之、高孝翰等助其编次。收所取史官，惧相凌忽。故刁、辛诸子并乏史才，唯以髣髴学说，凭附得进。于是大征百家谱状，斟酌以成《魏书》。上自道武，下终孝清，纪传与志，凡百三十卷。表上，悉焚崔浩、李彪等旧书。

收谄齐氏，于魏室多不平。既党北朝，又厚诬江左。性憎胜己，喜念旧恶，甲门盛德，与之有怨者，莫不被以丑言，没其善事。迁怒所至，毁及高曾。书成始奏，诏收于尚书省，与诸家论讨，前后列诉者百有余人。时尚书令杨遵彦，一代贵臣，势倾朝野。收撰其家传甚美，是以深被党援；诸讼史者，皆获重罚，或有毙于狱中，群怨谤声不息。

孝昭世，敕收更加研审，然后宣布于外。武成_{孝武弟，世祖谥也}。尝访诸群臣，犹云不实，又令治改，其所更易甚多。由是世薄其书，号为秽史。至隋开皇，敕著作郎魏澹等，更撰《魏书》，见《史通·正史》篇。详"魏澹"节。然据《典略》所述云："齐王以魏收之卒，命中书监杨休之裁正其所撰《魏书》。休之以收叙其家事稍美，且寡才学，淹延岁时，竟不措手，唯削去嫡庶百余字。"见《史略》卷二引。可知收书在澹未改撰之前，已不满于时君矣。

又魏收著史，以高氏出自尔朱，且纳荣子金，故灭其恶，而增其美。见《史通·论赞》篇。如此予夺失宜，是非失中矣。考其详情，为当时荣子文畅遗收金，请为其父作佳传。收论内遂有若"修德义之风，则彭、韦、伊、霍，夫何足数"等语。见《廿二史札记》。是以收书，贻后人以三种不同之批评焉。

其一即上述受尔朱氏金事；其二为李百药《齐书序》论魏收云："若使子孙有灵，窃恐未挹高论。"此二者系评收书邪曲也。其三《收传》论又云："其文词足以入相如之室，游尼父之门。"此为一好评也。

《北史·卢玄传》："玄之孙思逊，才学兼著。齐天保中，《魏史》成，思逊多所非毁。"此又为一段故事云。犹有一说，谓魏收修史在北齐时，凡魏朝记载，如邓渊、崔浩、高允所作编年书，李彪、崔光所作纪传表志，邢峦、崔鸿、王遵业所作《高祖起居注》，温子昇所作《庄帝纪》，元晖业所作《辨宗室录》，卷帙具在，足资采辑，故其书较为详备。及书成，则尽焚崔、李等旧书，于是收书独存。而魏澹续修，亦仅能改其义例之不当者耳。见《廿二史札记》。

故邵二云云："收叙事详赡，而条例未密，多为魏澹所驳正。《北史》不取魏澹之书，而于《澹传》存其叙例，亦史家言外之意也。澹等之书俱亡，而收书终列于正史。然则著作之业，固不系乎一时之好恶哉？"见《南江文钞》。

（三）魏澹《后魏书》

魏澹，字彦深，季景之子也。任齐殿中郎，中书舍人。入周，迁著作郎。帝以魏收所撰《后魏书》褒贬失实，诏澹别成《魏史》，义例与魏收多所不同。见《北史·魏·李景传》。但在《隋书》本传则云："高祖以魏收所撰书褒贬失实，平绘为《中兴书》，事不伦序，诏澹别成《魏史》。澹自道武，下及恭帝，为十二纪，七十列传；别为史论及例一卷，并目录，合九十二卷。书甚简要，大矫收、绘之失，上览而善之。"

再据《史通·正史》篇云："隋开皇，敕著作郎魏澹与颜之推、辛德源更撰《魏书》，矫正收失。澹以西魏为真，东魏为伪，故文、恭列纪，孝靖称传。合纪传论例，总九十二篇。炀帝以澹书犹未能善，又敕左仆射杨素别撰，学士潘徽、褚亮、欧阳询等佐之；会素薨而止。"澹书早已不传，唯收书仍独行于世耳。

又刘知幾斥澹书云："彦渊之改魏收也，以非易非，弥见其失矣。"见《史通·杂说下》。又曰："近代述者，魏著作李安平之徒，其撰魏齐二史，于诸帝篇，或杂载臣下，或兼言他事。巨细毕书，洪纤备录，全为传体，有异记文。"见《体例》篇。则书虽不见，而其优劣可知矣。

又魏澹改收书之时，凡魏朝记载，早被收焚灭无存，其所根据，亦只收书而已，故叙事两书大略相同云。

第五节　北齐、北周史

（一）王劭《北齐志》

王劭，字君懋，晋阳人。隋文帝时为著作郎。炀帝时，官终秘书少监。笃好经史，用思甚专，然性颇恍惚。少仕邺中，多识故事。乃凭《起居注》，广以异闻，造编年书，号曰《齐志》，十有五卷。其论战争、述纷扰，实其余勇，弥见所长。见《史通·正史、言语、杂说》篇。

唐刘知幾一生最心折之，谓："王劭之抗词不挠，可以方驾古人。"又云劭"长于叙事，无愧古人"。但世之学者皆尤之，以"言多浮秽，语伤浅俗。"又谓"劭任北朝史事，大概都辑国书，不为饰说"。并见《史通·杂说》篇。即《北史》本传论亦云："劭久在史官，既撰《齐书》，兼修《隋典》。好诡怪之说，尚委曲之谭，文词鄙秽，体统烦杂，直愧南董，才无迁固，徒烦翰墨，不足观采。"又云："劭初撰《齐志》，复为《齐书》，或文词鄙野，或不轨不物，骇人视听，大为有识所嗤。"今其书不存。

劭又录开皇、仁寿时事，并采迂怪委巷之言，编而次之，以类相从，各为其目，勒成《隋书》八十卷。寻其义例，皆准《尚书》云。见《史通·六家》篇。

《北齐书》终由李百药完成之，详"李百药"节。

（二）牛弘《北周史》

牛弘，字里仁，鹑觚人。本姓寮，父允为后魏侍中，赐姓牛。弘性宽裕，好学博闻。开皇初，授秘书监，拜礼部尚书，敕撰《周纪》十有八篇。略叙纪纲，仍皆牴忤。见《史通·正史》篇。但世之议者，咸以此朝众作，《周史》为工，盖赏其记言之体，多同于古故也。见《言语》篇。

寻宇文初习华风，事由苏绰。至于军国词令，皆准《尚书》。太祖敕朝廷他文，悉准于此。盖史臣所记，皆禀其规，柳虬之徒，从风而靡。安生、苏绰虽去彼淫丽，存兹典实，而陷于矫枉过正之失，乖失适俗随时之义。苟记言若是，则其谬逾多。爰及牛弘，弥尚儒雅，即其旧事，因而勒成，务累清言，罕逢佳句。而令狐不能别求他述，用广异闻，唯凭本书，重加润色，遂使周氏一代之史，多非实录者焉。见《史通·杂说》篇。可知弘书未成，后来令狐德棻即据之以作《周书》矣。

第十一章　李延寿《南北史》

李延寿，字遐龄。相州人。贞观中，官御史台主簿。父大师，尝谓宋齐逮周隋，分隔南北，南谓北为"索虏"，北谓南为"岛夷"，欲改正为编年，未就而卒。延寿究悉旧事，更依马迁体，总叙八代，北二百四十年，南百七十年，为二史。见《郡斋读书志》。

按延寿抄撮近代诸史，南起自宋，终于陈；北始自魏，卒于隋，合一百八十篇，号《南北史》。其君臣流别，纪传群分，皆以类相从，各附于本国。见《史通·六家》篇。钱大昕尝跋《南北史》云："《新唐书》之《进表》曰，其事则增于前，其文则省于旧。予谓李延寿之《南北史》，则事增文省，两者兼有之矣。"见《潜研堂集》卷二十八。陈振孙云："其书颇有条理，删落酿词，过本书远甚。"见《书录解题》。但时人见年少位下，不甚称其书耳。后兼修国史，又撰《太宗政典》，高宗观之，咨美直笔，赐帛褒之。

第十二章　唐官书

第一节　房乔等《晋书》

贞观十八年,太宗以前后《晋史》十八家,制作虽多,未能尽善,乃敕房乔与褚遂良重撰《晋书》。于是奏请许敬宗、来济、陆元仕、刘子翼、令狐德棻、李义府、薛元起、上官仪等八人,分工撰录,以臧荣绪《晋书》为主,参考详洽。然史官多文咏之士,好采碎事,竞为绮艳。李淳风修《天文》《律历》《五行》三志,最可观。太宗自著宣、武二帝,陆机、王羲之四论,因总题曰"御撰"。为纪十,志二十,列传七十,载记三十,并《叙例》《目录》,凡合一百三十卷。自是言《晋史》者,皆弃其旧本,竞从新撰者焉。见《旧书》及《史通·正史》篇。此为中国设局修史、史出众手之始。

若考其弊,则有刘氏知幾之言可证,以刘氏后亦为在局修史之一员,故所述情形,较为可靠。兹录其言曰:"每欲记一事,载一言,皆阁笔相视,含毫不断。故头白可期,汗青无日。"又曰:"史官记注,取禀监修;一国三公;适从何在?"见《史通·自叙》。可知著者俱无责任之心矣。夫著者既不肯负责,则其个性必湮灭,书必无精神。用梁任公语。但自此以后,每易一姓,即开馆修前代之史。置员猥多,而以贵臣领其事,遂习为成例矣。

又考此次修史,房乔奏令狐德棻为先进,其类例既多所谳定,而河东人敬播又同定之。

其陆、王二传论,既由太宗御撰,而士衡仅一文士,逸少仅一善书者,则其宗旨,大概可知。其所褒贬,略实行而奖浮华;其所采择,忽正典而取小说;波靡不返,有自来矣。《四库总目提要》云:"其所载者,大抵宏奖风流，以资谈柄。取刘义庆《世说新语》与刘孝标所注，一一互勘，几于全部收入。是直稗官之体，安得目曰史传乎？"但李慈铭则云："《晋书》世多诋之，以其芜而尚排偶也。然骈俪行文，自六朝至五代，诏策诰诫，无不出此。是当时所尚，即为史体矣。安见论赞之必须散文乎？唯其书好载纤佻杂事……甚至载及荒幻，颇伤史体。至其论赞，则区区类别，尽当情理。诛斥奸佞，无微不著。又多责备贤者，殊上足正班史之忠佞混淆，下不同宋祁之刻而无当。行文抑扬反复，求得其平，往往如人意中所欲言。典切秀炼，而不以词累意。盖其书多出太宗御定，当贞观右文，儒学极盛之时，固足以集艺林之大成也。"见《越缦堂日记补》。

第二节 《五代纪传》之续成

（一）令狐德棻等《周书》

唐高祖武德五年，秘书丞宜州人令狐德棻始创议修六代史。同时分撰者，凡一十七人。其限以六代者，盖因《宋书》已有沈约，《南齐书》已有萧子显；唯魏收《魏书》为众论所不许，故重修之，而合北齐及周、隋、梁、陈为六代也。其后论撰，历年不能就，乃罢之。

至太宗贞观三年，始复从秘书之奏，以魏有魏收、魏澹二家已详，惟北齐、周、隋、梁、陈五家史当立。于是罢修《魏书》，止撰《五代史》。同时分撰者凡九人，房玄龄则总监五史。但此九人，合新旧《书》，只见六人。其同撰《隋书》，有颜师古、孔颖达、许敬宗三人，又得之于《隋书》后跋。合计之，惟李百药独主北齐，姚思廉独主梁陈，余无独撰者。见《十七史商榷》。

然《史通·正史》篇云："初太宗以梁、陈及齐、周、隋氏并未有书，乃命学士分撰，使秘书监魏徵总知其务。凡有赞论，徵多与焉。始以贞观三年创造，至十八年方就。合为《五代纪传》，并《目录》，凡二百五十二卷。书成，下于史阁，唯有十志断为三十卷。"则主其事者，前后两人矣。

刘氏又评"皇家修五代史，馆中坠稿仍存，皆因彼旧事，定为新史。观其朱墨所图，铅黄所拂，犹有可识者。或以实为虚，以非为是。……使读者瞀乱而不测，惊骇而多疑"。见《杂说》篇。其专对《周史》之批评云:"《周史》为令狐德棻等所撰,其书文而不实,雅而无检,真迹甚寡,客气尤烦。"亦见《杂说》篇。

再据《四库总目提要》所述云:"《周史》名为德棻之书,实不出德棻,以其遗文脱简,前后叠出,不能悉为补缀也。"又云:"德棻旁征简牍,意在摭实耳。"

(二) 李百药《北齐书》　父德林附见

李百药,字重规,定州安平人,隋内史令德林子也。幼多病,祖母赵以百药名之。七岁能属文,号奇童,见《唐书》本传。故唐史臣称百药。翰藻沈郁,所撰《齐史》行于世。

初,德林在齐,预修国史,创《纪传书》二十七卷。至开皇初,奉诏续撰。增多《齐史》三十八篇,以上送官,藏之秘府。皇家指唐。贞观初,敕其子中书舍人百药,仍其旧录,杂采他书,演为五十卷。见《史通·正史》篇。十年,书始成。

按百药之承父业,纂辑成书,犹姚思廉之继姚察也。大致仿《后汉书》之体,卷后各系论赞。然据《四库总目提要》所述,谓:"其书自北宋以后,渐就散佚,故晁公武《郡斋读书志》已称残阙不完。今所行本,盖后人取《北史》以补亡,非旧帙矣。"又谓:"北齐立国本浅,文宣以后,纲纪废弛,兵事俶扰。既不及后魏之整饬疆圉,复不及后周之修明法制。其倚任为国者,亦鲜始终贞亮之士,均无伟功奇节,资史笔之发挥。观《儒林》《文苑传》叙,去其已见《魏书》及见《周书》者,寥寥数人,聊以取盈卷帙。是其文章萎茶,节目丛脞,固由于史材史学不及古人;要亦其时为之也。"

(三) 姚思廉《梁》《陈书》　父察附见

姚思廉,本名简,以字行,陈雍州万年人。父察,字伯审,有至性,学兼儒史,见重于时。见《陈书》本传。有志撰勒,施功未周。但既当朝务,兼知国史。至于陈亡,其书不就。见《史通·正史》篇。按此为对《梁史》而言;察又视吴郡顾野王等所撰《陈史》,事伤烦杂,就加删改,粗有条贯。及江东不守,持以入关。隋文帝尝索梁、陈事迹,察具以所成每篇续奏。

而依违荏苒，竟未绝笔。亦见《正史》篇。此为开皇元年之事，当时帝遣内史舍人虞世基来索也。察临亡时，以体例诫约子思廉，博访续撰之。见《陈书》本传。

思廉少仕陈，为扬州主簿。入隋，为汉王府参军，河间郡司法书佐。上表陈父遗言。有诏许其续成梁、陈史。贞观三年，又受诏与秘书监魏徵，同撰梁、陈史。思廉采谢昊等诸家《梁史》，续成父书；并推究陈事，删益顾野王所修旧史，撰成《梁书》五十卷，《陈书》三十卷。魏徵虽总裁其事，然论其编次笔削，皆思廉之功也。见《十七史商榷》引《陈书》、新旧《唐书》。纪昀云："《唐志》亦称《梁书》《陈书》皆魏徵同撰，旧本惟题思廉。盖徵本监修，不过参定其论赞。独标思廉，不没秉笔之实也。"见《四库总目提要》。此二书计历九载，方始毕功云。

梁章钜曰："《梁书》持论，尚多平允。排整次第，犹具汉、晋以来相传之史法。异乎取成众手、编次失伦者矣。"又曰："《陈书》亦因父稿而成。然姚察所撰仅二卷，余皆出思廉手。故列传体例，秩然划一，不似《梁书》之参差。"并见《退庵随笔》卷十四。

（四）魏徵等《隋书》

贞观三年，诏魏徵等修《隋史》。十年，成纪传者为颜师古、孔颖达。按：《集古录》据颖达墓碑谓碑称与魏郑公同修《隋书》，而《传》不著。撰志者，为于志宁、李淳风、韦安仁、李延寿、令狐德棻。按：宋刻《隋书》书后有天圣中，校正旧跋，称同修纪传者尚有许敬宗；同修志者，尚有敬播。至每卷分题"徵"及"无忌"也。见《四库总目提要》。

而高似孙云："唐贞观中，诏诸臣分修《五代史》，颜师古、孔颖达撰次隋事，起文帝，作三纪，五十列传，惟十志未奏。又诏于志宁、李淳风、韦安仁、李延寿、令狐德棻，共加裒缀，高宗时上之。志乃上包梁、陈、齐、周，参以隋事，析为三十篇，号《五代志》，与《书》合八十五篇。按《隋志》极有伦类，而本末兼明。准《晋志》，可以无恨。迁、固以来，皆不及也。正以班、马只尚虚言，多违故实，所以三代纪纲，至八书、十志，几于绝绪。《隋志》独该五代，南北两朝，纷然殽乱，未易贯穿之事，读其书则了然如在目。良由当时区处，各当其才。颜、孔通古今，而不明天文地理之学，故但修纪传，而以十志专属之志宁、淳风，顾不当哉？"见《史略》卷二。其详见下节所述。

第三节 《五代史志》之合纂

贞观十年,五史告成,然皆无志。十五年,又诏左仆射于志宁、太史令李淳风、著作郎韦安仁、符玺郎李延寿同修《五代史志》三十卷。显庆元年,太尉长孙无忌等上进,诏藏秘阁,后又编入《隋书》。其实别行,亦呼为《五代史志》。见《隋书》后跋。

其先撰史者,唯令狐德棻重预其事。而长孙无忌亦以书垂成,始受诏监修。适逢其会,因而表进,遂题名卷端也。内天文、律历、五行三志,独出李淳风笔,《五行志序》相传为褚遂良作。按本传未尝受诏撰述,盖但为一序而已。见《十七史商榷》。纪昀云:"五行志体例与律历、天文三志颇殊,不类淳风手作,疑宋时旧本题褚遂良撰者,未必无所受之。"又云:"当时梁、陈、齐、周、隋五代史,本连为一篇。其十志即为五史而作,故亦通括五代。其编入《隋书》,特以隋于五史居末,非专属隋也。后来五史各行,十志遂专称《隋志》,实非其旧。乃议其兼载前代,是全不核始末矣。"并见《四库总目提要》。故谭献有云:"《隋书》志当别行,仍还其名,曰《五代史志》。"见《复堂日记》。

按"十志"中,惟《经籍志》编次无法,述经学源流,每多舛误,称为最下。然后汉以后之艺文,尚藉此以考见源流、别真伪,亦不以小疵为病矣。说本纪昀。清人章宗源有《隋志考证》,颇称精核云。

第四节 唐史臣撰录国史

(一) 许敬宗等唐史

大唐受命,义宁武德间,工部尚书温大雅首撰《创业起居注》三篇。自是司空房玄龄、给事中许敬宗、著作郎敬播相次立编年体,号为《实录》。迄乎三帝,世有其书。贞观初,姚思廉撰纪传,粗成三十卷。

至显庆元年,太尉长孙无忌与于志宁、令狐德棻、著作郎刘胤之、杨仁卿、起居郎顾胤等,因其旧作,缀以后事,复为五十卷。虽云繁杂,时有可观。

龙朔中，敬宗又以太子少师总统史任，更增前作，混成百卷。如《高宗本纪》，及永徽名臣、四夷等传，多为所造。又起草"十志"，未半而终。敬宗所作纪传，或曲希时旨，或猥饰私憾，凡有毁誉，多非实录。必方诸魏伯起，亦犹张衡之于蔡邕焉。其后左史李仁实续撰于志宁、许敬宗、李义府等传，载言记事，见推直笔。惜其短岁，功业未终。

至长寿中，春官侍郎牛凤及，又断自武德，终于弘道，撰为《唐书》百有十卷。凤及以喑聋不才，而辄议一代大典。凡所撰录，皆素责私家行状。而世人序事，罕能自远。或言皆比兴，全类咏歌；或语多鄙朴，实同文案。而总入编次，了无厘革。其有出自胸臆，申其机杼，发言则嗤鄙怪诞，叙事则参差倒错。故阅其篇第，岂谓可观；披其章句，不识所以。既而悉取姚、许诸本，欲使其书独行。由是皇家旧事，残缺殆尽。见《史通·正史》篇。

（二）吴兢、韦述《唐书》

吴兢，汴州浚仪人也。励志勤学，博通经史，宋州人魏元忠、亳州人朱敬则深器之，及居相辅，荐兢有史才，堪居近侍。因令直史馆，修国史。

龙朔中，与韦承庆、崔融、刘子玄撰《则天实录》。居职三十年，叙事简核，号良史。当与刘子玄撰定《实录》时，叙张昌宗诱张说、诬说魏元忠事，颇言说已然可，赖宋璟等激励苦切，故转祸为忠，不然，皇嗣且殆。后说为相，读之心不善，知兢所为，即从容谬谓曰："刘生书魏齐公事，不少假借，奈何？"兢曰："子玄已亡，不可受诬地下。兢实书之，其草故在。"说屡蕲改，辞曰："徇公之情，何名实录？"卒不改，世谓今董狐云。见《新书》本传。

其撰《唐书》，在长安时，与刘知幾、朱敬则、徐坚为伴。自创业，迄开元，凡一百一十卷。韦述因其本更加革改云。见《崇文总目》。故《史通·正史》篇有云："余与正谏大夫朱敬则、司封郎中徐坚、左拾遗吴兢奉诏更撰《唐书》，勒成八十卷。"盖因旧史之坏，其乱如绳。虽言无可择，事多遗恨也。按兢等书草创起本，为后来史局之稿底耳，非完书也。修本既行，其书遂佚。

兢尝以梁、陈、齐、周、隋五代史繁杂，乃别撰《梁》《齐》《周史》各十卷，《隋史》二十卷。见《新书》本传。又有人谓《贞观政要》为兢所作，但《旧书》本传绝不言及，遂成疑案。王鸣盛云："《旧书·兢传》绝不言其作《贞观政要》。《新书》于其历官及事迹，大有不同，而仍不言《贞观政要》。此书凡十卷，四十篇。……不知史于《兢传》，何以不言？"见《十七史商榷》。

韦述，字□□，□□人。著《唐书》一百三十卷，高似孙云："武德以来，国史皆不能成。述因二家，参以后事，遂分纪传，又为《例》一篇。述掌国史，垂四十年，任史官二十年，韦弘机之孙也。史称其史才博识。萧颖士称其文约事详，谯周、陈寿之流。"见《史略》卷二。

第十三章　三史之注释

第一节　《史记》三家注

(一) 裴骃《史记集解》

裴骃,字龙驹,松之之子,官至南中郎参军。其事迹附见于父传中。骃以徐广《史记音义》粗有发明,殊恨省略,乃采九经诸史,并《汉书音义》及众书之目而解《史记》。其所引证,多先儒旧说。书成作序,以明著述之意。其词曰:

> 班固有言:司马迁据《左氏》《国语》,采《世本》《战国策》,述《楚汉春秋》,接其后事,讫于天汉。其言秦汉详矣。至于采经摭传,分散数家之事,甚多疏略,或有抵捂。……故中散大夫东莞徐广研核众本,为《音义》。具列异同,兼述训解。粗有发明,而殊恨省略。聊以愚管,增演徐氏。采经传百家,并先儒之说,豫是有益,悉皆抄内。删其游词,取其要实。或义在可疑,则数家兼列。号曰《集解》。

今此《序》尚附在《史记》卷首云。

(二) 司马贞《史记索隐》

司马贞,河内人。开元中,官朝散大夫,弘文馆学士。贞初受《史记》于崇文馆学士张嘉会。病褚少孙补司马迁书多伤踳驳;又裴骃《集解》,旧有《音义》,年远散佚;诸家音义,延笃《音隐》,邹诞生、柳顾言等书亦失传。而刘伯庄、许学儒等,又多疏漏。乃因裴骃《集解》,撰为此书。故其序云:

（上略）比于班书，微为古质。故汉晋名贤未知见重……逮至晋末，有中散大夫东莞徐广始考异同，作《音义》十三卷。宋外兵参军裴骃又取经传训释作《集解》，合为八十卷。虽粗见微意，而未穷讨论。南齐轻车录事邹诞生亦作《音义》三卷，音则微殊，义乃更略，尔后其学中废。贞观中，谏议大夫崇贤馆学士刘伯庄达学宏才，钩深探赜，又作《音义》二十卷。比于徐、邹，音则具矣。残文错节，异音微义，虽知独善，不见旁通，欲使后人从何准的？贞谬闻陋识，颇事钻研。而家传是书，不敢失坠。初欲改更舛错，禅补疏遗。义有未通，兼重注述。然以此书残缺虽多，实为古史，忽加穿凿，难允物情。今止探求异闻，采摭典故。解其所未解，申其所未申者。释文演注，又为述赞。凡三十卷，号曰《史记索隐》。

又其《后序》云：

　　（上略）崇文馆学士张嘉会，独善此书，而无注义。贞少从张学，晚更研寻。初以残阙处多，兼鄙诸少孙诬谬，因愤发而补《史记》，遂兼注之，然其功殆半，乃自唯曰：千载古史，良难间然。因退撰《音义》，重作赞述。盖欲以剖盘根之错节，遵北辕于司南也。凡为三十卷，号曰《史记索隐》云。

首注骃《序》一篇，载其全文。其注司马迁书，则如陆德明《经典释文》之例，惟标所注之字。盖经传别行之古注。凡二十八卷，末二卷，为述赞一百三十篇，及补《史记》条例。

按司马贞究系何时人？《唐书·艺文志》称"贞，开元润州别驾"，似生于玄宗之世也。但据钱大昕云："司马贞、张守节二人，《新唐书》皆无传。贞与贾膺复、徐彦伯诸人谈议，当在中睿之世；计其年辈，盖在张守节之前矣。"见《十驾斋养新录》卷六。

（三）张守节《史记正义》

张守节，始末未详。据此书所题，则其官为诸王侍读，率府长史也。高似孙曰："宋诸家《训释》为此书。"见《史略》卷一。守节所长，在于地理。故《自序》曰："郡国城邑，委曲详明。"守节征引故实，颇为赅博。故《自序》曰："古典幽微,窃探其美。"守节于六书五音,至为详审。故书首有"论字例"、"论音例"二条。见《四库总目提要》。其实尚有《谥法解》《列国分野》数项云。

按《自序》今刊于《史记》卷首,寥寥几百字。其篇末有云:"守节涉学三十余年,六籍九流,地里苍雅,锐心观采。评《史》《汉》,诠众训释,而作《正义》。郡国地邑,委曲申明,古典幽微,窃探其美。索理允惬,次旧书之旨,兼音解注,引致旁通,凡成三十卷,名曰《史记正义》。发挥膏肓之词,思济沧溟之海。未敢俾诸秘府,冀训诂而齐流,庶贻厥子孙,世畴兹史。"

第二节 《汉书》颜师古集注 叔游秦附见

颜师古,之推孙,字籀,京兆万年人。少博览,精训诂学,善属文。高祖时,授朝散大夫。累迁中书舍人,专典机密。性敏洽,明练治体,诏令一出其手。太宗即位,拜中书侍郎。晋秘书少监,封琅邪县男。尝受诏于尚书省,考定五经文字,多所厘正。既佐魏徵,与编《隋书》,成其纪传;复为太子承乾注《汉书》,解释详明,承乾表上之;太宗命编之秘阁。时人谓杜征南、颜秘书为左丘明、班孟坚忠臣。

其叔游秦,先撰《汉书决疑》,师古多取其义。此颜注《汉书》,至今奉为准的者也。见本传。但据洪颐煊之考证,则其掩袭他人之说以为己说甚多。洪氏云:"颐煊以《史记索隐》证之,《张苍传》'柱下方书','师古曰'是姚察说。《淮南王安传》'会有诏,即讯太子','师古曰'是乐产说。《郊祀志》'周始兴秦国,合而别,别五百载,当复合','师古曰'是颜游秦说。如此类甚多。"见《读书丛录》卷十九。钱大昕评云:"夫孟坚书,义蕴宏深,自汉讫隋,名其学者数十家,小颜集其成,而诸家尽废,学者固有孟坚忠臣之目。以予平心读之,亦有未尽然者:班氏书援引经传诸子文字或与今本异,小颜既勒成一书,乃不取马、郑、服虔之训诂较其异同,则采证有未备也。辄有驳难,则决择有未精也。裴注《史记》,所引《汉书音义》盖出于蔡谟本,而小颜多袭为己说。且其叔父游秦撰《汉书决疑》,史称师古多资取其义,而绝不齿及一字,则攘善之失,更难掩也。"见《潜研堂集》卷二十四。李慈铭评云:"唐人李善之注《文选》,颜籀之注《汉书》,古今并传,以为绝学。然颜实非李比,两注相斠,优劣悬绝。盖李精通训诂,淹贯古义;颜濡染俗学,多昧本文。"又云:"师古之注《汉书》,本于其叔父游秦,故称为小颜注。而师古不标明游秦之说,遂令大颜之注,无从分别。故前人讥师古为攘先善,竟成秘监之私,殊害于义。"俱见《越缦堂日记》。故洪亮吉亦评云:"昔人云,杜预为《左氏》功臣,颜师古为班史功臣。不知乱《左氏》者,杜预也;乱《汉书》者,颜师古也。必欲寻《左氏》功臣,则贾逵、服虔诸人是;必欲寻班史功臣,则苏林、张晏诸人是。"见《晓读书斋二录》下。

虽然,师古精于史学,于私谱杂志,不敢轻信,识见非后人所及。说本钱氏《养新录》。其注"条理精密,实为独到,不愧班固之功臣;然唐人多不用其说"。见《四库总目提要》。惟其保存古字,实有功于后学也。故王念孙云:"按《史记》《汉书》每多古字。《汉书》颜注,即附于本书之下。凡字之不同于今者,必注曰古某字。是以后人难于改易,而古字至今尚存。"见《读书杂志》卷二。入宋,三刘氏治《汉书》,往往正小颜之误,详"刘攽"节。

第三节 《后汉书》李贤注

李贤,世称章怀太子也,字明允。甫数岁,读书一览辄不忘。诏集诸儒,左庶子张大安,洗马刘讷言,洛州司户参军格希元,学士许叔牙,成元一,史藏诸,周宝宁等,共注《后汉书》。见《旧学纪闻》注引本传。是以洪亮吉、王先谦俱有评语。洪氏曰:"《后汉书》李贤注,盖当时宾客分卷作《注》,故各出臆见,不同如此。"见《晓读书斋初录》上。王氏曰:"章怀注成众手,皆以为美,犹有恨。"见《后书集解序》。但邵氏二云则早有毁誉之言矣。其词曰:"李贤注参用裴骃、裴松之之体。于音义则省其异同,于事实则去其骈拇。征引之广博,训释之简当,为史注之善者。"又曰:"其末数卷,援引多误,当以分曹授简,各有疏密;又急于成书,无暇复检耳。"并见《南江文钞》。

第十四章　杜佑《通典》

杜佑,字君卿,京兆万年人。以荫补济南参军事,历官至检校司徒,同中书门下平章事,加太保,致仕,谥文简。事迹具《唐书》本传。

先是,刘秩仿《周官》之法,摭拾百家,分门诠次,作《政典》三十五卷。佑以为未备,因广其所阙,参益新礼,勒为此书,计二百卷。凡分八门:曰食货、曰选举、曰职官、曰礼、曰乐、曰兵刑、曰州郡、曰边防,每门又各分子目。《自序》谓:"既富而教,故先食货。行教化在设官,任官在审才,审才在精选举、故选举、职官次焉。人才得而治以理,乃与礼乐,故次礼次乐。礼化隳则用刑罚,故次兵次刑。设州郡分领,故次州郡,而终之以边防。"

所载上溯黄虞,讫于唐之天宝。肃、代以后间有沿革,亦附载注中。然其中间有挂漏,或稍涉繁冗,诡诞不经,未免有过当处。要之,其博取五经群史,及汉魏六朝人文集奏疏之有裨得失者,每事以类相从。凡历代沿革,悉为记载。详而不烦,简而有要。元元本本,皆为有用之实学,非徒资记问者可比。考唐以前之掌故者,兹编其渊海矣。以上见《四库总目提要》。

左补阙李翰为序其书曰:"采五经群史,上自黄帝,至于有唐天宝之末。每事以类相从,举其始终。历代沿革废置,及当时群士论议得失,靡不条载。附之于事,如人支脉,散缀于体。"按翰作序之时,佑为淮南幕僚,初稿始就,尚未成也。但翰已以进士知名,代宗初年,为侍御史,于佑为先达。佑欲藉皇甫士安重其《三都》,故以初稿急求作序。厥后改润,大约屡易稿方定。见《十七史商榷》。考佑以大历之始纂斯《典》,年三十二。贞元十七年进书,年六十七。相距恰三十六年而成。

梁任公尝论曰:"纪传中有'书志'一门,盖导源于《尚书》;而旨趣在专记文物制度。……然贵乎会通古今,观其沿革。各史既断代为书,乃发生两种困难:苟不追叙前代,则源委不明;追叙太多,则繁复取厌。其能去斯弊端,卓然成一创作者,厥唯杜氏之《通典》耳。"见《中国历史研究法》。可知杜氏《通典》书之善也。故章学诚云:"统前史之书志,而撰述取法乎官礼,杜佑《通典》作焉。"又云:"杜佑以刘秩《政典》为未尽,而上达于三五,典之所以名通也。"并见《文史通义·释通》。后之郑樵作《通志》,与马端临作《通考》,皆仿是书焉。章太炎云:"君卿《通典》,事核辞练,绝异于贵与之伧陋者。"见《太炎最近文录》。

夫书既称有实用,独怪宋时诸儒,如"范蜀公与温公都枉了相争,只《通典》亦未尝看。《通典》又不是隐僻底书,不知当时诸公,何故皆不看。"见《东塾读书记》卷廿一引《朱子语类》。易言之,则知朱子颇重此书也。

总之,"佑幼则生长阀阅之门,老则目睹昆弟诸子并登显位,且著述擅名,传至今千余年,部帙如新,哀然为册府之弁冕。孙牧,又以才称,能世其家学。如佑诚可云全福。自古文人,罕见其比"。见《十七史商榷》卷九十。

第十五章　宋官书

第一节　《旧唐书》

（一）赵莹等《唐书》

后晋天福五年一作六年。二月，户部侍郎张昭远、起居郎贾纬、秘书少监赵熙、吏部郎中郑受益、左司员外郎李为光等同修《唐史》，特令宰臣赵莹监修。

薛居正《旧五代史·莹传》："莹于后唐，位尚卑。晋高祖时，方为门下侍郎，同平章事，监修国史。……历年宰辅，皆领史事，俱以监修列衔。"由此可知监修官，仅因人成事，不任笔削也。

莹以唐代故事残缺，署能者居职，纂补实录及正史。《莹传》。贾纬丁忧归，莹又奏以刑部员外郎吕琦，侍御史尹拙同修。《晋纪》。莹又奏请据史馆所缺《唐书》《实录》，下敕购求。是以此事，赵莹为监修，综理独周密，故莹本传谓《唐书》二百卷，莹首有力焉。见《廿二史札记》。

吴缜《进新唐书纠谬表》亦云："唐室三百年，传世二十帝。兴衰之迹，未有完史。暨五季天福之际，有大臣赵莹之徒，缀缉旧闻，次序实录，草创卷帙，粗兴规模。仅能终篇，聊可备数。我仁帝皇帝临文咨嗟，申命名儒，讨论润色。积十有七年，成二百余卷。"然则仁宗以前，莹书尚未就。莹后罢相，刘昫代而完成之。

（二）刘昫等《旧唐书》

晋出帝开运二年六月，监修国史刘昫、史官张昭远以所修《唐书》纪志列传，并《目录》，凡二百三卷，上之；赐器币有差。《晋纪》。此《旧唐书》所首列刘昫名也。然薛、欧二史《刘昫传》，俱不载其有功于《唐书》之处。但书其官衔，监修国史而已。盖昫为相时，《唐书》适讫功，遂由昫表上，其实非昫所修也。

然顾亭林则谓："按此书纂于刘昫，后唐末帝清泰中为丞相，监修国史。至晋出帝开运二年，其书始成。"见《日知录》卷二十六。而何义门亦谓："昫在唐明宗时，为门下侍郎，监修国史。国史即《唐书》也。"其言皆欲以弥缝欧公之阙。钱大昕曰："以予考之，殊不然。庄宗自祖父以来，附唐属籍。灭梁之后，祀唐七庙，自称中兴。以《唐史》为国史，固其宜矣。但宰相监修国史，沿唐故事。虽有监修之名，初无撰述之实。昫之监修，不过宰相兼衔而已。……《五代会要》称修《唐书》为在后晋之世，初命赵莹监修，莹罢相，而昫代之。亭林、义门误认为一事。盖未考《五代会要》，乃臆造此说耳。"见《日知录》注及《养新录》。

此书所述，大抵长庆以前。本纪惟书大事，简而有体；列传叙述详明，赡而不秽，颇能存班范之旧法。长庆以后，本纪则诗话、书序、婚状、狱词，委悉具书，语多枝蔓；列传则多叙官资，曾无事实，或但载宠遇，不具首尾，所谓繁略不均者也。见《四库总目提要》。其所以如此者，盖因昫等作此书时，所据史材，长庆以前，尚有吴兢、韦述、令狐峘、韩愈诸人之《唐书》旧稿在。至长庆以后，史失其官，无复善本，故昫只采杂说传记，排纂成之耳。且未能钩稽本末。舛漏之讥，亦无以自解。故当欧、宋《新书》出，而此书遂废，然其本流传仍不绝云。

第二节 《旧五代史》

(一) 薛居正等《五代史》

太祖开宝六年，"六"一作"四"。四月二十五日戊申，诏梁、后唐、晋、汉、周五代史，宜令参政薛居正监修，卢多逊、扈蒙、张澹、李穆、李昉等同修。七年闰十月甲子书成。凡一百五十卷，《目录》二卷。赐器帛有差。其事凡记十四帝，五十三年，为纪六十一，志十二，传七十七。多据累朝《实录》，及范质《五代通录》为稿本。见《玉海》引《中兴书目》及《郡斋读书志》。然王鸣盛谓："五代诸《实录》，皆无识者所为。不但为尊者讳，即臣子亦多讳饰。……薛史误据,而不暇旁采以补阙。"见《十七史商榷》卷九十三。以致后来陶岳、王禹偁之徒起而补其阙文云。详"陶王"节。

所幸当时秉笔之臣,尚多逮事五代。见闻较近,纪传皆首尾完具,可以征信。故异同所在,较核事迹,往往以此书为证。虽其文体平弱,不免叙次烦冗之病;而遗闻琐事,反藉以获传,实足为考古者参稽之助。如司马光作《通鉴》,胡三省作《通鉴注》,皆专据薛史,而不取欧史。即沈括、洪迈、王应麟辈之著述,俱兼采二史,无有轩轾也。说本纪昀。

逮欧阳修《新史》出,于是薛氏《旧五代史》遂微。元明以来,罕有援引其书者,传本亦渐就湮没。惟明内府有之,见于《文渊阁书目》。故《永乐大典》多载其文。然割裂淆乱,已非居正等篇第之旧。清初,黄征君梨洲有宋薛居正《五代史》,不戒于火。后有诡言其书尚在者,全谢山详诘之,则穷矣。事载《鲒埼亭集》中。

四库馆开时,馆阁诸臣若邵二云辈,从《永乐大典》中抄出薛史,残阙者取它书所引补之。方法为就《大典》各韵中所引薛史甄录条系,排纂先后,检其篇第,得十八九。又考宋人书之征引薛史者,每条采录,以补其阙。遂得依原本卷数,勒成一篇。

今其书内容,厘为《梁书》二十四卷,《唐书》二十四卷,《汉书》十一卷,《周书》二十二卷,《世袭列传》二卷,《僭伪列传》三卷,《外国列传》二卷,《志》十二卷,共一百五十卷;别为《目录》二卷。近闻四库馆编进时稿本,犹在南浔刘翰怡家,叶氏昌炽曾为校勘一过。《缘督庐日记》云:"又为翰怡校《旧五代史》,以殿本勘抄本,此书本从《永乐大典》辑出,参以《册府元龟》《通鉴考异》诸书。抄本皆详记卷数。年月参差,事迹抵牾,考证详明,分注各条之下,足为读史者之助。盖四库馆编进时稿本,其后刻板按语概从删略,此外无所增损。"而《神州日报》亦载近人汪德渊谓:"彼所得金承安四年,南京路转运司刊本薛氏《五代史》一百五十卷,较今《旧五代史》不特篇第异同甚多;即文字亦十增三四。"则薛氏原书,固尚在人间也。又按德渊《货书记》,是书于民国四年三月,货于粤估。不知此粤估又货于何人耳。见《邵二云年谱注》引。

(二) 陶岳《五代史补》

陶岳,字介立,浔阳人。宋初,薛居正等《五代史》成,岳嫌其尚多阙略,因取诸国窃据,累朝创业事迹,编次成书,以补所未及。共一百四事,计梁二十一事,后唐二十事,晋二十事,汉二十事,周二十三事。此书虽颇近小说,然叙事首尾详具,率得其实。故欧阳修《新五代史》、司马光《通鉴》多采用之。当薛史既出之后,能网罗散失,裨益阙遗,于史学要不为无助也。见《四库总目提要》。

(三) 王禹偁《五代史阙文》

王禹偁,字元之,巨野人。九岁能文,太平兴国八年进士,官至知黄州。以直道自任,累见贬斥,事迹具《宋史》本传。

是书前有《自序》,不著年月。然考其结衔称翰林学士,则作于真宗之初。是时薛居正等《五代史》已成,疑作此以补其阙。凡十七年事,计梁史三事,后唐史七事,晋史一事,汉史二事,周史四事。见《四库总目提要》。

王士祯称其"辨正精严,足正史官之误"。见《香祖笔记》。后之《新唐书》及《新五代史》,皆有据其说。虽篇帙寥寥,当时固以信史视之矣。

第三节 《新唐书》

(一) 欧、宋等《新唐书》

宋仁宗以刘昫等所撰《唐书》卑弱浅陋,命翰林学士欧阳修、端明殿学士宋祁刊修,曾公亮提举其事,十七年而成,凡二百二十五卷。

按:《新唐书》之修,建议于贾魏公昌朝。初命王文安、宋景文、杨宣懿、赵少卿、张尚书、金尚书为修纂,曾鲁公、赵龙图、周翰、胡密直公南、范侍郎景仁、邵龙图不疑、宋集贤次道为编修,而贾为提举。贾罢相,用丁文简。丁卒,用刘丞相。刘罢,用王文安。王卒,又用曾鲁公。中间景文以修《庆历编敕》,不到局。赵守苏州,王丁母忧,张、杨皆补外,后景文独秉笔。久之,欧阳文忠领刊修,遂分作纪志。曾以《编敕》,不入局;周翰亦未尝至。公南迁南封幕,不疑以目疾辞去,以王忠简秉彝补其阙。顷之,吕缙疑入局,刘仲更修《天文》《律历志》。将卒业,而梅圣俞入局,修《方镇》《百官志》。嘉祐五年,始成书。以上为王阮亭《古夫于亭杂录》所记载,但未书所本也。而钱氏《潜研堂集》中有《唐书刊修官表》,已考得其事甚悉。

此外又有吕夏卿、宋敏求、王尧臣、范镇、王畴、刘羲叟等亦皆先后参与修撰。书成署名,本以官高者领衔;而欧、宋竟互相推让,据欧阳发所作《先公事迹》云:先公初奉敕撰《唐书》,专成纪、志、表,而列传则宋公祁所撰。朝廷恐其体不一,诏公看详,今删为一体。公虽受命,退而曰:"宋公于我为前辈,且人所见不同,岂可悉如己意!"于是一无所易。书成奏御。旧制"惟列官最高者一人",公官高当书。公曰:"宋公于传功深而日久,岂可掩其名,夺其功。"于是纪、志、表书公名,而列传书宋公。宋丞相庠闻之,叹曰:"自古文人,好相凌掩,此事前所未有也。"可知欧公平生之为人矣。

但宋公学识亦确有服人处,其任史事,共十余年,出入卧内,尝以稿自随,为列传百五十卷,盖由其素养致然也。观公自作《景文笔记》云:余少为学,本无师友。家苦贫,无书。习作诗赋,为故龙图学士刘公所称。吾始重自淬厉于学。年过五十,被诏作《唐书》。精思十余年,尽见前世诸著。云云。公治史,最精《汉书》,有"校本",今不得见其全。

二公于《新唐书》,既费多年心力,顾尚被讥于吴缜。其词曰:"《唐书》纪、志、表,则欧阳公主之,传则宋公主之。所主既异,而不务通知其事。故纪有失,而传不知;传有误,而纪不见。"又云:"其始也,修纪、志者,则专以褒贬笔削自任;修传者,则独以文词华采为先。不相通知,各从所好。其终也,遂合为一书,而上之。"并见《新唐书纠谬·自序》。其实二公修书不同时,盖修之修《唐书》,乃在嘉祐之前,至和年间事,距祁稿成时,相去已十余年矣。

顾亭林亦评之云:"《新唐书》志,欧阳永叔所作,颇有裁断;而列传出宋子京之手,则简而不明。二手高下,迥为不侔矣。"见《日知录》卷二十六。邵二云继评之云:"使修、祁修史时,能溯累代史官相传之法,讨论其是非,抉择其轻重,载事务实,而不轻褒贬,立言扶质,而不尚掊扯,何至为后世讥议哉?"见《南江文钞》。

所谓不明史法,盖由曾公亮《进书表》之称"其事则增于前;其文则省于旧"二语而发也。夫后人重修前史,使不省其文,则累幅难尽;使不增其事，又何取于重修。故事增文省，亦我国累代史法之当然耳。说本邵氏二云。当时人刘安世《诫语录》则谓："事增文省，正《新书》之失。而未明其所以然。今即其说而推之，史官记录，具载旧书。今必欲广所未备，势必搜及小说，而至于猥杂。唐代词章，体皆详赡。今必欲减其文句，势必变涩体，而至于诘屈。"安世之言，所谓中病源者也。《四库总目提要》引。清赵翼曰："《新唐书》所记二百八十余年事迹，头绪繁多，不暇检校入细。试平心论之，宋景文于列传之功，实费数十年心力；欧公本纪，则不免草率从事，不能为之讳也。"见《廿二史札记》。

必如宋吴缜言："方《新书》来上之初，若朝廷付之有司，委官复定，使诘难纠驳，审定刊修，然后下朝臣博议可否；如此，则初修者必不灭裂，审覆者亦不敢依违，庶乎得为完书，可以传久。"见《日知录》卷十六引。

《新书》既如此谬误，于是吴缜、吕夏卿、赵明诚之徒，皆不满之，各自作书以见志也。

（二）吴缜《新唐书纠谬》

吴缜，字廷珍，成都人。朝请大夫，知蜀州。其父师孟，显于熙丰。

嘉祐中，宋景文、欧阳文忠诸公，重修《唐书》。时缜初登第，因范景仁镇而请于文忠，愿附官属之末。文忠以年少轻佻拒之，缜恚甚而去。迨《新书》成，乃指摘瑕疵，为《纠谬》一书。此据王明清《挥麈录》之所述也。但一说谓"世传其父以不得预修书，故为此。"陈振孙云："未知何据。"

此书指驳欧、宋之误，分二十门，为二十卷。但即纪、表、传，先后互勘。吴氏《自序》称："缜以愚昧，从公之隙，窃寻阅《新书》，间有未通，则必反复参究。或舛驳脱谬，则笔而记之。岁时稍久，事目益众。深怪此书抵牾穿穴亦已太甚，揆之前史，皆未有如是者。推本厥咎，盖修书之初，其失有八：一曰责任不专；二曰课程不立；三曰初无义例；四曰终无审覆；五曰多采小说而不精择；六曰务因旧文而不推考；七曰刊修者不知刊修之要，而各徇私好；八曰校勘者不举校勘之职而惟务苟容……职是八失，故《新书》不能全美，以称朝廷纂修之意。愚每感愤叹息，以为必再加刊修，乃可贻后。况方从宦巴峡，僻陋寡闻，无他异书可以考证，止以本史自相质正，已见其然。意谓若广以它书校之，则其穿穴破碎，又当不止此而已也。所记事条，丛杂无次，艰于检阅。方解秩还朝，舟中无事，因取其相类者，略加整比。离为二十门，列之于左名曰《新书纠谬》。"但后改为《辨证》。至刻书时，仍沿其旧云。

晁公武曰："缜不能属文，多误有所诋诃。"见《郡斋读书志》。钱大昕曰："廷珍读书既少，用功亦浅。其所指摘，多不中要害。……《新史纠谬》，固多廷珍所纠，非无可采，但其沾沾自喜，只欲快其胸臆，则非忠厚长者之道。欧公以轻佻屏之，宜矣！"见《潜研堂集》卷二十八。王鸣盛曰："愚谓只就一部书中搜求，吴自言寡闻，固矣。然且不必论其广以他书校否也。可笑是并《旧书》亦绝不一参对，为太省事耳。其指摘却亦有精当处。"见《十七史商榷》。以上为诸儒讥其人与书俱未尽善也。

至李慈铭读《新书纠谬》，则曰："按吴氏专著一书，纠并时新出之史。而欧、宋皆大臣盛名，官修进御，吴欲以一人之力攻之。其用心自更精审，故得者为多……要其全书中，瑕类不及十之一。晁公武讥其不能属文，多误有诋诃，固非确论也。"见《越缦堂日记补》。而章学诚亦云："主裁史局，譬之大匠度材，宋楠栋梁，毋枉其质。负材如缜，即其苦心精核，岂易多得！不必能持大体，而付以检讨之职，责其复审之功，自能经纪裕如，必有出于当日史局诸人之上。何欧公计不出于此耶？且其所谓年少轻佻，亦恐言议之间，英锋铦锷，有为欧公所不能御者。而因以年少轻佻目之，未必他有所不可也。"见《章氏遗书》卷三。

缜又著《五代史纂误》，所以正欧史之失，其实唯证文字之脱错而已。然书已亡佚久矣。

（三）吕夏卿《唐书直笔新例》

吕夏卿，字缙叔，泉州晋江人。举进士，为江宁尉。学长于史，贯穿唐事，博采传记杂说数百家，折衷整比。又通谱学，创为世系诸表，于《新唐书》最有功。是其位虽出欧阳修、宋祁下；而编摩之力，实不在修、祁下也。见《四库总目提要》。按曾公亮《进唐书表》所列预纂修者七人，夏卿居其第六云。

晁公武曰："是书乃其在书局时，有所建明。第二卷论纪、传、志、第三卷论旧史繁文阙误,第四卷为新例须知,即所拟《发凡》也。欧、宋间有取焉。"见《郡斋读书志》。高似孙《史略》卷二云:"夏卿预修《新书》,摘其繁冗阙误,仍叙新例。"但据王鸣盛之言曰:"夏卿与宋、欧同修《新唐书》。而此书所述体例,与《唐书》多不合,俱属自出意见。不知是同修之时,夏卿建议如此,宋、欧不用其言邪?抑书成后,夏卿不服,别作此例邪?观其卷尾一段纠《旧书》之谬,而云《唐书》著五代幅裂之际,成篇匆遽,殊未详悉,故有诏纂辑千余年矣云云,则其为同修之时,夏卿建议如此,而其后不用可知。"见《十七史商榷》。故钱大昕云:"夏卿于仁宗朝,预修《唐书》,故作此例。今以《新书》考之,殊不相应。……今本皆不尔。是夏卿虽有此议,而欧、宋两公,未之许也。欧公本纪,颇慕《春秋》褒贬之法,而其病即在此;夏卿《新例》,盖复烦碎非体。史家纪事,唯在不虚美,不隐恶,据事直书,是非自见。若各出新意,掉弄一两字以为褒贬,是治丝而棼之也。"见《十驾斋养新录》。又云:"紫阳《纲目》褒贬之例,与此书多暗合。然其间一予一夺,易启迂儒论辨之端。欧、宋绌而不取,其识高于夏卿一筹矣。"见《潜研堂集》卷二十八。

夏卿别著《兵志》三篇,自秘之,戒其子孙勿妄传。盖其间必有不满欧公之语也。

第十六章　宋八派

第一节　欧阳修《新五代史记》　附徐无党注
尹洙《五代春秋》

欧阳修，字永叔，晚号六一居士，江西庐陵人。幼孤贫，母氏韩国太夫人教之成立。举进士后，检箧得《韩昌黎集》，读之不释手，因以古文倡。

既奉敕撰《唐书》纪、志、表，又自撰《五代史》七十四卷。其作本纪，用《春秋》之法，褒贬善恶，故义例谨严。尝自论曰："昔孔子作《春秋》，因乱世而立治法。余述本纪，以治法而正乱君，此其志也。"见子发《先公事迹》。书成，灭《旧史》之半，而事迹添数倍。文省而事备，其所辨正前史之失甚多。嘉祐中，侍郎范缜等列言于朝，请取以备正史。公辞以未成，藏于家。熙宁中，修殁，始诏取其书，付国子监开雕，遂至今列为正史云。

但以此书叙述全祖《史记》，故文章高简，而事实则不甚经意。诸家攻驳，散见诸书者无论。其特勒一编，如吴缜之《五代史纂误》、杨陆荣之《五代史志疑》，引绳批根，动中要害。虽吹求或过，要不得谓之尽无当也。是以纪昀作《提要》，为之折衷评曰："薛史如《左氏》之纪事，本末赅具，而断制多疏；欧史如《公》《穀》之发例，褒贬分明，而传闻多谬。两家之并立，当如《三传》之俱存。"见《四库总目提要》。

要之，修之文章，冠冕有宋。此书一笔一削，尤具深心，其有裨于风教者甚大。时人徐无党为之作注，不知参核事迹，寥寥数语，尤属简陋，无可观耳。

近儒梁启超亦有言曰:"《新五代史》自负甚高,而识者轻之,以其本属文人弄笔,而又附加以'因文见道'之目的,而史迹乃反非其所甚厝意也。"见《中国历史研究法》。

再考修编此书之动机,盖在皇祐五年,欧公《与梅圣俞书》云:"闲中不能作文字,只整顿了《五代史》,成七十四传,不敢多令人知。"至和以后,在夷陵《又与尹师鲁书》云:"开正以来,始以无事,治旧史。前岁所作《十国志》,盖是进本;务要卷多。今若便为正史,尽宜芟削,存其大要。至如细小之事,虽有可纪,非干大体,自可存之小说,不足以累正史。数日检旧本,因尽芟去矣。……正史更不分五史,而通为纪传。今欲将《梁纪》并汉周,修且试撰次;唐晋,师鲁为之,如前岁之议。其他列传约略,且将逐代功臣随纪各自撰传,待续次尽,将五代列传姓名写出,分而为二,分手作传。不知如此于师鲁意如何?"然则公本旧约师鲁共为之,而公后独成此书也。说本姚范,见《援鹑堂笔记》卷三十四。可参阅"尹洙"节。

又修既法《春秋》,仰师马迁而著书;故其命名,即曰《五代史记》。今本去"记"字,系近刻之伪也。见《义门读书记》。

关于欧史轶事与评论

(一)轶事　宋周密《齐东野语》云:"《旧传》焦千之学于欧阳公,一日造刘贡父,刘问:'《五代史》成邪?'焦对:'将脱稿。'刘问:'为韩瞠眼通。立传乎?'焦默然。刘笑曰:'如此,是亦第二等文字耳。'……时惟有薛居正《五代史》,欧阳书未出也。"

宋孙毅祥《野老纪闻》又云:"子瞻问欧阳公曰'《五代史》可传后也乎?'公曰:'修于此,窃有善善恶恶之志。'苏公曰:'韩通无传,恶得为善善恶恶。'公默然。"

(二)评论　评义法者,如钱大昕云:"欧阳公自谓有取《春秋》之义,然其病正在学《春秋》。"见《十驾斋养新录》。王鸣盛云:"愚谓欧公手笔诚高,学《春秋》正是一病。《春秋》出圣人手,义例精深。后人去圣久远,莫能窥测,岂可妄效!且意在褒贬,将事实一意删削,若非《旧史》后出,几叹无征。"见《十七史商榷》卷九十三。章学诚作《史学》《例议》篇,亦云:"欧阳名贤,何可轻议;但其《五代史记》，实无足称。盖欧阳公命意，则云笔削折衷《春秋》，而文章规仿司马，其说甚得其似，而非其是也。盖欧阳所见之《春秋》，乃是村学究之《春秋讲义》。……《史记》，乃是俗师小儒之《史记评选》也。"见《章氏遗书》卷二。邵二云则论欧书有三弊："一为取材不富。如修取《旧史》，任意芟除，不顾其发言次第。而于《旧史》之外所取资者，王禹偁之《阙文》，陶岳之《史补》，路振之《九国志》三书而已。二为书法不审。如修于外蕃之朝贡必书，而于十国之事，俱不书于帝纪。三为掌故不备。如修极讥五代文章之陋，只述《司天》《职方》二考。而于礼乐、职官、食货之沿革，削而不书。考古者茫然于五代之迹。"见《南江文钞》。

评史文者，如何焯云："欧公作《五代史》，多采小说，盖系宋氏《新唐书》之弊。"见《义门读书记》。李慈铭云："范书以外，惟欧阳《五代史》、欧宋《新唐书》诸论赞，虽醇疵互见，文亦时病结轖，然究多名篇，可以玩味。"见《越缦堂日记补》。

附

（一）徐无党《新五代史注》

徐无党，永康人，从欧阳修学古文词，修称其文日进。皇祐中登进士第，为郡教授而卒。尝为修注《五代史》，得良史笔意。观公与书无党云："仍作注，有难传之处，盖传本固未可，不传本则下注尤难。"

但据邵二云云："《五代史注》，发明义例，疑亲得于修所口授者。然惟有解诂，而不详故实与音义，是亦史法之别体也。"姚范云："余疑今之注，公自为之，托名无党也。"见《援鹑堂笔记》卷三十四。至邵元瑞、刘凤诰始复补注其注也。

（二）尹洙《五代春秋》

尹洙，字师鲁，河南人。幼聪敏，喜学，无所不通，尤长于《春秋》。与柳开、穆修友善，并俱以古文词著名，为欧阳子之先声者也。性内刚而外和。与人言，必极辨其是非。遇事无难易，勇于敢为。其所以见称于世者，亦所以取嫉于人。故虽历官至知伊阳县，然卒穷以死。

欧阳修私作《五代史》,尝与师鲁约分撰。事详邵伯温《闻见录》中。欧公在夷陵《又与师鲁书》云:"师鲁在京师时,不曾细看,路中昨来细读,乃大好。师鲁素以史笔自负,果然《河东》一卷大妙。修本所取法,此传为最。此外亦有繁简未中,愿师鲁亦芟之,则尽妙矣。"见《援鹑堂笔记》卷三十四。今此书尚载入《河南集》后。体用编年,始梁太祖开平元年甲子,迄周显德七年甲辰。其笔法全仿《春秋》,故极谨严。纪昀云:"洙此编笔削颇为不苟,多得谨严之遗意,知其《春秋》之学深矣。"见《四库总目提要》。但王鸣盛则谓:"师鲁此作,全仿《春秋》,谬妄已甚,义例之出入,纠纷无定,盖有不可知者。幸师鲁不秉史笔,若令修史,史法坏矣。"见《十七史商榷》。

第二节　司马光《资治通鉴》胡三省注

司马光,字君实,夏县涑水乡人也。七岁,闻讲《左氏春秋》,即了其大旨。宝元初进士,历同知谏院。仁宗时,请定国嗣。英宗时,与议濮王典礼,均力持正论。神宗时,为御史中丞,以议王安石新法,不合去。居洛十五年,绝口不论政事。哲宗初,起为门下侍郎,拜尚书左仆射,悉去新法之为民害者。在相位八月卒,赠太师温国公,谥文正。居涑水乡,世称"涑水先生"。

其著《通鉴》,始于英宗治平二年。时帝方留神载籍,万机之暇,未尝废卷。尝命龙图阁学士司马光论次历代君臣事迹。卢文弨云:"按:光先以战国至秦二世为八卷,名曰'通志',进呈。英宗悦之,命续其书。"见《群书拾补》史类。由是光乃分命刘攽、刘恕、范祖禹辈,皆天下史学名家,襄助编集。如《史记》、前后《汉书》属攽,贡父。三国南北朝属恕,道原。唐五代属祖禹。淳父。广搜材料,先作"长编"。诸子之事,另详下章。兹剖述温公属稿成书之经过如左:

(一)属稿　当公受诏撰《通鉴》,预定目标,专取关于国家盛衰,系生民休戚,善可为法,恶可为戒者,由刘、范诸子分任纂辑。但所任部分,与世传稍有不同耳。据清全祖望《通鉴分修诸子考》云胡梅磵(三省)曰:"温公《通鉴》,汉则刘攽,三国迄于南北朝则刘恕,唐则范祖禹。"此言不知其何所据?然历五百年以来,无不信以为然者。予读温公《与淳夫帖子》，始知梅磵之言为非。《帖子》曰："从唐高祖初起兵，修长编至哀帝禅位止。其起兵以前，禅位以后事，于今来所看书中，见者亦请令书吏，别用草纸录出。每一事中间，空一行许，以备剪粘。隋以前与贡父，梁以后与道原，令各修入'长编'中。盖缘二君更不看此书。若足下止修武德以后，天祐以前，则此等事迹，尽成遗弃也。"观于是言，则贡父所修，盖自汉至隋，而道原任五代明矣。盖贡父兄弟尝著《汉释》，而道原有《十国纪年》，故温公即其平日所长而用之，而梅磵未之考也。贡父所修一百八十四卷，醇夫所修八十二卷，道原所修二十七卷。而当时论者，推道原之功为多，何也？盖温公平日服膺道原，其通部义例，多从道原商榷。故分修虽止五代，而实系全局副手。观道原子义仲所记可见也。见《鲒埼亭外集》卷四十。又高似孙《纬略》中载其《与宋敏求书》称："到洛阳八年，始了晋、宋、齐、梁、陈、隋六代。唐文字尤多，依年月编次为草卷。以四丈为一卷，计不减六七百卷。"朱彝尊《曝书亭集》中载《上史馆书》称："治平撰《通鉴》，先编丛目草卷。草卷责之范梦得，积至四丈，截为一卷。于是两汉则授之刘攽，三国六朝隋则授之刘恕，唐五代十国则授之范祖禹。以故，事无阙漏，而文不繁复，是史家之遗法也。"故其书成后，藏稿之富，盈两屋。今据马氏《通考》述其父廷鸾之言，谓宋李焘《巽岩集》称："张新甫见洛阳有《资治通鉴》草稿，盈两屋。所采材料，并小说亦不遗之。"

高氏《纬略》又称："先作《通鉴》，一事用三四出处纂成。用杂史诸书，凡二百二十家。"而元人胡三省亦云："光于治平中奉诏编集历代君臣事迹，许自辟官属，借以官阁书籍，在外听以书局自随，凡十七年而成。"又云："温公遍阅旧史，旁采小说。抉摘幽隐，荟萃成书。"均见《通鉴注序》。纪昀云："其采用之书，正史之外，杂史至三百二十二种。其残稿在洛阳者，尚盈两屋。"总上以观，更可明矣。

（二）成书　神宗元丰七年十二月戊辰，书成，奏上。凡越十九年而后毕。上起战国，下终五代，为二百九十四卷。梁任公曰："《资治通鉴》将战国至五代，千三百六十二年间大事，按年记载，一气衔接。"见《中国历史研究法》。故当时神宗览之大悦，下诏书奖谕，且为之序。其诏书曰："敕司马光：修《通鉴》成事。史学之废久矣，纪次无法，论议不明，岂足以示惩劝，明久远哉？卿博学多闻，贯穿今古。上自晚周，下迄五代。发挥缀辑，成一家之书，褒贬去取，有所据依。省阅以还，良深嘉叹。"见《蛾术编》引。其《御序》云："其所载明君良臣，切摩治道，议论之精语，德刑之善制，天人相与之际，休咎庶政之原，威福盛衰之本，规模利害之效，良将之方略，循吏之条教，断之以邪正，要之于治忽，词令渊厚之体，箴谏深切之义，良谓备焉。凡十六代，勒成二百九十六卷。列于户牖之间，而尽古今之统。博而得其要，简而周于事。是亦典刑之总会，册牍之渊林矣。"见《群书拾补》引。因赐其书名，曰《资治通鉴》。盖取《诗》云"殷鉴不远，在夏后之世"之意耳。

顾《通鉴》洽博，猝难尽览。温公尝有言曰："吾作此书，唯王胜之尝阅之终篇。自余君子，求乞欲观，读未终纸，已欠伸思睡矣。书十九年方成，中间受了人多少语言陵藉云云。"见《容斋随笔》卷四。

再论此书之内容，据陈瓘曰："读《通鉴》，然后知司马文正公之有相业也。……此书编年纪事，先后有伦。凡君臣治乱、成败安危之迹，若登乎乔岳，天宇澄清，周顾四方，悉来献状。虽调元宰物，辅相弥纶之业，未能窥测，亦信其为典刑之总会矣。"见《蛾术编》。梁任公复称之曰："光本邃于掌故，其别裁之力又甚强，其书断制有法度。……确为中古以降一大创作，故至今传习之盛，与《史》《汉》埒。……光书既讫五代，后人纷纷踵而续之，卒未有能及光者。故我国史学界，称前后两司马焉。"见《中国历史研究法》。

（一）关于《通鉴》之副产

甲 《通鉴考异》

司马光作《通鉴》毕役，遂成此书三十卷，随同奏上。先是，光编书时，每遇同一事迹，而各书记载差异，光乃择其可信者从之，后参考同异，别为此书，辨正谬误，以祛将来之惑。推其意，盖仿裴氏之注《三国》，详引诸书错互之文，折衷以归一是。惟未能专撰一书，以明所以去取之由耳，有之，自光始。

须知纂史者若不讲考异之法，易致留遗议于本书，滋疑窦于后来也。以光之精核，尚不免小有渗漏谬误处。而光固自言曰："卷帙既繁，所谓抵牾，不敢保也。"以上参看《四库总目提要》。其法，先列旧文，次为驳正，条分而缕析之。

乙 《通鉴目录》

司马光撰。此书三十卷，亦随《通鉴》奏上。其法：年经国纬，著其岁阳岁名于上，而各标《通鉴》卷数于下。又以刘羲叟《长历》气朔闰月，及列史所载七政之变著于上方。复撮书中精要之语，散于其间，次第厘然，具有条理。盖《通鉴》一书，包括宏富而篇帙浩繁，光恐读者倦于披寻，故于编纂之时，提纲挈要，并成斯编，使相辅而行，端绪易于循览也。

其体全仿"年表"，用《史记》《汉书》旧例。其标明卷数，使知某事在某年，某年在某卷。兼用目录之体，则光之创例。《通鉴》为纪、志、传之总会，此书又《通鉴》之总会矣。以上见《四库总目提要》。梁任公曰："《考异》以明史料去取之故，《目录》略举事目以备检阅，皆为著述家之好模范也。"见《中国历史研究法》。

丙 《通鉴举要》等书

光著《通鉴》，其副产之作，尚有《举要历》《节文》《释例》《稽古录》等。《举要历》系光患本书浩大难领略，而《目录》无首尾，故著之。然朱熹则谓："《通鉴举要》详不能备首尾，略不能供检阅，此《纲目》之所为作也。"又云："光晚病本书太详，目录太简，更著《举要历》八十卷，以适厥中，而未成也。"见《朱子语类》。《节文》亦系光所自钞。《释例》系光修《通鉴》时所定凡例。而《稽古录》系光因各书卷帙繁重，故芟除约略，以为此编，不过二十卷。起伏羲、神农，下至英宗治平四年。其书成，进御。当元祐初，距《通鉴》之成甚久，朱子称赏之，刻于长沙。见《十七史商榷》。但《举要历》《节文》二书，今并失传。

（二）关于《通鉴》之评论

司马温公《资治通鉴》，世称绝作。既因公名德笃学，复以所引自助者，皆极一时之选，故能成此天地间必不可无之书也。唯谈氏迁则谓：温公之作《通鉴》也，参同订异，采要搜奇。十九年中，心力俱殚。真先后有伦,精粗不杂。继《左氏》而兴者,谁复与京哉?然亦间有七病:曰漏,曰复,曰紊,曰杂,曰误,曰执,曰诬。见《日知录》注。

又温公之书,既名"资治"。则凡关于文人之事,一概不录。即屈原之为人,太史公赞之,谓与日月争光,而不得书于《通鉴》;杜子美若非"出师未捷"一诗为王叔文所吟,则姓名亦不登于简牍矣。说本顾亭林,见《日知录》卷二十六。温公立言之意,从可知云。

(三) 关于助修者之著述

甲　刘恕《通鉴外纪》　子羲仲附见

刘恕,字道原,临川人。年十八登第,初授巨鹿主簿,寻迁知和州、翁源二县。会司马光受诏修《资治通鉴》,并评自择馆阁英才共修。光对曰:"馆阁士诚多,至专精史学,臣惟识刘恕一人而已。"上曰:"甚善。"即奏召,共修书,凡数年。据王鸣盛云:"恕自治平初即助修《通鉴》,至熙宁四年,前后共六年,所修已多。是年司马公辞颍川归洛,恕亦因指斥新法忤王安石,即以此时归江东。江东即筠州,与洛相距甚远,似不能与修书事。其实《宋史·司马光传》,光归洛后,凡十五年不与政,专务修书,而恕虽远,遥隶局中。则于家中修纂,邮寄者必多。况本传又言恕归里后又尝请诣光,留数月而归,于道得风挛疾。然则《通鉴》之出于恕手者多矣。"见《十七史商榷》。

又当修《通鉴》时,恕欲与司马光采宋一祖四宗实录国史为《后纪》;而摭周成烈王以前事迹为《前纪》。适遭忧遘疾,右股痹废。知远方不可得国书,《后纪》必不能就。乃口授其子羲仲,以成此书,改名曰《外纪》。凡《包牺以来纪》一卷,《夏纪》《商纪》共一卷,《周纪》八卷,又《目录》五卷。年经事纬,上列朔闰天象,下列《外纪》之卷数,悉与司马光《通鉴目录》例相同。以上见《四库总目提要》。恕《自序》所述亦然。但王鸣盛又云:"司马公作《通鉴》,始于周威烈王命韩、赵、魏为诸侯,下迄五代。"刘恕尝语光:"曷不起上古?"光答:"事包《春秋》,经不可续,不敢始于获麟。"恕意谓阙漏,固撰此书。见《蛾术编》。

陈振孙云:"司马公修历代君臣事迹,辟恕为属。尝谓《史记》不及庖牺、神农,今历代书不及威烈之前,欲为《前纪》,而本朝为《后纪》,将俟成书请于公。会道原病废，绝无《后纪》，乃改《前纪》为《外纪》云。《通鉴》书成，恕已亡。范淳父奏恕于此书用力最多，援黄鉴、梅尧臣例，官其子。"见《书录解题》。故其子羲仲为郊社斋郎。

羲仲为恕之长子，作《通鉴问疑》，即裒录恕与光往还论难之词。时恕任编三国至隋，故此书所论，皆三国至南北朝事也。凡所辨论，皆极精核。史所称笃好史学，自太史公所记，下至周显德末，私记杂说，无所不览。上下数千载间，巨细之事，如指诸掌者，殆非虚语。见《四库总目提要》。

《通鉴问疑》末附《羲仲与范祖禹书》一篇，称"其父在书局，止类事迹，勒成长编。其是非予夺之际，一出君实笔削。"纪昀云："羲仲不及见君实，不备知《凡例》中是非予夺所以然之故。范淳父亦尝预修《通鉴》，乃书所疑问焉。所举凡八事，祖禹答书，俱为剖析，乃深悔其诘难之误。且自言恐有小言破言，小道害道，如己之所云者，故载之，使后世有考焉。其能显先人之美，而又不自讳所失，尤足见涑水之徒，犹有先儒质直之遗也。"亦见《四库总目提要》。

但金履祥诋其好奇，云："刘恕作《外纪》，以记前事。顾其志不本于经，而信百家之说，是非颇谬于圣人。此不足以传信。"固亦作《通鉴前编》。其实恕作《外纪》，特创为草稿，储才备用，如《通鉴》之有"长编"，以待司马光之刊定耳。故王鸣盛云："愚谓《外纪》视《稽古录》，已属蛇足。然恕躬与《通鉴》编纂之任，则犹差可。而宋末金履祥又作《前编》，而诋訾刘恕，诚为不自量也。"见《蛾术编》。

乙　范祖禹《唐鉴》

范祖禹，字淳夫，华阳人。嘉祐八年进士，历官龙图阁学士，出知陕州。事迹附载《宋史·范镇传》中。初治平间，司马光奉诏修《通鉴》，祖禹为编修官，分掌唐史。以其所自得者著成此书。王鸣盛云："祖禹别自作《唐鉴》，采唐事可为法戒者，凡三百六篇。"见《十七史商榷》卷七十三。上自高祖，下迄昭宣，撮取大纲，系以论断，为卷十二。见《四库总目提要》。元祐初，表上于朝。

俞正燮曰："范在《通鉴》局中十五年，深患唐代治乱得失之由，时以唐鉴公目之。"见《癸巳类稿》卷十二。黄式三读《唐鉴》，亦有言曰："司马光作《通鉴》，淳父分职唐史，其后别作《唐鉴》。《唐鉴》固史评中之一书，而后人乃弃其平易。"见《徽居集史说》二。即大儒朱熹亦尝鄙其论,以为苟简。而晚年作《社仓记》,则亟称之,而自述前言之误。

今本分二十四卷,吕祖谦注。大约卷数即祖谦所分。此书纯系议论,于考证无益。议论佳者,已俱采入《通鉴》。

附

胡三省《资治通鉴注》

胡三省,字身之,一字景参,别号梅磵,天台人。但《通志》则云宁海人,说未确。因三省尝自署天台身之,而父洪《渊源录》亦云天台人。详《十七史商榷》卷一百。

三省《元史》无传,其事迹见于所作《通鉴注自序》云:"父好读史,于淳祐癸卯,命三省刊正诸家《通鉴》注之误。乙巳,父卒,尽瘁家蛊。又从事科举之业,而史学不敢废。宝祐丙辰,出身进士科,始得大肆其力于是书,游宦必以自随,依陆德明《经典释文》,为《广注》九十七卷。咸淳庚午,从淮壖归杭都。延平廖公礼致诸家,俾雠校《通鉴》,又转荐之贾相国。德祐乙亥,从军江上,言辄不用,既而军溃,间道归乡里。丙子,浙东始骚,避地越之新昌,师从之,以挐免,失其书,乱定反室,复购得他本为之注,始以《考异》及所注散入各文之下,迄乙酉冬,乃克辍编。"由是可知胡注本只九十七卷,自为一书,不载本文,但摘取数字或数句释之。至乱后书亡重作,始散入。盖初意本兼仿史氏炤,后渐宏博,不欲因仍故也。然据王鸣盛所述,则胡注多窃史语,而没其名也。其文曰:"炤之学诚不及胡,所辨大抵皆是也。但胡注《通鉴》取史语甚多。……大约每卷辄有三四十条。此内太半因两家同取《史记》《汉书》旧注,所以相同。而史不著作者姓名十之七八,胡则一一著之,置勿论,其少半竟系胡之窃取史矣。"见《十七史商榷》卷一百。

平心论之,炤诚不能无误,但首创音释,实属有功,惜尚粗疏耳。至胡三省注,始成巨观。可云青出蓝,蓝谢青。《通鉴》之功臣,史学之渊薮矣。

后全祖望作《胡梅磵藏书窖记》,又谓:"梅磵之注《通鉴》,凡三十年。……甲申至鄞,清容谓其日手抄定注。己丑寇作,以书藏窖中得免。当是时,深宁王公方作《通鉴答问》及《通鉴地理通释》,亦居南湖。而清容其弟子也。顾疑梅磵是书未尝与深宁商榷,此其故不可晓。岂深宁方杜门,而梅磵亦未尝质之邪?要之,梅磵是书成于湖上,藏于湖上,足为荷池竹墅之间增一掌故。而以带水之间,两宿儒之史学萃焉。薪传未替,湖上之后进所当自励也。"见《鲒埼亭集外编》卷十八。然则全氏之学所以擅长于史,殆亦受此影响欤?

胡身之于舆地学治之深矣。清纪昀《四库总目提要》云:"《通鉴》文繁义博,贯穿最难。三省所释,于象纬推测、地形建置、制度沿革诸大端,极为赅备。"以阎若璩之卓识,亦极推之。然冯南耕不尽许,全祖望曰:"胡梅磵释《通鉴》,其于地理,可谓精核,而冯叟南耕不尽许。近熟视之,乃知其果有误者,则甚矣笺注之难也!……梅磵所注,大段缜密。要其综罗既多,不能无失。闻冯叟用功是注甚力,其所讨论,必有以补前人者,而惜其不传矣。"见《鲒埼亭外集》卷四十二。又曰:"梅磵是注,世人宗之,罕敢议者。顾宛溪祖禹。摘其数条,而未尽中其失也。予细读之,则不止宛溪所举而已。予少时闻之慈水前辈冯君明远,极言是注之失;而未及叩其详。稍长,亟欲尽其说,而冯已逝矣。窃思一一弹驳,勒为《纠谬》一书,病废不果。但梅磵注之佳者实多,予之欲纠之者,正欲为其功臣也。安得稽古之士,成予志乎?"见同书卷三十二。可知全氏颇有意整理此注云。

即钱氏大昕亦以胡注有误,因作《通鉴注辨》二卷,于地理纠举颇多。且曰:"予著此书,非敢排抵前贤,聊附诤友之义尔。"复跋《通鉴释文》曰:"自胡景参之注行,而史氏《释文》,学者久束之高阁。史注固不如胡氏之详备,而创始之功,要不可没。胡氏有意抑之,未免蹈文人相轻之习。……景参以地理名家,而疏于小学,其意义大率承用史氏旧文。偶有更改,辄生罅漏。予故表而出之,俾后人知二书之不可偏废云。"俱见《潜研堂集》卷二十八。

三省又以司马康《释文》本出伪托,而史炤所作,讹谬相传。恐其贻误后学,因著《通鉴释文辨误》十二卷,以刊正之。每条皆先举史炤之误,而后随文考正。其所采据皆极精核,多足为读史者启发之助。见《四库总目提要》。如此,胡氏非特窃史之注,且为专书以辨史之误矣。

第三节　朱熹《资治通鉴纲目》等书

朱熹,字仲晦,一字元晦,安徽婺源人。父松,文章行义,为学者师。官吏部,以不附和议,去国而仕闽,生熹于南剑尤溪之寓舍。幼颖悟端重,少长,读《孟子》,若有所悟,遂励志圣贤之学焉。

初于史不尽措意,四十以后,读司马氏《通鉴》,"病其于正闰之际、名分之实,有未安者。因窃取《春秋》条例,稍加櫽括,别为一书。"此为朱子所以作史之第一因也。又"自病记识之弗强,不能有以领其要,而及其详。故辄与同志,因温公,增损櫽括,以就斯编。"此为朱子所以作史之第二因也。于是表岁以首年,而因年以著统,大书以提要,而分注以备言。至其是非得失之际,则又辄用古史书法,略示训诫,名曰《资治通鉴纲目》,凡若干卷。藏之巾笥,姑以私便检阅,自备遗忘而已。以上见《朱子文集》及《四库总目提要》。

题曰"纲目"二字,盖取一纲举众目张之义。见《朱子续集》。大书者为纲,分注者为目。纲为经,目为纬。其"凡例"更有条理意义也。尝答友人刘子澄书云:"《纲目》义例益精密,上下千有余年,乱臣贼子,真无所匿其形矣!"见《朱子续集》。

此书根据,不仅温公书而已。并因胡公安国《举要补遗》而成之。其《自序》云:"先正温国司马父正公,受诏编集《资治通鉴》,既成,又撮精要之语,别为《目录》三十卷。晚病本书太详,《目录》太简,更著《举要历》八十卷,以适厥中,而未成也。至绍兴初,考侍读南阳胡文定公始复因公遗稿,修成《举要补遗》若干卷,则其文愈约,而事愈备矣。然往者得于其家,而伏读之,犹嫌繁重。乃不自料,因两公四书,别为'义例',而成此书。"但编纂颇费心力,几致中辍。又因积稿如山,大惧不能卒业也。平时与书诸友,多有言及著史之事。如《与李伯谏书》云:"《通鉴》文字,近方修得数卷,南北朝者,伯起不承当,已托元善矣。度渠必能成之。"又云:"《通鉴》诸书,全不得下功。前此却修得晋事,粗定条例,因事参考,亦颇详密。但宋以后事,分属张元善,已修得大字数卷来,尚未得点勘。"并见《朱子语类》。《与林择之书》云:"《通鉴》工夫浩博,甚悔始谋之太锐,今甚费心力。然业已为之,不容中辍。须来年春夏间,近入山僧寺,谢绝人事,作一两月期,毕力了之乃可。"见《朱子别集》。又《答吕伯恭书》云:"《纲目》草稿略具,系写校净本毕,即且休歇数月。"见同上。且自言曰:"《纲目》若成书,当亦不下《通鉴》许多文字。但恐精力不逮,未必能成耳。若度不能成,则须焚之。"见《语类》。按此,可知著书经过之情矣。

但据《四库〈纲目分注补遗〉提要》云:"初,朱子因司马光《通鉴》作《纲目》,以分注浩繁,属其事于天台赵师渊。师渊《讷斋集》中载其往来书牍甚详。盖分注之属师渊,犹《通鉴》之佐以刘、范,在朱子原不讳言。因流传刊板,未题师渊之名,后人遂误以分注亦出朱子。"而《四库〈纲目续麟〉提要》云:"《纲目》书,非惟分注非朱子手定;即正纲,亦多出赵师渊手。"按后说不如前为确当耳。

陈景云亦云:"纲下分注之目,朱子、赵师渊成之。师渊,字几道,号讷斋,天台人。史学视温公书局中之范氏,未知孰先孰后。且以一人独任,其采节岂能悉审?况又非身侍讲堂,随事讨论。每纂成若干卷寄呈,而朱子复书往往云'未暇观'也。则分注未尽经朱子之目矣。"景云于是作《纲目订误》四卷,详"景云"节。

梁章钜至谓:"朱子约司马公《资治通鉴》以作《纲目》,笔削上拟《春秋》;然惟《凡例》一卷,出于手定。其纲皆门人依《凡例》而修;其目则全以付赵师渊。后疏通其义旨者,有尹起莘之《发明》,刘友益之《书法》。笺释其名物者,有王幼学之《集览》,徐昭文之《考证》,陈济之《集说正误》,冯智舒之《质实辨正》。其传写差互者,有汪克宽之《考异》。黄仲昭取诸家之书,散入各条之下,是为今本。大抵循文敷衍,莫敢异同。"见《退庵随笔》卷十四。如上所述,则知佐朱子作书者,既非一时名流,何怪乎人谓《纲目》为朱子巾箱自便之书,非为著作,而又未成稿。其拟之《春秋》而笔削褒贬,乃是尹起莘辈推尊太过之弊。见《史学例议》。章氏学诚称为善于解纷也。

全祖望《书朱子纲目后》云:"黄幹尝谓《纲目》仅能成编,朱子每以未及修补为恨。李方子亦有'晚岁思加更定以归详密'之语。然则《纲目》原未成之书。其同门贺善争之,以为《纲目》之成,朱子甫逾四十,是后修书尚有九种,非未成者。又力言朱子手著。但观朱子与赵师渊书，则是书全出讷斋，其本之朱子者，不过《凡例》一通，余未尝有所笔削，是左证也。著述之难，即大儒不能无余论。雷同附和之徒，遂以为《春秋》后第一书，可谓耳食。苟或能成朱子之志，重加讨论，不可谓非功臣也。但必为蚍蜉所大骇耳。"见《鲒埼亭外集》卷三十四。陈澧云："朱子之书，近儒最不满者，《通鉴纲目》也。朱子修《纲目》，则欲义例精密。夫《春秋》二百四十二年，《纲目》一千三百六十二年，视《春秋》年数五倍。朱子虽大贤，而著书褒贬者，乃五倍于孔子之书，此其义例必不能精密。故朱子自悔始谋之太锐，但云便检阅而已。后儒推尊太过，遂欲上掩《通鉴》，朱子无此意也。其实朱子'纲目'二字，亦出自温公，曷尝欲掩温公乎？特为《书法》《发明》者，以《春秋》为比，遂为后人所不平。而为《质实》者，又太疏谬，为后人指摘。澧尝谓刻《纲目》者，当尽删《书法》《发明》《质实》之类，使不为《纲目》累，则善矣。"见《东塾读书记》卷二十一。

朱子所著除《纲目》外，尚有《八朝名臣言行录》，乃掇取当时名臣言行之迹之有补于世教者，聚为此录，以便记览。《伊洛渊源录》系记周子以下，及程子交游门弟子言行。其身列程门，而言行无所表见者，亦具录其名氏以备考。其后《宋史》道学、儒林诸传，多据此为之。盖宋人读道学宗派，自此书始。而宋人分道学门户，亦自此书始。说本纪昀，见《四库总目提要》。

第四节　郑樵《通志》（另详第四编）

第五节　袁枢《通鉴纪事本末》

袁枢，字机仲，建安人。孝宗初，试礼部，词赋第一。历官至工部侍郎。以右文殿修撰，知江陵府。寻提太平兴国宫，事迹具《宋史》本传。尤在乾道间，分修国史。张子厚家乃同里，力求润饰其传，枢曰："吾为史官，法难隐恶。宁负乡人，不可负天下后世公议。"时相赵雄叹曰："无愧古良史矣！"

据《四库总目提要》所述云："按刘知幾作《史通》，叙述史例，首列六家，总归二体。自汉以来，不过纪传、编年两法，乘除互用。然纪传之法，或一事而复见数篇，宾主莫辨；编年之法，或一事而隔越数卷，首尾难稽。枢乃自出新意，因司马光《资治通鉴》，区别门目，以类排纂。每事各详起讫，自为标题，每篇文编年月，自为首尾。始于三家之分晋，终于周世宗之征淮南，包括数千年事迹。经纬明晰，节目详具。前后始末，一览了然。遂使纪传、编年，贯通为一，实万古之所未见也。"淳熙三年十一月，参政龚茂良言枢所编《纪事》有益见闻，诏严州摹印十部，仍先以缮本正之。见《玉海》。孝宗读而嘉叹，以赐东宫，及分赐江上诸帅，曰："治道尽在是矣！"见《宋史》本传。有杨万里《序》，其词曰："搴事之成，以后于其萌，提事之微，以先于其明。其情匿而泄，其故悉而约。"

朱熹亦称其书，部居门目，始终离合之间，皆曲有微意，于以错综温公之书，乃《国语》之流。盖枢者缀集虽不出《通鉴》原文；而去取剪裁，义例极为精密，非《通鉴总类》诸书割裂扯挦者可比。见《四库总目提要》引。

梁启超以谓："善钞书者，可以成创作，荀悦《汉纪》而后，又见之于宋袁枢之《通鉴纪事本末》。枢抄《通鉴》，以事为起讫，千六百余年之书，约之为二百三十有九事。其始亦不过感翻检之苦痛，为自己研究此书谋一方便耳。及其既成，则于斯界别辟一蹊径焉。"见《中国历史研究法》。

按编年体以年为经，以事为纬。使读者能了然于史迹之时际的关系，此其所长也。然史迹同有连续性，一事或亘数年，或亘百数十年。编年体之纪述，无论若何巧妙，其本质总不能离账簿式。读本年所记之事，其原因在若干年前者，或已忘其来历。其结果在若干年后者，若不能得其究竟。非直翻检为劳，抑亦寡味矣！用梁任公语。而本末之为体，因事命篇，不为常格。非深知古今大体，天下经纶，不能网罗隐括，无遗无滥。文省于纪传，事豁于编年。决断去取，体圆而用神也。用章学诚语。今《通鉴》以编年为宗，《本末》以比事为体。故读《通鉴》者，如登高山，泛巨海，未易遽窥其津涯；得《本末》而阅之，则根干枝叶，绳绳相生，不待反复他卷，而了然在目矣。用王鸣盛语。近人何炳松氏曰："袁枢所得结果，无意中与现代新史学上所谓主题研究法者，不约而同，实为我国史籍中最得通意之著作也。"见《通史新义》。

第六节　苏辙吕祖谦史论

(一) 苏辙《古史》

苏辙,字子由,眉山人。父洵,兄轼,俱有文名。辙与轼同登进士科,累迁御史中丞、尚书右丞、太中大夫,致仕,筑室于许,号颍滨遗老。

辙性沉静简洁,为文汪洋澹泊,似其为人。尝以司马迁《史记》多不得圣人之意,乃因迁之旧,上自伏羲神农,下讫秦始皇,为本纪七,世家十六,列传三十七。自谓"追录圣贤之遗意,以明示来世,至于得失成败之际,亦备论其故"。见《四库总目提要》。盖当迁之时,古文经未出。战国诸子,各自著书,或增损古事,以自完其说,迁一切信之。甚者或采世俗相得之语,以易古文旧说。故辙为此史以正之。说本陈振孙。但方东树考此书所以作,由于辙之自语而得知。其词云:"苏子由曰:人生逐日,胸次须出一好议论。若饱食暖衣,惟利欲是念,何以自别于禽兽?……只效温公《通鉴》样,作议论,商略古人,岁久成书,自足垂世。"按即作《古史》之本意也。见《书林扬觯》。辙之治史,单下批评,在史界亦有地位焉。梁任公云:"还有苏辙、吕祖谦一派的史论家,对于史事下批评,在史学界有相当的地位。"见《中国历史研究法补编》。

纪昀云:"平心论之,史至于司马迁,犹诗至于李杜,书至于钟王,画至于顾陆,非可以一支一节比拟其长短者也。辙乃欲点定其书,殆不免于轻妄。至于其纠正补缀,去取之间,颇为不苟,存与迁书相参考,固亦无不可矣。"见《四库总目提要》。其体裁,章氏实斋云:"采撷经传之书,则与通史异耳。"见《文史通义》。

附

胡宏《皇王大纪》

胡宏,字仁仲,号五峰,崇安人,安国之季子也。以荫补承务郎。尝谒杨中立于汴京,从侯所圣于荆门,故学有原委。事迹附载《宋史·儒林传·胡安国传》中。

是书成于绍兴辛酉、绍定间。尝宣取入秘阁。所述自盘古氏迄周赧王，举二千余岁事。广摭异传，以经义贯通之，庶几择之精而语之详矣。说本朱彝尊，见《曝书亭集》。纪昀云："此书前二卷，皆粗存名，无事迹。帝尧以后，始用《皇极经世》编年。博采经传，而时以论断。陈振孙《书录解题》尝讥其误取《庄子》寓言，及叙邃古之人，无征不信。然古帝王名号可考，统系斯存，典籍相传，岂得遽为删削。至其采摭浩繁，虽不免小有出入，较之罗泌《路史》，则切实多矣，未可以一眚掩也。"见《四库总目提要》。

朱氏有是书跋，载《曝书亭集》卷四十五。称"邹平马骕撰《绎史》，体例颇相似"。其实此书体用编年，《绎史》则每事标题，而杂引古书之文，排比伦次，略如袁枢《纪事本末》之法，体例截然不同耳。

（二）吕祖谦《大事记》等书

吕祖谦，字伯恭，金华人。隆兴进士，复中博学弘词，官至直秘阁著作郎，国史馆编修。少时，性褊急，一日，诵孔子"躬自厚而薄责于人"语，平时忿懥，忽焕然冰释。其文词宏肆辨博，凌厉无前。著有《大事记》。

盖是书取司马迁《年表》所书，编年系月，以纪《春秋》后事，复采辑诸书以广之。始周敬王三十九年，迄汉武帝征和三年。书法皆祖太史公，所录不尽用策书凡例。《朱子语录》所谓伯恭子约宗太史公之学，以为非汉儒所及者，此亦一证也。其书作于淳熙七年，每以一日排比之事。本欲起《春秋》后，迄于五代。会疾作而罢，故所成仅此。然亦足见其大凡矣。

当时诸儒，大抵研究性命，而轻视史学。祖谦虽亦从事于讲学，而淹贯典籍，不肯借程子玩物丧志之说，以文饰空疏，故朱子称其史学分外仔细。但《宋史》以此点之，降至《儒林传》中。然所学终有根柢，此书亦具有体例。即如每条之下，各注从某书修云云，一一具载出典，固非臆为笔削者可及也。以上见《四库总目提要》。

又有《十七史详节》二百七十三卷，此盖其读史时删节备检之本。凡《史记》二十卷，《西汉书》三十卷，《东汉书》三十卷，《三国志》二十卷，《晋书》三十卷，《南史》二十五卷，《北史》二十八卷，《隋书》二十卷，《唐书》六十卷，《五代史》十卷，前冠以疆理世系纪年之图。所录大抵随时节抄,不必尽去精要也。清王鸣盛乃云:"此书随意采掇,粗疏无理,疑出于南渡书肆,嫁名祖谦,而其为宋时人笔,则无疑。"见《十七史商榷》卷七十七。

祖谦后注《唐鉴》,及作《东莱博议》。梁任公云:"宋明以后,益尚浮议,于是有史论专书,如吕祖谦之《东莱博议》等。……其末流只以供帖括剽说之资,于史学无与焉。"见《中国历史研究法》。

第七节 罗泌《路史》

罗泌,字长源,庐陵人。著《路史》四十七卷。是书成于乾道庚寅,凡《前纪》九卷,述初三皇至阴康无怀之事;《后纪》十四卷,述太昊至夏履癸之事;《国名记》八卷,述上古至三代诸国姓氏地理,下逮两汉之末;《发挥》六卷,《余论》十卷,皆辨难考证之文。其《国名记》第八卷,载《封建后论》一篇,《究言》一篇,《必正札子》一篇,《国姓衍庆记原》一篇,盖以类相附也。

泌《自序》谓:"皇甫谧之《世纪》,谯周之《史考》,张愔之《系谱》,马总之《通历》,诸葛耽之《帝录》,姚慕年之《历帝纪》,小司马之《补史》,刘恕之《通鉴外纪》,其学浅狭,不足取信。苏辙《古史》,第发明索隐之旧,未为全书,因著是编。"

《余论》之首,释名书之义。引《尔雅》训"路"为大。所谓"路史",盖曰"大史"也。句下注文,题其子苹所撰。核其词义,与泌书详略相补,似出一手,殆自注而嫁名于子欤?皇古之事,本为茫昧。泌多采纬书,已不足据。至于《太平经》《洞神经》《册壶记》之类,皆道家依托之言。乃一一据为典要,殊不觉庞杂之讥。然引据浩博,文采瑰丽,颇有助于文章云。以上见《四库总目提要》。

章学诚称之曰:"罗氏《路史》,自具别裁,成其家言。"见《文史通义·释通》。梁启超亦云:"罗长源《路史》,取司马子长所谓'缙绅先生难言者'而言之。嗜博而荒之讥,信所不免;然其比类钩索之勤,不可诬也。其《国名记》之一部,条贯绵密,实史界创作。且其时古本《竹书纪年》及皇甫士安辈所著书皆未亡佚。其所取材者,多今日所不及睹,故可宝也。"见《饮冰室合集》之四。

但钱大昕、叶昌炽二氏,则皆讥之。钱氏曰:"罗泌《路史》,在胡宏之后,征引盖为奥博。自后儒生,侈谈邃古,而荒唐之词,流为丹青。盖好奇而不学之弊。"见《十驾斋养新录》卷十三。叶氏云:"罗泌荒诞,近小说家。"见《缘督庐日记抄》。而《翁文恭日记》载廖仲山父栘城有《路史注》其兄穀士补之,仲山又补之,方付刊也。癸卯九月廿五日。近人王初桐亦撰有《路史正误》三卷,唯皆未见行世耳。

第八节　吴缜《新唐书纠谬》(已详第十五章)

第十七章　南北宋名家之野史

第一节　李焘《续资治通鉴长编》

李焘,字仁父,号巽岩,眉山人。年甫冠,愤金仇未复,有《反正议》十四篇。登绍兴进士,累官礼部侍郎,进敷文阁学士,同修国史。

平生博极群书,尤究心掌故。因当时学士大夫,各信所传,不考诸实录正史,家自为说;乃踵司马光《通鉴》例,采一祖八宗事迹,荟萃讨论,作为此书。以光修《通鉴》时,先成长编,焘谦不敢言续《通鉴》,故但谓之《续通鉴长编》。原为五百二十卷,今仅存一百六十八卷。逐条之下,亦仿光《考异》例,参校诸说,定其真妄。考北宋遗闻者,当以此书为渊海矣。并见《四库总目提要》及《退庵随笔》。

据周密《癸辛杂识》所载:"焘为《长编》,以木橱十枚,每橱抽替匣二十枚,每替以甲子志之。凡本年之事有所闻,必归此匣,分日月先后次第之,井然有条云云。"可想见其方法之科学化矣。经营四十年而后成。自实录正史、官府文书以逮家录野记,无不递相稽审,质验异闻。虽采摭浩博,或不免虚实并存,疑信互见,未必一一皆衷于至当。然焘进状自称"宁失之繁,毋失之略。盖广搜博录,以待后之作者。"此方合"长编"之义也。陈振孙云:"《长编》云者,司马公之为《通鉴》时,先命其属为丛目。既成,乃修长编。然后删之,以为成书。故焘书虽繁芜而不嫌也。"是以叶适作《巽岩集序》,极称李氏《续通鉴》"《春秋》之后,才有此书"。其词曰:"自史法坏,谱谍绝,百家异传,与《诗》《书》《春秋》并行。而汉至五季,事多在记,后史官常狼狈收拾,仅能成篇。呜呼!其何以信天下也?《通鉴》虽幸复古;然由千有余岁之后,追战国、秦汉之前,则远矣,疑词误说流于人心久矣。方将钩索质验,贯殊析同,力诚劳而势难一矣。及公据变复之会,乘岁日之存,断自本朝,凡实录正史、官文书,无不是正就一律也。而又家录野记,旁互参审,毫发不使遁逸。邪正心迹,随卷较然。夫孔子所以正时日月,必取于《春秋》者,近而其书具也。今惟《续通鉴》为然尔。故余谓《春秋》之后,才有此书,信之所聚也。"见《水心文集》卷十二。而张栻尝曰:"李介甫如霜松雪柏,无嗜好,无姬侍,不事殖产,平生生死文字间。"朱彝尊云:"宋儒史学,以文简为第一。盖自司马君实、欧阳永叔书成,犹有非之者,独文简免于讥驳。张叶二氏之言,要非过论也。"见《曝书亭集》卷四十五。

此书世所传者,仅建隆至治平一百八卷。四库馆开时,馆臣于《永乐大典》中抄得神哲两朝《长编》,自熙宁三年四月至元祐八年六月,自绍圣四年四月至元符三年正月,仅廿六年事,而卷帙转加于旧。盖年代弥近,则见闻弥广故也。说本钱大昕,见《潜研堂集》卷二十八。又撰《举要》六十八卷,大略皆温公旧规也。

第二节　熊克《中兴小纪》

熊克,字子复,建阳人。绍兴进士。孝宗时,官至起居郎,兼直学士院。出知台州。克博闻强记,淹贯当代掌故,事迹详《宋史·文苑传》。

其《中兴小记》为排次南渡以后事迹,首建炎丁未,迄绍兴壬午,年经月纬,勒成一书,计四十卷。宋制:"凡累朝国史,先修日纪。"其曰"小纪",盖以别于官书也。陈振孙《书录解题》称"克之为书,往往疏略多抵牾,不称良史"。岳珂《桯史》亦摘其误。盖以当时之人,记当时之事,耳目既有难周,是非尚未论定。自不及李心传书,纂辑于记载详备之余。然其上援朝典,下参私记。缀辑联贯,具有伦理。其于心传之书,亦不失先河之导。创始难工,固未可一例论也。以上见《四库总目提要》。

《宋史·艺文志》载克所著尚有《九朝通略》一百六十八卷。今《永乐大典》仅存十有一卷,首尾另落,已无端委矣。按《九朝通略》,《文史通义》注谓"合吕夷简《三朝国史》,王珪《两朝国史》,李焘、洪迈等《四朝国史》,以编年体为九朝书"云。

第三节　陈均《宋九朝编年备要》

陈均,字平甫,号云岩,莆田人。太学生。丞相俊卿之从孙也。端平初,有言是书于朝者,敕下福州宣取,赐均官迪功郎。

其书取日历、实录及李焘《续通鉴长编》,删繁提要,勒成一帙,兼采司马光、徐度、赵汝愚等十数家之书,博考互订。始太祖至钦宗,凡九朝事迹。欲其篇帙省约,便于寻阅;故苟非大事,则略而不书。卷首有建安真德秀、长乐郑性之、敷文阁林岊三序。林序谓"取司马氏之纲,而时有修饰,取李氏之目,而颇加节文",足以括其体例矣。见《四库总目提要》。

钱大昕云:"陈平甫《九朝编年备要》三十卷,不载于《宋史·艺文志》。唯直斋陈氏尝著于录;而又讥其去取无法。近时秀水朱氏乃亟称之。予读其书,有大字,有分注,略仿紫阳《纲目》之例,而以宋人述宋事,不敢过为褒贬之辞。且书成于南渡之世,故老旧闻未尽散失。间有可补正史之阙者,较之陈桱、商辂辈,诚远胜之矣。"见《潜研堂集》卷二十八。

第四节　李心传《建炎以来系年要录》等书

李心传,字微之,井研人。父舜臣,官宗正寺主簿。心传兄弟三人。皆以儒学名,故事迹具《宋史·儒林传》。心传官至礼部侍郎。"晚年寓居湖州,自号雪滨病叟;又称秀岩。"见《十驾斋养新录》卷七。长于史学,凡朝章国典,多所谙悉。所著《系年要录》《朝野杂记》《旧闻证误》,在野史中,最足以资证者。兹分别述之如下:

(一)《系年要录》　是书述高宗朝三十六年事迹。仿《通鉴》之例,编年系月,与李焘《长编》相续。宁宗时,尝被旨取进。其书以国史、日历为主,而参以稗官野史、家乘说状、案牍奏议、百官题名,无不胪采异闻,以待后来论定。故文虽繁而不病其冗,论虽歧而不病其杂。大抵李焘学司马光而或不及光,心传学李焘而无不及焘。其宏博而有典要,非熊克、陈均诸人所能追步也。见《四库总目提要》。

至其书名,《文献通考》作"系年要记",《宋史》本传作"高宗要录",

互有不同。"嘉定中，吏部尚书修国史曾噩等荐之。诏命其弟太常博士李道传取心传《高宗系年要录》送史馆。嗣又就其家抄录《孝宗光宗要录》。"见《越缦堂日记补》。陈振孙曰："此书盖与李巽岩《长编》相续。亦尝自隆兴后，相继为之。会蜀乱散失，不能复得。"见《书录解题》。但今尚存二百卷。李慈铭阅后记之曰："李氏蜀人，或谓其书颇薄东南士大夫而右蜀士。……大抵每事博稽众采，详核月日，平心折衷。于高宗一朝之事，绳贯珠联，较之《三朝北盟会编》，尤觉条理精密矣。"见《越缦堂日记》。

（二）《朝野杂记》 是书多南渡以后事迹，分门编类。《甲集》二十卷，分上德、郊庙、典祀、制作、朝事、时事、故事、杂事、官制、取士、财赋、兵马、边防十三门。见《四库总目提要》。李慈铭云："《甲集》成于宁宗嘉泰三年。……自帝系后妃君德朝政，以及制度沿革，时事治乱，而士大夫间遗闻轶事，亦偶及之。原原本本，叙次简严，载述详核，盖兼备国史及会要之用。"见《越缦堂日记补》。陈氏《解题》称为"南渡以后，野史之最详者"。考南宋故事，固莫善于此书矣。

《乙集》二十卷，少《郊庙》一门，而末卷别出《边事》，亦十三门。每门各分子目。虽以"杂记"为名；其体例实同会要。盖与《建炎以来系年要录》互相经纬者也。见《四库总目提要》。李慈铭曰："《乙集》续成于嘉定九年，多记宁宗朝事，末及女真、西夏、蒙古之国本末。叶绍翁《四朝见闻录》屡引李心传《朝野佥载》，疑即此书。"又曰："李氏意以《要录》备本纪、列传之取材，以杂记备志传之取材，故博取兼收，事加综核，务详所据，以求是非之公。惜乎《要录》孝、光两朝已无传本，《杂记》虽载至宁宗朝，而丙丁戊三集亦皆不传，此欲重修南宋书者所深致慨也。"见《越缦堂日记补》。

所谓丙、丁、戊三集之编著，盖据张端义《贵耳三集序》云："心传告以《朝野杂记》丁戊二集将成。则是书尚不止于甲乙二集。殆书成未出，世无得见耳。"

但此书既掇拾群言，失真者自属不免。却于高、孝、光、宁四朝，礼乐、刑政之大，以及职官、科举、兵农、食货无不该具。首尾完赡，多有马氏《通考》及《宋史》诸志所未载。故王士禛《居易录》称其"大纲细目，粲然悉备，为史家之巨擘。言宋事者，当必于是有征焉"。说本纪昀，见《四库总目提要》。

（三）旧闻证误　心传《要录》于诸书讹异，多随事辨正。故此书所论北宋之事为多，不复出也。或及南宋之事，则《要录》之所未及，此补其遗也。凡所见私史小说，上自朝廷制度沿革，下及岁月之参差，名姓之错互，皆一一详征博引，以析衷其是非。大致如司马氏之《通鉴考异》，而先列旧文，次为驳正，条分缕析。其体例则如《孔丛》之《诘墨》，其间决疑定舛，于史学深为有裨，非淹通一代掌故者不能为也。此书久佚，今从《永乐大典》中辑得一百四十余条，为四卷。并见《四库总目提要》。

第五节　徐梦莘《三朝北盟会编》

徐梦莘，字商老，临江人。绍兴二十四年进士。为南安军教授，改知湘阴县，官至知宾州。以议盐法不合，罢归。梦莘嗜学博闻，生年多所著述。《宋史·儒林传》称其恬于荣进，每念生靖康之乱，思究见颠末。乃网罗旧闻，荟萃同异，为《三朝北盟会编》。一作《集编》。自政和七年海上之盟，迄绍兴三十一年，上下四十五年。凡敕制、诰诏、国书、书疏、奏议、记序、碑志，登载靡遗。帝闻而嘉之，擢直秘省云云。

今其书抄本尚存，凡分上中下三帙：上为政宣一十五卷，中为靖康七十五卷，下为炎兴一百五十卷。其起迄年月，与史官所言合。所引书一百二种，计考私书八十四种，全国诸录十种，共一百九十六种；而文集之类，尚不数焉。史所言者，殆未尽也。凡宋金通和用兵之事，悉为诠次本末。年经月纬，按日胪载。惟靖康中帙之末，有《诸录杂记》五卷，则以无年月可系者，别为编次，附之于末。

其征引皆全录原文，无所去取；亦无所论断。盖是非并见，同失互存，以备史家之采择，故以"会编"为名。然自汴都丧败，及南渡立国之始，其治乱得失，循文考证，此事推求，已皆可具见其所以然，非徒饾饤琐碎已也。虽其时说部糅杂，所记金人事迹，往往传闻失实，不尽可凭。又当日臣僚札奏，亦多夸张无据之词；梦莘概录全文，均未能别择。要其博赡淹通，南宋诸野史中，自李心传《系年要录》以外，未有能过之者，固不以繁芜病矣。

考梦莘成书后，又以前载不尽者五家，续编次于中下二帙，以补其阙。靖康、炎兴各为二十五卷,名曰《北盟集补》。今此本无之。殆当时二本各行,故亡佚欤?以上见《四库总目提要》。

第六节　王偁《东都事略》

王偁,字季平,眉州人。父赏,绍兴中,为实录修撰。偁承其家学,旁搜九朝事迹,采辑成编。洪迈修《四朝国史》,奏进其书,以承议郎知龙州。特授直秘阁。其书为本纪十二,世家五,列传一百五,《附录》八,共百三十卷。叙事约而赅,议论亦皆持平,且具史识。但南宋诸人,乃多不满其书。盖偁闭门著述,不入讲学之宗派,党同伐异,势所必然,未可据为定论也。见《四库总目提要》。

清汪琬谓"元修《宋史》,实据此书为稿本"。以今考之,惟《文艺传》为《宋史》所资取。故所载北宋为多,南宋文人寥寥无几。其余事迹,多相舛缪。元人修史,盖未尝考证此书。琬之言,未得其实也。说本纪昀。

虽然,宋人私史,其可传者,唯偁与李焘、李心传之书而三耳。考《宋史》者,安可不宝贵之乎?

第十八章　王徐二氏四《会要》

第一节　王溥《唐五代会要》

　　王溥,字齐物,并州祁人。汉乾淳中,登进士第一。周广顺初,拜端明殿学士。恭帝嗣位,官右仆射。入宋,仍故官。进司空,同平章事,监修国史。加太子太师,封祁国公。卒谥康定。事迹具《宋史》本传。

　　初,唐苏冕尝次高祖至德宗九朝之事,为《会要》四十卷。宣宗大中七年,又诏杨绍复等次德宗以来事,为《续会要》四十卷,以崔铉监修。惟宣宗以后,记载尚阙。溥因复采宣宗至唐末事续之,为《新编唐会要》一百卷。建隆二年正月奏御;诏藏史馆。书凡分目五百十有四,于唐代沿革损益之制,极其详核。其细琐典故,不能概以定月者,则别为杂录,附于各条之后。又间载苏冕驳议,义例赅备,有裨考证。今仅有传抄本,脱误颇多云。见《四库总目提要》。

　　又有《五代会要》三十卷。因五代干戈倏攘,百度陵夷。故府遗规,多未暇修举。然五十年间,法制典章,尚略具于累朝实录。溥因检寻旧史,条分件系,类辑成编。于建隆二年,与《唐会要》并进。诏藏史馆。

　　后欧阳修修《五代史》,仅列《司天》《职方》二考,其他均未之及。赖溥是编,得以收放失之旧闻,厥功甚伟。且欧史乖舛尤甚,微溥此编,亦无由订欧史之谬也。盖欧史务谈褒贬,为《春秋》之遗法;是编务核典章,为《周官》之旧制。各明一义,相辅而行。读五代史者,又何可无此一书哉?见书同前。

　　是以朱彝尊亦云:"五代之乱,干戈倏扰,其君臣易置,若传舍然,未暇修其礼乐政刑。然当日累朝实录,咸有实录可采。而欧阳子作史,仅成《司天》《职方》二考，其余概置之。微是书，典章制度，无足征矣。"见《曝书亭集》卷四十五。

第二节　徐天麟《两汉会要》

徐天麟，字仲祥，临江人。开禧元年进士。调抚州教授。历武学博士，通判惠潭二州，权知英德府。事迹附见《宋史·徐梦莘传》。

传称天麟为梦莘之从子。先著《西汉会要》七十卷，其书仿《唐会要》之体。取《汉书》所载制度典章，见于纪、志、表、传者，以类相从，分门编载。其无可隶者，亦依苏冕旧例，以杂录附之。凡分十有五门，共三百六十七事。嘉定四年，具表进之于朝，有旨付尚书省，藏之秘阁。

班固书最称博赡，于一代礼乐刑政，悉综括其大端，而理密文繁，骤难得其体要。天麟为之区分别白，经纬本末，一一犁然，其诠次极为精审。惟所采只据本史，故于汉制之见于他书者概不采掇，未免失之于隘。又杂据相如、子云之赋语入文，殊非事实，亦为有乖义例。然其贯串详洽，实未有能过之者。

后官武学博士时，续成《东汉会要》四十卷。于宝庆二年，复奏进之。其体例皆与前书相合。所列六十五门，分三百八十四事。惟《西汉会要》不加论断，而此书则间附以按语，及杂引他人论说。盖亦用苏冕《驳议》之例也。天麟据范书为本，而旁贯诸家，悉加衷次。其分门区目，排比整齐，实深有裨于考证。以上见《四库总目提要》。

王鸣盛谓："二史所载汉家制度典章，散于纪、传、表、志者，仿唐以来会要体，分门编纂，其用力勤矣。……仲祥，乙丑进士，世有史学。其世父梦莘商老著《北盟会编》，父得之思叔为《左氏国纪》，兄筠孟坚作《汉官考》，皆行于世。"见《蛾术编》。昔人称颜师古为《汉书》功臣，若天麟者，固无愧期目矣。

第十九章　宋人治外国史

第一节　叶隆礼《契丹国志》

叶隆礼，字士则，号渔林，嘉兴人。淳祐七年进士。由建康府通判，历官秘书丞，奉诏撰次辽事，为此书。凡帝纪十二卷，列传七卷，晋降表、宋辽誓书、议书一卷，南北朝及诸国馈贡礼物数一卷，杂载地理及典章制度二卷，行程录及诸杂记四卷，共二十七卷。

钱曾《读书敏求记》称"其书法谨严，笔力详赡，有良史风"。而苏天爵《三史质疑》则谓"隆礼不及见国史"，其说多得于传闻，讥其失实甚多。今观其书，大抵取前人记载原文，分条采摘，排比成编。穆宗以前纪传，则本之《资治通鉴》；穆宗以后纪传及诸杂记，则本之李焘《长编》等书；其《胡峤陷北记》，则本之欧史；《四夷附录》《诸蕃记》及《达锡伊都》等传，则本之洪皓《松漠纪闻》；《杂记》则本之武圭《燕北杂记》；皆全袭其词，无所更改。间有节录，亦多失当。盖隆礼生南渡后，距辽亡已久。北土载籍，江左亦罕流传。仅据宋人所修史传及诸说部，抄撮而成，故本末不能悉具。苏天爵所论，深中其失；钱曾盖未之详核也。以上见《四库总目提要》。

第二节　宇文懋昭《大金国志》

宇文懋昭，淮西归正人。改授承事郎，工部架阁。宋端平元年正月十五日，《大金国志》四十卷，书成奏上。卷首有表。

但此书前人多疑为宋人伪造。钱大昕尝跋其后云："予读其词，称蒙古为大朝，曰大军，曰天使，而于宋事无所隐讳，盖元初人所撰。其表文则后之好事者为之,而嫁名于懋昭者也。"见《潜研堂集》卷二十六。李慈铭亦云:"《大金国志》,……余谓实伪也。宇文懋昭之名,亦是景撰,盖是宋元间人钞撮诸纪载,间以野闻里说,故多荒谬无稽,复沓冗俗。而亦时有遗闻佚事,为史所未及。"见《越缦堂日记》。

然《四库总目提要》有云:"宇文懋昭作《大金国志》,《文学翰苑传》多至三十二人。验其文皆称元好问《中州集》中小传而略加删削之也。"则其人当在元氏之后,或同时矣。

第二十章　金遗民之留心故国文献

第一节　元好问《中州集》

元好问,字裕之,太原秀客人。金兴定三年,登进士第。官至翰林,知制诰。金亡不仕。世称遗山先生。见陈衍《元诗纪事》卷三十。

按《金史·文艺传》称:"元好问晚年以著作自任。以金源氏有天下,典章法制,几及汉唐。国亡史作,己所当任。时金国实录,在顺天张万户家,乃言于张,愿为撰述。既因有阻而止,乃构野史亭,著述其上。凡金源君臣遗言往行,采撷所闻。有所得,辄以片纸细字为记录,至百余万言。纂修《金史》,多本其所著云。"见《四库总目提要》引。梁任公曰:"一到元明,简直没有史家。史官修的《宋史》《元史》都很糟,中间只有金遗民元好问专门收罗文献,以史为业,可谓有志之士。"见《历史研究法补编》。

又按此集虽采录金人之诗,然所贵在乎每人系以小传,即寓保存文献之意。观其《中州集·自序》云:"岁壬辰,予据在曹,冯内翰子骏、延登。刘邓州光甫祖谦。约予为此集。时京师方受围,危急存亡之际,不暇及也。明年,留滞聊城,杜门深居,颇以翰墨为事。冯、刘之言,日往来于心。亦念百余年以来,诗人为多,苦心之士,积日力之久,故其诗往往可传。兵火散亡,计所存者,才什一耳,不总萃之,则将遂湮灭而无闻,为可惜也。乃记忆前辈及交游诸人之诗,随即录之。"于此可知好问之纂此集,亦为承人之志焉。

其记金事既详,故宇文懋昭作《大金国志》,《文学翰苑传》多至三十二人。验其文,皆录元好问《中州集》中小传,而略删削之也。说本纪昀,见《四库总目提要》。

然全祖望尝跋《遗山集》，以为后世之蒙面异姓，而托于国史以自脱者，皆此等阶之厉也。其文曰："遗山之于金，虽有为崔立撰碑之累，事由劫胁，要其志节不可尽没也。其力求修《元史》，亦思以效忠于金，卒被阻而罢，然其惓惓亦至矣！惟是遗山以求修史之故，不能不委蛇于元之贵臣。读其碑版文字，有为诸佐命作者，至加'先太师'、'光相'、'先东平'之称，以故国之逸民，而致称于新朝之佐命者如此，则未免降而且辱也。遗山又致书耶律中令，荐上故国之臣四十余人，劝其引进，是非可以已而不已者耶？愿言呼诸子，相从颍水滨，昔人风节尚哉！要之，遗山只成为文章之士，后世之蒙面异姓而托于国史以自脱者，皆此等阶之厉也。呜呼！宗社亡矣，宁为圣予、所南之介，不可为遗山之通，岂予之过于责备哉！"见《鲒埼亭外集》卷三十一。而序《中州集》则又称之，其文曰："近世言《金史》者好诋遗山，盖自王尚书阮亭始，然遗山亦可轻诋？如愚所言，未必非遗山功臣也。"见同上。

第二节　刘祁《归潜志》

刘祁，字京叔，浑源人。举金进士，廷试失意归。国初，戊戌诏试儒人，祁就试。魁西京，选充山西东路考试官。见《元诗纪事》卷三。

当其归乡里，值金末丧乱，乡帅高侯为筑室以居。因榜其堂曰归潜，且以张横渠东西二铭书诸壁。京叔作《归潜志》十四卷，以记金事。内《大梁纪事》一卷，专记元兵入汴始末，并见《金史》及《越缦堂日记补》。修《金史》者多采用焉。清顾亭林曰："《金史》大抵出刘祁、元好问二君之笔，亦颇可观。"见《日知录》卷二十六。

全氏《读归潜志》，则考得京叔与元裕之、麻信民交恶事。其文曰："元裕之与刘京叔互委撰《崔立碑》。裕之作《溽南墓志》。……及观京叔《归潜志》中所述，则深有恨于裕之，并及溽南。予平情考之，溽南与裕之不欲撰碑，而又不敢抗，故强付之京叔与麻信民。京叔二人亦不敢抗，而卒挽裕之以共谤。文人遭此，亦可悲也。"见《鲒埼亭外集》卷三十一。

第二十一章　元人之留心本朝掌故

第一节　虞集《经世大典》

虞集，字伯生，号道园，仁寿人。宋丞相虞允文五世孙也。少时避乱，从母杨氏受《论语》《孟子》《左氏传》及欧苏文，辄能成诵。及就外傅，得刻本，则已尽读诸经，通其大义矣。元成宗时，除国子博士。仁宗时，除翰林待制，兼国史院编修官。文宗时，任《经世大典》总裁，奎章阁侍读学士。

所谓《经世大典》，为天历二年冬，有旨命奎章阁学士院翰林周史院，参酌唐宋《会要》之体，会粹国朝故实之文，作为此书，赐名《皇朝经世大典》。观虞集自作《序录》，又可知古时纂辑之梗概，云：天历二年二月，以国史自有著述，命阁学士专率其属而为之。太师丞相答剌罕，太平王臣燕帖木儿总监其事。并以耆旧近臣，习于国典，任提调焉。至于执笔纂修，"则命奎章阁大学士中书平章政事臣赵世延，而贰以臣虞集，与学士院艺文监官属，分局修撰。又命礼部尚书臣巎之择文学儒士三十人，给以笔札而缮写之，出内府之钞以充用。是年四月十六日开局，仿六典之制，分天、地、春、夏、秋、冬之别，用国史之例，别置蒙古局于其上，尊国事也。其书悉取诸有司之掌故，而修饰润色之。通《国语》于《尔雅》，去吏牍之繁辞，上送者无不备书，遗亡者不敢擅补。于是定其篇目，凡十篇，曰君事四，臣事六"。君事：帝号、帝训、帝制、帝系；臣事：治典、赋典、礼典、政典、宪典、工典。以至顺二年五月一日，草具成书，缮写呈上。

又于其所著《道园学古录》中《送刘墨庄远游序》，述元初欲修三史事甚详,文云:"世祖皇帝时,既取江南,大臣有奏:'国可灭,其史不可灭。'上甚善之。命史官修辽、金、元史。时未遑也。至仁宗时,屡尝以为言,是时予方在奉常,尝因会议廷中而言诸朝曰:'三史文书阙略,辽金为甚,故老且尽,后之贤者,见闻亦且不及。不于今时为之,恐无以称上意。'典领大官是其言,而亦有所未建也。天历、至顺之间,屡诏史馆趣为之,而予别领书局,未奏,故未及承命。间与同列议三史之不得成,盖互以分合论正统,莫克有定。今当三家各为书,各尽其言而核实之,使其事不废可也。乃若议论,则以俟来者。诸公颇以为然。然每思史事之重,非有欧公之才识,而又得刘公之博洽以资之,盖未易能有成也。予闻前辈言:渡江后,眉山李公仁父,就蜀置局,著《宋通鉴长编》,而北兵卒至,尽亡其书。走至东南,多追忆以成书,凡数百卷,是可以追及刘氏者欤?"

第二节　袁桷《世祖以来功臣列传》

袁桷,字伯长,会稽人。元延祐间,任翰林待制,承务郎,兼国史院编修官。擅长文艺,负史才。在史院几二十年,纂《五朝实录》及《仁宗皇帝实录》,皆有进书表,载于《清容集》中。自云于世祖以来功臣,又作《列传》,考其旌表令尤谆切。书成,天子锡宴,桷复代史局上表谢之。有谓"立朝载笔,交怀惕日之惭;就馆肆筵,申锡需云之宠。……谓丹青信史,纪二圣之鸿文;念铅椠微劳,属小人而燕赉。"亦见《清客集》卷三十八。

其修三史,所上《事状》,条列搜访遗书,言实可采,特为移录:"猥以非才,冬员史馆几二十年。近复进直翰林,仍兼史职。苟度岁月"实为罔功。伏睹先朝圣训,屡命史臣纂修辽、金、宋史,因循未就。推原前代亡国之史皆系一统之后史官所成。若齐、梁、陈、隋、周五代正史,李延寿《南北史》,房玄龄等《晋书》,或称御撰,或著史臣,此皆唐太宗右文稽古,数百年分裂事志悉得全备。至宋,仿效唐世,爰设官局,以成《唐书》。是则先朝屡命有合太宗文明之盛。卑职生长南方,辽金旧事,鲜所知闻。中原诸老,家有其书。必有搜罗会粹,以成信史。窃伏自念先高叔祖少传正献公燮,当嘉定间,以礼部侍郎秘书监专修《宋史》,具有成书；曾祖太师枢密越公韶，为秘书著作郎，迁秘书丞，同预史事；曾叔祖少傅正肃公甫、吏部尚书商，俱以尚书修撰实录。谢薄弱息，获际圣朝，以继先躅。宋世九朝，虽有正史，一时避忌，今已易代，所宜改正。昔司马迁、班固皆以父子相传，遂能成书。刘知幾、刘餗、刘赞咸以家世旧闻，撰成《史通》《史例》。辄不自揆，庸用条析，兼本院宋朝名臣文集及杂书记载，悉皆遗缺，亦当著具书目，以备采择者。……自惟志学之岁，宋科举已废，遂得专意宋史，亦尝分汇杂书、文集及本传、语录，以次分别。不幸城西火灾，旧书尽毁，然而家世旧闻，耳受目睹，犹能记忆。或者谓国亡，史不宜修，南方鄙儒，讵敢置论，年齿衰迈，分宜归老田里，旷官糜职，实为罔功，而区区素蕴，亦蕲别白，以称朝廷奖拔之厚。凡所具遗书，散在东南，日就湮落，或得搜访，或得给笔札传录，庶能成书，以备一代之史。谨呈翰林国史院。谨状。"见同上。

钱大昕云："伯长以史学自负，其《上修三史事状》，勤勤搜访遗书为先，可谓知本务矣。顾其所觊列者，皆东都九朝之遗事，至于南渡七朝之记载，略不齿及，岂有所忌讳而不欲尽言欤？厥后三史刊修，伯长已不及见，而其孙暊以家藏书数千卷上之史局，衷集之功，为不虚矣。"见《潜研堂集》卷三十一。

第三节　苏天爵《元名臣事略》

苏天爵，字伯修，真定人。由国子监学生，试第一。释褐授从仕郎、蓟州判官，终浙江行省参知政事。事迹具史本传。

此书记元代名臣事实。始穆呼哩，终刘因，凡四十七人。大抵据诸家文集所载墓碑墓志、行状家传为多。其杂书可征信者，亦采掇焉。一一注其所出，一示有征。盖仿朱子《名臣言行录》例，而始末较详；又兼仿杜大珪《名臣碑传琬琰集》例。但有弃取，不尽录全篇耳。见《四库总目提要》。

清钱大昕跋此书云："明初修史诸臣，于《实录》之外，惟奉苏氏《名臣事略》为护身符，其余更不采访，遂使世家汗马之勋多就湮没尔。厥后金华指宋濂。窜死，乌伤指王祎。非命，毋亦作史之孽欤？"见《潜研堂集》卷二十八。

第二十二章　元官书

第一节　托克托等《辽史》

至正三年四月，诏儒臣分撰，而托克托总裁其事。于四年三月，书即成，为本纪三十卷，志三十一卷，表八卷，列传四十六卷，《国语解》一卷。

按沈括《梦溪笔谈》载："辽制，书禁甚严，凡国人著述，惟听刊行于境内，有传于邻境者，罪至死。"盖国之虚实，不以示敌，用意至深，然以此不流播于天下。迨五京兵燹之后，遂至旧章散失，澌灭无遗。观袁桷《修三史议》，苏天爵《质疑》，知辽代载籍可备修史之资者，寥寥无几。故当时所据惟耶律俨、陈大任二家之书。见闻既隘，又蒇功于一载之内，无暇旁搜。潦草成编，实多疏略。至其重视琐碎处，在史臣非不自知，特以无米之炊，足穷巧妇。故不得已而缕割分隶，以求卷帙之盈。势使之然，不足怪也。见《四库总目提要》。

入清，有"厉樊榭鹗。作《辽史拾遗》，采摭群书，至三百余种，自比于裴松之注《三国志》，殆不诬矣。"见《退庵随笔》卷十四。详"厉鹗"节。

第二节　托克托等《金史》

同时托克托等奉敕撰《金史》。凡纪十九卷，志三十九卷，表四卷，列传七十三卷。

金人肇基，奄有中原。制度典章，彬彬为盛。征文考献，具有所资。如国书、誓诰、册表、文状、指挥、牒檄、案牍之属，皆记年月，得以编次成书。是自开国之初，即已遗闻不坠。《文艺传》称：元好问晚年以撰述金源史事自任。又称刘祁撰《归潜志》，于是金宋之事，多有足征。是相承纂述，复不乏人。修《金史》时，多本其著。

且考托克托等进书表称："张柔归《金史》于其先，王鹗辑金事于其后。是以纂修之命，见诸敷遗之谋。延祐申举而未遑，天历推行而弗竟。"是元人之于此书，经营已久。与宋辽二史，取办仓卒者不同，故其首尾完密，条例整齐。约而不疏，赡而不芜。在三史之中，独为最善。见《四库总目提要》。

第三节　托克托等《宋史》

同时托克托等又奉敕撰《宋史》。其总目题本纪四十七，志二百六十二，表三十二，列传二百五十五。然卷四百七十八至卷四百八十三，实为世家六卷。总目未列，盖偶遗也。

其书仅一代之史，而卷帙几盈五百，检校既已难周；又大旨以表章道学，余事皆不甚措意。故舛谬不能殚数。盖其书以宋人国史为稿本，宋人好述东都之事，故史文较详；建炎以后稍略；理、度两朝，宋人罕所记载，故史传亦不具首尾。《文苑传》止详北宋，而南宋止载周邦彦等数人。《循吏传》则南宋更无一人焉。见《四库总目提要》。

李慈铭云："诸史莫劣于宋。事实浩繁，尤难修订。前贤如汤义仍、万季野、徐健庵、邵南江、陈和叔诸先生，累有志改作，而卒不能成。"见《越缦堂日记补》。详后各人节中。

第二十三章　马端临《文献通考》

马端临,字贵与,江西乐平人。宋宰相廷鸾之子也。咸淳中,漕试第一。会廷鸾忤贾似道去国;端临因留侍养,不与计偕。元初,起为柯山书院山长。后终于台州儒学教授。

尝以杜氏《通典》尚有阙略,乃缀缉考评,部分汇别。自天宝以前,则增益其事迹之未备,离析其门类之所未详;自天宝以后,至宋嘉定之末,则续成之。为门二十有四,为卷三百四十五。书成后,内寺王寿衍上之于朝。盖贯串二十五代,文章莫大乎是哉!见《蛾术编》。

所谓二十四门,据《四库总目提要》记载曰:"《田赋考》七卷,《钱币考》七卷,《户口考》二卷,《职役考》二卷,《征榷考》二卷,《市籴考》二卷,《土贡考》一卷,《国用考》五卷,《选举考》十二卷,《学校考》七卷,《职官考》二十一卷,《郊社考》二十三卷,《宗庙考》十五卷,《王礼考》二十二卷,《乐考》二十一卷,《兵考》十三卷,《刑考》十二卷,《经籍考》七十六卷,《帝系考》十卷,《封建考》十八卷,《象纬考》十七卷,《物异考》二十卷,《舆地考》九卷,《四裔考》二十五卷。然其中《田赋》等十九门,皆因《通典》而离析之。《经籍》《帝系》《封建》《象纬》《物异》五门,则广《通典》所未及也。"

其书之取名,有《自序》一段说明云:"凡叙事,则本之经史,而参之以历代会要,以及百家传记之书。信而有证者从之,乖异传疑者不录,所谓'文'也。凡论事,则先取当时臣僚之奏疏,次及近代诸儒之评论,以至名流之燕谈,稗官之纪录。凡一话一言可以订典故之得失,证史传之是非者,则采而录之,所谓'献'也。其载诸史传之纪录而可疑,稽诸先儒之论辨而未当者,研精覃思,悠然有得,则窃著己意,附其后焉。命其书曰《文献通考》。"

按此书上起黄虞，下讫南宋宁宗。上下数千年，贯串二十五代。举凡典章经制因革之故，粲然可考，不啻集著述之大成也。是以纪昀称之曰："其条分缕析，使稽古者可以案类而考；又其所载宋制最详，多《宋史》各志所未备。案语亦多能贯穿古今，折衷至当。虽稍逊《通典》之简严，而详赡实为过之，非郑樵《通志》所及也。"

然后儒亦有讥之者。如钱大昕云："予读唐宋《艺文志》往往一书而重见，以为史局不出一手之弊，若马贵与《经籍考》系一人所编辑，所采者不过晁、陈两家之说，乃亦有重出者。其沿杜本之旧，又有失于检点之处。"见《十驾斋养新录》卷十三。卢抱经亦云："马氏《经籍》一门，采诸史志传，及宋朝馆阁书目，并诸家序跋，而于晁公武《郡斋读书志》、陈振孙《直斋书录解题》两书，几于备载无遗。此两家所据所见之书，其卷数或与史志不合，即两家亦不能尽同。"见《群书拾补·史类》。盖其书中兵刑、经籍之类，诚有不惬人意处也。无怪章学诚极力讥之，以谓："马端临无独断之学，而《通考》不足以成比次之功。谓其智既无所取，而愚之为道，又有未尽也。且其就《通典》而多分其门类，取便翻检耳。因史志而裒集其议论，易于折衷耳。此乃经生决科之策括，不敢抒一独得之见，标一法外之意；而奄然媚世为乡愿。至于古人著书之义旨，不可得闻也。"见《文史通义·答客问》。然谭献尚称其"用力不可谓不勤；托体不可谓不大"也。见《复堂日记》卷一。今仍与杜氏《通典》、郑氏《通志》，合称"三通"焉。

第二十四章　明官书

第一节　宋濂等《元史》

洪武二年,得元十三朝实录,命修《元史》。以宋濂及王祎为总裁。二月开局天宁寺,八月书成。而顺帝一朝,史犹未备,乃命儒士欧阳佑等往北平采其遗事。明年二月,诏重开史局。阅六月书成。为纪四十七卷,志五十三卷,表六卷,列传九十六卷。

按此书之成,总前后仅三百三十一日。古今史成之速,未有如《元史》者;而文之陋劣,亦无如《元史》者。故当书始颁行,纷纷然已多窃议。迨后来递相考证,纰漏弥彰。清朱彝尊《上史馆书》曰:"(上略)若夫《元史》,其先开局纂修一十六人,其后续纂一十五人,合计其成,仅十三月尔。其文芜,其体散,其人重复。以宋濂、王祎一代之名儒,佐以汪克宽、赵汸、陈基、胡翰、贝琼、高启、王彝诸君子之文学经术,宜其陵轹前人,顾反居诸史之下。无他,迫于时日故也。"见《曝书亭集》卷三十二。而钱大昕亦讥之曰:"夫史为传信之书。时日促迫,则考订必不审,有草创而无讨论,虽班、马难以见长,况宋、王词华之士,征辟诸子皆起自草泽,迂腐而不谙掌故者乎?"故纰缪百出。其文之工拙,更无暇论矣。见《十驾斋养新录》卷九。钱氏又答客问,其词曰:"史之芜陋,未有甚于《元史》者。……宋景濂、王子充皆以古文名世,何以疏舛乃尔? 曰:金华、乌伤两公本非史才,所选史官,又皆草泽迂生,不谙掌故,于蒙古语言文字,素未谙习,开口便错。即假以时日,犹不免秽史之讥,况成书之期又不及一岁乎?"见《潜研堂集》卷十三。故钱谦益则早谓"《元史》潦草卒业,原属未成之书也"。见《鲒埼亭外集》卷四十二引。

虽然，《元史》之舛驳，不在乎蒇事之速，而在于始事之骤。以后世论之，元人载籍之存者，说部文集，尚不下一二百种。以订史传，时见牴牾，不能不咎考订之未密。其在当日，则重开史局，距元亡二三年耳。后世所谓古书，皆当日时人之书也。其时有未著者；有著而未成者；有成而未出者；势不能裒合众说，参定异同也。说本纪昀。

考徐一夔《始丰稿》，有重开史局时《与王祎书》云："元不置'日历'，不置'起居注'，独中书置'时政科'，遣一文学掾掌之，以事付史馆。及易一朝，则国史院据所付，修《实录》而已。其于史事，固甚疏略。幸而天历间，虞集仿《六典》法，纂《经世大典》，一代典章文物粗备。是以前局之史，既有《十三朝实录》，又有《经世大典》，可以参稽，……厘而成书。至若顺帝二十六年之事，既无实录可据，又无参稽之书，惟凭采访以足成之。窃恐事未必核也，言未必驯也，首尾未必贯穿也云云。"则是书之疏漏，未经属草之前，一夔已预知之，非尽濂等之过矣。见《四库总目提要》。

要之，此书实有改作之必要。即在当时，太祖已不惬意。曾命宰臣改为之。据《解缙集》有《与吏部侍郎董伦书》，称："《元史》舛误，承命改修云云。"其事在太祖末年，岂非太祖亦觉其未善，故有是命欤？今则胶州人柯凤荪别著《新元史》一书，并行于世，详"柯氏"节。

第二节　宋濂《洪武圣政记》

宋濂，浦江人，字景濂。元至正中，荐授翰林院编修。以亲老，辞不起。隐东明山著书，历十余年。明初，以书币征。除江南儒学提举。命授太子经，修《元史》。累转至翰林学士。承旨，知制诰，以老致仕。长孙慎坐法，举家谪茂州，道遇疾卒。

所著《洪武圣政记》为略仿《贞观政要》之例，标题分记。分"严祀事"、"正大本"、"肃军政"、"绝幸位"、"定民志"、"新旧俗"六类。濂自作序，在所作《文宪集》中，盖当时奏御之书也。见《四库总目提要》。

濂又作《浦阳人物记》二卷。书分五目：曰"忠义"，曰"孝友"，曰"政事"，曰"文学"，曰"贞节"。所记共二十有九人，而以《进士题名》一篇附于后。盖濂本以文章名世，故所作皆具有史法也。见书同上。谭献尝阅《宋景濂集》，亦叹此书制作合乎史裁。其言曰："先生生宋后，又承金华诸君之学，而能为此书，岂独一时魁硕哉？《浦江人物记》渊洁有笔削遗意，高出《元史》上。故知集众修书，刻期蒇事，昔贤者亦所难也。"见《复堂日记》卷一。

第三节　王袆《大事记续编》

王袆，字子充，义乌人。少游柳贯、黄溍之门。明初，征为中书省掾。修《元史》成，拜翰林待制。使云南，抗节死。事具《明史·忠义传》。

此书七十七卷，乃续吕祖谦《大事记》而作。体例悉遵其旧，而考证辨别，亦皆不苟。见《四库总目提要》。

第二十五章　薛王严之补续《通鉴》

第一节　薛应旂《宋元资治通鉴》

薛应旂,字仲常,常州武进人。嘉靖乙未进士。历浙江提学副使。见朱彝尊《明诗综》卷四十二。

是编续司马光《资治通鉴》而作,为卷一百五十七。朱竹垞《静居志诗话》尝讥其孤陋寡闻。如王偁、李焘、杨仲良、徐梦莘、刘时举、彭百川、李心传、叶绍翁、陈均、徐自明诸家之书,多未寓目;并辽金二史,亦削而不书。唯道学宗派特详尔。今核其书,大抵以商辂等《通鉴纲目续编》为蓝本,而稍摭他书附益之。于宋元二史,未尝参考其表志。故于元丰之更官制,至元之定赋法,一切制度,语多暗略。于本纪列传,亦未条贯。凡一人两传,一事互见者,异同详略,无所考证,往往文繁而事复。其余重沓窜易之误,不可枚举。所纪元事,尤为疏漏。惟所载道学诸人,颇能采据诸家文集,多出于正史之外。然杂列制诰赠言、寄札祭文,铺叙连篇,有同家牒。律以史法,于例殊乖。至于引用说部,以补正史之阙者,又不辨虚实;徒求新异耳。见《四库总目提要》。要之,此书意在推崇道学;而叙事多疏漏。其年月卒不可信。说本钱大昕,见《养新录》卷十三。

又有《宪章录》四十七卷,所载上起汉武,下迄正德,用编年之体。盖以续所作《宋元通鉴》。然采摭杂书,颇失甄别云。

第二节　王宗沐《宋元通鉴》

王宗沐,字新甫,临海人。嘉靖进士。授刑部主事,擢江西提学副使,修白鹿洞书院,引诸生讲习其中。三迁山西布政使。岁祲,请缓征逋赋。拜右副都御史，总督漕运。疏请复海运，议者言其不便，遂寝。进刑部左侍郎，以京察拾遗罢归。

亦有《宋元通鉴》六十四卷。王鸣盛云："此书与薛著同时修纂，各不相知，要其空陋同也。"见《蛾术编》。

第三节　严衍《通鉴补》

严衍，字永思，嘉定人。明万历中，补县学生。与李流芳、龚方中友善。时邑中诸名宿，皆以诗文自名。衍独专心古学，耻以词华衒世。年四十一，读司马温公《资治通鉴》而好之。晨夕探索，至忘寝食。又以温公著书，意在资治，故朝章国政，述之独详，而《家乘》《世谱》，纪之或略。其于人也，显荣者多，而遗逸则略；国方正者多；而节义则略；丈夫者多，而妇女则略。乃援引正史及它书以补之。或补为正史，或补为分注。其补正史之例有二：

有《通鉴》所已载，而事或阙而未周，文或简而不畅，则逐节补之；有《通鉴》所未载，而事有关于家国，言有系于劝惩，则特笔补之。其补分注之例有三：

> 一曰附录，事虽可采，而或涉于琐，或近于幻，故不以入正文。
>
> 一曰备考，《通鉴》之所载如此，它书之所载如彼，虽两不相合，而事属可疑，故两存之。
>
> 一曰补注，胡身之注所未备，或有伪舛，则以己意释之。

其所取材，则十七史居十之九，稗官野史居十之一，而要以法戒为主。其有关劝惩，虽小史必录，苟无所取义，虽正史亦删。要使学者欲考兴亡，则观政于朝；欲知淳薄，则观风于野；欲树宏猷，则法古人之大道；欲修细行，则拾往哲之余芳。人无隐显，道在者为师；行无平奇，济物者为尚。盖其《自序》如此。

又谓：周社虽灭，秦命末膺。昭襄虽强，不当遽以纪年。朱梁、石晋之恶，浮于黄巢。周虽彼善于此，然北汉未亡。柴氏岂得臣之。故于周赧入秦之后，改称前列国；五季迭兴之世，改称后列国。进蜀汉于正统，黜武氏为附载，此又取紫阳《纲目》之义，以弥缝本书之阙者也。当时无通史学者，咸笑以为迂。唯黄淳耀叹以为绝伦，而谈允厚为之参校史传，考订遗漏。书成，允厚复为之作《序》云。见钱作《严衍传》。

清钱大昕曰："先生与允厚，于史学皆实事求是，不肯妄下雌黄。其所辨正，皆确乎不可易。宋季，元明儒学，好读《纲目》如尹起莘、刘友益、王幼学、徐昭文辈，皆浅陋迂腐，虽附《纲目》以传，转为本书之累。其有功于《通鉴》者，胡身之而后，仅见此书耳。"见《潜研堂集》卷三十八。

然谭献评之曰："明季严衍永思与弟子谈允厚撰《资治通鉴补》，久而未传于世。钱辛楣先生始表异之。吴门近日活字印行，得而读之。自是笃实整齐之籍，必以为涑水诤友，恐尚未得本书宗旨所在。然心力坚果，成书刻苦，于二百年后得传艺林。士之精神专一，与造化通。昨与涑人论此，惭我曹之浅涉矣。"见《复堂日记》卷三。

谭氏又曰："阅《通鉴补》战国数卷。原文补正，均非完密。黄薇香明经《周季编略》可以拾遗，而又病其补缀割裂也。颇以《绎史》为善。"见书同上。再按：此书一名《通鉴补正略》，计三卷云。

第二十六章　明人之改编宋史

第一节　王洙《宋史质》

王洙,字一江,临海人。正德辛巳进士,其任履未详。

是编百卷,因《宋史》而重修之。自以臆见,别创义例。大旨欲以明继宋,非唯辽金两朝皆列于外国,即元一代年号,亦尽删之。

纪昀讥此书中间荒唐悖谬,缕指难穷。自有史籍以来,未有病狂丧心如此人者。其书可焚,其版可斧,其目本不宜存。然印本已多,恐其荧无识之听,为世道人心之害,故辞而辟之,俾人人知此书为狂吠,庶邪说不至于诬民焉。见《四库总目提要》。予按纪氏为清臣,而清亦以外族入主中国,故作此语也。

第二节　柯维骐《宋史新编》

柯维骐,字奇纯,莆田人。嘉靖癸未进士。授南京户部主事。未任事而归,事迹具《明史·文苑传》。

史称其家居三十载,乃成是书。沈德符《敝帚集剩语》称:"其作是书时,至于发愤自宫,以专思虑,可谓精勤之至。"凡成本纪十四卷,志四十卷,表四卷,列传一百四十二卷。纠谬补遗,亦颇有所考订。然托克托等作《宋史》,其最无理者,莫过于道学、儒林之分传,而维骐仍之。且以辽金二朝,置之外国,其大纲得非谬乎?见《四库总目提要》。

但朱彝尊尝不满《宋史》,欲改修之,而未果,故对柯书尚称之。观其所为跋云:"宋、辽、金、元四史,惟《金史》差善。其余潦草牵率,岂金匮石室之所宜储？柯氏撰《新编》，会宋、辽、金三史为一，以宋为正统。正亡国诸叛臣之名以明伦，列道学于循吏之前以尊儒，历二十载而成书，可谓有志之士矣。"见《曝书亭集》卷四十五。而王鸣盛谓："柯氏《新编》合宋、辽、金三史为一，以宋为主。复参诸家记载可传信者，补其阙遗。历二十寒暑始成，凡二百卷。"又曰："柯氏正为未及遍读诸书，故能成此。若谓文献无征，而欲取之群书，徒乱人意耳。"俱见《蛾术编》。则鸣盛对此书未尽惬意也。至连鹤寿注《蛾术编》有云："《新编》一书，以诛乱臣为先。故其凡例，第一条明正统，第二条正帝统，第三条即云旧史叛臣传多降金之臣，今各纂其事，列而暴之，无令乱臣贼子幸免恶名于后世也。"则其体例谨严，可以远驾托克托之上矣。

钱大昕已有言曰："柯氏《宋史新编》，较之薛方山《续通鉴》，用力既深，义例亦有胜于旧史者。惜其见闻未广，有史才而无史学耳。后之有志于史者，既无龙门、扶风之家学，又无李淑、宋敏求之藏书，又不得刘恕、范祖禹助其讨论，而欲以一人之精力成一代之良史，岂不难哉"？见《潜研堂集》卷二十八。

第三节　汤显祖《宋史》改本

汤显祖，字义明，号若士，临川人。万历进士，官礼部主事。抗疏劾政府信私人，塞言路，谪广东徐闻典史。后迁遂昌知县。投劾归。研精词曲，兼善史学。

据全祖望答客问汤氏《宋史》帖子曰："明季重修《宋史》者三家：临川汤礼部若士，祥符王侍郎损仲，昆山顾枢部宁人也。临川《宋史》，手自丹黄涂乙，尚未脱稿。长兴潘侍郎昭度抚赣，得之，延诸名人，足成其书。东乡艾千子、晋江曾弗人、新建徐巨源皆预焉。网罗宋代野史，至十余簏，功既不就，其后携归吴兴。则是书不特阁下西江之文献也，亦于吾乡有臭味焉。是时，祥符所修，亦归昭度，然两家皆多排纂之功，而临川为佳。其书自本纪、志、表皆有更定。而列传体例之最善者，如合《道学》于《儒林》，……归嘉定误国诸臣于《奸佞》，列濮、秀、荣三嗣王独为一卷，以别群宗，皆属百世不易之论。至五闽禅代遗臣之碌碌者多芟，建炎以后名臣多补，庶几《宋史》之善本焉。甲申以后，石门吕及甫婿于潘氏,是书遂归及甫。姚江黄梨洲征君以讲学往来浙西,及甫请征君为之卒业,征君欣然许之。及甫因取其中所改历志请正,若约尽出其十余簏之野史。成言未果,及甫下世,其从子无党携入京师,将即据其草本开雕。无党又逝,新城王尚书阮亭,仅得钞其目录,故尝谓是书若经黄征君之手,则可以竟成一代之史。即得无党刊其草本,则流传亦易。而无如天皆有以败之。"见《鲒埼亭外集》卷四十三。

而梁曜北玉绳。亦有一段详细记载云:"闻前辈言汤若士有《宋史》改本,朱墨涂乙,某传当削,某传当补,某人宜合某传,某人宜附某传,皆注《目录》之下,科条分明。王阮亭《分甘余话》谓临川旧本在吴兴潘昭度家,恨无从购之。许周彦云:潘中丞昭度曾欲重修《宋史》,先为《宋史抄》,采摭极富,杨凤苞曾见其稿十余册,惜其全书散佚亡矣。"见《退庵随笔》引。总之,后人对《宋史》多以为未善,而欲改修之。如顾宁人之改修《宋史》,闻其草本已有九十余册,乃其晚年之作,身后归徐健庵,今亦不可问矣。说本全氏。同时黄梨洲亦尝欲重修《宋史》,未就。今存《丛目补遗》三卷。见《国朝先正事略》。即全氏亦拟补之,而未动工。其言曰:"某少读《宋史》,叹其自建炎南迁,荒谬满纸。欲得临川书为蓝本,或更为拾遗补阙于其间。荏苒风尘,此志未遂。"见《鲒埼亭外集》卷四十三。惜也,今汤书已亡矣!说本叶昌炽。

第二十七章　陈邦瞻《宋元纪事本末》

陈邦瞻，字德远，高安人。万历戊戌进士。官至兵部左侍郎。事迹具《明史》本传。

初，礼部侍郎临朐冯琦欲仿《通鉴纪事本末》例，论次宋事，分类排比，以续袁枢之书，未就而没。御史南昌刘曰梧得其遗稿，因属邦瞻增订成编为二十六卷，大抵本于琦者十之三，出于邦瞻者十之七。自太祖代周，迄文谢之死，凡分一百九目。于一代兴废治乱之迹，梗概略具。袁枢义例，最为赅博，其镕铸贯串，亦极精密。邦瞻能墨守不变，故铨叙颇有条理。诸史之中，《宋史》最为芜秽，不似《通鉴》本有脉络可寻。此书部列区分，使一一就绪。其书虽稍亚于枢，其寻绎之功，乃视枢为倍矣。惟是书中纪事，既兼及辽金两朝。当时南北分疆，未能统一，自当称"宋、辽、金三史纪事"，方于体例无舛。乃专用"宋史"标名，殊涉偏见。此外因仍《宋史》之旧，舛讹疏漏，未及订正者，亦所不免。然于纪载冗杂之内，实有披榛得路之功。读《通鉴》者，不可无袁枢之书，读《宋史》者，亦不可无此一编也。

又有《元史纪事本末》四卷。凡列目二十有七。明修《元史》，仅八月而成书，潦草殊甚。后商辂等撰《续纲目》，不能旁征博采，元事亦多不详。此书采掇，不出二书之外。故未能及《宋史纪事本末》之赅博。……特是元代推步之法，科举学校之制，以及漕运、河渠诸大政，措置极详。邦瞻于此数端，纪载颇为明晰。其他治乱之迹，亦尚能撮举大概，揽其指要，固未尝不可以资考镜也。以上俱见《四库总目提要》。

第二十八章　明朝之野史

第一节　朱睦㮮《革除逸史》

朱睦㮮，明太祖之孙，字灌甫，号西亭。封镇国中尉。万历中，举周藩宗正。

是书二卷，以建文帝一朝事迹，编年叙之。又有《授经图》二十卷，所述经学源流也。睦㮮之作是书，大旨病汉学之失传，因明其专门授受。欲儒者饮水思源，故所述列传，止于两汉。朱氏《经义考》未出以前，能条析诸经之源流，此书实为之嚆矢。见《四库总目提要》。

第二节　张岱《石匮书》

张岱，字宗子，别号陶庵，山阴县诸生。早慧，能诗文，尤长于史学。所著《石匮书》，为记明代三百年事，尤多见闻。

据陈蓉曙跋云：是书有列传而无纪志。列传亦多未完之稿，并有稿已完而后失者。否则如永乐之改革，天顺之复辟，武宗之巡幸，张江陵之相业，严分宜之权奸，隆、万后之三边，启、桢之流寇，不应一字不及。若嘉靖议礼，建文逊国，定陵倦勤，福邸归藩，皆有明一代要典。思陵殉国后，如南京之建立，鲁藩之监国，隆武，永历之纪年，以及黄石斋、史道邻、张苍水诸公之死事勤王，郑国姓李，晋国之兴国存亡，夏肆殷顽之屡灭屡起，皆不应阙如。石公浙人，若于忠肃王文成、刘忠介诸乡贤，不应不为之立传。且石公著是书，注意在明以朋党亡国，而三案始末不详。观毛西河所改，及原书之不定卷数，则其为未完书可知。

案石公一生著述，多胚胎说部，非迁固正传。而于有明一代朝典野乘、谀闻轶事，则搜辑靡遗，此《石匮书》尤为其生平所自夸者。

第三节　王世贞《弇山堂别集》

王世贞，字元美，太仓人。嘉靖丁未进士。官至南京刑部尚书。事迹具《明史·文苑传》。

是书载明代典故，凡"盛事述"五卷，"异典述"十卷，"奇字述"四卷，"史乘考误"十一卷，"表"三十四卷，分六十七目，"考"三十六卷，分十六目，合一百卷。

按此书之命名，与著作动机，有王氏自撰《小序》云："《弇山堂别集》者何？王子所自纂也。名之别集者何？内之无当于经术政体，即雕虫之技亦弗与焉，故曰'别集'也。王子弱冠登朝，即好访问朝家故典与阀阅琬琰之详，盖三十年一日矣。晚而从故相徐公所得尽窥金匮石室之藏，窃亦欲藉薜萝之日，一从事于龙门、兰台遗响，庶几昭代之盛，不至恣恣尔。甫欲命管，而病妒之。既而自惟材力绵浅，一不称也。所睹章奏、竿尺、赋颂之类，鲜足衰者，二不称也。是非小有不当，流祸后世，三不称也。而是时倡道者谓'王子毋受役于笔研以凿性灵'。自是绝意不复作。其他有所闻见，偶书之赫蹄，以数甓贮藏。寻得间出之，编次成帙，凡一百卷，携来金陵署中。乃好事者见而异之，固请付剞劂。是书行，异日有裨于国史者，十不能二。耆儒掌故取以考证，十不能三。宾幕酒次，以资谈谑，参之十或可得四。其用如是而已。"叶德辉曰："其言谦谦如此，实则见闻详洽，记述具有史才。由其生长世家，早以文章名世。而是集为晚年撰定，以视董复表掇拾世贞《文集》《碑传》之作编为史料者，一为己所精心结撰，一为人所裒合成书，其得失固不侔矣。"见《郋园藏书志》卷二。

其友人陈文烛亦为之作《序》云："国史自范蔚宗以下，一解不如一解。宋、辽、金、元卑哉，栾邯之后，降为皂隶矣。元美起而更张之，其义隐而直，其文谐而庄，其志似推而实任。夫元美千秋轶才，而不得一登史馆，目击朝纲掌故，犁然有概于心，不容不置一喙。乃又以流祸隐忧，故自斧扆以至貂珰，美丑悉陈，无所裒钺，以俟夫后世君子。同心者易寻,吹毛者难见,顾其中藏三尺之严,毫不可夺,不亦隐而直乎?一典之异,令人色飞,一事之奇,令人颐解。幕中颦笑,辇下滑稽,间一有之,而殿阁岩廊公卿将相之事,则居多焉。含法旨于恢词,寓正言于谑语,莞尔麈谈,毅然狐史,斯不亦谐而庄乎?元美之才之学,驾陵千古,以国朝而有元美,在元美何可无兹集哉!"见本书卷首。

钱大昕云:"元美以一代文献自命。"见《潜研堂集》卷三十一。故除《别集》外,尚著有《弇州史料》《朝野异闻录》,所记皆明末掌故,可与正史相参证也。

第二十九章　明清鼎革时之史料

第一节　吴伟业《绥寇纪略》

吴伟业，字骏公，号梅村，太仓人。崇祯辛未进士，授翰林院编修。入清，官至国子监祭酒。

是编十二卷，专记崇祯时流寇，迄于明亡，分为十二篇，每篇后加以论断。考朱彝尊《曝书亭集》，有书跋云："梅村以顺治壬辰，舍馆嘉兴之万寿宫，辑《绥寇纪略》。久之，其乡人发雕是编，仅十二卷而止。"《明史》开局，求天下野史，尽上史馆，于是先生是本出。予抄入《百六丛书》之列，颇不免小说纤仄之体，其回护杨嗣昌、左良玉，亦涉恩怨之私，未为公论，然记事尚颇近实。彝尊所谓"闻之于朝，虽不及见者之确切，而终胜草野传闻，可资国史之汇辑。"亦公论也。见《四库总目提要》。

全祖望亦有此书跋云："陈令升曰：'梅村《绥寇纪略》，不类其集，疑非梅村所为。然舍梅村，亦莫能当此者。'令升盖心疑之，而不敢质言也。及见林太常茧庵所答先赠公帖子，谓：'此书原名《鹿樵野史》，出一遗老之手，梅村得之，遂以行世。然其中为不肖门生邹漪窜改十五，遂无完本。'太常每言及漪，辄切齿以为'吾同谱邹木石何不幸生此无赖子，专为辗转降附之张缙彦出脱'？按漪所作《明季遗闻》，以出脱缙彦，曾被萧震参纠者也。而万征君季野则谓'其中亦有可节取者'。今观其议论，附见《绥寇纪略》者，又颇为李明睿粉饰，或称其南迁之疏云云。"见《鲒埼亭外集》卷二十九。

全氏又曰："明野史千余家，其间文字多芜秽，不足录。若峥嵘独出，能以史汉手笔，备正史之蓝本者，纪事则梅村《绥寇纪略》，列传则《续表忠记》而已。梅村之书，被邹南漪改窜芟删，非复旧观。《表忠记》

则全豹未窥,均为遗憾。"见同书卷四十四。

而梁启超亦曰:"明清鼎革之交一段历史,在全部中国史上实有重大的意义。当时随笔类之野史甚多,虽屡经清廷禁毁,现存者尚百数十种。其用著述体,稍经组织,而其书有永久的价值者,则有吴梅村伟业。之《鹿樵纪闻》,专纪流寇始末。但其书为邹漪所盗改,更名'绥寇纪略',窜乱原文,颠倒事实处不少。"见《清代学者整理旧学之总成绩》。按此,则其书名亦漪所改,固非仅窜其内容已也。

第二节　王夫之《永历实录》

王夫之,字而农,号姜斋,湖南衡阳人。少负英才,读书十行俱下,逾冠,举乡试。明亡,夫之知事不可为,遂决计老牖下,甘自晦匿。浪游彬、永、涟、邵间,所至人士慕从,辄辞去。最后,归衡阳之石船山,筑土室曰观生居,晨夕杜门,学者称船山先生。

夫之生鼎革,甲申后,崎岖岭表。每发谠论,以攻憸邪,备尝艰险。既知事不可为,乃退而著书,窜伏穷山四十余年,一岁数徙其处。故国之戚,生死不忘,所著《永历宝录》,即纪永历十五年间事迹,有纪有传也。

又夫之生平好读《资治通鉴》,读后系之以论,曰《读通鉴论》,凡三十卷,附《宋论》十五卷。盖夫之尚仍苏氏洵、轼乔梓之习气,雌黄史迹,不能切实于用也。说本梁任公。谭献谓:"王氏持论,以仁心为宗旨,而重有见于天位、天禄之分。不以古法为悉可法,不以后王为皆不闻道。封建、郡县之天下各有主治,寓兵于农之迂论不可复用。相臣以亮天工而枢密可别付大僚,谏官以匡君德而弹劾自在考绩。又言武功不可废,文人多失行,皆与经训表里。胡石庄之论学,章实斋之论著书,先生之论治理,如山有乔岳,水有灵海,奉以为归而推求之,毕世不能尽也。"其评《宋论》,又云:"王船山《宋论》,醇实闳远,殆无疵瑕。论赵普、韩琦、司马光、李纲、秦桧、岳飞,精确不可易,垂百代之龟鉴也。"并见《复堂日记》卷三与卷二。

又著有《黄书》等。至道咸间,曾湘乡国藩。为辑《船山遗书》,以表扬其史学于世云。

第三节　戴笠《寇事编年》

戴笠，字耘野，吴江人。明诸生。国变后，隐居教授。土屋三间，炊烟有时绝，而编纂不辍。潘检讨耒实出其门。见《国朝先正事略》。

著有《寇事编年》《殉国汇编》。梁任公谓"此二书，实潘力田《明史长编》之一部。"见《清代学者整理旧学之总成绩》。盖当时耘野与亭林、力田为至友。力田修《明史》，耘野为担任晚明部分，此诸书即其稿。详潘次耕《寇事编年序》。

复著《永陵传信录》三卷，用纪事本末之体。一曰兴献大礼，一曰更定郊祀，一曰钦明大狱，一曰二张之狱，一曰曾夏之狱，一曰经略倭寇。事各为卷，皆先叙而后断。见《四库总目提要》。

第四节　温睿临《南疆绎史》

温睿临，字邻翼，一字哂园，浙江乌程人。为故辅体仁族孙。举康熙乙酉乡试。诗古文雄一时，性亢直，好面折人过。与万季野交最善，以赴礼闱，游京师，无事，遂裒聚野史《绥寇纪略》等四十余种，排比纂次三帝鲁王为纪略者四，诸臣为列传者二十四，总成四十卷，题曰《南疆逸史》。后改《绎史》。

按：此书虽成于哂园，而实犹是季野之志。盖当哂园初至京师，季野谓之曰："鼎革之际，事变繁多。金陵、粤、闽，播迁支拄，历年二十，遗事零落。及今时故老犹存，遗文尚在，可网罗也。子曷辑而志之，成一书乎？"应曰："诺。"即哂园为序万氏《纪元汇考》，亦自称曰："余来京师，与之游者十余年，见则问看何书，有何著述，勤勤以年老时迈毋荒岁月为戒。"可知其得季野督促之力实多矣。

李慈铭曰："《南疆绎史》皆记明末弘光、隆武、永历三朝及鲁监国事，仅存二十卷。今吴郡李瑶补勘之，为《纪略》六卷，为《列传》二十四卷；又为《摭遗》十八卷，《恤谥考》八卷。虽记叙芜冗，然搜辑幽隐，略备考证，其心力亦云勤矣。"见《越缦堂日记补》。而谭献亦云："借子高《南疆绎史》四十五卷原本,阅一过。李瑶据温氏旧文,为不完本。大者如鲁王亡纪,及所补各传,原本皆有之。不知果未见原本耶?抑见全本,讳匿以咻名耶?"见《复堂日记》卷七。章炳麟谓:"《南疆绎史》,日本亦有钞传,惜其讹误过多。行箧中,独有《明史》及《行朝录》,举以对校,未能就理。内地既有旧刻,宜速刊行。明季旧闻,多在零丁小册。独此则为正史体裁,议论亦甚平允。"见《太炎文录》卷二。

　　章氏既极推崇此书,因为作序曰:"(上略)明之史,自万季野述之。季野东南之献民,义无北面,局促虏汉之间,怀不自遂,其述《明史》,讫于思宗之季。圣安以降三叶二十年之纪传,不能悉具。上援承祚之法,《后明史》则不可以不作。温睿临者,与季野同居京邸,愤官书之丑甚,而集《绥寇纪略》等四十余种为《南疆逸史》。三帝、鲁王,皆为纪略,列传凡二十四。……寻检《凡例》,似欲作而日不给者。余昔搜集季明事状,欲作《后明史》以继万氏……据是为典,首尾尽四十年,人材略具。温氏固言:后之君子,续而传之,此亦后死者之责也。《逸史》始萌芽在虏康熙之中,文网尚疏,犹不敢以死奋笔,上挈《蜀志》,差得比肩。若夫南唐者,偏方之小侯;西魏者,丑虏之余孽。而晚世好事之徒,犹撷拾成事,为一家言。则温氏之志,过是远矣!"见书同上。由此并可知太炎先生亦颇致力于史学,而排满论调,每每见于字里行间也。详"章炳麟"节。

第五节　邵廷采东南西南两《纪事》

　　邵廷采,字允斯,又字念鲁,浙之余姚人。九岁读史,即操笔为徐达、常遇春传。长从韩求如当。游,时当年已八十矣。岁必一再至姚江书院,为诸生设讲。后廷采抱遗书于荒江斥海之滨,守其师说不变。与同县黄宗羲、会稽董玚、保定王定中甚相契合,寻游京师,鄞万经欲招入《一统志》馆,廷采谢曰:"老矣!"遂归,卒。

　　廷采生康熙时,距明季未远,尚有一二耆老,可资咨访。又海内平一,故其见闻,亦非限于方隅者可比。撰《东南纪事》十二卷,以存鲁王、唐王。《西南纪事》十二卷,以存桂王。邵武徐幹为之跋云:"明季野史虽多,非限于见闻,即取材庞杂,其间善本盖寡。国朝纂修《明史》,自有体裁,不暇详为纪掇。余姚邵念鲁先生撰《东南纪事》《西南纪事》,辞尚体要,无惭作者,实辅正史并行。轶事遗闻,赖以不泯也。"见本书。又其所辑《思复堂集》,李慈铭谓:"载明末文献极多。"见《越缦堂日记补》。且发明姚江之学焉。

但其乡之后起名流全氏祖望则大不满此书。故曾《答诸生问思复堂集帖》云:"近来文士,大半是不知而作。如邵念鲁为是集,其意甚欲表章儒先,发扬忠孝。其意甚美,然而读书甚少,以学究固陋之胸,率尔下笔,一往谬误。后生或见其集而依据之,贻误不少。当时如吴农祥之诞妄,直是欺人。念鲁非其匹也,然而不知而作则略同。"见《鲒埼亭外集》卷四十七。

要之,念鲁先生胶庠附学,穷老海滨,闻见容有未尽。所述史事,不无一二疏舛。后来章实斋颇有志整理此书云。先生从孙二云,能传其学,成就尤大。详"邵晋涵"节。

第三十章 清官书

第一节 张廷玉等《明史》

《明史》自康熙十八年开局,纂修五十人,皆以博学鸿词荐入翰林者也。总裁初用叶方蔼、张玉书,其后汤斌、徐乾学、陈廷敬、王鸿绪相继为总裁,久之未成。特敕廷敬任本纪,玉书任志表,鸿绪任列传。五十三年,鸿绪列传稿成,表上之,而本纪、志、表尚未就。鸿绪后加纂辑,雍正元年,再表上之。于是《明史》始有全稿。乾隆初,诏修《明史》,总裁官大学士张廷玉奏,即以鸿绪稿为本而稍增损之。九年,史成,颁行天下。盖阅六十年之久,议论平允,考稽详核,前代诸史,莫能及也。见《十驾斋养新录》卷九。凡本纪二十四卷,志七十五卷,表一十三卷,列传二百二十卷,目录四卷,都三百三十六卷。

但据梁氏启超所考得,而知《明史》之修,其间经历甚曲折。其文曰:"官修《明史》,自康熙十八年开馆,至乾隆四年成书,凡经六十四年。其中大部分率皆康熙五十年以前所成,以后稍为补缀而已。关于此书之编纂,最主要人物为万季野,尽人皆知。而大儒黄梨洲、顾亭林于义例皆有所商榷。而最初董其事者,为叶讱庵、徐健庵、立斋兄弟,颇能网罗人材,故一时绩学能文之士,如朱竹垞、毛西河、潘次耕、吴志伊、施愚山、汪尧峰、黄子鸿、王昆绳、汤荆岘、万贞一等,咸在纂修之列,或间接参定。"见《清代学者整理旧学之总成绩》。

按《明史》初稿,其《太祖本纪》,高、文、昭、章、睿、景、纯七朝《后妃传》,至江东《李文进》《龙大有列传》,四十七篇出汤荆岘。《成祖本纪》出朱竹垞。《地理志》出徐健庵。《食货志》出潘次耕。《历志》出吴志伊、汤荆砚。《艺文志》出尤西堂。《太祖十三公主》至《曹吉祥传》一百二十九篇出汪尧峰。《熊廷弼》《袁崇焕》《李自成》《张献忠》诸传出万季野。《流寇》《土司》《外国》诸传出毛西河。此类故实散见诸家文集笔记中者不少云。

总之，明史馆之开设，其志修《明史》者，首屈指亭林、梨洲，然以毕生精力赴之者，则潘力田、万季野、戴南山也。三家之中，潘、万学风大略相同，专注重审查史实。盖明代向无国史，只有一部《实录》，既为外间所罕见，且有遗缺。缺建文、天启、崇祯三朝。而士习甚嚣，党同伐异，野史如鲫，各从所好恶，以颠倒事实，故《明史》称难理。以上俱本梁氏说。兹为明了各史家事迹起见，特分别详述之。

第二节　万斯同《明史稿》　附顾炎武《日知录》、黄宗羲《明史案》、傅维麟《明书》、潘柽章《国史考异》、潘耒《遂初堂集》、戴名世《南山集》、刘献廷《广阳杂记》

万斯同，字季野，浙江鄞人，户部郎泰第八子。生而异敏，读书过目不忘，顾迹弛不驯。八岁时，为其父闭诸室中，斯同窃视架上有明史料数十册，读之甚喜，数日而尽。既出，时时随诸兄后，听其议论。后从梨洲先生游，为高第弟子，与闻蕺山刘氏之学。

尝谓无益之书不必观，无益之文不必作。乃专意古学，博通经史，尤熟于明代掌故。其与书范笔山论史学云："弟向尝流览前史，粗能记其姓氏，因欲遍观有明一代之书。以为既生有明之后，安可不知有明之事，故尝集诸家记事之书读之。见其牴牾疏漏，无一满足人意者。……窃不自揆，尝欲以国史为主，辅以诸家之书，删其繁而正其谬，补其略而决其疑。一仿《通鉴》之体，以备一代之大观。故凡遇载籍之有关于明事者，未尝不涉览也，即稗官野史之有可参见闻者，未尝不寓目也。……顾其事非一人所能为，愿与吾兄共勉之。"可知其素志如此。

康熙己未，修《明史》。徐相国元文，延至京师。时史局中征士例食七品俸，称纂修官。斯同请以布衣参史局，不署衔，不支俸。许之。其在局,诸纂修以稿至者,皆送斯同核审。徐公罢,继之者张公玉书、陈公廷敬、王公鸿绪,俱延请,有加礼。《明史稿》五百卷,其手定也。以上见《国朝先正事略》。故梁任公曰:"季野为今本《明史》关系最深之人,学者类能知之。……季野主要工作,在考证事实,以求真是。对于当时史馆原稿既随时纠正,复自撰《史稿》五百卷。自言'吾所取者或有所损,而所不取者,必非其事与言之真而不益'。故《明史》叙事翔实,不能不谓季野诒谋之善也。"又曰:"《明史》能有相当价值,微季野之力,固不及此也。"上见《清代学者整理旧学之总成绩》。

但在康熙壬午夏,卒于王尚书史局中,其稿即为鸿绪所攘,窜改不知凡几。魏默深有《书王横云明史稿后》,辨证颇详。后此采王稿成书,已不能谓为万氏之旧矣。其原稿尚流传人间,闻萧山朱氏别宥斋藏有列传稿之一部,盖得自南京者。

斯同于前代体例,贯穿精熟,指陈得失,洞中肯綮,刘知幾、郑樵不能及也。马、班史皆有表,而《后汉》《三国》以下无之。刘知幾谓无关得失。斯同则曰:"史之有表,所以通纪传之穷,有其人已入纪传,而表之者,有未入纪传而牵连以表之者。表立而后纪传之文可省,读史不读表,非深于史者也。"故有《历代史表》六十卷。

纪昀云:万斯同《历代史表》"以十七史自《后汉书》以下,惟《新唐书》有表,余皆阙如,故各为补撰。宗《史记》《前汉书》之例,作《诸王世表》《外戚侯表》《外戚诸王世表》《异姓诸王世表》《将相大臣及九卿年表》。宗《新唐书》之例,作《方镇年表》《诸镇年表》。其《宦者侯表》《大事年表》,则斯同自创之例也。其书自正史本纪、志传以外,参考《唐六典》《通典》《通志》《通鉴》《册府元龟》诸书及各家杂史,次第汇载,使列朝掌故端绪厘然,于史家殊为有功。"见《四库总目提要》。朱竹垞曰:"季野取历代正史之未著表者,一一补之,凡六十篇。盖以《明史》表一十三篇揽万里于尺寸之内,罗百世于方册之间,其用心也勤,其考稽也博,俾览者有快于心,庶几成学之助,而无烦费无用之失者欤?"又曰:"季野所编皆历代正史所必不可阙者,用以镜当世之得失。虽附诸史,并颁之学官,奚不可也?"并见《曝书亭集》卷三十五。王鸣盛曰:"季野生千数百年下,追考千数百年上事,胪而列之,诚为快举。此种史学,唐宋亦不多得,明人所未有也。窃谓史之无表者，固宜补矣，有有表而尤不可以不补者。季野但择其无表者补之，余则置之，不无遗恨。熊方《后汉书年表》，季野若见之，则不须重作，即有不同，著其说可矣。因未见熊书，故别自作东汉诸表也。"见《十七史商榷》卷一百。

全祖望云：季野先生"欲以遗民自居，而即以任故国之史事报故国，较之元遗山，其意相同。而所以洁其身者，则非遗山所及"也。见《鲒埼亭集》卷二十八。盖斯同平时尝谓："遗山入元，不能坚持苦节为可惜。"故全氏有此言。

附

（一）顾炎武《日知录》

顾亭林，初名绛，字宁人，江南昆山人。后改名炎武，自署蒋山佣。少受母教。值国变，以不事二姓为志，屡谒明陵，晚岁卜居陕之华阴。

全祖望为作《神道碑》称："炎武于书无所不窥，尤留心经世之学。其时四国多虞，太息天下乏材，以至败坏。自崇祯己卯后，历览二十一史、十三朝实录、天下图经、前辈文编、说部以至公移邸抄之类，有关于民生之利害者随录之。旁推互证，务质之今日所可行，而不为泥古之空言。其《日知录》三十卷，尤为炎武终身精诣之书。凡经史之粹言具在焉。"见《鲒埼亭集》卷十二。自言："有王者起，将以见诸行事，而跻斯世于古治之隆，而未敢为近人道也。"见本书序。梁任公云："顾炎武治史，于典章、制度、风俗，多论列得失，然亦好为考证。"见《清代学术概论》。其后赵翼、王鸣盛、钱大昕辈实汲其流也。

当明史馆开时，总裁叶公方蔼特荐之。而炎武贻书，誓以身殉得免。但集中载与在馆诸公商讨"义例"书甚多，可知其间接有功《明史》之纂辑矣。

所著尚有《天下郡国利病书》，别一编曰《肇域志》，皆关民生利害者，又参以躬所闻见者，颇行于世云。

（二）黄宗羲《明史案》

黄宗羲，字太冲，海内称为梨洲先生。余姚人。明御史忠端公忠素长子。忠端为杨左同志，以劾魏阉，死诏狱。庄烈帝即位，宗羲年十九，袖长锥，入都讼冤，帝称曰"忠孝孤儿"。已而大清兵入关，帝自缢，国亡。宗羲归浙东，纠里中数百人从熊公汝霖，以一旅之师，划江而守。清兵南下，江上溃，公死非命，而宗羲间行回家，欲乞师日本，不果。乃退著述，四方请业之士渐至。复举证人书院，申蕺山之绪。教学者必先穷经，而求事实于诸史。见《国朝先正事略》。按宗羲之主读史，盖得自忠端公。观全祖望为《神道碑》有云："忠端公之被逮也，谓公曰：'学者不可以不通知史事，可读《献征录》。'公遂自明十三朝实录，上溯二十一史，靡不究心，而归宿于诸经。"见《鲒埼亭集》卷十一。

康熙间，会修《明史》。徐学士元文谓宗羲非可召试者，然或可聘之修史，乃诏督抚以礼敦遣，宗羲固辞。朝廷知不可致，特诏浙中督抚抄其著述关史事者送京师。徐公延宗羲之子百家及万处士斯同、万明经言任纂修，皆其门人也。

宗羲虽不赴征书，而史局大案必咨之，史局依而笔削焉。一生著述等身，今取其卓卓大者次为五项述之：

（一）《明史案》 七世孙丙垕云：康熙十八年己未公七十岁，监修《明史》总裁徐立斋（元文）、叶讱庵（方蔼）两学士征公门人万处士季野（斯同）、明经贞一（言）同修。公以《大事记》忠端公所纪、《三史钞》授之，并作诗以送其行。翌年，公七十一岁，奉特旨："凡黄宗羲有所论著及所见闻，有资《明史》者，着该地方官钞录来京，宣付史馆。"李方伯士贞。因招季子主一公至署校勘若干册，使胥吏数十人缮写进呈。注云："公长于史学，尝欲重修《宋史》，而未就。有《丛目补遗》三卷。又辑《明史案》二百四十四卷，故虽不赴征书，而史局大案，总裁必咨于公。如《历志》出于吴检讨任臣之手，乞公审正而后定。其论《宋史》别立《道学传》为元儒之陋，公谓《明史》不当仍其例。时朱检讨彝尊方有此议，汤公斌出公书示众，遂去之。至于死忠之籍，尤多确核。《地志》亦多取公《今水经》为考证。"徐公又延主一公参史局，公以书戏之曰："昔闻首阳二老，托孤于尚父，遂得三年食薇，颜色不坏。今我遣子从公，可以置我矣。"见《黄梨洲先生年谱》卷下。

（二）《行朝录》 全氏按录中凡书某，皆先生所自记。"温哂园作

《南疆逸史》,不审其即为先生,乃袭此文而不改,则失之矣"。见《鲒埼亭外集》卷二十九。

(三)《汰存录》 全氏谓"南雷《汰存录》之作,言《明史》者皆宗之"。见《鲒埼亭集》卷二十一。

(四)《明夷待访录》 全氏云:"同时顾亭林贻书,叹为王佐之才。如有用之,三代可复也。"见《鲒埼亭外集》卷三十一。但全氏题黄肖堂墓版文则曰:"肖堂尝与予读《明夷待访录》,曰:'是经世之文也,然而犹有恨。夫箕子受武王之访,不得已而应之耳。岂有艰贞蒙难之身,而存一待之见于胸中者,则《麦秀》之恫荒矣!作者亦偶有不照也。'予瞿然下拜曰:'是言也,南雷之忠臣,而天下离世纲常之所寄也。'"见同书卷二十二。按此,似嫌其命名之未妥矣。书凡二卷。

(五)《明儒学案》 纪昀云:"初,周汝登作《圣学宗传》,孙钟元又作《理学宗传》。宗羲以其书未粹,且多所阙遗,因采明一代讲学诸人文集语录,辨别宗派,辑为此书。……卷端所列,自方孝孺以下十七人,大抵朱陆分门以后,至明而朱之传流为河东,陆之传流为姚江,其余或出或入,总往来于二派之间。宗羲主于姚江,欲抑王尊薛而不甘,欲抑薛尊王而不敢。故于薛之徒,阳为引重,而阴致微词;于王之徒,外示击排,而中存调护。夫二家之学,各有得失。及其末流之弊,议论多,而是非起。是非起,而朋党立。恩仇轇轕,毁誉纠纷。正嘉以还,贤者不免。宗羲此书,犹胜国门户之余风,非专为讲学设也。然于诸儒源流分合之故,叙述颇详,犹可考见其得失,知明季党祸所由来,是亦千古之炯鉴矣!"见《四库总目提要》。李慈铭曰:"阅黄梨洲先生《明儒学案》。先生受业蕺山,尤主张阳明之学。而于当时黑白异同诸家,兼收并采,不遗一人。《四库提要》谓其未免门户之见,容或有之。然而集诸儒之成,而会其要领,总论得失,若指诸掌,真儒林之渊鉴也。"见《越缦堂日记补》。虽然,此书复经一水一火之灾,散乱佚失。有郑南谿先生,颇表章黄氏之学,乃理而出之,故城贾氏,颠倒《明儒学案》之次第;正其误而重刊之。说本全祖望。是以全谢山即书致郑南谿,论其事目曰:"《明儒学案》间有商榷者,愚意欲附注之原传之尾,不擅动本文也。其有须补入者,各以其学派缀之。"见《鲒埼亭外集》卷四十四。梁任公曰:"黄梨洲《明儒学案》六十二卷出,始有真正之学史。盖读之,而明学全部得一缩影焉。然所叙限于理学一部分，而又特详于王学。盖'以史昌学'之成见，仍未能尽脱。梨洲更为《宋元学案》，已成十数卷，而全谢山更续为百卷。谢山本有'为史学而治史学'之精神，此百卷本《宋元学案》，有宋各派学术面目皆见焉，洵初期学史之模范矣。"见《清代学者整理旧学之成绩》。

按梁氏谓黄梨洲"以史昌学"之成见未能尽脱，其实全祖望早已言之。盖全虽为其乡后进，然颇不满梨洲，兹录其一段言论以证之。词曰："南雷自是魁儒，其受业念台时，尚未见深造。国难后，所得日进。念台之学，得以发明者，皆其功也。兼通九流百家，则又轶出念台之藩，而窥漳海之室，然皆能不诡于纯儒，所谓杂而不越者是也。故以其学言之，有明三百年无此人，非夸诞也。惟是先生之不免余议者，则有二：

其一，则党人之习气未尽。盖少年即入社会，门户之见深入而不可猝去，便非无我之学。

其一，则文人之习气未尽。不免以正谊、明道之余技，犹流连于枝叶，亦其病也。

斯二者，先生殆亦不自知，时时流露。然其实为德性、心术之累不少，苟起先生而问之，亦必不以吾言为谬。过此以往，世之谤先生者，皆属妄语，否则出于仇口也。"见《鲒埼亭外集》卷四十四。要之，梨洲一生精力，原不在区区文词间，而以濂洛之统，综会诸家，横渠之礼教，康节之象数，东莱之文献，艮斋、止斋之经济，水心之文章，莫不旁推，自来儒林所未有。

(三) 傅维麟《明书》

傅维麟初名维桢，字掌雷，灵寿人。顺治丙戌进士。官至工部尚书。是书七卷，为其子汀州府知府燮词所镌，冠以移取咨送诸案牍。盖康熙十八年诏修《明史》，征其书入史馆。凡本纪十九卷，世家三十三卷，宫闱记二卷，表十二卷，志二十二卷，记五卷，世家列传七十六卷，叙传二卷。

自谓："搜求明代行藏印钞诸书，与家乘、文集、碑志，聚书三百余种，九千余卷。"参互实录，考订异同，可谓博矣。然体例舛杂，不可缕数。盖维麟凑合成篇，动辄矛盾，固亦势使之然也。见《四库总目提要》。梁任公亦评之曰："傅掌雷(维麟)其人为顺治初年翰林,当明史馆未开以前,独力私撰《明书》一百七十一卷。书虽平庸不足称,顾不能不嘉其志。"见《清代学者整理旧学之总成绩》。

(四) 潘柽章《国史考异》

潘柽章,字圣木,一字力田,江苏吴江人。生有异禀,颖悟绝人,专精史事。念明兴三百年间,明君贤辅,政教礼乐制度文物大备,无有能如太史公叙述论列成一家言者。而友人吴炎所抱略同,因相约共纂《明史记》。先定为目,凡得纪十八,书十二,表十,世家四十,列传二百。力田撰本纪及诸志,炎分任世家、列传。其年表、历法则属诸王锡阐,流寇与夫殉节诸臣则属诸戴笠。私家最难得者实录,力田鬻产购得之。而昆山顾炎武、江阴李逊之、长洲陈济生并熟于掌故,且多藏书,悉出以相佐。间偕炎出其稿以质虞山钱谦益,谦益大善之。叹曰:"老夫耄矣,不图今日复见二君!绛云余烬尚在,当举以相付。"遂连舟载归。谦益有《实录辨证》,力田作《国史考异》,颇如驳正,数贻书往复,谦益弗能夺也。撰述数年,史行成十之六七,而南浔庄氏狱起,参阅庄书,列君及炎名,乃俱及于难。实则庄氏取朱国桢《史概》为蓝本,两君俱未寓目。徒以名重,为所牵引,致罗惨祸。论者惜之。

所著惟《国史考异》六卷,刊于潘氏《功顺堂丛书》。《国榷》百卷,系《明史记》初稿。仅有传抄之本,已征入明史馆。余如《松陵文献》等,复若干卷,存没均无从咨访矣。见书同上。梁任公曰:"明代向无国史,只有一部《实录》,现为外间所罕见,且有遗缺。而士习甚嚣,党同伐异,野史如鲫,各从所好恶以颠倒事实,故《明史》号称难理。潘力田发心作史,其下手工夫即在攻此盘错,其弟次耕序其《国史考异》云:'亡兄博极群书,长于考订,谓著书之法,莫善于司马温公。其为《通鉴》也,先成长编,别著《考异》,故少抵牾。……于是博访有明一代之书,以《实录》为纲领,若志乘,若文集,若墓铭家传,凡有关史事者,一切抄撮荟萃,以类相从,稽其异同,核其虚实。……去取出入,皆有明征;不徇单辞,不逞臆见;信以传信,疑以传疑。……'见《遂初堂集》卷六。又序其《松陵文献》曰:'亡兄与吴先生炎草创《明史》,先作《长编》,聚一代之书而分划之,或以事类，或以人类，条分件系，汇群言而骈列之，异同自出，参伍钩稽，归于至当，然后笔之于书。'见同上卷七。力田治史之法，其健实如此，故顾亭林极相推挹，尽以己所藏书所著稿畀之。其书垂成，而遭'南浔史狱'之难。既失此书，复失此人，实清代史学界第一不幸事也。遗著幸存者，仅《国史考异》之一部分及《松陵文献》，读之可见其史才之一斑。"见《清代学者整理旧学之总成绩》。

（五）潘耒《遂初堂集》

潘耒，字次耕，号稼堂，柽章之弟也。资禀绝人，有神童之目。从顾亭林、徐俟斋、戴耘野三先生游。故其学贯穿淹洽，无所不通。康熙己未，以布衣举博学鸿词，官检讨。纂修《明史》。充日讲起居注官。

其时与馆选者，皆起家进士。耒与朱竹垞、严荪友独由布衣入选。耒尤精敏敢言，无稍逊避，为忌者所中。坐降调。以母忧归，遂不复出。所著有《遂初堂集》三十九卷。见《国朝先正事略》。

（六）戴名世《南山集》

戴名世，字田有，号褐夫，别号忧庵。早年聪颖，才思艳发，好读《左氏》《太史公书》，尤留心有明一代史事，网罗放失。时访明季遗老，考求故事，兼访求明季野史，参互考订，以冀后来成书，仿太史公之意，藏之名山云。

惟其文好谩骂人。又托名宋潜虚，而作《潜虚集》。叶昌炽云："先生康熙时得上第，值南斋，以语言之过，罹大辟。其家以遗文置竹筒中，悬之梁上，二百年无人知者。庚申之乱，族裔某得之，其字始稍稍传播。文笔雄奇跌宕，与方侍郎苞异曲同工，故侍郎极服之。"又云："先生留心明季掌故，野史碑志，网罗甚富。自言胸中有数百卷书，滔滔欲出。后之贾祸惨死，殆即此数百卷书，为之厉也。"并见《缘督庐日记》卷二。而梁任公亦跋其《孑遗录》云："《孑遗录》以桐城一县被贼始末为骨干，而晚明流寇全部形势，乃至明之所以亡者具见焉，而又未尝离桐，而有枝溢之辞，可谓极史家技术之能，无怪其毅然以《明史》自任而窃比迁固也。所志不遂而陷大僇，以子长蚕室校之，岂所谓九渊之下，尚有天衢者耶？"见《饮冰室文集》之四十四。

按戴南山罹奇冤以死,与潘力田同,而著作之无传于后,视力田尤甚。大抵南山考证史迹之恳挚,或不如力田、季野,此亦比较之辞耳。然史识史才,实一时无物,观其遗文,可以明矣。故梁氏又云:"南山之于文章有天才,善于组织,最能驾驭资料而镕冶之,有浓挚之情感而寄之于所记之事,不著议论。且蕴且泄,恰如其分,使读者移情而不自知。以吾所见,其组织力不让章实斋,而情感力或尚非实斋所逮。"见《清代学者整理旧学之总成绩》。

(七) 刘献廷《广阳杂记》

刘献廷,字君贤,号继庄,顺天大兴县人也。先世本吴人,以官太医,遂家顺天。继庄年十九,复寓吴中,其后居吴者三十年。

昆山徐尚书善下士,又多藏书,大江南北宿老争赴之。继庄游其间,别有心得,不与人同。万隐君季野,于书无所不读,乃最心折于继庄,引参明史馆事,顾隐君景范,黄隐君子鸿长于舆地,亦引继庄参《一统志》事。继庄谓:"诸公考古有余,而未切实用。"及其归也,万先生尤惜之。上见全氏所为传。全氏祖望又曰:"予尝闻之万先生与刘继庄共在徐尚书邸中,万先生终朝危坐观书,或瞑目静坐。而继庄好游,每日必出,或兼旬不返,归而以其所历告之万先生。万先生亦以其所读书证之,语毕复出。故都下求见此二人者,得侍万先生为多,而继庄以游罕所接。时万先生与继庄各以馆脯所入,抄史馆秘书,连甍接架。尚书既去官,继庄亦返吴,而万先生为明史馆所留,继庄谓曰:'不如与我归,共成所欲著之书。'万先生诺之,然不果。继庄返吴,不久而卒,其书星散。及万先生卒于京,其书亦无存者。"见《鲒埼亭集》卷二十八。

全氏又谓:"求继庄之书几二十年不可得,近始得见其《广阳杂记》于杭之赵氏,盖薛季宣、王道甫一流。……继庄之学,主于经世,自象纬、律历以及边塞关要、财赋、军器之属,旁而歧黄者流,以及释道之言,无不留心,但深恶雕虫之技也。"见书同上。

第三十一章　马、李、顾等之纂上古史

第一节　马骕《绎史》

马骕，字聪御，一字宛斯，山东邹平人。顺治己亥进士，为灵璧知县。著《左传事纬》十二卷，《附录》八卷。其于《左氏》，融会贯通，所论具有条理，所绘图表，亦皆考证精详，为专门之学。

又撰《绎史》百六十卷，纂录开辟至秦末之事。博引古籍，疏通辨证，虽抵牾间亦不免，而词必有征实，非罗泌《路史》、胡宏《皇王大纪》所可及。见《国朝先正事略》。纪昀云："此书仿袁枢《纪事本末》之例，每事各立标题，详其始末。惟枢书排纂年月，镕铸成篇。此书则惟篇末论断，出骕自作。其事迹皆博引古籍，排比先后，各冠本书之名。其相类之事，则随文附注，或有异同讹舛，以及依托附会者，并于条下疏通辨证，与朱彝尊《日下旧闻》义例相同。"见《四库总目提要》。李映碧序称其胜古人有四：谓其"体制之别创；谱牒之成具；纪述之靡舛；论次之最核"。顾亭林叹为必传之作，时曰"马三代"。

谭献复称曰："是书体大思精，条件各有意义，殆智过袁氏矣！"见《复堂日记》卷七。并欲鳃理此书，以为致力尚易。欲尽去书中关于纬候之尤刺谬者，六朝小说之傅会者。大者则古文伪《书》《家语》《孔丛》，而欲附先正及近代考正古事之尤精确者于注。又曰："(上略)此吾所以惊叹于马宛斯《绎史》也。然《绎史》原文，尚有待补者。宏纲大谊则炳如是矣。"见书同上。

所谓体裁，据《文史通义·释通》篇云："采撷经传之书，与通史异。"故叶昌炽云："《绎史》虽好书，所记皆上古事，其体裁亦为纪事本末类。"

第二节　李锴《尚史》

李锴,字铁君,号豸青山人,镶白旗汉军。本勋臣后,当得官,不就。隐于盘山,买田豸峰下,构草舍,杂山甿以耕。尝举鸿词科,未遇。既老,岁一至京师,然一二日即归,人罕见其面。著有《尚史稿》百〇七卷。见《国朝先正事略》。

纪昀云:"锴是编以骈书为稿本,而离析其文,为之翦裁连络,改为纪传之体。作世系图一卷,本纪六卷,世家十五卷,列传五十八卷,系六卷,表六卷,志十四卷,《序传》一卷。仍于每条之下,各注所出书名。其遗文琐事不入正文者,则以类附注于句下。盖体例准诸《史记》,而排纂之法则仿《路史》而小变之。《自序》谓'始事于雍正庚戌,卒业于乾隆乙丑,阅十六载而后就,其用力颇勤。考古来渔猎百家,勒为一史,实始于司马迁。今观《史记》诸篇,其出迁自撰者,率经纬分明,疏密得当,操纵变化,惟意所如。而其杂采诸书以成文者,非唯事迹异同,时相抵牾,亦往往点窜补缀,不能隐斧凿之痕,知熔铸众说之难也。'此书一用旧文,剪裁排比,使事迹联属,语意贯通。体如诗家之集句,于历代史家特为创格,较熔铸众说为尤难。虽运掉或不自如,组织或不尽密,亦可云有条不紊矣!见《四库总目提要》。其方法之善,谭献最称赞之,曰:"《尚史》体例未尽,自注处不待后人考异,此其善者。"见《复堂日记》卷一。

要之,马李二书,体制别创,确有足多者。盖彼稍具文纪史之雏形,视魏晋以后史家专详朝廷政令者,盖有间矣。说本梁任公。近闻奉天当局以重价得其原稿,正付刻云。

第三节　顾栋高《春秋大事表》

顾栋高,字震沧,又字复初,江苏无锡人。康熙六十年进士,授国子监司业。以年老不任职归。著有《春秋大事表》百三十一篇。修理详明,议论精核,多发前人所未发。

乾隆四十八年,诏修国史《儒林传》,首举栋高名,谓"如顾栋高辈,岂可不为表章"。馆臣遂创《儒林传》,以栋高为起,其见重如此。见《国朝先正事略》。

但李慈铭尝驳阮元《儒林传稿》之以栋高为首,其文曰:"(上略)其以顾、陈、吴、梁四君为首者,以乾隆三十年九月,上谕修国史,有曰:《儒林》亦史传之所必及,果其经明学修,虽韦布亦不遗,又岂可拘于名位,使近日如顾栋高辈,终于淹没无闻耶?故文达录此谕冠传首,而遂以顾祭酒居前。然圣谕特偶举并时人以为例,作史者自宜按次时代先后,若意为倒置,亦乖史法。"见《越缦堂日记》。而梁任公曰:"顾复初《春秋大事表》为治春秋时代史最善之书也。"见《清代学者整理旧学之总成绩》。

第三十二章　邵、李、沈等之改作旧史

第一节　邵远平《元史类编》

邵远平,字吕璜,别字戒三,仁和人。康熙甲辰进士,选庶吉士。擢光禄寺少卿,少詹事,亦侍读学士。

此书之编纂,据朱竹垞所作序云:"先生之高祖讳经邦,中正德辛巳进士,以刑部主事署员外郎,建言获罪。暇著《弘简录》一编,自唐迄宋,以辽金附载之,于元未遑及也。先生乃循其例续之,去旧史之重复鄙俚,博征信于载籍。以为元之不足者文也,入制诰于帝纪,采著作于儒林,补以熊禾等十六人大传。而于《文苑》分经学、文学、艺学三科,悉加甄录。至于忠臣义士,广益良多。惟十三志不存,然分载于纪传,阙者以补,晦者以明,凡四十有二卷。先生是书足以传之不朽矣!"见《曝书亭集》卷三十六。钱塘梁玉绳颇称邵氏此书为"足成一家之言"。见《瞥记》。谭献亦称之曰:"《元史类编》体例虽本《弘简录》,而部居校完,去取亦慎,所见正大,但鲜措注激射之用。是为《元史》要删,史家所不废。"见《复堂日记》卷四。

顾李氏慈铭对此书则评之曰:"《元史类编》采取它书,如《元典章》《元文类》及各家文集说部,亦多矜慎。惟叙次冗漫,不知刊削。其间虚字,往往有可笑者,《四库》不收此书有以也。"见《越缦堂日记补》。若论其书之端绪,则远胜钱相国《南宋书》矣。

第二节　李清《南北史合钞》

李清,兴化人,字心水,号映碧,晚号天一居士。明崇祯进士。官至大理寺左丞。居其路，中立无倚。康熙间，征修《明史》，辞以年老不至。有《南北史南唐书合注》。"注"一作"钞"。

梁任公曰："清初有李映碧（清）著《南北史合钞》四卷，删《宋》《齐》《梁》《陈》《魏》《齐》《周》《隋》八书，隶诸南北二史，而夹注其下，其书盛为当时所推服。与顾氏祖禹《方舆纪要》，马氏骕《绎史》，称为海内三奇书。实则功仅钞撮，非惟不足比顾，并不足比马也。"见《清代学者整理旧学之总成绩》。然删合剪裁，用力甚勤。与沈氏东甫之书，同便学者耳。

映碧复抄马令、陆游两家之《南唐书》为一书。

第三节　沈炳震《新旧唐书合钞》

沈炳震，字寅驭，号东甫，归安人。笃志古学，穷年著书。其最精者，有《新旧唐书合钞》二百六十卷，折衷二史之异同，而审定之。而莫善于《宰相世系表》之正伪，《方镇表》之补列科罢承袭诸节目。全祖望作《东甫墓志铭》云："予尝读东甫，此可援王氏应麟《汉书艺文志疏证》之例，可以孤行于世也。"见《鲒埼亭集》卷十九。

又有《读史四谱》，或曰《二十四史四谱》，则"三通"之羽翼也。东甫没之六年，而嘉善钱侍郎陈群，次对之际，以东甫书奏于天子，有诏付书局。时方令史馆校勘《唐书》，诸公得之大喜，尽采之于卷中。见《国朝先正事略》。

顾钱大昕竹汀。跋《唐书宰相世系表订讹》云："《表》所列官爵谥号，或书或否，或丞尉而不遗，或卿贰而反阙，或误书其兄弟之官，或备载其褒赠之职。……庞杂淆乱，不足征信。固中欧史之病。然唐人文集碑刻，可资考证者甚多。东甫亦未能津逮也。……东甫勤于考史，而未悟及此，乃知好学而能深思者之难。"见《潜研堂集》卷二十八。而李慈铭阅此书亦评曰："（沈氏）所注寥寥，未能钩稽汉、晋、南、北、五代各史，补其世数、官阀、子姓。若更取《全唐文》及自汉至宋文集碑版广证之，犹可十得四五也。"又曰："沈氏谓此书有谬误而无可取，其实可废，然所订不及十分之一。余尝疑欧公既作此表，当时必聚谱牒，何以所载寥寥？凡名位显著之人，往往下无子姓，即有，亦不过一二传，岂其后皆尽绝乎？疑文忠公意在谨严，凡所见谱牒，不尽以为可信，故存其父祖而删其子孙，

《宗室世系表》亦然。防五季散乱之后，人多假托华胄也。然因噎废食，何足以存谱学？疑其初稿必不如此。今但取《全唐文》中碑志考之，其可补者甚多，惜沈氏之未及也。"见《越缦堂日记》。慈铭复与书谭仲修（献）谓："东甫合订之版，闻藏吴荣禄家。何不从臾，令其广为印布？此书体例可议，而便于稽览，其功不可没也。"梁任公称："其名虽袭映碧，而体例较进步。"见《清代学者整理旧学之总成绩》。

按《四谱》：曰纪元，曰封爵，曰宰执，曰谥法。其"纪元"以大一统为正，而割据僭伪附焉，为得涑水、紫阳之通义。"谥法"博考纪传，又以补夹漈、鄱阳之未逮，约而不漏，简而赅，诸史之义例略备矣。

第三十三章 《通鉴》及《纪事本末》之补作

第一节 徐乾学《通鉴后编》

徐乾学，昆山人。字原一，号健庵。康熙进士，授编修。累官刑部尚书。尝命总裁《一统志》《会典》及《明史》。纂辑《鉴古辑览》《古文渊鉴》等书。

是编以元、明人续《通鉴》者，陈桱、王宗沐诸本，大都年月参差，事迹脱落。薛应旂所辑，虽稍见详备，然亦疏谬殊甚，皆不足继司马光之后。乃事鄞县万斯同，太原阎若璩，德清胡渭等，排比正史，参考诸书，作为是编。草创甫毕，欲进于朝，未果而殁。今原稿仅存，惟阙第十卷。书中多涂乙删改之处，相传犹若璩手迹也。

其书起宋太祖建隆元年，迄元顺帝至正二十七年，凡事迹之详略先后，有应参订者，皆依司马光例，作考异，以折衷之。其诸家议论，足资阐发者，并采系各条之下，间附己意，亦依光书之例，标"臣乾学曰"以别之。

其时《永乐大典》尚庋藏秘府，故熊克、李心传诸书，皆未得窥。所辑北宋事迹，大都以李焘残帙为稿本，援据不能赅博。其宋自嘉定以后，元自至顺以前，尤为简略。至宋末昺、昰二王，皆误沿旧史。系年纪号，尤于断限有乖。然其衮辑审勘，用力颇深，故订误补遗，时有前人所未及。见《四库总目提要》。

梁任公尚嫌此书太荒略，故全部改作，实为学界极迫切之要求。乾隆末，然后有毕氏沅《续资治通鉴》出焉。详后"毕沅"节。

第二节　高士奇《左传纪事本末》

高士奇，字澹人，号江村，钱塘人。以国学生就试京闱，不利，卖文自给。新岁为人作春帖子，自为句书之，偶为圣祖所见。旬日中，三试皆第一，命供奉内廷。官至礼部侍郎，卒谥文恪。

著有《左传纪事本末》若干卷。梁任公曰："此书分国编次，则复《左氏》《国语》之旧矣。"见《清代学者整理旧学之总成绩》。

第三节　谷应泰《明史纪事本末》

谷应泰，字赓虞，丰润人。顺治丁亥进士。官至浙江提学佥事。

其书仿袁枢《通鉴纪事本末》之例，纂次明代典章事迹，凡八十一卷，每卷为一目。纪昀云："当应泰成此书时，《明史》尚未刊定，无所折衷，故纪事不免沿野史传闻之误。然其排比编次，详略得中，首尾秩然，于一代事实，极为淹贯。每篇后各附论断，皆仿《晋书》之例，以骈偶行文。而遣词抑扬，隶事亲切，尤为曲折详尽。"见《四库总目提要》。

但世有疑此书为应泰窃冒者。如邵二云云："山阴张岱尝辑明一代遗事为《石匮藏书》，应泰作《纪事本末》，以五百金购请。岱慨然予之。"又云："明末稗史虽多，体裁未备，罕见全书。惟谈迁《编年》、张岱《列传》，两家具有本末。应泰并采之，以成《纪事》。"并见《思复堂集》。按此尚称其取材颇备，集众长以成完本也。至孙志祖《读书脞录》述姚际恒语云："《明史纪事本末》，本海昌一士人所作，亡后，为某以计取，攘为己书。其书后《总论》一篇，乃募杭诸生陆圻作。每篇酬以十金。"按所谓某，即指应泰也。

又有一说：谓系徐苹村原著，感应泰识拔之恩，而报赠者。据叶廷琯《吹网录》云："郑莇畦《今水学略例》内一条云'曩从朱竹垞游，一日语予曰：吴兴经史学称极盛。谷氏《纪事本末》，徐苹村著'。苹村名倬，字方虎，德清人。康熙癸丑进士，礼部侍郎。先是为诸生时，为谷识拔，故以此报之。余谓竹垞与徐、谷同时，能指实其人其事，自必闻见甚确,不作无稽之谈,且蓝畦亦非轻信人言之人。视姚漫指为海昌士人,反亡后计取者不同。是此书之撰自徐倬,而非张岱,得由报赠,而非窃冒,似可信矣。"再《遗民传》云:"谷购张书,亦非虚语。盖由应泰初思辑《纪事》一书,苹村闻之,而知所以报,即托谷名,购张书为蓝本,纂成《纪事》以献。应泰受之,乃聘卢京即陆圻撰论锓木,故世但知应泰购书辑史,而不知有苹村也。"此书后有顾蔼人作《补遗》,卢抱经手校之,叶昌炽云。

第三十四章　吴朱等之治旧史

第一节　吴任臣《十国春秋》

吴任臣，字志伊，仁和人。志行端整，博闻强记，兼精天官乐律。康熙己未博学鸿词，翰林院检讨。承修《明史·历志》，又自撰《十国春秋》百十四卷。见《国朝先正事略》。

王鸣盛云："志伊以欧阳氏《五代史》附《十国世家》于末，而尚简略，思取其人物事实而章著之。致勒为本纪二十，世家二十二，列传千二百八十二。又作表五篇，博赡整理，诚史学之佳者。顾其为书之体，每得一人即作一传，凡僧道及妇人之传，每篇只一二行者甚多。"又云："志伊《凡例》自述所采古今书籍约一二百种，但己自为裁割，缉练成文，读者不能知其某事出某书，反不如同时朱竹垞《日下旧闻》具注所出也。又志伊自言采薛氏《旧五代史》，恐实未见，虚列此目。竹垞亦每如是，则不能无遗恨焉。"见《十七史商榷》卷九十八。而会稽李慈铭于此书阅之三遍，初亦讥其体裁之疏，终叹其博为不可及也。其言曰："终日阅吴任臣（志伊）《十国春秋》。任臣号博洽，以欧阳《五代史》于《十国世家》甚略，乃仿崔鸿《十六国春秋》之例，采取薛史《十国外纪》《九国志》及马、陆《南唐书》、钱俨《吴越备史》等书，不下数十种，合为此编。其称帝者为本纪，称王者为世家，每国各自为书。有侵伐者书入寇。然《春秋》孔子之书，非后人所宜妄托，此固不必论。即论《春秋》，凡见侵伐者，皆据事直书，即楚、狄亦不书入寇。今任臣为高氏作《荆南世家》，而书后唐为入寇。……好用书法之谬。"又云："志伊以杭人，怀措大之见，内吴越为故国，颇右钱氏，而薄南唐。凡各国《春秋》，于他国君皆直称姓名，惟遇吴越,则称某王,已自乱其例云。"又云:"志伊采取极博,后之考据家多不能知其出处,然稍乏识断。"并见《越缦堂日记》。以上为李氏评此书之未美者。最后又云:"阅《十国春秋》。此书三过阅矣,丙辰读之尤细,甚薄其体裁之疏。至壬申复阅,始叹其博不可及也。"见书同上。梁任公曰:"清初吴志伊著《十国春秋》百十四卷,以史家义法论,彼时代之史,实应以各方镇丑夷平列为宜。……吴氏义例,实有为薛、欧所不及处。然其书徒侈挦撦之富,都无别择,其所载故事,又不注出处。盖初期学者著述体例多缺谨严,又不独吴氏也。"见《清代学者整理旧学之总成绩》。

按此书佳处在表。《地理表》与欧阳氏《职方考》参观,则五代十国,全局如见。至十国之官制,虽大抵沿唐。而一时增政,亦已纷冗,不可爬梳。任臣为作《百官表》,甚便考览,尤其妙者也。说本王鸣盛。志伊又著《南北史合注》,惜已佚不传矣。

第二节　朱彝尊《五代史注》

朱彝尊,字竹垞,浙江秀水人。有异禀,数岁读书过眼不遗一字。年十七,弃举子业,肆力于古学。康熙己未,诏开博学鸿词科,其时以布衣除检讨者凡四人:富平李因笃天生,无锡严绳孙荪友,吴江潘耒次耕,而其一即彝尊也。未几,李君告养归。三布衣均预纂修《明史》,在史局七次奏记总裁官,言体例,悉从其议。见《国朝先正事略》。兹揭述上书中大旨,以明其史识云。

第一书系论体例曰:"历代之史,时事不齐,体例因之有异。……盖体例本乎时宜,不相沿袭,……作史者可以改变为之。……作史示以体例,……譬如大匠作室,必先诲以规矩,然后引绳运斤,经营揆度,崇庳修广,始可无失尺寸也矣!"

第二书系论聚书曰:"前代率命采书之官,括图籍于天下。……又同馆六十人,类皆勤学洽闻之士,必能记忆所读之书。凡可资采获者,俾各疏所有,捆载入都,储于邸舍,互相考索。然后开列馆中所未有文集奏议、图经传记,以及碑铭志碣之属,编为一目。或仿汉、唐、明之遣使,或牒京尹守道、十四布政使司力为搜集,上之史馆,其文其事,皎然可寻。于以采撰编次，本末具备，成一代之完书，不大愉快哉？"

第三书论宽时日曰："伏惟阁下，幸勿萌欲速之念，当以五年为期，亟止同馆诸君勿遽呈稿。先就馆中所有群书，俾纂修官条分而缕析，瓜区而芋畴，事各一门，人各一册。俟四方书至，以类相从续之。少者扶寸，多者盈丈，立为草卷。而后妙选馆中之才，运以文笔删削，卷成一篇，呈之阁下，择其善者用之。或事有未信，文有未工，则阁下点定，斯可以无憾矣。不然，朝呈一稿焉，夕当更；此呈一稿焉，彼或异。若筑室于道，聚讼于庭，糠麧杂糅，嵌罅分裂。记述失序，编次不伦，阁下且不胜其劳。虽欲速，而汗青反无日矣。"

第四书论考证史实曰："伏承阁下委撰《明文皇帝纪》。彝尊本之《实录》，参之野记，削繁证谬，屏诬善之辞，拟稿三卷，业上之史馆矣。"

第五书论儒林道学传曰：《明史》初稿"有《儒林传》，又有《道学传》……然彝尊窃以为不必也。……儒林足以包道学，道学不可统儒林。……莫若合而为一，于篇中详叙源流所自，览者可以意得耳。"

第六书论史德曰："国史者，公天下之书也，使有一毫私意梗避其间，非信史矣。……作史者，当就一人立朝行己之初终本末，定其是非，别其白黑，不可先存门户于胸中，而以同异分邪正贤不肖也。"

第七书论纂长编曰："日者，阁下选同馆六人先纂长编，可谓得其要矣。《长编》成于李焘，其旨宁失于繁，毋失于略。故国史、官文书而外，家录、野记靡不钩索质验，旁互而参审焉。无妨众说并陈，草创讨论，而会于一。"以上俱见《曝书亭集》卷三十二。

家居后，著述不倦。其已成者，有《经义考》三百卷。梁氏任公曰："这部书把竹垞以前的经学书一概网罗，簿存目录，实史部谱录类一部最重要的书。研究'经学史'的人最不可少。"见《清代学者整理旧学之总成绩》。按此书属于经学范围，姑置勿论。在史部方面，又有《五代史注》及《宋史》，惜皆草创而未成，兹唯举其经过情节言之耳。

（一）《五代史注》 "予年三十，即有志注欧阳子《五代史》，引同里钟广汉为助。广汉力任抄撮群书，凡六载，考证十得四五。俄而卒于都城逆旅，检其巾箱，遗稿不复有也。予从云中转客汾晋，历燕齐，所经荒山废县，残碑破冢，必摩挲其文响拓之，考其与史同异。又薛氏旧史虽佚，其文多入《册府元龟》《太平御览》诸书，兼之十国分裂，识大识小有人，自分编荟成书，可与刘、裴鼎足。通籍以后，讨论《明史》，是编置之笥中。归田视之，则大半为壁鱼穴鼠所啮，无完纸矣。抚躬自悼，五十年心事，付之永叹。……徐学使章仲方有事具注此书，尽取传是楼遗书博稽之，补宋椠之阙文，附三臣于死事，逾五年而书成。夫以予排纂五十年未就者，徐君五年成之。周见洽闻，无有刺义，信乎才力之攸殊，相去什佰千万也。今而后五代之文献，庶其可征矣夫！"见为徐章仲作《五代史记注序》。

（二）《宋史》 朱氏又云："尝欲改编《宋史》。乃读其他宋、金、元人文集约有六百家，郡县山水志以及野史说部又不下五百家，及今修改，文献尚犹可征。拟据诸书，考其是非，复定一书，惜年老未能也。"见新作柯维骐《宋史新编》跋文。

查慎行为其中表兄弟，作《曝书亭集序》，称朱氏学门之得力处云："先生天资明睿，器识爽朗，于书无所不窥，于义无所不析。……他若商周古器，汉唐金石碑版之文，以及二篆八分，莫不搜其散轶，溯其源流。往往资以补史传之缺略，而正其纰缪也。"又云："论者以为当史局初开时，得先生者数辈专其任而责其成，则有明一代之史必可成，成亦必有可观。若以未尽其用，为先生惜者。"并见《曝书亭文集》卷首。

同光间，彭文勤（元瑞）尝因竹垞朱氏之惜，而注《五代史记》，未成，卒。刘金门侍郎踵为之，历访通人，采取极博，大略仿裴世期《三国志注》，杂陈众说，而不能如裴氏之折衷，颇病复沓，故俞理初不满其书也。说本李慈铭，见《越缦堂日记》。

第三节　惠栋《后汉书补注》

惠栋，字定宇，江苏元和人。三世皆以经学名家。至今言汉学者，苏州、常州两派，翼然对峙。乃出其余力，注史笺诗，博引详称，精于抉择。所著《后汉书补注》二十四卷，洪亮吉为之作序云："此书先生采缀众家，凡有异同增损，皆摘录入卷中，其门下再传弟子朱邦衡为之缮写补缀，汇为一编，仍有签识某书某卷。未经录入者，吾友桂未谷进士复为补成之。然此书原名'训纂'，叶德辉云：孙星衍《孙祠目》列惠栋《后汉书训纂》二十六卷,卷数不符,名称亦异。又不知为钞为刻,注未载明。按:栋注王渔洋《精华录》,亦名《训纂》,与是书同。岂是书原名,而后改为《补注》;又删并其卷为二十四耶?"见《郘园读书志》卷三。

栋之所纂,于十六家《后汉书》皆条采之,而不专主其说,间为举正其误云。

第四节　杭世骏《三国志补注》

杭世骏,字大宗,堇浦其别字也。仁和人。少负异才,于学无所不贯。所藏书拥榻积几,不下数万卷,枕藉其中,目睇手纂,几忘晨夕。与同里厉鹗、陈兆仑诸名辈结读书社。乾隆元年,召试鸿词,授编修,校勘廿四史。归主粤秀、安定两书院最久。好奖借后进,自言吾史学不如全谢山。著有《三国志补注》六卷,《诸史然疑》一卷。晚年补《金史》,特构补史亭,成书百余卷。见《国朝先正事略》。其《三国志补注》据纪昀评之曰:"是书补裴松之《三国志注》之遗,凡《魏志》四卷,《蜀志》《吴志》各一卷。松之《注》捃摭繁富,考订精详,世无异议。世骏复掇拾残剩,欲以博洽胜之,故细大不捐,瑕瑜互见。……至于神怪妖异,……稗官小说,累牍不休,尤诞谩不足为据。……大抵爱博嗜奇,故曼引危词,多妨体要。"然亦有考订精核处。故书虽芜杂,而未可竟废焉。末附《诸史然疑》一卷,皆纠史文之疏漏,于史学不为无补。以篇幅无多,后人抄录遗稿,附载《补注》之后以传。见《四库总目提要》。

关于此书,有洪北江(亮吉)为之作序曰:"(上略)余少读《道古堂集》,叹先生之学,于史最深。今合观之,先生之史学,亦卒莫外乎训诂及隶事二者。若《三国志补注》之作,则又继裴松之而起者也。虽然补注陈志矣,又兼注裴注。以事在晋、宋以前,不厌其详也。采诸家矣,兼采及方志,以事关故老之传,或转得其实也。"见《卷施堂乙集》卷六。

世骏又著《汉书疏证补》《晋书传赞》《北齐书疏证》等。全谢山称其《汉书疏证》云:"某岁春,翠华南幸,予力疾迎于吴下。过杭时,杭堇浦方以《汉书疏证》令予覆审。冲一每见予所论定,以为在刘原父、吴斗南之上。"见《鲒埼亭集》卷二十二。李慈铭亦称:"杭大宗学术贯串淹洽,以诗古文负重名，而证据辨博，自非读破万卷者不能也。"见《越缦堂日记补》。

缪荃孙言："杭堇浦《三国志补注》，已有刻本。"

第五节　厉鹗《辽史拾遗》

厉鹗，字太鸿，号樊榭，本慈溪县人，后为钱塘县人。少孤家贫，其兄卖烟叶为业以养之，将寄之僧寮，樊榭不可。读书数年，即学为诗，有佳句。是后，遂于书无所不窥。康熙庚子举人。乾隆初，举鸿博。报罢南归，撰《辽史拾遗》十卷。见《国朝先正事略》与《鲒埼亭集》。

纪昀云："是书拾《辽史》之遗，有注有补，均摘录旧文为纲，而参考它书，条列于下。凡有异同，悉分析考证，缀以按语。《国语解》先后次第，与《目录》有不合者，亦悉为厘正。又补辑辽境四至，及风俗物产诸条于后。……鹗嗜博爱奇，其所拾往往失之蔓芜，伤于泛滥。……然元修三史，莫繁冗于宋，莫疏于辽。又辽时书禁最严，不得传布于境外。故一朝图籍，澌灭无征。鹗采摭群书，至三百余种，以旁见侧出之文，参考而求其端绪，年月事迹，一一钩稽。……鹗《樊榭诗集》中，自称所注《辽史》，比于裴松之《三国志注》，亦不诬也。"见《四库总目提要》。但李慈铭讥其书于金元人集采缀不多耳。

慈铭又谓："杨复吉以厉氏未尝见《旧五代史》，因刺取薛史之涉辽事者，更搜辑《契丹国志》《大金国志》，薛、徐两家《续通鉴》，及近儒钱竹汀氏《考异》诸书，依厉氏体例，以纪、志、表、传为次，而多采宋人说部，故琐碎益甚，然于樊榭书不为无补也。"见《越缦堂日记》。按厉樊榭有友人全祖望为其作《墓碣铭》，载《鲒埼亭集》中云。

第六节　全祖望《宋元学案》

全祖望，字绍衣，一字谢山，浙江鄞县人。生有异禀，书过目不忘。年十四，补弟子员，应行省试。以古文谒查初白编修，许为刘原父之俦。入都，再为方苞所赏识，声誉顿起。乾隆元年，举博学鸿词，辞。即以是科成进士，选庶吉士。散馆归，屡主蕺山、端溪诸书院，成就人材甚众。

有间，益广修枌社掌故，桑海遗闻，表章节义如不及。殁后，时人相传为钱忠介公（肃乐）之后身云。见《国朝先正事略》。

其学渊博无涯涘，于书靡不贯穿。在翰林，借《永乐大典》读之，每日各尽二十册。时开明史馆，复为书六通遗之。据余姚史梦蛟所作《全氏年谱》云："其第一第二，专论艺文一门，见先生不轻读古人书。又谓本代之书，必略及其大意，始有系于一代事故、典则、风会，而不仅书目，其论尤伟。第三第四，专论表，而于外番、属国变乱了如指掌，真经国之才也。第五第六，专言隐佚、忠义两列传，所以培世教、养人心，而扶宇宙之元气，不但史法之精也。"

南归后，修南雷黄氏《宋元学案》。先后答弟子董秉纯、张炳、蒋学镛、卢镐等所问经史，录为《经史问答》凡十卷，是启后学。又著《读史通表》《历朝人物世表》《亲表》等，而《鲒埼亭集外编》中，尤多晚明掌故之文，殊足贵也。兹再分别述之如下：

（一）《宋元学案》　初，黄宗羲作《明儒学案》先成，复编《宋元儒学案》，未竟而卒。全氏以乡后进，负责续修之。此书不仅备两朝掌故，且能贯彻古今学术之源流也。李慈铭云："谢山于此书致力甚深。其节录诸家语录文集，皆释其精要。所附录者，剪裁尤具苦心。或参互以见其人，或节取以存其概，使纯疵不掩，本末咸赅，真奇书也。梨洲原本不过十之三四。其子耒史（百家）所绩，亦属寥寥。然起例发凡，大纲已具，谢山以专门之学，极力成之，故较《明儒学案》倍为可观。盖宋儒实皆有深造自得之学，远过明人，即或意见稍偏，亦自有不可磨灭处，故精语粹言，触目即是。明儒自敬斋、康斋、白沙、阳明、蕺山、石斋数公外，鲜足自立，故虽以梨洲之善择，而空言放义，大半浮游，不足以发人神智也。谢山所撰《序录》八十九首，犀分烛照，要言不烦，宋儒升降原流，大略皆具，学者尤不可不读。"又云："《宋元学案》共一百卷，稿创于梨洲，而全谢山续成之，梨洲孙稚圭（璋）父子复校补之，尚无刊本。道光间，鄞人诸生王艧轩（梓材）始得其稿，为之校订，而慈溪冯氏刻之，其端实发之道州何文安（凌汉）、新城陈硕士（用光）两学使，故咸丰初，文安之子绍基复刻于京师。其书综核微密，多足补《宋史》之未逮，学者不可不读也。"并见《越缦堂日记》。

（二）《读史通义》 自为序曰："予初读二十一史，即取诸表谛视，略得其义蕴之所在。以为是固全史之经纬，如肉贯串，非徒取充口耳，洛诵三桓七穆以自夸者，因思尽为综勒，独成一书。但各史之未具者，多以万处士斯同所编为据，而万氏之书尚多阙略，因为稍稍续葺，更得若干，其于前人所已有，更为疏证而审核之，或间遇讹错，则仿温公《考异》之例略加订正，聊以充读史者之目录耳。"见《鲒埼亭集外编》卷二十五。又为《通鉴》前后年号事，作帖与陈时复外翰曰："少时见司马温公范内翰《论通鉴帖》，凡年号皆以后来者为定。……仆以为史家记载，当取简捷，固是不易，但皆以后来为定则，窃以为未尽然者。大抵前王后王之会，只应据实书之，不当以特笔进退其间。……故于《古今通史年表》，概以前统后，而分注其后来之年号于下。固与温公大左，但不敢以大儒之书苟附和也。"见书同上卷四十三。录之以觇其史识云尔。

（三）《世表》与《亲表》 据两书之自序云："予撰《读史通表》既竣，别作《历朝人物世表》二十卷。合二千余年之王侯将相、卿尹牧守，凡累世有见于史者，即牵连志其人代，而《儒林》《文苑》亦附见焉。其或陆陆、无可书，则虽荫袭之烜赫，门地之高华，概削不录，惧芜文也。读者披览之下，若者家声世接，若者种恶代传，若者陨宗，若者干蛊，是亦《春秋》之意已。"又云："予既撰《历朝人物世表》，因复仿前人之例，作《古今亲表录》以辅之。其缔姻帝室，得预戚里者，列之于首。次则内外大臣，皆以其于国事有关而推之。至于《儒林》《文苑》。……至予之所葺，直为古今人物起见，非徒以存诸家之系望。……其间或参以议论者，大率皆前人未发之隐。……是录一以正史为主，其金石之遗文，别集之错见者，亦附入焉。"并见《鲒埼亭集外编》卷二十五。但此三书，现无存者。据其弟子董秉纯作《鲒埼亭集题词》云："先生著述，不下三十余种。今存者，惟诗文正集之外，一百十五卷。若《读史通义》《历朝人物世表》《亲表》，竟无片纸只字，或疑原来有作。顾莙上沈东甫已曾见之，不知何谓。"

（四）《鲒埼亭集外编》 据黄式三《儆居集》所述，谓："谢山在京师，刚劲有大节。时相属招之，不赴。入词馆，卒以此左迁。其既归也，于故国之遗臣，乡邦之文献，留心博访，而述之为史。"盖即此书之所由起也。今按其中，除记晚明掌故外，又多载清初宏儒学术。实《清儒学案》之一部分绝好材料也。李慈铭最爱读全氏集,有云:"阅《鲒埼亭集》第四十二三两卷,皆论史帖子。谢山最精史学,于南宋残明,尤为贯串。阀阅之世次,学问之源流,往往于湮没幽翳中搜寻宗绪,极力表章,真不愧冈谱之目。"又云:"阅《鲒埼亭集外编》。此书终身阅之,探索不尽。然其经学自不逮史学也。"并见《越缦堂日记》。叶昌炽云:"读《鲒埼亭集外编》。谢山于残明遗老,表彰之不遗余力。桑海轶事,赖兹不坠。不独文笔之雄也。"见《缘督庐日记》。

顾谭献阅全氏集则云:"全于浙东文学,雍乾间,颇为职志,其实粗识蓄篱而已,《鲒埼亭集外编》于明末诸忠节虽叙述不中律度,亦为不废之作。辨证遗闻,以理势求之,多可信者。他文则芜矣。……绍衣生平最服膺梨洲,时有微词,最恶西河,没其本真。……绍衣于《史记》《汉书》皆未究心,吾此言不为过。"见《复堂日记》。其实全氏之于文学,本不措意。观严能修评《鲒埼亭集》云:"谢山雅不屑以文人自居,其意欲自厕于讲学之流,其梗概以《外集》卷十六诸记见之。吾不敢知其于道所得深浅果何如! 顾其表章之功,诚有足尚者。"见《敬孚类稿》卷七引。是故近儒章太炎尝自述少时所以从事革命,由于观全氏书之故,其言曰:"余弱冠睹全祖望文,所述南田台湾诸子甚详,益奋然欲为浙父老雪耻。"见《检论》。可知其书之感人深也。

第七节　齐召南《历代帝王表》

齐召南,字次风,浙江天台人。乾隆元年,举鸿词科,授庶吉士,修《一统志》及《明鉴纲目》。授检讨,充校勘经史官。擢礼部侍郎。著有《历代帝王表》十三卷,《后汉公卿表》一卷,《宋史目录》若干卷。见《国朝先正事略》。其《历代帝王表》为仿司马温公《通鉴目录》之意,总二十一史,提其纲,以便初学。三代以上,但列世次之大都。自秦六国,下至明洪武,皆以年序,亦略识其治乱得失。于是数千年间,兴亡分合,一展卷而了如指掌矣。有自序及山阴胡天游为作序。

胡序云:"史多乎哉? 其年与世不易骤晓,而又何读焉? 古者悉其然,于是或为之国,则指之悉明。……周谱亡矣,太史公犹得见之,是乃作表,表若图也。……齐侯因之,有帝王年表,始自三皇迄明洪武,周而上以世,秦后以年。纵横列之,统闰别之,惟地与事,附而系之。如镜眉目,循挈裘领,示夫学者,简而有功矣。"

按其目次为《三王五帝三代表》《秦六国年表》《秦年表》《前汉年表》《后汉年表》《蜀汉魏吴年表》《晋、东晋十六国年表》《南北朝(南:宋、齐、梁、陈、北:魏、齐、周)年表》《隋年表》《唐年表》《后五代(十国、契丹)年表》《宋南宋(辽、金、蒙古)年表》《元年表》。道光四年,扬州阮元之子福续编《明年表》,附于后云。

第三十五章　毕氏幕中诸儒之纂辑

第一节　毕沅《续资治通鉴》

毕沅,字纕蘅,一字秋帆。先世居徽之休宁,明季避地苏之昆山,又徙太仓州,后析置镇洋县,遂占籍焉。少颖悟,读书过目成诵。稍长,从惠栋学,业益邃。弱冠后,游京师。乾隆十八年,中顺天乡试。又四年,授内阁中书。二十五年,会试中式,廷对第一。是岁进士及第,授翰林修撰。官至兵部尚书,湖广总督。

性好著书,好汲引后进。一时名儒才士,多招考幕府。尝谓编年之史,莫善于涑水,续之者有薛、王、徐三家。徐虽优于薛、王,而所见书籍犹未备,且不无详南略北之病。乃博稽群书,考证正史,手自裁定,始宋迄元,为《续资治通鉴》二百二十卷,别为《考异》,附于本条之下,凡四易稿而成。以上见《潜研堂集》卷四十二,为钱大昕所作毕沅墓志铭语也。盖大昕与沅同里闬,先后入馆阁,论文道古,数共晨夕。晚岁虽云泥分隔,而沅不忘久要,书问屡至,每有撰述,必先寄示,故相知极深云。

按幕中名儒才士,即指钱大昕、竹汀。邵晋涵、二云。孙星衍、渊如。洪亮吉、北江。章学诚、实斋。严长明、冬友。诸人而言。故会稽李慈铭云:"毕氏此书,兼集众力,自谓尽善,然体例书法,……尤多可议。……盖诸儒固博于学,而才识未逮,益叹古人之不可及也。"见《越缦堂日记》。其实在当时即有议之者,观谭献所述云:"是编经竹汀、二云、冬友诸旧学考定,宜高出陈、柯、徐三书。然当时钱先生已有违言,拒不作序,冯鹭庭序亦有微词。以余观之,北宋纂辑,义法深著,事有本末,南宋遂多冗漏,元纪笔削尤疏。……国语、人名、地名,对音改译,先后又不同。"

见《复堂日记》。何怪乎梁任公曰："此书价值，远在司马光原著之下也。"

考此书取材，有章学诚《与钱辛楣书》述之较明，其文云："今宋事据丹棱、井研二李氏书，而推广之。以其辽金二史所载大事，无一遗落。又据旁籍，以补其逸，亦十居三四矣。元事多引文集，而说部则慎择其可征信者，仍用司马氏例，折衷诸说异同，明其去取之故，以为《考异》。惟不别为书，注于本文之下，以便省览。即用世传胡天台注本《考异》，散附本文之义例也。计字二百三十五万五千有奇，为书凡二百卷。"见《章氏遗书》卷四。并可知其义例，多出实斋手矣。

第二节　邵晋涵《南都事略》

邵晋涵，字与桐，一字二云，浙江余姚人。从祖念鲁廷采。出蕺山门，实为浙东史学之嫡传。晋涵生有异禀，能承其家学。及长，应乡试，受知于钱大昕，擢为第四。后入京师，应礼部试，名列第一。是时章学诚、洪亮吉亦皆在京，晋涵与之论史，契合隐微。四库馆开，纪昀为总裁，晋涵以大学士刘统勋荐，特旨改庶吉士，充纂修官。乾隆三十九年，授翰林院编修，仍纂校《四库全书》。晚年，为毕沅复审《续通鉴》，其书即大改观。体素羸弱，又兼诸官，晨入暮出，复以其暇，授徒自给。由是体益不支，遂殁于邸第。以上见实斋所作《邵君别传》。

晋涵之史学，为世所推许。其自著之书，拟作者，有《宋志》。已成者，有《南都事略》及《南江札记》。纂辑者，有薛氏《五代史》。其非自著，而助人蒇事者，有《四库史部提要》。为人改订者，有《续资治通鉴》。兹将此四书，分别述其经过如左：

甲　自著类

（一）《宋志》　据章学诚云："余尝语君史学不求家法，则贪奇嗜琐，但知日务增华，不过千年，将恐大地不能容架阁矣。君抚膺欲绝，欲以斯意刊定前史，自成一家。时议咸谓前史榛芜，莫甚元人三史，而措功则《宋史》尤难。君遂慨然自任。"录《别传》中语。此为晋涵重修《宋史》之动机也。章氏又云："乾隆癸卯之春，余卧病京旅，君载余其家，延医治之。余沉困中，辄喜与君论学，每至夜分。君恐余惫，余气益壮也。因与君论修《宋史》，谓俟君书成后，余更以意为之，略如后汉、晋史之各自为家，听决择于后人。君因询余方略，余谓：'当取名数事实，先作比类长编，卷帙盈千可也。至撰集为书，不过五十万言，视始之百倍其书者，大义当更显也。'君曰：'如子所约，则吾不能，然亦不过参倍于君，不至骛博而失专家之体也。'余因请君立言宗旨，君曰：'宋人门户之习，语录庸陋之风，诚可鄙也，然其立身制行，出于伦常日用，何可废耶？士大夫博学工文，雄出当世，而于辞受取与出处进退之间，不能无箪豆万钟之择。本心既失，其他又何议焉！此著《宋史》之宗旨也。'余闻言而耸然。"录《别传》后论中语。此可知晋涵欲改作《宋史》之宗旨也。因即退而取《东都事略》与《宋史》对勘，核其详略同异，完成《考异》一书，为将来作《宋志》稿本。后与书程鱼门、朱笥河二子，俱以治《宋史》为言。与程书云："《宋史》亦时为校勘事迹抵牾，无论元明人著述，即《东都事略》，未敢信为实录也。新得《考异》一卷，宽以岁月，或可成编耳。"与朱书云："取《东都事略》与《宋史》对勘，事迹抵牾，未从审定，弥深固陋之惭耳。"并见《南江文钞》卷八。仿陈寿《三国志》例，名曰《宋志》。又先为《南都事略》以当长编。但不惟《宋志》未成，即《事略》亦仅有残稿，身后且散佚尽矣。

（二）《南都事略》 据钱大昕所作邵君墓志铭云："予尝论《宋史》纪传，南渡不如东都之有法。宁宗以后，又不如前三朝之粗备。微特事迹不完，即褒贬亦失实。君闻而善之，乃撰《南都事略》，以续王偁之书，词简事增，过正史远甚。"见《潜研堂集》卷四十三。而洪亮吉所作《邵学士家传》云："君又病《宋史》是非失实，且久居山阴、四明之间，习闻里中诸老先生绪言，遂创为《南都事略》一编。"见《卷施阁甲集》卷第九。此又一说也。然则晋涵初欲发大愿作《宋志》，后因此事大，乃先从南都事迹入手，但皆未完成，仅《南都事略》残稿流传于世耳。按此稿王益吾言马端敏督两江日，有人持献，将付局刊之，会端敏遽卒，未果，稿亦不知为何人所得。今闻藏洪琴西后人所。见李详《愿记》。而李慈铭亦称："邵二云《南都事略》，戊辰以前，已在江宁书局，曾文正将刻之，以移督直隶而止。"见《越缦堂日记》。马氏为继曾文正而督两江者，则可知此稿曾两度付雕而未就也。但据谭献《复堂日记》云："海宁唐端甫（仁寿），钱警石先生之弟子也。熟精目录,刻志校雠。为余言邵二云《南都事略》曾见活字印本,有阙卷耳。似人间必有传本,志之以俟。"则其稿又似早刻行矣。

(三)《南江札记》 此为晋涵读书笔录。卷一至卷四论经学。卷五论《史记》九条,《汉书》七条,《后汉书》三条,《三国志》四十九条,《五代史》十七条,《宋史》四十六条。盖南江经史之学皆深也。

(四)薛史 晋涵纂校《四库书》时,曾从《永乐大典》中,辑出薛史旧文。为荟萃编次,得十之八九。复采《册府元龟》《太平御览》《通鉴考异》《五代会要》《契丹国志》《北梦琐言》诸书,以补其缺。并参考新旧《唐书》《东都事略》《宋史》《辽史》《续通鉴长编》《五代春秋》《九国志》《十国春秋》及宋人说部文集,与五代碑碣尚存者,以资辨证,卷帙悉符原书。未成。馆臣请仿刘昫《旧唐书》之例,列于廿三史,刊布学官,诏从之。见《国朝先正事略》。梁任公曰:"薛居正《旧五代史》,二云从《永乐大典》中辑出,而缀辑成书,实为莫大工作也。"见《饮冰室文集》卷十二。

乙 非自著类

(一)《四库史部提要》 四库馆开,纪昀为总裁,晋涵与戴震、周永年等,同入馆编校,晋涵所职为史部。凡史部诸书,多由晋涵订其略。其提要亦多出晋涵手。章学诚称之曰:"浙东儒哲,讲性命者,多攻史学,历有师承,其间文献之征,所见所闻所传闻,容有中原耆宿不克与闻者。先生自其家传夙习,闻见迥异于人。既入馆,肆窥中秘,遂如海涵川汇,不可津涯。"见《章氏遗书·邵与桐别传》。按晋涵所集诸史提要,可以语见渊源,深识玄解也。说本谭献。盖当时馆开,主经部者为戴东原,主史部则邵二云、陆耳山,主子部则周书昌,主集部则纪文达云。周星诒云:"此为都中人所传,予不甚信,而史部著录,似胜甲丙丁三部也。集部最滥,岂陆鉴别胜纪耶?"见《窥横日记》。但梁任公论邵氏学术,亦云:"二云与戴东原、周书昌等五人同以特征入四库馆,名誉藉甚一时。……《四库总目史部提要》出二云手者恐将过半,惟无从确指某篇为其所作,最可惜,冀将来或有意外史料出现证明之耳。"见《饮冰室文集》四十二。

(二)《续资治通鉴》 章学诚曰:"已故总督湖广尚书镇洋毕公沅,尝以二十年功,属宾客续宋元《通鉴》。大率就徐氏本稍为损益,无大殊异。公未惬心,属君更正。君出绪余,为之复审,其书即大改观。时公方用兵,书寄军营,读之,公大悦服,手书报谢,谓迥出诸家续《鉴》上也。公旋薨于军,其家所刻《续鉴》仅止数卷。杀青未竟,旋籍没,君之所寄,不可访矣。"见《章氏遗书·邵君别传》。按晋涵为毕公复审《续鉴》,其"义例"详学诚代毕公论《续通鉴》书。钱大昕云:"毕沅撰《续宋元通鉴》,常就二云商榷。辄叹曰:'今之道原、贡父也。'"见《潜研堂集》卷四十三。

(三)《文史通义》 章学诚著《文史通义》,每一篇成,以寄晋涵详阅。今书中尚附刊邵语云,而章氏亦言:"余著《文史通义》,不无别识独裁,不知者或相讥议。君每见余书,辄谓如探其胸中之所欲言,间有乍闻错愕,俄转为惊喜者,亦不一而足。以余所知解,视君之学,不啻如稊米之在太仓,而君乃深契如是。古人所谓昌歜之嗜,殆有天性,不可解耶?"见《别传》。故梁任公曰:"二云实一史学大家,并时最能知其学者,惟其友章实斋。"见《饮冰室集》。

晋涵死时,友人章学诚闻之,哀悼累日,且曰:"浙东史学,自宋元数百年来,历有渊源,自斯人不禄,而文献尽矣。"见《与胡雒君简》。讣至吴下,钱大昕为位哭之恸,谓:"君生长浙东,习闻蕺山、南雷诸先生绪论,于明季朋党阉寺乱政,及唐鲁二王起兵本末,口讲手画,往往出正史之外。自君谢世,而南江文献无可征矣!"见《潜研堂集》卷四十三。章炳麟太炎。曰:"史家若章、邵二公,记事甚善。其持论亦在《文心》《史通》间也。"见《文录·说林下》。

第三节　章学诚《文史通义》(另详第三编)

第四节　汪辉祖《史姓韵编》

汪辉祖,字焕曾,号龙庄,浙江萧山人。幼孤。节母王、徐两氏,抚且教。乡举后,逾年,成进士。需次谒选,得宁远县知县,颇著政绩。详自作《病榻梦痕录》中。

家贫,无藏书。尝假友人钞读,然抄未完了,又被讨还。入京,与大人先生谈论,始知世间有所谓学问者。固自觉向学之晚,不胜惭愧。趋至琉璃厂西门,购《汉书》一部读之。南归后,又以作幕所余之修金,尽购正史,继又买其余关于史学之书,且与当时史家钱大昕、章学诚、邵晋涵、洪亮吉、纪昀辈相认识,过从甚密,不无受其影响也。

初著《史姓韵编》六十四卷,自为序曰:"少时从友人假读《史记》、两《汉书》,厪厪焉粗涉其大端,既而衣食奔走,兼攻举子文,不暇卒业诸史。年四十又八,始得内版二十一史及《旧唐书》《明史》,通二十三种。五六年来,佐吏余功,以读史自课。顾目力短涩,日不能尽百叶,又善忘,掩卷如未过眼。每忆一事,辄展转检阅,旷时不少,计欲摘二十三史记载之人,分姓汇录,依韵编次,以资寻览。"

后又撰《二十四史同姓名录》《辽金元三史同名录》各若干卷。皆系工具书,有济实用,如今坊间盛行之"引得"或"索引"也。钱氏大昕为之作《二十四史同姓名录序》云:"予好读乙部书,涉猎卅年,窃谓史家所当讨论者有三端:曰舆地,曰官制,曰氏族。顾州郡、职官,史志尚有专篇,唯氏族略而不讲。班之《古今人表》,散而无记,欧阳之《宰相世系》,偏而不全,思欲贯串诸史,勒为一书;而衰病遝臻,有志未逮。……《廿四史同姓名录》者,萧山汪君焕曾所茸,盖取诸史中同姓者,类其名而列之,或专传或附传,悉附注其下,略述事实,以备稽考。凡著于录者,四万六千余人。于是正史之人物,了然如指诸掌,其名同而族异者,俱可溯其原而不杂厕。既葳事,以予稍涉史学,贻书属序其端。……予特以其义例,有裨于史,而喜其实获我心也,于是乎书。"见《潜研堂集》卷二十四。章学诚为作《三史同名录序》云:"夫对音繙绎,文字无多;名字相同,触处多有。作史者自应推《春秋释例》,兼法古人《同姓名录》,特撰为《同名考》,将全史所载,毋论有传无传之人,凡有同名,详悉考别,勒为专篇,与《国语解》并编列传之后,岂不轩目豁心,可为久法?……今见龙庄《三史同名录》,盖先得我心之同然矣。……龙庄是书,盖三易其稿、再涉寒暑,有苦心矣。"见《章氏遗书》卷三。

按此种牵引式之著作,近人胡适最喜之。曾有言曰:"不曾整理的材料没有条理,不容易检寻,最能销磨有用的精神才力,最足阻碍学术的进行。我们须想出法子来,解放学者的精力,使他们的精力用在最经济的方面。……又例如一部二十四史,有了一部《史姓韵编》,可以省多少精力与时间。"见《胡适文存二集·国学季刊宣言》。但李慈铭云:"其中于纪传附见名氏,漏落甚多;亦颇有伪失云。"见《越缦堂日记》。

辉祖复以本证法治元史,曰《元史本证》,内分"证误"、"证遗"、"证名"三部分。竹汀谓其"自摅所得,实事求是,有大醇而无小疵"。见原书卷首钱序。推挹可谓至矣。

第三编　史学之成立及其发展

第一章　刘知幾《史通》

刘知幾,字子玄,唐徐州彭城人。年十二,父藏器为授《古文尚书》,业不进,父怒,楚督之。及闻为诸兄讲《春秋左氏》,冒往听,退辄辨析所疑,叹曰:"书如是,儿何倦。"父奇其意,许授《左氏》。逾年,遂览群史,与兄知柔俱以善文词名。擢进士第。与徐坚、元行冲、吴兢等友善,共修国史,继修《武后实录》。

在馆时,尝欲行其旧议,而同作诸士及监修贵臣,每与其凿枘相违,龃龉难入。知不见用,故退而私撰《史通》内外篇,以明其志。见《新唐书》本传。《自叙》云:"若《史通》之为书也,盖伤当时载笔之士,其义不纯,思欲辨其指归,殚其体统。夫其书虽以史为主,而余波所及,上穷王道,下掞人伦,总括万殊,包含千有。……盖谈经者恶闻服、杜之疵,论史者憎言班、马之失。而此书多讥往哲,喜述前非,获罪于时,固其宜矣。"

其书命名,盖本诸《汉书·司马迁传》,当迁卒后,汉求其子孙,封为"史通子"。即刘氏亦《自叙》云:"昔汉世诸儒,集论经传,定之于白虎观,因名曰《白虎通》。予既在史馆而成此书,故便以《史通》为目。且汉求司马迁后,封为史通子。是知史之称通,其来自久。博采众议,爰定兹名,凡为廿卷。"

子玄幼善诗赋,而壮都不为,耻以文士得名,期以述者自命。此与范晔同其志趣矣。其领国史,且三十年,此谓"三为史官,再入东观"是也。

尝对人言:"史有三长,才、学、识,世罕兼之,故史才少。夫有学无才，犹愚贾操金，不能殖货。有才无学，犹巧匠无梗楠斧斤，弗能成室。"见《唐书》本传。子玄殁后，帝诏河南府就家写《史通》。

《四库总目提要》云《史通》书成于景龙四年，凡内篇十卷，三十九篇，外篇十卷，十三篇。盖其官秘书监时，与萧至忠、宗楚客等，争论史事不合，故发愤而著书者也。其内篇中《体统》《纰缪》《弛张》三篇，有录无书，其亡在修《唐书》以前。内篇皆论史家体例，辨别是非。外篇则述史籍源流，及杂评古人得失。文或与内篇重出，又或抵牾。是先有外篇，乃撷其精华以成内篇，故删除有断未尽也。子玄于史学最深，又领史职几三十年，更历书局亦最久。其贯穿今古，洞悉利病，实非后人所及。而性本过刚，词复有激，诋诃太甚，或悍然不顾其安。《疑古》《惑经》诸篇，世所共诉，不待言矣。即如其他诸篇，为例亦或不纯，讥评未免失当。盖子玄之意，惟以褒贬为宗，余事皆视为枝赘。故于班、马以来之旧例，一一排斥，多欲删除，尤乖史法。……然其缕析条分，如别黑白，一经抉摘，虽马迁、班固几无词以自解免。亦可云载笔之法家，著书之监史矣。

梁启超云："刘氏事理缜密，识力锐敏。其勇于怀疑，勤于综核，王充以来，一人而已。其书中《疑古》《惑经》诸篇，虽于孔子，亦不曲徇。不谓最严正的批评态度也？"见《中国历史研究法》。梁氏又云："刘知幾是史官中出类拔萃的，孤掌难鸣，想恢复班固的地位而不可能，只好闷烦郁结，著成一部讲求史法的《史通》。他虽复有作史的成绩，而史学之有人研究，从他始。"见《中国历史研究法补编》。近人何炳松曰："刘氏对于我国自古以来之编年与纪传两体，下一详尽周密之批评，隐为吾国旧式之史学，树一完美之圭臬。"见《通史新义》。以上皆称刘氏之于史学，颇有深造，宜其遗著脍炙人口也。

虽然，讥之者亦有人焉。先如宋人吴缜为《唐书纠谬序》，有论及刘氏云："知幾能于修史之外，毅然奋笔，自为一书，贯穿古今，讥评前载。观其以史自命之意，殆以为古今绝伦。及取其尝所论著，而考其谬戾，则亦无异于前人。由是言之，史才之难得，岂不信哉！"载《群书拾补》中。余友宋慈抱墨庵。近著《续史通》，有《问刘篇》可参考。

第二章　郑樵《通志》

郑樵,字渔仲,宋莆田人。博学强记,搜奇访古。遇藏书家,必借留读尽乃去。绍兴中,以荐召对,授右迪功郎,礼兵部架阁。言者劾之,改监南岳庙。入为枢密院编修官。

尝自负淹博,网罗旧籍,参以新意,撰为《通志》。凡帝纪十八卷,皇后列传二卷,年谱四卷,略五十一卷,列传一百二十五卷。其纪传删录诸史,稍有移掇,大氐因仍旧贯,为例不纯。其年谱仿《史记》诸表之例,惟间以大封拜、大政事错书其中,或繁或漏,亦复多歧,均非其注意者。其平生之精力,全帙之精华,惟在二十略而已。一曰氏族,二曰六书,三曰七音,四曰天文,五曰地理,六曰都邑,七曰礼,八曰谥,九曰器服,十曰乐,十一曰职官;十二曰选举,十三曰刑法,十四曰食货,十五曰艺文,十六曰校雠,十七曰图谱,十八曰金石,十九曰灾祥,二十曰草木昆虫。其氏族、六书、七音、都邑、草木昆虫五略,为旧史所无。见《四库总目提要》。

王鸣盛云:"樵居夹漈山,搜奇访古。初为经旨、礼乐、文字、天文、地理、虫鱼、草木、方书之学,皆有论辨,条其纲目,而名之曰略,凡二十略。又取史迁以下十五代之史,删并纪传,以《唐书》《五代史》本朝大臣所修,不敢议,迄隋而止,合二十略,统曰《通志》。高宗幸建康,尝命奏进,会樵病卒。淳熙间上之。"见《蛾术编》。则其发愿编书,先略而后及于纪传也,明矣!

清纪昀作此书提要,谓樵之二十略,六书、七音,乃小学之支流,非史家之本义,务奇炫博泛滥及之,此于例为无所取矣。其余虽皆旧史所有,然谥与器服,乃礼之子目,校雠、图谱、金石,乃艺文之子目,析为别类,不亦冗且碎乎?且《氏族略》多挂漏,天文、地理全抄杜佑《通典》。

其礼、乐、职官、食货、选举、刑法六略,亦删录《通典》,无所辨证。其时学者戴震、吴颖芳皆从而病诋郑君之《通志》焉。章学诚闻之,因作《申郑》篇曰:"学者少见多怪,不究其发凡起例,绝识旷论,所以斟酌群言,为史学要删,而徒摘其援据之疏略,裁剪之未定者,纷纷攻击,势若不共戴天。古人复起,奚足当吹剑之一吷乎?"又曰:"若夫二十略中,六书、七音,与昆虫草木三略,所谓以史翼经,本非断代为书、可以递续不穷者比,诚所谓专门绝业,汉唐诸儒,可传者也。创条发例,巨制鸿编,即以义类,明其家学,其事不能不因一时成书,粗就隐括,原未尝与小学专家,特为一书者,挈长较短,亦未尝欲后之人,守其成说不稍变通。"见《文史通义》。

夫通史之例,肇于司马迁,综括千古,归一家言。非学问足以该通,文章足以镕铸,则难以成书。今樵以区区一身,僻处寒陋,竟能奋高掌,迈远蹠,以作《通志》,可谓豪杰之士也。用梁任公语。况樵自有言曰:"诸史家各成一代之书,而无通体,樵欲自今天子中兴,上达秦汉之前,著一书曰通史,寻纪法制。"见《夹漈遗稿》。章氏又云:"自迁、固而后,史家既无别识心裁,所求者徒在其事其文,惟郑樵稍有志乎求义。"见《文史通义》。然则《通志》精要,在乎义例。盖一家之言,诸子之学识,而寓于诸史之规矩,原不以考据见长也,后人议其疏漏,非也。

梁启超曰:"吾侪固深赞郑、章之论,认通史之修,为不可以已,其于樵之别裁精鉴,亦所心折。虽然,吾侪读《通志》一书,除二十略外,竟不能发见其有何等价值。意者仍所谓'宁习本书,怠窥新录'者耶? 樵虽抱宏愿,然终是向司马迁圈中讨生活。松柏之下,其草不植,樵之失败,宜也。然仅二十略,固自足以不朽。史界之有樵,若光芒竟天之一彗星焉。"见《中国历史研究法》。此论最为公允。

要之,此书采摭既已浩博,议论亦多精辟,虽纯驳互见,而瑕不掩瑜,究非游谈无根者可及,至今资为考镜,与杜佑、马端临书,并称"三通"。亦有以云。

第三章　章学诚《文史通义》

章学诚，字实斋，清浙江会稽人。幼不肯为应举文，好为诗赋，而不得其似。然其性已近史学，尝取《左传》，删节事实，父见之，乃谓："编年之书，仍用编年删节，无所取裁，曷用纪传之体，分其所合？"学诚始力究纪传之史，逐日夜抄录《春秋》内外传及衰周战国子史，辄复以意区分，编为纪表志传，凡百余卷，名曰《东周书》。经营三年，卒未成书。见学诚作《柯先生传》。《家书》亦云："二十岁以前，性绝骎滞，读书日不过三二百言，犹不能久识。学为文字，虚字多不当理。廿一二岁，骎骎向长，纵览群书，于经训未见领会，而史部之书，乍接于目，便似夙所攻习然者，其中利病得失，随口能举，举而辄当。"据此，可知学诚于史学殆有天授欤？

曾三至京师，居国子监中，始见刘知幾《史通》，并学古文于朱筠，继而交吴兰庭、胥石。任大椿、幼植。程晋芳鱼门。辈，时为燕谈之会。后再受休宁戴东原之教诫，深自愧悔。以后治学，渐求真实，不尚空谈矣。其与族孙汝楠《论学书》曰："往仆以读书当得大意，又年少气锐，专务涉猎，四部九流，泛览不见涯涘，好立议论，高而无切，攻排训诂，驰骛空虚，盖未尝不偭然自喜，以为得之。独怪休宁戴东原震。振臂而呼曰：'今之学者，毋论学问文章，先坐不曾识字。'仆骇其说，就而问之。则曰：'予弗能究先天后天，河洛精蕴，即不敢读元亨利贞；弗能知星躔岁差，天象地表，即不敢读钦若敬授；弗能辨声音律吕，古今韵法，即不敢读关关雎鸠；弗能考三统正朔，《周官》典礼，即不敢读春王正月，仆重愧其言！因忆向日曾语足下所谓'学者只患读书太易，作文太工，义理太贯'之说，指虽有异，理实无殊。充类至尽，我辈于四书一经，未尝开卷，可为惭惕，可为寒心。"学诚学问之所以成功，实始于此时之觉悟耳。

继又以史部书帙浩繁,典衣质被,购班、马而下,欧、宋以前,十六七种,感其义例不纯,体要多舛。故欲遍察其中得失利病,约为科律,作《书教》篇,讨论笔削大旨,而闻见寥寥,邈然无成书之期。见书同上。盖学诚著书之志始此。

三十以后,复识汪辉祖、邵晋涵二子,更相勉,专以治史自任,由是颇事著述,斟酌艺林,作为《文史通义》。书虽未成,大旨已见辛楣先生候牍,即《上辛楣宫詹书》。辛楣即钱大昕,其文曰:"学诚从事于文史校雠,盖将有所发明。然辨论之间,颇乖时人好恶,故不欲多为人知。……夫著书原为后世计,而今人著书以表襮于时。此愚见之所不识也。"依此观之,可知学诚当日之不合时宜。每一文出,必遭世诟骂,惟有邵晋涵一人能赏其音。所作《原道》篇评论云:"是篇初出,传稿京师,同人素爱章氏文者,皆不满意,谓蹈宋人语录习气,不免陈腐取憎,与其平日为文不类,至有移书相规戒者。余谛审之,谓朱少伯曰:'此乃明其《通义》所著,一切创言别论,皆出自然,无矫强耳,语虽浑成,意多精湛,未可议也。'"

学诚又精校雠学,所著《通义》,多有极重要之见解。往往与《文史通义》互相发明。学诚极力推崇刘向、歆父子,故有《宗刘》之篇。尝自言云:"日月倏忽,得过日多。检点前后,识力颇进,而记诵益衰。思敛精神,为校雠之学。上探班、刘,溯源官礼,下该《雕龙》《史通》,甄别名实,品藻流别。为'文史''校雠'两《通义》。"见《与严冬友侍读书》。

晋涵未死以前,尝与学诚论修《宋史》,此志至久不衰,后在武昌,佐毕沅编辑《史籍考》,时犹寄书晋涵云:"《宋史》之愿,大车尘冥,仆亦有志,而内顾枵然,将资于足下而为之耳。足下如能自成一史,仆则当如二谢、司马诸家之《后汉》,王隐、虞预诸家之《晋书》,亦备一家之学焉。"

学诚此次编《史籍考》,其取材包经而兼采子集。尝与邵氏商订义例。其编纂凡费五年,成稿已及八九,为三百廿五卷。惜乎毕沅死后,不得卒业,学诚亦回乡。在杭州,借谢启昆之力补修之,助手有袁钧、陶轩。胡虔、雒君。等。学诚又就其家访得残余,重订凡例,半藉原文,增加润饰,为成其志。见《史考释例》。《史籍考》全书今不传,诸家目录又多不提及,不知流落何所。前年马彝初叙伦。抄得杨见心所藏学诚未刊稿一卷,中有《史籍考总目》,但据《丛书举要》言毕沅未刊书,有《史籍考》百卷云。总之,学诚编《史考》,一仿朱氏成法,少加变通耳。此稿今竟不传,诚学术史中一大恨事。然学诚于史学贡献最大者,厥为方志。梁任公谓"中国方志学之成立,自实斋始",以属地理范围,姑勿论。

至于《文史通义》,又有《补编》之作。今已刻入《灵鹣阁丛书》中,与正编并行于世,但至清末,黄岩王棻子庄乃著《文史通义驳议》一书,未刻。想其中多有纠正或补充章氏之语也。而近人钱塘张尔田师孟劬又作《史微》,为阐明章氏"六经皆史"之义焉。

按两《通义》之书,褒毁参半,如邵晋涵云:"文史字见《东方朔》及《司马迁传》。唐宋以还,乃以论文诸家,目为文史。章君自谓:'引义征例,出于《春秋》,而又兼礼家之辨名正物,斯为《文史通义》之宗旨尔。'盖古人虽有其名,未尝推究至于此也。"又云:"昔人论刘勰知文不知史,刘知幾知史不知文,必如此书,而文史可以各识职矣。"并见《文史通义补编》。梁任公称之曰:"章氏生刘知幾、郑樵之后,较其短长以自出机杼,自更易为功。而彼于学术大原,实自有一种融会贯通之特别见地,故所论与近代西方之史家言多有冥契。"见《中国历史研究法》。但李慈铭阅此书,讥其疵谬不胜指驳,曰:"实斋之论史,尊郑樵,薄班固;论学以马端临《通考》为浅俗;论文以昌黎为不知义法,而尤诋半山;论校雠谓当取大小《戴记》依类分编。至谓《周易》上下经及十翼亦当分载,皆极谬妄。……盖实斋识有余而学不足,才又远逊。故其长在别体裁,核名实。""泛持一切高论,凭臆进退,矜己自封,好为立异,驾空虚无实之言,动以道眇宗旨压人,而不知已陷于学究云雾之识。后之不学之士,耳食其言,以为高奇,遂云汉后无史,唐后无文,持空滑之谈,以盖百家,凭目睫之论,以狭千古,自名绝学,一无所知。岂不太愚而可哀哉!"见《越缦堂日记》。章炳麟亦曰:"凡说古艺文者,不观会通,不参始末,专以私意揣量,随情取舍。上者为章学诚,下者为姚际恒,疑误后生多矣!"见《国故论衡·原经》。《太炎别录》卷二,其《与人论国学书》复评之曰:"实斋之论,徒教人以诐耳,其余陋者甚多。往见乡先生谭仲修有子已冠,未通文义。遽以《文史》《校雠》二种教之。其后抵掌说《庄子·天下》篇、刘歆《诸子略》,然不知其义云何。又见友人某教于杭州,以博观浏览导人,其徒有高第者,类能杂引短书,而倜然无所归宿。以此二事,则知学无绳尺,鲜不眯乱,徒知派别,又不足与于深造自得者。"其实章书之必见骂,自亦知之。曾有言曰:"拙撰《文史通义》,中间议论开辟,实有不得已而发挥,为千古史学辟其榛芜。然恐惊世骇俗,为不知己者诟厉。姑择其近情而可听者,稍刊一二,以为就正同志之质,尚不欲遍示于人也。"见《章氏遗书》卷四《与汪龙庄书》又《与书孙渊如》云:"近刻四卷,附呈教正。本不自信,未敢轻灾梨枣,无如近见名流议论,往往假藉其言,而实失其宗旨。是以先刻一二,恐其辗转,或误人耳。贤之想拊掌也。"

第四编　最近中国史学之趋势　清乾嘉后—民国

第一章　乾嘉以后学者校勘考证

第一节　钱、王、赵等之通释诸史

（一）钱大昕《廿二史考异》　弟大昭　犹子塘、坫附

钱大昕，字晓徵，号辛楣，又号竹汀，江苏嘉定人。年十五，为诸生，有神童之目。乾隆十九年成进士，选庶吉士，授编修，为宫詹。充山东、湖南、浙江、河南主考官。丁父忧归。历主钟山、娄东、紫阳书院共三十年，其在紫阳造士尤多云。

大昕博极群书，长于治史。当在幼时，授徒顾氏家，见案头《资治通鉴》及不全二十一史，晨夕披览，即有尚论千古之志。旋读李延寿《南北史钞》，撮故事为《南北史隽》一册。四十以后始撰《廿二史考异》，共百卷。

此书《自序》云："予弱冠时，好读乙部书。通籍以后，尤专斯业。自史汉讫金元，作者廿有二家，反复校勘，虽寒暑疾疢，未尝少辍，偶有所得，写于别纸。丁亥岁，乞假归里，稍编次之，岁有增益，卷帙滋多。戊戌，设教钟山，讲肄之暇，复加讨论，间与前人暗合者，削而去之。或得于问学启示，亦必标其姓名，郭象、何法盛之事，盖深耻之也。……廿二家之书，文字烦多，义例纠纷，舆地则今昔异名，侨置殊所；职官则沿革迭代，冗要逐时。欲其条理贯申，了如指掌，良非易事。以予愚劣，敢云有得？但涉猎既久，启悟遂多，著之铅椠，贤于博弈云尔。"见

《潜研堂集》卷二十四。

所考为《史记》《汉书》《后汉书》《续汉书》《三国志》《晋书》《宋书》《齐书》《梁书》《陈书》《魏书》《北齐书》《周书》《隋书》《南史》《北史》新旧《唐书》欧阳《五代史》《宋史》《辽》《金》《元》史。曰廿二史者，以《续汉书》并入《后汉书》也。李慈铭云："其书皆参校同异，多有是正。史汉尤兼考据经学，别正字体。《晋书》以下，大率于本纪、列传、志、表中，互勘其岁月之差错，官爵之先后，郡国之沿革，而兼采会要及历朝文家诗文集，以订正之。"见《越缦堂日记补》。梁任公曰："钱书最详其校勘文字，解释训诂名物，纠正原书事实讹谬处亦时有。凡所校考，令人涣然冰释。比诸经部书，盖王氏《经义述闻》之流也。"见《清代学者整理旧学之总成绩》。又为《考史拾遗》，凡《三史》五卷，《诸史》五卷。

竹汀尝病《元史》疏芜，欲采各家诗文集及笔记小说之类，改修《元史》。恐违功令，改为《元诗纪事》，故于元事尤为熟悉。段玉裁作《潜研堂文集序》云："先生生平于《元史》用功最深，惜全书手稿未定。"又自谓"补撰《元艺文志》，所见元明诸家文集、志乘、小说无虑数百种，而于焦氏《经籍志》、黄氏《千顷堂书目》、倪氏《补金元艺文志》、陆氏《续经籍考》、朱氏《经义考》采获颇多，其中亦多讹踳不可据者。"见《十驾斋养新录》卷十三。其他补表，如《唐五代宋学士表》及《元氏族表》各若干卷。

晚年又为两浙毕公沅校刊《续资治通鉴》。自温公编辑《通鉴》后，宋元两朝，虽薛氏、王氏之续，而纪载疏漏，月日颠倒，又略于辽金之事。近世徐氏重修，虽优于两家，所引书犹病疏略。自四库馆开，海内进献之书，与天府储藏奇秘国籍，《永乐大典》所载，事涉宋元者，都未寓目。毕公悉钞得之，以为此书参考之助，先经邵学士（晋涵）、严侍读（长明）、孙观察（星衍）、洪编修（亮吉）及族祖卜兰先生佐毕公分纂成书，阅数年，又属覆勘增补《考异》，未竣事而毕公卒，以其本归公子。见《年谱续编》。

其弟大昭，犹子塘、坫，皆以治史见称于世。大昭字晦之，一字可庐。淹贯经史，著书满家，刊行者惟《后汉书补表》八卷而已。见《国朝先正事略》。有大昕作序云："弟晦之，孜孜好古，实事求是，所得殊多于予，其用力精勤，虽近儒何屺瞻、陈少章未能或之先也。钞撮甫毕，属予点次，喜而序之。"见《潜研堂集》卷二十四。按此书，内分《诸侯王表》《王子侯表》《功臣侯表》《外戚恩泽表》《宦者侯表》《公卿表》。李慈铭曰："其书考订精密，多驳熊表之误，然拘于班例，不敢出入，谬误处亦不胜指。钱氏讥熊表不明体例，而所表实未大胜熊表也。"见《越缦堂日记》。其于两汉、三国，有《辨疑》一书。王光禄称赏不止，以为突过三刘。复有《补续汉志》二卷。盖取蔚宗本史所载，及书之见存于今代，引证于古书，著录于别史，暨藏书家所录者，辑为此编，以补司马氏之阙漏，部分条析，悉依前书。于一代著述，固已搜采无遗，洋洋美备矣。

塘字学渊，号溉亭。肆力经史，著《史记三书释疑》，于律历、天官家言皆究其原本，而以他书疏通证明之。见《国朝先正事略》。垍有《史记补注》一百三十卷，未刊。见《书目答问》。

（二）王鸣盛《十七史商榷》

王鸣盛，字凤喈，号西沚，江苏嘉定人。少警颖，为诸生时，巡抚陈天受招入紫阳书院，院长王峻奇赏其才。后从沈德潜游，称高弟子。乾隆十九年，以一甲二名进士，赐及第，授编修。后典福建乡试，擢内阁学士，兼礼部侍中。丁内艰归，遂不复出。键户读书，不与世事，垂三十年，所著《十七史商榷》一百卷。

自序云："十七史者，上起《史记》，下迄《五代史》。……商榷者，商度而扬榷之也。……予束发好谈史学，将壮，辍史而治经，经既竣，乃重理史业，摩研排纉，二纪余年，始悟读史之法与读经小异而大同。何以言之？经以明道，而求道者不必空执义理以求之也。但当正文字，辨音读，释训诂，通传注，则义理自见，而道在亦其中矣。……读史者不必以议论求法戒，而但当考其典制之实，不必以褒贬为与夺，而但当考其事迹之实，亦犹是也。故曰同也。若夫异者则有矣，治经断不敢驳经，而史则虽子长、孟坚，苟有所失，无妨箴而贬之，此其异也。……尝择善而从，无庸偏徇。"故钱氏大昕称："此书主于校勘本文，补正讹脱，审事迹之虚实，辨纪传之异同，于舆地、职官、典章、文物，每致详焉，独不喜褒贬人物，以为空言无益实用也。"见《潜研堂集》卷四十八。

按鸣盛、大昕，本为婚姻，学又相近，情好甚笃。何以言之？王氏《墓志铭》载之甚明。文云："予与西沚总角交，予妻又其女弟，幼同学，长同官，及归田，衡宇相望，奇文疑义，质难无虚日。予弩缓，西沚数镞厉之,始克树立。平生道义之交,无逾西沚,常以异姓轼、辙相况,匪由亲串昵就,辄相标榜也。"见书同上。但二子之书,谭献评之曰:"论著述,则钱托体高;论启发,则王为功多。"见《复堂日记》卷七。梁任公曰:"以余所见,钱书固清学之正宗,其校订精核,最有功于原著者。……(而)王书对于头绪纷繁之事迹及制度,为吾侪绝好的顾问。"见《清代学者整理旧学之总成绩》。

此书所考,其先皆注在简眉牍尾,字如黑蚁。久之皆满,无可复容,乃誊于别帙,而写成净本,都为一编。计《史记》六卷,《汉书》二十二卷,《后汉书》十卷,《三国志》四卷,《晋书》十卷,《南史》合《宋》《齐》《梁》《陈书》十二卷,《北史》合《魏》《齐》《周》《隋书》四卷,新旧《唐书》二十四卷,新旧《五代史》六卷,总九十八卷。李元度(次青)云:"其书博辨详明,与容斋、伯厚相上下。前人纠谬拾遗之作,不屑沿袭捃摭也。"见《国朝先正事略》。书末《缀言》二卷,论史家义例,亦殊简当云。

(三) 赵翼《廿二史札记》

赵翼,字耘崧,号瓯北。江苏阳湖人。生三岁,日能识字数十。十二岁,学为文,一日成七艺,人皆奇之。乾隆五年,举顺天乡试,才名动辇下。三十六年,成进士,旋以编修任撰文,修《通鉴辑览》。寻授镇安知府,调广州监司,皆著政声。擢贵西道,坐他狱,降秩用,遂乞养归。家居数十年,手不释卷,著《廿二史札记》三十六卷。

自作《小引》云:"闲居无事,翻书度日,而资性粗钝,不能研究经学。惟历代史书,事显而义浅,便于流览,爰取为日课,有所得,辄札记别纸,积久遂多。惟是家少藏书,不能繁征博采,以资参订。间有稗乘脞说与正史歧互者,又不敢遽诧为得间之奇。盖一代修史时,此等记载无不搜入史局,其所弃而不取者,必有难以征信之处。今或反据以驳正史之讹,不免贻讥有识。是以此编多就正史纪传、表、志中参互勘校,其有抵牾处,自见辄摘出,以俟博雅君子订正焉。至古今风会之递变,政事之屡更,有关于治乱兴衰之故者,亦随所见附著之。……或以比顾亭林《日知录》,谓身虽不仕而其言有可用者,则吾岂敢。"而钱大昕为之作《序》云:"今春访予吴门,复出近刻《廿二史札记》三十有六卷见示,读之,窃叹其记诵之博,义例之精,议论之和平,识见之宏远,洵儒者有体有用之学,可坐而言，可起而行也。……先生上下数千年，安危治忽之几，烛照数计，而持论斟酌时势，不蹈袭前人，亦不有心立异。于诸史审订曲直，不掩其失，而亦乐道其长，视郑渔仲、胡明仲专以诟骂炫世者，心地且远过之。"

按：此书得同时后进宝山李保泰为之编校，书成后，李亦为作序云："阳湖赵瓯北先生，以经世之才，具冠古之识。自太史出守，擢观察，甫中岁即乞养归，优游林下者将三十年，无日不以著书为事，辑《廿二史札记》三十六卷。方先生属稿时，每得与闻绪论，及今始溃于成，窃获从编校之役，反复卒读之。"见本书卷首。近人梁启超（任公）尝诏人读史之前，当一浏览此书。谓："《记》称'属辞比事，《春秋》之教'，此书深得'比事'之诀，每一个题目之下，其资料皆从数十篇传中，零零碎碎觅出，如采花成蜜。学者能用其法以读史，便可养成著述能力。"见《饮冰室文集》。又云："赵书每史先叙其著述沿革，详其得失，时亦校勘其抵牾。……但彼与三苏派之'帖括式史论'截然不同，彼不喜专论一人之贤否，一事之是非，惟捉住一时代之特别重要问题，罗列其资料而比论之，古人所谓'属词比事'也。"见《清代学者整理旧学之总成绩》。然章氏太炎则讥之曰："近世如赵翼辈之治史，戋戋鄙言，弗能钩深致远，由其所得素浅耳。"见《太炎最近文录》。

但此书，人有疑其非自著者。李慈铭云："阅赵翼《廿二史札记》，常州老生皆言此书及《陔余丛考》，赵以千金买之一宿儒之子，非赵自作。以《瓯北诗集》《诗话》及《檐曝杂记》诸书观之，赵识见浅陋，全不知著书之体，此两书较为贯串，自非赵所能为。《丛考》又多入小说，又不如《札记》之有体要，然于史事多是正纂集之功，无所发明，笔舌冗沓，尤时露村学究口吻，以视钱氏《廿二史考异》，固相去天壤，即拟王氏之《十七史商榷》，亦远不逮也。"见《越缦堂日记》。梁氏则谓："人之学问固有进步，此书为瓯北晚作，何以见其不能？况明有竹汀之序耶？并时人亦不见有谁能作此类书者，或谓出章逢之（宗源），以吾观之，逢之善于辑佚耳；其识力尚不足以语此。"见《清代学者整理旧学之总成绩》注。

（四）李贻德《十七史考异》

李贻德，字天彝，号次白，嘉兴人。嘉庆举人，少工韵语，治经长于

《诗》。尝侨寓金陵，以诗百韵投阳湖孙星衍，延为上客。星衍晚年所著书，多贻德为之卒业。《十七史考异》，任公谓"踵钱例"而作也。

(五) 洪颐煊《诸史考异》

洪颐煊，字筠轩，临海人。精研经史，为孙星衍门人。嘉庆间，客星衍粮道署，取平津馆所藏碑续之，成《诸史考异》。梁任公颇称之，详《清代学者整理旧学之总成绩》文中。

第二节 陈、梁、施、沈校辨旧史

(一) 陈景云《三国志辨误》

陈景云，字少章，江苏长洲人。少从何焯游，博通经史，淹贯群籍，长于考证，凡讹谬处，能剖析毫芒。所著书凡九种，其四为《三国志校误》，即此书。见《苏州府志》本传。而《先正事略》云："康熙中应顺天试，不遇。以母老，绝意宦游。……凡经史子集，地理制度，下及稗官家乘，无不综览，而尤深于史学。温公《通鉴》略能背诵，前明三百年事能剖决其毫芒得失。……所著《两汉订误》五卷，《三国志校误》三卷，……《通鉴胡注正误》二卷，《纪元考略》二卷。"子黄中，能继父学，著《宋史稿》一百七十卷，《新唐书刊误》三卷。

景云以《三国志》简质有法，而抵牾亦所不免，乃作《辨讹》，所辨为关于陈书及裴注之误。凡《魏志》二十八条，《蜀志》八条，《吴志》五十一条。其间于字之讹异者，于文之倒置者，于正文与注淆乱者，于原本之阙佚者，并参阅异同，各有根据。虽所辨仅数十条，要皆抉摘精审，不减三刘之于《西汉书》，吴缜之于《五代史》也。见《四库总目提要》。

又有《通鉴胡注举正》一书，皆参订胡三省《资治通鉴音注》，凡六十三条。而所正地理居多，颇为精核。按书原有十卷。其子黄中云因屋漏鼠啮之余，仅存什一。然则是篇乃残阙之稿。其多所挂漏，宜矣！见书同上。

又有《纲目订误》四卷。初，尹起莘作《通鉴纲目发明》，凡有疑义，率委曲以通其说。后明末张自勋、清芮长恤亦迭有订正。景云是书，又据摭诸家所未及，悉行据前史原文，互相考证，其中毛举细故，虽未免稍涉吹求，然其指摘，颇正确云。见书同上。

但关于《通鉴胡注举正》，复有王鸣盛《十七史商榷》卷一百评云："少章长于稽核，所举皆确然。然胡氏之学，不以小疵掩其大美。"

（二）梁玉绳《史记志疑》

梁玉绳，字曜北，浙江仁和人，山舟之子也。乾隆增贡生。笃学力行，长于考订，著《史记志疑》三十六卷。钱大昕云："生于名门，濡染宋学，下帷键户，默而湛思，尤于是书专精毕力，据经传以纠乖违，参班、荀以究异同，凡文字之转讹，注解之附会，一一析而辨之。从事几二十年，为编三十六卷，名曰《志疑》，谦也。"见《潜研堂集》卷二十四。

但当时钱大昕三次致书商讨《史记》中疑义，而不采梁氏之说。钱谓："自王子师诋子长为谤史，宋、元、明儒者訾议尤多，仆从未敢随声附和。盖读古人书，诚爱古人，而欲寻其用意之所在，不肯执单词以周纳文致也。"见同书卷三十四。然其考订训诂，固多可取，是以卢抱经云："《史记》有吾乡梁伯子玉绳，刊正极精细。"见《群书拾补·史》。王念孙云："梁明经玉绳作《志疑》一书，所说又有钱氏所未及者，而校正诸表，特为细密。"见《读书杂志·史记序》。梁书虽名"志疑"，实则刊误纠谬，什而八九也。用任公语。

又著《人表考》。《自序》缘起云："钱宫詹尝谓余云：此表用章儒学，有功名教。观其尊仲尼于上圣，颜、闵、思、孟于大贤，弟子居上等者三十余人……书首祖述夫子之言，《论语》中人物，悉见于表，而他书则有去取。详列孔氏谱系，俨以统绪属之。孟坚具此特识，故卓然为史家之宗，不独文章雄夸百代而已。余甚服膺斯语，因勘校各本，摭采群编，缺不敢补，误不敢改，为《考》九卷。"李慈铭云："梁氏于此书致力甚深，引证宏奥，几出马三代（骍）之上，卓然可传。惜好著议论，多涉迂腐，又往往杂引鄙倍之文，不知别择，自累其书，盖尚不免学究习气也。"见《越缦堂日记》。

三 施国祁《金史详校》

施国祁，字非熊，号北研，乌程诸生。熟于金元掌故，著有《遗山诗笺》。

《金史详校》共十卷。前有自作《小引》及《例言》三则。以南监本为主,而校以北监本、官本,及元至正四年甲申江浙祖刻本。凡竭二十余年之力,刊讹补脱,极为详密,间亦是正原文。凡重复错出者,俱改正之。于宋《交聘表》,用全谢山之说,取《北盟会编》《系年要录》等书数十种为之注,其事目至盈二卷,尤粲然可观。惟文笔郁轖,偶附议论。此本稿归汪谢城,谢城为之校写刊行。说本李慈铭。

北研尚有《金源札记》及《诗文集》,俱未得见。要之,其于金源一朝之事,可谓尽心焉矣!

(三) 梁章钜《三国志旁证》

梁章钜,字茝林,号退庵,福建长乐人。嘉庆进士。道光间,官至江苏巡抚,兼署两江总督,著有《三国志旁证》三十卷。

(四) 沈钦韩《两汉书疏证》

沈钦韩,字文起,一字小宛,又号匏庐。苏之木渎人。嘉庆戊辰举人,官宁国教谕。其名氏见于包慎伯、刘申甫、顾千里诸君集中。记问极博。其所著有《左传补注》《两汉书疏证》《三国志补注》等。叶昌炽云:"按小宛先生为吾乡先哲,注《汉书》则痛诋颜氏,注《左传》则舍杜预而取贾、服,识见卓然。虽议论过激,终异雷同附和之言。书皆未刻,藏书家并有抄本。"见《缘督庐日记》。

同时人李慈铭即云:"吴人沈钦韩小宛,博雅冠代,著书满家。今所存者,有《汉书疏证》等,皆手稿完整,惜都未刻。"见《越缦堂日记》。谭献亦云:"宗湘太守得沈小宛《两汉书疏证》残稿,阙班书列传,志亦未完。范书阙帝纪。如谋补辑付刻,殊不易易。予告太守:《艺文志》《古今人表》,皆可别行。"见《复堂日记》。可知其书历李、谭、叶三氏时,尚未雕板,近则已由浙江书局印行矣。

按:稍后,王先谦补注《汉书》时,亦采用其说。先谦云:"沈文起《疏证》一书,以后事稽合前言,自为别派。今但取有关书义者,余屏不录。"见《汉书补注·叙例》。但李氏谓"沈书闻稿本在上海郁氏,余尚未见,不知祭酒何从得之,晤时当询之也"。见《越缦堂日记》。

(五) 周寿昌《汉书注校补》

周寿昌,字应甫,一字荇农,晚号自庵。长沙人。道光进士。由编修累迁内阁学士,兼礼部侍郎。光绪初,署官居京师,以著述为事,诗文书画,俱负重名。于《汉书》用力尤深,其著《汉书注校补》较《后汉书》《三国志》为精。李慈铭谓其用力甚深,稿凡十八易而后写定,仍送慈铭观览,且相与商榷。其时寿昌已老病,而恳恳考据不懈。慈铭云:"荇农丈《汉书注校补·百官公卿表》《艺文志》《地理志》,荇农贯洽全书,于表志甚精,尤用力于地理,可卓然不朽矣。"又云:"阅荇丈《汉书注校补》……引证确核,于音训文义尤详慎。"俱见《越缦堂日记》。又有《五代史注纂注补续》若干卷。

(六) 王先谦《汉书补注》

王先谦,字益吾,湖南人。其著《汉书补注》,据自订《祭酒年谱》云:"余虽病剧,书不释手,中情怫郁,舍此亦无可消遣。自通籍后,钻研班书,日有所述。中间虽时复作辍,心光目力,实专注于此。兹以两年之力,剖厥告成,了此大愿,亦一喜也。"但在未刻之前,每一卷成,必送李慈铭处属校阅。故慈铭尝称曰:"阅王益吾(祭酒)《汉书补注·武五子传》,采取矜慎,体例甚善,其附己见,亦俱精确,尤详于舆地。张守节《正义》,所长即在此一事。又多采沈文起《汉书疏证》之说。"又云:"阅益吾《汉书·司马相如传》补注,引证繁密,于训诂名物,搜括殆尽。"俱见《越缦堂日记》。

按王氏著《汉书补注》,有朱一新为之忝订。而朱亦著《汉书管见》,但尚未成书耳。又湘乡王龙友作《王祭酒寿序》云:"先生尤精乙部,谓班书浩博,研穷靡殚,诸家集注,疏略亦甚。于是萃前古之膏胰,运一家之枢轴。《艺文》本圣学之渊源,而采其阃奥;《地理》乃坤舆之鼻祖,而订其异同。详《礼乐》,而制作复光;注《沟洫》,则井田可考。汇成巨帙,颜监逊其功;刊摘冥奥,余靖避厥舍。诚史家希世之宝,亘古仅觏之书,为《汉书补注》百卷。"

先谦继此,又编《后书集解》百二十卷,盖在晚年时也。《自序》云:"余服膺此书有年,于遗文奥义,复加推阐,惠氏外广征古说,请益同人,所得倍夥，爰取而刊行之。因念是书章怀注后，历千年而惠氏为补注，更二百年而余为集解，纂述之事，何其辽哉！"此外又有《元史拾补》十卷，《外国通鉴》三十五卷，而《东华录》数百卷，为抄自史馆，尤与后人治《清史》以主要材料也。

（七）李慈铭《诸史札记》

李慈铭，字㤅伯，号莼客，浙之会稽人。光绪进士。官山西道监察御史。数上封事，不避权要。中日事起，败问至，感愤扼腕，卒于官。慈铭精思闳览，最致力于史。所读诸史，必随手校证，书于眉间，或记在《日记》中。下世后，遗书散出，为北平图书馆所得，近由馆员王君重民为之整理。王君于其本书眉批外，据《日记》及他参考书中，凡有校勘、训诂、考据及推原史意者，分别迻录，编为《汉书札记》《后汉书札记》《晋书札记》《魏书札记》等，各若干卷。

按慈铭生当同光之世，杜门京师，著述自遣。友人长沙周寿昌、王先谦俱治斯业，时相与商榷，凡有所得，即记之。其考事实，则宗王西庄、钱竹汀、王石臞；论文法，则宗真西山、唐荆川、茅鹿门。时或兴有所至，则又有如金圣叹之批《水浒》者，蝇头细书，丹黄满纸，可窥其读书之精神也。说本王重民氏。

据王君跋《后汉书》云："先生于范书补缺拾遗，兼据逸籍，间发其义，颇多神解。先生专擅乙部，固所素长。此则他史所同，不独范书为然也。"

第三节　谢、陈、周、汤之改作旧史

（一）谢启昆《西魏书》

谢启昆，字蕴山，号苏潭，南康人。乾隆进士。嘉庆间，累官广西巡抚，内治吏民，外抚徭吏，政绩甚著。撰有《西魏书》。

北平翁苏斋方纲《跋王定界碑》云："是碑所称明帝，即西魏孝武帝也。因与门人谢蕴山言魏澹之书既亡，宜别撰《西魏书》。蕴山深有志于此，又佐以胡雏君之赅洽，已撰《序录》一卷，而其书至今未成。盖甚矣取材之难也！"见《缘督庐日记》卷四引。书成后，钱氏大昕、姚氏鼐皆为作序。钱序云："（上略）魏至西迁廿余年间，州郡增置纷繁，名目屡易，尤不可以无专书也。观察谢蕴山先生曩在史局，编纂之暇，与阁学翁公议补此书。洎苑陵奉讳家居，乃斟酌义例，排次成编，为本纪一，表三，考二，列传十三，载记一。既蒇事，介翁公属序于予。读其《凡例》，谨严有法，洵足夺伯起之席，而张涑水、考亭之帜矣！……观察之书，不独为前哲补亡，而将相、大臣、征伐诸表，精核贯串，又补前史所未备。传诸异日，视萧常、郝经之《续后书》，殆有过之无不及也。"见《潜研堂集》卷二十四。

姚序云："南康谢蕴山观察旧居史职，出剖郡符，间以退处数年之暇，慨魏收之失当，撰《西魏书》二十卷，以正其失，可谓勤学稽古，雅怀论世者矣！吾观李延寿《北史》本纪，录孝武于东魏孝静之前，而不曰西魏，意盖以收为非者。然拓跋自崔浩被诛，史笔回罔，故纪道武以往，事多侈词。又自道武以前二十余世，率加以皇帝之号，延寿因之，不能正也。今观察所纪仅在其末二十五年事，固有延寿之得而无其失者。然延寿《自序》言见别史千余卷，今时代远隔，泯亡无一存，不获使观察据之以考稽同异而裁定焉，惜哉！"见《惜抱轩集》卷三。

而李慈铭阅此书后，评之曰："谢蕴山《西魏书》，体例谨严，自为佳作，惜其纪传疏略相仍，亦有彼此不相照应者。固由其时记载散亡已尽，别无它书可资掇拾，故其五考，如礼、乐、刑、法等，仅存大略。然细求之，《册府元龟》《太平御览》《通典》《通考》诸书，当有更可搜集者。惟《封爵》《百官》两表，最为精核可传。其《历法考》《百官考》，亦补缀细密云。"见《越缦堂日记》。梁任公云："魏收《魏书》，夙称秽史，芜累不可悉指。其于东西魏分裂之后，以东为正，以西为伪，尤不惬人心，故司马《通鉴》不从之。乾隆末，谢蕴山启昆。著《西魏书》二十四卷，纠正收书之一部分。南北朝正统之争本已无聊，况于偏霸垂亡之元魏，为辨其孰正孰僭，是亦不可以已耶？然蕴山实颇具史才，此书于西魏二十余年间史料采摭殆无遗漏，结构亦谨严有法，固有可称。"见《清代学者整理旧学之总成绩》。

（二）陈鳣《续唐书》

陈鳣，字仲鱼，号简庄，浙江海宁人。嘉庆元年，举孝廉方正。生平专心训诂之学，尝与钱竹汀、翁覃溪、段若膺诸士游，研究经义，质疑问难以为乐。复长于史才，以宋李昉等建议，拟黜朱梁纪年，后唐既系赐姓，收之属籍，又有大勋劳于唐室，宜可继承唐之坠绪。石晋叛宗邦，而附异族，则削之。南唐为宪宗五代孙建王之玄孙，祀唐配天，不失旧物，尤当大书年号，以临万国。用戚光祖例，取南唐接后唐，而上溯天祐，至十九年中虚其统，成《续唐书》七十卷，凡为本纪七，表四，志十，世家十三，后妃传二，宗室传二，诸臣传二十九，外国传一。其间十志，具存五代典章制度，足补薛、欧所缺。

李慈铭云："陈仲鱼《续唐书》采取精博，体例谨严，远出萧、郝《续汉书》之上。其自序谓'稿经累易，力殚穷年'，非虚语也。惜书为其外孙祝修据副本刻于广东，校勘不慎，脱误甚众。然予平生仅两见之，为可贵也。"见《越缦堂日记》。梁任公曰："陈仲鱼著《续唐书》，其意盖不欲帝朱温，而以后唐李克用直接唐昭宗。……此与汤氏《季汉书》、谢氏《西魏书》同一见解。为古来大小民贼争正统闰位已属无聊，况克用朱邪小夷，又与朱温何别？徒浪费笔墨耳！"见《清代学者整理旧学之总成绩》。后有李旦华宪吉。著《后唐书》，内容略同，未刻行世。

（三）周济《晋略》

周济，字保绪，荆溪人。嘉庆进士，官淮安府教授。少与同郡李兆洛，泾县包世臣，以经世学相切劘，兼通兵家言。淮北枭徒为乱，制府畀以侦缉之任，屡败擒之。以所得资购妖姬，养豪客，意气极盛一时，后悉弃去，隐居金陵春水园，潜心著述，所著书以《晋略》为最著。

此书六十卷，仿鱼豢《魏略》为编年体也。丁俭卿晏谓其"一生精力，毕萃于斯，体例精深，因而实创"。魏默深谓其"以寓平生经世之学，遐识渺虑，非徒考订笔力过人"。据此，则其书当甚有价值也。说本梁任公。然在乾隆间已有郭伦之《晋略》六十八卷，为纪传体云。

（四）汤承烈《季汉书》

汤承烈，字果卿，号确园，武进人。道光举人，历永康知县，玉环同知。有惠爱，归主延陵书院以终。

梁任公曰:"咸同间,有汤承烈著《季汉书》若干卷,吾未见其书,据莫邵亭_{友芝}称其用力尤在表志,凡七易稿乃成。争正统为旧史家僻见,诚不足道,若得佳表志,则其书足观矣!"见《清代学者整理旧学之总成绩》。

第四节　章侯汪等之补注各志

(一) 章宗源《隋书经籍志考证》

章宗源,字逢之,会稽人。以宛平籍中式乾隆丙午科举人。为清代有数之辑佚家,所辑甚夥。今所传有《隋书经籍志考证》十三卷,凡隋以前乙部诸佚书,采摭略尽,盖即与学诚《史籍考》最有关系之书也。据《邵二云年谱》云:"章学诚岁暮至河南,见毕沅,即任编辑《史籍考》事,其书包经而兼采子集,尝与先生(指二云)商订体例,且令先生弟子章宗源别辑《佚史》一书,以辅《史考》,如《经解钩沉》与《经义考》之同功异用也。"而阮元《茆辑十种古逸书序》亦称:"昔元二十岁外,入京尝谒邵二云先生。先生门徒甚多,各授以业,有会稽章孝廉宗源者,元见先生教以辑古书,开目令辑,至今犹记其目中有《三辅决录》《万毕术》等书。章孝廉力其业,不数年成书盈尺,惜孝廉病卒,书不知零落何处。"按此可知宗源之学得自邵二云,故所著书,引证能极详博也。

其《隋志考证》,谭氏献称:"以毕生精力为此,仅传史部,竟在搜亡考逸,可谓精勤。愚意则于存书中与志载卷目同异,及亡书之近人辑成篇卷者,补注一二,亦目录家所当知。"见《复堂日记》。李氏慈铭称:"章宗源《隋书经籍志考证》,其中引证甚为详博,远非王伯厚《汉书艺文志考证》可比,间亦列志未著录之书,则仍王氏例也。"又曰:"夜阅《隋书经籍志》。吾郎章逢之撰此志疏证,为一生精力所萃。钱警石曾抄得其史部一册,不知人间尚有此书否?"又曰:"缪小山来,言章逢之_{宗源}《隋志考证》,有史部稿本四册,见存海宁管子湘家_{庭芬}。家。"又曰:"作书致孙仲容江宁,属章硕卿自湖北寄之,以仲容藏有吾乡章逢之《隋书经籍志史部考证》四册,此天下无第二本也。因力劝其刻之,且从臾硕卿共成斯事。"以上俱见《越缦堂日记》。叶昌炽云:"读《隋书经籍志》。此书章宗源有考证,未见刻本。"见《缘督庐日记》。但最近已由燕京大学国学研究所为之刊行矣。梁任公曰："此书虽注重辑佚，但各书出处多所考证，亦不失为注释体。"故特编录之。

（二）侯康《三国志补注》

侯康，原名廷楷，字君模，粤之番禺人。少读《南北史》，为文辄效其体，为督学阮元所重。后研精经疏，尤深于史。尝欲仿裴松之《三国志注》例，注隋代前诸史，成《后汉书补注续》《三国志补注》，又补后汉、三国《艺文志》。

梁任公曰："侯君模之《补三国艺文志》等，从本书各传所记及他书所征引辛勤搜剔，比《隋经籍志》所著录增加数倍，而各书著作来历及书中内容，亦时复考证叙述，视《隋志》体例尤密。"见《清代学者整理旧学之总成绩》。

（三）汪士铎《南北史补志》

汪士铎，字振庵，别号梅村。江宁人。初治《三礼》，后精舆地学，为《水经注》释文，于戴震、赵一清二家外，搜补疏栉，释以今地，而于山川阨塞，陂池水利，尤特详尽。胡林翼抚鄂，聘入幕府，所论议多裨时局。旋归金陵，专事著述。所著累数十万言，大半煨烬。已刊者有《南北史补志》等书。

《南北史补志》扬州刻本，其乐律、刑法、职官、食货、舆服、氏族、释老、艺文八志皆阙。又有世系、大事、封爵、百官四表亦佚。李慈铭云："梅桥此书是道光末，童石塘（濂）署两淮运使，设局注《南北史》时所为，经乱久亡。其稿同治壬申方子贞为运使复购得之，故多阙亡。然卷首梅桥自序本末甚详，不言有脱失，不可解也。今存天文、地理、五行、礼仪耳。"又云："阅汪梅桥《南北史注》。其《礼仪》大率钞撮《宋》《齐》《魏》《隋》四志，《地理》稍见用心，而出入纷呶，于魏不能取正光极盛以前。泰始补志，而仍袭伯起，专主武定，以媚高齐之谬。南朝惟《梁》《陈》无志，梁以中大同以前为极盛，陈以光大以前为稍广，宜分两朝疆域，各以盛时为主，而注其变更。今乃混合梁陈于州郡，分合进退无据，是何取乎补耶？其各县下杂载古迹，然如于山阴下，载御儿乡、柴辟祖渎，则考订之疏，他可知矣！"俱见《越缦堂日记》。梁任公云："《南北史补志》十四卷，江宁汪士铎梅村著。原书三十卷，今存十四卷。内天文志四卷，地理志四卷，五行志二卷，礼仪志三卷，其舆服、乐律、刑法、职官、食货、氏族、释老、艺文八志，佚于洪杨之乱。"见《清代学者整理旧学之总成绩》。

第五节　钱徐龙之补纂会要

(一) 钱仪吉《三国志会要》

钱仪吉，字蔼人，号衎石，一号心壶。嘉兴人，嘉庆进士。由庶吉士改主事，官至户部给事中。治经讲求故训，读史长地理，工文章。罢官后，主讲广东学海堂、河南大梁书院，凡数十年。

梁任公曰："补晋兵志，以极谨严肃括之笔法，寥寥二三千言（另有自注），而一代兵制具见。"又曰："此外有与补志性质相类者，则如钱衎石之《三国志会要》五卷（已成未刻），《晋会要》《南北朝会要》各若干卷（未成）。"并见《清代学者整理旧学之总成绩》。缪荃孙曰："钱衎石《三国会要》稿本已失。"见《越缦堂日记》。以后黄岩杨晨（定舅）亦著此书云。

(二) 徐松《宋会要》

徐松，字星伯。顺天大兴人。嘉庆十年传胪，官至陕西延榆绥道。精于史事，尤长地理，好钟鼎碑碣文字。著《新疆域略》《后汉书西域补注》《西域水道记考》，又从《永乐大典》辑《宋会要》无虑五六百卷，见《癸巳类稿》。一说谓四百六十卷。张香涛之洞得书稿于京师，督粤时，属广雅书局王雪澄秉恩。刊印，未果。辛亥后，稿归吴兴刘翰怡承幹。已多残阙。刘氏为之补缀，厘为四十六卷，现藏北平图书馆，尚待刊行。见朱铭盘《纪年录》注。而梁任公谓："徐星伯松。之《宋会要》五百卷，刻于吴兴刘氏。"见《清代学者整理旧学之总成绩》。

(三) 龙文彬《明会要》

龙文彬，字筠圃，江西永新人。同治四年进士。官吏部主事。家居好学，淹通掌故。所纂《明会要》，亦沿《两汉会要》体例，分十五门，系以子目，四百九十八事。征引必注书名，以事之先后为次，依苏冕《驳议》

例,附录《通鉴辑览》《御批》及《纲目》,三要发明,并杂引各家论说。

第六节　江唐二氏之编纂学史

(一) 江藩《国朝汉学师承记》

江藩,字子屏。甘泉人。博学强记,心贯群经。纂《国朝汉学师承记》八卷,使两汉儒林家法之承授、本朝经学之源流厘然可考。又作《宋学渊源记》三卷,分北学、南学、附记,共若干人。又取诸家撰述,凡专精汉学者,仿唐陆元朗德明《经典释文》注姓氏之例,作《国朝经学经义目录》一卷,皆专宗汉学。凡言不关乎经义小学,意不纯乎汉儒古训者,皆不著录,亦可谓笃信谨守者矣。见《国朝先正事略》。

梁任公曰:"子屏将汉学、宋学门户显然区分,论者或病其隘执。然乾嘉以来学者,事实上确各树一帜,贱彼而贵我,子屏不过将当时社会心理照样写出,不足为病也。二书中汉学编较佳,宋学编则漏略殊甚,盖非其所喜也。然强分两门,则各人所归属,亦殊难得正确标准,如梨洲、亭林编入《汉学》附录,于义何取耶? 子屏主观的成见太深,其言汉学,大抵右元和惠氏一派,言宋学,则喜杂禅宗。观《师承记》所附《经师经义目录》及《渊源记》之'附记',可以见出。好持主观之人,实不宜于作学史,特其创始之功,不可没耳。"见《清代学者整理旧学之总成绩》。

(二) 唐鉴《国朝学案小识》

唐鉴,字镜海,湖南善化人,少而迈异精勤,嗜学如渴。以廪生入赀为临湘县训导。嘉庆十二年举于乡,十四年成进士,改翰林院庶吉士。又二年,授职检讨。历官江宁布政使,有惠绩,入为太常卿。

时曾国藩、吴廷栋、窦垿等皆从之游。其为学也,又惟有治其身心之急,或不沾沾于文艺之短长。因乾嘉之间,诸儒务为浩博。惠定宇、戴东原之流,钩研诂训,本河间献王实事求是之旨,薄宋贤为空疏,名目自高,诋毁日月。别有颜习斋、李恕谷氏之学,忍嗜欲,苦筋骨,力勤于见迹,等于许行之并耕。鉴于是辑为《国朝学案小识》,厘剔其蔽。曾国藩为之校字付梓,既毕役,复书其后焉。

梁任公云:"唐镜海搜罗较博,而主观抑更重,其书分立传道、翼道、守道三案,第其高下,又别设经学、心学两案,示排斥之意。盖纯属讲章家'争道统'的见解,不足以语于史才,明矣。"近人前大总统徐世昌自离政治生活后,杜门撰述,改编《清儒学案》,现已脱稿。其书上接《宋元明儒学案》,而集有清一代学术之大成,殆胜此唐氏书欤?

第二章　史料纂述之风气

第一节　崔、林、黄之考索古史

(一) 崔述《考信录》

崔述,字武承,号东壁,直隶大名人。按直隶今改河北。乾隆二十七年举人。嘉庆元年,授罗源知县,未几,投劾归。著书三十四种,而《考信录》一书,尤生平心力所专注。

昔者太史公谓"载籍极博,犹考信于六艺"。东壁墨守斯义,因取以名其书。经书以外,只字不信,《论语》《左传》,尚择而后从,《史记》以下,更不必论。其书考证详明如汉儒,而未尝墨守旧说,而不求其心之安。辨析精微如宋儒,而未尝空谈虚理,而不核乎事之实。云南石屏举人陈履和遇述京邸,见《考信录》,即执弟子礼。殁后,又为刊其遗书。见《国朝先正事略》。

按述所考为唐、虞、夏、商、丰镐、洙泗、孟子、三代经界、禘祀等二十七卷,"皆以极严正态度,以治古史,于是自汉以来古史之云雾,拨开什之八九。其书为好博之汉学家所不喜,然考证方法之严密犀利,实不让戴、钱、段、王,可谓豪杰之士也。"说本梁任公。最近顾师颉刚尊奉此书甚,并为整理学说,加以新标点,而重印行世云。

(二) 林春溥《战国纪年》

林春溥,字鉴塘,闽人也。生平究心汲书,所为《战国纪年》凡六卷。谭献阅后作跋云:"《史记》之采《国策》,《通鉴》之采《史记》,多失本真,使情事不具,首尾衡决,年月渖失,鸠合参正,有待后贤。林氏好学而未能深思。是编绝胜者,正齐、梁迁就之年,东西周王公之蹐乱,苏、张傅会之故实,从约先后之殊异,亦可谓厘然矣!而要删旧文,不暇是审,往往失其曲折,未尽其回复激射,不独本末凌躐,遂乃文采黯然,非善读书者也。纂述之旨在信《竹书》以合《孟子》,所见最正,不可没其苦心。"又云:"林鉴塘博于闻而短于识,勤恁著书,陈恭甫而后,闽之学者未之或先也。"并见《复堂日记》卷五。

(三) 黄式三《周季编略》

黄式三,字薇香,浙江定海人。事亲孝。父性严,先意承志,恒得欢心。尝赴乡试,母裘暴病卒于家,驰归恸绝,誓不再应乡试,以岁贡生终于家。不立门户,博综群经。读史喜《文献通考》,而时论定马氏之阙失。见《国史儒林传稿》。所著《周季编略》如干卷。其《自序》云:"式三少爱《国策》之文,及长,复合《史记》校订其字句之异,而窃怪二书所载贞、考、威、安、烈、显、慎、赧之故实,善言善行之足法者少,不善之足鉴者多。继而泛览周末及秦汉诸子之书,始信周之衰,老师大儒犹在,唐韩子之言为不诬。书缺有间,其轶见于他说,而欲汇为一书,未暇耳。今馆慈邑章桥,合《史记》年表、本纪、世家,考其得失。复参以司马《通鉴》及《稽古录》,吕氏《大事记》及《解题》与朱、赵《纲目》诸书,益知前人未竟之绪,不能无待于后人。不揆固陋,裒集二百四十八年之事,列国之强弱存亡,既为之考其本末,溯其源流。苏秦、张仪、公孙衍之纵横,白起、王翦、蒙恬之攻战,亦详书之,以为戒。而网罗放失之文,搜寻遗佚之士,将使周季之衰,犹见周德之盛,留遗于六百载以后也。"见《儆居集》卷一。

第二节　魏、洪、柯之编辑《元史》

(一) 魏源《新元史》

魏源,字默深,邵阳人。嘉庆癸未拔贡。入赀为内阁中书,改知州。道光甲辰,第进士,发江苏,以知州用。权东台、兴化县事。

源文笔奥衍,熟于掌故,尤悉心时务,精舆地之学。所著《圣武记》十四卷,《海国图志》六十卷,《新元史》九十卷。梁任公曰:"魏著《新元史》,讹舛武断之处仍不少,盖创始之难也。但舍事迹内容,而论著作体例,则吾于魏著不能不深服。彼一变旧史'一人一传'之形式,而传以类从。但观其篇目,即可见其组织之独具别裁。章实斋所谓'传事与传人相兼',司马迁以后,未或行之也。故吾谓魏著,无论内容罅漏多至何等,然固属史家创作,在斯界永留不朽的价值矣。"见《清代学者整理旧学之总成绩》。

(二) 洪钧《元史译文证补》

洪钧,字陶士,号文卿,苏州人。年十八,入吴县学。同治三年,举于乡。七年,成一甲一名进士,授修撰。历迁内阁学士,出使俄、德、奥、比四国大臣。于俄罗斯见元代旧史本回纥文,凡更数译,审为元代藩属旧史,详于西北用兵。钧得之甚喜,谓足补《元史》疏陋。于是编考元人官私书及关系《元史》诸记载,孑自纂辑,成《元史拾遗》若干卷。搜异域之佚闻,订中国之惇史,世未尝有也。见顾兆熊撰《墓志铭》。

按:《元史拾遗》即《元史译文证补》,计三十卷。梁任公曰:"洪著据海外秘笈,以补证旧史,其所勘定之部分又不多,以理度之,固宜精绝。"见《清代学者整理旧学之总成绩》。

(三) 屠寄《蒙兀儿史记》

屠寄,字敬山,江苏武进人。按:"敬"一作"竟",又作"静"。早以词章名世。为北京大学堂史学教习,自编讲义,于上古史考证,涉及西说,多所发明。国变后,出为民政长。其子宽,担任教育。父子罔利,舆论大哗,毗陵人士,攻而去之。叶昌炽云:"呜呼!竟山吾故人也,俪体不在晋宋以下,诗笔可继洪黄而起,晚节披昌至此,可惜亦可为痛哭。"见《缘督庐日记》。所著《蒙兀儿史记》一百六十卷。

寄治蒙古史,既躬赴穷荒,亲加勘记,又集欧洲史家之著作,用资订校,为中国自有《元史》以来之杰作,近来东西各国之治蒙古史者,亦多奉为圭臬。原书在其生前印行者,仅十余册,其后续辑校误之作,向未刊行。近由哲嗣公覆昆季为付木板,前后十年,始毕役。原书无序,仅有屠氏手订之《凡例》。兹已由哲嗣屠孝宦君倩、孟心史森。撰制《弁言》,对于屠氏此书之甘苦,言之颇悉。其文云:"《元史》自五百年来为一朝正史,然以其在汉土传祚不永,一切制度文物,又与汉土历代不甚沿袭,故在汉人不推为至隆极盛之朝。……(先生)晚成此书,则非复片段之记诵,兴到之挥洒,其于史业,上继欧阳,下此安足数哉?今国之人多学于欧西者,争与西方史学家讨求蒙兀故烈。读先生书,当知取材尚非今日所难,但无精思妙笔如先生者,何由钩贯而成传信之作?则是书固治蒙兀史之正鹄,而亦恐攀望而不可及焉矣!”

梁任公称之曰:"屠著自为史文而自注之,其注纯属《通鉴考异》的性质,而详博特甚。凡驳正一说,必博征群籍,说明所以弃彼取此之由。以著作体例言,可谓极矜慎极磊落者也。惜所成者多属蒙古未入中国以前之一部分,而其他尚付阙如。"见《清代学者整理旧学之总成绩》。

(四) 柯劭忞《新元史》

柯劭忞,字凤荪,山东胶州人。少孤。被母教《史》《汉》《文选》,皆全读成诵,过目不忘。十七岁以前作拟古歌谣,俱戛戛独造,语不犹人。五七言古近体学六朝三唐,亦皆成。为宋肯夫所取士,任编修。说本李慈铭。著有《新元史》数百卷。既成书,王葵园先谦屡索其稿,请以局钱刊行。柯以缮稿未定,不欲草率成书。见《郋园读书志》。

梁任公云:"柯著最晚出,余考拉施特旧史之洪译本,《元秘史》之李注及《经世大典》《元典章》等书,资料丰富,固宜为诸家冠。然篇首无一字之'序',无半行之'凡例',令人不能得其著书宗旨,及其所以异于前人者在何处?篇中篇末,又无一字之'考异'或'案语',不知其改正旧史者为某部分,何故改正?所根据者何书?著作家作此态度,吾未之前闻。……最近柯以此书得日本博士。"见《清代学者整理旧学之总成绩》。其书本附《考证》五十八卷,及付刊时,刻书人以其繁多悉割。今收拾残稿,将由北京大学研究院刊行之。

柯入民国,又总纂《清史稿》,任纪稿部分。至馆长赵公尔巽去世,柯兼代馆务,一仍旧贯。今《清史稿》虽已由金梁校阅付印,然当北伐军入北京时,以书法不妥,被禁流传云。

第三章　上古史之研究

第一节　崔适《史记探原》

崔适,字觯甫,浙江吴兴人。著《史记探原》八卷。任公曰:"崔书专辨后人续增窜乱之部分,欲廓清以还史公真相,故名曰'探原'。"见《清代学者整理旧学之总成绩》。是谓疑古派之史学。

崔适之《史记探原》,宗康氏之说,谓《史记》有一部分经刘歆所窜乱,一一指明疑点。其勇气及用力,实足令人钦佩。

但钱穆云:"崔适依长素意为《史记探原》,较长素益专。诚如康、崔说,将《史记》中彼辈所谓伪者采去,《史记》当全部改观,且不可读矣。"见《三百年学术概论》。今顾师颉刚、周友予同之治学属之。

第二节　王国维《古史新证》

王国维,字静安,号观堂,浙江海宁人。其学以通方知类为宗,不仅于殷周文字独有创获,且研究蒙古材料,行将于元朝旧事多所发明。不幸于前岁革命军下徐州,直鲁危急,北京大恐,竟自沉昆明湖而死。盖国维晚以考古法治史学,即利用地下所掘之甲骨,考释甚勤,因发明殷周先世、世数、都邑及制度。观其《古史新证总论》云:"研究中国古史,为最纠纷之问题。上古之事,传说与史实混而不分。史实之中,固不免有所缘饰,与传说无异,而传说之中,亦往往有史实为之素地,二者不易区别,此世界各国之所同也,在中国古代已注意此事。孔子曰:'信而好古。'又曰:'君子于其不知,盖阙如也。'故于夏殷之礼,曰:'吾能言之,……杞……宋,不足征也,文献不足故也。'孟子于古事之可存疑者,则曰:'于传有之。'于不足信者,曰:'好事者为之。'太史公作《五帝本纪》,取孔子所传《五帝德》及《帝系姓》,而斥不雅驯之百家言。于《三代世表》,取《世本》,而斥黄帝以来皆有年数之《谍记》,其术至为谨慎。然好事之徒,世多有之。"或信古或疑古。"惜于古史材料,皆未尝为充分之处理也。吾辈生于今日,幸于纸上之材料外,更得地下之新材料,由此可藉以补正焉"。今国内一般学者,皆用此法以治史,称曰考古派。郭沫若其尤也,著《上古社会之研究》。

第四章　民族精神之发扬

第一节　章炳麟《后明史》

章炳麟，原名绛，字太炎，浙江余杭人。年十三四，始读蒋氏良骐。《东华录》，见吕留良、曾静事，怅然不怡，辄言"以清代明，宁与张、李也"。弱冠，睹全祖望文，所述南田、台湾诸事甚详，益奋然欲为浙父老雪耻。次又得王夫之《黄书》，志行益定。一方昌言排满，一方欲著《后明史》。尝曰："明之史，自万季野述之。季野东南之献民，义无北面，局促房汉之间，怀不自遂，其述《明史》，记于思宗之季，圣安以降三叶二十年之纪传，不能悉具。上援承祚之法，《后明史》则不可以不作。"又其计划如下，惜未见诸实行耳：

"余昔搜集季明事状，欲作《后明史》以继万氏。盖三帝当著纪，而鲁监国、郑成功宜作世家。将相如何腾蛟、瞿式耜、诸胤锡、刘文秀、李定国辈，功施赫然，著于招摇旗常。全、李虽尝降虏，穷阨反正，有迷复之功。孙可望、李赤心、郝永忠之徒，强寇桀黠，空为豺狼，无损于虏，皆宜录入，以著劝戒。其以故官为孑遗之民，三老而外，耆旧尚众。台湾陪属，其方略亦有足多者。据是文典，首尾尽四十年，人材略具。"见《南疆逸史序》。盖炳麟尝从定海黄以周受业，以周家传浙东史学，炳麟颇为之薰陶焉。

晚年编检《明实录》，及明人著述多种，以订清官书之悠谬，为《清廷建国别记》八篇，实考证清史者必读之书也。见《华国月刊》第二期六册。

第二节　梁启超《新史学》

梁启超，字卓如，号任公，广东新会人。幼喜听王父及母讲亡宋亡明国难之事。十二岁,补博士弟子员。十七,举于乡。十八,随父入京会试,下第归。道上海,从坊间购得《瀛寰志略》,读之始知有五大洲各国。是年秋,归广州,谒康有为,从受业于万木草堂。未几,中日战争起,惋愤时局,时有所吐露。其间又受夏曾佑、谭嗣同之影响,讲微言大义,倡爱国保种,以至盛言世界大同,皆有所沃发。后更从康氏奔走变法,不成,几遭祸。自此退而专力治史,著有《先秦政治思想史》《近三百年学术史》《佛教史》等书。又有《中国史叙论》《新史学》及传记、学案诸篇。要其所学虽数变,皆不离乎史是已,其《新史学》之主张有云:

中国之旧史,病源有四端:知有朝廷,而不知有国家,一也;知有个人,而不知有群体,二也;知有陈迹,而不知有今务,三也;知有事实,而不知有理想,四也。有此四端,后生二病:一能铺叙,而不能别裁;二能因袭,而不能创作。舍此六弊,其贻读者之恶果,厥有三端:一曰难读,浩如烟海,穷年莫殚;二曰难别择,不能别择其某条有用无用,徒费时日脑力;三曰无感触,无有足以激励其爱国之心,团结其合群之力,以应今日之时势。呜呼!史界革命不起,则吾国遂不可救。悠悠万事,惟此为大。《新史学》之著,吾岂好异哉?吾不得已也。

晚年所著《中国历史研究法》正补编,即所以教人用新方法研史与纂史。其言曰:当为客观之资料整理,并为主观之观念革新。今时人所研习编纂,已一本其主张而为之矣。

图书在版编目(CIP)数据

中国史学史未刊讲义四种／陈功甫等撰；王东 李孝迁主编；王传编校.—上海：上海古籍出版社，2016.12
（中国近代史学文献丛刊）
ISBN 978-7-5325-8296-9

Ⅰ.①中… Ⅱ.①陈… ②王… ③王… Ⅲ.①史学史—中国 Ⅳ.①K092

中国版本图书馆 CIP 数据核字(2016)第 272239 号

中国近代史学文献丛刊

中国史学史未刊讲义四种

陈功甫 卫聚贤 陆懋德 董允辉 撰
王 传 编校

上海世纪出版股份有限公司
上海古籍出版社 出版
（上海瑞金二路272号 邮政编码200020）
(1)网址：www.guji.com.cn
(2)E-mail:guji1@guji.com.cn
(3)易文网网址：www.ewen.co
上海世纪出版股份有限公司发行中心发行经销
上海商务联西印刷有限公司印刷
开本635×965 1/16 印张32 插页2 字数457,000
2016年12月第1版 2016年12月第1次印刷
ISBN 978-7-5325-8296-9
K・2271 定价：98.00元
如有质量问题,请与承印公司联系